经以济世
建德开来
贺教育部
人文社科项目
成果文库

季羡林

教育部哲学社会科学研究重大课题攻关项目

新闻传媒发展与构建和谐社会关系研究

THE RESEARCH ON THE RELATIONSHIP BETWEEN THE NEWS MEDIA'S
DEVELOPMENT AND THE HARMONIOUS SOCIETY CONSTRUCTION

罗以澄 等著

经济科学出版社
Economic Science Press

图书在版编目（CIP）数据

新闻传媒发展与构建和谐社会关系研究/罗以澄等著．
—北京：经济科学出版社，2011.8
教育部哲学社会科学研究重大课题攻关项目
ISBN 978-7-5141-0653-4

Ⅰ．①新… Ⅱ．①罗… Ⅲ．①新闻-传播媒介-
关系-社会主义建设模式-研究-中国
Ⅳ．①G219.2②D616

中国版本图书馆 CIP 数据核字（2011）第 078080 号

责任编辑：周国强
责任校对：杨晓莹
版式设计：代小卫
技术编辑：邱　天

新闻传媒发展与构建和谐社会关系研究
罗以澄　等著
经济科学出版社出版、发行　新华书店经销
社址：北京市海淀区阜成路甲 28 号　邮编：100142
总编部电话：88191217　发行部电话：88191540
网址：www.esp.com.cn
电子邮件：esp@esp.com.cn
北京中科印刷有限公司印装
787×1092　16 开　29.5 印张　540000 字
2011 年 8 月第 1 版　2011 年 8 月第 1 次印刷
ISBN 978-7-5141-0653-4　定价：72.00 元
（图书出现印装问题，本社负责调换）
（版权所有　翻印必究）

课题组主要成员

（按姓氏笔画为序）

石义彬　　吕尚彬　　刘九洲　　陈　刚
单　波　　秦志希　　强月新　　詹绪武

编审委员会成员

主　任　孔和平　罗志荣
委　员　郭兆旭　吕　萍　唐俊南　安　远
　　　　文远怀　张　虹　谢　锐　解　丹

总　序

哲学社会科学是人们认识世界、改造世界的重要工具，是推动历史发展和社会进步的重要力量。哲学社会科学的研究能力和成果，是综合国力的重要组成部分，哲学社会科学的发展水平，体现着一个国家和民族的思维能力、精神状态和文明素质。一个民族要屹立于世界民族之林，不能没有哲学社会科学的熏陶和滋养；一个国家要在国际综合国力竞争中赢得优势，不能没有包括哲学社会科学在内的"软实力"的强大和支撑。

近年来，党和国家高度重视哲学社会科学的繁荣发展。江泽民同志多次强调哲学社会科学在建设中国特色社会主义事业中的重要作用，提出哲学社会科学与自然科学"四个同样重要"、"五个高度重视"、"两个不可替代"等重要思想论断。党的十六大以来，以胡锦涛同志为总书记的党中央始终坚持把哲学社会科学放在十分重要的战略位置，就繁荣发展哲学社会科学做出了一系列重大部署，采取了一系列重大举措。2004年，中共中央下发《关于进一步繁荣发展哲学社会科学的意见》，明确了新世纪繁荣发展哲学社会科学的指导方针、总体目标和主要任务。党的十七大报告明确指出："繁荣发展哲学社会科学，推进学科体系、学术观点、科研方法创新，鼓励哲学社会科学界为党和人民事业发挥思想库作用，推动我国哲学社会科学优秀成果和优秀人才走向世界。"这是党中央在新的历史时期、新的历史阶段为全面建设小康社会，加快推进社会主义现代化建设，实现中华民族伟大复兴提出的重大战略目标和任务，为进一步繁荣发展哲学社会科学指明了方向，提供了根本保证和强大动力。

高校是我国哲学社会科学事业的主力军。改革开放以来，在党中央的坚强领导下，高校哲学社会科学抓住前所未有的发展机遇，紧紧围绕党和国家工作大局，坚持正确的政治方向，贯彻"双百"方针，以发展为主题，以改革为动力，以理论创新为主导，以方法创新为突破口，发扬理论联系实际学风，弘扬求真务实精神，立足创新、提高质量，高校哲学社会科学事业实现了跨越式发展，呈现空前繁荣的发展局面。广大高校哲学社会科学工作者以饱满的热情积极参与马克思主义理论研究和建设工程，大力推进具有中国特色、中国风格、中国气派的哲学社会科学学科体系和教材体系建设，为推进马克思主义中国化，推动理论创新，服务党和国家的政策决策，为弘扬优秀传统文化，培育民族精神，为培养社会主义合格建设者和可靠接班人，做出了不可磨灭的重要贡献。

自2003年始，教育部正式启动了哲学社会科学研究重大课题攻关项目计划。这是教育部促进高校哲学社会科学繁荣发展的一项重大举措，也是教育部实施"高校哲学社会科学繁荣计划"的一项重要内容。重大攻关项目采取招投标的组织方式，按照"公平竞争，择优立项，严格管理，铸造精品"的要求进行，每年评审立项约40个项目，每个项目资助30万～80万元。项目研究实行首席专家负责制，鼓励跨学科、跨学校、跨地区的联合研究，鼓励吸收国内外专家共同参加课题组研究工作。几年来，重大攻关项目以解决国家经济建设和社会发展过程中具有前瞻性、战略性、全局性的重大理论和实际问题为主攻方向，以提升为党和政府咨询决策服务能力和推动哲学社会科学发展为战略目标，集合高校优秀研究团队和顶尖人才，团结协作，联合攻关，产出了一批标志性研究成果，壮大了科研人才队伍，有效提升了高校哲学社会科学整体实力。国务委员刘延东同志为此做出重要批示，指出重大攻关项目有效调动了各方面的积极性，产生了一批重要成果，影响广泛，成效显著；要总结经验，再接再厉，紧密服务国家需求，更好地优化资源，突出重点，多出精品，多出人才，为经济社会发展做出新的贡献。这个重要批示，既充分肯定了重大攻关项目取得的优异成绩，又对重大攻关项目提出了明确的指导意见和殷切希望。

作为教育部社科研究项目的重中之重，我们始终秉持以管理创新服务学术创新的理念,坚持科学管理、民主管理、依法管理,切实增强服务意识,不断创新管理模式,健全管理制度,加强对重大攻关项目的选题遴选、评审立项、组织开题、中期检查到最终成果鉴定的全过程管理,逐渐探索并形成一套成熟的、符合学术研究规律的管理办法,努力将重大攻关项目打造成学术精品工程。我们将项目最终成果汇编成"教育部哲学社会科学研究重大课题攻关项目成果文库"统一组织出版。经济科学出版社倾全社之力,精心组织编辑力量,努力铸造出版精品。国学大师季羡林先生欣然题词:"经时济世 继往开来——贺教育部重大攻关项目成果出版";欧阳中石先生题写了"教育部哲学社会科学研究重大课题攻关项目"的书名,充分体现了他们对繁荣发展高校哲学社会科学的深切勉励和由衷期望。

创新是哲学社会科学研究的灵魂,是推动高校哲学社会科学研究不断深化的不竭动力。我们正处在一个伟大的时代,建设有中国特色的哲学社会科学是历史的呼唤,时代的强音,是推进中国特色社会主义事业的迫切要求。我们要不断增强使命感和责任感,立足新实践,适应新要求,始终坚持以马克思主义为指导,深入贯彻落实科学发展观,以构建具有中国特色社会主义哲学社会科学为己任,振奋精神,开拓进取,以改革创新精神,大力推进高校哲学社会科学繁荣发展,为全面建设小康社会,构建社会主义和谐社会,促进社会主义文化大发展大繁荣贡献更大的力量。

教育部社会科学司

前 言

一

新闻传媒与构建和谐社会的互动关系,是影响当代中国社会进步与传媒科学发展的亟待解决的重要问题。

在科学发展观的指导下,构建社会主义和谐社会是中国社会变革和转型的重要关节点,其直接涵义是指在发展的基础上正确处理各种社会矛盾的历史过程和社会结果;其直接任务是按照民主法治、公平正义、诚信友爱、充满活力、安定有序、人与自然和谐相处的总要求和共同建设、共同享有的原则,着力解决人民群众最关心、最直接、最现实的利益问题,努力形成全体人民各尽所能、各得其所而又和谐相处的局面,为发展提供良好的社会环境;其深层内涵则是通过对社会结构的深刻调整、社会行为的协调整合、社会运行体制与机制的改革创新,推进社会现代化,为实现中华民族伟大复兴创造基本的社会条件。

构建和谐社会需要动用和整合广泛的社会资源,其中作为社会的重要构成要素和资源、并具有社会整合与调适功能的新闻传媒,与构建和谐社会有着极为密切的关系。洞察构建和谐社会对新闻传媒的决定、导向和推动作用,分析新闻传媒对和谐社会进程的促进和构建功能,是探究并解决新闻传媒与和谐社会构建互动关系的问题核心。

围绕这一"问题核心"本课题确定的研究目标是:以构建和谐社会与新闻传媒的良性互动关系为研究重点,针对我国构建和谐社会对新闻传媒的现实需求和新闻传媒发展的现状,探索社会的政治、经济、文化、技术等因素与新闻传媒的相互作用与相互影响，研究新闻传媒整合社会资源、有效参与构建和谐社会的战略思路，并为新闻传媒实现自身结构、机制和功能的优化和可持续发展提供可行性对策。

为了实现这一研究目标，本课题从理论分析与实证调查两个维度展开研究。在理论分析维度上，课题组首先将研究内容分化为六个子课题，即总论部分"构建和谐社会与新闻传媒发展"与分论的"新闻传媒与和谐社会的政治文明建设"、"新闻传媒与和谐社会的经济发展"、"新闻传媒与和谐社会的文化构建"、"跨文化传播与构建和谐社会"、"传播新技术与构建和谐社会"，分别由罗以澄、詹绪武、刘九洲、强月新、秦志希、单波、石义彬等七位专家牵头负责，组织实施研究，联合攻关。与此同时，我们注意到，在今天这样一个社会急剧转型的时代，自然人、法人、政府等不同方面的新闻当事人与传媒之间的矛盾与冲突正在上升，新闻传媒自身的和谐发展、健康发展，迫切需要了解各类社会群体的媒介认知、媒介评价与媒介期待。因此，在实证调查的维度上，我们根据当前中国社会阶层结构的现状和发展趋势，选择社会的底层、上层、中层的代表性群体，以农民、司局级干部、大学生、传媒人为调查对象（农民群体代表了社会底层民众，司局级干部群体代表了社会上层民众，大学生群体代表了今天的前卫网络舆论主体与将来的社会中上层民众，传媒人群体作为新闻职业传播者可视为各类人群的综合代表），实施大范围、多群体的媒介认知、评价和期待的抽样调查。该项调查由罗以澄、吕尚彬和陈刚三位专家牵头负责。

在整体的研究方法上，本课题的研究方法主要有三个方面：第一，系统结构与功能分析法。一方面，分析新闻传媒发展的生态系统，包括新闻传媒的内部生态系统（结构和机制等）、新闻传媒的边缘生态系统（制度和政策的影响与制约）、新闻传媒的外部生态系统（新闻传媒与社会的政治、经济、文化、技术的关系等）；另一方面，从新闻传媒作为社会系统各相关要素的中介的视角，探究处于社会政治、经济、文化、技术等要素沟通中介地位的传媒系统及其所具有的集结、整合、促进社会的政治、经济、文化、技术发展与创新的机制。第二，定性和定量相结合的方法。采用定性研究的方法，分析构建和谐社会语境下的新闻传媒发展及其与政治文明建设、社会经济发展、社会文化构建、传播新技术扩散、跨文化传播等方面的互动关系，以此探究新闻传媒与和谐社会构建的共生与贯通关系。采用定量研究的方法，以上述四类社会群体为调查对象，研究其传媒认知、传媒评价及传媒期待的特征及问题，为提出促进新闻传媒与和谐社会应然关系构建的模式与对策，提供来自社会各层次人群的传媒素养与行为依据。第三，文本分析的方法。从政治学、经济学、社会学、文化学、经济学、传播技术学等学科视角，对相关理论和各种学术文献进行梳理和借鉴，同时对于中国政府关于新闻传媒的政策、法规、规章和制度的多种材料进行文本分析，以提炼观点，形成论据，提升思想。

　　作为应用性课题，我们既重视研究的学术价值，更注重成果的应用价值。从学术价值追求上看，本课题研究成果的努力体现在：第一次系统分析了构建和谐社会框架下的制度供给、政策环境和资源配置，给予新闻传媒发展提供的前导性和规制性意义；探究了新闻传媒与社会发展进程之间的和谐与契合；提出了实现新闻传媒与社会发展的共生互动关系构建模式。这既可以丰富构建和谐社会的理论宝库，为构建和谐社会语境下我国新闻传播管理、运行的科学实施与发展提供理论资源的支持，又有助于推进新闻传播理论的当代转型。

　　从应用价值层面看，本课题研究成果的努力体现在：首先，为新闻传媒宏观管理系统提供决策参考。本课题所提出的新闻传媒与社会的政治、经济、文化及传播新技术的互动共生关系模式，所探究的农民、司局级干部、大学生、传媒人的传媒认知、传媒评价与传媒期待等研究成果，有助于传媒宏观管理机构准确把握在构建和谐社会语境中，新闻传媒与政府之间的共生关系、工作关系和监督关系的形成与发展，有助于其掌握社会各阶层对于传媒发展的内在需求，以便准确决策、科学决策。其次，为新闻传媒组织的运行提供指导。本课题强调的在和谐社会构建过程中新闻传媒的历史使命、传播责任和运营责任、发展目标和走向，以及解决传媒报道、运作和运用上的不和谐问题的对策，所提出的有关解决四类受众群体媒介认知问题的对策和建议等，有助于新闻传媒更清醒地认识其承担的社会责任，更好地把握社会各阶层的上层、中层、下层传媒认知、传媒评价、传媒期待，以便其科学运行、有效传播和健康发展。再者，为提升党和国家在新闻传播领域的"执政能力"提供支持。本课题成果不仅深度拓展了对于中国社会的发展规律与新闻传媒发展规律之间达成和谐与契合机制的洞察，而且所强调的关于传媒承担推进构建和谐社会的责任与社会保障新闻传媒发展的责任等观点，能够增强传媒，尤其是党媒的公信力与竞争力，扩大其话语影响力。从这个意义上说，这有助于党和国家在新闻传播领域"执政能力"的进一步提升。

二

本课题的研究历时将近四年，在各个研究阶段中，都取得了比较丰硕的阶段性成果。总起来看，2006年初开题以来，课题组已经公开发表研究论文56篇，出版学术专著3部，完成课题咨询报告2篇、调研报告4篇。现在呈现给读者的这部《新闻传媒发展与构建和谐社会关系研究》书稿，就是对多种阶段性成果与各子课题报告，以及专项调查成果等进行综合、提升而形成的。

书稿分上下两篇，上篇是以《新闻传媒发展与构建和谐社会关系研究报告》为题的总体研究报告，下篇是以《四类社会群体媒介认知专项调查报告》为题的专题调查。

上篇《新闻传媒发展与构建和谐社会关系研究报告》，采用总分式结构框架，分为六个部分，全面表达了课题定性研究的成果。其基本内容如下：

总论"构建和谐社会与新闻传媒发展"分析了构建和谐社会对新闻传媒发展的意义，揭示了新闻传媒的现实方位，透视了在和谐社会构建过程中新闻传媒的历史使命、传播责任和运营责任，提出了构建和谐中社会新闻传媒发展的应有目标和走向。

在分论部分，首先聚焦于新闻传媒与和谐社会的政治文明建设的互动机制，从公民意识、法治观念、政治道德培养、社会主义核心价值观念培养等层面，分析了新闻传媒对政治文明建设的重要意义；从新闻传媒的议程设置功能、舆论监督功能、政治社会化功能等三个角度，揭示了新闻传媒的发展促进社会政治环境文明、政治制度文明、政治行为文明建设的内在机制。第二着眼于新闻传媒与和谐社会的经济发展的共生关系，分析了社会经济的发展对于新闻传媒的可持续发展的价值意义，揭示了新闻传媒为和谐社会的经济发展服务的启蒙、示范、导航和信仰巩固、舆论监督、榜样激励、利益表达等功能，提出了在构建和谐社会的进程中，新闻传媒要在服务于经济发展中推进既推动社会经济的科学发展又推进传媒自身经济的科学发展的路径与对策。第三围绕新闻传媒与和谐社会文化构建关系，并基于对"反映论"、"影响论"、"同构论"等几种传媒与文化的关系理论的扬弃，分析了新闻传媒对于社会转型期文化冲突的调谐及对传媒消费主义文化转向的调控机理，提出了传媒文化发展与和谐社会道德文化构建的对策。第四聚焦于跨文化传播与和谐社会的构建关系，分析了跨文化传播对于构建和谐社会的意义与当代跨文化传播中呈现的不和谐因素，进而从日常生活、文化心理、文化适应与融合等层面深度解析了"和谐"理念，并从个体、团体、社会、新闻传媒、国家与国际社会等方面提出了推行跨文化传播和谐理念的对策。第五紧扣传播新技术与社会环境的互动关系，分析了传播新技术的创新与扩散给和谐社会带来的社会结构层面的不确定性与风险、社会控制的紊乱与重组、数字鸿沟加剧社会的分化等种种挑战，提出了建设和谐的传媒环境、构建预警机制以降低社会风险防范成本、完善传播新技术条件下的社会控制机制等促进和谐社会构建的对策。

  下篇《四类社会群体媒介认知专项调查报告》由《中国司局级干部对大众传媒的认知、评价和期待》、《中国大学生对大众传媒的认知、评价和期待》、《中国传媒人对大众传媒的认知、评价和期待》、《中国农民对大众传媒的认知、评价和期待》四个调查报告组成，表述了本课题定量研究的主要成果。该成果选择上海市中心城区、北京市中心城区、广东省广州市、湖北省武汉市、四川省成都市、陕西省西安市的司局级干部、大学生、传媒人群体，以及江苏省常州市武进区、广东省东莞市属镇、湖北省枣阳市、湖南省浏阳市、四川省资阳市雁江区、陕西省白水县六个县级行政区的农民群体，作为调查对象，抽样统计分析其媒介接触、媒介评价与媒介期待的现状、问题，并针对其存在问题，提出了解决的对策和建议。

三

　　课题组十分注意边研究、边交流、边应用，部分阶段性研究成果已产生了较好的社会影响。

　　第一，课题组与武汉大学新闻与传播学院一道于2006年、2007年、2008年先后主办或参与主办了4次国际学术会议推广成果，首席专家罗以澄教授与主要成员先后在20多个国际、国内学术会议上交流、传播研究成果。

　　第二，部分研究成果已经直接指导传媒和有关单位的传播运行。其中，《楚天都市报主流化转型之2008年改扩版研究报告》成为指导湖北日报传媒集团都市类报纸改版的主要依据；《三峡工程及三峡总公司舆论环境监测》，持续指导着中国三峡总公司的新闻宣传与三峡工程的社会形象传播。（该项成果荣获教育部2009年优秀哲学社会科学成果二等奖。）

　　第三，部分成果已转化为相关高校的专业教育内容。例如，武汉大学、上海大学、湖南师范大学、广州外语外贸大学、湖北大学、中南财经政法大学、华中农业大学等高校，开始吸纳、采用部分成果作为研究生教育的内容。

　　第四，部分成果对新闻传媒管理决策起到了参考作用。《中国农民对大众传媒的认知、评价和期待》、《中国司局级干部对大众传媒的认知、评价和期待》、《中国大学生对大众传媒的认知、评价和期待》、《中国传媒人对大众传媒的认知、评价和期待》四个调查报告提交给中宣部、国家新闻出版总署，已获得其采纳和很高的评价，对其决策起到了重要参考作用。

罗以澄

摘 要

《新闻传媒发展与构建和谐社会关系研究》（项目批准号：05JZD0026）最终成果由两个部分构成：上篇《新闻传媒发展与构建和谐社会关系研究报告》、下篇《四类社会群体媒介认知专项调查报告》（含4篇调研报告）。

上篇《新闻传媒发展与构建和谐社会关系研究报告》的主要内容与创新性观点有如下六个方面：

首先，从宏观上论述了构建和谐社会对新闻传媒发展的意义、新闻传媒服务和谐社会建设的现实方位、新闻传媒在构建和谐社会中的责任，以及在和谐社会构建背景下，新闻传媒发展的基本目标和走向。报告认为，构建社会主义和谐社会，对中国新闻传媒的运作和发展具有导向性和嵌入性意义；新闻传媒是和谐社会结构体系的有机构成部分，在为和谐社会建设服务中推进新闻传媒的和谐发展，是新闻传媒的基本使命。据此，报告深入探究了新闻传媒与和谐社会的政治、经济、文化、传播新技术的互动与共生关系的基本架构，并立足于和谐社会构建对新闻传媒发展的影响和新闻传媒自身积极回应的双向视角，提出了新闻传媒在构建和谐社会中发挥作用与功能的整体思路。

其次，从新闻传媒与政治文明建设双向互动的角度，深度解析了新闻传媒在促进和谐社会政治文明建设中的应具功能。报告认为，增进新闻传媒的议程设置功能，调适政府、公众和媒体三个舆论场的有效汇合和沟通，是新闻传媒促进政治环境文明的主要路径；增进新闻传媒的建设性监督功能，在组织舆论、表达民意和解读事态的交汇点上，对公共权力、公共政策等展开协商性监督、参与性监督，是新闻传媒促进政治制度文明的基本方式；增进新闻传媒的政治社会化功能，以社会和谐稳定为目标，加强舆论引导、协调利益关系、传播先进的政治文化、弘扬先进的政治行为，是新闻传媒促进政治行为文明的直接切入点。

第三，从经济发展与新闻传媒共生互动的视野，揭示了新闻传媒为和谐社会经济发展服务的主要责任承担方式。报告认为，应从三个维度增强和拓展新闻传媒服务经济发展的基本功能：以科学发展观为指针，增强经济信息服务、经济舆论引导，增进科学发展观念的启蒙与传播功能，促进经济发展向又好又快的方式转变；以实现好、维护好、发展好民众的根本利益为依归，增强社会涵化、舆论监督、公众利益表达与调适功能，维护经济公平和社会正义；以科学、协调、可持续发展为主要落点，增强经济预警、经济环境优化调适功能，为生产发展、生活富裕、生态良好的经济可持续发展服务。

第四，立足于传媒与文化的互动关系，揭示了和谐社会文化构建最紧迫的任务是，充分发挥新闻传媒的文化调谐作用，化解由于社会利益分化、社会多元化格局、文化转型等引发的文化冲突，促进各类文化的协调、对话和沟通。报告认为，当前急需解决的主要问题是，传媒消费主义文化的草根性、娱乐性、世俗化趋势，带来的对主流文化的消解、对公共文化的淡漠；并提出当下文化构建的核心是，要以社会主义核心价值体系为根本依托，发挥传媒的社会道德观念涵化功能，构建和谐的传媒道德文化，进而弘扬社会道德文化。

第五，从跨文化传播的视野，剖析了新闻传媒与构建和谐社会的关系。报告认为，强调以中国为主视角的与国际间不同文化的交流与理解，通过各种文化沟通、融合、协调、互补，在开放、包容、和谐的文化构建中，推进社会现代化发展，是促进跨文化的和谐传播、促进社会和谐发展的重要途径；并提出，在矛盾、冲突、差异、多元、焦虑等文化交往语境中构建和谐的传播，需要在日常生活层面、文化心理层面、文化适应与融合层面注入跨文化传播的和谐理念，需要在个体的反思、团体的"第三文化空间"、社会的跨文化伦理、传媒的跨文化公共空间及国家和国际社会的开放的、非暴力跨文化空间等文化层面，构建有效的跨文化传播机制，创新跨文化传播方式和方法。

第六，从传播新技术扩散与社会系统互动、互构的角度，揭示了传媒新技术对于社会结构与社会生活方式变迁的双重塑造。报告认为，这一双重塑造，一方面有助于构造和谐的传播系统，优化社会结构，调节社会利益关系，创新交往方式，从而促进社会的整合；另一方面，也为社会带来了不确定性因素与风险因素。基于此，报告结合转型期中国社会的现实需求，提出了适应传播新技术、新媒体所带来的全新媒介环境，加快中国新传播系统建设的发展方略和合乎构建和谐社会要求的社会管理机制的新思路。

下篇《四类社会群体媒介认知专项调查报告》的主要内容与创新性观点体现在：

第一次在全国范围之内针对社会转型期中国社会阶层结构的状况开展了大范围、多群体的媒介认知调查；并在充分把握农民、大学生、司局长、传媒人四类群体媒介认知现状与问题的基础上，提出了一系列具有科学性、针对性、可操作性的解决问题的建议与对策。例如，针对农民群体的传媒认知存在的问题，提出要构筑"以农民为本"的新农村传播体系：在媒介结构优化上，重点发展电视和网络媒介；在媒介定位与传播资源分布上，以农民社会阶层作为目标受众优化传播内容；在媒介利益表达上，构建以农民为传播者的大众传媒利益表达渠道。针对大学生群体的传媒认知存在的问题，提出要全面提升大学生群体的媒介素养；并着重探索了大学生媒介素养教育内容体系，以及大学生媒介素养教育的媒介实践途径。针对司局长群体的传媒认知存在的问题，提出要以社会和传媒的双重转型发展为契机，更新其媒介观念，培养其媒介接触和使用素养，增强其接受媒介监督和批评的素养。针对传媒人媒介认知方面存在的问题，提出要对传媒人实施更新媒介观念的基础素养教育、新闻专业主义理念教育、媒介社会责任教育。

Abstract

The final research of the project (No. 05JZD0026)—Research on the Relationship between the News media Development and the Harmonious Society Construction—consists of two parts: Volume 1: Report on the Relationship Between Media Development and Harmonious Society Construction, Volume 2: Special Report on the Media Awareness of Four Different Occupational Groups of Audience.

The main contents and innovative ideas in the volume one include the following six aspects:

First of all, from a macro level, it demonstrates the significance of the harmonious society to the development of the news media. It tells the current position of the news media service, their fundamental objective and trend in the context of building a harmonious society. It shows that building the harmonious society is of great significance to the performance and the development of the news media in our country. News media is the organic component of the social system and it's a basic mission to promote the harmonious development of the news media.

On this basis, it discusses the interactive and symbiotic relationship between the news media and the politics, economy and the new communication technology. Since "building the harmonious society" has profound impact on the news media development and the media shows positive response as well, the report puts forward the overall functions and roles of the new media in the building of the harmonious society.

Second, from the perspective of the two-way interaction of the news media and political civilization construction, it has illustrated the indispensable functions of the news media in this process. We think that strengthening the media's agenda-setting function and hence adjusting the effective communication of the government, the public and the media is the main approach to promote the political environment civilization. Strengthening the media's scrutiny function and then realizing the consultative and the participatory scrutiny on the public power and the public policy in the intersection of the organization of public opinion, expression of the public opinion and interpretation of events is the fundamental way to promote the institutional civilization. Stressing the media's political socialization nature, guiding the public opinion, coordinating interests, disseminating the advanced political culture and promoting an advanced political behavior is the news media's direct entry point for political behavior civilization.

Third, from the perspective of the symbiotic interaction of the economy development and news media, it reveals the primary means for news media to take the responsibility to serve the economic development of the harmonious society. We should enhance and expand this function from three dimensions:

1. Taking the scientific outlook on the development as a guideline to improve the economic information services and guide public opinion, promote the enlightenment and dissemination of "the scientific overlook on the development", and ensure the better and faster economic development;

2. To realize, safeguard and develop the people's fundamental interests, the media should strengthen social acculturation, media scrutiny, public interest expression and adjustment and finally maintain the economic equity and social justice;

3. In order to realize scientific, coordinative and sustainable development, the news media should develop its economic early warning function and help to optimize and adjust the economic environment, and offer better service for the production development, an affluent life and sound eco-sustainable economic development.

Fourth, on the ground of the interactive relationships between media and culture, it reveals the most urgent task in the harmonious society is to fully play the coordinative function of the news media and resolve the cultural conflicts triggered by the social interests division, social diversity patterns and culture transformation, and finally to promote the dialogue, communication and coordination of various cultures. We argue that the main problem which is urgent to solve is: the grassroot nature, the entertainment nature and the secular trend of the media consumerism culture will dissolve the mainstream culture and bring about the indifference to the public culture. It has proposed the core of the contemporary culture construction for the media is to cultivate the social ethics, construct the harmonious media ethics culture and promote the social morality system.

Fifth, it reflects the relationships between the news media and harmonious society from the perspective of the inter-cultural communication, and stresses international exchanges and understanding of different cultures. Through a variety of cultural communication, integration, coordination and complementarity in the open, inclusive and harmonious culture construction context, the promotion of social modernization is an important way to promote harmonious inter-cultural communication and harmonious social development. It Proposed, to build the harmonious communication in the cultural exchange context filled with contradiction, conflict, difference, diversity and anxiety, we should instill the concept of harmonious communication in their daily life level, the cultural and psychological level and the level of cultural adaptation, and we need to build an effective mechanism for inter-cultural communication, and innovate inter-cultural communication styles and techniques from the dimensions such as individual reflection, "third culture space" of group, inter-cultural ethics, media inter-cultural public space and the open, non-violent inter-cultural space of the national and international community.

Sixth, from the perspective of new technology diffusion and social system interaction, it reveals that the new technology has shaped the social structure and transformation of the social life: on one hand, it helps to build the harmonious communication system, optimize the social structure, regulate the relationship between the social interest groups and innovate the communication styles, thereby promote social integration; on the other hand, it has brought uncertainties and risks. Based on this, we put forward the need to adapt to the new media environment brought by the new communication technology. Considering the realistic need of Chinese society in transition, we should speed up the construction of our new communication system, design the new technologies (news media) development strategies and social management mechanism in the context of harmonious society construction.

The second volume, "special report on the media awareness of four different occupational group of audience" The main content and innovative ideas are embodied in the following aspects:

It's the first time in a nationwide to launch a large-scale and multi-group investigation on the media awareness. It finds the status quos and problems of the media awareness of four group of audience—peasants, officials, college students and media people and then put forward a series of scientific, relevant, feasible suggestions and countermeasures to solve the problems. For example, in terms of the problems in the peasants' media awareness, it proposes to construct a "peasant-oriented" new rural communication system, we should focus on the development of television and network media in the media structure optimization. In the aspect of the media positioning and communication resource distribution, we should adapt the contents to the need of the peasants and build media channels for peasants to express their interests.

In terms of the problems in the officials' media awareness, it proposes to update their concept of media literacy, and cultivate the officials' ability of media access and accept the media supervision and criticism.

In terms of the problems in the college students' media awareness, it suggests that we should raise the overall media literacy of the college students, update the students' media concept and explore the scientific media literacy education contents and systems, and find the best media practice channels.

In terms of the problems of the media people's media awareness, it has proposed that, besides updating the media concept, we should enforce the basic media literacy education, news professionalism education, and media's social accountability education.

目 录

上篇
新闻传媒发展与构建和谐社会关系研究报告

第一章 构建和谐社会与新闻传媒发展　　3

　　第一节　构建和谐社会与新闻传媒的关系　　4
　　第二节　构建和谐社会与新闻传媒的现实方位　　12
　　第三节　构建和谐社会与新闻传媒的责任担当　　26
　　第四节　构建和谐社会与新闻传媒的发展　　44

第二章 新闻传媒与和谐社会的政治文明建设　　58

　　第一节　新闻传媒对政治文明建设的意义　　59
　　第二节　新闻传媒议程设置功能与政治环境文明建设　　65
　　第三节　新闻传媒舆论监督功能与政治制度文明建设　　83
　　第四节　新闻传媒的政治社会化功能与政治行为文明建设　　97

第三章 新闻传媒与和谐社会的经济发展　　107

　　第一节　新闻传媒与和谐社会经济发展的关系　　108
　　第二节　新闻传媒与坚持科学发展的和谐社会经济　　118
　　第三节　新闻传媒与坚持以人为本的和谐社会经济　　126
　　第四节　新闻传媒与全面协调可持续的和谐社会经济发展　　136

第四章 新闻传媒与和谐社会的文化构建　　152

　　第一节　新闻传媒与文化的关系　　153

第二节　文化冲突与新闻传媒的文化调谐职责　156

　　第三节　新闻传媒的消费主义文化转向及对策　165

　　第四节　新闻传媒与和谐社会道德重建　174

第五章 ▶ 跨文化传播与构建和谐社会　186

　　第一节　跨文化传播对于构建和谐社会的意义　187

　　第二节　当代跨文化传播中呈现的不和谐因素　191

　　第三节　跨文化传播的和谐理念　205

　　第四节　推行跨文化传播和谐理念的对策　213

第六章 ▶ 传播新技术与构建和谐社会　218

　　第一节　传播新技术与社会环境变迁　219

　　第二节　传播新技术给和谐社会构建带来的挑战　226

　　第三节　传播新技术条件下构建和谐社会的对策　236

下篇

四类社会群体媒介认知专项调查报告

第七章 ▶ 四类社会群体媒介认知专项调查概述　249

　　第一节　调查报告中的关键概念解读　249

　　第二节　社会阶层结构与四类调查对象选择根据　253

　　第三节　调查样本形成的方式及其主要的总体发现　256

第八章 ▶ 中国农民对大众传媒的认知、评价和期待　259

　　第一节　引言　259

　　第二节　主要发现与结果分析　262

　　第三节　建议和对策　282

第九章 ▶ 中国司局级干部对大众传媒的认知、评价和期待　289

　　第一节　引言　289

　　第二节　主要发现与结果分析　293

　　第三节　建议和对策　323

第十章 ▶ 中国大学生对大众传媒的认知、评价和期待　332

　　第一节　引言　332

　　第二节　主要发现与结果分析　335

　　第三节　建议和对策　377

第十一章 ▶ 中国传媒人对大众媒介的认知、评价和期待　383

　　第一节　引言　383

　　第二节　主要发现与结果分析　386

　　第三节　建议和对策　424

主要参考文献　431

后记　438

Contents

Volume 1
Report on the Relationship Between Media Development and Harmonious Society Construction

Chapter 1 Building the Harmonious Society and Developing the News Media   3

     Section 1   The Relationship Between the Harmonious Society Construction and News Media   4

     Section 2   The Harmonious Society Construction and the Realistic Position of News Media   12

     Section 3   The Harmonious Society Construction and the Responsibility of the News Media   26

     Section 4   The Harmonious Society Construction and the Development of the News Media   44

Chapter 2 News Media and the Building of Political Civilization in the Harmonious Society   58

     Section 1   The Significance of the News Media to Political Civilization   59

     Section 2   The Agenda Setting of the News Media and the Political Environmental Civilization Construction   65

Section 3　The Monitoring Function of the News Media and the Political Institutional Civilization Construction　83

Section 4　The Political Socialization Function of the News Media and the Political Behavioral Civilization Construction　97

Chapter 3　News Media and the Economy Development of the Harmonious Society　107

Section 1　The Relationship Between the News Media and the Harmonious Social Economic Development　108

Section 2　News Media and the Harmonious Social Economy with Scientific Development　118

Section 3　News Media and the People-Oriented Social Economy　126

Section 4　News Media and All-round, Balanced, Sustainable of Harmonious Social Economy Development　136

Chapter 4　News Media and the Culture Construction of the Harmonious Society　152

Section 1　The Relationship Between the News Media and Culture　153

Section 2　Cultural Conflict and Coordination of the News Media　156

Section 3　The Shift to Consumerism of the News Media and the Countermeasures　165

Section 4　The News Media and the Reconstruction of the Social Ethics　174

Chapter 5　Harmonious Society Construction and the Inter-Cultural Communication of the News Media　186

Section 1　The Significance of Inter-Cultural Communication to the Harmonious Society　187

Section 2　The Unharmonious Elements in the Current Inter-Cultural Communication　191

Section 3　The Concept of Harmonious Inter-Cultural Communication　205

Section 4　The Measures of Promoting the Harmonious Inter-Cultural Communication　213

Chapter 6   New Communication Technology and Harmonious Society Construction   218

    Section 1   The New Communication Technology and the Transformation of the Social Environment   219

    Section 2   The Challenges of the New Communication Technology to the Harmonious Society Construction   226

    Section 3   The Measures of Building the Harmonious Society in the Case of the New Communication Technology   236

Volume 2

Special Report on the Media Awareness of Four Different Occupational Groups of Audience

Chapter 7   Outlined   249

    Section 1   The Key Concepts in the Investigation Report   249

    Section 2   The Social Hierarchy and the Basis of Selecting the Four Occupational Groups   253

    Section 3   The Sampling and the Main Findings   256

Chapter 8   Chinese Peasants' Media Awareness, Evaluation and Expectation   259

    Section 1   Introduction   259

    Section 2   The Main Findings and the Analysis   262

    Section 3   Suggestions and Countermeasures   282

Chapter 9   Chinese Officials' Media Awareness, Evaluation and Expectation   289

    Section 1   Introduction   289

    Section 2   The Main Findings and the Analysis   293

    Section 3   Suggestions and Countermeasures   323

Chapter 10　Chinese College Students' Media Awareness, Evaluation and Expectation　332

　　Section 1　Introduction　332
　　Section 2　The Main Findings and the Analysis　335
　　Section 3　Suggestions and Countermeasures　377

Chapter 11　The Media People's Media Awareness, Evaluation and Expectation　383

　　Section 1　Introduction　383
　　Section 2　The Main Findings and the Analysis　386
　　Section 3　Suggestions and Countermeasures　424

References　431

Postscript　438

上 篇

新闻传媒发展与构建和谐社会关系研究报告

第一章

构建和谐社会与新闻传媒发展

本章为总论，从宏观上分别论述了构建和谐社会对新闻传媒发展的意义、新闻传媒服务和谐社会建设的现实方位、新闻传媒在构建和谐社会中的责任，以及在和谐社会构建背景下，新闻传媒发展的基本目标和走向。构建社会主义和谐社会，对中国新闻传媒的运作和发展具有导向性和嵌入性意义。新闻传媒是和谐社会结构体系的有机构成部分，在为和谐社会建设服务中推进自身的和谐、科学发展，是新闻传媒当前的一大使命。在现代性包孕下生长和发展的中国传媒，是现代社会整合和调适的重要中介。新时期以来，以和谐思维作为运作主脉的新闻传媒，在取得一系列成就的同时，也存在着报道、运作和运用上的不和谐要素。从新闻传媒的现实方位出发，其在构建和谐社会中的基本责任是营造和谐的传播环境，实现对新闻传媒的科学运用，促进其科学发展。

构建和谐社会，是今天中国社会发展和转型关节点上的一次重大战略选择，也是21世纪前期中国社会发展的核心战略目标。这一战略目标的实施，自然是一项宏大的系统工程，不仅包括了具体的观念变更、制度安排、机制转换，更重要的是要对社会资源进行优化配置、开发和整合。而新闻传媒是作为整合社会资源、协调社会发展的基础性工具而存在的；尤其是在当今中国，新闻传媒的影响已经充塞了社会的每一个方位，并构筑了新的"社会生活地图"，传媒生态与社会系统共生、贯通的关系更是日益紧密和深化。因此，新闻传媒的科学、和谐发展，理应是构建和谐社会的主要内容。

第一节 构建和谐社会与新闻传媒的关系

构建和谐社会是在科学制度安排下转换社会机制的过程，必然会引动社会系统结构的调整和重构。作为社会重要子系统的新闻传媒，在这个过程中，既是和谐社会构建的制度能量覆盖的受体，也是为构建和谐社会注入结构能量的重要主体。

一、和谐社会的内涵

从词义上考察，和谐是配合得适当且匀称的意思。其英语对应词 harmonious，则包含着和睦的、协调的、调和的，且音调优美的、悦耳的等意义。

和谐是极具开放性和包容性的命题。"和"的含义，是指性质相异的因素和谐地共处于一个统一体中；"谐"的含义，是指共处于统一体中的异质元素在一定条件下互相调和、融合。从整体意义上讲，"和谐社会是一个接纳和包容不同的社会元素，配合得适当的、和睦的、协调的社会"①。

和谐是中华文化的根脉，是中国传统智慧的核心要素。先秦时代，诸子百家争鸣，存在诸多歧异，但都有一个共同指向——"贵和尚合"。老子"知和曰常，知常曰明"的"阴阳和谐"，孔子"礼之用，和为贵"的"中庸之道"，以及墨子的"交相利，兼相爱"，荀子的"万物得其和以生"，孟子的"天时不如地利，地利不如人和"，晏子的"和与同异"，管子的"蓄之以道，则民和，养之以德，则民合，和合故能谐"等，都反映了中国传统文化丰富的追求和谐的思想②。

在西方思想史上，和谐也是一个重要命题。亚里士多德认为良好的秩序就是和谐；毕达哥拉斯学派则把自然与人类和谐作为最高追求；马克思在《德意志意识形态》和《共产党宣言》中，也肯定了"提倡社会和谐"的价值和意义，认为这"提供了启发工人觉悟的极为宝贵的材料"③。

20 世纪初以来，随着社会变革日益深入，和谐社会的思想在国际学术界更是受到重视和阐发。概括来讲，有四种理论取向：一是社会均衡论（theory of so-

---

①② 参引刘景录：《社会主义和谐社会与中国传统文化》，载《中共中央党校学报》2005 年第 4 期。
③ 《马克思恩格斯选集》第 1 卷，人民出版社 1972 年版，第 283 页。

cial equilibrium)。认为社会是一个自我平衡的系统，在这个系统内部有一套维持、保持、调适和修复社会均衡状态的整合机制。"平衡是社会常态，而变迁是暂时的，变迁最终是为了实现平衡"①。要建立一个良性运行的社会，必须全面考虑各种运行机制之间形成一种和谐安排，而不能仅仅依赖市场竞争的单一机制来构建社会秩序②。

二是社会协和论（concord society）。认为社会应当是为了共同利益而互相合作、协调行动的社会。社会成员之间的"协和"程度是区别不同社会的尺度。高"协和"的社会里，人们和睦相处，合作共事，在财富分配上则大体平均；而低"协和"的社会里，人们动辄争斗，彼此仇恨，取得财富的手段是压倒别人，在财富分配上往往是两极分化。

三是社会系统论（society system）。上述两种理论，前者阐释了社会的内稳机制，后者论述并指出了社会的协作规范。社会系统论则突出了社会均衡和协作中的"变迁"和"发展"，尤其是把社会看成一个过程系统，系统各部分之间不仅存在着均衡和协作，系统本身还存在着与环境的交换，即系统嵌入更大的社会环境之中。这一环境在"结构化理论"中被时空所定位，一方面，系统嵌入不同的空间，各个组成部分就必须服从不同的习俗和规范，由此各个组成部分的均衡和协作的完成逻辑不同；另一方面，各系统各部分之间的协作逻辑不是一成不变的，它们会随着时间的变化而变化。"系统就是'时空'定位中不断地保持协作和均衡，稳定、协作和发展构成了'社会和谐'的三部曲"③。

四是社会团结论（social solidarity）。这一理论认为，利益和价值的分化势必造成社会冲突和社会失范，致使传统的利益协调方式和价值体系解体，社会矛盾不断加深。解决这一问题的根本出路，是在新的社会基础上进行社会重组，构建新的"社会团结"，防止"社会排斥"和"社会分裂"④。这一理论主张国家和政府承担起重要责任，要积极促进新兴社会组织的发育，发挥它们在促进社会团结中的作用，用新兴的业缘关系网络替代传统的血缘和地缘关系网络⑤。

与此相关的，还有"社会公正"理论、"社会福利"理论、"社会冲突"理论、"风险社会"理论等。这些理论都对社会冲突、社会和谐的关系，以及社会团结协调机制进行了比较深入的研究。

构建和谐社会，是现代中国人民的共同愿望；国家富强、民主和人民富裕、

---

① 帕森斯：《社会系统与进化的行动理论》，转引李培林等：《和谐社会构建与西方社会建设理论》，载《社会》2005 年第 6 期。
② Parsons T. The Social System. New York：Free Press，1951：31.
③ Parsons T. The Social System. New York：Free Press，1951：33.
④ Durkheim E. The Division Labour in Society. W. Halls. New York：Free Press，1984.
⑤ 参见社会科学院课题组：《努力构建社会主义和谐社会》，载《中国社会科学》2005 年第 3 期。

幸福，是中国人民长期浴血奋斗和社会改革所延续的主脉。自20世纪70年代末始，中国驶向了以经济建设为中心、改革开放的正确航道。从那时起，中国社会的政治治理开始珍视社会的稳定、团结，注意各种利益和矛盾的协调、化解机制的建立和完善。

改革开放之初，邓小平反复提到"没有安定团结，就没有一切"[①]，"压倒一切的是需要稳定，没有稳定的环境，什么也搞不成，已经取得的成果也会失掉……民主是我们的目标，但国家必须保持稳定。"[②] 邓小平的"两手抓，两手都要硬"思想中，"一手抓改革发展，一手抓稳定"便是其核心要义。从1992年开始，中国实行社会主义市场经济体制以后，更是把"改革、发展、稳定"作为国家生活的主题。

进入21世纪后，中国加快了全面建设小康社会的步伐。中共十六大提出"必须保持长期和谐稳定的社会环境"，"努力形成全体人民各尽所能、各得其所而又和谐相处的局面"[③]。中共十六届四中全会则将现代化的总体布局，由发展市场经济、建设政治文明和先进文化三位一体，扩展为包括构建和谐社会在内的四位一体。中共十六届六中全会又把构建和谐社会作为现代化建设的战略目标，提出建设富强、民主、文明、和谐的社会主义现代化国家。中共十七大更是进一步提出在科学发展观的统领下，促进社会和谐是当前和今后的重大战略任务。

关于和谐社会的现实含义，中共十六届四中全会的界定是："形成全体人民各尽所能、各得其所而又和谐相处的社会……要适应我国社会的深刻变化，把和谐社会建设摆在重要位置，注重激发社会活力，促进社会公平和正义，增强全社会法律意识和诚信意识，维护社会的安定团结。"[④] 2005年2月19日，胡锦涛进一步阐述了"和谐社会"的内涵："我们所要建立的和谐社会，应该是民主法治、公平正义、诚信友好、充满活力、安定有序、人与自然和谐相处的社会。"这之后，和谐社会的外延不断拓展，并提出了"和谐世界"的外交和国际战略思维。中共十六届六中全会作出的《中共中央关于构建社会主义和谐社会若干重大问题的决定》中还明确指出："社会和谐是中国特色社会主义的本质属性，是国家富强、民族振兴、人民幸福的重要保证。"

总之，构建和谐社会是中国现代化战略框架下的社会治理方式、价值取向、

---

① 《邓小平文选》第2卷，人民出版社1994年版，第252页。
② 《邓小平文选》第3卷，人民出版社1993年版，第284页。
③ 江泽民：《全面建设小康社会，开创建设有中国特色的社会主义事业新局面——在中国共产党第十六次全国代表大会上的报告》，2002年11月8日。
④ 《中共中央关于加强党的执政能力建设的决定》，2004年9月19日。

社会理想和目标追求。从即时目标看，构建和谐社会是中国社会实现现代化的重要台阶，是与市场经济、民主政治、先进文化相并列、相联结、相融通的社会治理方式。从战略上看，构建和谐社会是中国现代化的基本目标，是包含物质文明、政治文明、精神文明为一体的总体范式；"是贯穿中国特色社会主义事业全过程的长期历史任务，是在发展的基础上正确处理各种社会矛盾的历史过程和社会结果"①。

二、新闻传媒在构建和谐社会中的位置

"处在意识形态领域的前沿，对社会精神、生活和人们思想意识有着重大影响"② 的新闻传媒，在构建和谐社会的进程中占据着不可替代的重要位置。

（一）新闻传媒与社会媒介化

"社会不仅通过传播而存在，而且我们可以正当性地说，社会存在于传播之中。"③ 现代社会的传播，主要是以新闻传媒为中介，对信息、知识、思想的传递散播过程。新闻传媒具有工具性和非工具性，从物理层面看，新闻传媒是承载物质、信息和符号的物，是中性的东西。但在物的背后，则是人的把握和社会的调制机理，是社会交往、社会结构的构建和置换场所。因此，新闻传媒的人化形式才最具有决定意义，是在这个基础上才构成了传播观念、传播思想、传播行为和传播制度等。在这个意义上，新闻传媒也由此融贯和集结了社会的基本能量。

现代社会以社会媒介化为主要特征；媒介通过结构社会观念、影响社会控制方式对人施加影响，是社会的构造要素。今天的媒介就像空气一样，无所不在，无时不有，并竭尽所能地影响着现代人的工作、生活、休闲、娱乐、情感以及种种嗜好，可以说当今人们的生活几乎被媒介全面予以呈现、透射。尤其是作为媒介主要形式的新闻传媒，对人的影响力更是巨大的。新闻传媒"引起人类事务的规模、步伐和类型上的变化"、"塑造和控制人类交往和行为的尺度"。④ 新闻传媒所传播的新闻信息，"这些貌似亲和的符号，'不为人知'地改变和控制了

---

① 胡锦涛：《高举中国特色社会主义伟大旗帜，为夺取全面建设小康社会新胜利而奋斗》，2007年10月15日。
② 胡锦涛：《在人民日报考察工作时的讲话》，载《人民日报》2008年6月26日。
③ 转引陈卫星：《传播的观念》，人民出版社2004年版，第71页。
④ [美] 沃纳·赛佛林等著，郭镇之等译：《传播理论：起源、方法与应用》，华夏出版社2000年版，第296页。

人们的思维方式和社会习性。"①,"新闻不仅告诉我们该想些什么,而且告诉我们该怎么想"②。

在媒介迅速扩张和膨胀的信息社会,"媒体几乎可以说是一直存在的背景,是我们的生活条件,我们与媒体共同生活,并且靠着媒体过日子。"③ 今天人们已经没有脱离媒介的自由,只有选择接受和使用某一类或某一种媒介的自由。在这样的社会里,我们可以断定:新闻传媒基本给定了我们的生存空间和思维空间,是强大的、具有召唤潜意识能力的社会化力量。

(二) 新闻传媒在构建和谐社会中的功能与作用

新闻传媒在构建和谐社会中的功能与作用主要体现在这样几个方面:

1. 关系到信息自由流通的公共领域的构建

新闻传媒既是公共领域的重要组成部分,又是公共领域的一种内在机制;"它既是报道公共事务和公共政策的信息平台,又是人们对公共事务批评和评价的舆论平台。"④ 构建和谐社会,需要面对并且妥善处理好各种社会矛盾和问题,其间最为紧要的是妥善协调好各阶层的利益关系。而要妥善协调好各阶层的利益关系,最具基础性的条件之一就是要有通畅的各阶层利益表达的渠道;否则,听任一些阶层特别是弱势群体集体失语,社会交流和社会协调的渠道就没有了源头。当前中国社会基层和弱势群体利益需求表达的主要途径有两个,即人民信访渠道和新闻传媒渠道。前者主要针对的是一些相对比较微观和具体的问题;而能够作为公众议题的、保障公众表达权的,并在宏观意义上构成政府与公众无阻碍交流的最便捷、最有效的通道,则是新闻传媒。

同时,一个机制健全、运转通畅的社会,"通常是新闻信息自由流通、社会透明度高、信息不对称现象较少、有利于社会经济发展和社会成员认同程度提高的社会"。⑤ 众所周知,公众知情权的有效保障,是社会有效交流、协调的基本前提;而最具有这方面功能的社会资源,首推新闻传媒。今天,以新媒介技术为主导的媒介空间,不但没有削弱新闻传媒这种最基本的功能,而且加强了对它们的需求。在海量信息的包围之中,人们更需要对信息的解读、导航,从而获取对自身最有用的信息。"人们需要的不只是信息,尽管在这'事实的年代',信息

---

① 孟繁华:《传媒和文化领导权》,山东教育出版社2004年版,第3页。
② [美]沃纳·赛佛林等著,郭镇之等译:《传播理论:起源、方法与应用》,华夏出版社2000年版,第268页。
③ [美]曼纽尔·卡斯特著,王志弘等译:《网络社会的崛起》,社会科学文献出版社2006年版,第314页。
④ 林志力:《新闻传媒在建构和谐社会中的历史使命》,http://www.cwmedia.org。
⑤ 赵路平等:《和谐社会中的媒介角色建构》,载《传媒观察》2005年第4期。

往往支配了他们的注意力,并远远超过了他们的吸收能力……他们需要的和他们感受到需要的,是一种心智品质,这种品质可帮助他们利用信息增进理性,从而使他们能看清世事,以及或许就发生在他们之间的事情的清晰的全貌。"①

2. 关系到和谐的新闻舆论场的建立

和谐社会应该是一个博弈均衡的社会,衡量社会和谐的最重要的因素就是公平和公正;而公平和公正,主要体现在社会群体利益的协调和平衡上。从一般的利益意义上看,构建和谐社会是需要付出和谐成本的;物质基础的雄厚程度及支付"和谐成本"的能力,决定着构建和谐社会的广度、深度、力度和进度,影响着初级阶段社会和谐的程度。②

毋庸置疑,今天,发展中的中国在构建和谐社会的物质资源支持和"硬实力"上是有限的,构建和谐社会理应更多地依赖于社会认同、社会调适、心理调适等社会资源的整合和协调。新闻舆论场在这方面是大有作为且可以有效地发挥作用的:一是构建和谐社会需要通过新闻舆论引导社会动用必要的物质资源来调节各阶层的利益,特别是呼吁社会加强对弱势群体的关注和保护。二是构建和谐社会是对社会思维和社会观念的一次全新的转变,这需要新闻传媒营造良好的舆论环境,从而改善全民的精神状况,提高其道德素质,用良好的社会心理结构来优化社会结构,推动全社会形成构建和谐社会的精神合力。三是构建和谐社会必须对社会各阶层的心理进行疏导和调适。"和谐社会绝不是没有矛盾和冲突的社会;而是一个有能力化解矛盾和冲突,实现利益大体均衡的社会。"③ 新闻传媒是充当疏导和化解社会矛盾的最便捷、最有效的"减压阀"。四是构建和谐社会需要公共理性和公共信心的舆论支持。新闻传媒对社会现实的真实、理性反映,有助于建立社会共识以及个体、群体与社会的理性认同,实现对社会的有效调控。

3. 关系到社会预警机制和社会监督机制的完善

新闻传媒作为社会的守望者是以推动社会结构的健康和社会运行的顺畅为己任的。其间下列三个要素对现代社会健康、有序地运行是极为重要的:一是新闻传媒的预警机制。经济和社会转型期的社会关系往往充满张力,有着多种不可控因素。现代化孕育着稳定,而现代化的过程中往往也潜伏着诸多不安定、不和谐因素。"作为传递信息的工具,媒体就是人类所利用的重要的社会雷达……通过媒体监测自然、社会环境中的不和谐因素,建立积极有效的社会预警机制,能够

---

① [美] C. 赖特·米尔斯著,陈强等译:《社会学的想象力》,生活·读书·新知三联书店2001年版,第3页。
② 南振中:《为促进和谐和稳定营造良好舆论环境》,载《中国记者》2005年第4期。
③ 孙立平:《利益时代的冲突与和谐》,载《南方周末》2004年12月30日。

有效地促进社会对问题的及时解决和处理，有利于社会的协调稳定。"① 社会的稳定是和谐社会的底线，新闻传媒的触角深入到社会的各个方位，对各种影响社会发展的问题能够保持高度的敏感，对社会可能出现的重大问题和冲突能够快速、准确地作出反应，有条不紊地组织、协调和开展好危机传播活动，从而充分地发挥其预警作用。二是舆情搜集和反馈机制。新闻传媒是与社会舆论最接近的一个领域，可以不间断地保持与民间信息渠道的交流，对社会的热点、焦点和难点问题给予关注，并把这些信息及时反馈出来，提供给社会决策者参考。三是新闻舆论监督机制。舆论监督是新闻传媒干预社会的最直接方式，也是新闻传媒社会影响力的主要立足点之一。在和谐社会的构建中，新闻传媒必须直面社会，对社会中不和谐或者影响和谐的问题进行建设性监督，通过新闻舆论的约束力，对社会问题、社会不公正现象进行监督和制约，促进问题的解决和社会的进步。

三、构建和谐社会对新闻传媒的意义

构建和谐社会为中国社会的科学发展提供了制度性保障，自然也为新闻传媒的科学、和谐发展提供了"史无前例"的空间。

（一）新闻传媒的价值扩展

"新闻传媒必然会处于整体社会制度的制约之中，这种制约在很大程度上决定了媒介的基本面貌、运作方式、职业理念"②。顺应社会环境，适应社会发展，既是新闻传媒生存、发展中无法逾越的"坎"，也是其不断超越自我的主要"推手"。构建和谐社会的起点是在政府主导下，扩大民主，制度化地协调人们的多元利益，推动社会变革。新闻传媒侧身其中，"以社会化为基本平台，在社会的变革时期，通过持续的信息传播活动，为社会的变革进行思想启蒙、制造舆论"③。与此同时，新闻传媒作为重要的社会子系统，自然也会成为社会变革进程的承载者、"获益者"。构建和谐社会必将进一步拓展新闻传媒的价值含量。

其一，"新闻本位"将进一步光大，新闻的信息价值将成为主导价值。

和谐社会所要求的新闻传播理念，与"媒介组织传送影响和反映社会文化的信息，向不同的受众提供信息，使媒介成为塑造社会制度力量的一部分"④ 这

---

① 赵路平：《和谐社会中的媒介角色构建》，载《传媒观察》2005 年第 4 期。
② 李良荣：《新闻学导论》，高等教育出版社 2001 年版，第 211 页。
③ 参见张昆：《大众媒介的政治社会化功能》，武汉大学出版社 2003 年版，第 232 页。
④ [美] 斯蒂文·小约翰著，陈德民、叶德辉译：《传播理论》，中国社会科学出版社 1999 年版，第 575 页。

一现代传播理念是不谋而合的。在构建和谐社会中,新闻传媒借助信息传播监视环境,是其维护社会和谐发展的主要手段和途径。由此,新闻传媒的信息传播必然会发生这样两个明显的变化:一是真实、公开、透明,这将成为新闻传播的主流价值取向。而与此同时,新闻与宣传将各守其相应界限,遵循各自自身的规律,相对间隔又互相配合。二是新闻传媒的舆论引导功能将扩展为舆论汇集和引导相结合的立体功能,由此,新闻舆论监督将得到进一步的保障和加强。

其二,新闻传媒的应具品格将得到张扬。

在和谐思维和理性的传播观念推动下,新闻传媒的社会沟通和社会协调价值自然会得到进一步强化;由此,新闻传媒的现代性品格也必将会得以彰显。这具体表现在:一是新闻传媒的社会责任将会得到高度重视和加强。二是新闻专业主义理念将会得到进一步扩张。三是新闻传媒的公众接近性将会得到更加重视。

其三,新闻传媒的"服务"功能将得到充分发挥。

和谐社会的构建,要求新闻传媒最大限度地满足社会、公众的信息需求,同时又要求新闻传媒的传播运作能够制度化地得到社会、公众的管理和监督,从而让公众能够真正地接近、使用传媒为自己造福。由此,新闻传媒的人文性关怀的扩增和艺术性的提升,将成为新闻传播运作和发展的又一主线。这对新闻传媒的本原价值的深度开掘,必将带来机遇和挑战。

(二) 新闻传媒发展的动力供给

"健康的社会能充分实现绝大多数人的最大潜力"。① 社会的良性发展,需要健全的社会制度和文化。构建和谐社会的一系列制度安排,必然把新闻传媒的制度创新纳入其中,给新闻传媒的和谐发展提供依托。同时,构建和谐社会的实践,也必将给新闻传媒开拓新的制度创新空间。

其一,构建和谐社会提出的统领中国经济和社会发展全局的科学发展观,为新闻传媒的发展、提供了制度创新的平台。当前中国文化体制改革的基本蓝图,已经体现出对包括新闻传媒产业在内的中国文化产业的系统的、科学的制度安排特点。这些创新性的制度供给是中国新闻传媒发展的动力。

其二,构建和谐社会的基石是民主法治、公平正义。这既是新闻传媒履行社会职责的制度基础,也是新闻传媒制度创新的核心依据。

其三,新闻传媒发展的原动力是社会和公众的需要。构建和谐社会是公众加强社会参与的过程,而社会参与的基础是公众的公民素质的提高,也是新闻传媒功能的有效彰显。公众参与社会管理能力的提高,需要具有便捷的与政府交流、

---

① [美] 弗兰克·戈布尔:《第三思潮:马斯洛心理学》,上海译文出版社 1987 年版,第 123 页。

实施监督的渠道;新闻传媒作为公众参与社会管理的主渠道,随着和谐社会的建设进程,必定会得到制度性的保障与发展。

其四,构建和谐社会的和谐文化,也给新闻传媒发展提供了制度性支撑。"文化不仅扮演塑造正式规则的作用,而且也对作为制度构成部分的非正式制约起支持作用"。① 文化调适是构建和谐社会的内核之一;和谐文化建设要解决的首要问题,便是社会转型时期的文化失调现象。作为社会的"文化装置",新闻传媒在构建和谐社会中的一大重要使命,理应是充分发挥传播先进文化、调适文化、激活文化的社会整合机能。这自然为新闻传媒既正视、解决社会文化失调,又正视、解决自身文化失调提供了重要契机。

第二节 构建和谐社会与新闻传媒的现实方位

新闻传媒深嵌在社会系统中,社会系统与传媒系统的能量交换是双向的,表现为双方需求和支持的对向流动。作为中国现代社会发展动力要素之一的新闻传媒,必定会在与社会同向运动过程中既推进着社会的整合、文明、进步,又推进着自身的不断发展。中国新闻传媒发展的现实方位也由此确立。

一、中国新闻传媒发展方位的历史回顾

(一) 新中国成立前新闻传媒的现代性追求

在为社会现代化服务中实现自身的现代化,是中国新闻传媒的基本发展脉络。始于19世纪后期的中国社会的现代性进程,是后发外生型的,且面临着外部列强侵略和内部封建专制的双重障碍。为此,20世纪以降,置身于这种历史场域,"斗争性"自然成了中国新闻传媒发展的主线。在服务革命与解放"斗争"任务的过程中,中国新闻传媒在促成社会启蒙和整合、探索现代性发展上作出了不懈的努力,也取得了一些历史性的进步。

其一是言论出版自由在一定程度上得到了法律或制度上的认可,并且经历了短促的实践。20世纪初的辛亥革命把出版自由理想变成了实践,并且通过法律

---

① [美]诺思:《制度、意识形态和经济绩效》,载詹姆斯·A·道:《发展经济学的革命》,上海三联书店、上海人民出版社2000年版,第119~120页。

进行了确定。一直到 1949 年，这种法律和制度虽然不断褪色和扭曲，甚至完全被反动，但是在表面上还是维持着。

其次是传媒商业化经营取得了进展。辛亥革命后的新闻政策平台促进了传媒商业化经营。商业性报纸在一定程度上为报纸为公众所用、以公众需求为依归开拓了可能性。在一些成功的、有品格的商业化报纸运作中，还开始了追求报业成为社会的公共机关的尝试，① 这对于新闻传媒健康发展具有弥足珍贵的启示和先导意义。

其三是新闻本位的确立和新闻专业性的加强。20 世纪前半期开始的大众化运作的报刊实践，为新闻本位注入了动力，引发了新闻传媒为社会和公众服务的专业化意识。如《大公报》奉行的新闻专业性、《生活》报刊系列坚守的以读者利益为中心等，把报刊的生命归结为大公无私的对社会服务的精神。这些报刊的办报理念与实践，把新闻传媒的专业化意义提升到了一个新的高度。

其四是新闻传媒大众化的深入拓展。中国报刊媒体在中国社会变迁中，不断地探索大众化道路，注重满足和服从公众的需要，把公众作为报纸的主人，依托公众办报，从而也有力地推动了中国新闻传媒的现代性进程。其间，被誉为中国共产党领导下的第一次新闻改革的《解放日报》改版后，把报纸定位为人民的公仆，做人民的耳目喉舌；并实施面向大众、深入大众、服务大众、指导大众的群众办报方针。可以说，这次改革与改版所体现出的是"比同时代的任何报纸具有更彻底的大众化办报思想"②。

当然，从总体上看，直到 1949 年，中国新闻传媒的现代性功能输入和积累是相对零碎、疲沓、无力的。由于那时国家的首要任务是革命和救亡，加之民族斗争和阶级斗争错综复杂，这就决定了中国新闻传媒完整发挥其功能还缺乏依托，尤其是社会整合功能的发挥还是一个远景。

（二）新中国新闻传媒发展的曲折和转机

对中国而言，1949 年是一个划时代的转折点。新中国成立初期，中国共产党以建设民主、独立、富强的新中国为目标，对新闻传媒进行了全面改造，实现了由农村办报向全国性办报的转变，新闻体制也由战时状态向和平建设时期转变。这具体表现为：一是以群众路线为办报框架，把工作重心"由乡村转移到城市"，"通讯社、报纸、广播电台的工作，都是围绕经济建设这一个中心并为

---

① 黄旦：《耳目与喉舌的历史性转换：中国百年新闻思想主潮论》，复旦大学博士学位论文，1998年，第 65 页。

② 参见单波：《20 世纪中国新闻学与传播学：应用新闻学卷》，武汉大学出版社 2002 年版，第 113 页。

这个中心服务"①；二是在这个前提下，新闻传媒的批评与自我批评功能得到了一定程度的加强。然而，我们也应看到，在1949～1956年的整个国民经济恢复和过渡时期，尽管中国共产党的新闻改革以列宁的"少谈些政治，多谈些经济"思想为指导进行过多次调整，但是在"继续革命"的牵扯中，新闻传媒的"组织喉舌"功能向"社会喉舌"功能转变得并不顺利。

1956年，中国结束了国民经济恢复和过渡时期；这时，中国共产党第一次提出了建设现代化国家的任务，并开始"以苏为鉴"，探索摆脱苏联新闻模式的弊端。②时年，《人民日报》改版拉开了中国第二次新闻改革的帷幕。这次改革是对"我们的报纸、刊物，就剩下一个政治，政治反映到家庭、日常生活里是什么呢？"报刊"反映我国的民主生活还不够正常"等群众意见的回应。改革的方向是：扩大报道范围，多发新闻；开展自由讨论，阐发社会言论；改进文风，活跃空气。改革的目标是："能够更多方面地反映客观情况和群众意见……对于广大人民迫切关心的工作上、生活上、思想上的问题开展讨论，使人民日报成为群众欢迎的生动活泼的报纸。"在这个基础上，《人民日报》办报的群众路线有了更明确的专业化表述，即"我们的报纸的名字叫作'人民日报'，意思就是说它是人民的公共武器，公共的财产。人民群众是它的主人。只有依靠人民群众，我们才能把报纸办好。"③ 在这期间，中国新闻传媒还以"不能只强调政治性……也要当老百姓；新闻报道要坚持立场，也要坚持客观、真实、公正、全面，展开新闻业务的改革"。④ 第二次新闻改革试图使新闻传媒从"组织喉舌"向"社会喉舌"转换，是从夺取政权时代的无产阶级政党报纸向建立国家政权后面向社会的传媒转变的开始。⑤

然而，遗憾的是，这次改革很快中途夭折。在政治高度划一和计划经济完全覆盖的条件下，社会空间极度萎缩，新闻传媒只能又回到"组织喉舌"轨道，成为"抓革命，促生产"的工具、阶级斗争的工具。之后发生的"文化大革命"，则完全背离了新闻传媒近一个世纪的现代性探索成果，把新闻传媒的斗争功能推向了登峰造极的地步。此时的"新闻传媒已经完全抽光了自身的灵魂，新闻业的规范不复存在，……新闻传媒在'革命'浪潮的裹胁之下，搭起了'文化大革命'宣传的舞台，又在狂热的宣传中走上了死亡之路。"⑥

---

① 《毛泽东选集》第4卷，人民出版社1991年版，第1428页。
② 孙旭培：《当代中国的新闻改革》，人民出版社2004年版，第6页。
③ 单波：《20世纪中国新闻学与传播学：应用新闻学卷》，武汉大学出版社2002年版，第166页。
④ 刘少奇：《对新华社工作的第一次指示》、《对新华社工作的第二次指示》，载《中国共产党新闻工作文件汇编》下卷，第358、377页。
⑤ 孙旭培：《当代中国的新闻改革》，人民出版社2004年版，第11页。
⑥ 单波：《20世纪中国新闻学与传播学：应用新闻学卷》，武汉大学出版社2002年版，第192页。

1978年召开的中国共产党十一届三中全会是中国社会又一次重要的历史转折点。它不仅为中国社会"拨乱反正",开辟了一条新的航程;而且也为中国新闻传媒走出迷途,告别"阶级斗争工具"的角色困局提供了制度保障。中国的第三次新闻改革从那时开始起步,进入了最有成效的发展新时期。

二、新时期中国新闻传媒的发展方位

(一) 新闻传媒发展的成就和走向

1978年开始的新时期中国新闻传媒的发展,主要体现在先后实施的两个传媒转轨上:

1. 从"斗争性"传媒向"建设性"传媒转轨

改革开放的现代化路径,"一个中心,两个基本点"的社会发展取向,为中国新闻传媒回归本位、在服务社会中深入变革提供了不竭动力。

中国新闻传媒的第三次新闻改革,是在走出泛政治化牢笼的背景下展开的;并以服务经济建设"这个最大的政治"为桥梁,一步一步地返回社会,确定了"建设性"地位。20世纪70年代末,中国新闻传媒通过对"文化大革命"灾难的深刻反思和"真理标准"的大讨论,拉开了第三次新闻改革的序幕。由此,中国新闻传媒告别了"阶级斗争"的非常态状况,转向为经济建设服务。在此后持续的经济改革和社会转型的过程中,新闻传媒承载、顺应了其内在要求,逐步回归新闻本位、信息本位,找到了为公众服务的生存要义。与此同时,随着改革开放的不断深入,中国共产党的执政理念的持续创新,新闻传媒的社会守望和社会监督功能也开始受到重视。中共"十三大"提出"重大问题经人民讨论,重大事情让人民知道"和"加强新闻舆论监督"的决策,更是助推了新闻传媒这一功能的发挥。

尤其是进入20世纪90年代后,随着社会主义市场经济体制确立,新闻传媒的外部环境得到改善,内部发展机制、资源配置也得到优化,社会的扩散力进一步加强。"新闻传媒发展贴近'地面',由原来为政治服务的舆论工具,变成了为经济建设服务的大众传播媒介"。[①] 中国的新闻传媒开始不再是单纯的政治力量的工具,而是注重在满足社会和公众的需求中发挥其功能,并与"改革、发展、稳定"的大局政策互相应和。为社会和公众服务,构成了这一时期中国新闻传媒的基本色调。

---

① 孙旭培:《当代中国新闻改革》,人民出版社2004年版,第14页。

2. 从"建设性"传媒向"整合性"传媒转型

迈入 21 世纪后,中国进入到全面建设小康社会,向"现代化的第三步战略目标"进取的关键阶段。"经济的快速发展引起社会加速转型,引起上层建筑包括生活方式、伦理道德、信仰与情操的变化"①;并形成了以现代化为指向、以科学发展为核心的时代思维。中国社会也由此开始走出了"数千年以来在战争(冲突)体系下确立的社会制度路径"②,进入了社会和谐认同和"和平共处"的时代。中国新闻传媒在此情境中举步 21 世纪行程,在更广阔的平台上与社会发展对接,与全面现代化的发展趋向契合。这时,新闻传媒的进取方位与其核心功能有了更多的相容性和互洽性。可以说,中国新闻传媒从此进入了跨越性发展的蓄势创新期。

其一是经济规律和新闻规律的同步运用,使新闻传媒做大做强的"冲刺"有了良好的开端。新闻传媒的影响力和核心竞争力越来越依赖于其在社会中的公信力,新闻传媒的运作及其指向也开始从"表层社会"进入"里层社会"。

其二,中国政府正加速向法制化、责任化、透明化政府转变,政府公开行政的力度逐渐加大,尤其是 2003 年后,政府信息公开走向规范化和制度化的轨道。由此,也为新闻信息自由流动由局部走向全面、由浅层走向深层,提供了制度保障。

其三,公众的媒介近用权受到重视,"贴近实际、贴近群众、贴近生活"的理念正转化为生动实践,新闻传媒的平民化和亲民化程度进一步加深,社会弱势群体开始成为新闻传媒关注的对象。

其四,新闻舆论监督正成为新闻传媒改革和发展的重点领域,尽管其间仍然存在着曲折和阻力,但总体上是在向健康和深入的方向发展。新闻传媒的舆论监督模式也开始走出结果监督、事后监督、奉旨监督的巢穴,进入了社会运行过程监督的入口;其在社会中的重要地位受到了普遍认同。

其五,政府处理与新闻传媒关系的理性化程度有所加强,新闻发言人制度、危机传播和信息公开机制的构建,有利于新闻传媒按自身规律在服务社会上真正有所作为。

其六,加入世贸组织后,政府为新闻传媒体制创新供给了政策资源,包括新闻传媒在内的文化体制改革全面启动,尤其是其中关于新闻传媒的公益性和经营性的划分,为新闻传媒厘清社会效益和经济效益的关系开辟了渠道。与此同时,政府放松规制力度加大,对新闻传媒的管理上开始运用经济和法规的手段。这些

---

① 罗荣渠:《现代化新论:世界与中国现代化进程》,北京大学出版社 1993 年版,第 230 页。
② [英]麦高温著,朱涛等译:《中国人生活的明与暗》,时事出版社 1998 年版,第 33 页。

举措，都是新闻传媒彰显"独立自主性"，切实发挥应有的社会功能的重要动力。新闻传媒的社会整合的地位和作用也由此得以初现。

（二）新闻传媒发展中的问题

检视中国新闻传媒业与社会同步发展的历程，透视其发展现状，应该实事求是地承认：当前中国新闻传媒还存在着一些比较严重的自身问题，存在着与社会发展不协调、不和谐因素。

1. 新闻报道上存在着的问题

新闻报道凝聚和辐射着新闻传媒的功能，是新闻传媒灵魂和品格的外显。新闻传媒与社会对接及作用于社会的主要杠杆就是新闻报道。中国新闻传媒改革是从新闻报道打开突破口的，而其问题也首先通过新闻报道表现出来。

（1）虚假报道。新闻传媒存在的价值与目的，"是满足人民群众知晓与他们自身的最大利益和现实生活所需密切相关的新闻事件和新闻人物的真实情况"。[①] 虚假报道是对新闻生命力和公信力的自戕行为，它不仅迷失了传媒的生存价值，更伤害了公众福利和社会和谐。20世纪90年代以来，随着传媒市场化进程的加快，传媒间竞争的加剧，一些新闻传媒上的虚假报道也呈现出愈演愈烈之势。眼下的虚假报道有着多种表现形式，最突出的是这样几种：一是捕风捉影，凭空捏造事实。二是道听途说，偏听偏信，传递失实信息。三是张冠李戴，随意"导演"、"策划"新闻。应该说，这些年来，借鉴"议程设置"的传播理论而开展的新闻报道策划，给中国新闻传媒带来了巨大的生机和活力；但是，一些新闻传媒机构和传媒人却置新闻操守于不顾，把新闻策划变成策划新闻，热衷制造"水货新闻"，愚弄公众，这已成了当前一大新闻公害。

（2）片面报道。传播学家施拉姆认为，每个人在自己的大脑中都有一张社会地图，人们用这张地图来寻找发展的方向；为了保证地图的正确性，人们用社会雷达来监测环境，不断地修改社会地图，新闻传媒就是人类所利用的重要的雷达。遗憾的是，一些新闻传媒并没有承担好这一"雷达"的职责，没有担当好社会的守望者角色；他们不是为人们提供可资利用的社会的正确地图，而是提供一些胡乱涂鸦的漫画。新闻传媒失语和炒作是其中最典型的表现。在资讯高度发达的时代，传媒的失语有时会带来灾难性的后果。一些重要的、涉及民生的社会信息不能从正式的传媒渠道表达，就会变成流言和谣言；"卷入社会离轨放大过程中的谣言，更具有权威性，因此也会带来更严重的后果"。[②] 谣言会破坏社

[①] 李希光：《转型中的新闻学》，南方日报出版社2005年版，第5页。
[②] ［英］巴勒特著，赵伯英译：《媒介社会学》，社会科学文献出版社1989年版，第35页。

的和谐，甚至会影响社会的稳定。2003年在"非典"开始肆虐时，一些新闻传媒的集体被动就充分证明了这一点。再比如，一段时间内，在一些新闻传媒中，没有弱势群体的位置和声音，他们生活中的最紧要问题，在传媒上通常处于缺席和失语的状况，有的也只是一种被"戏说"的角色。个别传媒甚至将乡下人和外乡人"妖魔化"，导致弱势群体的形象扭曲，诱发一些不和谐、不安定因素。新闻传媒的炒作也会伤害社会的和谐。当前，一些传媒热衷炒作社会上大款的生活方式和一掷千金的高消费方式，把社会中存在的少数生活现象当作普遍性的东西宣扬；还有些传媒将社会上存在的一些不安定和不协调现象，过分的放大，反复传播，给人们的"心理模板"上刻上"这是一个非常不安全的社会"形象。再有，一些传媒在为弱势群体鼓与呼、尽心去做民生新闻时，也存在着一边倒的炒作倾向。比如，一提到民工工资，就说是"血汗钱"；一涉及到民工工资拖欠问题，就疾呼"还民工血汗钱"；把劳资纠纷和必须在法制的框架内解决的问题，变成一种悲情呼唤，仿佛这个社会到处充满压榨。"这自然容易引起民工恶性对待纷争，激化矛盾"①；也容易使公众对社会认识产生偏差，还会影响国际上的中国国家形象。这些都是对新闻报道的简单化、片面化理解和运用时所产生的问题。它不但不能为构建和谐社会做出贡献，而且会带来很多负面效应。

（3）失衡报道。新闻报道的失衡会导致"媒介现实"对社会现实的遮蔽和扭曲，从而影响公众对现实社会的客观判断，误导公众的价值观，伤害社会和谐。当今一些新闻传媒在报道方向和内容取舍上，偏重于城市，而忽略了农村；偏重于政治、经济的"要闻"，而忽略了社会大众日常生活的"要闻"；偏重于"眼球的吸引"，而忽略了心灵的"纯化"。还有的传媒热衷于揭丑，对社会上一些异常的、负面的现象竭力放大，甚至到了无所不用其极的地步；而又有些传媒则热衷于"正面宣传"，处处唱赞歌，似乎社会一片歌舞升平。凡此种种，都会对公众产生误导，从而消解了公众的正确判断力。

（4）泛商业化报道。一些新闻传媒崇尚"怎么来钱怎么搞"，大搞"去政治化"或"非社会化"，消解新闻传播的社会责任。具体表现是：一方面以"金元新闻"为看家的法宝，"嫌贫爱富"，唯大款、富豪为"上帝"，对他们的价值观念、利益需求、思想感情、生活方式不惜版面、时段，尽力予以表达。"而反映普通百姓特别是弱势群体的生活、愿望、感情、要求和呼声的东西却少了。"②即使有一些涉下层民众的报道，也多是悲天悯人、居高临下的姿态，显现的也只

---

① 钱跃：《新闻报道在建构和谐社会中的责任》，载《中国记者》2005年第3期。
② 赵立志：《新闻传媒在建构和谐社会中的历史使命》，载《新闻与写作》2005年第4期。

是民众被扭曲或悲情的形象。更令人担忧的是，一些传媒几乎成为少数强势群体的代言人和应声虫，成为商媒勾结和共谋的领域。此外，一些行政权力利用传媒寻租的问题也没有绝迹。传媒如此作为，都是以伤害社会和谐为代价的。另一方面则是以娱乐至上为市场的切入点，使低俗新闻大行其道。传媒娱乐功能的发挥是无可非议的，但是如果走向娱乐至上就不正常了。一些新闻传媒常走"边锋"，用大量的"星、腥、性"的内容来招徕受众并以之为自己的独家品牌，这不但污化了社会空气，麻醉了人的身心，遮蔽了新闻传播的"社会能见度"，还会给社会带来不安定因素。还有一种传媒娱乐至上的偏向，就是把普通民众的社会生活作为戏说对象，以此演绎报道的"精彩"，而不顾公众的真实感受和喜怒哀乐。

2. 新闻传媒运作机制上存在着的问题

新闻传媒运作机制上的失当、失调，是当前新闻报道存在种种问题的一大症结所在。

（1）新闻传媒社会运行机制的缺位。这突出表现在公众在新闻传媒运作中的主体缺位。在当下一些新闻传媒运作机制中，公众运用新闻传媒的权力往往被窄化为传媒业者的权力，而公众则被窄化为新闻商品的购买者或消费者；结果，公众当上了商品的"上帝"，却失去了真正意义上的拥有传媒运用权的公民身份。一些新闻传媒就是通过这种商业逻辑抽干了公众的权利内涵，让新闻报道演变成了与金钱、利益相关的社会联系。这些传媒可以任意地做有偿新闻，或者做有偿不闻。这些传媒还可以在一些所谓伪"平民化报道"中，或者以大量的个人隐私来招徕受众，而公众生活的真正内涵则被表面的浮华和琐屑所遮蔽；或者让社会主流得不到充分显现，而让一些支流问题高度放大；或者以大量的与公众的根本利益无关的新闻作为传媒介入社会的主营点，而"许许多多与中国最广大人民群众利益相关的新闻却很可能被漏报了"。①

与此同时，公众在新闻传媒运作机制上的缺位，还表现在其对新闻传媒监督上的"空心化"。新闻传媒的运作，是以广大公众的意愿为依归的，公众对新闻传媒有着无可争议的管理和监督权力。但是，当下公众对新闻传媒的运用，除了来信来访等仰视性权利和以受害者身份起诉的"原子性"身份权利之外，没有制度保障公众作为理性整体对传媒管理和监督的权力；新闻传媒运作的具体实施，则主要靠着传播者的良知。

（2）新闻传媒自身运作机制的扭曲。"缺乏公共理性的制度性制约，新闻传媒商品化倾向不断加剧，20世纪90年代以来，中国经济改革和社会发展中出现

---

① 李希光：《转型中的新闻学》，南方日报出版社2005年版，第61页。

的腐败和不平等现象在大众传媒的运作机制中也表现出来"[1]。新闻传媒自身运作机制的扭曲,主要表现在:

一是新闻传媒在社会重要领域的"矮化"。由于对于经济成本的计算、风险成本的规避,一些新闻传媒的"去社会化"现象盛行。要么对事关公众根本利益和社会紧要问题的信息有意淡化,只是囿于社会"边缘",靠煽情、炒作生存;要么热衷于跑"衙门"、看"风向",摸上面意图,而远离基层、远离公众、远离社会的深层,死抱着过去那套僵硬的新闻运作模式确保生存,"其突出的表现是报喜不报忧"[2]。新闻传媒在社会重要领域的"矮化",自然丧失了新闻传媒的社会责任,也浪费了公众所赋予的新闻传媒资源。

二是新闻传媒"权力"的滥用。由于对经济利益的极度追逐,对权力资源的滥用,一些新闻传媒利用媒介权力寻租的现象严重。有的传媒及其从业者以此作为自身盈利和获得小团体好处的手段;"拿回扣"、"拿红包"等已经是见怪不怪的问题,有偿新闻和有偿不闻屡治屡发,成为难以治理的顽症。有的传媒及其从业者甚至把舆论监督和新闻报道作为敲诈勒索的工具,既有通过"黑名单"获取勒索性资助,并以此为传媒广告和发行盈利的有效手段;也有理出"红名单",明码标价售卖新闻版面和报道,导致大量的假新闻、"形象新闻"出笼。

三是新闻传媒内部管理机制的"不顺"。在当下新闻传媒扩张的过程中,大多是采取增量改革的模式,新增的传媒引入市场机制,基本上均采用企业化管理方式;而存量传媒则依旧在机关兼事业管理方式下运行。这两种管理方式的并存,势必给新闻传媒内部管理机制带来"不顺"。比如,人力资源上双轨制管理的方法,这在改革之初不失为一种制度创新,可以减少急剧改革的震荡,但是随着时间的推移和改革的深入,则不可避免成为一种劣质制度。在这种双轨制下,新闻从业者人为地分成三六九等,形成传媒内部"职业贵族"与"打工者"的人为悬隔。从浅层次讲,这一管理机制,必然使传媒从业者不能在平等的起点上发挥自身的创造力,从而加剧内部的互相不满和对立,销蚀从业者的责任感和职业尊严。从深层次讲,这种机制通过新闻传媒的运作活动放大到社会,也会导致从业者对社会公正的麻木和漠视。与这个问题相关的是,新闻传媒大规模的部门包干制,由于缺失有效的制度制约,众多大大小小的部门都可以招聘新闻"打工者",这就导致了新闻传媒从业者的入口混乱,人员素质缺乏把关标准;加之少数聘用记者又怀着强烈的短期寻租目的,甚至利用新闻传媒做坏事,结果必然

---

[1] 童兵、姜红:《处在市场经济十字路口的中国大众传媒》,载戴元光:《传媒、传播、传播学:新闻传播学的价值重构》,上海交通大学出版社2005年版,第88页。

[2] 喻国明:《变革传媒》,南方日报出版社2004年版,第5页。

败坏新闻传媒的声誉，也会给社会带来严重危害。

3. 新闻传媒的管理体制上存在着的问题

改革开放以来，经过30余年的新闻改革，中国的新闻传媒发展取得了显著成就。但"在向市场经济体制转换的过程中，旧的体制框架仍然占主导地位，已经失效的在渐进性改革和制度修补中出台的一些措施被固化下来，起着主导作用，这就导致了新闻传媒管理体制僵化和失序并存的问题"①。这些体制障碍不仅是新闻改革的瓶颈，而且是新闻传媒与社会和谐互动的主要障碍。

（1）社会管理者的新闻管理能力亟待提升。对新闻传媒的管理和运用能力，是社会管理者执政能力的主要构成部分。现代社会里，任何执政者都会重视对新闻传媒的运用。"问题是必须对其运作特点有更深入的了解，理解和尊重新闻传播规律，对如何运用新闻传媒有高人一筹的领悟力和操控能力"②。从这个角度看，当前作为中国社会管理者的各级、各地政府组织的新闻管理能力还存在很多不足。

一是封闭性的新闻宣传管理模式必须突破。当前的中国新闻舆论工作环境，正处在"历史性变化"的关节点上，需要更加开放的面对世界、面对未来的新闻宣传政策，需要更深入地把握胡锦涛关于"把坚持正确导向与通达社情民意统一起来，尊重人民的自主地位"的要求③。现代社会，资讯和信息系统高度发达，宣传和传播渠道无限丰富，政府要关注的是宣传效果、效用和理性。新闻信息传播所负载的功能正在于能够弥补一般宣传所达不到的领域、所不能取得的功效。因此，不能把新闻报道与宣传简单合一，不能简单地把新闻传媒作为宣传的直接延伸；否则，不但会限制两者的功能发挥，而且会使宣传和新闻的导向作用极度僵化。尤其是一旦出现社会危机，一旦政府与公众存在沟通和理解障碍，宣传潜力用尽，这时，再想通过新闻传媒实行社会调适就比较被动。

"得人心者得天下"，古今中外概莫能外。社会管理者的执政能力理应集中地体现在运用各种手段最大限度地获取人心支持上。因此，对新闻传媒的管理也理应依从于对公众最有利的方向，以发挥其最佳社会效益和影响力。但是，目前不少地方的新闻传媒的管理模式，却存在着极端的单向化控制倾向：一方面认为只要把新闻传媒"管住"、"管紧"，通过单声道的议程和舆论造势，就可以取得足够强大的舆论控制力，就会解决一切问题。另一方面又缺乏多种有效的调控方式和方法，一般靠硬性的行政手段，结果导致政策多变，收放不定，管理短期行为严重。实践证明，缺乏长期的、相对科学的调控机制，必然导致新闻传媒资源

---

① 罗以澄、詹绪武：《转型期新闻道德问题的制度环境分析》，载《现代传播》2005年第1期。
② 陆晓华：《作为执政能力构成的舆论影响能力与传媒运用能力》，载《声屏世界》2005年第4期。
③ 参见陈力丹：《论胡锦涛关于传媒工作的新思维》，载《当代传播》2008年第5期。

的滥用,也会对社会的稳定造成冲击。

二是新闻传媒法治相对薄弱的问题必须解决。当今的中国新闻传媒管理体制,在很大程度上还因袭计划经济时代那种统包统管的运作模式,法治不如人治的潜在逻辑很有市场。以致造成这样的局面:对该管好的问题,如新闻传播的有效性和公信力等,找不出有效的对策;而对不该管的问题则包揽起来,大至传媒内部一般人事变动,小至版面、频道安排,都要去操心插手。与此同时,因人设法、因时设法、因事设法的现象也很突出。一方面,一些基础性法律对新闻传媒的运用和发展不具备可操作性,而一般性法规又相对零碎、滞后,有些还互相矛盾和冲突;针对新闻传媒的规章、制度,常常又缺乏对新闻传播规律的体认,加之部门分割和地区分割,以致难以落实到位。另一方面,"中国法律、法规对新闻传播活动的禁止性规范和义务性规范非常完备,而授权性规范则相对比较薄弱。"① 最关键的问题是,在新闻传媒的运用过程中,由于管理者的好恶和偏向,特别是一些地方政府偏向于自身利益的保护和私人利害的计较,往往出现以言代法、以权代法的现象。

(2)新闻传媒管理体制改革亟须整体推进。中国新闻传媒改革的起点是在计划经济体制下对市场机制的有限接纳,是在扩大经营自主权层面上的接入。其采用的主要方式,就是在原有传媒系统的边缘不断地从横向(即部门办传媒)和纵向(原有传媒繁衍子媒体)两个方位扩展;这样就出现了横向扩张的传媒附属于机关、部门权力的管理体制,而纵向扩张的存量传媒运用老体制、增量传媒运用新体制的混合局面。至21世纪初,则主要以核心传媒的纵向扩张为主,开始向以市场机制为核心的体制转轨过程。但这种体制转换非常艰难,一直处于"进两步,退一步"的僵持阶段;形成增量传媒"双腿"有限体制创新,而存量传媒"脑袋"却停留在计划体制之下的体制扭曲。这种体制的硬伤给一些传统传媒利用计划经济体制的好处在市场中去获得利益留下了空间,以致新闻特权和新闻腐败的问题屡禁不止;也让不少市场型传媒因为自主权的有限,无法有效深入市场,以致传媒短期行为较多、市场竞争混乱无序。管理体制的失常,使新闻传媒在政治效益、社会效益和经济效益之间缺失有效的平衡杠杆,势必抑制和损害了传媒发展的活力和效益。

从目前的情况看,中国新闻传媒的管理体制模式主要是跟进式的,跟进的起点是一元化的行政管理,对旧的管理制度有着过大的"路径依赖"。监管部门长期习惯于依靠政策或情绪化的指示管理传媒,行政干预过多,行政调控的范围过宽、过细,缺乏稳定性,加上行政主管部门条块分割,难免"政出多门",规范

---

① 孙旭培:《当代中国新闻改革》,人民出版社2004年版,第108页。

多而不全、多而不稳,缺乏确定性①。一方面,在政治领域,"对传统的传媒业务行使监管权力的机构不少;但在经济领域,对传媒的市场行为进行监管的机构却有待完善……对新闻传媒市场竞争的充分性和公平性没有有效的调控保障"②。在社会领域,从社会效益和公众利益的角度出发对新闻传媒进行监督和制约的机制更是乏力。另一方面,新闻传媒管理机构的条块分割非常突出,传媒管理部门的职能互相重叠,界限不清;加上地方传媒的隶属关系规定,当地党政部门对各类传媒都有着直接的管理权,特别是一些管理机构不仅有管理职权,还有着既定的部门利益。这样,职能不清和条条块块自身利益的保护和扩张,直接影响了传媒规范和调控的力度与效果。

管理体制的"失常"还直接影响到新闻传媒市场运作的变形。这主要体现在以"事业单位,企业化管理"或"事业性质,企业化经营"的"双重属性"所带来的传媒市场化运作的两难。实质上,中国新闻传媒的性质比双重属性更为复杂,是事业属性、产业属性与机关属性的混合体,"正是这些性质上的多重性含混导致实践中的诸多种问题"③。传媒运作越是深入市场,就越显示出发展困境。

近年来,尽管传媒运营机制在这双重属性框架下进行了多次调整、修补;但从现在的趋势看,这种调整、修补的边际已经处于极限。从内部看,在现有体制框架下,负责新闻传播的是事业单位,实行行政化管理;负责经营的部门属企业性质,实行的是企业化管理,要按市场经济规则行事,但其管理者又并不完全按《公司法》规定的程序产生。"两种不同的管理体制之间存在严重内部损耗、互相掣肘"④。从外部看,新闻传媒作为机关、事业单位,虽然走向市场,参与竞争,但只生不死,优胜不劣汰……而且导致媒介到底是权力还是权利或者说媒介应该拥有行政权还是民事权的法律身份的含混"⑤。行政性市场的垄断和新闻传媒市场身份的虚化,势必导致经济资源浪费和社会责任的消退,也会导致传媒社会调适的功能压抑和变形。资本力量裹挟着政治力量形成双重垄断将会对传媒的公共利益角色产生难以估量的影响,特别是在缺乏全新的意识形态控制力和吸引力的情况下,资本以及受其支配的价值体系将会日益侵蚀本来已经非常脆弱的公

---

① 林晖:《未完成的历史:中国新闻改革前沿》,复旦大学出版社2004年版,第29页。
② 林晖:《未完成的历史:中国新闻改革前沿》,复旦大学出版社2004年版,第30页。
③ 童兵、姜红:《处在市场经济十字路口的中国大众传媒》,载戴元光:《传媒、传播、传播学:新闻传播学的价值重构》,上海交通大学出版社2005年版,第88页。
④ 尹明华:《简单,是最好的:关于报业集团治理结构的思考》,载《传媒观察》2006年第1期。
⑤ 童兵、姜红:《处在市场经济十字路口的中国大众传媒》,载戴元光:《传媒、传播、传播学:新闻传播学的价值重构》,上海交通大学出版社2005年版,第89~90页。

共利益和价值体系。①

  2003年,国家有关管理部门依据文化事业和文化产业的分野,确定了大众传媒分类管理的政策界限,把新闻传媒分为公益性事业和经营性企业单位,并提出了不同的运作要求和剥离的基本方式。但在实际运作中,两者关系却混淆不清,一方面党委机关报也大抓广告,搞多种经营;另一方面一些市场型新闻传媒则也拥有大量类行政资源,成为权力部门的赚钱机器。"按现在的划分,大多数传媒集团属于公益性事业单位,而经营性企业单位是它们的子媒体,把一个集团里的传媒分为两摊子,实现新闻宣传同产业经营逐渐的剥离。"② 这种传媒内部体制的牵扯不清,自然容易造成分离变形,同时也会引发传媒内部资源的无序竞争等一系列新问题。

  (3)新闻传媒结构和布局的失衡亟须制度和管理创新。中国新闻传媒在走出计划经济的过程中,就开始了梯次发展的步伐。特别是20世纪90年代以后,在保持传媒事业属性的同时所进行的产业化进程中,此前已拉开档次的新闻传媒结构和布局失衡进一步加剧。这主要表现在传媒数量过度膨胀,结构小、滥、散,新闻资源配置不合理。改革开放后,过去超稳定的新闻传媒走上了粗放性扩张之路,进入以"小、滥、散"为主要标志的结构混乱期;到1996年结构调整启动前,则达到最高峰。"1996年经过治理整顿,新闻传媒结构有了一定改观,但问题依然突出;传媒数量的过快增长,导致传媒市场僧多粥少,效益整体下滑。"③ 特别是无序扩张和"小机关报"的卷土重来,更加剧了这种混乱。虽然2003年再一次治理整顿,强行用行政措施暂时压住了一些问题,但结构性失衡已经到了瓶颈。以报纸、期刊、广播、电视单线条条分割的新闻传媒布局,已经限制了新闻传媒结构优化的路径。而以块块管理为主的地方保护主义和分割方式,更为这种僵化结构加上了栅栏。多重条条和块块之间的制约和矛盾突出,也不利于新闻传媒资源的优化配置,不利于多种传媒结构的理顺;庞大的新闻传媒数量与不相称的规模效益之间的落差,证明了中国新闻传媒结构的优化问题还有很长的路要走。

  新闻传媒结构和布局失衡带来的一大问题是,主流传媒"边缘化"。这主要表现在以综合性日报为特征的党委机关报发行量下滑、党报核心读者群流失和舆论引导功能弱化。众所周知,新闻传媒业的核心应该是承载新闻传播主要使命的综合性日报;在世界大多数国家,大型综合性日报都是公认的主流媒体,占据着

---

  ① 胡正荣:《媒介寻租的背后》,载《新闻周刊》2003年第42期。
  ② 黄玉波:《部分剥离与整体转制:当前中国传媒集团产业体制改革的一种思路》,载《新闻大学》2007年春季号。
  ③ 林晖:《未完成的历史:中国新闻改革前沿》,复旦大学出版社2004年版,第22页。

新闻传媒业的核心地位，承载着弘扬、强化主流价值观、实现社会整合的任务。在中国，这种大型日报就是党委机关报。然而，令人倍感遗憾的是，随着传媒市场竞争的无序和过度，目前不少党委机关报已日渐陷入被传媒市场"边缘化"的困境，且一时还找不到有效"脱困"之路。"党报的困境不仅是党报的自身问题，也不仅关涉新闻传媒业，在事实上还影响了社会主流价值观弘扬，加剧转型期社会价值观的混乱"①。

新闻传媒结构与布局失衡带来的另一个问题是，发达地区和欠发达地区之间的不平衡。这一方面体现在沿海与内地、东部地区和中西部地区新闻传媒发展的不平衡。很多不发达地区的新闻传媒处在没有市场、没有受众，发行量和收视率连年下滑的经营困境。另一方面体现在大城市与中小城市新闻传媒发展的鸿沟。目前，中西部地区一些中小城市的新闻传媒发展步履艰难，甚至存在一定程度的倒退和萎缩；特别是当地的党委机关报，靠强行征订都难以扭转发行连年下滑的趋势。大城市的党委机关报可以通过再生子报的模式生存和发展，而中西部地区这些中小城市报纸的子媒体，往往半死不活，或者成为母报不方便做的有偿新闻的载体。

新闻传媒结构与布局失衡带来的再一个问题是，社会强势群体和与弱势群体之间的不平衡。一方面是城市新闻传媒与农村新闻传媒的极度不平衡。与城市相比，"农村受众一直是大众传媒从业者与研究者忽略的对象"②。针对农村或处在农村的传媒，其生存处境十分困难；尤其在中西部贫困地区的农村，这一问题更加突出。另一方面是弱势群体和强势群体的新闻传媒占有上的极度不平衡。"正如物质上存在富裕与贫困的差异一样，在信息的占有上如出一辙，因经济窘困而疲于奔命的人往往也是信息匮乏的人"③。由于新闻传媒市场化和社会阶层的高度分化，传媒专业化和细分化的趋势特别突出，但是这些细分出来的传媒主要针对高端人群，而针对弱势群体的新闻传媒却十分缺乏。弱势群体对新闻传媒的占有根本不能与强势群体相比，特别是农民工、残疾人、城市底层人群，更是缺少对他们生活和权利给予关注的新闻传媒。弱势群体的传媒缺失，必然使他们在新闻传媒上缺乏自己的声音，缺乏利益表达的渠道，这是导致社会利益分化、群体隔离和文化断裂的重要原因。

---

① 参引林晖：《未完成的历史：中国新闻改革前沿》，复旦大学出版社2004年版，第25页。
② 方晓红：《大众传媒与农村》，中华书局2002年版，第27页。
③ [美]沃纳·塞弗林、小詹姆斯·坦卡德著，郭镇之等译：《传播理论：起源、方法和应用》，华夏出版社2000年版，第3页。

第三节 构建和谐社会与新闻传媒的责任担当

服务并积极助推和谐社会的构建,是当今中国新闻传媒的神圣使命。要切实履行好这一使命,新闻传媒理应担当起自身应尽的责任,充分发挥自身的特有功能与作用。

一、新闻传媒的和谐使命

作为社会的"守望者",构建和谐社会赋予新闻传媒的使命就是:维护社会良序,推进民主法治;坚守社会良心,扩展公平正义;传播社会良知,促进启蒙协商;传导社会良俗,倡导诚信友爱。

(一)维护社会良序,推进民主法治

民主法治是构建和谐社会的一个重要起点、归宿和最终检验标准。传播和维护民主法治精神,维护社会良序,是当前中国新闻传媒的一大主要任务。

其一,新闻传媒要为社会提供民主和法治的公共信息保障。"法治是政府在一切行动中都受到事前规定并宣布的规则约束——这种规则使得人们有可能十分肯定地预见当局在某一情况中怎样使用它的强制权力,和根据对此的了解计划自己个人的事务。"① 发扬民主、依法治国是构建和谐社会的制度基础。从本质上讲,和谐社会的构建更多取决于政府的理性行为。为此,新闻传媒要把监督政府作为自身的一个基本任务,对政府的决策过程、施政行为的信息及时、全面、公开呈现和传播,以推动政府民主决策、依法行政。

其二,新闻传媒要为社会提供公众参与社会管理的信息保障。一方面,要拓宽政府与公众交流的信息传播渠道,充分传播政府与公众交流和沟通的信息,构建政府与公众的有效交流平台,推进政府与公众之间、与社会成员之间的信任和认同。另一方面,要深入到公众之中,及时、真实地报道和反馈政府决策过程中所出现的矛盾和问题,以及公众的要求和愿望;特别是要反映民意,并依据民意进行舆论监督。

---

① [英]奥古斯特·哈耶克著,冯兴元等译:《通向奴役之路》,中国社会科学出版社1997年版,第73页。

其三，新闻传媒要为社会提供公众依法运用新闻传媒权利的保障。新闻传媒权利是一种可以问责的权利，只有将公众权利和公众利益纳入其间，才具有合法性。为此，新闻传媒要注重张扬公众的民主法治意识，自觉维护公众依法运用新闻传媒的权利。"新闻传媒要保障民众平等的话语权，不断把和谐、民主的理念传送到每一个社会个体，通过民主意识的形成，来保障民主制度的落实"①。

其四，新闻传媒自身要成为依法治国的一个重要"领地"。社会良好秩序是由健全的法治和守法的公众共同作用而构建的。为此，新闻传媒：一是要大力传播社会公众守法、用法的信息，对违背法治精神，危害公众利益和权利的行为予以监督，促进法治模式下社会矫正机制的健全和完善，形成依法维护公众基本权利的舆论氛围。二是新闻传媒的报道和运作必须在法治轨道下，在法律面前人人平等、依法维护社会利益和公众利益的前提下，充分发挥应有的功能和作用。三是推进新闻传媒治理法律和法规的健全和完善，在法律的渠道下保障新闻传媒的良性发展，保障新闻传媒的合法权利，保障和规范新闻传媒的市场行为和社会行为，特别是其为公众服务的行为，以开掘民主法治为依托的传媒现代性进路。

（二）坚守社会良心，扩展公平正义

"正义是社会制度的首要价值。"②构建和谐社会，是以公平正义原则来构建社会利益格局。③作为社会协调重要渠道的新闻传媒，是社会的良心，是扩展公平正义的制度化资源。

其一，新闻传媒要承当公众利益理性博弈的载体。社会结构主要是以社会成员间的利益为核心而展开的，构建和谐社会需要在公平正义基础上的利益博弈和社会对话。作为一种理想状况，和谐社会应让每一个社会成员的意见都得到充分表达和应有尊重。作为一种现实安排，社会成员之间需要利益表达的基本平台，以及为达成利益协调而安排的正义程序。为此，新闻传媒必须充分满足公众的知情权和表达权，为每个阶层公众利益的合法表达提供制度性的渠道。在这个基础上，新闻传媒理应高度关注在利益博弈中处于边缘、处于失语状态的人群——弱势群体和边缘群体的利益表达，并成为他们利益的代言人和维护渠道，从而使公众的利益诉求在新闻传媒上相对均衡。

其二，新闻传媒要围绕公平正义展开传媒运作。作为社会信息和能量交换的公共空间，作为信息和形象的主要群体资源，传媒具有多种功能并为许多人的需

---

① ［德］哈贝马斯等：《福柯、罗尔斯及其他》，载《读书》2001年第9期。
② ［美］约翰·罗尔斯：《正义论》，中国社会科学出版社1988年版，第3页。
③ 胡锦涛：《在省部级主要领导干部提高构建社会主义和谐社会能力专题研讨班上的讲话》，2005年2月19日。

要服务。① 作为为大众服务的社会机构，新闻传媒需要贴近公众，全面关照和反映现实问题，真切呈现时代的情绪、公众的诉求、问题的真相。由此，新闻传媒的传播活动必须"平民化"，要纠正"富人俱乐部"的行为偏向，以平民的视角和平民的情感与愿望反映他们的生活和问题，而不是浮在表面，俯瞰众生，戏说人生。与此同时，新闻传媒的传播活动还必须"亲民化"，把情为民所系，利为民所谋，作为自身存在的一大根本坐标，满足公众的社会性需求，协助解决公众生活中紧迫而重要问题，成为公众的生活助手和顾问。

其三，新闻传媒要引导有利于公平正义的社会舆论。公平正义是一个国家社会成员的黏合剂，其最重要的功能就是把所有社会成员凝聚起来，努力合作，最大限度地合理分配社会资源，使社会结构可以为每个社会成员提供最大限度的公平。"确定什么是公正，是政治社会中维持秩序的根本"。② 为此，新闻传媒理应在不回避问题的前提下，积极传播社会公平和正义进步状况的信息，传播政府以及相关群体推进社会公平、正义的现实努力，形成追求公平和正义的舆论导向。

其四，新闻传媒要关注和监督社会的正义运作。一个社会在生存的过程中会不断地遇到各种问题，必须采用最好的方法自己加以解决。③ 构建和谐社会，要解决的首要的问题是公平正义的相对均衡。新闻传媒必须对社会中存在的一些非正义和不公平、侵害公众切身利益和合法权利的弊端给予全面揭露，引发社会的警觉和防范，特别要加强对权力的监督。仅仅陈述世界的种种弊端、刊登负面的东西是不够的；监督和披露的目的，在于协助政府和公众解决这些问题，帮助社会正常运行、发展。与此同时，新闻传媒对公众个人的困难也有责任进行排解，但主要着力点应在于协助建立解决社会问题的有效机制。

（三）传播社会良知，促进启蒙协商

新闻传媒"作为一种不断发展的智力活动与其外围的社会和文化结构是一种互惠的关系"④。在这个意义上，可以说，新闻传媒是公众社会化学习的最重要途径。现代社会里，人们不但需要心灵的调适和抚慰，更需要作为现代公民所必备素质的提升。在这方面，新闻传媒的启蒙和教育功能极为重要。

其一，新闻传媒要传播和谐的价值观，拓宽社会共识渠道。"从表层看，和

---

① ［美］爱德华·赫尔曼、罗伯特·麦克切斯尼著，甄春亮等译：《全球传媒》，天津人民出版社2001年版，第3页。
② ［美］李普塞特：《政治人》，商务印书馆1992年版，第1页。
③ ［英］汤因比著，曹未风译：《历史研究》，上海人民出版社1986年版，第4页。
④ ［美］R.K.默顿著，范岱年等译：《17世纪英国的科学技术和社会》，四川人民出版社1986年版，第37页。

谐社会是对社会转型中矛盾和问题的制度性矫正,而其实质是一种更深入的社会变革,是向新的社会行为模式、新的社会结构的过渡。在其背后,必定存在着思想观念、价值取向、社会规范等实质性的变化"①。作为社会变革的启动过程,是从观念和价值入手,引动和优化社会结构的变革。"在这种变革中,取代暴力的,是倾向于劝说和提供机会;取代文化移入的正常节奏,是大量的增长的信息流"。② 为此,新闻传媒应借助传播,通过信息的交换、思想的交流,让公众期盼社会安定与和谐的普遍愿望,变成自觉实践,使和谐价值与社会的最终意义联系起来,推动和谐文化的渗透和扩展。

其二,新闻传媒要推动社会化学习,提高公众的现代素质。新闻传媒的传播活动是在受众素质已经给定的情况下进行的;在这个意义上,受众在塑造着传媒。但是,新闻传媒的传播活动又是"文化变动、延续的载体,它们所反映的是活动的历史",③ 通过每日每时传播信息和隐含在信息中的知识和意见水滴石穿地形塑受众的趣味、喜好之型、欣赏习惯、文化生活模式乃至深层心理文化结构。④ 尤其在今天,随着信息传播新技术的不断更新,个人利益合理性的高度确认,社会文化多元化的扩展,中国社会变革和人的素质提高的主要途径已经从传统的文化传导型向信息传导型转变。为此,新闻传媒理应注重:一是提高新闻传播品味。在适应受众的基础上,新闻传播要使公众对社会健康发展以及其中的个人责任有着更高的心智体验。二是输入现代性的知识和观念。新闻传媒要为现代人的理性生存提供实用的智慧,提供有助于公众形成开放、宽容、进取心态的精神食粮。三是推动公众的媒介素养教育。公众的媒介素养是现代社会运行的重要保障,新闻传播一定要有助于公众正确地认知、使用传媒。

其三,传播社会良知,促进社会的持久协商。从现代社会制度民主化的发展趋势来看,我们所追求的现代性中有一个核心任务,"即政治上把政治回归到人与人之间的互动范围,形成制度的民主,使政治成为永远的协商"。⑤ 经过平等的对话、协商,形成共识或找到最大的共同点及共同利益⑥,这是从稳定到和谐的一个基本关节点。新闻传媒在构建和谐社会中的作用是拓宽社会协商的媒介通道。公正、全面、客观地传播信息,减少信息不对称现象,使社会的协商成为可能;并促成人们在互相交流和协商中加强自我教育,使社会良知变成习俗化行为。

---

① 宋林飞:《社会传播学》,上海人民出版社1994年版,第2页。
② [美]威尔伯·施拉姆:《大众传播媒介与社会发展》,华夏出版社1990年版,第122页。
③ 陈力丹:《论传媒与和谐社会的构建》,载《电视研究》2005年第5期。
④ 金元浦:《文化研究的视野:大众传播和接受》,王岳川:《媒介哲学》,河南大学出版社2004年版,第203页。
⑤ 陈卫星:《关于传播的断面思维》,王岳川:《媒介哲学》,河南大学出版社2004年版,第125页。
⑥ 参见李君如:《和谐社会构建中的民主法治》,载《中国党政干部论坛》2005年第11期。

（四）传导社会良俗，倡导诚信友爱

和谐社会是法治条件下公众友好相处和互利合作的社会，需要大力弘扬诚信友爱的社会风尚。为此，要求新闻传媒：首先，必须把诚信作为传媒自身生存的根本。一方面，要以给予公众更多的信息和精神获益性为基本信用，向社会提供负责任的、全面的、真实的、准确的信息，这是新闻传媒与公众之间最重要的契约。另一方面在新闻传媒的市场化运作中，必须坚持基本的道德立场。"媒介要在市场竞争中生存，必须受到受众的信任、理解，最终是支持关系的伴随"[①]。其底线是传媒的诚信责任。产业化运作中的新闻传媒，绝不能向受众提供伪劣信息产品。作为文化产品的产出机构，新闻传媒的合法基础在于依托公众舆论、维护社会主流价值观。如果以少数人的利益来遮蔽多数人的意愿，用少数人的声音消解多数公众的声音，甚至以公众代言人之名，行小团体利益之实，就会丧失基本诚信。新闻传媒的公信力来自公众的信任，来自对社会责任的兑现和落实，即一种信守、履行承诺的品质，这是获得社会信任和信赖的主要源头。[②]

其次，新闻传媒的传播活动必须注重对社会诚信的维护和弘扬。诚信友好是社会的基本之善，这需要人的理性自觉，更需要社会涵化；新闻传媒是诚信友爱的重要涵化渠道。"在媒介化社会中，人们不可能都通过直接经验来判断社会，他们形成价值判断和心理感觉的许多材料都来自于新闻传媒的报道"[③]。传播人与人之间友好相处、互助互利的新风貌，社会诚信的新风尚，是对社会主流价值观的最好传播。新闻传媒要运用舆论力量，大力倡导诚实守信的现代精神，发挥新闻舆论的救弊功能，监督和批评损害社会信用和社会信用缺失问题，构建诚信友爱的舆论氛围。

二、新闻传媒的传播责任

我们应摒弃那种"一言以兴邦"、"一言以丧邦"的过时思维，但也要充分认识到新闻传媒的传播活动对构建和谐社会的重要作用。保障新闻信息全面、均衡流通，尽责地守望社会；用事实说话，对信息以辩证解读，以增强新闻报道的针对性、吸引力、渗透力和感染力；促进社会的主流舆论扩散，为构建和谐社会提供舆论动力，这便是新闻传媒的主要传播责任。

[①] 林频：《西方传媒可信度研究概述》，载《新闻记者》2005年第8期。
[②] 参引喻国明：《大众媒介公信力理论初探（上）》，载《新闻与写作》2005年第1期。
[③] 刘清敏：《为构建和谐社会提供正确有力的舆论支持》，载《中国记者》2005年第4期。

(一) 守望社会，真实传播新闻信息

从社会学的角度来讲，任何个人和组织的社会话语输出不外乎三种形式：真话、假话和不说话。对于新闻传播而言，一是不能说假话，这是新闻传媒安身立命之本；二是也没有"不说"的自由，对于社会的重大变动，新闻传媒失语，就意味着对真实的遮蔽，就是造假。为此，新闻传播的话语输出唯有说真话。

新闻真实是新闻传播运作的"一般性的知识与思想、理由与规则"[①]，是新闻传媒担当社会守望使命的前提；否则，就会"蒙蔽、阻碍公众对生存环境真实变动状况的认识与判断，进而干扰人们对于自身社会行为的选择与决策"[②]。一般来说，公众非理性行为主要产生于信息封锁及信息失真，产生于自身行为选择的无助和混乱中。

新闻真实有几个基本要求：一是对社会变动的事实不遮蔽、不伪饰、不遗漏、不夸大，不炒作，尽责地为公众理解社会现实的变动提供一面"镜子"。二是及时、准确、客观地报道事实信息，尽可能从表层信息的呈现进入深层信息的反映，以此作为人们把握社会变动的"搜索器"。三是在注重客观真实的前提下，全面、公正、均衡地报道事实，尽可能呈现产生事实的现实子系统在社会总系统中的真实位置，给人们提供了解社会现实的正确"地图"。

保障新闻真实是新闻传媒基本的职业伦理。因此，在新闻传播运作过程中，用有效的制度和机制保障新闻真实，理应是传媒必须实施的步骤。这需要建立起从国家法律、法规到行业管理规范，从传媒内部的制度体系到从业人员自律等方面能够通畅运转的、保障新闻传媒真实报道的制度体系。[③]

首先，严格传媒内部的制度性规范，防止传播运作异化。当前，传媒传播行为的规范机制失灵是突出问题，一些传媒政治性造假和商业性造假行为并存，已产生了恶劣的社会影响。为此，必须建立健全有效的体制和规范机制，以奠定报道真实新闻的制度保障。一是要把真实报道新闻作为新闻传媒公信力的支柱，迅速制定切实有效的专业通行准则。二是要把真实性原则具体化为可操作规范，以客观性作为桥梁，健全纠错机制，完善新闻传媒的内部管理，解决商业利益膨胀对新闻报道的操纵问题。三是要把制度和规范内化为行为信仰，提高新闻从业者素质，把新闻报道的真实性作为从业理念和文化根基进行培植，排除各种各样的外部和内部干扰。

---

① 葛兆光：《中国思想史：导论》，复旦大学出版社2001年版，第14页。
② 高钢：《捍卫新闻真实》，载《国际新闻界》2006年第1期。
③ 参引高钢：《捍卫新闻真实》，载《国际新闻界》2006年第1期。

其次，健全和加强传媒的外部监督和约束机制。在目前新闻传媒市场发育尚不完善、新闻从业者专业化程度还不够高的情况下，加强社会监督、公众监督、专业监督，以规范和保障新闻传媒报道的真实，是比较现实的措施。一是建立新闻传媒专业信用分级制度，通过专业的、非盈利的机构，结合新闻行业协会协调管理、新闻评奖等，对新闻传媒的社会信用进行评级，约束新闻传媒报道行为。二是健全和发展媒介批评，建立新闻评议会等相关机构，借助于独立的专业研究机构或新闻院校以社会批评等方式对新闻报道进行不间断的批评。三是建立健全新闻打假制度，健全公共纠错机制和新闻失实公开道歉制度。在这方面，应该援引市场的力量，对新闻失实和新闻造假既要给予及时的经济制裁，又要及时将失实传媒及相关信息公布给公众。四是建立以新闻报道真实为主要内容的新闻传媒互相监督机制。传媒之间非正当的恶性竞争必须叫停，但是传媒之间正当的互相监督绝对必要；需要建立相关的科学运作机制，开展新闻传媒间的批评与自我批评。

（二）制约权力，健全新闻舆论监督

"报刊按其天职来说，是公众的捍卫者，是针对当权者的不倦的揭露者，是无处不在的眼睛，是热情维护自由人民精神的无处不在的喉舌"①；"只有人民监督政府，政府方不敢懈怠，知屋漏者在宇下，知政失者在草野"②。舆论监督是民主监督的主要途径，其本义是公众以"舆论"这种意见形态对舆论客体施加的影响。"现在主要由新闻传媒代行这种监督职责"。③ 新闻传媒是舆论监督的主要显性渠道。

当前中国的新闻舆论监督（主要是传统媒体的舆论监督）面临着以下一些突出问题：

其一是舆论监督难问题。在市场收益率成为新闻传媒生存命脉的条件下，新闻舆论监督的成本较高。由此，一些新闻传媒实施舆论监督时除了工作职责驱使的动力之外，其内在动力并不足。与此同时，社会上一些部门、单位或成员还常常以新闻舆论监督干扰其正常工作、败坏政府或企业等组织形象、阻碍经济发展和社会和谐为由，对舆论监督进行非难、打压，以致封杀当前新闻舆论监督已经很狭窄的空间。

其二是舆论监督"空洞化"。一些新闻传媒热衷于把视角和镜头对准社会生活的一些琐屑问题，而逃避对重大社会问题的舆论监督；"或与资本势力结缘，

---

① 《马克思恩格斯全集》第6卷，人民出版社1956年版，第275页。
② 《温家宝总理答中外记者问》，载《楚天都市报》2006年3月15日。
③ 陈力丹：《新闻观念：从传统到现代》，复旦大学出版社2004年版，第411页。

以监督社会底层和'外地人'为乐事，对主要的监督对象，即不法权势集团，则曲意逢迎"①；或者把舆论监督变为结果监督，对已经解决的问题，一窝蜂地挖掘其中的秘闻、隐私、扭曲的故事，而迷失了对紧迫问题监督的嗅觉和责任。以舆论监督的负面性限制正常监督，以边缘监督代替核心监督，以结果监督取代过程监督，以对社会下层监督替换对权力的监督，便是当前舆论监督"空洞化"的主要病象。

其三是新闻舆论监督"异化"。一些新闻传媒把舆论监督作为创收的主要渠道，或以舆论监督作为敲诈勒索的手段，或以舆论监督作为幕后交易的平台，从而通过各种方式进行权力和利益交换，以致"新闻奸商"行为盛行。

构建和谐社会并不回避矛盾，而是正视矛盾、化解矛盾；开展舆论监督是和谐社会的基本内容，它与舆论引导是一体两面关系。当前要切实、有效地搞好舆论监督，对新闻传媒应提出如下要求：

1. 要加强过程监督，全面监督权力运行

"2003年《中国共产党党内监督条例（试行）》以党的法规形式，确立了党内监督的重点是领导班子尤其是班子的一把手，确立了党外监督、人民监督和舆论监督上对党的领导机关和主要领导人进行监督的合法权利。这不仅从法理上确认了传媒制约权力的权利，而且从制度上赋予传媒制约权力的权利。"② 全面开展新闻舆论监督，是促进社会和谐的基本条件。一是新闻舆论监督是一种权利而不是一种权力，是新闻传媒为公众代行的一种监督权。新闻舆论监督权是公权，只有群体意义上的正义性，而绝不是传媒或其他一些机构、组织的利益权或私权，这是新闻舆论监督的出发点。二是舆论监督重点是监督主要领导干部和党政领导机关的重大决策，保证公共权力的正确行使，促成并维护依法治国的社会机制，遏制腐败的滋生和蔓延，特别聚焦于制度建设。③三是舆论监督是过程监督与结果监督相结合、以过程监督为主的社会监督。四是舆论监督是全方位的监督。在当前的情况下，纵向舆论监督需要扩大和深化，多种横向（包括跨地域）的新闻舆论监督需要发展完善。五是舆论监督必须有序地进行；一方面要从重点领域、重点议题突破，增加舆论监督的效用；另一方面要从最紧迫的、与公众利益最相关的领域着手，推进问题解决，务求在治标基础上治本。

2. 以民主法治为依归，健全舆论监督机制

开展舆论监督，健全舆论监督机制，法治是前提。这包括两个方面意思："一是赋予媒介的监督权，要有切实的保障机制，通过制度、规范和法律的制定

---

① 陈力丹：《新闻观念：从传统到现代》，复旦大学出版社2004年版，第415页。
②③ 童兵：《政治文明：新闻信息资源的富矿》，载《新闻与传播研究》2003年第3期。

来促进和保障舆论监督;二是通过机制的设立使舆论监督尽可能发挥积极作用,而避免出现负面影响。"①

首先,要坚持舆论监督的公正性。这就是要在法治前提下,以公平正义为依托,开展舆论监督。其间,最重要的监督是加强对政府信息公开的监督。一方面,信息的公开和透明本身就是监督,新闻传媒要及时对政府公开的信息进行传播和解读,促进政务公开与舆论监督的有机互动,为"阳光政府"提供舆论"气候"保障。另一方面,传媒要把促进政府信息公开和行政透明作为舆论监督重点,促进政府行为与民意之间的有机结合,这是最公正的舆论监督,也是舆论监督的起点和根本突破口。与此同时,新闻舆论监督要避免"舆论审判"的误区。在舆论监督中,要避免对社会问题的情绪化炒作,"舆论监督永远是新闻传媒的自身功能之一,而不具有强制力,这就是它的社会角色。"② 中国公众的"报(纸)青天"和"焦(焦点访谈)青天"的情结比较浓重,这就需要新闻传媒注重自身的角色定位,坚守舆论监督的客观、公正,在舆论监督中讲究引导艺术。

其次,要坚持舆论监督的公益性。新闻舆论监督要以最广大公众的利益为根本,围绕公众关心的热点和焦点,对社会问题进行监督。在公众利益不断分化和碎片化的情况下,既要支持各阶层人群对自身合法利益的维护,但又不能把部分人、部分阶层的利益混同为全体公众的利益。不能被部分人的社会情绪牵着鼻子走,应该以公众利益的最大化作为"公分母"来衡量舆论监督的对象和领域。

再次,要把握舆论监督的建设性。要坚持解决问题优先的原则,着眼社会体制、机制的完善。在从传统社会走向现代社会的关节点上,中国用几十年的时间走过西方社会几百年走过的路程;中国今天所面临问题的复杂程度,是任何社会无法比拟的。对于这些复杂的问题,用一种简单的思维和操作方式往往很难奏效;必须辩证地、全面地看待和把握新闻舆论监督问题,既要有力度、深度,又要把握"温度";既要有一定的超前性,更要有现实的适应性和可行性。对一时难以解决的问题,在披露的同时,要给以理性疏导。特别是对社会上一些丑恶现象的揭露,既要把这些社会不能容忍的、破坏社会和谐和健康的东西曝光,又要有一定的把握度和报道弹性,给社会和公众以信心。

(三) 弘扬人文精神,提升传播理性

人文精神是一种普遍的人类自我关怀,表现为对人的尊严、价值、命运的维

---

① 刘华蓉:《大众传媒与政治》,北京大学出版社 2001 年版,第 174 页。
② 陈力丹:《新闻观念:从传统到现代》,复旦大学出版社 2004 年版,第 418 页。

护、追求和关切，对一种全面发展的理想人格的肯定和塑造。① 作为现代社会构建要素的新闻传媒，是覆盖面最广的人文精神装置；其对社会的一大贡献便在于能有效地扩散和传播现代人文精神。而要做到这一点，关键取决于新闻传媒能否恪守传播理性。所谓"理性"是"相对于感性认知的一种判断和推理活动，指从理智上控制行为的能力"②，为此，新闻传媒的传播活动必须坚持以下几点：

首先，新闻报道要有深厚的人文情怀，要平等对待公众，关爱公众，特别要有对底层人群和弱势群体的尊重和"大爱"。一是要克服对弱势群体或边缘群体妖魔化、戏说化弊端，反对高人一等地对公众的疾苦和忧患麻木不仁，真实、真诚报道他们的现实生存状况，报道他们生存中的坚韧和善良；对他们的弱点或问题，应该从客观的、善意的视角报道和批评，尤其要注意把个别问题同他们整体的生活状况区分开，不要在报道中加剧对他们的边缘化和隔离化。二是要反对那种浮在表面、对边缘群体或弱势群体的悲情化倾向。在为弱势群体鼓与呼的过程中，应该侧重于找到问题的症结，而不是放大或编造煽情的言语和情节。传媒制造的语言歧视，只会强化对弱势群体歧视的社会惯习。三是要切实代表和维护弱势群体的利益，真实地反映他们的愿望和诉求；"特别要在新闻报道中，拓宽他们与强势群体对话和谈判的能量凝聚渠道，协助他们形成与强势群体对话的能力"③；要扩张弱势群体自己言说的权利，建立有效的发泄渠道，发挥"减压阀"作用。四是要重视对弱势群体的精神帮扶，唤起社会对弱势群体的精神状况的关注；也要真切而体贴地反映他们的精神困惑和思想矛盾，引导他们理性对待自身问题和社会问题，真正起到抚慰他们的心灵，提高他们素质的作用。

其次，新闻报道要有高度的人文智慧，要坚持以人为本，"以尊重人、关怀人，为人的自我价值的实现和人的积极性、主动性和创造性最大发挥，提供一切条件作为新闻报道运作的核心"。④ 在此基础上，形成有利于社会信任和认同，有利于人与人之间的和谐关系形成舆论氛围。一是要负责任地构建"媒介现实"。新闻传媒报道的现实应该与社会现实相对称，与社会主义初级阶段的国情相对称。在新闻传播中，既不能忘记弱势群体，也不能在报道中扩张"仇富"的舆论。"一份好的报纸应该是内容均衡的报纸，在报道中坚持对人的终极关注和关怀……仅仅报道事实是不够的，还必须报道事实的全部真相。同时，负责任的表现意味着，被重复和强调的形象应该是这些群体的典型的形象。"⑤ 二是要

---

① 叶朗：《人文精神的坚守和呼唤》，载《人民日报（海外版）》2001年1月2日。
② 《现代汉语词典》，商务印书馆1997年版，第335页。
③ 戴元光、赵为学：《大众传媒如何构建和谐社会》，载《国际新闻界》2005年第6期。
④ 童兵：《新闻科学：观察与思考》，复旦大学出版社2004年版，第80页。
⑤ [美] 哈钦斯委员会著，展江等译：《一个自由而负责任的新闻界》，中国人民大学出版社2004年版，第12页。

有效地展现公众的生存智慧与和谐智慧。新闻传媒的报道应该体现生活的主流,发掘和弘扬社会中普遍存在的真、善、美,报道公众的和谐智慧、健康情感、人性之美,多方面展现人们妥善处理和消解社会问题的能力。三是要有所作为地传播和谐文化。社会的不稳定在于人心的不稳定,和谐的文化是凝聚人心的基本条件。新闻传播对社会文化具有渗透和引动效应,是社会文化的引擎,是文化观念"公约数"的主要杠杆。新闻传媒需要建设性地传播和谐文化,协助形成理性的社会"认知模板"。在揭露社会弊端和问题的同时,要结合中国的国情,消减社会的信息不对称,呼吁社会的关注;要着眼于推动问题解决,而不是制造精神恐慌。在关注、呼吁保护弱势群体时,也要有责任理顺社会情绪,引导人们以合法的方式妥善处理利益矛盾。就是报道和谐社会的构建,也要注意客观、适度。比如,和谐社会倡导的社会正义和公平,一方面作为一种价值系统,需要大力的张扬;另一方面,其现实的改善和构建,则是一个相对的、渐进的过程。"政治革命可以一夜之间爆发,技术革命也可能只要几年时间,而社会革命则需要几十年的时间"①。在新闻报道中,不能急于求成,把一般价值追求作为具体的现实行为,以致引发对和谐社会的不正确理解。

再次,新闻报道要摒弃恶俗主义。人都有生物性和社会性这两面性特征,如果完全着眼于人的生物性的满足,社会的进步就是虚无的、毫无意义的。提升人的社会性层次是社会文明和进步的根本保障。新闻传媒的传播方式有其特点,它主要向公众传递信息。但是,信息传播主要是为了人的发展和社会进步服务。离开这一基点,新闻传媒就会丧失其存在的价值。② 现在有些新闻报道极端庸俗化、恶俗化,热衷于编造、兜售"黑色新闻"、"黄色新闻",以迎合某些人的低级趣味。③ 这种对人的生物性无限放大和扩张,遮蔽社会理性和进步法则的行为,只会加剧社会的麻木、呆滞和分裂,削弱了公众的辨别能力和社会批评精神。

此外,新闻报道还要力戒片面性。一是要清除唯心主义的影响,尊重新闻传播的基本规律。"一些报道以'讲政治'为由,不顾客观实际,一味与上面'对口径'……这实质是颠倒了事实与'政治性'的关系,貌似'讲政治',实际正是违背了政治性原则,"④违背新闻的基本规律,与构建和谐社会的需求南辕北辙。其次,克服形而上学的影响,矫治新闻报道情绪化。新闻报道要善于在政府

---

① [英]保罗·哈里森著,钟非译:《第三世界:苦难、曲折和希望》,新华出版社1984年版,第242页。
② 罗以澄:《建构和谐社会框架下的新闻传媒发展》,http://media.people.com.cn/GB/22114/50600/50604/12.doc.
③④ 罗以澄:《新闻采访学新论》,武汉大学出版社2001年版,第36~37页。

与公众的关注点上寻找结合点和平衡点。否则,"要么是充斥领导活动和大大小小的会议、假大空的政绩介绍,要么满是黑色、灰色的社会新闻,见不到社会的暖色和主流";① 结果只会歪曲社会的本来面目,形成政府与公众之间交流的屏障,也容易导致人们社会判断力的混乱和迷茫。在具体报道中,也不能仅凭感性冲动,此一时、彼一时、随风倒;一会是集体失语,一会是众声喧哗、不负责任的煽情。这些报道最容易导致社会情绪化,激化社会矛盾。

(四) 当好信息"管家",构建和谐的舆论场

和谐社会需要和谐的舆论场。和谐舆论场的构建,要求新闻传媒所传播的信息是有效的。当前,由传播新技术构筑的媒介空间,往往出现信息过滥、公众信息"麻醉"、只见信息"树木"、不见信息"森林"的现象。"在这'事实的年代',信息往往支配了人们的注意力,并远远超过了他们的吸收能力……他们需要感受到的,是一种心智品质,帮助他们利用信息增进理性,从而使他们能够看清世事,以及或许发生在他们之间的事情的清晰的全貌。"② 在社会变动急剧、信息泛滥的情况下,人们更注重的是信息的有效性。为此,新闻传媒理应从过去简单的信息告知者、资讯提供者向"信息管家、时事顾问"这样一种智慧型信息提供者转变,为公众和社会文明的发展提供有效的信息支撑、知识支撑和智慧支持。③ 一是为公众提供有效的信息导航,让他们在海量的信息迷雾之中,找到有用信息,这是最低层次。二是提供完整的、无遗漏的信息结构,保障公众的知情权。新闻的作用不是引人避世,而是让人觉醒。④ 凡是与公众生活有关、影响公众有效社会决策和社会判断的重大新闻和资讯,无论是"喜"还是"忧",都应该及时、客观、完整和充分地加以报道,从而为公众的理性判断提供最为基础的资讯保障。对于知情权的保障而言,信息结构周全性的价值要大大高于单一新闻报道精彩与否的价值。⑤

其次,和谐舆论场的构建,还要求新闻传媒的传播注重舆论氛围的营造。新闻传媒应"在营造开放、民主的舆论氛围的前提下,通过信息选择、处理,提供分析、判断、见识等手段,影响新闻舆论的倾向、力度及其构成,进而影响社会的舆论场、群体舆论场,特别是人们的口头舆论场",⑥ 以此提升新闻舆论的

---

① 参引刘文洪、高坡:《党报要做和谐社会的舆论领航人》,载《传媒观察》2005年第11期。
② [美] C. 赖特·米尔斯著,陈强等译:《社会学的想象力》,三联书店2001年版,第3页。
③ 喻国明:《影响力经济》,载王岳川《媒介哲学》,河南大学出版社2004年版,第45页。
④ [法] 贝尔纳·瓦耶纳著,丁雪英等译:《当代新闻学》,新华出版社1986年版,第31页。
⑤ 喻国明:《处在深刻转型关键点的中国传媒业》,载《变革传媒》,南方日报出版社2004年版,第6页。
⑥ 中国记者杂志编辑部:《构建和谐社会与舆论影响力》,载《中国记者》2005年第1期。

社会影响力。这是新闻传媒功能健全的标志。和谐氛围的舆论场也来自新闻舆论的疏导，社会中存在着三套话语体系，即私人话语体系、国家话语体系和公共话语体系，它们互相渗透和影响。这些话语体系的优化交流和结合，各得其位的相对均衡，是社会舆论引导的着手点。和谐社会在话语意义上就是这三种话语体系的相对和谐，这主要体现在对社会舆情的收集、反馈和疏导上，"传媒的舆论导向既包括长期构建和谐社会的目标认同的导引，民众的社会和谐愿望的表达，也包括即期的对具体事件和社会问题的舆论议题的主动权，形成预期的社会舆论及受众对社会中大事的理性判断。"①

三、新闻传媒的运营责任

新闻传媒的运营是构建和谐社会的内在构成要素，必须与构建和谐社会的基本构成相适应。新闻传媒的健康运营，是其服务构建和谐社会的基本保障。

（一）从体制改革中注入运营创新动力

新闻传媒运营需要良好的体制环境，更需要围绕运营目标的自身良好的运作体制。新闻传媒发展的依托在于内部机制优化、运作体制的柔韧性和适应性。

中国新闻传媒体制的传统弊端，主要体现在党政不分、政事不分、政企不分、事企不分。这种体制的外部辐射是条块分割、部门垄断、粗放经营，以致健全的市场体系难以形成，平等的市场主体博弈缺乏，资源配置迟滞；体现在内部，就是竞争和发展的动力不足、活力不足。

新闻传媒的核心竞争力是其做强做大的基本诉求；而创新体制、转换机制则是强化传媒核心竞争力，助推传媒发展的重要途径。当下中国新闻传媒的制度创新，是根本关节点。过去始于体制内的动因，"以短视的、'机会主义'的临场发挥为特征"②的改革将成为新一轮传媒改革的起点和触发点；现在的问题是，增量改革需要整体推进，存量改革也要稳健深入推开。新的体制构建与机制转换，增量传媒与存量传媒改革的对接和整合已经成为当前的最大必需。其焦点指向政府的制度安排，也指向了新闻传媒内部的制度创新。

其一，在政府与传媒的中间地带创新制度，推进"管办分开"。一是对现在遗存的机关、部门办传媒的问题要予以彻底清理，实现传媒与机关、部门完全脱

---

① 参引郑保卫：《当代新闻理论》，新华出版社2003年版，第211页。
② 潘忠党、陈韬文：《从传媒范例评价中国大陆新闻改革的范式转变》，载《新闻学研究》2004年第78期。

钩；二是要对既在传媒市场中负有管理职能，自身又办有传媒的机关部门，实行管理职能和经营业务的全面分离；三是要健全"管办分离"的约束和控制机制，妥贴处理传播权的行使与监督之间的关系。①

其二，在新闻传媒内部推进组织结构创新，以"编营分离"推动"两权分离"作为传媒内部制度创新的核心。②"编营"分离后，要明确界定和准确评估传媒经营性资产产权，明确出资者、所有者和经营者，划分产权主体，明晰产权权利，以此切实抓好"两权分离"，并积极推动资本有效运营。在目前的情况下，为确保传媒国有，可用法规形式确保传媒资本结构中的国有资本的控股地位。两权分离的具体制度形式，视各地区和各传媒自身情况的不同，可有所区别，但两权分离实行的领导体制必须保证编辑部门和经营公司各自相对的独立性。③

其三，健全和完善法人治理结构。一刀切式的"两权分开"，是继续进行制度创新的基础。问题在于"两权分离"后，传媒集团运作中每一个子传媒能够比单独存在时获得更好的成长和进一步发展的空间。④ 这就需要建立和完善系统完整的传媒内部治理结构，建立采编、经营系统协同运行的有效机制，⑤ 建立完善法人治理结构是其主要选择。传媒改革的主要参照是国有企业的改革路向，按照中央有关国有企业改革要"健全党委领导和法人治理相结合的领导体制"的要求，以及传媒公益性要求，需要在事业性与经营性界限相对清晰的基础上完善两权分离。"一体两制"（传媒集团本身的事业法人治理结构和集团作为出资人控股经营的企业法人治理结构并存）是解决这一瓶颈的现实办法，即经营上的产业集团和新闻传播的事业集团并存的运行机制。关键在于怎么分割，比较可行的思路是，"先将集团中的党报或重要新闻频道实行新的事业体制，经营部分和其他子传媒的采编经营部分全部纳入产业经营型的公司中去"⑥，子传媒的公司运作与母传媒的经营性运作可以作为平行的经营子公司。再实行采编与经营的分离，相对独立地共享集团的经营资源，每一个子公司都是具有扩张和发展能力的市场经营主体，建立开放性的、具有高度发展空间的、完善的法人治理结构系统。

其四，以形象经营为新闻传媒的主导经营模式。当然，选择资本运营的经营模式，是当前中国新闻传媒改革的主要动力；尤其在目前的条件下，资本的扩张

---

① 李向阳：《论走向现代媒介》，载《南方广播电视学刊》2004年第5期。
②③ 林晖：《未完成的历史：中国新闻改革前沿》，复旦大学出版社2004年版，第212页。
④ 范以锦：《为子传媒的成长发展创造更大的价值》，载《青年记者》2006年第2期。
⑤ 卢恩光、李本乾：《中国报业集团的协同治理结构》，载《当代传播》2005年第1期。
⑥ 参引梁金河、席彦超：《党报集团产业化构架及操作路径》，载《当代传播》2005年第5期。

必须与传媒的规模发展相适应。但与此同时,应清醒地认识到,新闻传媒是生产精神产品的特殊领域,传媒产业的支撑不应是资本这一个单点,所以选择适当的主导经营模式是一个重大问题。传媒搞企业化经营,就像企业一样有一套面向市场的产业化经营模式。企业经营的主要模式大体有生产经营、销售经营、需求经营、资本经营、社会经营、形象经营等,一个企业往往不止采取一种模式,不同时期不同经营模式会有所变化,但总有一种模式起主导作用。社会经营和形象经营模式是现代企业的主导模式,选择形象经营为主导模式的企业多是志存高远者,这类企业不仅关注生产、销售、需求、社会、资本等各方面,而且注重创造现代文明企业形象;不仅适应和满足公众的物质需要,而且要与公众在精神文化领域实现沟通,构建独特的企业文化,从意识形态上解决内部凝聚力和社会影响力问题。其立足点不是单纯地放在某一方面,而是在精神文化领域的更高境界来打造产业链。"形象经营是适合传媒企业化经营的一个好模式,可以取代行政经营的模式,又是一种高层次的文化经营模式,既适应传媒的经营体制改革要求,又有利于大众传媒向更高层次的现代传媒发展。"①

(二) 从人才优化配置中激发运营活力

在"内容为王"、"品牌为王"为支柱的传媒深度竞争中,"高度"决定影响力。提升传媒影响力的普适性前提是客观上有宽松健康的媒介生态环境,主观上有综合素质好、竞争实力强,且生生不息、取之不尽的人力资源。人才资源是传媒的第一资源。② 从传媒发展的总体要求看,主要在于形成人文主义的企业文化,形成人本管理的制度文化和基本运作机制。

首先,健全和完善人员进出机制。人是社会组织中最主要的资源,人的素质是机构运作的最重要要素。自从新闻工作由谋生的手段转变为一种专业以后,传媒人素质就成为一个重要问题。新闻传媒体制创新依赖人才,依赖人才资源的优化配置。当前,人员进入的把关最为重要。新闻传播是一个开放的行业,对人员的准入门槛较低。但是,作为专业从业者,不管是采编、管理还是经营人员的进入必须有素质底线的要求。现在,一些新闻传媒实行专业技术人员的资格考试制度、社会公开招聘制度,都是有效的;但是其间采取的一些方式,特别是人员的资格评定方式,还需要进一步探索和完善。与此同时,新闻传媒还必须加强内部的人员职业道德约束机制,特别是要建立从业者诚信评估体系,设定人员合格条

---

① 阮志孝:《资本经营:大众传媒的陷阱与对策》,载金冠军、郑涵:《全球化视野:传媒产业经济比较研究》,学林出版社 2003 年版,第 210~211 页。
② 童兵:《入世以来中国传媒发展态势与问题》,载《中外新闻传播理论研究与方法 05 年暑期讲习班参阅资料汇编(上)》,复旦大学新闻学院,第 7 页。

件框架。此外，人员的出口也要比较通畅，要破除领导终身制、岗位永恒制以及计划供养制所造成的能进不能出、能上不能下等严重制约传媒发展的弊端；要解决优不胜劣不汰，优胜劣不汰、劣汰优不胜的痼疾，在完善社会保障机制的前提下，以道德诚信、工作业绩作为重要指标，健全人员退出机制。

其次，完善人力资源的管理机制。在全球化这一社会背景中，资金、技术、专利、设备等都以前所未有的规模和速度在全球范围内流动与转让，"唯一不能转让的是一个国家的人民尤其是其组织员工的素质"。① 现代社会，人类的经济行为嵌入并缠结于经济和非经济的制度之中，其间对非经济结构与制度具有明显的依赖性，核心体现在对人的尊重与信任。因此，经济性并非新闻传媒的核心诉求；人过度被市场经济物化的倾向，是传媒不和谐的表现。

当下，新闻"打工者"的现象是传媒人力资源管理机制上存在的一大突出问题。社会学研究显示，在多次博弈过程中，"一报还一报"策略最优。这样，多次博弈中的各方行动就会趋同，并逐渐在博弈中采取合作的策略，形成社会协同进化的动力……如果各种规则变迁过快，人与人之间的博弈链过短（博弈次数非常少），这就使机会主义行为成为最优选择。② 新闻"打工者"现象是新闻传媒员工之间缺少"博弈"的结果，从而导致这些"打工者"往往是为了生存、"糊口"而存在，他们通常少有从业的忠诚感和自豪感，其中一些人还会成为追求短期金钱利益的投机者、社会责任的越轨者。这些人缺乏对自身行为的预期，也缺乏对自身行为的制约，就像"迷宫里的老鼠"，找到自身生存出口是唯一目的，这样是难以确保他们的社会行为理性化的。

针对这一现象，新闻传媒需要确立以人为本的管理理念，优化人员配置机制。从长远看，应该取消"两个世界"的人为划分，实行全员聘用制度，让所有员工在平等的平台上公平竞争。目前，应该从劳动合同、基本生活保障和基本权利保障等方面解决新闻从业者的后顾之忧，规范"法出多门"的多层聘用制度。在这个基础上，建立灵活柔性的用人机制：一方面，在工作中信任和尊重员工，发挥人才的潜能，使他们得到与自身能力相适应的工作平台，使他们的知识和技能得到全面提升；同时要大力营造内部员工的自由有序流动机制，形成激励人才辈出的基本平台，对人员的向外流动也要持理性的态度，建立良好的选人、用人和留人机制，追求人才流动的"泉涌效应。"③ 另一方面，需要建立学习型组织的基本机制，激发新闻传媒发展活力，优化新闻传媒人才素质的基本途径。

---

① 潘承烈等：《振兴中国管理科学》，清华大学出版社1997年版，第21页。
② 赵鼎新：《集体行动、搭便车与形式社会学方法》，载《社会学研究》2006年第1期。
③ 参引范以锦：《六大理念追求人才的"泉涌效应"》，载《传媒观察》2006年第2期。

（三）从健全新闻自律中提升公信力

作为社会的文化装置，新闻传媒向社会输出的是信息以及信息所负载的文化、价值和形象等，并由此构建着自身的形象。新闻传媒形象主要包括两个方面：一是在运作过程中与社会进行能量交换所产生的社会形象，一是通过新闻产品向社会输出的内容形象。这都需要坚持"社会效益优先"原则有效构建。

1. 要打造传媒的社会责任文化

新闻传媒是一种"为善"服务的强大工具；但如果不加控制，它也会成为"为恶"服务的强大工具。社会责任是防止传媒为恶的主要杠杆。在构建和谐社会进程中，新闻传媒的社会责任主要是指在新闻活动中对社会安定、国家安全和公众心智健康所承担的法律、道德责任和社会义务。[①] 从消极的角度看，就是在经济利益、政治要求和公众利益之间找到一个平衡点，不损害社会和公众的利益；从积极的角度看，就是把社会和公众的利益放在第一位，以为公众服务作为生存的命脉，从而更好地为构建和谐社会服务。打造传媒的社会责任文化，一是要大力倡导高扬社会责任的传媒伦理和道德。人的内在的价值观念是行为的驱动力，为此，要以"八荣八耻"和社会主义的核心价值体系为根本培植新闻传媒责任文化。二是把履行社会责任作为打造主流传媒的目标资产。在知识经济时代，品牌、名声、声誉等无形资产成为传媒发展的重要因素，新闻传媒最有用的无形资产就是其所肩负的社会责任。主流传媒必须将社会共同体为新闻界设定的目标作为自己的目标，[②] 为公民提供高质量的新闻服务。三是做强做大，保障传媒履行社会责任。"接受进步、正义的两个最重要因素是社会组织的变革和功利主义准则的应用"。[③] 新闻传媒做强做大了，其社会行为的显要性与是否承担相应的社会责任是连接在一起的，投机和逃避社会责任在一定程度上就是对其经济效益的损害，社会责任会逐步内化为其生存的主要动力，从而在结构和机制上有利于社会责任文化的形成。

2. 张扬新闻专业主义

目前，新闻传媒的行为模式主要是在三种范式之间展开的，即"党和人民的新闻事业"、"新闻专业"和"文化消费产业"。"党和人民的新闻事业"是一种"政治性契约"，在这一契约框架内，"党的利益"与"人民的利益"在根本

---

① 禹建强：《中国新闻传媒的社会责任》，载《新闻与写作》2005年第12期。
② ［美］哈钦斯委员会著，展江等译：《一个自由而负责任的新闻界》，中国人民大学出版社1998年版，第74页。
③ ［美］R.K.默顿著，范岱年等译：《17世纪英国的科学技术和社会》，四川人民出版社1986年版，第56页。

上是一致的；但在具体运作中会产生过程性的矛盾，一些部门和人员的干扰，会不时侵蚀着新闻传媒的社会责任担当。而消费主义的极端市场逻辑更是会导致对社会责任的迷失。"新闻专业"则通过一种内在价值和文化机制的构建，对市场经济的"恶"的一面，对传媒运作的"契约"越轨、市场逻辑的陷阱，具有文化心理解毒功能。新闻专业主义是一个发展性的概念，其基本内核是新闻应该恪守客观、真实、公正、责任、道德等。"中国新闻传媒所遵循的新闻专业主义，是在保证'党和人民利益'前提下进行专业操作的从业原则和理念。其规定性应当是坚持社会效益第一的原则下，以公共利益为中心；专业操作和行为原则；客观、真实、准确、及时、公正的报道手法；强烈的社会责任感等"。① 新闻传媒要摆脱浮躁、浅薄和极端功利，必须张扬新闻专业主义，提高新闻从业者职业素质，优化职业操守，更好地为社会和公众服务。

3. 严格新闻自律

新闻传媒履行社会责任的主要保障，其普适的责任文化和新闻专业主义的培植，均在于严格、有效的自律机制支持。

当下的现实是新闻道德规则大多停留在纸面，道德戒律在很大程度上是"超验性"的，问题的关键是约束机制的脆弱化和空洞化。衡量自律是否有效，著名传播学家道格拉斯·C·迈克尔提出了四个适用原则：第一，自律动机和技术专长，主要表现在有外在的压力，使传媒有自律的动机，同时必须拥有能实施自律原则的及时手段和有经验的专门人才。第二，代理机构具备审查能力，传媒的自律如果同时也受到政府的约束，那么自律将更容易成功。这种自律被称为"审查的自律"，即政府机构参与审查自律规章是否合理，检查自律的履行情况，抽查提供的自律情况是否准确。第三，自律评价标准的可操作性。即那些规章制度的涉及面相对狭窄和内容可量化的自律，通常会取得较大成效。第四，自律程序的公开性，自律组织应该让自律的程序和规章制度公开化，并尽最大可能使其达到所有受影响的组织，为其提供"发言"的机会。②

在构建和谐社会进程中，新闻传媒自律机制体系建设极为重要。一是要把新闻道德的培植教育作为传媒影响力的核心要素。这种培植教育应该覆盖到全体从业者，同时还需要道德规范具有历史、现实的合理性、可操作性，使之不能成为纸上空文。二是对新闻道德的监督约束至关重要。首先是对信守职业道德者的奖励，形成良性的内部道德评价机制、奖励机制；同时更有效果的、更有实际意义的是事后惩戒，应该形成适当的结构性的压力，使越轨者受到处罚。③ 三是主动

---

① 侯迎忠、赵志明：《媒介专业主义与重商主义孰轻孰重》，载《传媒观察》2004 年第 1 期。
② 罗以澄：《新闻求索录》，复旦大学出版社 2004 年版，第 251～252 页。
③ 罗以澄：《新闻求索录》，复旦大学出版社 2004 年版，第 215 页。

接受社会监督。要把道德自律的程序公开，把同行评价、收受者评价等作为改进契机，不护短，不遮盖，形成可行的自我纠错机制。四是新闻自律必须借助于有效的外部监督。从目前来看，在一个行业专业化比较低、行业发展不够平衡的时候，其职业行为需要更多的外部控制而非内部压力。① 新闻批评是一个基本路向。关键是在法治前提下，加强传媒市场法律秩序建设，强化并完善市场准入和退出机制。要对传媒进行"信用评级"，监测传媒的质量，定期在信誉度高的权威传媒上发布评定结果，对那些过于越界、恶"俗"报道占到一定比例的不合格传媒要淘汰出局。②

第四节　构建和谐社会与新闻传媒的发展

新闻传媒既是构建和谐社会的重要的社会资源；同时，它又是整合社会资源的重要工具之一，在构建和谐社会的网络中处于一种枢纽地位。新闻传媒合乎科学的、可持续发展，是构建和谐社会的题中之义；而和谐社会的构建则要求新闻传媒的发展，一方面能做到政府和公众科学地运用传媒，另一方面社会能营造和谐的传媒发展生态。

一、新闻传媒的科学运用

新闻传媒的能量是在各种社会力量博弈中产生的。理性化的社会，需要通过有效交流达成政府与公众的互相理解、和解和信任。政府和公众对新闻传媒的科学运用，是新闻传媒健康运作和发展的基础条件。

（一）政府的新闻传媒运用

联合国教科文组织《多种声音，一个世界》框架报告指出，发展中国家传播体制应服从于国家的基本任务，大众传媒的运用对国家发展方面的作用要得到肯定。③ 新闻传媒在现代政治中至关重要，善于运用新闻传媒的政府和政治家不

---

① 陈力丹：《中国需要健全而有效的新闻职业道德机制》，载《南方都市报》2003年9月17日。
② 罗以澄：《新闻求索录》，复旦大学出版社2004年版，第215页。
③ 罗浩：《媒介与社会Q&A》，台北：风云论坛出版社1996年版，第31页。

一定是成功的政府和政治家,但不会利用传媒的政府和政治家,绝对不会成功。① 在向现代化迈进的中国,新闻传媒运用能力是政府执政能力的体现。

1. 理顺政府与传媒关系的构建路径

理顺政府与传媒的关系,是政府善于运用传媒的基础。它要求政府尊重新闻传播的基本规律,能对政治运作和传媒运作的不同属性有着明智的理解,对新闻传媒的主体性,对公众、政府与新闻传媒的关系有着理性的体认,对新闻传媒运作基本边界有着科学的动态性把握。为此,政府在传媒运用上理应实施这样两个转变:

一是要从控制、全能动员转变为社会沟通、协调性运用。中国共产党和政府对于新闻传媒的运用有着自身丰富的经验教训,也有着优秀的传统。但每一个运用模式都有其历史源头。中国党和政府对新闻传媒运用的源头,是来自战争时期的动员性和组织性,是在你死我活的阶级斗争中形成的;然而,新中国成立后,作为执政党的条件下,再简单地搬移和挪用那些模式,自然会导致失误。"大跃进"和"文化大革命"的极端错误,已经给了我们惨痛的教训。

改革开放以来,中国党和政府在新闻传媒运用上有了长足进步,但总体上以社会动员为主轴的运用模式没有太大改变。随着改革开放的深入,中国社会已经发生了深刻的变化,相对同质化的社会转向了差异化、多样化社会;社会组织手段也从单一社会动员转向了多维度社会调适;特别是网络媒体的涌现,更是提升了公众参与社会管理的能力,高度改变了社会的"基本地形"。现今新闻传媒的运用需求,已经从组织动员扩张到社会沟通、协调和整合等多元功能上。这就需要政府以信息公开为主要途径,发挥新闻传媒在沟通中求动员、在协商中谋共识的社会协调作用,并以此实现对新闻传媒的科学运用。

二是从宣传涵盖一切转变为新闻、舆论和宣传协调互动。"我们不厌弃宣传,只厌弃拙劣的宣传"②。宣传涵盖范围很广,而新闻传媒所依附着的宣传性则有着其特殊性。让新闻传媒全部负载宣传功能,不仅使新闻传媒功能萎缩,也会导致宣传功能的低效和空转。西方国家对新闻传媒的重视和运用,根本点也体现在为国家和政府利益的宣传服务上;但他们十分善用新闻的"润物细无声"的方式承载宣传实质。我们可以批评他们所谓"没有新闻宣传"的虚伪性,但是,应该看到新闻和宣传形式的分离,确实得到公众的认可。"上乘的宣传看起来好像从未进行过一样",最好的宣传是让"宣传对象沿着你所希望的方向行进,而他们却认为是自己选择的方向"。③

---

① 李良荣:《当代西方新闻传媒》,复旦大学出版社2003年版,第183页。
② 罗以澄:《新闻写作现代化探析》,武汉大学出版社1989年版,第143页。
③ 王绍光:《中央情报局与文化冷战》,载《读书》2002年第5期。

新闻、宣传和舆论作为不同的社会现象，有着紧密联系，也有着明显的区别。"尊重新闻的自身规律，加强对舆论的考察和反馈，掌握宣传的规律和艺术，从而提高新闻传播的水平，发挥新闻传播的效果"，① 是构建和谐社会的重要议程。

2. 创新政府与传媒关系的构建战略

恩格斯在谈到"党报与党"的关系时，提出在坚持党的纲领原则的范围内，要保持党报一定程度上的"形式上的独立"。② 在现代社会，政府与新闻传媒的关系主要体现在管理和协作两个层次，其间协作关系更加重要。只有这样，新闻传媒才能更好地成为政府与公众的桥梁和纽带，发挥其在政府与公众之间协调和对话作用，避免传播效果的"空转"和衰退。因此，创新政府与传媒关系的构建战略的主要突破点，便在于政府对传媒的运用战略要从刚性管理转变为以协作为主的调控管理。

"政治规则"、"政治游戏"，通常被视为一种"责任伦理"（即对限制的接受），或者被看做是一种"良知伦理"（即对绝对目的的遵从）。③ 前者创造一种实用的观点，以寻求和谐为目的；后者则创造"真正的信仰者"，二者带着纯粹而持久的激情，毫不妥协地坚持其信仰。社会学家韦伯认为坚持市民社会的和平，只有责任伦理是可行的。在"小政府、大社会"的扁平化治理框架下，行政服务、行政协商理应成为社会"善治"的主要取向。为此，政府与新闻传媒的良性互动更应该注重责任伦理。一是改进政府对新闻传媒的指导关系，扶植、支持新闻传媒的科学运作和切实履行社会责任，营造健康的传媒发展生态，促进传媒健康、和谐发展。二是构建政府与传媒的积极协作关系，"通过主动引导和间接舆论调控来管理新闻，让新闻为政府所用"。④ 这种具有张力的传媒运用方式，实际上就是一种最好的管理。在这个基础上，应该坚持"宏观管好、微观放活"的基本思路，给新闻传媒及其从业者以更多的自主空间，使他们自觉遵循新闻传播规律，创造性地发掘新闻传媒影响社会的潜力。

3. 创新政府与传媒关系的构建机制

"如果仅强调自己的无产阶级观点，不承认报纸的社会性，那它就成了沙漠中的布道者"⑤。新闻传媒运作的社会性，决定了政府对新闻传媒的主要运用方式是传媒公关，扩大双方的互动。这样通过有序的双向约束，政府和新闻传媒的

---

① 罗以澄：《新闻写作现代化探析》，武汉大学出版社1989年版，第143页。
② 恩格斯：《致奥·倍倍尔的信》，《马克思恩格斯全集》第38卷，人民出版社1972年版，第517页。
③ ［美］丹尼尔·贝尔著，张国清译：《意识形态的终结》，江苏人民出版社2001年版，第311页。
④ 郎劲松等：《现代政治传播初探》，载《新闻传播学前沿》，中国传媒大学出版社2004年版，第20页。
⑤ 恩格斯：《马克思和"新莱茵报"》，载《马克思恩格斯全集》第2卷，人民出版社1972年版，第19页。

行为才会更加理性，才会有利于和谐社会建设。

现代社会中，"所有的政治行为都是对沟通能力的这种或那种方式的反应"。① 政府执政行为与信息流通的关系非常密切；通过信息公开，推动政府与传媒的沟通，进而推进政府与公众的沟通，已经成为现代政府的重要议程。过去，政府对新闻传媒的影响偏重于指令，特别是限制性的指令和控制。有时某个"领导者"一时的决定和看法就可以代表"党和政府"，结果使新闻传媒的主动性和创造性受到压抑；政府信息也经常被简化为空泛的会议报道、官员的一般性活动，而公众最关心的内容却被遮盖和忽略。这些"新闻报道八股"已经成为不善于运用传媒的最具体诠释。

创新政府与传媒关系的构建机制，实施政府的传媒公关，首先是要求提高政府官员的媒介素养。要让各级官员真正懂得传媒的性质和功能，懂得传媒运用与一般宣传的联系与区别；还要让各级官员"提升尊重公众的知情权、善于利用和开发政府新闻源的基本素养，提升尊重新闻规律、协调与新闻传媒关系、柔性运用传媒的能力，发挥政府传播议程的主动性"。②

其次是要求政府完善新闻发布制度，提升政府传播公关能力。政府新闻发言人制度是政府运用新闻传媒的一种制度性规范，其最大的价值是对新闻源的主动开放，寻求对信息把握的主动，即政府公关。公关之父伯奈斯说，最好的公关是说实话。当你不说实话的时候，即使你有很高的公关技巧，能蒙人于一时，但最终还是要受到时代、舆论和历史的惩罚。新闻发布所关涉的日常传播、政府形象传播和危机传播，都要以说实话为底线要求。在这一前提下，要做好两个基础工作：一是完善全国性的新闻发言人制度体系，健全新闻发言人的社会监督机制。二是以新闻发言人角色规范为基点，提高新闻发言人的素质和能力；需要"打破新闻发言人的'官本位'模式，建立相对精干而专业的新闻发言人机构，从传媒中选拔优秀的专业记者从事新闻发言人工作"。③

再次是要求政府提升用自身行为主动定义新闻的能力。相对于那种让新闻传媒做什么或不做什么的限制和规定的局限，最好的政府运用新闻传媒的方式是给新闻传媒供应什么。政府是新闻传媒的主要新闻源，利用新闻源本身就是一种看不见的宣传，政府议题对传媒议程具有框架性影响。因此，"政府成为新闻的第一定义者至关重要。其中，用行动制造新闻、用政策制造新闻和必要的、以真实

---

① [美] 迈克尔·罗斯金著，林震等译：《政治科学》，华夏出版社2001年版，第174页。
② 郎劲松等：《现代政治传播初探》，载《新闻传播学前沿》，北京广播学院出版社2004年版，第21页。
③ 参引史安彬：《危机传播与新闻发布》，南方日报出版社2004年版，第142页。

为基础的新闻议程策划是必要的"。① 政府可以通过对自身重要的执政行为,设计活动吸引新闻传媒的注意力,并以此保持与传媒的积极关系,承认双方对于彼此的需求;同时可以充分利用双方的制度特性把这种需求带来的优势最大化。从这个基点出发,政府理应善于凸现和运用执政行为中的重要关节点,创造具体的行为情境,创造出具有传媒亲和力的事件,以吸引传媒把关人的注意力,② 以此形成媒介事件效应。当然,媒介事件必须实事求是,注意方式和深度、宽度、报道频度的辩证把握,避免媒介事件的过度炒作,防止公众厌恶反感、期望值非理性化扩张等负面效应。

(二) 公众的新闻传媒运用

"作为信息和形象的主要群体资源,传媒具有多种功能并为许多人的需要服务……就为政治服务而言,传媒在发展民主方面起着中心作用。公众通过传媒参加政治活动,传媒对公共领域所作贡献的高低是决定民主质量好坏的重要因素"。③ 公众的传媒运用,不仅是现代社会新闻传媒生存、发展的关键所在,而且也是衡量一个国家或地区文明程度的重要尺度。

1. 扩展公众的传媒近用权

所谓公众的传媒近用权,就是指公众接近、使用传媒的权利。这是公众权利在传播领域的实现方式,是公众享有传媒权力的均衡分配。从消极层面看,每个公民都有接收他们所需新闻的权利,都有要求传媒答复、更正或主动接受其投诉的权利;从积极层面看,就是公众对于新闻传媒的民主性参与,任何公民、组织和社区,均可主动接近和使用传媒、参与传媒的制作和经营管理。

扩展公众的传媒近用权,主要体现在:一是使公众有平等接触新闻传媒的机会。作为社会的公共产品,新闻传媒的作为方式是对信息的均衡配置,以实现公众对新闻传媒共享的均衡。要做到这一点,首先要注意给弱势群体提供接触多元传媒的机会。比如,在城市和农村社区,建立阅报栏和阅报橱窗、开办电视室,为一些困难人群免费发送报刊等都不失为一种简单易行的方法。与此同时,在这个过程中,要注重"文化中心户"的舆论领袖作用,为他们提供接触多种传媒的机会和条件,以便于信息的均衡扩散和分配。其次要注意扶持社区传媒的发展。社区是社会的最基本单元,社区人群的价值观、利益、文化的调适和沟通,是促进社会健康、和谐的基础;其间一个有用工具就是社区传播的有序发展。公

---

① 李希光:《新闻执政与主流传媒的新闻改革》,载《2005 年中国传播论坛论文集》,中国传媒大学 2005 年 7 月。
② [英] 布赖恩·迈克奈尔著,殷琪译:《政治传播学引论》,新华出版社 2005 年版,第 134 页。
③ [美] 爱德华·赫尔曼等著,甄春亮等译:《全球传媒》,天津人民出版社 2001 年版,第 5 页。

众对传媒的接近和参与，更现实的途径是健全和发展社区传媒；当前的有效方式是国家扶持和社区合作相结合，建立公益性的社区传媒。

二是保障公众在新闻传媒播中的平等地位。社会转型期的利益冲突和社会矛盾，主要表现在当下社会底层民众权益的保障不足。正因为弱势群体和边缘人群不善利用制度作保护伞，他们就更需要制度上的特别救济，① 这也包括着传媒的制度性救济。首先，要发展与弱势群体对应的传媒或传媒内容。需要规划和扶持一批这类专门性传媒，并在各类传媒的传播内容细分中，确定相应的专门化栏目、节目数量和报道频率的最低限额。其次要建立保障机制，防止传媒对公民权利的伤害，特别是对弱势群体的尊严和权利的践踏，保护公众对新闻传媒的问责权利。

三是扩大和保障公众参与新闻传媒传播活动的权利。首先，要完善公众监督新闻传媒机制。通过制度化构建，保障公众对新闻传播活动运作的参与权利、批评权利。群众性社团监督是一种有效的方式：可以通过专门的民众意见调查、社会效果调查等方式对越轨传媒施加压力；也可以通过新闻评议、公众舆论约束传媒行为，保障新闻传媒对公众负责。其次，要大力发展公共新闻。公共新闻以公众参与新闻制作过程，或以新闻传播的内容取自民间、新闻传媒直接参与公共生活为主要特点，致力于提高社会公众在获取信息基础上的行动能力，关注公众之间对话和交流的质量，帮助公众积极地寻找解决问题的途径。② 因此，公共新闻是助推公众参与新闻传播权利的一个基本方式。总之，保障公众基本权利、维护公众社会尊严，让传媒充分关注社会公共问题是现代社会公众传媒近用权的最主要支点。

2. 提升公众的现代媒介素养

公众的媒介素养，是公众正确认知、科学运用传媒的体现。同任何人类所创造的工具一样，新闻传媒有其正面功能和负面功能，对于传媒的消费和使用而言，传媒是一种工具，不管其价值和功能存在什么样的悖谬，最终都要服从人的价值和需要。净化传媒环境和提升公众的媒介素养，是新闻传媒为公众服务的两个基本方面。③ 其关键在于让公众对传媒的接受和使用，具有趋利避害的能力，以保障其对传媒传播内容的主权和健康消费权，提高全社会对于新闻传媒运用的理性化水平。"让公众普遍地在日常生活中保持对新闻传媒的理性批判能力"，④

---

① 李少南：《边缘人更需要媒介的关怀和了解》，载《世界传播媒介白皮书1995》，台北：远流出版公司1995年版，第225页。
② 蔡雯：《"公共新闻"：发展中的理论和探索中的实践》，载《国际新闻界》2004年第1期。
③ 司马云杰：《文化价值论》，陕西人民出版社2003年版，第227页。
④ 陈力丹：《2005年中国新闻传播学研究的12个新鲜话题》，载《新闻传播》2006年第3期。

监督和制约新闻传媒为公共利益服务。

当前，提升公众的媒介素养要注意这样两个问题：一是媒介素养教育的覆盖面应是全体社会成员，其间重点是抓好政府官员、弱势群体和青少年的教育。要促成政府官员遵循新闻传播规律，理性对待新闻传媒；要帮助青少年和弱势群体有效地近用传媒、批判性地接受传媒的能力，以此构建现代传媒与人的良性关系。二是在教育方式上，要力求媒介素养教育进入学校课堂，成为通识教育的重要内容。同时，要通过传媒本身的主动宣传，或通过专门社会性组织，把媒介素养教育渗透到多种公益性和社会性教育活动之中。

二、营造和谐的新闻传媒发展生态

"社会制度和传媒制度之间其实是唇齿相依的关系，它决定了任何传媒制度的改革都必须和社会制度的改革配套而行"。[1] 新闻传媒的科学、可持续发展，要靠社会营造的和谐生态保障。

（一）推进新闻传媒发展的法治化进程

1. 新闻传媒管理要以法治为根本

法治是和谐社会构建的一大支柱，也是新闻传媒发展的依托。和谐社会要求新闻传媒必须在法律的范围内行事，要强化自身建设和发展的法律依托；同时也要求社会对新闻传媒的调控和监管要以法律为依归。

新闻传播的法律规范主要包括两个方面，一是对新闻出版的自由权利的保护，二是对滥用新闻出版自由权利的限制。"新闻管理的法制化只是过程、手段，其最终的目标是真正走上新闻法治的轨道"。[2] 应该说，过去30年中国新闻传媒管理的法制化建设取得了不少进步和成绩；但是，"有了法制不一定有法治"。[3] 当前的问题是，对新闻传媒的管理上，行政调控、政策调控还占据着主导地位。特别严重的是，相关法律和法规很多时候还停留在文本中，以权代法和以言废法的管理惯习还未根绝。

法治不仅是制度，而且是信仰，是最高的权威。这包含两个基本层面的内容：一是有完善的法制，二是法制得到完全的遵循。"为了保障人民民主，必须加强法制。必须使民主制度化、法律化，使这种制度和法律不因领导人的改变而

---

[1] 吕新雨：《传媒的狂欢》，载《读书》2000年第2期。
[2] 林晖：《未完成的历史：中国新闻改革前沿》，复旦大学出版社2004年版，第277页。
[3] 孙旭培：《当代中国新闻改革》，人民出版社2004年版，第406页。

改变，不因领导人的看法和注意力的改变而改变。"①新闻传媒管理向法治轨道转换的关节点取决于是否一切依法办事，克服"人治"的弊端。"对于新闻传媒的管理者来说，要贯彻法治精神，至少要做到对新闻事业依法管理，对新闻业务要依法指导，对发生的新闻纠纷要依法寻求法律的保护。"②

2. 健全授权法主导的新闻基本法体系

推进新闻传媒的健康发展，要有以保障发展权益为核心的基本法体系。目前中国与新闻传播相关的法律法规，大多是禁止性规范和义务性规范，这当然是必要的，这是因为"任何组织严密的生活方式都要按照自己设计的模式来塑造人的行为";③防止新闻权利的滥用，保障新闻传媒依法为社会服务，是新闻法治的重要组成部分。但是，对于法治而言，仅有这种禁止性的、义务性的规范是远远不够的；要注入发展的动力和活力，促成新闻传媒发展，更重要的是授权性法律规范的完备。④

当下中国，涉及新闻传播的有关法律法规相对零碎、滞后甚至互相矛盾，已经严重制约了新闻传媒的发展。"加入世贸组织，意味着把市场还给人民，在不久的将来就要加入国际人权B公约，则意味着把社会还给人民"。⑤ 这也意味着新闻传媒的立法环境的国际化影响。如果在这方面还处于被动，就会延误中国新闻传媒改革和发展进程。当前，建立多层次、多方位的传媒监管法律体系已经列入了新闻改革的日程，理应积极推进。其间，作为最有效的新闻授权立法——《新闻法》，更是应坚持将其作为新闻法治的支柱尽快出台。与此同时，必须对关涉新闻传播的法律法规体系，按照与世贸组织和国际人权B公约的基本要求和我们的承诺做好接轨工作，特别是对这些法律法规做出系统清理，形成相对完备的法规体系。

3. 突破新闻传媒发展的法律"瓶颈"

传媒经济中各产业链的市场主体，需要法律规范，需要法律授权使其合法地投资和收益，这是当前中国新闻传媒发展的一个"瓶颈"问题。而要突破这一瓶颈，必须注意妥善解决好以下几个问题：

一是新闻传媒市场运作的法律保障。产权清晰、权责明确、政企分开、自主经营是新闻传媒市场化运作的根本环节。当下中国新闻传媒的市场化运作举步艰难，做大后又难于做强的问题突出摆在面前。这期间的原因固然是多方面的，但

---

① 《邓小平文选》第2卷，人民出版社1994年版，第146页。
② 顾理平：《新闻法学》，中国广播电视出版社1999年版，第9~11页。
③ [美]哈罗德·D·拉斯维尔著，杨昌裕译：《政治学》，商务印书馆2003年版，第19页。
④ 孙旭培：《当代中国新闻改革》，人民出版社2004年版，第108页。
⑤ 童兵：《政治文明建设：新闻信息资源的富矿》，载《新闻与传播研究》2003年第3期。

是，新闻传媒管理政策多变和法律的空白是其主要的症结所在，解决之道在于突破"两分开"的前提下对新闻传媒经营管理的政策性随机调整方式，建立有效的法律法规管理的形式，明确地确立新闻传媒的法人地位、界定新闻传媒的产权，用法律手段对新闻传媒的责、权、利进行明确规定。① 以此为传媒产业提供法治化环境，促进依法办传媒业，依法进行新闻传媒的产业化和市场化经营，推进新闻传媒的科学发展。

二是新闻政策制定和执行在法治轨道内运行。一方面要解决好新闻政策的合法化问题，这既体现在对新闻传媒的管理由行政管理为主转向法律、经济手段调控为主，使政策方案上升为法律或获得法律地位；② 也体现在对新闻传媒的管理规范及其与法律体系的接轨和相容上。另一方面，新闻传媒管理政策和规制的出台过程，必须在法治的框架下进行，改变领导和管理部门拍脑袋的随机政策，推进新闻政策制定过程向规范、透明、引导、宽松、民主的方向转化，③ 实现新闻传媒宏观管理决策的民主化、科学化和法制化。

（二）深化新闻传媒管理体制改革

构建良性的制度环境、创新管理体制，是构建和谐社会与推进新闻传媒科学、可持续发展的根本条件。"在信息社会，新闻传媒是国家产业支柱之一，是国家软实力的重要部分，已经被看做是促进发展的一种新工具。"④ 尤其是加入WTO 后，中国新闻传媒发展的紧迫性更是成为社会共识。但由于多种原因，中国新闻传媒的产业化至今还相对滞后，目前仍然在"两个转变"上步履蹒跚；管理体制创新不足、机制转换不畅则是其"症结"所在。

1. 注入现代传媒管理观念

近三十年来中国新闻传媒业的快速发展，无不与观念的改革与创新密切相关。当前，随着新闻改革从边缘进入了深层，从零散、随机改革进入全面、系统改革，更是要求新闻传媒进一步实施观念创新，积极注入现代管理观念。

注入现代管理观念，要求传媒注意处理好这样几个关系：一是发展与社会责任的关系。漠视社会效益的"唯利是图"的极端倾向必须纠正；无视经济效益、固守制度弊端，以之作为社会效益的保障的极端倾向也应清除。在传媒全球化竞争条件下，中国新闻传媒发展和强大本身就是发挥社会效益的根本条件；否则，处于全球的信息传播弱势，社会效益也无从谈起。这是坚守社会利益的条件下最

---

① 罗以澄：《新闻求索录》，复旦大学出版社 2004 年版，第 330 页。
② 罗以澄：《新闻求索录》，复旦大学出版社 2004 年版，第 203 页。
③ 杨丽娅：《WTO 框架下的中国传媒业生存与发展的法律环境》，载《齐鲁学刊》2005 年第 6 期。
④ The Right to Tell: The Role of Media in the Economic Development. The World Bank，2002.

需要注意的问题。

二是管好与放活的关系。有一种偏向，认为对新闻传媒一旦"放开"、"放手"，就会引入资本主义的因素；这与20世纪90年代初一度出现的搞市场经济就会导致"和平演变"的论调十分类似。新闻传媒的发展，应以"三个有利于"标准去判断，而不应纠缠在"姓社"、"姓资"的争论上。当然，新闻传媒有着意识形态的特殊性；但是，"资本"、"工具"无所谓好坏，关键在于人们运用的智慧。在坚持"党管传媒"的前提下，对新闻传媒经营松绑和放活，使新闻传媒内部创新动力不断涌流，应该是新闻传媒管理体制重构的基本立足点。

三是做大和做强的关系。做大做强是新闻传媒发展的主要路向，现在中国新闻传媒已经具备了一定的规模后，理应关注的重点是怎样才能做强，怎样才能形成传媒业的核心竞争力。① 新闻传媒应该突破粗放式的发展方式，追求内涵、集约型的发展道路，在做大的同时注重做强。这就要在整体决策的过程中，把新闻传媒的"竞合"关系导引到理性的轨道，把捆绑"做大"的新闻传媒做活做好，形成"做强做大"的整体效应。

辩证地把握上述基本关系，需要清理各种影响新闻传媒和谐发展的思维模式。一是要告别僵化的思维模式。在媒介空间无限的新媒介环境中，把对新闻传媒的单向、单边控制作为万应灵药，不仅会把新闻传媒管死，而且会滑向"左"的思维沼泽。二是警惕利润至上的思维模式。传媒经济发展非常重要，但舍弃新闻传媒生存的原初理由和终极目的，完全屈从于市场利益，则会导致传媒的责任迷失。要十分注意理清并把握好市场竞争与担负社会责任的关系下来做强传媒产业。这里关键是要分清注意力经济和影响力经济的根本区别，注意力经济的立足点是吸引眼球的，追求的是一次性效益，这只是传媒经济的切入点之一；而影响力经济的立足点是赢得受众的信任、"忠诚"，是对人的心理和社会人文环境的纯化，追求的是持久性效益，这才是传媒经济健康、和谐发展的根本路向。

2. 创新新闻传媒管理体制

制度是人为设计的各种约束，它构建了人类的交往行为。"制度的功能在于形成一个社会的激励结构"。② 制度因素是经济体系的内生变量；推动经济增长和经济发展的最根本因素并不是那些作为生产投入的具体的资源要素，而是那些非资源的因素：技术、制度和观念。"制度进步是经济增长更为基本的原动力"。③

---

① 罗以澄：《新闻求索录》，复旦大学出版社2004年版，第10页。
② North D C. Economic Performance Through Time. The American Economic Review, 1994, 84 (3).
③ 申乐莹：《加入世贸组织与中国传媒制度创新》，载金冠军、郑涵：《全球化视野：传媒产业经济比较研究》，学林出版社2003年版，第436页。

新闻传媒管理体制创新，有两个基本前提：一是为新闻传媒提供良好的生存、发展空间，给予新闻传媒内部的制度创新、机制转换充分的政策支持。二是按照"一切有利于中国社会主义文化建设的有益经验，一切有利于提高中国人民精神境界的文化成果，一切有利于发展中国文化事业和文化产业的管理模式"①都要借鉴的要求，走出修修补补的跟进式老路，系统创新新闻传媒管理体制。当前，创新新闻传媒管理体制应重点抓好这样两个环节：

一是对管理机构的体制改革和创新。谁来管理"管理者"，是现代管理中的一个重要问题。当前中国新闻传媒改革中存在着多重障碍，很大程度上与基于计划经济格局产生、而后不断修补形成的管理机构叠床架屋、职能分割不清、条条块块冲突是分不开的。要解决这种管理上条块分割、政出多门的问题，需要对眼下行业系统、宣传系统、地方传媒管理机构之间的部分职能，在充分调查论证的基础上分阶段、分步骤地加以重新整理和归并，适当调整，明晰各自的责权利，避免重复和争执。② 从长远看，应该在管理部门与其产业部门职能分离的基础上，组建统一性的传媒管理机构。把监管的职能全部从经营职能中彻底分离出来，解决一些部门既当裁判员又当运动员的体制弊端，解决政出多门、政策和战略互相打架、改革的措施虚置等缺陷。通过全国性的一体化监管方式，打开地区封锁，清除块块监管部门成为地区权力的附庸、设置传媒发展樊篱等非理性行为。更为重要的是，与宣传部门侧重政治把关的基本职能对应，全国统一、系统性的监管机构应侧重于新闻传媒市场竞争的规范和监管，从传媒管理重内容而轻市场的管理倾向转向于相对平衡的市场监管行为，为新闻传媒良性竞争与健康发展提供良好的制度供给和环境条件。

二是对新闻传媒管理体制的系统创新完善。体制创新要从制约新闻传媒发展的突出关节点入手。三个层次"两分开"的系统构建，应该是目前传媒管理体制创新的最优选择。一是宏观层次上，要根据不同传媒性质进行"两分开"。要严格地划分公益性传媒与经营性传媒的界限，清晰地界定事业法人和企业法人的主体地位，实行界限分明的不同的运作和经营方式。要通过政策扶持、引入社会化监管机制等方式，让公益性新闻传媒不介入广告和经营市场，或低度介入限定的领域，以打造一批强大的公益性主流传媒。对于经营性传媒，要在依法管理、规范其为社会服务的前提下，放手发展，让它们在市场竞争中优胜劣汰，以形成一批在国际传媒市场上具有竞争力的传媒集团。二是中观层次上，推进所有权与经营权的"两权分离"，构建以出资者所有权与法人财产权清晰分离、完善法人

---

① 解放日报编辑部：《正确引领：主流传媒的责任》，载《解放日报》2003年11月13日。
② 林晖：《未完成的历史：中国新闻改革前沿》，复旦大学出版社2004年版，第288页。

治理结构体系为核心的现代传媒企业制度。其根本要求是结构系统的合理、高效。这就需要有良好的监管和约束机制,形成对经营者的强激励和硬约束。外部通过传媒间交叉持股的证券化监管,通过利益捆绑,约束广告大战、发行大战等无序竞争,制止市场游戏规则缺失,防止利润空洞化、企业下端"利润"寻租和"蚕食",形成以利益为纽带的有序竞争和合作机制。内部要从系统效能着手,"加强党委领导与法人治理结构的合理嫁接与优势互动,强化党委领导的积极因素,做到以资本为纽带,以市场为导向,以和谐发展为目的,保障法人治理结构的创新效益",[①] 避免形式主义的"翻牌公司"行为。三是在微观层次上,"编营分离"是现代新闻传媒通用运作机制,必须彻底进行。当然,传媒内部的"经营分离"必须有利于提升传媒业的创造性活力。在传媒集团中,可以确立主导型的规则框架,在经营上实行有弹性的统筹,维持子传媒的开放性结构,以母传媒的编营分离嵌入子传媒的编营分离,即在集团内部确立子传媒法人主体地位的基础上,进行多层次、系统整合基础上的分离。这种矩阵型的内部治理结构更适合当下事业性传媒与企业性传媒共融的传媒集团内部分离路径,可以使各子传媒都形成创新原动力的开放性体制和机制结构,走出"子报"养"母报"的怪圈。

(三) 优化新闻传媒结构和布局

1. 调整新闻传媒结构

首先要解决目前新闻传媒结构存在着的"小、散、滥"问题。以数量增长为主导的粗放型发展所带来的结构散乱、规模效益低下,以及传媒市场竞争的无序、混乱已经成为阻碍中国新闻传媒和谐发展的主要瓶颈。[②] 要解决这些计划经济遗留下的与现实发展相矛盾的问题,唯一的出路是深化改革,进一步调整和优化传媒结构。

一是持续做好"治滥"和"治散"的工作。对遗留问题和过渡性措施予以一体性清理,特别是要形成法律框架下的"散、滥"治理机制,使行政部门与传媒彻底脱钩,掐断类行政部门传媒的权力依附纽带;对各类传媒实行分类指导、分类管理,以强化主流传媒整合机制。

二是理顺新闻传媒的纵向结构。有学者提出"二级电视、三级报纸与四级广播"(把无线、有线、教育和卫视台归并为一个公司,以企业模式运转,强化中央和省市两级电视台,取消县级电视台,欠发达地区市级电视台归并入省级电

---

① 参引尹明华:《简单,是最好的:关于报业集团治理结构的思考》,载《传媒观察》2006年第1期。
② 李良荣:《关于中国媒介总体格局的探讨》,载《新闻改革的探索》,复旦大学出版社2004年版,第67页。

视台，发达地区或省会大型城市的市级电视台单独组建广播电视公司；取消县级报纸，改为中央、省、市三级建制的报纸；广播维持原四级格局不变）的传媒新格局主张，① 应该是当前"条块结合、以块为主"的分级管理格局下，传媒结构安排上相对适当的选择。可以并且应该以此为基点，推进新闻传媒资源的优化配置和整合。而从长远来看，则应启动省级传媒集团对地市的延伸，以及平面传媒与电子传媒在同一级次或多级次上的协同整合，以推动地域内传媒集团的扩张和资源整合。

三是推进横向的"跨媒介、跨地域经营"，形成统一、开放、有序竞争的传媒市场体系。当前新媒介快速扩张对传统传媒生存空间的挤压，集团化后新闻传媒的扩张欲望，都促使跨地区、跨媒介的经营方式开始出现，并且呈一触即发之势。但地区壁垒、行业壁垒、政策壁垒等障碍性因素很多，理应破除。从长期来看，在"党管传媒"的原则下，不同地区、不同传媒的联合渠道通畅是传媒做强做大的重要方向。其主要取向，应是先推行同一地区大型同类传媒的互相联合，改善碎片化传媒经营格局，形成以利益为纽带的有序竞争与合作机制；② 接着应推行同一地区的不同传媒之间的联合，以及不同地区传媒之间的战略联盟。这都需要国家制定长远的战略举措。

四是抓好主流新闻传媒的"品牌经营"扩展。"品牌经营"需要新闻传媒有着良性的产业结构，需要传媒产业空间的扩张建立在实力、规模和市场细分的基础上。当前，"要发展以主流传媒为核心的多传媒扩张，积极推进主流传媒的多版化、多频道和多主题扩张"。③ 同时，要求主流传媒以主业为核心进行稳健、务实的多元化产业运营，打造纵向完整的产业链，做强具有吸附能力的横向产业链。新闻传媒产业延伸、扩张的主要触发点应在新型媒介形态的融合上。要通过扩张新闻网站、电子报纸、网络电视、手机报纸、手机电视等方式，变革传统的运作方式，与新型媒介形态一起成长，延伸自身的产业链，并实现多种传媒在网络上的联营，走出跨传媒和跨地域的现行步伐，形成新的传播优势和新的市场竞争力；④ 以此着手构建以网络传媒扩张带动传统传媒扩张和整合的传媒新结构。这是新闻传媒"品牌经营"扩展的必由之路。

2. 调整新闻传媒布局

调整新闻传媒的布局，是优化传媒结构、促进传媒和谐发展的重要支点。调

---

① 李良荣：《关于中国媒介总体格局的探讨》，载《新闻改革的探索》，复旦大学出版社2004年版，第81页。
② 尹明华：《简单，是最好的：关于报业集团治理结构的思考》，载《传媒观察》2006年第1期。
③ 罗以澄：《解读全球化背景下的中国媒介市场》，载《新闻求索录》，复旦大学出版社2004年版，第349页。
④ 参引喻国明、戴元初：《羽化前的阵痛》，载《国际新闻界》2006年第1期。

整的主要目的是，维护传媒布局的相对平衡，保障传媒对社会的全面覆盖，强化传媒公共服务功能。针对中国传媒发展地区不平衡的现状，对欠发达地区和农村地区的新闻传媒，应采取适当的扶持和政策倾斜，特别要注意发展针对弱势群体的新闻传媒。对服务农村、社区、儿童和服务弱势群体的新闻传媒及其节目、栏目、版面、频道等要给予政策扶持；同时也要引入市场机制，比如评选优秀频道、版面、节目、栏目等，与政策优惠和财政补贴挂钩。还可以通过"志愿者"等方式，引入社会性运作机制，兴办社区性传媒。

传媒布局调整中，大型公益性传媒的地方化延伸和地方传媒的社区化经营是一条重要路径。实施的关键在于这些传媒本土化和贴近化的战略到位；同时，要适应社会多元化、社会阶层分化和受众分众化的趋势，适应市场化走向。传媒布局调整中，最有作为的是"两分开"后的公益性传媒；必须从两端（对上端的官员，对下端的公众包括弱势群体）做好公益性传播，特别是对下端，需要改变僵化的传播模式，保证政府、社区、群体、个人的有效交流、理解和沟通，推进全社会的共识和认同，使公益性传媒真正起到公益的效用。

新闻传媒是塑造和谐社会的重要力量，新闻传媒的责任承担与发展推进是互动的。为此，要在服务民主法治、公平正义、诚信友爱、安定有序、充满活力、人与自然和谐相处的社会构建中，做强做大新闻传媒。"让新闻传媒发展的理性贯通于中国社会、文化发展的现实"，[①] 是现代传媒和社会现代化协同发展之道，也是对构建和谐社会的支持之道。

---

① 罗以澄：《新闻求索录》，复旦大学出版社2004年版，第211页。

第二章

新闻传媒与和谐社会的政治文明建设

政治文明建设是构建和谐社会的基础性条件。新闻传媒具有增进社会成员的公民意识和法治观念，加强政治道德和社会主义核心价值体系的培养，促进政治文明建设的强大功能。遵循新闻传播规律，增强新闻传媒为政治文明服务的功能，是新闻传媒嵌入和谐社会建设的重要维度。提升新闻传媒的议程设置功能，调适政府、公众和传媒在社会舆论场上的有效汇合和沟通，是新闻传媒促进政治环境文明的主要路径。提升新闻传媒的建设性监督功能，在组织舆论、表达民意和解读事态的交汇点上，对公共权力、公共政策等展开协商性监督、参与性监督，是新闻传媒促进政治制度文明的基本方式。提升新闻传媒的政治社会化功能，以社会和谐稳定为目标，加强舆论引导、协调利益关系、传播先进的政治文化、张扬先进的政治行为，是新闻传媒促进政治行为文明的直接切入点。

民主法治、公平正义是构建社会主义和谐社会的首要条件。"和谐社会就是要充分发扬和实行社会主义民主"[1]，是包含民主法治为总纲的政治文明构成的良好社会治理状况。新闻传媒的发育、生长和运作与社会政治系统紧密相关，推进政治文明、改善政治治理是新闻传媒与生俱来的使命。为政治文明建设提供有力保障，在政治文明建设中提升新闻传媒的现代性内涵，是新闻传媒在构建和谐社会中的首要任务。

---

[1] 卓泽渊：《和谐社会是民主法治社会》，载《人民日报》2005年6月1日。

第一节　新闻传媒对政治文明建设的意义

政治文明是人类政治生活的进步状态。从静态的角度看，政治文明是人类政治进程中取得的全部进步成果；从动态的角度看，则是人类政治进化发展的具体过程。政治文明"主要包括政治意识文明、政治环境文明，政治制度文明、政治行为文明等"①。社会主义政治文明是以马克思主义为指导，坚持党的领导、人民当家做主和依法治国有机统一的新型政治文明；其本质是人民当家做主，绝大多人享有民主权利。建设社会主义政治文明，就是通过各种途径和方式，培养和提高政治主体的文明素质，促进政治行为文明、政治环境文明和政治制度文明建设，实现人的全面发展和社会的和谐。其中，通过增强新闻传媒的各种功能，促进社会主义政治文明的建设，具有其他社会机构不可替代的重要意义。

一、公民意识培养与新闻传媒的积极参与

建设社会主义政治文明，需要做好两方面的基础性工作：一是社会主义民主政治制度的建设，二是公民意识和社会主义民主政治观念的培养。制度和观念，在发展进程中相互影响，不可或缺。公民意识和社会主义民主政治观念的培养，对于社会主义民主政治制度建设具有重要的意义。没有良好的公民意识和民主政治观念，不可能建立真正好的制度；即使有了好的制度安排和设计，也不可能真正有效地实行。②

中共十七大报告关于发展社会主义民主政治的论述中，首次将公民意识和民主政治观念的培养置于显著位置，明确提出，要加强公民意识教育，树立社会主义民主法治、自由平等、公平正义理念。根据中国现阶段的基本国情，开展公民意识教育，培养公众的民主政治观念，提高全社会成员的政治素质，可谓是当务之急。

中国现阶段的基本国情是，仍处于并将长期处于社会主义初级阶段，即社会主义的不发达阶段。这是在经济落后的中国建设社会主义不可逾越的历史阶段。建设社会主义政治文明，首先要从这个最大的实际出发。在社会主义初级阶段，

---

① 参见虞崇胜：《政治文明论》，武汉大学出版社2003年版，第123页。
② 参见《深入学习贯彻党的十七大精神》，载《兵团建设》2007年第11期，第90~91页。

生产力不发达和社会主义制度不够完善是其根本性特征，广大公众日益增长的物质文化需要同落后的社会生产之间的矛盾是其主要矛盾。进入21世纪，中国的发展站在了一个新的历史起点上，从生产力到生产关系、从经济基础到上层建筑都发生了意义深远的重大变化。但是，社会的根本性特征和社会的主要矛盾没有根本改变。大力推进社会主义政治文明建设，必须紧紧把握这种现实状况并把它作为认识的逻辑起点。

在社会主义初级阶段这一大背景下，在广大公众的民主政治素质相对不高、不平衡的条件下，新闻传媒必须承担起"民主"启蒙的工作，突出和加强与公众政治参与积极性不断提高相适应的公民意识教育。其原因有二：一是中国封建社会历经数千年，封建主义专制思想沉淀于民族文化心理之中，至今仍然通过"人治"而不是"法治"等形式表现出来。二是改革开放以来，随着"西风东进"，在社会思想领域中，先进的与落后的、现代的与传统的、民主的与专制的多元化思想并存，互相激荡。

在相对缺乏民主传统的国度里，在广大公众还没有完全理解民主实践的本质、公民自身究竟有哪些民主权利以及该如何运用这些民主权利时，就需要通过新闻传媒进行这方面的"启蒙"教育。资产阶级刚刚登上历史舞台就是这样做的。美国第三任总统杰弗逊当年就告诫新闻传媒，要向美国公众讲清民主的含义并告知他们有什么样的民主权利。

加强公民意识教育，其关键是加强公众政治方面的公民意识教育。新闻传媒要从法制、道德、核心价值观三个环节入手，在培养公众的社会主义民主法治、自由平等、公平正义的理念上起到应有的作用。

二、公众法制观念培养与新闻传媒的传播作用

"报刊是警觉地捍卫自己自由的人民精神无所不在的喉舌"[①]。中共十七大报告强调，要坚持依法治国基本方略，树立社会主义法制观念，实现国家各项工作法治化，保障人民群众合法权益。"人民当家做主"是社会主义民主政治的核心和本质，是依法治国的根本前提。切实保障人民群众的知情权、参与权、表达权、监督权，并在此基础上加强公众的法制观念培养，理应是当前新闻传媒的基本任务。

一是要借助新闻传播充分说明依法保障公众权益（即人权）是发展社会主义民主政治的内在要求。享有充分的人权，是人类不懈追求的美好理想和社会文

---

① 《马克思恩格斯全集》第6卷，人民出版社1956年版，第275页。

明进步的重要标志。长期以来，中国共产党和中国人民一直把争取民族独立和人民解放，争取享有充分人权、实现人的自由全面发展作为奋斗目标；并立足本国实际、借鉴人类文明成果，不断发展具有中国特色的人权保障事业。尤其进入21世纪以来，中共中央明确提出以人为本、执政为民的新的执政理念，要求"权为民所用、情为民所系、利为民所谋"，坚持把"实现好、维护好、发展好最广大人民的根本利益"作为党和国家一切工作的出发点和落脚点，尊重广大公众的主体地位，促进人的全面发展。2004年3月，第十届全国人大二次会议正式通过宪法修正案，将国家尊重和保障人权载入宪法。这些都为扩大社会主义民主、推进中国人权事业建设指明了方向。新闻传媒不仅要大力传播中国人权保障事业不断进步的成果，而且要大力传播人权保障的重要性和发展创新的基本方略。

　　二是要借助新闻传播充分说明人权的基本内容和保障人权的根本途径。人权是个历史的、全面的、具体的概念，包含着公众在经济、政治、文化、社会等各方面的权益。其中，经济权益主要包括公众应当享有的生产活动、劳动报酬、财产所有、物质享受等方面的权利和利益，它关系到人的生计和生存质量，是最根本的权益；政治权益主要包括公众应当享有的参加国家政治生活、表达政治意愿和见解等方面的民主权利和利益；文化权益主要包括公众应当享有的教育、科学、文化等方面的权利和利益；社会权益主要包括公众在就业、社会保障、医疗卫生、公共安全等社会事业方面的权利和利益。公众的这些权益是法律赋予的神圣不可侵犯的，一旦受到侵犯，自然可以而且应该通过法律途径，寻求保护。在社会主义初级阶段，包括法律制度在内的社会主义民主制度还不够完善，公众的合法权益常常受到侵犯，这就需要新闻传媒的传播在向公众讲清人权基本内容和维权途径的同时，要注意说明只有发展社会主义民主政治，加强社会主义民主法制建设，才能更好地保障广大公众的各种权益。

　　三是要借助新闻传播向公众传递正确的权利义务观念。依照宪法和法律，任何社会成员不仅享受应有的权利，而且同时也必须履行应尽的义务。法律对社会生活的规范、引导和保障功能，主要是通过权利义务机制实现的。这具体包括：第一，确定权利主体，法律面前人人平等，任何人都没有超越宪法和法律的特权；第二，规定权利种类和内容，国家保护合法的权利；第三，规定权利行使的方式和途径，提供权利的保障、救济和救护；第四，按照权利与义务相统一的原则确定权利的边界，权利的行使不得损害社会公共利益和他人的合法权益。① 新

---

　　① 《加强公民意识教育，树立社会主义民主法治、自由平等、公平正义理念——党的十七大报告解读》，载《人民日报》2007年12月20日，第2版。

闻传媒对公众进行法制传播时，要注重培养公众正确的权利义务观念，在法制轨道上推进社会主义民主政治、自由平等、公平正义。新闻传媒要张扬公众权利和义务的理性规范、根本内涵，积极传播只有在法制框架内行使权利、履行义务，才能够实现民主政治、自由平等、公平正义。

目前，从全国性新闻传媒到地方新闻传媒，都设有法制栏目，经常报道法制新闻，进行法治传播，有的还建成了品牌栏目。如中央电视台的《今日说法》栏目，收视率就比较高，受到各阶层公众的喜爱，其基本思路就是剖析一件案例，说清一条法规，在法治传播中产生了很好的影响。不过，仍然有些新闻传媒把法制新闻当作一般的社会新闻来炒作，注重犯案过程和细节的描述，追求"腥、性"效应，而把法理的阐述抛在一边，这显然有违设置法制栏目的初衷。

三、公众政治道德培养与新闻传媒的教育作用

法律和道德都属于社会行为规范。一般认为，法律所规定的义务是最低层次的道德标准，而道德属于法定义务以上的行为规范。法治和德治是相辅相成、互相促进的。法治以法律的权威性和强制性规范社会成员的行为，德治以道德的说服力和感召力提高社会成员的思想认识和道德觉悟。① 开展公众道德教育，树立社会主义民主法治、自由平等、公平正义理念，不仅需要新闻传媒大力开展法治传播，还需要新闻传媒大力开展公众道德教育。

中共十七大报告强调，要以增强诚信意识为重点，加强社会公德、职业道德、家庭美德、个人品德建设，发挥道德模范榜样作用，引导人们自觉履行法定义务、社会责任、家庭责任。当下，新闻传媒在开展公众道德教育中，关注较多的则是家庭美德和个人品德，而且多以传统道德如孝道之类作为评价标准。继承传统美德、发扬民族精神是必要的，这是中华民族文化的根本所在。但是，也应该看到，当建立社会主义市场经济之后，漠视道德约束的强烈的个人功利意识，塑造了以个人主义为核心内容的"市场人格"。这种"市场人格"常常扭曲价值取向，导致人们的行为失范，其中最为社会所诟病的则是"诚信"问题。中共十七大报告强调要以增强诚信意识为重点，显然有着很强的针对性。新闻传媒应当有这种自觉性，通过典型报道引领广大公众认识到市场经济是一种"诚信"经济，应当自觉增强自己的诚信意识。

新闻传媒在开展公众道德教育时要着重考虑并注重加强公众的政治道德培育。所谓政治道德，就是调节、调整人们的政治关系及政治行为的道德规范和准

---

① 参见《深入学习贯彻党的十七大精神》，载《兵团建设》2007年第11期，第90~91页。

则，是政治规范的一种思想意识形态。政治道德分为两个层次：一是为从政者规定的明与昏、功与过、仁爱与暴虐、清廉与贪婪、正义与非正义等道德准则和要求；二是对普通政治生活参与者规定的善与恶、是与非、荣与辱、权利与义务等政治道德准则和要求。社会主义的政治道德是社会主义政治文明的重要内容，它对从政者的基本要求是：切实践行"全心全意为人民服务"的根本宗旨，始终把实现好、维护好和发展好广大公众根本利益作为一切工作的出发点和落脚点。它对普通政治生活参与者的基本要求是：依法行使民主权利、有序参与政治生活、自觉平衡利益关系、理性地自主自立，等等。当前，新闻传媒在进行新闻监督、揭露部分从政者腐败行为时表现出了一定的力度，也有比较好的社会效果，但是，应该看到，有不少新闻监督由于没有上升到社会主义政治道德的理性高度，因此只能在有限的范围内对社会主义政治文明建设产生某种积极意义。至于对普通政治生活参与者的政治行为规范，新闻传媒关注得并不多，应当在今后的新闻传播中予以特别关注。

四、公众的核心价值观培养与新闻传媒的引导作用

任何社会都需要有自己的核心价值体系，以此来引领人们的思想和行为，形成强有力的精神支柱和精神力量。中共十七大报告强调要建设社会主义核心价值体系，增强社会主义意识形态的吸引力和凝聚力。社会主义核心价值体系的基本内容是：马克思主义指导思想，中国特色社会主义共同理想，以爱国主义为核心的民族精神和以改革创新为核心的时代精神，社会主义荣辱观。社会主义核心价值体系是社会主义意识形态的本质体现。它涵盖了民主法治、自由平等、公平正义理念，决定了民主法治、自由平等、公平正义的性质、特征和发展方向，所以它也体现了社会主义的本质要求和广大公众的根本利益。[①] 新闻传媒大力开展公众的社会主义核心价值体系的引导，培养公众的社会主义核心价值观，对于发展社会主义民主政治，促进社会主义政治文明建设，具有极为重要的现实意义。

现阶段，在培养公众的社会主义核心价值观的过程中，需要新闻传媒从四个方面作出努力：一是坚持不懈地传播中国特色社会主义理论体系。中国特色社会主义理论体系是马克思主义中国化的最新成果，是中国共产党最可宝贵的政治和精神财富，是全国各族人民团结奋斗的共同思想基础。在当代中国，坚持中国特色社会主义理论体系就是坚持马克思主义。新闻传媒要大力营造浓厚的舆论氛

---

① 参见《深入学习贯彻党的十七大精神》，载《兵团建设》2007年第11期，第90～91页。

围，推动当代中国马克思主义大众化，使之成为公众最广泛深入的社会实践指南。大众化是马克思主义的本质属性和基本要求，新闻传媒的传播必须致力于同广大公众的工作、学习和生活相结合，赋予中国特色社会主义理论体系通俗易懂的表现形式，提升其"入耳入脑入心"的传播效果。很重要的一点，就是要根据广大公众的实际理解能力、文化习俗、思维方式和生活习惯，努力把马克思主义中国化最新成果转化为"大众话语"，包括典型推介、发布公益广告、刊发学习心得、为受众解惑答疑，用公众熟悉的语言和喜闻乐见的传播方式同他们平等交流。从这个意义上说，大众化就是通俗化、形象化和具体化。

二是坚持不懈地传播中国特色社会主义的共同理想。共同理想是一个国家、一个民族赖以存在和发展的根本前提。中国特色社会主义共同理想，是社会和谐的思想基础，没有这种理想基础，就没有共同的目标，就没有协调统一的认识和步调，就会影响社会健康有序的发展。"理想信念是一个政党治国理政的旗帜，是一个民族奋力前进的向导，是一个国家走向富强的精神动力。"① 中国特色社会主义共同理想就是在中国共产党领导下，走中国特色社会主义道路，在21世纪头20年集中力量全面建设小康社会，到21世纪中叶基本实现现代化，把中国建设成富强、民主、文明、和谐的社会主义国家。新闻传媒应当通过典型报道、诠释解读、新旧对比、历史反思和观照等方式，告诉公众牢记历史、正视现实，深刻认识中国特色社会主义共同理想是历史的必然选择、是中国现阶段最具有感召力的奋斗目标，它把国家的发展、民族的振兴与个人的幸福紧紧联系在一起，把各个阶层、各种利益有机结合在一起，在全社会达成共识并由此激发民族复兴的信念和信心。

三是坚持不懈地传播以爱国主义为核心的民族精神和以改革开放为核心的时代精神。民族精神是一个民族在长期的共同生活和共同社会实践基础上形成和发展起来的，为民族大多数成员所认同和接受的思想品格、价值取向和道德规范；是一个民族的心理特征、文化传统、思想感情的综合反映。时代精神是一个社会在最新的实践中激发出来的，反映社会进步发展方向、引领时代进步潮流，为社会成员普遍认同和接受的理想观念、价值取向和道德规范。民族精神具有时代性，是时代精神的渊源和基础；时代精神具有民族性，是民族精神在当代的继承和发展，二者相互交融，都是代表历史发展、引领社会前进的强大精神力量。

新闻传媒要大力弘扬中华民族的爱国主义精神。爱国主义主要表现在热爱我们伟大的社会主义祖国、坚持走社会主义道路。新闻传媒要借助新闻传播通过具体事实告诉公众，爱国主义和社会主义在本质上是一致的。在2008年抗震救灾、

---

① 《胡锦涛同志在全国加强和改进大学生思想政治教育工作会议上的讲话》，2005年1月17日。

奥运圣火传递以及奥运会举办期间，新闻传媒真实、准确、及时的报道大大激发了广大公众的爱国热情，使公众进一步认识到，只有社会主义才能救中国，只有社会主义才能发展中国。

新闻传媒要大力倡导改革创新。改革创新是社会进步发展的基点和原动力，也是中国社会进入"新时期"后的时代最强音。改革开放以来，中国亿万公众，坚持改革创新，不断破除一切妨碍发展的思想观念和体制机制，取得了令人瞩目的显著成就，推动了中国社会发生翻天覆地的变化。新闻传媒应当借助新闻传播热情讴歌改革开放30余年来的成就和经验教训，讴歌勇于开拓不断进取的先进人物、先进事迹，以此来增强全社会的改革创新意识，引导广大公众自觉地把个人价值追求融入民族振兴、国家发展的伟大实践，把个人理想抱负化作励志图强、创造崭新业绩的实际行动。

四是要坚持不懈地传播以"八荣八耻"为主要内容的社会主义荣辱观。荣辱观是人们根据一定的思想道德标准进行自我评价和社会评价活动中逐渐形成的关于荣与辱观念的总和。它集中反映了社会的价值导向、人的精神状态和社会的文明程度。荣辱观是世界观、人生观、价值观的重要内容。社会主义荣辱观体现了社会主义的价值导向，是引领社会风尚的一面旗帜。

"八荣八耻"是对社会主义荣辱观的集中表达。它贯穿社会生活各个领域，覆盖各利益群体，涵盖人生态度、社会生活的方方面面。它把与社会主义市场经济相适应、与社会主义法律相协调、与中华民族传统美德相承接的社会主义思想道德观念有机融合在一起，为全体社会成员提供了基本的价值标准和行为规范。

近年来，新闻传媒运用各种新闻手段传播"八荣八耻"，在引导广大公众遵守基本道德规范，推动形成知荣辱、讲正气、促和谐的良好社会风尚方面起到了积极作用。2008年四川汶川大地震发生后，众多新闻传媒以深厚的人文情怀及时、全面地报道了解放军和武警官兵舍生忘死救助百姓的英雄事迹，以及广大干部群众守望相助、共赴国难的崇高精神，大大增强了社会的凝聚力，对社会精神文明建设和政治文明建设起到十分积极的促进作用。

第二节 新闻传媒议程设置功能与政治环境文明建设

当前中国正处于社会转型的关键时刻，转型期可能出现的各种社会问题给社会主义政治环境文明建设带来了极大的挑战。时代要求新闻传媒不断增强其议程设置功能，营造一个和谐、稳定、良性发展的政治环境，为推进社会主义民主政治和构建社会主义和谐社会贡献力量。

一、新闻传媒的议程设置功能与政治环境文明

议程设置是大众传播的重要特点,也是政治传播的核心问题。新闻传媒的议程设置功能是指公众通过传媒知晓事件或问题,依传媒的提示角度和传媒对各种问题的重视程度来调整自己对这些问题重要性的看法。也可以说,新闻传媒的议程设置功能,所显示的是传媒对某一事物的强调程度同公众对同一事物的重视程度构成正比关系。增强新闻传媒的议程设置功能,是建设政治环境文明的重要条件。

(一) 政治环境文明与新闻传媒议程设置的内涵

政治环境文明是社会主义政治文明建设的一个重要内容,同时也是衡量一个国家和政党政治文明水平的一项重要指标。"环境是相对于中心事物而言的,与某一中心事物有关的周围事物,就是这个事物的环境。政治环境则指某一特定政治系统所处的、并对该政治系统产生重大影响作用的背景和周围事物的总和。"① 政治环境文明程度高,表明一个社会的政治系统的生存、运行和发展都处于一个良好的动态过程之中。

影响政治环境文明的因素很多,在其诸因素中,新闻传媒的议程设置是一个非常突出的因素。其中,与新闻传媒相关的政府信息公开、满足公众的知情权与社会的言论自由显得尤为重要。实现党务政务公开和满足受众知情权、参政权是社会主义政治环境文明建设的主要内容,而实现社会主义的言论自由是政治环境文明建设的核心问题。

现代社会,议程设置通常分为三个层面:政策议程的设置、传媒议程的设置和公众议程的设置。有效的新闻传媒传播理应是这三种议程设置的合理结合。"大众媒介不仅是重要的信息源,而且是重要的影响源。"② 新闻传媒通过增强其议程设置功能能够有效地影响社会和公众。公众除了部分来自组织传播和人际传播的影响外,一般状况下是受新闻传媒的议程设置"控制"的。新闻传媒每日每时向社会提供许许多多刚刚发生或正在发生的事实的报道,从而在满足公众认识世界的精神需要的同时,构建公众关于外部世界的"景观"。而且,传媒的议

---

① 梁昱庆:《论政治环境——兼论中国政治环境与政治系统的关系》,载《成都大学学报》2002年第4期。

② 郭庆光:《传播学教程》,中国人民大学出版社2002年版,第216页。

程设置功能不仅仅体现在新闻传媒与公众之间，还体现在传媒与传媒之间。层次较高、规模较大、影响力较强的传媒的议程设置往往会影响甚至直接替代层次较低、规模较小、影响力较弱的传媒的议程设置。

中国传统新闻传媒的议程设置有着自身的优良传统，在正确处理和把握与政府、与公众的关系上也积累了较为丰富的经验与教训，为中国政治环境文明的建设作出过应有的贡献。然而，随着社会的转型、变迁，尤其是互联网技术的快速发展，这种由传统新闻传媒的议程设置影响并主导社会、公众的局面发生了很大的变化。当下社会，信息流通的主要渠道逐渐向网络媒体转移，公众从任何一个网络节点都可以把自己的信息发送到网络上，全民报料，全民对各种事态随机、随意漫评，成为网络时代的重要景观。网络媒体的议题包罗万象、千变万化，网络话语就难免会冲击现行的话语结构，一旦被别有用心者找到机会，可能会借此煽动舆论，激起公众情绪的非理性化，造成民心动荡，影响社会稳定。因此，如何引导和规范网络传媒的议程设置，防止不良信息传播，使网络议程更加文明和理性便成了摆在我们面前的新课题。

（二）新闻传媒议程设置功能与政治环境文明的关系

新闻传媒是促进和影响政治环境文明建设的重要社会资源。新闻传媒的议程设置功能和政治环境文明之间相互促进、相互制约、互相影响，在构建和谐社会中发挥着基础性作用。

首先，新闻传媒的议程设置功能是实现政治环境文明的手段和方式。新闻传媒通过议程设置可以构筑一个当前社会的政治经济文化"景观"。受众在不经意之间就被这一"景观"所影响，而且这一影响还会成为受众头脑中社会政治经济文化图景状态的决定性因素。

这些社会政治经济文化景观中包含了一项重要的内容，即有关党务、政务的"景观"。新闻传媒对党务、政务的公开报道，构筑了公众心目中有关国家的政治环境图景。党务、政务都是事关国计民生的重要信息，只有通过党务和政务公开，提高党和政府工作的透明度，使公众更加了解党和政府的政策、决策、立场和态度，才能使党和政府的议程进入公众的大脑，内化为公众的议程，形成统一的社会政治图景，从而推动政治环境文明建设。

新闻传媒为公众提供了社会政治经济文化"景观"，也就是在一定程度上满足了公众对于真实环境了解的需要。政治环境文明程度越高，公众的知情权实现的就越充分；反之亦然。公众对获取各种社会信息的权利，尤其是关系国计民生的时政信息的权利的保障和实现，需要新闻传媒理性、民主和科学的议程设置。这不仅是社会信息公开程度的体现，也是一个社会政治环境文明的重要体现。

近年来,为了学习、实践中共十七大精神,构建文明的政治环境,各级各地新闻传媒有效地发挥议程设置功能,取得了较好的效果。中央电视台在《新闻联播》栏目中专门开辟了"高举旗帜、科学发展"学习贯彻十七大精神的专题。在 2008 年 1 月 1～5 日的专题报道中,分别传递了吉林延边区域统筹打造新经济增长点、广西促进节能减排工业重镇再造"碧水蓝天"、内蒙古牛羊"一增一减"做活畜牧经济、湖南拓展动漫产业发展新空间等各地经济"上新台阶"的事实信息,有效地传播了十七大的政策方针,鼓舞了广大公众的创造积极性,在实现党务、政务公开的同时满足了社会大众的知情权,并对社会的政治环境文明建设产生了积极的影响作用。

其次,政治环境文明是新闻传媒增强议程设置功能的支持和保障。政治环境是社会环境的关键因素之一,它规定并制约着各项社会政治活动。新闻传媒是社会精神文化生产的一个部门,因此,媒介环境是由社会的政治环境决定的;有什么样的政治环境就会相应的有什么样的媒介环境。在封建专制的政治环境下,没有言论自由,于是便有了专制、封闭,毫无自由的媒介环境。在资本主义社会,资本主义的政治环境也就决定了受资本制约的、相对自由的媒介环境。而在社会主义社会,广大公众成了国家的主人,党和广大公众的根本利益一致,新闻传媒为全民所有,这种政治环境理应成就真实的自由媒介环境。

言论自由是媒介环境的核心,是新闻传媒一切功能实现的前提,没有了言论自由,新闻传媒的议程设置功能的发挥只能成为空谈。只有在言论自由的媒介环境下,新闻传媒通过设置各项议程,才可以把真实的世界景观呈现给公众,才能因此赢得公众的信赖,从而对公众产生影响。反之,如果媒介环境恶劣,新闻传媒缺乏应有的言论自由,自然难以担负起应有的角色责任,也会因此失去公众的信任,新闻传媒的议程设置便难以对公众产生预期的影响。

建设社会主义政治环境文明的一个重要内容就是能让新闻传媒在一个良好的政治环境下,享有最广泛、最充分的社会主义的言论自由,从而充分、有效地发挥其议程设置功能。社会政治环境越文明,言论自由越广泛,新闻传媒的议程设置功能就能发挥得越充分、越有效。因此,政治环境文明对新闻传媒议程设置功能的发挥能够起到有力支持和保障作用。

二、增强新闻传媒议程设置功能,促进政治环境文明建设

新闻传媒增强议程设置功能,促进政治环境文明建设需从以下三个方面入手:其一,构建三个舆论场的"交汇圈";其二,在政情与民意之间寻求协调统

一；其三，在利益的汇集与表明上坚守角色责任。

（一）构建三个舆论场的"交汇圈"

舆论场是指"包括若干相互刺激因素，从而能使许多人形成共同意见的时空环境"[①]。中国特色社会主义社会的舆论场可以细分为一个三元结构：一是"政府舆论场"，即由官方促成并调控能体现党和政府意志的舆论场；二是"传媒舆论场"，这个舆论场为传媒的实践所构成；三是"公众舆论场"，它通常是公众从自身利益、情感和意愿出发而形成的舆论场。

这三个舆论场交汇的部分就是整个社会舆论统一的部分。三个舆论场交汇的部分越多，则说明整个社会的舆论越协调，社会舆论环境越和谐，社会政治环境越文明；反之亦然。因此，发挥新闻传媒的议程设置功能，便要构建三个舆论场的"交汇圈"，促进政治环境文明建设。

1. 三个舆论场的特点、现状和发展趋势

要整合三个舆论场，构建三个舆论场的"交汇圈"，必须从分析这三个舆论场之间的关系、它们各自的特点以及现状入手。只有弄清了这些基本问题，才能提出行之有效的对策来。

（1）三个舆论场之间的关系。

"政府舆论场"、"传媒舆论场"、"公众舆论场"之间既相互重叠，又相互区别（见图2-1）。三个舆论场互相交汇形成了一个共同的区域（区域7），在这个区域里，舆论可以达到高度的整合与统一。在这一共同交汇区的周围，还有大量有待整合的空间。如图中的6代表"政府舆论场"和"公众舆论场"交汇的、而"传媒舆论场"还未涉及的区域。这是传媒整合三个舆论场时需要重点关注的，也是传媒比较容易突破的区域。而图中4、5这两个区域则不同，它们是"传媒舆论场"可以分别和"政府舆论场"或"公众舆论场"达成共识，但"政府舆论场"和"公众舆论场"难以达到统一的区域。

（2）三个舆论场的特点。

"政府舆论场"具有以下三个特点：其一，舆论主体具有权威性。政府舆论场的舆论主体是各级党委和政府，是国家的领导阶层，掌控着社会生活中最重要信息资源，在社会上具有很高的权威性。其二，舆论客体具有全局性。"政府舆论场"的舆论客体大多是党和政府所关注的有关国计民生的政策和决策，涉及的范围十分广，包容的面也十分宽。其三，舆论本身具有相对理性。"政府舆论场"的舆论本身是党和政府对某一议题形成的共同意见，是各级党政机关和专家团体认真讨论和

[①] 喻国明、刘夏阳：《中国民意研究》，中国人民大学出版社2003年版，第283页。

审议通过的，并吸收了公众的意见和要求的，是各种意见和建议综合的现实结果。

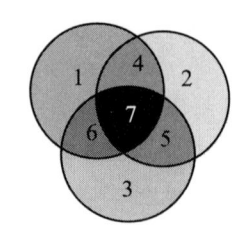

注：1："政府舆论场"；
2："传媒舆论场"；
3："公众舆论场"；
4、7："政府舆论场"与"传媒舆论场"的交汇区；
5、7："传媒舆论场"与"公众舆论场"的交汇区；
6、7："政府舆论场"与"公众舆论场"的交汇区；
7："政府舆论场"、"传媒舆论场"、"公众舆论场"的总交汇。

图 2-1　"政府舆论场"、"传媒舆论场"、"公众舆论场" 交汇关系

"传媒舆论场"也具有三个特点：其一，舆论主体具有公正性。这是因为，社会主义的新闻传媒既不像专制社会那样完全受制于统治集团，也不像资本主义的私有传媒那样受制于资本家；它们既是"党和政府的喉舌"，也是"人民的喉舌"。其二，舆论客体具有聚合性。新闻传媒设置的议题应当既是党和政府关心的，也是广大公众关心的。只有同时符合这两个条件，共识才能达成，共同意见才能出现。其三，舆论本身具有兼容性。新闻传媒的舆论是在维护社会根本利益和社会稳定的前提下，对解决各种"人民内部矛盾"所表达的共同意见；是各种零散的、复杂的、多样的舆论的统一。也正是这一点，使得新闻传媒能够在三个舆论场中担当起中间支点的角色。

"公众舆论场"则具有以下三个特点：其一，舆论主体具有零散性。这是因为社会成员的构成相当复杂，其年龄、职业、收入、所处的地区以及受教育的程度等都不相同。而且，社会成员之间并没有一个统一的舆论组织和"舆论领袖"，仅仅是个人或某群体从自身利益和兴趣出发对一些社会议题发表意见。其二，公众舆论场的舆论客体具有复杂性。当前，社会利益关系的调整难免会催生有关利益冲突、城乡差距、地区差距、下岗失业等等公众所关心的议题，这些议题涉及的范围、地区和行业都十分的复杂。其三，舆论本身具有片面性。口口相传的公众舆论，虽然能够与他人进行交流，但是这种口头讨论十分有限，难以在综合各种意见的基础上形成理性的合议。

（3）三个舆论场的现状和发展趋势。

就目前的情况来看，三个舆论场总体上仍然是政府主控模式（见图2-2）。第一，"政府舆论场"在整个社会舆论场中占据着主导地位。由以上的特点分析可见，"政府舆论场"具有权威性、全局性和理性等优势，自然，它就在整个社会的舆论场中占据主导地位。第二，"传媒舆论场"更多地倾向"政府舆论场"一极。新闻传媒作为党和政府的舆论工具，受党和政府的管理和控制，十分重视宣传"政府舆论场"的舆论；因此，也时常可能出现忽视"公众舆论场"的现象。如果新闻传媒的实践活动只是单方面地向公众"灌输"党和政府的政令和措施，缺少对普通公众的意见、想法的反映，其结果往往会使"政府舆论场"和"公众舆论场"之间缺乏有效沟通。第三，"公众舆论场"影响力相对弱小。一方面，"公众舆论场"的舆论自身存在缺陷，即片面性和零散性，使其舆论难以产生较大的社会影响；另一方面，口头传播以及传播渠道的不畅通，阻碍了其舆论的传播及扩散。虽然有人说新传媒技术为公众提供了一个信息和意见交流的平台，"公众舆论场"的影响力增强了；但是，相对于整个社会的舆论场来说，这种影响力的增强仍然是十分有限的，一般情况下难以动摇政府主控的局面。

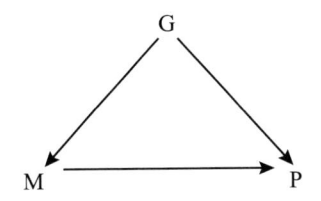

G："政府舆论场" M："传媒舆论场" P："公众舆论场"

图 2-2 政府主控模式

随着社会政治、经济、文化的发展和进步，三个舆论场之间的关系也呈现出了一些新的、良性的发展趋势（见图 2-3），即开始由政府主控模式向传媒支点模式转换。首先，"政府舆论场"的绝对主控地位开始非绝对化。党和政府按照"公开是原则，不公开是例外"的要求，大力加强政府信息公开机制的建设，实行党务、政务公开与满足受众知情权的措施，主动把自己的各项工作置于传媒和公众的监督之下，接受来自各方的意见。其次，新闻传媒进一步强化了支点作用。在信息公开和政府加强与公众的民意互动的新形势下，新闻传媒已经开始改变在政府主控模式下被动灌输信息的局面，成为主动承接社情民意和政府信息的相对自主性场域，这在一定程度上推动了三个舆论场之间的协调沟通、良性互动。最后，在"扩大人民民主，保证人民当家做主"，依法实行民主选举、民主决策、民主管理、民主监督的新执政理念下，公众舆论场的影响力有所增强。党和政府执政理念的转变和新闻传媒主动性的增强给了"公众舆论场"参与三个舆论场互动的可能性，也在一定程度上调动了其积极性。

```
            "传媒舆论场"
                 M
                ↗↙
               ↙↗
        ↙                ↘
   "政府舆论场"  G  ←——————  P  "公众舆论场"
```

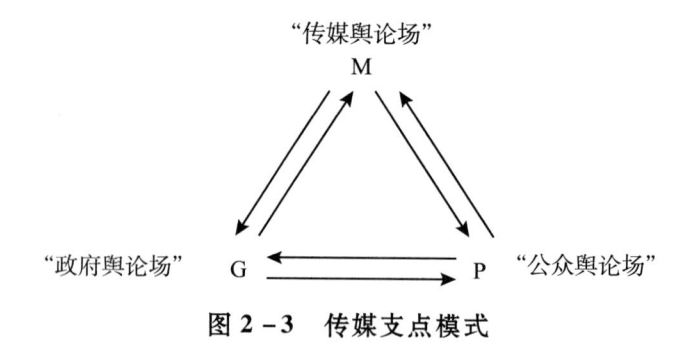

图 2-3　传媒支点模式

2. 发挥新闻传媒整合三个舆论场的中间支点作用

"政府"、"传媒"和"公众"的三个舆论场，是社会舆论的构建力量，在媒介化社会中，三个舆论场的协调和整合，主要依托于"传媒舆论场"的良性运转，新闻传媒中间支点的作用至关重要。

（1）扩大三个舆论场的统一面。

上文分析过，"政府舆论场"和"公众舆论场"交汇处还存在着一个传媒舆论未涉及到的区域（图2-1中的区域6）。在这一区域中，"政府舆论"和"民间舆论"已经形成了共识，但是传媒舆论却因各种原因未重合进去。所以，对于这一区域，新闻传媒所要做的工作就是进入期间，寻找议题并加以报道，从而促使三个舆论场统一起来。

其一，新闻传媒应认真把握哪些议题是社会共同利益之所在。新闻传媒及其从业者应吃透"两头"，一方面要了解"上情"，随时把握党和政府的工作动向和关注重点，把握时代的脉动；另一方面，也要通晓"下情"，深入公众当中，倾听公众心声，体验公众感受，把握公众情绪的脉动。只要是社会的热点和焦点问题，新闻传媒不能因为怕担风险而绕道回避，"闭口不言"。新闻传媒的"失语"只会使"公众舆论"与"政府舆论"脱节，形成政府信息与公众信息之间的断层，造成流言盛行。

其二，新闻传媒应该把握怎样才能充分报道那些能够形成共识的议题。新闻传媒只有充分、有效地报道那些反映社会根本利益的议题，使公众全面认识社会和谐是社会主义的本质属性，才能更好地促进三个舆论场的整合。应该说，当前一些新闻传媒尤其是新兴的网络传媒在这方面做得还不够好，还未能很好地承担起自己的责任。网络传媒是一个相对自由的信息交流平台，它在为整合舆论带来便利的同时，也会给社会和谐、健康发展带来一些难题。所以，应当加强网络传媒的监管，过滤违法的、违反"八荣八耻"社会主义道德的信息，集中公众的注意力，保证共识议题的充分报道。当然，网络传媒也应增强报道的技巧，面对夸张标题、奇异事件、性感图片的攻势，只是一味删除显然是不够的；网络传媒还应当运用一些间接、灵活、活泼的形式去报道新闻。2009 年 1 月人民网主页改版之后，进一步突出了互动功能，增加了网友发言的机会，并且通过互动栏目，巧妙地引导舆论。人民网将"网友热议"、"有话网上说"、"今日话题"、"人民调查"等互动栏目集中在一起，并放在页面的中间位置予以突出。这种突出既是一种强调也是一种选择，这种新颖、灵活的形式在为网友们提供参考的同时，也增强了其自身报道的有效性。

(2) 实现三个舆论场对立面的协调统一。

上文提到，"政府舆论场"和"公众舆论场"之间，还存在着一个相互分隔但通过新闻传媒的协调可以达到统一的区域（如图 2-1 中的区域 4 和区域 5）。也就是说，在这两个区域中，"传媒舆论场"是可以和"政府舆论场"或"公众舆论场"实现重合的。在不少状况下，"公众舆论场"和"政府舆论场"往往处于分隔状态，有时甚至是对立的。如何实现这两个分隔区域的协调统一，是整合三个舆论场的重点与难点。

首先，新闻传媒要在寻求三个舆论场对立议题的协调统一上着力。不少对立议题本来就是社会争论的热点和焦点，当然也有一些对立议题并未引起社会的普遍关注。所以，新闻传媒在报道中常常存在这样一个难题：某些公共事务和决策部门关注的信息百姓不关心，而某些公众关心关注的话题政府又不重视；党报的宣传性太强，一般难以引起普通公众的兴趣，而都市类报刊又不能很好地反映政府的议程。"政府舆论场"和"公众舆论场"的舆论议题错位，共识自然难以达成。

新闻传媒要实现舆论议题的统一就必须做到以下两点：第一，新闻传媒应注重其文本的可读性、可受性。新闻文本有了可读性、可受性，其受众自然就愿意接受，这是实现议题统一的基本要求。一些"党政议题"十分理论化，普通公众读起来十分枯燥，自然就不太关心。所以，新闻传媒应通过各种灵活的方式，提供有效的信息，引导受众聚拢在政治议题的周围，特别是能够解决他们个人生活和社会生活问题的政治议题的周围。比如，2008 年 2 月，中央电视台《新闻联播》加重了评论类节目的分量，在抗击雨雪冰冻灾害报道中，以配发"本台短评"和"编后话"等方式发挥评论作用，深化报道主题，动员引导全国抗灾救灾工作，收到了很好的传播效果。2008 年 3 月 3 日起，多组全国"人大"、"政协"、"两会"系列报道在《新闻联播》中相继挂标播出，突出了《新闻联播》在内容上强调深度开掘、形式上追求生动鲜活的报道特点。其中，《记者两会观察》每期 2 分钟，紧紧围绕重大国计民生问题，以会内、会外相结合的形式，由记者带着问题看"两会"提出的解决方案，分析、寻找解决问题的办法；《五年跨越》运用新颖的电视动画手段，通过直观的图表、经典的数字对比、形象的图解等,梳理近五年来的发展成就;《两会风景线》旨在捕捉会议过程和会外生活中出现的各种细节和花絮,以细腻生动的新闻特写丰富"两会"报道形式。另外,当时的《新闻联播》还推出了《外国记者看两会》和《街头巷尾话两会》等多组系列报道,使"两会"报道更加生动出彩、贴近百姓。

  其次,新闻传媒要在促进共同意见的形成上着力。人们对某些社会议题,特别是对党和政府的某些政策持有不同或完全对立的意见,这既是社会进步的体现,但也是可能形成社会不和谐的一大主要因素。要消除歧义、实现对立意见的转化,促进社会舆论的和谐,新闻传媒必须做到以下几点:第一,沟通与交流。新闻传媒应增加报道的深度和广度,让人们对事件的全貌、对党和政府政策的出台背景有更深刻的了解和把握,从而增进了解,达成共识。第二,疏导与宣泄。对于公众意见,堵是不能解决问题的,而且久而久之会积成民怨。唯一的解决途径就是,增加各种意见讨论的机会,疏通意见交流和表达渠道,使各种矛盾和积怨在讨论中加以宣泄和化解。同时,建立在公众充分讨论基础上的政府行为将会更睿智、更合理。第三,赞扬与批判。新闻传媒不是绝对无立场的,有时也应当充当"意见领袖"。新闻传媒应当站在社会根本利益的立场上,热情赞扬和支持有利于社会和谐的意见和观点,批驳一些目光短浅、自私自利、违法乱纪的不利于社会和谐的想法和行为,让公众在对立观点的交锋中能更理性地认清形势,明辨是非。以药品安全问题为例,2006年10月国家正式启动药品安全行动以来,新闻传媒大力报道了相关政策的精神,增进了党和政府与公众的交流沟通,加深了彼此的理解。与此同时,不少新闻传媒还对制假造假、违规生产、秩序混乱等危害公众生命安全的行为进行了批评和揭露,并报道了一些科学合理的用药安全知识;尤其是在网上还开辟了专门的医药问题论坛,为社会各阶层人士提供了意见交流的平台,这些举措都在一定程度上疏导和宣泄了公众不满情绪。在新闻传媒的努力下,医药安全得到了初步解决,矛盾得到了一定程度的缓解,公众与党和政府之间的相互信任也增强了。

(二) 在政情与民意之间寻求"对立统一"

  政情与民意是当前社会最主要的两类议题,二者之间往往会存在某些对立的地方。新闻传媒发挥议程设置功能、促进政治环境文明建设的一个重要任务,就是要最大限度地在政情与民意之间寻求"对立统一"。

1. 政情与民意之间的关系

  政情是指党和政府制定和实施的各项政策、方针、路线、决策等与之相关的信息。首先,政情具有重要性。政情类信息的内容往往关涉到整个国家和地区的生存与发展,举足轻重。其次,政情具有权威性。政情是党和政府发布的,代表了国家的意志,具有威慑力。最后,政情具有公开性。政情的每一项内容几乎都会在大众传媒上公开发布,而且还配有相关的讲解和评论。政情基于以上特点,其表达渠道理当十分畅通,而且要多种多样,除了党和政府的各级会议宣传以外,还要依靠大众传媒。报纸、广播、电视和网络这些大众传媒自然都应承担传播政情的责任了。

民意是指广大公众对于自己的工作、生活以及各方面的情况所表达的意见的信息。首先,民意具有零散性。民意往往呈现的是某类或是某个特殊群体的意见,因而没有一个完整的规则。其次,民意具有多面性。对于某一件事,不同的公众常常会意见不一,有时甚至会出现完全相反的意见。最后,民意还具有一定的影响力。民意虽然不具有像政情一样的权威性,但是众多民意集结在一起也会产生极大的社会影响。"防民之口甚于防川",如果对民意不加以重视其后果也是不堪设想的。和政情不同,民意在传播上往往处于劣势。除了自下而上的通过层层会议或信访渠道向上反映以外,民意表达的主要渠道就是大众传媒。然而,在当下新闻传媒的议程设置中,民意的表达往往不那么充分,尤其是在报纸、广播和电视等传统传媒上。只有在网络传媒中,这种局面才有所改变。网络传媒能够让公众表达不同意见,使以往在传统传媒上无法实现的个人表达自由得以实现。网络传媒的快速与公开性,为民意表达提供了一个重要渠道。

政情和民意虽然分别是从党和政府与公众出发的,但是二者也存在统一面。绝大部分的政情是根据民意产生的。许多政策、法规的制定是基于公众现实的需要而科学制定的。这些统一面是社会能稳步、和谐发展的前提。然而,政情和民意之间的最大问题是二者之间存在对立面。虽然二者的对立面只是占少数,但它确是影响社会安定团结的关键因素。民意表达不畅,政情难以体现民意,政情与民意不统一,是当今和今后一个时期,新闻传媒议程设置要努力和改进的重点,也是社会主义政治环境文明建设的重要内容。

2. 新闻传媒如何推动政情与民意的相对协调

由政情与民意的关系可知,新闻传媒议程设置必须推动政情与民意的对立统一,具体来说,需从以下三个方面入手:

(1) 新闻传媒应注重议程设置的平衡性与前瞻性。

要寻求政情与民意的对立统一,新闻传媒的议程设置首先应具平衡性,要着力破除政情报道和"正面报道"在议程设置上唱"独角戏"的现象。新闻传媒的议程设置在政情与民意的表达上往往存在两个误区:其一,让政情占主角,忽视了民意的表达;其二,在民意的表达上,热衷于正面信息,而忽视公众多样性需求的表达。这样,不仅违背了新闻传媒的传播原则,而且也会给社会造成不良影响。在这方面,新闻传媒是有着深刻教训的。例如2003年"非典"事件发生的初期阶段，国内众多新闻传媒有意无意地回避对"负面事件"的报道，不把真实的情况和公众意见作为议程向社会公开。于是，社会上流言四起、人心惶惶，一时造成了难以控制的局面。这说明正常的信息渠道如果不将民意作为与政情对等的一个议程加以报道，而是一味着力宣传政情和报喜不报忧，试图以这种方式设置议程而达到宣传效果，其结果只能是适得其反。只有全面、客观地反映公众的意见和需求，平衡政情和民意的地位，同时给受众适度的引导，才能真正实现议程设置的功能。

要寻求政情与民意的对立统一，还要求新闻传媒的议程设置具有前瞻性。尤其是在今天，在社会结构日益复杂、社会利益日趋多元化的社会转型期，新闻传媒议程设置的前瞻性更显重要。新闻传媒要敏锐洞察民意动向，借助议程设置作出"预警"，以预防政情与民意之间即将出现的种种矛盾。比如，2007年6月4日，一位被拐卖孩子的姑姑辛艳华以"中原老皮"的网名在河南大河论坛发帖：《罪恶的"黑人"之路！孩子被卖山西黑砖窑，400位父亲泣血呼救》。截至6月12日，大河网上该帖点击率超过31万。随后该帖被天涯社区、腾讯网、新浪网、网易、tom中国、人民网等多个网站转载；而且在被转帖到天涯社区论坛后，短短6天时间，该帖更是获得了高达58万的点击率和3 000多篇回帖。网络民意汹涌，矛头直指黑砖窑经营者的泯灭人性和当地政府的监管不力与官商勾结。这场发端于洪洞的山西"黑砖窑"事件当时被人称之为一场"社会灾难"。当年整个6月，山西洪洞均处在国家最高层的"批示"和广大公众的谴责的风暴眼中。透过这事件本身，我们不得不深思这个震动全国、万民关注的舆论浪潮给我们带来了什么样的经验和教训：除了基层政府的漠视和失职外，我们还应看到传统新闻传媒在这一过程中因议程设置滞后而理应担负起的责任。此后的调查表明，"黑砖窑"的大量存在早已是事实，这一恶性事件的爆发只是时间的问题。而在很长时间里，许多传统新闻传媒却从未因此而给民意以表达的渠道，为民意提前作出应有的预警，也未给政府部门提前反映，只是在事件突发时，才开始大量报道，以致引起一场令政府十分被动、令公众对社会十分不满的舆论风暴。

（2）新闻传媒应注重议程设置的灵活性与技巧性。

从具体的运作层面看，新闻传媒应直面政情与民意的对立状况及其问题所在，运用科学、灵活的技巧手法设置议程，以实现其对立统一。

其一，妥善处理"负面报道"与"正面报道"的关系。民意涉及的范围十分广泛，新闻传媒在传播过程中常常会涉及负面报道如何处理、报与不报的难题。对于一些关系国家机密的问题、涉及个人隐私的问题、违反公共道德的问题，以及国家法律法规、政策严令禁止报道的问题就不能报道。而对于一些不在此列的社会"负面新闻"则要慎重考虑是否应该报道。如果这些问题不具有代表性,也没有给公众带来大的影响,则没有设置议程的必要。如果这些问题关系重大,给公众带来了极大的影响,那么即使新闻本身具有"负面性"也应设置为议程。比如,2009年11月24日,海南省海口市工商局发布消费警示:农夫山泉、统一饮料总砷超标,不能食用。消息一出,引发广泛关注,并造成巨大影响。12月1日,海口工商局又通报相关企业:经中国检验检疫科学研究院综合检测中心复检,农夫山泉和统一企业的3种抽检产品全部合格。应该说,农夫山泉"砒霜"事件,一开始就是一个负面事件。如果新闻传媒因为怕引起公众的恐慌而"瞒报"此事,那么只会因为猜疑而流言四起。经过新闻传媒的积极介入,迅速发布事实真相,不仅维护了消费者的食品安全,同时也拷问了中国食品安全管理体系的完备性,将"负面"报道变为有利于社会和谐进步的"正面"报道。

其二,妥善处理冷与热的关系。对于民意,新闻传媒理应视其性质和具体情况的不同,作出"冷"与"热"的不同应对。一方面,对于一些"正面"热点问题,新闻传媒应借助议程设置,热调处理。对这些问题的集中、大量报道,不仅可以激发公众的斗志,鼓励人们为社会主义现代化建设奋斗,而且还可以让一些人认清形势,坚定信念,提高思想认识。例如,落实科学发展观、构建和谐社会是当前社会的热点问题。但是,在如何落实科学发展观的具体实践问题上,政情与民意仍然存在一些分歧。为此,中央电视台的《新闻联播》特别制作了《落实科学发展观,构建和谐社会》的系列报道,把这一议题放在了十分重要的地位。自2007年以来,《新闻联播》涉及领导干部讲党性、强作风方面的典型或相关报道的新闻,平均年发400余条,长度达700~800分钟,长效密集地营造了"正面宣传"的舆论强势。如所报道的《湖南岳阳:忠诚教育让党员干部为民多办实事》、《海军老干部讲师团:13年真情宣讲党的创新理论》、《浙江信访:干部人人有责》、《李德平:22年与大漠戈壁"叫板"的治沙局长》等新闻,从各个方面传播了一些落实科学发展观,构建和谐社会的成功范例,为这一战略的实施提供了榜样。另一方面,对于某些"敏感"的问题,新闻传媒应该控制议程,冷调处理。如所谓的"民族分裂问题",本来只是几个人或少部分人闹事,打着民族问题的招牌鼓动分裂;这些问题原本没有什么市场,若经传媒大量报道,势必会增加舆论强度,也不符合客观实际。为此,便可以低调应对,适当控制报道量。这种方法反映了中国新闻传媒的特点:作为"党和人民的喉舌",中国的传媒具有很高的权威性、可信性,因此,传媒议程也就有了强烈的导向性。传媒强调什么,受众就注意什么,相信什么。中国传媒对"敏感问题"所具有的强度效应,决定了它对非主流、非本质问题、没有定论的问题实行控制的必要性。对新闻的冷处理或热处理完全出自国情需要也符合新闻传播规则。

其三，妥善处理情与理的关系。到底是诉诸理性，还是诉诸情感，也是新闻传媒议程设置所应掌握的一个技巧。当某一反映民意的社会问题处于胶着状态时，新闻传媒不能火上浇油，而应转移公众的注意力，理性分析形势，分散公众的注意力和激动情绪，给党和政府解决实际问题以充足的时间。等到时机成熟，则应趁解决问题之势，设置反映民意与党和政府决策的议程，并增加情的因素，激发公众，使之产生共鸣，从而运用舆论的力量推动问题的最终解决。以2009年新疆"7·5事件"为例，7月5日乌鲁木齐市发生打砸抢烧严重暴力犯罪事件，第二天众多新闻传媒便积极介入其间，及时、客观地报道了这一骚乱事件的真相，报道了新疆维吾尔自治区党委、政府召开的新闻发布会和采取的措施等。应该说，这些报道都是理性的、实事求是的，从某种程度上稳定了公众的慌乱心理。当事态稳定之后，不少新闻传媒的议程则增加了许多感人的救死扶伤、热心助人、坚守责任的事迹的报道，这些闪烁着人性光辉的社会主义的温情渗入人心，产生了很好的社会效应。

（3）新闻传媒应注重议程设置的适量性与长期性。

从议程设置的全局来看，新闻传媒还应注意议程设置的适量性与长远性，实现政情与民意的对立统一。

第一，新闻传媒的议程设置应注重适量性，防止公众疲劳。新闻传媒的议程设置功能并不是无限的，公众也不是毫无主动性的靶子，因而，并非是有关政情与民意的内容上了新闻传媒，安排在显著的版面位置或黄金时段，就会对公众产生决定性的影响。事实上，公众的文化水平、兴趣爱好、个人需求以及人际交流的情况都会对新闻传媒的议程设置产生影响。这就要求新闻传媒能够对公众议程、政府议程和公众心理进行深入了解和研究，估量新闻传媒议程设置的效果，从而决定议程设置的量。否则，超负荷的信息传播不仅不能达到预期的效果，反而会使受众因冗余信息过多而对新闻传媒的议程设置产生麻木和疲劳。以中央电视台2009年3月份的全国人大、政协"两会"报道为例。从最初的报道策划、前期论证，到报道中的精心组织、合理安排、全力以赴，中央电视台此次的"两会"报道充分体现了新闻传媒对议程设置的掌控能力。该台除了在新闻频道设置"两会"同步资讯外，还在其中《新闻联播》、《东方时空》等老牌节目中安排了有关"两会"报道的众多特别栏目。这样的安排不仅提高了收视率，而且还拉近了与受众的距离。由于实现对受众"两会"信息需求量的准确分析和判断，新闻传媒的策划才收到了如此良好的效果。

如何合理、有效地分配报道时间、节目数量大小、时间素材选择的比例关系，正确把握议程设置的适量性，以实现政情与民意的对立统一，实现报道与引导的完美结合，避免长篇说教给受众带来的疲劳和反感，是当前摆在新闻传媒面前的一个重要课题。

第二，新闻传媒的议程设置应注重长期性，立足长远，追求长期效果。新闻传媒的议程设置要实现政情与民意的对立统一，还应从长远出发，注重考察一段时期内传媒议程设置的长远效果。目前，一些新闻传媒的议程设置为了片面地追求一时的传播效应，而忽视了长远的传播效应，甚至试图以短期的媒介议程来遮蔽公众的议程。如果这种短视的传播效应与公众的直接体验相距甚远，那么，不仅不能取得预期的效果，反而会导致流言的出现，甚至会对舆论产生误导。新闻传媒的议程设置应力求其长效性。为此，必须把主观引导放到新闻传媒议程设置的长效中加以考量，而不能"急功近利"。这样，才能充分发挥新闻传媒议程设置的应有效能。比如，2006年，中共中央提出了"建设社会主义新农村"的构想。许多全国性传媒和地方传媒随之都对此作了具体策划，并设置了固定的议程。其间，中央电视台"社会与法"频道从2007年年初至今强力推出大型访谈节目《平安中国——乡村会客》。节目中，江苏、辽宁、河南、天津、哈尔滨等8个省市的党政领导先后与主持人展开对话，畅谈各省、市新农村平安建设经验，全面展示新农村建设的突出成就。虽然报道内容涉及农村医疗改革、农村卫生条件变化、农村科技致富、农村交通设施改进以及农村教育水平提高等各个方面，但是围绕"社会主义新农村建设"这一主题未变。经过近三年的传播报道，社会主义新农村建设的媒介议程已经逐渐融入了公众的议程之中了，成了民意的一个重要组成部分。

（三）在利益的汇集与表达上坚守角色责任

新闻传媒的议程设置只有在利益的汇集与表达上坚守角色责任，才能更好地服务于全社会的根本利益，才能更好地发挥对舆论的聚合、约束、协调功能，促进政治环境文明建设。

1. 社会的利益区隔及新闻传媒的角色责任

要实现新闻传媒在利益的汇集与表达上的角色责任，必须充分、透彻地了解中国社会利益群体，了解新闻传媒在他们的利益表达上理应承担的角色。

中国社会利益群体的划分有多种角度，但从宏观上看，中国社会的利益界限区分主要是：国家的利益（社会利益）、人民的利益两大类。国家的利益是整个国家和民族的利益，带有全局性；人民的利益是广大公众的利益。人民的利益从个人上升到整体实际上就是国家的利益。党和政府始终代表最广大公众的根本利益，不断满足公众日益增长的物质和文化的需要，使公众获得全面发展的社会和物质的条件，这也是国家的根本利益。所以，国家的利益和人民的利益都可以在社会的根本利益中达到统一。但是，人民是一个集合的概念，又可以分为许多单个的个体和小群体；有时个体利益或小群体利益在某种程度上会与党和政府的利益发生冲突。

新闻传媒的角色责任十分广泛，单就其对社会利益的汇集与表达上来看，主要是：在维护社会根本利益的基础上，新闻传媒应通过其议程设置充分表达国家利益和人民利益，并在二者出现矛盾时，起到协调作用。新闻传媒既是"党和政府的喉舌"，也是"人民的喉舌"，代表党和人民的利益是其义不容辞的责任。而当这两类利益群体的利益暂时难以达到统一时，新闻传媒就应该承担沟通协调作用，维护社会的根本利益。例如，在三峡大坝的建设过程中，便涉及到各种利益的冲突。其中，社会的根本利益是要通过三峡大坝水电站的建设促进国家的长远发展，造福子孙后代。国家的利益是通过大坝的建设，解决能源问题，促进国家经济的发展。人民的利益则分为多种，有的因为水电站的发电而受惠，而另外一部分人则因要移民而失去了原有的土地和房屋；于是，那些要背井离乡的公众就会因自己的眼前利益受损而与国家利益产生矛盾。为此，新闻传媒在这一事件上的角色责任就是，以社会的根本利益为主旨，从社会未来发展的长远利益出发设置议程，介绍三峡大坝建设的意义、国家的移民政策以及已搬迁移民的真实生活。当然，新闻传媒也应如实反映库区移民生活中的实际困难，使党和政府采取相应的解决措施。这样一来，在新闻传媒的作用下各利益方才能够实现相互理解和支持，矛盾和冲突才可以化解。

2. 新闻传媒在利益的汇集与表达上坚守角色责任的要求

新闻传媒要在社会各种利益的汇集与表达上坚守角色责任，必须做到以下两点：

（1）在利益的汇集上，新闻传媒应该充当"过滤器"和"聚合器"。

新闻传媒在利益的汇集上的角色责任，是通过承担"过滤器"和"聚合器"这两大任务，把加工后的代表社会根本利益的、适合传播的信息传递出去才得以实现的。

首先，新闻传媒作为信息的"过滤器"，可以通过过滤作用，净化信息源，使符合传播要求的信息进入传播渠道。社会上每天都会发生许许多多的事情，有些反映了公众和国家的利益，而有些则反映了某个个人或利益集团的利益。对于这些代表不同利益的信息，新闻传媒既不应"有闻必录"，也不应视而不见，而是要从国家和公众的根本利益出发，决定信息的流向和流量。例如，社会上每天都或多或少地有一些灾难事故、死亡讯息、血腥场面、贪污腐败的事件。如果仅仅出于国家利益，为了求稳定的目的，对这些信息都不作报道，当然不行；如果仅仅是为了某个小利益集团以获取受众的眼球，对这些负面事件均作详细报道，当然也不行。新闻传媒应当合理地平衡各类信息的比重，一方面反映社会生活的真实面貌，把公众的利益诉求表达出来，并使之成为社会议程的一部分；另一方面，也应放眼国家的大局，着力反映一些有利于当前经济社会发展的全局的信息，推动社会的前进。

其次，在对各类信息进行过滤后，新闻传媒还应充当"聚合器"，即对这些议题平衡、综合和加工，使之能达到更好的效果。有时单独的议题很难引起受众的注意和重视，不同议题的"聚合"，才能产生"聚能"效应。新闻传媒的聚合作用就是使各类不同议题的传播效果形成"聚能"效应。新闻传媒担当"聚合器"的方式，一般有这样几种：

第一，把对比议题组合在一起。有时少数人群的利益会和国家的利益发生抵触。对此，新闻传媒在设置议程时就可以把普通公众的言论、呼声和社会管理者或专家的意见、观点综合在一起，客观地传播出来。这样就集中表达了各类利益的诉求，并使它们在相互碰撞中得出更为理性的结果。

第二，把同类议题组合在一起。其目的是为了放大强化议题的传播效果。比如，在每年元旦这一天，中央电视台的《新闻联播》都会组合一组新闻，即反映全国不同城市或农村公众在元旦这一天的生活情况。如果仅仅是一个人、一个家庭或一个地区则不具说服力；只有把所有同类的信息组合到一起，人们才会形成对全国社会状况的真切认识。

第三，把不同的议题安排在不同的顺序。追求社会的和谐不仅是党和政府的利益所在，也是广大公众的利益所在。因此，新闻传媒在组合议程时应尽量把反映党和政府以及广大公众利益的和谐议题放在重要的位置，而把那些不和谐的议题安排在次要的位置。用这种反映客观性的顺序安排议程，会达到更好的传播效果。

（2）在利益的表达上，新闻传媒的议程设置应均衡三种视角。

新闻传媒对各类信息进行"过滤"和"整合"之后，就应当考虑用什么方式把它们加以传播，从而使这些议程设置产生预期的传播效果。事实上，新闻传媒站在不同的利益立场上传播信息就会产生不同的传播视角。要实现各种利益的平衡，提升新闻传媒的公信力，就必须做到视角的平衡。

所谓新闻传播的视角，实际上就是指在新闻传播过程中，新闻传媒所站的角度，即以谁的口吻说话的问题。新闻传媒所站的角度不同，所用的视角也就不同，由此所要代表的利益主体自然也不同。归纳起来，新闻传播视角主要包括三种：政府视角，即有助于党和政府工作全局出发的视角；公众视角，即从公众日常生活和喜怒哀乐出发的视角；传媒视角，即专业视角，要求报道客观公正、不预设立场、不带感情或情绪色彩。

在以往的新闻传播中，不少传媒大多采用政府视角，既忽视公众视角，更缺失传媒专业视角。例如，一项政策刚出台，众多新闻传媒便马上响应党和政府的号召，大力报道和宣传，全文刊载文件精神，阐释其意义。这种"居高临下"的强势宣传式的"关怀"，公众很难接受，新闻传媒也迷失了自我，其传播效果自然难以奏效。因此，要想在利益的表达上坚守角色责任，新闻传媒就必须从以下几个方面入手均衡三种视角：

第一，在时政类新闻传媒中，适当增加公众视角新闻的比例。从2007年5月开始，中央人民广播电台、中央电视台在其黄金时段的新闻节目（如《新闻联播》）中设置了《百姓纪事》主题系列报道。这些报道通过具体人物、事例或经历的变化和对比，介绍普通百姓人家的平凡故事，生动展示祖国各地所取得的伟大成就。报道刊出或播出后，在受众中引起很大反响。《百姓纪事》栏目的设计和推出，是新闻传媒管理部门、新闻从业人员的新闻理念转变的重要标志，是将新闻报道"三贴近"（贴近群众、贴近实际、贴近生活）原则落到实处、提高传播效果的有力举措，也是中国主流媒体主动适应受众在新时期的变化、提高自身舆论引导能力的创新工程。

第二，增设公众视角的特色栏目。随着新闻"三贴近"思想的深入，各地新闻传媒开始把公众视角摆在了重要的位置，不少传媒还纷纷增设民生视角的特色栏目。最早开此先河的是南京的电视民生节目《零距离》。《零距离》主要是从公众的视角去观察市民们日常生活的喜怒哀乐，反映他们的所需、所感、所悟，走进寻常百姓家，因而节目一开始就深受观众的喜爱。随后，其他地方传媒也开始效仿，如北京电视台的《特别关注》，江西电视台的《都市现象》、湖南经济频道的《都市1时间》、广西电视台的《新闻在线》、湖北经济频道的《经视直播》等。目前，电视传媒上又出现了一种新的民生视角的节目形态——讲述民生故事。这类节目，是普通公众主动出来讲述身边的故事，或由人后期模仿讲述百姓生活中已发生的故事。如江西卫视的《传奇》，四川电视台的《天天讲故事》，湖北电视经济频道的《经视故事会》，等等。这些以故事的形式、公众视角设置的议程，深受受众喜爱。

第三，利用网络优势，设置议程，让公众自己站出来说话。网络传媒可以提供传统新闻传媒无法比拟的交互平台。因而，在网络中公众完全可以自己上网发表所见、所思、所悟。这样一种"零距离"的传播，比任何其他形式更能体现公众视角。而且，广大公众中总会有各种各样的意见和想法，如果这些想法和意见得不到制度内的正规表达渠道，就可能会采取非常态的方式表达了。因此，充分利用互联网，设置议程，把公众意见引导到制度化的渠道中表达，不失为新闻传媒均衡传播视角的一个行之有效的办法。公众参与了网络传播，表达了意见，相互讨论了，才能有利于各种社会矛盾最终协调。

综上所述，只有拥有良好的舆论环境，才能实现政治信息的有效对流，才能使人们的各种权益尤其是政治权益得到保障，才能使社会处于一种动态的稳定状态，从而推进整个社会的民主化进程，推动社会政治环境文明建设。应该说，目前不少新闻传媒在增强议程设置功能方面所作的努力还不够，这在一定程度上影响了政治环境文明建设的进程。因此，新闻传媒还应当在今后的具体实践中切实承担起自己的角色责任。

第三节　新闻传媒舆论监督功能与政治制度文明建设

政治文明本质上是制度文明，先进的政治文明必须依托于完善的现代民主政治制度；而与这一制度相配套，就必须有特定的监督机制。可以说，构建文明的政治制度，强化新闻舆论监督在内的社会监督机制，是政治文明建设的重中之重。

一、建设性新闻舆论监督与政治制度文明

建设性新闻舆论监督，是中国政治制度文明建设的重要内容，也是中国政治制度文明建设的主要机制条件。

（一）政治制度文明与建设性新闻舆论监督的内涵

1. 建设性新闻舆论监督

舆论监督是新闻传媒的基本功能之一，是新闻传媒运用新闻报道和新闻评论等形式，对不合乎法纪、道德的社会行为，特别是公共权力运作中的违法乱纪行为进行报道、批评和揭露，以促进其向着良性方向转变的一种监督方式。与西方对抗性的舆论监督相比，中国的新闻舆论监督是建立在社会主义制度基础之上的建设性监督，其目标和宗旨是坚持正确的舆论导向，为广大公众排忧解难，为促进社会的科学发展、建设社会主义和谐社会创造良好的舆论环境。

中国的新闻舆论监督，大体包含以下三个方面的含义[①]：

（1）科学的监督。

所谓科学的监督，就是符合新闻传播规律的舆论监督。中国的新闻舆论监督

---

① 参见刘九洲、陈曦：《论建设性新闻舆论监督》，载《新闻界》2007 年第 5 期，第 67~68 页。

的表层主体是新闻传媒，新闻舆论监督是由新闻传媒来承担的。在社会主义制度下，新闻舆论监督实际上是广大公众以新闻传媒为工具和手段对国家与社会公共事务所进行的监督，是广大公众行使民主权利的一种方式。新闻舆论监督本质上是新闻传媒代表广大公众行使监督主体的权利，从而具有广泛的社会性和群众性。中国的新闻舆论监督主要运用新闻报道和新闻评论，以赞成或反对、褒扬或谴责的方式，对监督对象做出实事求是的评价，以求端正舆论、解决问题，而不是采取对抗性的、过激的监督手段激化矛盾，放大负面效应。因此，无论是监督的主体，还是监督的方式，中国的新闻舆论监督都体现出建设性。

同时，中国新闻舆论监督还要求严格遵循真实性、社会性、政治性和适度性的原则。其中，真实性原则是基础，社会性原则、政治性原则和适度性原则则是检验新闻舆论监督是否具有建设性的重要指标。所谓社会性原则，就是要求舆论监督的主体是公众，要求舆论监督要对社会承担一定的社会责任，对社会热点、难点进行引导，让广大公众充分表达意见、建议和愿望，把舆论监督的落脚点放在国家的意志和公众呼声的契合点上，密切党、政府和公众的联系，使广大公众在看到问题和困难的同时，又看到前景和希望。所谓政治性原则，就是要求新闻舆论监督与既定政治制度即社会主义制度的价值取向一致。具体地说，就是要求新闻舆论监督站在党和广大公众立场上，批评、揭露一切违反党和公众利益，破坏社会稳定、和谐的言行。所谓适度性原则，就是要求新闻舆论监督在监督的过程中，既要做好批评与揭露，也要有平衡观念，立足于服务大局，要讲求"度"、把握分寸，使舆论监督实事求是、客观公正。

坚守上述几项新闻舆论监督的原则，特别是社会性、政治性和适度性原则，有利于党和国家的方针、路线、政策的正确执行以及推进党和政府重大决策的科学化、民主化进程，也有利于增强公众当家做主的主人翁意识和维护国家的长治久安。因此，坚守新闻舆论监督上述各项原则，既符合中国社会主义发展的总体目标，顺应社会发展的趋势，同时也体现了广大公众的意志和要求。

（2）有序的监督。

所谓有序的监督，就是指新闻舆论监督是合规则、合程序的监督。新闻监督的"有序"，包含着两个方面的含义：一方面强调新闻舆论监督应合乎新闻传播运作的规则与程序，另一方面则强调新闻舆论监督应合乎中国新闻传媒及其传播活动的组织规则与程序。合乎新闻传播运作的规则与程序，要求新闻舆论监督必须建立在真实基础之上，先弄清事实真相，再具体分析，判定其价值大小以及可能产生的传播效果，然后才能决定是否实施监督，如何监督。合乎中国新闻传媒及其传播活动的组织规则与程序，主要是要求新闻舆论监督应正确处理好与党政领导的关系。中国的新闻舆论监督是中国的行政监督体系的一部分。中国的行政监督体系包括行政外部监督和行政内部监督两大体系。"行政外部监督体系，是指除行政机关以外其他监督主体对各级政府机关及其工作人员的各种形式的监督所形成的监督系统，包括政党、国家权力机关、司法机关、社会团体、公众、新闻媒介的监督等。"① 各级党政机关及其工作人员，自然都在新闻舆论监督的范围内。但与此同时，中国的国家体制又规定，党中央和地方各级党委是新闻传媒的最高决策机关，它们委托中央宣传部和各地党委宣传部对各级新闻传媒实施具体的领导。为此，正确处理好新闻舆论监督与各级党政领导的关系，首先规定新闻舆论监督必须置于党的领导之下，自觉地接受并服从于各级党委的正确领导。其次，规定新闻舆论监督必须与党的中心工作"合拍"，服务于党的中心工作，"帮忙而不添乱"。再次，也规定了新闻舆论监督必须积极履行职责、敢于监督，如与各级党政领导发生意见分歧时，必须坚持原则，服从真理。

（3）依法的监督。

所谓依法的监督，包含两方面的含义，即新闻舆论监督一方面是有法可依的监督，另一方面也是依法而行的监督。虽然中国现行法律没有直接规定新闻舆论监督的权利，但是宪法赋予了公民对国家机关及其工作人员进行监督的权利。如《宪法》第二十七条明确规定："一切国家机关和国家工作人员必须依靠人民的支持，经常保持同人民的密切联系，倾听人民的意见和建议，接受人民的监督，努力为人民服务。"第四十一条也规定："公民对于任何国家机关和国家机关工作人员，有提出批评和建议的权利；对于他们的违法失职行为，有申诉、控告或者检举的权利；公民因国家机关和国家机关的工作人员侵犯自己的合法权利而受到损失时，有依法取得赔偿的权利。"公民的这些权利完全可以运用新闻舆论监督这一最便捷、最直接、最重要的手段去实现。正如有学者所指出的："尽管《宪法》中没有出现舆论监督的字眼，其他法律、法规中也没有关于舆论监督的法律定义，但是舆论监督作为'群众监督'、'社会监督'的一部分，已经包含在国家工作人员应予接受的职责之中，而'提出批评和建议'的要求恰为舆论监督最普遍的形式。"② 因此，从这个意义上说，新闻舆论监督是一种宪法权利，是一种有法可依的监督。同时，新闻舆论监督的实施也要依法而行，受到法律的约束和规范，任何借助新闻舆论监督侵害他人名誉权和隐私权，对他人进行诽谤、诬蔑，借助新闻舆论监督妨碍司法公正、泄露国家机密和危害国家安全等行为都要受到法律的制裁。

科学的、有序的、依法的监督构成了建设性新闻舆论监督的基本内涵。虽然

---

① 张永桃：《当代中国政治制度》，南京大学出版社2004年版，第122页。
② 田大宪：《新闻舆论监督研究》，中国社会科学出版社2002年版，第141页。

我们在阐述这三个方面的内涵时各有侧重，但应当说明的是：它们相依共存，在整体上体现着建设性新闻舆论监督理论的丰富性和实践的实效性。

2. 政治制度文明

"政治制度是指统治阶级为实现其阶级统治而采取的统治方式、方法的总和，它包括国家政权的阶级实质、政权的组织形式、国家结构形式以及为保证国家机器运转的一系列基本制度和具体制度。"①

政治制度作为一种规范体系，表现出一定的层次性，具体说来包括四个层次：一是基本权力结构层次。在这一层次中，规定了由高级到低级的权力结构及其权力关系。其中处于核心地位的是国体，它是一个国家最根本的政治制度，它确定由哪些阶级来统治管理国家，反映国家的本质和国家的阶级属性，规定国家的一切权力（首先是政权）由谁来行使。当代中国的国体是人民民主专政。二是权力运行规则层次。这一层次明确了权力运行的一些规则和组织形式，包括国家政权组织形式（即政体）、国家结构形式。国家政权的组织形式是指社会管理者采取何种形式组织自己的政权机关。国家结构形式是指国家的整体与部分、中央政权机关与地方政权机关之间的相互关系形式。三是权力运行状态层次。在这一层次中，明确了权力运行的整个状态和发展趋势是有序的还是无序的、常态的还是非常态的。四是具体政策层次。这包括为保证国家机器正常运转和国家政治生活有序进行的其他一系列具体政治制度，以及可供政治实体直接操作的各类具体的规则、程序、方式等，如立法制度、司法制度、监督制度、行政制度、选举制度等。政治制度的四个层次是新闻舆论监督的主要范围。

政治制度文明是政治文明的重要组成部分，具体是指政治制度方面的进步，表现为进步的政治制度形式、进步的政治组织机构和进步的政治运行机制。政治制度文明的内在结构可分为三个部分，包括基本政治制度文明、具体政治体制文明和法律制度文明。基本政治制度文明是具体政治体制文明中的基础和本质部分，表明特定的政治形态的本质特征和特定历史阶段的政治文明的性质；其对社会具体政治体制文明具有决定和统摄作用，是一种"普照的光"。具体政治体制文明是指政治体制（即基本政治制度的具体实现形式）的进步状态。具体来说，政治体制文明是指政治组织的构成系统和政治组织运行的规则系统的进步状态。法律制度文明则是指法律制度的进步状态。"法律制度与政治制度有着难以分割的亲密关系，没有法律的保障，政治制度就会成为一副空架子，并且法制或法治本身也是政治文明的重要组成部分。因此，法律制度文明也是政治制度文明的重

---

① 张永桃：《当代中国政治制度》，南京大学出版社 2004 年版，第 1 页。

要构成部分"。①

政治制度文明的核心精神在于"有衡",这包括两层含义:"第一,不同权力之间的相互制衡;第二,不同利益之间的相互均衡。制衡不是卡死,均衡不是平均。制衡是为了防止权力的滥用,均衡是为了防止无谓的利益冲突。"②"有衡"是政治制度文明之灵魂。实现"有衡",首先是要努力保障不同权力之间的制衡。政治制度实际上就是一种关于权力的规范和运行的体系,其本身就是一种规范和规则的体现,是权力的集合体;它往往通过自身所内含的规范和规则来约束社会的政治生活和人们的政治行为。这种规范和约束就是通过权力的赋予者管理社会公共事务来实现的。中国是人民民主专政的社会主义国家,一切权力属于广大公众。但是,由于公众数量庞大且具有分散性和差异性,这就需要赋予一部分人权力来代表公众行使管理权。权力运行的最优状态是在权力运行的整个过程中,各方参与者都愿意且能够遵守既定的政治制度。但是,作为具有主观能动性的个体,如果权力的拥有者在行使权力的过程中,出于某些因素而打破既定政治制度的规范,就会造成权力运行的失范,而一旦在政治制度的任何一个层次中存在着缺陷或是出了问题,势必会造成整个社会的失序和社会风气的败坏。因此,在政治制度文明建设的过程中必须要有一种力量对权力运行的整个过程进行监控和制约,通过不同权力的制衡来防止权力的滥用。

另外,实现"有衡"还要保障不同利益之间的均衡。利益的均衡能够防止无谓的利益冲突,维护权力运行的有序状态。如果权力的拥有者在对公共事务进行管理的过程中,使一部分公众的合法利益遭到损失,甚至是既得利益得不到保障,而公众通过相关权力机关又申诉无果,势必激化矛盾,使权力的运行更加混乱,这样不仅阻碍政治制度文明建设,甚至会破坏整个社会的安定与团结。因此在这种情况下,就需要有一股新的、强大的力量提供给广大公众一个意见表达的平台,以维护其自身的合法权益。

"一项有生命力的政治制度,往往是内涵了权力制衡和利益均衡精神的","只有内涵了权力制衡和利益均衡原则的政治制度才会被创造出来。"③可以这样理解,政治制度文明建设如果没有形成一种"有衡"的发展态势,那么政治制度文明是很难达到的。

(二)建设性新闻舆论监督与政治制度文明建设的关系

1. 建设性新闻舆论监督是政治制度文明建设的"保护带"

现代社会的政治制度文明建设离不开传媒的舆论监督;建立在科学、有序、

---

① 参见虞崇胜:《政治文明论》,武汉大学出版社2003年版,第174~178页。
②③ 虞崇胜:《政治文明论》,武汉大学出版社2003年版,第180页。

依法三个基点上的新闻舆论监督理应是政治制度文明建设的重要保证，是政治制度文明建设朝着"有衡"状态发展的"保护带"。在政治制度文明建设的各个阶段和各个环节中，无论是对相关政策的制定、实施，还是对整个权力运行状态，新闻传媒无时无刻不在发挥着调控、监测等功能，像一条保护带一样，阻隔破坏政治制度文明健康发展的不利因素，保障政治制度文明朝着有序、健康的方向发展。这条"保护带"是由新闻传媒引领广大公众共同铸造的，是从公共利益角度出发、代表公众意志的，它不为任何组织或个人的私利，只为公共权力运行的合理、有序和高效，因而是最公正、最坚固、最经得起考验的。例如，对贪污腐败、权钱交易的揭露；对司法不公、滥用权力的"曝光"，等等，都势必引起社会相关监督的呼应，引起公众和相关责任部门的重视，从而采取有效措施来清除这些不利于政治制度文明建设的"病灶"。

2. 完善建设性新闻舆论监督体系与促进政治制度文明建设相辅相成

前文提到政治制度包括四个层次，即基本权力结构层次、权力运行规则层次、权力运行状态层次和具体政策层次。政治制度文明建设就是从这四个层次展开。从当代中国的行政制度来看，新闻舆论监督作为行政外部监督体系的一种，与其相关政策、规则的制定能否满足其自身的发展要求，相关程序及运作方式能否合理、高效地解决问题，是休戚相关的。从这个角度来说，如何不断完善建设性新闻舆论监督体系，其本身就是政治制度文明发展不可分割的一部分，也是一个制度化的过程。

在政治制度文明建设中，最难也是最具意义的是制度创新。随着政治制度文明建设的不断发展，政治体制改革的进一步深化，一定会建立起一整套新的、更加完善的对权力的制约机制。健全的、通过新闻传媒来实现建设性的新闻舆论监督体系，既是政治制度文明建设的发展要求，也是其发展的必然结果。建立健全完善的建设性新闻舆论监督体系可以有效地促进政治制度文明建设的健康发展，而政治制度文明建设的健康发展又反过来可以促进建立健全完善的建设性新闻舆论监督体系，从而更加有效地发挥新闻传媒的舆论监督功能。所以从这个意义上看，完善建设性新闻舆论监督体系与促进政治制度文明建设是内在统一、相辅相成的。

3. 建设性新闻舆论监督能有效地促进政治制度文明建设

政治制度文明作为社会主义政治文明的结构体系之一，其宗旨与目标是构建社会主义民主与法治的统一。而建设性新闻舆论监督的根本取向，也是彰显于"还政于民、还权于民"的民主建设和法制建设的日趋完善。"舆论监督力度的大小，是一个社会文明程度的标志，也是一个社会民主与法治建设是否臻于健全的标志。倘若舆论监督软弱无力，甚至鸦雀无声、死水一潭，那么，就说明这个社会仍然处于朦胧混沌的状态。"① 这里所说的"舆论监督力度的大小",就是指新闻舆论监督发挥其功能的强弱。因此,政治制度文明乃至整个社会主义政治文明朝着社会主义民主与法治的目标迈进,就必须发挥新闻舆论监督的功能,加大新闻舆论监督的力度。

中国建设性新闻舆论监督的构成要素、地位及其主要功能决定了其能够在促进政治制度文明建设中发挥巨大作用。

（1）新闻舆论监督及其构成要素——将政治制度纳入监督的主要范围②。

新闻舆论监督由诸多要素构成,其中最主要的构成要素包括新闻舆论监督的主体和客体两大部分。

新闻舆论监督本质意义上的主体是广大公众。从政治社会学角度来说,政治文明的主体是指在社会生活中的每一个人。因为无论是谁,只要是在社会中生活,其行为或多或少地都会给政治文明的发展以不同程度的影响,不管这种影响是主动的抑或是被动的。从这个意义上说,政治制度文明的主体也是广大公众。在社会生活中公众借助新闻传媒进行舆论监督,经过是非、善恶等一系列价值判断,可以不断地重塑自身的认知模式和思维模式朝着良性状态发展,从而促使其在社会生活中的行为朝着有利于政治文明的方向迈进,这便为促进政治制度文明建设提供了可能。

新闻舆论监督的客体,即新闻舆论监督的范围与对象,应该将整个社会纳入其监督视野,既包括对新闻机构、新闻传播活动的监督,也包括对国家机关的各级工作人员、涉及公共事务和公共利益的组织和个人,以及不适应社会生产力发展要求的体制和机制等的监督。新闻舆论监督的重点应指向权力结构和利益结构的各种关系。国家权力是最重要、最大的公共权力,政治制度的四个层次都是围绕着国家权力展开的；因而,国家权力必然成为新闻舆论监督的主要对象与范畴。将国家权力在内的政治制度纳入新闻舆论监督的主要范围,必是为发挥新闻传媒的舆论监督功能以促进政治制度文明建设提供了可能。

（2）新闻舆论监督的地位——党和人民共同赋予其监督政治制度的权力。

舆论通过新闻传媒,足以形成普遍、隐蔽和强制的力量影响社会公共权力的运行。马克思、恩格斯正是基于对新闻传媒影响力的深刻认识,提出报刊是社会监督的"第三种力量"。他们认为,"第三种力量"是一种介于党和政府之间的、代表人民精神的力量。"报刊按其使命来说,是社会的捍卫者,是针对当权者的孜孜不倦的揭露者,是无处不在的耳目,是热情维护自己自由的人民精神的千呼

---

① 杨明品：《新闻舆论监督》,中国广播电视出版社2001年版,第68页。
② 参见陈曦（导师：刘九洲）：《论建设性新闻舆论监督与政治制度文明建设》,华中师范大学硕士学位论文,2008年,第16页。

万应的喉舌。"① 在马克思、恩格斯看来，新闻舆论监督是一种可以与其他权力相制衡的权力，是一种无比强大的力量。

在改革开放的进程中，中国共产党十分重视新闻舆论监督，赋予了其极高的地位；且对新闻舆论监督的制衡功能具有非常独到的认识，始终坚持新闻舆论监督是党和人民赋予的、制衡政治社会健康发展的重要力量。江泽民强调："对消极腐败现象也要进行批评和揭露，发挥舆论监督的作用。"② 胡锦涛在中共"十七大"报告中指出，要落实党内监督条例，加强民主监督，发挥好舆论监督作用，增强监督合力和实效。作为一种宪法规定的权利，中国新闻舆论监督的地位是党和人民共同赋予的，有权利对包括政治制度在内的一切社会生活进行监督。

（3）新闻舆论监督的主要功能——制衡权力。

新闻舆论监督还有着多种功能，包括评价功能、调控功能、监测功能、教育功能等。其中，新闻舆论监督的调控功能和监测功能在促进政治制度文明建设中发挥着重要作用。

新闻舆论监督的调控功能，主要表现在对公共权力的制约与抗衡。任何公共权力的正当行使都离不开监督，而新闻舆论监督作为社会监督的重要形式，代表着多数人的意志，是最民主、最符合民意的权力，因而能够承担起对公共权力进行制约与抗衡的任务。新闻传媒通过舆论监督对各种滥用权力的行为进行揭露与批判，满足公众的知情权、引导公众的参与、形成对滥用权力者及其权力行为的强大的社会舆论压力，促使社会以及涉及的部门采取行动来满足公众的意愿或平息公众的情绪，从而达到制约与抗衡的目的。

新闻舆论监督的监测功能，主要是指监测政治制度在内的社会环境。新闻传媒的舆论监督把整个社会纳入自己的视野，通过新闻传播，反映社会热点问题以及各类社会信息，以高度的敏感性抓住社会发展过程中不断出现的重要问题，从而引起社会的警觉、重视和治理。可以说，守望社会环境、监视社会动向、反映社会热点是新闻舆论监督监测功能的重要形式。"其他的社会监督形式，如法律监督、行政监督等，也是监测社会环境的重要渠道，但在监督的时效性、反映的灵活性、意见的广泛性方面，都没有新闻舆论监督快捷、敏感"。③

在新闻舆论监督过程中，其调控功能和监测功能之间相互联系，作为一个统一的整体共同发挥着能动的监督作用。可见，新闻舆论监督是政府工作的一面镜子，是缓和社会矛盾的一种有效手段。正是由于新闻舆论监督具有这些功能，才

---

① 《马克思恩格斯全集》第 6 卷，人民出版社 1961 年版，第 275 页。
② 《江泽民同志视察人民日报社时的讲话》，载《人民日报》1996 年 10 月 21 日，第 1 版。
③ 参见田大宪：《新闻舆论监督研究》，中国社会科学出版社 2002 年版，第 102~105 页。

使其具备了促进政治制度文明建设的条件,也使其在促进政治制度文明建设的实践中发挥着重要的作用。

二、增强传媒建设性舆论监督功能,促进政治制度文明建设

当前,中国新闻传媒可以通过下述三个途径[①],增强其建设性舆论监督的功能,促进政治制度文明建设。

(一) 组织舆论:对公共权力进行协商式监督

协商民主是20世纪90年代在西方兴起的一种民主理论。协商民主也译为"审议式民主",主要指:"在政治共同体中,自由与平等的公众通过公共协商而赋予立法、决策以正当性,同时经由协商民主达至理性立法、参与政治和公民自治的理想。协商民主强调政治共同体中自由平等的公民参与公共讨论与论辩,对公共决策行使公民的民主权利;为所有人提供平等的表达机会、消除参与公共协商的制度性障碍,形成所有公民能够自由参与协商过程的平等、多元、公开的可获得性论坛,以保证对公民需求和利益的系统考虑。"[②] 简而言之,协商民主就是公众经由公正、平等的决策模式来共同参与治理公共事务。协商民主强调社会成员的对话与协商,能够给公众的生活带来诸多实际利益。公众可以通过对话与协商,将个人的批判性思考和理性观点就公共政策所做出的决定发表意见和看法,以此让个人与社会公共事务建立起某种联系,从而共同来解决公共问题。

将协商民主理论引入中国新闻传媒实践,就是要求新闻传媒从公众的关切层面着手,切实做到"以人为本"、"以民为本",切实履行自己的双重义务——参与公共生活与促进公众参与。从这个意义上说,新闻传媒的职责不仅仅是在传统意义上进行报道、提供信息、书写(制作)供受众阅读(收听、收看)的新闻文本,而是将协商对话的过程通过公共新闻保留在公共视野中,以有助于公众认识自己的参与价值,并对公众的这种认知给予持续的鼓励,从而使得公众有更广泛参与的积极性,更加积极地参与到公共事务中来。要使新闻传媒履行好上述职责,就必须开展协商式的新闻舆论监督。

协商式监督,就是在新闻舆论监督过程中,新闻传媒为广大公众提供一个公共论坛,通过组织舆论引导公众对国家公共权力的运行状态进行讨论与协商。

---

① 参见刘九洲、陈曦:《论建设性新闻舆论监督》,载《新闻界》2007年第5期,第67~68页,第19页。

② 陈家刚:《协商民主》,三联出版社2004年版,第336页。

（1）提供多元的公共论坛。

新闻传媒要为广大公众提供一个多元的公共论坛，一个开放的、平等的、理性的对话空间，以使不同社会阶层、不同社会利益主体的不同观点和意见能够在这个论坛中得以充分表达；特别是让公共权力的掌握者与公众之间能够借助这个论坛展开对话。这样既可以使各种意见得以表达，又可以形成一个不同意见辩论的格局，还可以为公众找到一条情绪"宣泄"的有效渠道，从而为协商式监督的开展打下一个坚实的基础。

（2）组织舆论，营造理性的监督氛围。

新闻传媒要想切实发挥其舆论监督功能，除了要准确、及时地反映社会舆论之外，更要做好社会舆论的组织工作。组织舆论就是把分散的各种舆论，通过新闻传媒的综合和吸收，与有利于社会团结和民主实践的主流见解融为一体，通过新闻传播方式扩大其影响，使之最终成为多数人的共同意见。

公众在对国家公共权力进行监督的过程中，容易产生比较分散的意见和看法。因此，这就需要新闻传媒担负起组织舆论的工作，进行有意义的议程设置，从分散的社会舆论中提炼出有价值的意见，包括那些在公共论坛里提出的涉及公共利益的相关看法。新闻传媒可以通过连续性报道和评论等方式，对新闻事实的发生和发展的过程做多次、有序的传播，使议程设置的主要问题更加鲜明；同时可以借此深入具体地分析造成这些问题的因素、提供解决这些问题的可行性方法，以形成强大的声势和氛围。这样既可以对公共权力的运行起到警示和监督的作用，同时有利于问题的解决。

当前，随着社会改革和经济转型的不断推进，中国正处于社会矛盾和冲突的多发期。有些公众在遇到一些不平等或不公正的社会问题，或者对公共权力运作的某些环节产生误解时，常常会产生偏激看法或抵触情绪，甚至出现过激的、与公共权力对抗的行为，从而导致矛盾激化。在这种情况下，更需要新闻传媒通过组织舆论来引导广大公众对国家公共权力采取理性的、协商式监督。新闻传媒可以通过新闻报道，更多的是运用新闻评论，对公众暂时还没有认识到乃至产生误解的问题进行前瞻式的解释和说明，使其更好地了解公共权力运作的真实状况，使舆论监督得以正确地、有效地进行，真正起到解决社会问题、缓和社会矛盾的作用。

（3）及时传递反馈信息。

为了促使协商式监督的顺利进行，新闻传媒除了要提供公共论坛、组织舆论外，及时传递反馈信息也是至关重要的。广大公众通过新闻传媒与社会管理部门和管理者能就公共权力运行中的某些问题进行协商，其目的就是希望管理部门和管理者给予关注、作出回应，以使问题得以妥善解决。根据国家现行的政策规定，各级政府有义务及时将各种决策过程、实施情况及公众关心的其他问题作出公开说明。从实践情况看，尽管各级政府已尽了很大努力，但仍不尽如人意；公众反映的一些重要意见或问题在不少地方至今仍得不到及时回应或解决。这就需要新闻传媒敢于"为民请命"，及时传递反馈相关信息，代表公众提出质疑，以促使问题早日解决。这样，既保护了公众参与协商式监督的热情，同时也能在公共权力的拥有者和公众之间真正起到沟通作用。

（二）表达民意：对公共政策进行参与式监督

政治参与是指公民依据法律所赋予的权利和手段，采取一定的方式和途径，积极主动地介入国家社会政治生活，从而影响政府政治决策的政治行为。政治参与作为民主政治的一种实现形式，在当今中国越来越受到中央高层的重视。胡锦涛在中共十七大报告中指出，要"坚持国家一切权力属于人民，从各个层次各个领域扩大公民有序政治参与，最广泛地动员和领导人民依法管理国家事务和社会事务、管理经济和文化事业"；要使"公民政治参与有序扩大"。

"公民政治参与"涉及三个基本的理念：其一，参与是公众被赋权的过程，是公民的发展权得以维护和保障的过程；其二，参与是公民维护自身利益并实现自身利益的过程；其三，参与社会公共事务的管理是公民的一种责任。公民有序的政治参与既是现代民主政治的基石，又是加强社会建设和管理、推进社会管理体制创新的重要内容。强调公民的广泛政治参与对于推进社会主义民主政治、推动社会主义市场经济的健康发展及促进社会主义和谐社会的建设具有重大意义。从这个意义上看，新闻传媒有义务引领公众开展参与式新闻舆论监督。

参与式监督，主要是通过新闻传媒表达民意，使公众参与到公共政策制定与实施的整个过程之中。目前，中国公众参与公共政策的制定与实施过程主要有两个正式渠道：一是人民代表大会和政治协商会议，二是党和政府开设的来信来访、领导接待日和各种不定期的座谈会等。对于普通公众来说，能够借助这两个渠道，直接参与公共事务的机会毕竟很少。因此，新闻传媒为中国广大公众开辟一个广阔的参与渠道，提供一个民意表达的公共平台，鼓励、协助广大公众参与公共事务的管理，具有十分突出的现实意义。在这一方面，新闻传媒应当做好以下工作：

（1）解读公共政策，满足公众的知情权。

"知情权又称获知权、知晓权、知悉权、知的权利等，是指公民获取有关社会公共领域信息以及与本人相关信息的权利，具体可包括政治知情权、司法知情权、社会知情权和个人信息知情权（如出生情况、亲生父母等）。"[①] 宪法规定，

---

① 谢鹏程：《人民的基本权利》，中国社会科学出版社1999年版，第263页。

中国公众享有法定范围内应当享有的一切权利，其中包括有权利要求新闻传媒在进行舆论监督的过程中，将公共政策的决策以及实施过程和结果予以公布。公众只有对公共政策信息充分了解，才能进行合理的判断和思考，才能更加理性地参与到监督实践中去。因此，新闻传媒报道公共政策时，首先要做到准确地解读，其次还应当努力开掘报道的广度和深度，提供宽广的解释框架。

（2）表达民意，开拓广阔的参与渠道。

表达民意可分为直接表达和间接表达两种。① 直接表达主要包括刊播受众来信和民意测验。前者是在新闻传媒上刊登或播报受众来信，直接将公众对公共政策的看法和意见予以公布。后者是公众监督和传媒监督的有效结合，新闻传媒可以通过问卷调查等手段，了解、表达公众对公共政策和某些重大问题的意见或态度。比如，当下，一些新闻传媒开展的对政策、决策和措施实施的效果进行问卷调查，就具有很强的监测作用。间接表达是指广大公众提出的意见不直接见诸传媒，而是通过其他途径予以表达，主要包括处理信访和编发内参。前者是将刊播以外的公众来信依相关规程进行必要处理，或是直接转寄给投诉对象，或是对信访情况进行摘编，将一些重大问题、难题编成信访舆情，报给有关政府部门和管理者。内参是新闻传媒通过不公开的方式向上级管理部门报告社会重大问题的新闻舆论监督方式。在内参的编发过程中，不少新闻传媒代表民意，将公共政策实施过程中不完善的地方或问题所在，客观如实地反映，往往能起到很好的效果，有力地促使问题得到妥善解决。

近年来，中央传媒和地方传媒纷纷开设《百姓问政》、《建言议政》之类的栏目或节目，在党和政府与公众之间架起了沟通的桥梁，开辟出一条法律监督、民主监督、工作监督和舆论监督相结合的新途径，这种通过新闻传媒拓宽民意表达渠道的方式，具有重要的创新意义。

（3）培养公众的公民主体意识。

中国宪法规定，国家的一切权力属于人民，人民是国家的主人。中国公众理应享受参与公共事务管理的制度保障。但是，由于历史原因和一些传统思想的积淀，现阶段中国公众的公民主体意识还很薄弱，这很大程度上阻碍了参与式监督的顺利开展。因此，新闻传媒必须承担起培养广大公众的公民主体意识的责任。

通过新闻报道、新闻评论等多种形式启蒙公众，强化公众在社会主义民主建设中的公民主体角色，使其认识到参与公共事务的管理既是维护和实现自身利益的过程，也是每一个公民应尽的责任，使其进一步摒弃传统的"官民"关系，

---

① 参见刘九洲、陈曦：《论建设性新闻舆论监督》，载《新闻界》2007年第5期，第67~68页。

代之以"公民-国家"关系,从而使广大公众能够更加主动、积极地投身到参与式监督的实践中来。

(三) 解释事态:对突发性事件进行披露式监督

突发性事件可被广义地理解为突然发生的事情,其第一层的含义是事件发生、发展的速度很快,出乎意料;第二层的含义是事件难以应对,必须采取非常规方法来处理。2007年11月1日起施行的《中华人民共和国突发事件应对法》明确规定:突发性事件是指突然发生,造成或者可能造成严重社会危害,需要采取应急处置措施予以应对的自然灾害、事故灾难、公共卫生事件和社会安全事件等。[①] 突发性事件特别是巨大的灾难性和事故性突发事件的责任人和责任机构对突发事件的应对态度以及采取解决措施的时效性和合理性,可以反映出公共权力的运行状态;而对突发性事件的披露,则是新闻传媒实施舆论监督的一个重要"考量"。

比如,2007年6月,山西"黑砖窑"事件继"南丹矿难"之后再次让全国公众为之震惊。此次事件最先由网络曝光,后由传统传媒记者"深入虎穴",展开冒险式的层层调查、采访与报道,将"黑恶"的真相公开曝光。"黑砖窑"事件经新闻传媒报道后,立即引起国务院高度重视,并及时组织专案小组进行调查。当年6月20日温家宝主持召开国务院常务会议,听取山西"黑砖窑"事件调查处理初步情况的汇报,要求各级人民政府和国务院各部门,要从山西"黑砖窑"事件中吸取教训,以对公众高度负责的态度,认真履行政府职责。在中央政府的关注和重视下,山西"黑砖窑"事件得到切实查处,查清了"黑砖窑"事件中涉及的有关党员干部、公职人员监管不力、失职渎职以及个别党员干部参与黑砖窑承包管理等严重问题,共对95名党员干部、公职人员给予党籍政纪处分,并在全国掀起清查和打击非法用工专项整治,使中国劳动用工制度得以进一步完善和规范。以"南丹矿难"、山西"黑砖窑"事件为代表的大量事实证明,面对突发性事件,新闻传媒必须发挥强大的新闻舆论监督功能,迅速及时,并不断传递、反映相关事件的各类信息,披露事件的真相。这样,既有利于揭露、批判公共权力运作的弊端和缺陷,也有利于稳定公众情绪,维护社会的健康运行。

对突发性事件的披露式监督,要求将解释事态作为新闻报道或新闻评论的关键,即不仅要求准确、客观地报道突发性事件本身,还要明确告知受众有关突发性事件发生的"为什么"、"怎么回事"以及"会导致何种结果"等深层次的问题。突发性事件通常属于公共事件,且常常还直接关系到公众的切身利益,这就

[①] 《中华人民共和国突发事件应对法》(2007年8月30日第十届全国人民代表大会常务委员会第二十九次会议通过),http://www.gov.cn/flfg/2007-08/30/content_732593.htm.

更加要求新闻传媒本着对公众负责的原则来做好对突发性事件的披露式监督。具体来说，应该做好以下两方面的工作①：

（1）即报事实，慎报原因。

面对突发性事件，新闻传媒一方面要密切关注事态的发展，将事件相关发生、进展的具体过程，以及相关部门应对事件采取的措施等及时准确地告知于公众。另一方面也要追根究源，摸清事件的来龙去脉，深挖事件背后的新闻；要交待清楚事件的背景、造成事件的原因及其内外联系，努力揭示其间所掩藏着的各种矛盾。只有通过这种深度报道，让被监督的突发性事件明晰、全面、真实地公之于众，才能真正突显披露式监督的意义。当然，由于突发性事件具有"偶发"、"突发"的特性，因而新闻传媒在分析事件原因、追究事件责任时，除了要客观、公正地分析问题，还要从大局考虑，运用前瞻性思维，正确预计可能产生的效应与反响，谨慎地进行报道和评论。

此外，在即报事实方面，新闻传媒既要"求快"、"求准"，又要有"政治家办报"的理念和大局意识，"帮忙而不添乱"。2008年5月，四川汶川发生8级大地震，造成近7万人死亡，经济损失更是巨大。面对这一特大的"天灾"，众多新闻传媒既迅速、及时地报道灾情，客观地报道灾区公众遭受的苦难；同时又准确把握报道尺度，不是一味渲染悲情和苦难，而是把镜头对准那些解放军战士和武警官兵，以及从中央到基层的广大干部和群众，充分展示了"万众一心，众志成城，不畏艰险，百折不挠，以人为本，尊重科学"的抗灾救灾精神，充分展示了中国人民战胜特大天灾的勇气、毅力和决心，是中国新闻史上一次成功的灾难性事件报道。

（2）全面求证，细处核实。

在新闻传媒竞争异常激烈的今天，往往出现这种情况：有的新闻从业人员所满怀的维护公众知情权、加强新闻舆论监督的热情，却被别有用心之人所利用，使得一些新闻舆论监督成了制造虚假新闻、蒙蔽公众的工具。过去的教训并非仅见，应该引起我们的警觉和重视。因此，进行披露式的新闻舆论监督也要讲方法和原则。除了遵守适度原则、把握分寸之外，还应当做好全面求证、细处核实的工作。在面对突发性事件时，新闻传媒及其从业者绝不能偏听偏信、武断地下结论，而是要在掌握充足材料的同时，保持清醒的头脑，从多方面找到突破口来核实材料的真伪。只有这样，才是真正地对公众负责；也只有这样，才能真正找到监督对象的问题所在，从而进一步寻求到解决问题的良方。比如，北京电视台《透明度》栏目2007年7月8日播出一则"批评报道"《纸做的包子》，指责一

---

① 刘九洲、陈曦：《论建设性新闻舆论监督》，载《新闻界》2007年第5期，第67~68页，第19页。

些"黑心"商家用"纸馅包子"伤害顾客,骗取不义之财。不少传媒还对此作了转载、转播。结果在北京市民中引发了包子恐慌,对北京早点市场造成了巨大冲击,一些生产早点的企业销售量直线下降。事后调查,真相并非如此,"纸馅包子"被证实为假新闻,这一事件严重损害了新闻媒体的形象和社会公信力,也给北京,乃国家声誉带来了伤害。失实的舆论监督,不仅败坏传媒的声誉,而且也会给社会带来严重的后果。

中国的新闻舆论监督虽然在各个历史时期提法有所不同,但其基本内涵与实质是比较一致的,就是代表和维护公众的利益,对社会的消极、腐败问题进行报道、揭露、批评,以利于问题的解决和防范,以利于社会的健康、稳定和团结。建设性是其基本内核。中国新闻传媒的性质、舆论监督的目的以及当代中国社会的发展需要决定了中国的新闻舆论监督必定是建立在社会主义制度基础之上的一种建设性的监督。"这种建设性的监督是科学的、有序的、依法的监督,它所追求的是坚持正确的舆论导向,为广大公众排忧解难,为建设社会主义和谐社会和促进经济社会的科学发展创造良好的舆论氛围。建设性新闻舆论监督是中国社会主义新闻舆论监督理论发展过程中出现的一种新的提法,也是一种新的概念和范畴,对它的内涵及相关问题进行更深入的探讨,有助于构建有特色的中国社会主义新闻舆论监督理论体系。"①

第四节 新闻传媒的政治社会化功能与政治行为文明建设

政治行为文明是政治环境文明和政治制度文明在实践中的具体表现,是在政治社会化过程中公民政治生活、政治活动以及政治作为文明程度的维持、塑造与提升。新闻传媒是政治社会化的重要力量,增强新闻传媒的政治社会化功能,促进政治行为文明建设,是推进社会主义民主政治和构建和谐社会的重要途径。

一、新闻传媒的社会化功能与政治行为文明

(一) 新闻传媒的社会化功能与政治行为文明的内涵

"社会化"是指一个人适应社会生活的整个过程,也就是个人接受社会文化

---

① 刘九洲、陈曦:《论建设性新闻舆论监督》,载《新闻界》2007年第5期,第67~68页。

的过程。具体说,"社会化"是自然人或生物人成长为社会人的全部过程。"社会化"的过程中,政治社会化是一个重要的内容。

关于政治社会化的含义,目前学术界有几种不同的看法。归纳起来,大致可以分为以下三种观点①:第一种观点认为,考察政治社会化内涵,主要有三种角度:教育学主要关心向年轻人灌输知识和信仰,将社会主导政治文化内化在学生的政治知识结构和思维能力之中。社会学侧重于人与社会的互动关系,认为政治社会化就是个人逐渐学会被现存政治制度接受和采用的规范、态度、行为的过程。政治学则认为政治社会化是一个社会内政治取向和社会模式的学习、融合、传播、继承的过程。② 第二种观点认为,传统的政治社会化界定存在过于褊狭的缺陷,应从以下三个方面对政治社会化含义进行考察:其一,政治社会化突出体现为政治的社会性;其二,政治社会化的目标和归宿在于发现并消除由于社会矛盾加剧而突显的政治冲突;其三,政治社会化的外在表征体现为影响政治发展及其运作的社会性因素不断增加而使政治显现出综合性、多元性、复杂性等特征。③ 第三种观点则借鉴国外学者对政治社会化含义的界定,认为政治社会化的内涵可分成五类:社会教化论、个体学习论、文化传承论、政治传播论和社会环境论。并在此基础上指出,"政治社会化是社会个体在社会政治互动中接受社会政治文化教化、学习政治知识、掌握政治技能、内化政治规范、形成政治态度、完善政治人格的辩证过程,是社会政治体系的自我延续机制和功能运行机制。"④

这几种定义各有不同,但都共同包含了两个方面的内容:第一,政治社会化是自然人转变成"政治人"的过程,即社会个体成员通过学习和实践获得有关政治体系的知识、价值、规则和规范,从而转变成一个具有一定政治认知、政治情感、政治态度和政治倾向的社会政治人的过程。第二,政治社会化又是整个社会形成共同的政治认知的过程,即向社会成员广泛传播政治文化(普遍的政治知识、价值、规则和规范等),并让其形成一定的政治认知、政治情感、政治态度和政治倾向,进而形成集体政治认知的过程。据此,我们不妨这样界定它:政治社会化是社会化在政治领域中的要求与体现,是人们通过学习和接受一定的政治文化而取得政治属性,形成政治人格,获得政治认知、政治态度与行为的过程;同时,它也是一定的政治文化传播的过程,是二者的有机统一。

在社会成员的政治社会化过程中,政治信息的传递、政治文化的传播以及政

---

① 参见龚小平:《当代我国大学生政治社会化及其教育对策问题研究》,合肥工业大学硕士学位论文,2005年,第2页。
② 孙爱军:《政治社会化:大学教育的一个基本点》,载《中国政治学院学报》2000年第11期,第6~9页。
③ 刘中民:《国际政治社会化初探》,载《世界经济与政治》1999年第3期,第21~25页。
④ 李元书:《政治社会化:涵义、特征、功能》,载《政治学研究》1998年第2期,第17~25页。

治人格的形成，都是靠一系列中间结构环节完成。这些中间结构环节，可谓之为"政治社会化媒介"。现代社会中的政治社会化媒介多种多样，如家庭、学校、传媒、政党和政治机构等都是政治社会化的实现途径。其中，新闻传媒从它出现的第一天起，就不可避免地介入各种政治活动中；而在世界历史上，各种政治斗争也往往是通过传媒斗争表现出来的，尤其是在现代电子技术高度发展，新闻传媒以强大的传播优势，深入到社会的各个角落，在政治社会化过程中更是起了十分重要的作用。

社会成员的政治行为是在政治社会化过程中形成与发展的，是在一定的政治意识驱动下，为实现其政治目标而采取的重要途径和方法。政治参与、政治决策、政治管理、政治改革、思想政治工作都属于政治行为的范畴。政治行为文明是政治文明的基本内容之一。政治文明总是通过一系列的政治行为才表现出来，因此，从一定意义上来说，政治文明更多地表现为政治行为文明。

宏观视野中，政治行为文明是指政党、团体以及公众政治生活、政治活动方式的文明程度，是政治思想文明在行为上的反映。而从微观层面上，所谓"政治行为文明"，也就是指具体的政治人的行为文明。马克思主义关于"人"既是社会关系的主体，同时又是社会关系的客体的方法论原则，同样适用于政治行为文明的过程。一方面，"人"是政治行为文明的主体。在政治行为文明的实施过程中，社会个体经过自身的主观能动作用，整合各种政治观点和政治舆论，分析各种政治关系，形成独立的政治信念和政治态度，并反作用于社会政治。也就是说，在政治行为文明中的一系列活动，都必须并且只能由人来完成。另一方面，"人"又是政治行为文明的客体。政治行为文明作为政治意识文明和政治制度文明的现实表现，它的最终指向是人的本身，不论是政治意识文明的灌输，还是政治制度文明的落实，都是针对人进行的，离开了"人"这一客体，政治行为文明也就失去了它的意义。此外，"人"还是政治行为文明的衡量者和评判者，是其"把关人"。政治行为文明实施的一系列原则和标准，都是由人制定出来的；其实施过程中的各个环节以及实施的程度必须由人进行监测，它的实施效果以及带来的社会影响也都是人进行评估。由此可见，"人"在政治行为文明的实施过程中是社会教化与个体内化的相互统一。同时，"作为共同体的社会，其政治行为文明的传承、维系及变革最终依赖于社会个体成员的参与和努力；这种既接受社会的政治改造，又改造社会政治的政治角色的形成过程，才真正揭示了政治社会化的本质"。[①]

---

① 龚小平：《当代我国大学生政治社会化及其教育对策问题研究》，合肥工业大学硕士学位论文，2005年，第4页。

政治行为文明是政治文明的极其重要的方面。如果政治行为遵循良好的规范，具有严密的组织性和纪律性，顺应历史发展的潮流，并以一定的宗旨为旗帜，就能够推动社会发展和政治发展。如果政治行为缺乏组织性和规范性，就会阻碍社会发展和政治昌明，甚至对良性的社会秩序构成威胁。因此，政治行为文明必须有严格的衡量标准，这个衡量标准就是"依法"和"有序"。

这里所谓的"依法"，是指政治行为文明实施的过程中必须以法律为准绳，也就是说，法治必须贯穿整个政治行为文明的始终。最高人民法院前院长肖扬说，一个和谐的社会必定是有序的社会，而一个有序的社会必定是一个民主与法制的社会。社会主义法治是社会主义政治文明的重要组成部分，是衡量社会主义政治文明的重要标志和标准，因而也是衡量政治行为文明的标准。

第一，社会主义法治是社会主义政治行为文明的基石。社会主义法治为构筑社会主义行为文明提供了依据。它确立各种法律规范，确定各政治主体的法律地位和作用，从而提高政治主体的理性化程度。它通过民主制度的法律化、制度化，保证各种政治制度依法运行，使权力的转移通过预先设定的程序进行，各种政治力量的政治参与有制度化的渠道，巩固和推进了社会主义政治制度文明，从而为社会主义政治行为文明的实施提供最基本的保障。

第二，社会主义法治引导和规范政治行为，使公众的政治行为体现政治价值，遵循政治行为准则。非理性政治行为不但不利于维持良性的社会秩序和社会稳定，同时也达不到参与者预定的政治目的。社会主义法治明确地规定了合法的政治行为和非法的政治行为，严格要求社会成员按照法律化、制度化的渠道，采取法律允许的方式，依照法定程序进行政治行为。

第三，法治是政治行为文明的协调者和助推器。社会主义法治通过把一切政治行为纳入法制的轨道，保证政治行为的有序化、规范化和制度化。社会主义法治通过调整经济关系和政治行为，规范各种政治行为，保护合法政治参与，实现社会主义社会的利益需要，使社会的政治运行过程有序而稳定。

第四，法治也是政治行为文明健康发展的保障。社会主义法治通过社会主义法律及其所体现的政治价值和政治理想，提倡正义，张扬进步的价值观和正确的法律意识，引导公众崇尚自由、平等、正义、公平、有序、合法等政治价值和政治理念，遵循政治行为准则，从而形成和强化社会主义政治行为文明，保证政治行为文明健康的发展。

这里，所谓"有序"，是指政治行为文明的实施过程中政治参与的程序化、规范化。如果说民主的制度化、规范化指涉的是社会主义民主的具体内容，而程序化问题的重要意义就在于，它是指要把实现这些具体内容的方法、手段、规程制度化、规范化，防止其受到"长官意志"和其他因素的干扰，切实保障民主的实现。可以说，注重程序性是中国民主的制度化建设的必然趋势。政治行为文明作为民主政治的一个分支，必然也要注重程序化，维持良好的有序性。政治行为文明既表现为政治权威及政治行为的合理性，也表现为政治参与的有序性，即公民履行义务自觉程度的提高和享有权利的扩大。从这个意义上说，政治行为文明的"有序"性实际上包含了两个方面的内涵：一方面，对公民个人而言，应该对政府的利益整合政策有足够的理解与认同，在进行利益表达时，其形式必须符合现有的法律原则和程序，其后果不会破坏现有的社会秩序。另一方面，对政府而言，政府对公民的利益诉求有充分的回应，出台的政策严格按照民主集中制的程序进行，尽可能地具有较大的包容性。

目前，中国社会的政治行为文明建设，在"有序"上尚存在一些不尽如人意之处。一是政治参与制度化、程序化、法律化程度较低，造成政治参与行为的无规则性。期间，尤为突出的是政治参与法律化程度较低，公众缺乏可以依据的法律规则和程序，导致正常的利益表达得不到有效的形式保障。二是政治参与体制化程度不高，运行渠道不够通畅。权力运行倾向于自上而下的单向化，而由下而上的沟通体制建设不够健全，民意表达等公众参与政治行为的重要渠道存在阻塞现象。这在一定程度上阻碍了民意的自下而上的表达，对中国社会的政治文明发展和社会稳定自然会造成一定影响。因此，如何更好地加强有序的政治行为文明建设，是需要加强探讨的理论问题和现实问题。

（二）新闻传媒的社会化功能与政治行为文明的关系

新闻传媒的社会化功能与政治行为文明之间存在着相互依赖、相互影响的共生关系：一方面，政治行为文明对新闻传媒的社会化功能发挥具有决定性的影响；另一方面，新闻传媒的社会化功能也对政治行为文明具有独特的能动作用和重要的影响。

1. 政治行为文明对新闻传媒的社会化功能具有决定性影响

首先，在新闻传媒的政治性上，国家的政治制度和社会管理者的政治立场历来具有决定性的作用，古今中外，概莫能外。在当代中国，新闻传媒社会化功能的发挥，自然必须服从和服务于社会主义政治行为文明建设，必须在政治行为文明允许的范围内进行，而不能背道而驰。

其次，政治行为文明的发展状况对新闻传媒社会化功能的发挥具有决定性的影响。一个国家传媒功能的发挥程度，和其政治环境有着紧密联系。在政治行为文明水平较高的政治环境里，新闻传媒的社会化功能的发挥就比较充分；相反，如果政治行为文明的水平很低，政治环境不清明，新闻传媒的社会化功能的正常发挥就会受到限制。

再次，在报道内容上，政治行为文明是新闻传媒的重要报道来源。新闻传媒要发挥它的政治社会化功能，就必须传递相关的政治信息，传播相关的政治思想，塑造特定的政治文化，这些都来源于政治行为文明的内容本身。政治行为文明实施过程中涉及的相关规则、规范，以及遇到的各种问题，新出现的各种现象等，都可以是新闻传媒进行政治传播的题材。换言之，新闻传媒要发挥它的政治社会化功能，离不开对与政治行为文明相关的题材报道。

2. 新闻传媒的社会化功能对政治行为文明具有能动性

首先，新闻传媒通过沟通信息和传递信息上的独特影响和作用，可以成为政治活动的重要手段和工具。比如，新闻传媒可以通过将公共管理机构制定的政令公之于众，或者通过报道或评估呼吁公众遵从现有的政治规范，向公众传播政治价值观念和行为方式，从而引导公众掌握正确政治行为方式，推进政治行为文明建设的展开。

其次，新闻传媒的政治社会化功能对政治活动和政治行为起到一定的制约作用。事实上，历史上每一种新媒介的诞生，都与其他要素一起，对社会政治文化带来革命性的巨大冲击。15世纪欧洲活字印刷的出现，推动和促进了文艺复兴和宗教改革；19世纪的电报与高速印刷机的发明，导致了寡头政治的倾覆，而产生了民主政治；20世纪50年代，电视在美国促成了民权革命。从具体的阶段性事件看，由于新闻传媒的介入导致某一政党的政治行为发生致命性改变的例子比比皆是。1985年，由于日本新闻界披露了库里路特行贿受贿案丑闻，导致当时日本首相下台，内阁倒台。而美国政治史上最著名的事件——"水门事件"，因《华盛顿邮报》的曝光，不但直接导致了尼克松总统的辞职，还强有力地拷问着资产阶级的政治伦理准则。

新闻传媒不仅能够将公众意见与呼声反馈给社会统治集团，促使其考虑公众需求，对现行政治行为价值体系进行调整和完善，以维护现有的政治秩序；而且，与此同时，新闻传媒还能够对不正当的政治行为进行曝光、批判与谴责，促使政治行为符合社会规范。

二、增强新闻传媒政治社会化功能，促进政治行为文明建设

（一）加强营造和谐政治局面的政治引导

2008年6月20日，胡锦涛在视察《人民日报》时指出："必须坚持党性原则，牢牢把握正确舆论导向。舆论导向正确，利党利国利民；舆论导向错误，误党误国误民。"加强新闻传媒的政治引导，营造和谐政治局面，对社会的健康、

和谐发展至关重要。

要发挥政治引导功能,新闻传媒就要做好宏观和微观两个层面的工作。宏观层面上,主流传媒要准确把握政治局势,研究和认识社会政治文化的变动轨迹,全面了解社会政治文化传统、社会价值观念、道德准则的变化过程。此外,还要验证和判断政治传播者的政治意图和政治观点。因为政治传播者有时并不直接地借助新闻传媒表达自己的真实政治意图,而是隐晦、策略地表达出来,这就要求新闻传媒及其从业人员具有很强的政治敏感性,深入准确地把握其政治意图。微观层面上,要在具体的新闻报道实践中"唱响社会政治的主旋律"。这可以从以下几个方面着手:第一,要以正面视角为主。"正面宣传为主"的报道方针是中国特色社会主义新闻传播活动的经验总结,它是维护政治稳定局面的必要手段,它能使国家的政治活动少受折腾、少走弯路。我们应把新闻报道与社会效果联系起来,尽最大努力把社会政治行为引入可调控的状态之内。当然,"正面宣传"为主不是安于现状、报喜不报忧,而是本着重在建设的目的,客观阐述事实,多从积极视角入手,理性分析,胸有大局。如舆论监督的关键在于治病救人,以儆效尤;案件报道关键在于普及法律,讴歌正义;灾情报道则不仅重在告知真相,还应重在弘扬救灾精神,防微杜渐,总结经验教训。坚持"正面"视角为主,就是充分利用新闻传媒的社会化功能,维护社会的政治稳定。第二,新闻传媒在报道政治人物时,要避免片面报道。以往不少的新闻传媒所传播的政治人物太过理想化、脸谱化,不利于增强公众的政治辨别力。比如,在报道党和政府领导人的活动信息大都是公式化的;在任期间个个官员好像都清正廉明,个个都为民着想,为民办实事,但一旦某些人被查出有腐败行为,报道便极为详尽地将其丑行公之于众。这种政治人物公式化、脸谱化的报道让一般人很难从日常中分辨他们的政治作为。第三,新闻传媒在传播政治信息时,应讲究报道手法,改变以往一味将政治规范、政治教育、国家政策等以说教的形式传递给公众的僵硬做法,而是寓政治教育于日常生活中,多从日常生活中找典型,用公众喜闻乐见的形式表现出来,让公众真正认同社会政治行为规范。

(二) 正确协调各方面的权益关系

中共十七大报告指出:"要扩大社会主义民主,更好地保障人民权益和社会公平正义。"当前,中国正处于社会转型期,随着经济成分多样化、利益主体多样化、价值观念多样化、组织形式多样化和就业方式多样化日益明显,各种矛盾相互交织,社会各个群体的权益意识复苏,他们会利用一切可以利用的途径来表达和维护自己的权益。社会各个群体的权益往往是相互冲突和矛盾的,而且权益诉求的途径常常呈现非常态性。一些公众会通过信访、上访等渠道进行诉求,也有些公众则会采用聚众闹事、冲击公共机关、散布非法言论等方式，来达到其权益目的。面对公众多种权益和不同权益的诉求，新闻传媒是一个非常重要的公众利益表达、维护和协调渠道。新闻传媒要正确处理"人民内部矛盾"，协调各方面的权益关系，保持政治参与的媒介渠道通畅，营造宽松通畅的公众政治参与环境，促成制度框架内建立合理的权益要求相互博弈、妥协的平台；让各个社会群体都能通过制度化的途径，发挥政治参与的表达功能；让各方面的权益关系人进行沟通，充分阐述各自的观点和理由；让个人权益和集体权益、局部权益和整体权益、当前权益和长远权益以及群体之间的权益在这个平台上相互磨合、相互妥协，最终形成让各方都能接受的制度和政策。

（三）传播和塑造先进的政治文化

"政治文化是一个民族在特定时期流行的一套政治态度、信仰和感情。政治文化作为一种政治现象，反映着一个国家、一个民族客观的政治历史和政治现实。它伴随着社会历史和人类政治文明的发展而演进，同时又支配着人们的政治行为。这种政治文化是在该民族的历史和现实社会经济、政治活动进程中形成的。人们在过去的经历中所形成的态度类型对未来的政治行为有着重要的制约作用。"[①] 社会主流政治文化的维持、传播、继承和发展，只能通过政治社会化来实现。而新闻传媒作为政治社会化的一条重要途径，理所当然地承担了传播和塑造社会主流政治文化的功能。换而言之，主流政治文化的传播主要是通过新闻传媒发挥作用来实现的。新闻传媒向整个社会传播主流政治文化，有横向和纵向两种方式。当它在当下的时空境况中向全社会传播主流政治文化时，为横向传播；而通过各种方式不断地向下一代传播主流政治文化，从而保持政治文化的连续性时，则为纵向传播。新闻传媒正是通过这两种传播方式，使得主流政治文化得以传播、维持、继承和发展的。

新闻传媒具有改造政治文化的功能。政治文化本身并不是一成不变的东西；相反，政治文化是不断生成的。"在发展迅速、变化显著的社会中，新的政治文化因素的生成十分明显；在巨大的社会变革的情况下，新的政治文化因素的生成则更为突出。适应于社会变化的新政治文化因素也会通过新闻传媒而得到传播。这些因素被人们接受并具有一定程度的普遍性时，便形成对原有政治文化的冲击和改造。特别是当一个新的政治体系取代一个旧的政治体系以后，新的政治体系总要对原有的政治文化革故鼎新，通过各种新闻传媒批判旧的政治文化，传播新的政治文化，培养支持新政治体系的政治人格，实现政治文化的全面创新。即使

---

① 王邦佐等：《新政治学概要》，复旦大学出版社1998年版，第29页。

在同一政治体系内,政治体系要实现自我调整也必须通过新闻传媒改造原有的政治文化以实现自身的一定程度的创新。"①

新闻传媒还具有促使社会各种政治文化趋同主流政治文化的功能。"由于社会的、地域的、语言的等因素的影响,在同一政治文化体系中,常常会形成不同结构的政治文化,即形形色色的亚政治文化。无论一个社会多么发达或多么落后,其政治文化都不可能是清一色的,特别是政治与经济相互间的剧烈渗透,更使政治文化充满了异在的因素,这就决定了在任何社会中亚政治文化存在的客观必然性。一旦这种异在的因素在数量上形成一定的规模之后,亚政治文化就会成为具有很大能量的社会政治心理导向。"② 新闻传媒政治社会化功能的作用之一,就是通过弘扬占主导地位的政治文化,从而整合形形色色的亚政治文化,凸现并形成主流的政治文化。

(四) 树立优秀的政治行为形象

在现代社会,新闻传媒形塑"政治人物"、树立政治行为典范的作用是显而易见的。新闻传媒的显性效果是帮助受众了解外界的信息,而隐性效果则是对受众的思想观念、价值取向、情感取向、认知结构进行说服与改变。新闻传媒向公众传递的政治信息不外乎两类:一类是一般的政治信息,如各种文化、知识、社会规范以及规定社会角色等。这类信息尽管一般不会对受众产生直接的影响,但却能借助其间的舆论引导,让公众的思想、观念变化逐步导入到合乎社会主流价值观的轨道上。另一类是政治视野中的各种硬性要求,诸如基本的价值观、政治伦理关系和政治行为举止、国家的各种法律和法规、执政党的章程、社团的公约、具体部门的规章,以及各级权力组织领导人不断发出的指示等,使受众在接受这些信息的同时也受到社会主流政治文化的熏陶。新闻传媒无论传递哪一类政治信息,都会与随之提供的各种政治行为模式相配合,其中,树立政治人物形象、"策划"政治事件等是其经常运用的手段。在"谁能够确定议程,谁就可以掌握政治活动的主动权"的潜规则下,各国政府或各种政党往往通过各种新闻传媒进行有目的、有预期地报道来塑造自身公正为民的良好政治形象。例如"9·11"事件后,布什政府进一步加强了对不利于"反恐"的信息控制、施加各种影响,引导新闻传媒按政府的口径报道,渲染其"反恐"活动的正义性。一时间,美国政府和美国总统在全世界人民的心目中似乎就是打击恐怖主义、维护世界和平与安全的形象代表。

---

①② 邓集文:《论大众传媒的政治社会化功能》,载《湘潭大学学报(哲学社会科学版)》2004年第1期,第28~30页。

在中国，为了配合党和政府在某一特殊的历史阶段的政治宣传，新闻传媒也不断地推出体现时代精神的先进典型，塑造了一批批深入人心的优秀政治形象。例如，中央电视台《新闻联播》栏目开设"时代先锋"专栏，作为宣传各地区、各行业党员领导干部的常设子栏目。自2004年11月25日，中央电视台大型人物专栏"时代先锋"开播以来，截至目前已报道了200多位人物，其中重大典型就包括郑培民、牛玉儒、张云泉、宋鱼水、任长霞、丁晓兵、许振超、孔祥瑞、方永刚、华益慰、王顺友、吴仁宝、林秀贞、吴大观等人。2009年"七一"前夕，央视网整合《永远的丰碑》、《红色记忆》、《时代先锋》的新闻素材，以手机电视的方式推出了上百集红色经典短片，充分展示了中国共产党的光辉历史和革命先烈、时代先锋的感人故事。

第三章

新闻传媒与和谐社会的经济发展

新闻传媒是现代经济伴生的产物，经济发展与新闻传媒的发展是共生、互动的。在构建和谐社会的进程中，新闻传媒要在服务经济发展中推动经济发展与社会和谐的互相促进，推进传媒经济的科学发展。新闻传媒为和谐社会经济发展服务的主要责任承担方式，是在三个维度上增强和拓展其基本功能：以科学发展观为指针，增强经济信息服务、经济舆论引导以及科学发展观念的启蒙与传播功能，服务经济发展方式的转变，服务经济又好又快发展；以实现好、维护好、发展好人民的根本利益为依归，增强社会涵化、舆论监督、公众利益表达与调适功能，维护经济公平和社会正义；以全面、协调、可持续发展为主要落点，增强新发展观念的传播和经济预警、经济环境优化调适功能，为生产发展、生活富裕、生态良好的文明发展道路服务。

构建和谐社会是一个历史范畴，是在经济发展的基础上正确处理各种社会矛盾的历史过程和社会结果。"只有通过发展才能保障社会公平正义，不断促进社会和谐"。[①] 经济发展与社会和谐是互相促进和内在统一的。不断增强为经济发展服务的功能，大力发展传媒经济，通过传媒硬实力的增强，提升国家的"软实力"，为构建和谐社会做出积极的贡献，是新闻传媒的一大根本使命。

---

① 胡锦涛：《在中国共产党第十七次全国代表大会上的报告》，载《人民日报》2007年10月15日。

第一节　新闻传媒与和谐社会经济发展的关系

一、和谐社会经济发展的内涵与要素

一个经济落后、财富稀缺的社会，必定存在诸多社会问题与矛盾；同样，经济利益冲突频频、公众经济权益得不到有效保障、经济的公平与活力机制保障不足的社会，必定损害社会的发展与和谐。发展是构建和谐的根本前提，经济和谐发展是社会和谐的基础，没有和谐的经济发展就没有持续的经济效率，就会窒息经济活力，整个社会的运转就失去了必要的物质支撑，影响社会和谐的深层次矛盾和问题就无法破解。在经济系统内部，生产、交换、分配、消费各个环节必须有机衔接，顺畅循环，否则，再生产过程就不能正常进行。实现经济和谐，必须处理好生产与分配、积累与消费、基础设施部门与直接生产部门、实体经济与虚拟经济、国有经济与民营经济、国内市场与国际市场等一系列重大的经济关系。只有把这些重大经济关系处理好了，整个经济系统才能处于良性循环之中，社会主义和谐的经济关系才能顺利形成。

1. 科学发展是和谐社会经济发展的根本特征

科学发展，是中国特色市场经济的根本特征；和谐社会，是中国特色市场经济的本质属性。二者相互联系，相互促进，统一于中国特色市场经济的实践之中。当前，中国经济虽然总体上保持着较快增长，但长期积累的结构性矛盾和粗放式发展方式还没有根本转变，城乡经济、区域经济发展不平衡以及能源、资源、环境的瓶颈制约日益突出，实现可持续发展遇到的压力越来越大；与此同时，还存在着部分公众生活困难、收入分配差距拉大、消极腐败现象滋长等影响社会和谐的因素。只有坚持科学发展，才能抓住机遇、应对挑战，有效解决这些矛盾和问题。传统的发展观，偏重于物质财富的增长而忽视人的全面发展，简单地把经济增长等同于经济发展而忽视社会的全面进步，相应地把国内生产总值的增长作为衡量经济社会发展的核心标尺而忽视人文的、资源的、环境的指标，单纯地把自然界看做是人类生存和发展的索取对象而忽视自然界首先是人类赖以生存和发展的基础。中国共产党十七大报告在继续强调坚持以经济建设为中心的同时，把科学发展作为统领经济发展的根本战略，突出强调了把握发展规律、创新发展理论、转变发展方式，破解发展难题，提高发展质量和效益，实现又好又快发展。"科学发展观与传统发展观的区别在于：将单纯的工业化和经济的增长与积极的社会转型和人的发展有机结合起来，强调人的发展、社会的发展、生态的和谐与经济的发展协调统一。"① 和谐社会是以经济科学发展为根本动力的社会。

2. 坚持以人为本是和谐社会经济发展的核心

坚持以人为本，就是要以实现人的全面发展为目标，从公众的根本利益出发谋发展、促发展，切实保障公众的经济、政治和文化权益，使发展的成果惠及全体公众。一是以人为本的性质和含义是以民为本、执政为民。这就要始终把实现好、维护好、发展好最广大公众的根本利益作为党和国家一切工作的出发点和落脚点。维护公众的根本利益包含两层含义：首先从最大多数人的利益出发，即从占人口大多数的工人、农民这两大主体阶层的利益出发。其次，要维护好各个阶层的利益，协调好各阶层之间的利益关系。二是以人为本的基本要求是尊重公众的主体地位，发挥公众首创精神，保障公众各项权益，走共同富裕道路，促进人的全面发展。三是以人为本的目的是做到发展为了公众、发展依靠公众、发展成果由公众共享。以人为本的发展全面回答了为谁发展、靠谁发展、发展成果如何分配等根本问题，这是科学发展观的核心，也是构建和谐社会经济发展的核心。

3. 全面协调可持续是和谐社会经济发展的基本要求

全面、协调、可持续发展是和谐社会经济发展的基本要求。全面发展，是指各个方面都要发展，就是要求发展应按照中国特色社会主义事业总体布局，全面推进经济建设、政治建设、文化建设、社会建设；在重视经济发展这个中心的同时，注重社会的全面发展；它强调的是处理好"中心"与"全面"的关系。协调发展，是指各个方面的发展要相互适应，促进现代化建设各个环节、各个方面相协调，促进生产关系与生产力、上层建筑与经济基础相协调；它强调的是处理好"平衡"与"不平衡"的关系，解决发展的均衡和协调的问题。可持续发展，就是要坚持生产发展、生活富裕、生态良好的文明发展道路，建设资源节约型、环境友好型社会，实现速度和结构质量效益相统一、经济发展与人口资源环境相协调，使公众在良好生态环境中生产生活，实现经济社会永续发展；它强调的是处理好"当前"与"未来"的关系。

二、现代传媒与现代经济的发展基于人类普适价值观念

作为现代社会系统的不同构成部分，作为一种制度性存在和社会构成要素，

---

① 胡欣：《复旦大学林尚立教授谈坚持以人为本构建和谐社会》，中央政府门户网站，2006年12月8日，http://202.123.110.3/zwhd/2006-12/08/content_464091.htm。

现代传媒和现代经济系统的发展都基于社会共同的普适价值观念。"尽管这样的价值在不同的社会中有不同的具体形式，但不管在什么文化当中，它们基本上得到了普遍的追求。这种基本价值的例子有自由、公正、和平、安全和繁荣。"①无论是自由、公正和平等，还是安全、和平和繁荣，这些基本的普适价值观念，既是经济制度构建的基础，又是传媒运行专业理念和社会责任的基础，它们是整个社会结构和制度的根底。

从制度经济学的视野看，经济制度是经济行为的规则，并由此而成为一种引导人们经济行为的手段。它是广为人知的、由人创立的规则，它们的基本用途是抑制人类的可能的机会主义行为；它们总是带有某些针对违规行为的惩罚措施。而无论是依靠在群体内随经验而演化的内在制度，还是有意识设计出来并靠政治行动而自上而下的强加于经济组织的外在制度，它们都植根于人类社会的普适价值观念。表面看起来，经济是由技术、行为、市场、金融机构和工厂这些有形的和实体的东西构成的，但是在这些事物的背后，引导它们又被它们所引导的是人类的普适价值观念。人类普适价值观念使经济的各个部分整合为一个整体。在一定意义上，它们是社会经济发展的 DNA。这些普适价值观念包括：自由，即一个人在其拥有的领域内自主地追求其自设目标的机会，个人免受恐惧和强制的威胁；公正，即个人和权力机关对相同的事物平等对待，以及对所有的人按统一标准（而不是根据个人的立场或所从属的特殊集团）施加管束；平等，即人人都应有权获得相似的机会；安全，即长期的自由，相信在未来不会遭受侵害；和平，即既没有源于共同体内部的暴力和冲突，也不存在来自外部的暴力和冲突；繁荣，即不仅确保了纯物质性满足，而且确保了文化和精神的充实，以及养老、保健和其他保证舒适生活的条件的具备。

从新闻传媒的发展来看，人类基本的普适价值观念也是新闻专业主义理念赖以存身的基础和新闻传播所追求的终极价值。新闻传播所突出的客观、及时、真实和平衡的报道，新闻传播所追求的对事实的敬畏与对真实的揭示，说到底就在于履行和谐社会构建过程中的传媒社会责任；就在于维护社会良序、推进民主法治，坚守社会良心、扩展公平正义，传播社会良知、推进启蒙协商，传导社会"良俗"、倡导诚信友爱；就在于通过信息传播和观点沟通，促进社会的民主、自由、平等、公正、安全、和平和繁荣。

三、社会经济制约并引导着新闻传媒的发展

处于社会中介场域的新闻传媒的发展变化直接受到社会经济的制约和影响。

---

① ［德］柯武刚、史漫飞著，韩朝华译：《制度经济学》，商务印书馆 2003 年版，第 88 页。

对此，我们至少可以从四个方面来把握：

1. 社会经济的发展为传媒的发展提供基本条件，并决定传媒业的整体水平

无论是新闻传播业的勃兴、大众传播时代的到来，还是在今天中国正在发生的传媒市场化转型，都与社会经济的发展及其提供的条件密不可分。尽管标志着大众传播产业时代到来的《纽约太阳报》是在1833年才问世的，但从16世纪开始的整个西方资本主义经济的繁荣和发展为其准备了丰厚的基础和条件。伴随着资本主义时代的到来，引发当时社会的巨大转型。《共产党宣言》曾经生动地描绘出一幅世界发生翻天覆地变化的情景：①社会的规模扩大了。"不断开拓产品销路的需要，驱使资产阶级奔走于全球各地。……过去那种地方的和民族的自给自足和闭门自守的状态，被各民族的各方面的互相往来和各方面的互相依赖所替代。"②社会的变动大大加速了。"生产的不断变革，一切社会关系不停的动荡，永远的不安定和变动，这就是资产阶级时代不同于过去一切不同时代的地方。"③生产的分工大大地精细化了。这样，使各个行业、各部门之间的互相联系、互相依赖程度大大地加强。④从封建社会向资本主义过渡时期，资产阶级、封建阶级、工人阶级彼此之间的斗争激化了。① 正是在当时经济制度的巨大变革之中，引发社会规模的扩大、经济交往的发展、生产分工的细分化与生产部门之间联系的强化、社会阶层与阶级矛盾与冲突的激化，导致人们不能不关心环境的巨大变化和社会生活中的重要信息。尤其是随着社会经济的进一步发展和城市化、工业化进程的加快，促使社会的信息加工与采集条件大大改善，广告主的市场传播需求也逐步彰显出来。例如，资本主义经济的大工业生产，要求各企业之间紧密协作，以降低生产和交换、流通的成本，工厂就需要相对集中并靠近交通要道。这就促使城市大量兴起。城市的发展，交通工具和公路、铁路系统的发展，为物流、信息流的通畅创造了条件。这不仅为新闻传播业提供了受众规模群体，为新闻传播的采访、写作与编辑、发行与广告经营提供了条件，更为传媒资本的集中加速创造了条件。因此，没有当时经济的繁荣与发展，就不可能产生新闻传播业，更不可能形成大众传播产业。而从中国的传媒产业化进程来看，在20世纪90年代后半期崛起的都市类报纸种群，实际上也是市场经济全面推进的产物。这类报纸的成功运行，依托于受众市场、资本市场、广告市场、新闻来源市场。恰恰是在社会经济得到比较充分的发展的基础上形成的市民阶层为都市类报纸培养了广阔的读者市场；市场经济的繁荣为其培育了丰厚的广告市场；城市生活的多元丰富为其培育了取之不竭的社会新闻和文艺、体育、娱乐新闻来源市场；资本市场的发展和传媒产业的勃兴为其培育了投资市场。而从社会整体来

---

① 李良荣：《新闻学导论》，高等教育出版社2006年版，第64~65页

看，经济发展的总体水平与传媒业的发展水平之间呈现正相关的关系：经济实力与生产力发展水平逐渐有直接的因果关系；新闻传媒业随着社会经济实力和生产力发展水平的提升而提升；经济实力的大小与生产力水平的高低直接影响新闻传媒业的发展速度和规模大小。

2. 社会经济的发展为传媒发展提供丰富的社会经济信息内容

作为社会信息的传播系统，传媒必然要传播社会经济系统的信息，而社会经济系统的变化将为新闻传媒的发展提供丰富的内容。自从中国社会生活的重心转移到了以经济建设为中心以后，受众对于经济新闻的需要与兴趣也与日俱增。据有关方面的调查表明，20世纪80年代初期对经济信息感兴趣的人大约只有10%左右，而到了80年代中后期上升为20%～30%，进入90年代后期，则达到了68.5%。[①] 在本课题《中国农民对大众传媒的认知、评价和期待》章节中，通过对农民群体的调查得知：农民感兴趣的报纸内容分别是：政治类占30.9%；经济类占13.9%；社会生活类占13.2%；农业科技类占12%；娱乐类占7.2%；体育类占6.7%。农民对经济信息感兴趣的内容排在第二位。

无论是社会整体宏观经济运行，还是市场主体与企业的微观经济活动，或是国家的经济法规、政策的调整变化；无论是生产资料市场的波动、消费资料市场的变化，还是资本市场的风吹草动，或是社会生产、流通、消费领域的发展变化；也无论是机械、电子、纺织、制药、食品加工、汽车制造、钢铁、石油、煤炭、建筑、核能等工业领域，还是农业、信息、传媒、文化、交通运输、金融、物流等产业领域；无论是社会经济的常态运行，还是经济危机的凸现与消弭，股市的波动、物价的消长，社会经济的各个方面的任何变化，都可能成为不同范围的受众十分关注的重要内容。例如，仅仅从经济体制改革这样一个视角来审视我们的新闻传媒，就可以发现，从20世纪80年代初期开始的以联产承包责任制为核心的农村经济体制改革，到80年代中期启动的建立试验区、实施增量改革的城市经济体制改革，再到90年代初期启动建立社会主义市场经济体制的新改革战略的实施，以及2001年年底加入世贸组织之后的中国经济全球一体化进程的推进；从80年代初期建立深圳、珠海、厦门、汕头四个特区，到80年代中期14个沿海城市的对外开放，再到80年代末期海南省建立大特区、90年代初期浦东新区战略的实施，以及之后的天津滨海新区、成都重庆城乡一体化试验区、武汉城市圈与长株潭城市群两型社会建设试验区改革的推进，中国经济体制改革进程的每一个环节，都成为新闻传媒的重要传播内容。而从经济体制转型变革的视角来看，从对苏联计划经济体制弊端的反思与批判，到构建有中国特色的社会主

[①] 引自《中国受众与新闻媒介》，载《新闻大学》1997年夏季号。

义市场经济体制，以取代传统的僵化的社会主义经济体制；从改革原有的公有经济，大力发展非公有经济的现代产权制度改革，到按照市场经济原则，建立包括市场体系、市场机制、市场秩序在内的市场制度，并形成使用市场经济要求的收入分配体制、农业经济体制、区域经济体制、宏观经济体制；从打破"大锅饭"、"铁饭碗"到形成按要素贡献（包括资本贡献与劳动贡献）分配收入，实现效率与公平的有效结合的三次分配体制，以及全面改革政府管理经济的体制和财政、金融体制，形成国家通过货币、财政、国际收支等因素调控社会总需求与总供给的相互关系的宏观经济体制，中国新经济体制构建的每一个方面，都为新闻传媒提供了取之不竭的传播内容。

3. 社会经济的发展促进传媒经济的繁荣

从产业的视角来看，新闻传媒业本身是一个重要的产业，也是社会经济的一个重要部门。社会经济的发展直接助推了社会公众的传媒产品消费与企业的广告支出提升等，从而促进了传媒经济的发展。广告不仅是经济发展的晴雨表，更是传媒发展的血液。一般而言，广告经营总额的增长与国家 GDP 的增长之间，具有正相关性。改革开放以来，中国的 GDP 总量，平均呈现两位数的比率增长，广告经营总额也一直呈现高速增长的态势（见表 3-1）。

表 3-1　　　　　1981~2006 年中国广告产业发展状况表

年度	营业额（万元）	增长幅度（％）	占 GDP 比重（％）
1981	11 800	686.7	0.02
1982	15 000	27.1	0.03
1983	23 407	56.1	0.04
1984	36 528	56.1	0.05
1985	60 523	65.7	0.07
1986	84 478	39.6	0.08
1987	111 200	31.6	0.09
1988	149 294	34.3	0.10
1989	199 900	33.9	0.12
1990	250 173	25.2	0.14
1991	350 893	40.3	0.16
1992	678 475	93.4	0.26
1993	1 340 874	97.6	0.39
1994	2 002 623	49.4	0.43

续表

年度	营业额（万元）	增长幅度（%）	占 GDP 比重（%）
1995	2 732 690	36.5	0.48
1996	3 666 372	34.2	0.55
1997	4 619 638	26.0	0.63
1998	5 378 327	16.4	0.70
1999	6 220 506	15.7	0.76
2000	7 126 632	14.6	0.80
2001	7 948 876	11.5	0.82
2002	9 031 464	13.6	0.86
2003	10 786 800	19.4	0.92
2004	12 646 000	17.2	0.79
2005	14 163 000	12.0	0.78
2006	15 730 018	11.06	0.75

资料来源：武汉大学媒体发展研究中心课题组：《中国广告业发展与创新研究》，载《中国媒体发展研究报告》2007 年卷，武汉大学出版社 2007 年版。

与此同时，社会经济的发展还创造了巨大的新闻市场和消费群体。新闻传媒产品需要在市场中进行交换才能获取经济利益，这是因为人们消费新闻信息产品不仅要有对信息产品的需求，有阅读和信息解读能力，还要有一定的购买能力。社会经济的发展能够极大地扩大传媒产品的消费群体，提升受众的新闻消费能力。仅从中国的实际来看，改革开放 30 年以来，伴随着报纸发行量的提升和广播、电视覆盖率的提高，传统传媒受众总量已经得到极大的扩展。而互联网络进入社会生活以后，也已经成长为重要的大众传媒，截至 2009 年 6 月底，中国的网民总量已经达到 3.38 亿人。[①] 不仅如此，国家整体经济实力与国民收入的提升，使人们的传媒消费能力逐步提高，也为传媒发行与收视费用的提高创造了条件。例如，都市类报纸产品的消费，其每份报纸的零售价格先后从 0.1 元，上升为 0.3 元、0.4 元，一直到 1 元；在珠三角的广州、深圳等城市，甚至提升到 2~3 元，也逐步为读者所接受。正是国民传媒消费能力的提升，使得 20 世纪 90 年代后半期的低价倾销的价格战逐步失去市场竞争力。社会经济的发展，企业经济实力和传媒受众群体的扩大、国民传媒消费能力的提升，推动传媒广告经营总

---

① 中国互联网信息中心（CNNIC）：《第 24 次中国互联网络发展状况统计报告》，http://www.cnnic.cn。

额的高速增长和传媒产品销售总额的提升，促使中国传媒经济的总量极大地提升。截至 2009 年年底，中国传媒经济总量已经达到 4 907.96 亿元。[①]

4. 社会经济的发展催生专业财经传媒的创生

如果说，在改革开放刚刚启动的 1979 年 10 月 1 日创刊的《市场报》是中国当代财经类传媒的开端的话，那么在 20 世纪 80 年代先后创刊的《经济参考》、《经济日报》、《世界经济导报》、《中国经营报》、《中华工商时报》等则是最早的一批适应经济体制改革和读者经济信息需要应运而生的财经传媒。20 世纪 90 年代先后问世的《财经》、《中国证券报》、《证券时报》、《国际商报》、《金融时报》、《证券日报》等，以及一大批广播电视财经、证券的频率、频道，则是中国的第二批财经媒体。它们适应市场经济体制的构建与中国资本市场的发展而勃兴。2000 年后创办的《21 世纪经济报道》、《经济观察报》、《第一财经》，以及伴随着互联网络的兴起而发展起来的大型门户网站、新闻网站的财经、证券频道则是中国的第三批财经媒体。它们适应新世纪中国经济的国际化、全球化发展的需要应运而生。这三批财经类传媒的产生与发展与中国经济转型的启动、深化、全球化三个阶段同构对应。在一定意义上，可以说，正是中国经济发展的不同阶段，催生了中国财经类传媒的诞生和发展。

四、新闻传媒推动并影响着社会经济的进步

新闻传媒在构建和谐社会过程中能否发挥较大的作用？在本课题《中国大学生对大众传媒的认知、评价和期待》章节中，笔者调查数据显示，15.6% 的大学生认为，媒介在和谐社会构建过程中"作用很大"，43.3% 的大学生认为"作用较大"，30% 的大学生认为"作用一般"，9.8% 的大学生认为"作用很小"，仅有 1.4% 的大学生认为"毫无作用"。其中，合计有 58.9% 的大学生认为新闻传媒在构建和谐社会的过程中能够发挥比较大的作用，远高过认为"作用很小"（9.8%）或是"毫无作用"（1.4%）的人。这说明，作为未来社会主体的大学生群体对于新闻媒体在和谐社会构建中的功用是有所期待的，也是认可的。

当今中国，新闻传媒推动并影响包括经济在内的社会各方面的进步是显而易见的。尽管单从经济的层面看，除了传媒经济的数量和规模可以度量之外，我们很难从社会的 GDP 总量中分离出属于传媒信息传播直接创造的社会经济价值，但新闻传媒对于社会经济发展的促进，依旧是可以把握的。传媒对于社会经济发展的影响与推动，大体上可以区分为以下三个方面：

---

① 崔保国：《2010 中国传媒产业发展报告》，社会科学文献出版社 2010 年版。

1. 传媒通过信息沟通与流动来整合整个社会经济系统，顺应、协调并促进与社会经济系统的协同发展

新闻传媒全面公开传播各类经济信息，能够在经济领域履行引导生产、分配、交换与消费的功能。现代经济生活中，信息就是财富，市场的形成和发展，在很大程度上取决于信息的有效传播。这里的所谓"有效传播"，一是指新闻传媒的传播能积极、有效地引导社会经济热点和焦点。经济热点之所以"热"，主要是因为它牵动着市场的敏感神经，受到了社会的广泛关注。传媒的经济报道紧扣社会热点，就会形成传媒经济舆论场和社会经济舆论场的良性互动。例如，在经济危机蔓延与社会经济问题频发期，国家宏观调控政策以及"三农"问题、金融市场、房地产市场、收入分配等都会成为社会大众十分关注的"热点"，对此，只要新闻传媒敢说话、早说话、说准话、会说话、说新话，就能产生很好的传播效果。二是指新闻传媒的传播能发挥信息预警功能，预测经济活动的走向，助推经济的发展。例如，1988年中国经济形势的发展进入了一个十分敏感的时期，"诸侯经济"开始形成，地方保护主义愈演愈烈，已经危及到了中央政府的权威。政治经济学专业出身的新华社记者王志纲撰写了《中国走势谈访录》，大胆提出"治理改革环境，整顿经济秩序"的主张。当年8月28日中央高层会议讨论王志纲的报道所提出的问题。不久，中央工作会议就作出了"治理改革环境，整顿经济秩序"的重大决策，有效地拨正了经济体制改革的航向。再如，1992年3月26日《深圳特区报》刊发了长篇通讯《东方风来满眼春》，它首次详细披露了邓小平南方谈话精神，具有特殊的历史意义。众所周知，邓小平南方谈话在中国改革开放历史上起着廓清认识、拨云见日的重要作用。当时，19世纪80年代末的中国经济与社会的改革开放正处于一个关键的历史时刻。对于中国改革，尤其是经济体制改革将向何处去等重大问题，人们没有统一认识。邓小平不顾高龄，前往深圳、珠海、上海、武昌等地视察，并发表了一系列重要谈话，指出："特区姓社不姓资"，"社会主义的本质是，解放生产力、发展生产力，消灭剥削，消除两极分化，最终达到共同富裕。"邓小平这一谈话，不仅仅对中国的市场经济体制构建具有引导作用，同时又推动了一次思想解放运动。三是新闻媒体的传播能发挥舆论监督功能，揭示并监控经济运行中的问题。例如，由《人民日报》经济部与中华新闻文化促进会发起的，从1992年开始，并持续到2007年的"中国质量万里行"，是中国新闻界发起的一场声势浩大的产品质量舆论监督活动。这一活动得到了为数众多的传媒积极响应，仅仅在北京市就有报纸、广播、电视等64家传媒参加该项活动。在"中国质量万里行"活动开始的前三个月，就发通稿70篇，中央级报纸还先后刊发了400多篇，加上地方报纸选用的稿件，一共有1 000多篇；广播、电视播出了200多次。"中国质量万里行"取得了巨大的成功,并成为当时最具有轰动效应的经济新闻报道活动和社会活动之一。①

2. 通过刊播广告,沟通消费者与生产者、流通者,刺激消费

作为一种营销传播的工具,传媒广告对社会经济发展的推动作用是巨大的。社会经济的发展,不断拓展着社会商品的生产者与消费者之间对广告的需求,反过来,广告的发展又不断推动着社会经济的进步。社会经济与广告处于不断的互动发展过程之中。由于广告具有沟通产销、刺激需求、引导消费的强大促销功能,人们更把广告视为社会经济发展的强大驱动力与润滑剂。新闻传媒为广告提供了一种最有效、最便捷的传播渠道,广告符号也通过新闻传媒实现与受众的沟通,并成为传媒的重要经济来源,成为传媒经济的重要构成。当然媒体不能没有广告经营,但如果广告经营与新闻传播之间的机制防火墙不坚固的话,就可能导致广告主对于新闻传播主业的影响和侵蚀,进而导致传媒公信力的下降。当下中国传媒的广告经营对于新闻的客观、公正和真实传播是否有影响?对这一问题,作为新闻与广告的主宰者传媒人如何看待呢?在本课题《中国传媒人对大众媒介的认知、评价和期待》章节中,通过调查得出的回答依次为:48.7%的认为"有一些影响",27.4%认为"有影响",6.8%认为"影响比较大",只有15.6%认为"没有影响",1.6%的认为"完全没有影响"。其中,从"有一些影响"到"有影响"、"影响比较大"的合计达82.9%。这说明,大多数传媒人认为,目前媒介的广告经营对于新闻传播主业是有一定的影响和侵蚀的。

3. 传媒产业嵌入地域社会经济系统,推动区域经济的整合与发展

传媒产业作为文化创意产业的核心,它与文化创意产业的其他部分一起,嵌入区域经济体系而发展。在西方发达国家,传媒组织及其伴生的创意组织在大城市及周边地区的集群现象越来越显著,出现了报业、影视制作、广告业、展览、表演等多类型的传媒产业集群。如英国雪菲尔德市的文化产业区,以产业集聚的"簇群效果"为主;它包括了 31 栋文化类和创意类的建筑,如英国广播公司(BBC)电台、千禧年博物馆、大学科学区、图书馆、艺术家村、油画陈列馆、创业投资机构、版权中介公司、电影院和娱乐中心等,组合在一起,形成相互聚合、渗透激活的"引爆效果"。这种集群化的传媒产业空间形态,不同于一般工商行业的集群,是典型的创意组织和知识组织构成的簇群。它们不仅给其中的组织个体带来重大的影响,而且辐射到所在城市或区域的经济、文化、社会生活等诸多方面。现今中国,传媒集群也已经出现一定规模,如北京呼家楼地区传媒集群、上海卢湾区广告业集群、武汉的黄鹂路传媒产业集群等,还有发展更为成熟

---

① 宋守山:《传媒三十年》,南方日报出版社 2009 年版,第 141 页。

的区域性的长三角媒介集群和珠三角传媒集群。传媒产业集群的形成,对于文化产业和传媒业而言,这意味着产业创新的动力在于各种信息流、人才流、资金流和物流的交叉、渗透和交融,必须形成以地缘为基础的信息、知识和创意要素的密集连接,构筑能把相关的创意和创新组织如大众传媒、研发机构、工作室、艺术家俱乐部、中介企业、政府服务机构、教育培训机构等组合在一起的社会空间,形成基于区域创新系统的传媒生产网络。与此同时,嵌入区域经济体系的传媒产业,其区域发展的产业化过程就是将区域内各产业相关要素不断互相作用和黏合的过程。这一发展要素的空间整合有利于那些在地理上紧密联系、文化上有共同渊源的区域形成更加协调的一体化实体。传媒产业与区域经济、社会和文化的整合,不仅会推动区域内传统的增长中心的转型、新增长中心的出现,还能提高区域空间的契合与和谐,进而达到可持续发展。①

第二节　新闻传媒与坚持科学发展的和谐社会经济

在经济信息化的浪潮中,坚持科学发展观,深入传播、贯彻、落实科学发展观,推动中国经济发展方式的转变,并实现传媒经济的科学发展,是新闻传媒实现自身最大价值的根本立足点。

一、和谐社会经济科学发展的实践路径

发展是解决中国一切问题的治本之策,是科学发展的第一要义。经济发展需要一定的速度,但不能片面追求经济发展速度;它是建立在优化结构、提高质量和效益的基础上的发展,是实现速度、结构、质量、效益相统一的发展。

一般而言,经济发展有两种基本类型:一是侧重于实现更多经济产出的单纯的经济增长,二是侧重于追求经济发展质量全面提高的经济发展。与之相适应,经济发展亦有不同的实现方式:前者包括主要依靠增加生产要素投入实现的外延扩张式的粗放型增长,后者主要依靠提高生产的技术水平实现的内涵提高式的集约型增长。前者单纯地追求和实现国民经济更快的增长速度和总量的扩张;后者则不仅包括经济增长,而且包括产业结构的优化和升级、经济运行质量和效益的提高,以及经济社会发展的协调与和谐等各方面,实质在于全面地追求和实现国

---

① 王斌:《空间变革:嵌入地域发展的传媒产业集群》,载《山西大学学报》2008 年第 6 期。

民经济更好的发展。

人类历史发展的进程表明：一个社会的经济发展方式总是沿着从粗放型增长到集约型增长、从单纯的经济增长到全面的经济发展、从低级向高级发展的历史道路演进的，而社会对其具体发展方式的选择总要受到其本身所处的经济社会历史阶段的制约。当前，和谐社会经济的科学发展有如下实践途径：

从和谐社会经济科学发展目标上看，应由单一目标向多元化目标转变。经济建设始终是发展的中心，但不能把经济建设单纯演变为以 GDP 为中心，而忽略了经济社会的全面协调发展，这样就容易出现明显的发展结构失衡。转变经济发展方式，就是要用综合的目标体系来考察经济运行情况。这些指标应包括：（1）经济结构（包括产业结构、城乡结构、区域结构等）的优化程度；（2）公平分配和消灭贫困的程度；（3）资源和环境对经济发展的承载程度；（4）减少失业的程度。这些指标是经济发展是否协调健康的一个重要标志。

从和谐社会经济科学发展方式上看，应由重经济增长效益向重经济发展效益转变。"转变经济发展方式"可从三个层次来理解：第一，要推动产业结构优化升级，实现增长方式由粗放型向集约型转变。第二，要坚持走中国特色新型工业化道路。第三，"坚持扩大国内需求特别是消费需求的方针"。经济增长方式主要是就经济增长本身的投入产出而言的；而经济发展方式所强调的不仅是一个提高经济增长的效益，还包括经济结构的优化、经济增长与自然环境的相协调以及经济成果的合理分配等等。用"发展"来代替"增长"，有利于进一步统一对发展的认识，统一对科学发展观的认识。由此可见，转变经济发展方式正是我国迅速、平稳地从经济大国向经济强国转型的战略选择。

从和谐社会科学发展的经济结构上看，应由单一经济结构向全面科学优化转变。工业化道路是发展中国家实现跨越式发展的必然选择，但在中国这样一个人口众多、各地区经济不平衡的国家实现现代化，就不能简单地套用一些国家单纯地推进工业化的增长方式，而必须统筹城市与农村的协调发展，东部的率先发展与中部的崛起、西部的大开发、东北老工业基地的振兴相协调，制造业与服务业的发展相适应，对外贸易全方位展开与国内需求的不断扩大相平衡。只有这样，才能使社会经济结构、产业结构、区域发展结构全面科学优化，最终使经济增长的效率最大化。

从和谐社会经济科学发展创新上看，应由"中国制造"向"中国创造"转变。这需要构筑完善、高效的自主创新机制。从既有的约束条件来看，中国的自主创新应主要采取以下三种方式：一是跨越式创新。中国作为发展中国家，整体技术水平严重落后于发达国家，这就决定了中国的技术创新只能是有选择、有重点的自主研发，必须在关键领域掌握自主技术。二是集群式创新。这主要是指通过推进产业集群发展，实现同一类型企业的集体创新和技术外溢，从而突破单个企业创新资源不足的瓶颈制约。三是协作整合式创新。企业是技术创新的主体，但在跨越式创新的条件下，单靠企业自身的创新力量是远远不够的，这就需要在政府的协调指导下，实现企业、大学、科研院所力量的整合，以协作的方式推进自主创新。

从和谐社会经济科学发展资源和环境上看，应倡导向建设"资源节约型、环境友好型社会"转变。中国是一个人均资源极度缺乏、生态环境比较脆弱的国家，建设"资源节约型、环境友好型社会"是缓解资源压力，提高经济增长效率，实现可持续发展的重大战略任务。改革开放以来，中国经济发展取得的巨大成就，在一定程度上得益于中国已有的廉价的劳动力、资源和环境。但随着经济的快速发展和总量的扩张，劳动力、资源和环境已进入高成本和短缺时代。这就迫使中国的经济发展方式必须发生相应的转变，以应对生产要素高成本、资源短缺和环境压力的挑战。

二、新闻传媒在和谐社会经济科学发展中的功能

（一）做好经济发展战略"宣传"和产业政策的科学分析阐释，为和谐社会经济的科学发展破题——启蒙功能

新闻传媒这一启蒙功能的彰显，首先要求其在宏观上，完整理解并全面深入传播科学发展观，使科学发展的理论内涵通俗化、大众化。新闻传媒要善于及时发现新形势下经济发展变化的规律，紧跟和谐社会经济发展的新步伐，做好科学发展观的启蒙和普及工作，为营造和谐社会经济的科学发展做好舆论先导工作。

其次要求其在微观上，密切关注、把握、传播整个经济系统中相关的产业政策，解读和传播科学发展的生动实践。新闻传媒要大力传播科学的产业发展政策和决策，使科学发展战略细化为具体的策略措施，转化为实践中与公众社会生活密切相关的现实向导。在本课题《中国农民对大众传媒的认知、评价和期待》章节中，通过对关于"三农"的报道，让受调查者挖掘记忆，写出进行了"三农"报道的媒体及报道名称。让农村受众记忆深刻的有中央电视台－1、中央电视台－7、湖南广播、湖南卫视、武进日报、扬子晚报等媒体所作的废除农业税、粮食直补、退耕还林、新农村建设等报道。这些报道大多是对党和政府的惠及农业、农村、农民工作政策的传播。当然，新闻传播业在着力传播整个经济系统的产业政策的过程中，也要密切关注和把握与传媒直接相关的产业政策，回答传媒

业的科学发展问题。把传媒产业发展放在国民经济发展的大循环系统中整体考虑和决策，提升新闻传媒科学发展的自觉性和战略性。

（二）实施科学、高效的传媒市场经营战略，为和谐社会经济的科学发展注脚——示范功能

目前，为了适应和谐社会经济的发展，中国新闻传媒的经营管理战略也需要大力创新调整，以提高在国内外的竞争力和影响力，为传媒业在经济领域的科学发展树立典范作用。

其一，要建立符合现代企业制度的传媒体制，深入推进新闻传媒集团化改革进程，促进传媒业经营模式由粗放型增长向集约型发展的转型。在当今传媒业的规模化竞争中，应当提高传媒集团的结构性沟通效率，注重传媒价值链条的经营，让传媒业的经营模式由"系列化"搭建演变成为"一体化"搭建。

其二，实现传媒成本的科学合理转嫁，推动传媒经济的科学、和谐发展。当下中国构建和谐社会的物质资源是有限的，因此新闻传媒要担当这样的任务：引导社会动用必要的物质资源来协调各阶层的利益，合理转嫁传媒成本，化解均衡各阶层、各集团的矛盾和利益。传媒在为生产、经营、管理、消费等过程中所消耗的全部费用，称为传媒成本。"消费者在获取和利用媒介商品时不需要支付所获得的媒介商品的全部或部分成本，消费者未付的成本由其他机构或个人来承担，这就是媒介商品成本的转嫁。"[①] 传媒成本的转嫁有利于降低传媒产品的价格，减轻传媒大众消费者的经济负担，为传媒自身的和谐发展理顺关系，从而提升传媒发展的效益，扩大传媒社会效益的覆盖面。

（三）发挥正确的经济舆论导向功能，建立强大的社会经济舆情信息系统，为和谐社会经济科学发展护航——导航功能

1. 发挥经济舆论导向功能，营造"科学发展"的舆论氛围

一是以提振经济改革和科学发展的信心为基调引导舆论。深化改革、科学发展是中国发展的必由之路。新闻传媒要站在时代的前列，坚持正确的舆论导向，激发公众的智慧、信心和力量，激励公众投身于科学发展的伟大实践中去。新闻传媒要通过全面、深入、翔实的报道，积极传播经济建设和改革开放的成就，传播科学发展的必要性和紧迫性，传播政府和公众促进科学发展的有力举措和实施

[①] 强月新、张瑜烨：《媒介成本在构建和谐经济中的转嫁分析》，载《华中科技大学学报》（社会科学版）2008年第1期。

成效，以增强人们对市场经济改革的信心，坚定科学发展的信念。

　　二是以化解市场经济改革的矛盾为重点引导舆论。随着市场经济的不断发展，中国经济结构的矛盾也突显出来，贫富分化、消极腐败、恶性竞争等现象有蔓延之势，"仇富"、"仇官"、绝对平均主义等问题相对突出，经济诚信相对缺失，与经济利益相关的群体性事件、各群体之间的经济冲突也时有发生；与此同时，"拜金主义"的极端化蔓延，导致社会价值观扭曲，这些都严重冲击了正常的市场经济秩序。新闻传媒要科学、理智地把握"人民内部矛盾"的新变化、新趋势，以发挥社会监测作用；要深入调查研究，及时反映问题，表达社情民意，为政府有效应对和解决这些问题提供舆论先导，以发挥其社会减震器的作用；还要力求准确预测和分析各种问题、矛盾的原因，提出合理的解释，展开舆论疏导，以化解社会矛盾，维护社会稳定。

　　三是以理顺社会情绪为指向引导舆论。在社会转型和经济转型的关键时期，经济体制相对不够完善，健康的社会运行体制机制还有待健全和完善，社会理性相对不足，从而使经济体制改革和配套的各项改革都步入了深水区之后，经济发展的深层次矛盾增多，社会利益格局在剧烈的变动，利益调整面对的问题多元复杂，社会情绪加剧。这些社会情绪在新技术条件下，复杂多变，非常容易蔓延扩散，进而引发社会危机。为此，新闻传媒理应担负理顺市场经济改革的社会情绪的责任：一方面，要及时、全面、准确传播党和政府的方针政策，做好解疑释惑、协调关系、化解矛盾的工作，引导广大公众正确处理个人利益和集体利益、局部利益和整体利益，当前利益和长远利益的关系，树立社会主义义利观，增强主人翁意识和社会责任感。另一方面，要做好公共安全危机事件的新闻传播引导工作，按照新闻传播纪律有序报道，努力化解矛盾，维护社会稳定和安定团结，及时、正确地向社会发布最新的与社会公众利益和国家利益相关的重大事件的信息，以引导广大公众去化解和克服公共危机；以正确的传播而防止由于信息量低位和错位而导致的各种错误判断和误传误导，消除谣言和恐慌，消除给社会和谐造成的隐患，做和谐秩序的守望者。

2. 发挥经济舆情信息功能，丰富"科学发展"的内涵

　　一是加强社会经济领域难点热点问题的分析。随着改革开放的深入，经济热点难点问题增多，这些问题政策性强、敏感度高，公众迫切需要社会公共机构释疑解惑，需要全面深层次的判断和分析，希望通过传媒得到建设性的意见和帮助。对此，新闻传媒要以积极的态度、科学的方法去分析、研究热点，促进社会的理性参与，信息沟通，推进社会共识的形成；要发挥思想库的作用，通过聚集社会的智力资源，从普通公众的角度报道分析经济难点问题，探索问题的起因、症结、出路、对策，给人以思考和启迪。

二是构建和谐社会经济领域信息收集与反馈系统。早在新中国成立初期,邓小平就对新闻传媒在信息的传播、收集和反馈中的作用给予充分肯定,指出:"报纸真的同实际、同群众联系好了,报纸办好了,对领导是最大的帮助。常常有这样的情况:党和政府听不到的,报纸能听到,它能摸到社会的脉搏。目前最突出的问题是什么,把读者来信加以综合研究,常常就能看出来。"① 在构建和谐社会的进程中,新闻传媒对经济信息的传播与反馈担负着重要使命,要发挥信息库和信息的大众交换站的功能:一方面,及时传播法规、政令、主流价值观念,及时传播各类经济信息和市场规范,传播公众在经济科学发展中的生动实践;另一方面,深入体察民情,认真分析经济生活中的新问题新情况,将公众意见与呼声反馈给各级政府,促使立法部门和公共管理机构依据公众需求,调整和完善体制和机制,调整经济决策的实施,不断提高其行政能力,维护经济秩序和社会稳定。在本课题《中国农民对大众传媒的认知、评价和期待》章节中,在农民受调查者中,他们最希望新闻媒介传播 6 种信息。其中有 28.5% 的人选择"农产品市场方面的信息",在最希望传播信息中排列第一。说明农产品市场方面的信息是农民朋友最大的呼声。

三、新闻传媒推动和谐社会经济科学发展的对策

(一)新闻传媒在推动和谐社会经济科学发展中存在的问题

当前,中国新闻传媒在发挥促进和谐社会经济科学发展的导向、传播和参与作用的同时,也存在着不少的问题。这集中表现在:政策领悟不强,对经济发展中突出问题缺乏敏感,以致传播内容不到位,传媒经济发展相对滞后,示范功能缺失。

1. "科学发展观"的传播内容不到位

自中共十六届三中全会提出科学发展观以来,以中央和各地"一报两台一网"为主体的主流传媒和各种专业类、市场类传媒都对科学发展观进行了广泛的传播。特别是中共十七大以来,主流传媒全面开展了以"落实科学发展观"为主题的系列报道,科学发展观的传播进入高潮。但从传播效果看,大多数传媒的内容和方式上并没有真正体现"贴近群众、贴近实际、贴近生活"。这主要表现就是宏观上对"科学发展"的政策领悟力不强,微观上对科学发展观的产业政策解释不到位。近期,国内第一本科学传播蓝皮书——《中国科学传播报告(2008)》公布了首次对"科学发展观传播效果"调查结果。其调查表明,公众

---

① 《邓小平文选》第 1 卷,人民出版社 1994 年版,第 150 页。

对国家政策清晰度评价不高,原因源于公众认为政策不清晰。新闻传媒传播"科学发展观"还处在"自说自话"阶段,没有把相关政策理念的形成思路解释清楚,公众对为什么要提"科学发展","科学发展"与"发展"区别在哪儿,"科学"在经济发展中的具体内涵是什么,"科学发展"与老百姓的关系在哪里等问题还比较模糊。新闻传媒对经济专业性报道往往因专业知识的缺陷而陷入"传者似懂非懂,受者一点不懂"的尴尬境地。对科学发展的传播还没有从"精英词汇"转向"大众词汇",对产业政策的传播和解释,传播的术语表述太过深奥,公众难以理解。多数解释大多停留在概念上,与丰富、生动、鲜活的经济实践严重脱节。

2. 传媒产业的科学发展示范功能缺失

当下,中国新闻传媒已经步入产业化阶段。在市场产业化过程中,新闻传媒理应利用自身的高专注度特点,带头实行传媒业经营模式由"增长型"向"发展型"的转型,从而对其他经济产业的科学发展起好示范作用。但令人遗憾的是,迄今为止,大多数传媒集团的产业化进程步履蹒跚,体制机制的内在整合乏力,粗放经营特点明显,以致其市场化和产业化动力不足,经济效益提升困难;除此之外,多数传媒集团内部人员、资金、设备的优化配置也都面临着这样或那样的困境。在本课题《中国传媒人对大众传媒的认知、评价和期待》章节中,通过调查得知传媒人对自己所在媒体的经营管理现状,其满意程度依次是:认为"一般"的占56.4%,"不满意"的占19.3%,"非常不满意"的占5.1%,"比较满意"的占17.7%,"非常满意"的占1.5%。其中,认为"一般"、"不满意"、"非常不满意"的合计约80.8%,而"比较满意"、"非常满意"的合计为19.2%,仅接近两成。这说明,大多数传媒人对所在媒介组织的经营管理现状是不满意的。调查发现,传媒人对所在媒体的内部运行机制的满意程度评价依次是:"一般"占56.7%,"不满意"占16.9%,"非常不满意"占4.2%,"比较满意"占20%,"非常满意"占2.2%。其中,从评价"一般",到"不满意"、"非常不满意"的合计高达77.8%,而"比较满意"、"非常满意"的合计为22.2%。这说明,大多数传媒人对所在媒体的内部运行机制是不满意的。总体上看,中国传媒集团化、产业化建设还处于初级阶段,成为拉动经济科学发展的新型产业群,还有很长的路要走。

(二)新闻传媒推动和谐社会经济科学发展的对策

其一,要提升传媒人的科学发展素养。传媒组织和传媒人的科学发展素养的提升,是推动经济科学发展传播的前提,这也与传媒人良好的政治素养与政策领悟力呈正相关性。除传媒人自身的政治、政策学习外,传媒组织要充分利用组织传播渠道，全面加强科学发展观教育培训，在国家大政方针的出台之际，及时加强对传媒人的宏观政策培训，以提升报道宏观大政方针的能力，克服对科学发展的传播报道仅仅停留在政策文件条文的死记硬背和生搬硬套上的弊端。

其二，要大力提升公众的社会科学素养。和谐经济的科学发展是一个较长的过程，不能立竿见影，不能一蹴而就。培育和谐经济的科学发展观念是公众社会科学素养的重要构成部分；同时，提升公众的社会科学素养，也是科学发展观深入人心的重要条件。新闻传媒必须承担大力繁荣发展社会科学的任务，提升公众的社会科学素养。

其三，要创新传媒的经济报道方式。创新报道方式的途径与方法多种多样，关键点有几条：第一，要有全球的视野和战略的眼光。经济全球化不可阻挡，任何国家都不能置身其外。中国经济已经成为世界经济体的重要组成部分，所以全球视野和战略眼光非常重要。所谓全球视野指的是，既要放眼全球来看待国内的报道，又要立足国内来报道国际上的问题，要用我们的立场和观点来评判国际经济发生的变化、未来的走势，发出响亮的"中国声音"，不能用西方的观点来解释中国的内务。比如，现在西方传媒攻击中国，说中国经济发展过快，耗能过大，影响了世界能源市场。如果中国的传媒也跟着人家一起起哄，无形中就成了西方传媒的传声筒。第二，在大局之下，解读好经济政策。新闻传媒要在大局下思考、大局下权衡、大局下选择。大局下思考，首先要了解党和国家的工作重点，接着要准确地把握经济运行的总体态势，最后要在大局下反复地权衡利弊。就是舆论监督也要以大局为重，以有利于问题解决为出发点，"帮忙不添乱"。在此基础上，做好"政策解读"工作。"政策解读"要解读好经济政策，就是要求新闻传媒在传播报道国家重大经济政策时，要注意充分利用自身特有的舆论引导功能，从公众的关注点入手，把国家政策和公众需要紧密结合起来，这样才能收到良好的社会效果。例如，人民日报利用其丰富的传媒资源优势和强大的采访力量，从2005年5月开始，在国内要闻版（第二版）开设"政策解读"专栏。该专栏运用大量的报道和言论，准确地阐释了中央发布的重大方针政策，深入解读涉及国计民生的产业政策，充分发挥了主流传媒的"耳目喉舌"功能，及时回答公众关注的社会热点问题，把中央关注、公众关心的政策法规条文，用生动形象、通俗易懂的方式进行解读。第三，要坚持专业化与贴近性的统一。经济方面的新闻报道某种程度上是专业报道，要把专业经济问题通俗化，要用平民的视角、平民的习惯、平民关注的利益焦点来审视传媒的重要专业问题；要挖掘经济生活中的内在规律，要从具体案例当中，比如从股市的涨跌中看到经济的晴雨表，要注重观察、要高屋建瓴、要入木三分。第四，顺应媒介融合趋势，重视互联网、手机等新型媒体。新闻传媒要高度重视网络媒体与其他新媒体，要发挥新的数字媒体的潜能,要用适合数字媒体特点和优势的方式来做经济新闻报道。未来一二十年是数字媒体的竞争,谁能抓住数字媒体,谁能在新媒体上占领制高点,谁就有可能为未来奠定竞争优势。

其四,要发挥传媒产业科学发展的示范功能。一是在传媒的规模化竞争中,提高传媒集团的结构性沟通效率,注重传媒价值链条的经营。传媒业的经营模式应当由"系列化"搭建演变成为"一体化"搭建,也就是说,要跨媒体联合电视、广播、报纸等多种传播媒介,多层面整合社会资源,由数量的庞大到质量效益的规模优化。二是要建立符合现代企业制度的传媒体制,从传媒体制上实现科学发展。在社会主义市场经济体制下,传媒要考虑其商品性、盈利性,得到尽可能多的经济效益,就必须向现代企业制度方向发展。首先,实行现代企业制度,使传媒的经营者与投资者分离,使媒体具有独立的经营决策权。由于传媒为国家主办主营,绝对控股,也由于在媒体管理体制上实行采编经营两分离原则,出版权(播出权)业外资本不得插手,因而舆论导向仍能牢牢掌握在党和政府手中。其次,根据权力、经营、监督各机构相互分离、相互制衡和精干效能的原则,建立传媒公司法人治理结构企业,在确保党和政府对传媒领导的前提下,使传媒成为"自主经营、自负盈亏、自我约束、自我发展"的法人实体和市场主体,使其管理层能够行使足够的经管职能,保证传媒内部权责明确、各司其职。再次,建立充分保障包括投资者、经营者和劳动者在内各方面利益的分配机制。传媒企业在行使其资产时,要受到出资人所有权的制约,企业不仅要维护出资人的权益,承担保值的义务;同时,由于企业法人的财产由出资人投资形成,因此所得利润必须与出资人分享,即承担使投资者资产增值的义务。

第三节　新闻传媒与坚持以人为本的和谐社会经济

科学发展与社会和谐互相促进、内在统一的根本支撑点,在于社会充满活力又安定有序,核心在于"以人为本",实现好、维护好、发展好最广大人民的根本利益。新闻传媒生存与发展的一个基本价值是以公众的经济福祉为依归,提升为保障公众经济权益服务的能力,构建增进经济理性和人文关怀的公共平台。

一、以人为本的和谐社会经济发展的实践路径

以人为本,就是坚持以人为根本,解决"为谁发展"这个根本问题。以人

为本的发展观是对以物为本、以官为本位的传统发展观的否定，即发展要把实现人的全面发展作为根本目标和评价尺度。为着公众的利益与需求推进经济社会发展，是科学发展观的核心。以人为本，也是坚持以人为依归，解决"靠谁发展"的问题。必须充分尊重社会大众的主体地位，通过深化改革，创新机制，调动一切积极因素，把人们的积极性、主动性和创造性充分发挥出来，同时促进人的自身发展，突出人力资源在经济发展中的地位和作用，这是经济发展的根本动力和活力体现。以人为本，还是坚持以人为中心，解决"怎样发展"的问题。必须注重社会公平，正确反映和兼顾不同方面群众的利益，正确处理"人民内部矛盾"和其他社会矛盾，妥善协调各方面的利益关系，增进全体社会成员的福祉，切实保证公众的经济权益。

以人为本的经济发展要求，决定了以人为本的基本实现路径。从构建和谐社会的基础看，经济的发展是构建和谐社会的物质基础。社会的和谐和稳定，根本性的前提是经济的持续、健康、协调发展。这就需要发挥人的创造性，解除不利于经济发展的体制机制障碍，提升经济发展的质量和效益，夯实以人为本的经济发展基础。

从和谐社会经济发展模式上看，应从少数人分享型的增长向全体公众共享增长成果的发展模式转变。实现共同富裕是中国特色市场经济的终极目标，也是经济发展过程中必须高度重视的指标。为此，要建立公正公平的利益分享机制，正确处理效率与公平的关系，调节好社会成员之间的收入差距，合理调整各阶层的利益结构使发展的成果惠及全体公众。

从和谐社会经济发展动力上看，应保证社会成员的创造活力。要切实贯彻落实四个"尊重"（尊重知识、尊重劳动、尊重人才、尊重创造），有效地激发各行各业人们的创造活力，破除各种障碍，使一切有利于社会进步的创造愿望得到尊重、创造活动得到支持、创造才能得到发挥、创造成果得到激励。

从和谐社会经济发展内在的关系看，应把实现和维护广大公众的利益作为重要结合点，正确处理好经济发展与社会稳定的关系，正确处理好眼前利益和长久利益的关系。

二、新闻传媒在以人为本的和谐社会经济发展中的功能

（一）传媒在以人为本的经济发展中的内在维护功能——信仰巩固

社会的正常运转，需要建立相应的社会秩序。社会秩序可以通过法律和舆论等方式得到构建；当社会成员将社会规范内化，并自觉用社会规范约束和检点自

己的行为时，社会控制才是最有效的。也就是说，社会秩序构建的关键在于社会成员的内在控制。现代社会加剧了人的社会化进程，人的社会化进程也是人的社会角色不断转化的过程，其中一个不可缺少的是人们的社会信仰的巩固。公众的信仰巩固主要得益于新闻传媒的传播，"大众传媒是既定工业社会秩序的文化武器，主要用来维护、建立和巩固传统的信仰和行为，而不是去改变、威胁或削弱它"。①

坚持以人为本的经济发展价值观，大力传播与中国特色市场经济相适应的社会主义意识形态。市场经济改革是中国的"第二次革命"，在这一过程中，新的体制还需继续建立和完善，而旧的体制仍在许多方面发挥影响和作用。这种新旧交替的局面，导致一定程度的双轨运行和法规、制度的不完备，从而使社会出现某些失范现象，如重经济发展，轻"个人自由而全面地发展"。在经济领域我们不仅要追求 GDP 快速增长，不断增强国力，更要注意发挥社会主义的优势，克服"人为物存"的经济发展异化与人的异化倾向。新闻传媒要以此构建自己的传播策略，坚持传播经济发展的"以人为本"的根本观念，坚持社会主义主流意识形态，加强主流意识形态的吸引力和影响力。

坚持以人为本的经济发展价值观，传播经济发展的根本规范，整合多样化的思想观念。随着改革开放的不断推进，人们思想活动的独立性、选择性、多变性、差异性日益增强，各种文化思潮相互激荡，价值观念出现了多样化的趋势。面对这种新情况，一方面，要坚持社会主义核心价值体系，分清思想的主流与支流，牢牢掌握意识形态领域的控制权、主动权、话语权，以之整合社会价值观念。另一方面不能排斥多样化的社会价值观，要尊重差异、包容多样，挖掘和鼓励不同阶层、不同群体积极向上的思想意识，最大限度地形成社会共识。新闻传媒要充分发挥"涵化"功能，向公众传播社会主义核心价值观、传播社会共识，传播以人为本的社会主义市场经济规范，潜移默化影响着人们的认知结构，从而维护和巩固良好的社会与经济秩序。

坚持以人为本的经济发展价值观，在全球化传播中抵御西方意识形态的冲击。2001 年 11 月，中国加入世贸组织，外资进入中国传媒市场成为一种必然趋势。由于制度上的对立，经济发展水平的差距，西方的一些传媒有意识的意识形态渗透，可能成为颠覆社会主义的重要因素。"西方发达国家利用其雄厚的经济实力和科技优势，将经济与文化有机地结合起来，通过各种手段和信息网络向世界传播其价值观念、政治模式和生活方式。"② 对此，我们必须保持高度的警惕

---

① 樊浩：《大众传媒与社会控制》，载《新闻出版与交流》2000 年第 5 期。
② 姚德权、赵文英：《传媒业外资准入收缩与发展：规制视角》，载《财经理论与实践》2006 年第 11 期。

性。当前，针对美国在世界传媒领域的主导性优势，一些发达资本主义国家如法国、加拿大等都制定了相应的文化保护政策。然而，在中国，对外文化交流和传播却处于严重"入超"的状态，两者之间存在着巨大的文化赤字。这不能不引起我们的警觉和深思。为此，我们的新闻传媒一定要构建以人为本的经济发展观传播战略，增强社会主义意识形态的吸引力和凝聚力，有效抵御各种敌对势力的意识形态的影响；同时要强化新闻传播的内容，完善产业组织发展规制，做强、做大新闻传媒业，增强活力，增强在全球化传播中的话语影响力和传播主动权，发挥传媒在维护社会主义意识形态主导地位的作用，保证社会主义市场经济的顺利发展。

（二）传媒在以人为本的经济利益格局中的外在调控功能——舆论监督

传媒对经济发展的舆论监督主要是对市场经济中的违背市场规律、破坏市场秩序的行为进行曝光，引发社会关注，带动社会监督，以维护市场的法治、诚信建设，维护公平竞争，维护经济资源分配和利用的均衡、协调。这是一种硬调控行为。

1. 加强经济热门行业的舆论监督，促进经济资源和利益的均衡分配

房地产、金融、证券、保险等行业是当前的热门行业，担负着促进改革、保障经济、稳定社会、造福人民的重要使命。其产业性质、产品特点及其所承担的特有社会责任决定了诚信建设具有特殊意义。在这些产业的诚信建设、社会责任承担，以及防范经济风险等多个方面，新闻传媒的舆论监督有着独特的、不可代替的作用。正由此，公众通过新闻传媒了解、参与和监督诚信建设，不仅能有效地防止和纠正这些行业的失信行为；而且也能让公众真正懂得，市场经济是诚信经济，必须加强市场经济主体的信用建设、社会责任建设，从而使各种关系国计民生的优势资源和利益能够得到均衡、合理的配置。

2. 加强经济"垄断"行业的舆论监督，协调各行业的经济利益，化解经济资源分配矛盾

"垄断"行业的存在，是国家资源配置的特殊要求所决定的。为此，"垄断"行业理应更加注重国家利益的要求，更加注重经济效益与社会效益的统一，履行更多的社会责任，为社会的和谐与公平作出应有的贡献。然而，令人遗憾的是，在过去的一段时期内，一些"垄断"行业却往往忘记了国家责任和社会责任，热衷于利用自己独占的部分国有资源"谋私利"。比如，对外肆意推行"霸王合同条款"，随意提高公共产品（服务）的价格，靠掠夺公众利益来牟取暴利；对内则随意实行高工资、高福利等。据统计，电力、电信、金融、保险、水气供应、烟草、石油等行业职工的平均工资是其他行业职工平均工资的2~3倍，如果再加上工资外收入和职工福利待遇上的差异，实际收入差距可高达10倍。①凡此种种，"垄断"行业的腐败现象，已经引起社会公众的公愤，它不仅造成了国有资产的流失，损害了政府公共管理部门的信誉，也破坏了社会整体公平，对构建和谐社会极为不利。

加强对"垄断"行业的监管，促进社会公平和谐，需要政府和社会的共同努力，加大监管力度，强化监管机制，整治行业腐败，缩小行业贫富差距，推进社会公平。这需要新闻传媒充分负起舆论监督的责任，对"垄断"行业的种种违规、不端行为进行曝光，以协调好社会各行业的经济利益，化解经济资源和社会分配上的矛盾。

3. 加强对经济管理等职能部门的舆论监督，维护市场经济秩序，保护经济发展的活力

市场经济的发展过程中，涉及财政、税务、工商、公安等管理或收费的职能部门，是经济发展的规范者，也是经济发展的促进者和服务者。如果这些部门行为失范，观念扭曲，权力滥用，不仅伤害的是实体经济的健康机体，破坏社会主义市场经济秩序，而且也会对从事经济产业运作的公民利益造成直接的、严重的伤害，破坏了政府的诚信和社会形象。这不仅需要政府与公众的全面监督，更需要新闻传媒通过舆论监督，规范其职业行为，强化以人为本的职能服务观念，维护社会主义市场经济秩序，保护公众的经济权益，保护经济发展的活力。

（三）传媒在以人为本的财富拓展观中的激励功能——榜样激励

"社会主义和谐社会，是全社会一切积极因素得到最广泛充分调动的社会，也是人才资源得到充分尊重和开掘的社会"②。在以人为本的财富拓展观中，人的创造能力是开发和拓展经济财富的首要要素。新闻传媒应充分利用自己的舆论阵地，为全社会尊重知识、尊重劳动、尊重人才、尊重创造营造舆论氛围；树立经济改革创业榜样，促进相应的劳动者个人探索力和创造力的激励机制；为"以物为本"真正转向"以人为本"做好舆论服务。

1. 传播经济典型人物承载的政治价值

典型报道的目标很明确，就是围绕党和政府的中心工作，通过对先进人物和先进集体的传播、推广来达到资政育人、改造社会的目的，具有强烈的教育指导性。典型报道的政治性和宣传性决定了其具有统一思想、稳定局势、维持一定的

---

① 姚虹：《控制垄断福利，维护社会公平》，载《商场现代化》2009年第9期。
② 张晓锋、王新杰：《传媒协同发展论》，新华出版社2006年版，第256页。

道德规范功能。典型报道发挥示范、标本作用，是对正确的社会价值观的张扬，自始至终肩负着政治使命。经济发展都离不开政治、社会因素的制约，经济典型人物报道也不能游离于政治、社会之外，必须始终体现时代的最强音，体现主流意识形态和社会主义核心价值观对人们思想行为所提出的要求；始终表现为对社会生活中正面因素和积极因素的倡导、弘扬，力图发挥凝心聚力和引导公众见贤思齐的作用。

2. 挖掘经济典型人物身上的时代精神

人不是抽象的，而是"各种社会关系的总和"。人的存在以别人为参照物，在人的社会化发展过程中，都需要榜样的激励和引导。一般来说，经济典型的榜样示范作用特别突出。典型是时代的产物，不同时代都需要有与之相适应的典型来弘扬时代精神，发挥鼓励示范作用。经济典型报道应该弘扬在市场经济中改革创新、公平竞争、拼搏进取、诚实守信等时代精神的主旋律。近年来，经济先进人物报道的一个突出特征，就是着力描写先进人物的时代风采，展现他们的特质与个性，凸显他们闪耀着时代精神的新亮点；以先进典型的时新性提升他们的亲和度，从而使报道更贴近现实生活。从 2000～2007 年中央电视台年度经济人物评选的标准分析看，影响力、前瞻性、创造性、创新精神、挑战性、责任、健康、推动力被作为经济典型人物身上的时代精神品性，其中影响力、创造性、创新精神、推动力在八年评选标准中出现的频率最高。

3. 传达经济典型人物的先进价值观念

在社会转型、市场经济日益深入、价值观念多元化的今天，公众需要积极向上的主流意识引领，需要正确的理性的价值体系帮助分清是非，冲破价值判断的迷惘，走出价值选择上的误区。新闻报道是推动社会文明进步的重要力量，肩负着传播先进文化的使命与责任，对社会价值体系的构建和人们思想观念的形成及改变具有非常重要的作用。而先进人物报道在传播现代意识、先进观念方面的强势作用尤为明显。应该说，典型人物虽然是社会的一分子，但他相对于其他个体，更具有"丰富性"和"理想性"，代表着社会发展方向的价值取向。因此，选择报道的典型人物应该在人生经历、价值取向、思想观念上，反映出社会经济发展的主流价值，体现出时代的发展进步与思想观念的更新与解放，让典型人物具有榜样与标杆的效应，给人以启发与借鉴。事实证明，许多先进典型人物报道给公众的启发作用、示范作用、参照作用依然还在社会上有着重要的积极影响。

4. 发挥经济典型人物的社会协调和沟通功能

中国目前正处在社会转型的关键时期。转型期社会经济成分、组织形式、就业方式、利益关系和分配方式日趋多样化，社会成员出现多层次分化，价值取向多样，文化观念碰撞，各阶层间利益差异加剧。由于城乡、地区发展不平衡、收入分配差距加大，社会公众的各种利益要求难以得到完全满足，一些社会矛盾不断显现，会出现大量"不和谐"现象。这样一个关键的转型时期，需要增强新闻传媒特别是主流传媒在构建社会主义和谐社会中的协调和沟通功能。因此新闻传媒在社会经济领域树立典型人物以给受众楷模、示范、标本作用时，必须考虑经济典型人物的阶层多层化、行业多样化、利益均衡化，促进各个阶层之间的沟通，从多方面反映经济改革发展过程中的主流社会趋向，协调利益分配不均衡所引发的矛盾。2002年是中国加入世贸第一年，中国经济改革进入以全球化竞争为取向的深化期，这一年的经济结构和经济利益重组显得格外激烈，因此，当年中央电视台中国经济年度人物的评选更加关注经济改革的矛盾的协调，奖项设置更加具有特色。"新锐奖"代表了一个创新的态势；其间，普通农妇熊德明凭一句让全社会都"听到"的实话，荣获年度社会公益奖，公众关注她，更关注她身后9亿农民的利益，关注社会对农民工利益的关注与重视。

5. 释放经济典型人物的正面社会效应

在市场经济时期，许多传媒把对"经济人物"的典型树立作为经济年终报道主打产品，其目的是在年度人物评选活动中抓住经济生活中最重要的因素——人，通过对中国经济领域的杰出人物回顾中国全年经济的重大事件。大到中央级主流传媒，小到地方小报或行业报，从报纸、电视、广播传统媒体到网络新媒体，都纷纷加入到树立典型的大军中来。例如，中央电视台经济频道的中国经济年度人物评选已连续主办了八届，其影响力最大；还有，"人民网"主办的中国、国际十大金融风云人物评选；由全国工商联并购公会、全球并购研究中心、中国并购交易网共同发起的"中国十大并购人物"的评选；由中国妇女报社主办的中国十大经济女性年度人物评选；南方都市报社主办的中国十大营销人物盛典评选；以及中国十大广告人物评选、中国十大广告经理人评选等，均以专注于经济人物为根本。成功的先进典型给公众的感觉直观而真实，释放的正面效应强烈而持久，其积极意义体现在：一是凝聚效应，二是示范效应，三是教化效应，四是名牌效应。

（四）传媒在以人为本的经济发展追求中的公平协调功能——利益表达

构建社会主义和谐社会是不断化解社会矛盾的持续过程。社会在其运行过程中各个部分之间可能会出现冲突，最为常见的是各个利益群体的经济利益冲突。切实尊重和保障公众的经济权益是以人为本的和谐社会经济发展的根本追求，在这一过程中，传媒疏通社会各阶层、各方面公众的利益表达、诉求渠道，通达社情民意的任务就显得尤为重要。

新闻传媒要构建公平传播机制，确保公共信息平台与传媒话语权的均衡，为社会各不同利益群体建立良性的沟通关系，对社会各阶层、各方面的利益表达提供理性且畅通的渠道，给各方面以均衡的机会和平台，让各方面的利益诉求公正展示，减少社会各阶层的疏离与摩擦。其间，特别要注意对社会特殊群体利益诉求提供宽松表达环境，保护他们的话语权。如在传媒上应有下岗工人、农民工、贫困生的声音，应对经济上处于相对劣势的西部地区、农村地区及城市下层公众的生活境况给以真实、理性的展示，通过传媒表达他们的呼声与诉求，让社会群体对其状况和诉求有清晰的认知，以引起政府的注意，从而获得有利于他们改善生活的制度安排与资源配置，进而强化生活的自信和参与社会的能力。在本课题《中国农民对大众传媒的认知、评价和期待》中，就媒介利益代言方面，调查设置这样的题目：考察媒介为农民说话而被农民认同的情况。过半数的农民受众认为，有关广播和报纸的说法"基本符合实际"或"符合实际"；有关电视的说法"不太符合实际"或"完全不符合实际"的人数则达48.15%，超过认为"符合实际"或"基本符合实际"的人数（38.2%）达10个百分点。这说明，农民受众对于电视媒介利益代言人认可的程度低于报纸和广播。为此我们要防止主流媒体过度放大强势群体的利益主张和经济诉求，防止弱势群体在"沉默的螺旋"中失语或被扭曲的情况。

新闻传媒要充分发挥民主传播功能，在"亲民"的信息流通中广泛整合各方利益。新闻传媒"亲民"的大众化特点，主要落脚点在于发挥公众接近的便捷性和有效性，广泛表达公众的民主诉求和民生诉求，使之成为一种制度化的政治参与和社会参与装置。在这一过程中，新闻传媒应着力推进经济民主，这种民主既包含了各方面利益整合的广泛性，也意味着讨论协商的充分性。

新闻传媒还要强化公众利益输入机制，促成公共政策与公众利益诉求的有效互动。社会中各阶层的利益诉求能够得到有效表达，并通过有效的公共政策有效协调、补偿或平衡，社会运转就会稳定有序，并能为经济发展提供源源不断的动力，反之，社会不仅会丧失生机，而且会出现失衡危机。目前，中国"三农"、农民工、流动人口、城市"拆迁户"等社会问题迟迟难以解决，很大程度上和这些群体没有真正能为自己说话、争取自身权益的"代言人"，造成在公共政策决策中丧失话语权有关。所以，新闻传媒应该充当公众"代言人"的角色，为各社会阶层提供利益诉求的制度性平台，使多元化社会中的合理利益诉求，通过正当、规范的渠道输入公共决策过程中，供决策者调控、整合、汲取，从而推出得到社会普遍认可的公共政策。

三、新闻传媒在以人为本的和谐社会经济发展中的对策

(一) 新闻传媒在推动以人为本的和谐社会经济发展中存在的问题

与"以人为本"的经济发展要求相比,当前新闻传媒构建"以人为本"的传播观还有很大的差距。在"信仰"巩固的过程中,一些传媒往往用社会少数阶层的经济价值观代替全体公众的价值观;对社会主流价值观的讨论中,则存在太多太滥的娱乐成分。舆论监督环境也存在"马后炮"、舆论监督信息不公开不透明、舆论监督缺位、越位、错位等问题。

1. 偏离"以人为本"的经济发展核心要求,存在着"以利为本"冲击"以人为本"问题。坚持"以人为本",就是要以实现人的全面发展为目标,从广大公众的根本利益出发谋发展、促发展,不断满足公众日益增长的物质文化需求,切实保障公众的经济、政治和文化权益,使发展的成果惠及全体公众。坚持"以利为本"就是以满足行业或个人的利益为本,主要是以满足其经济利益为本。当前,新闻传媒作为社会公益性行业,在坚持"以人为本"的经济传播伦理出现了较大偏差。其一,在报道利益分配原则上,过于强调国家与集体的利益,过于强调个人利益服从国家和集体利益;其二,对弱势群体的利益还没有从根本上予以重视;其三,在新闻报道中过分追求"利润挂帅",而没有完全体现"三个有利于"的经济发展方针,经济新闻报道的"三贴近"原则体现不够。

2. 在对市场经济"信仰"巩固过程中,往往用社会上层阶层的经济价值观代替全体公众的价值观。清华大学李强教授根据改革以来人们利益获得和利益受损的状况,将现阶段中国社会成员分为四个利益群体或利益集团,即特殊获益者群体、普通获益者群体、利益相对受损群体和社会底层群体("利益绝对受损群体")。可以将第一个群体称为上层,第二个群体称为中层,第三个群体称为中下层,第四个群体称为底层。① 据此,发现了一个巨大的处在很低的社会经济地位上的群体,该群体内部的分值高度一致,在形状上类似于倒过来的汉字"丁"字形的一横,而丁字形的一竖代表一个很长的直柱形群体,该直柱形群体是由一系列的处在不同社会经济地位上的阶层构成的。"倒丁字形"的社会结构,问题比"金字塔形"结构还要严峻,由于底层更大,社会就更不稳定,更容易产生社会冲突。人们由于客观的社会阶层差异相应地也会产生阶层意识、身份认同、价值观念等方面的差别。因此,不同社会阶层的经济价值观应该是有差异的。社

---

① 李强:《转型时期的中国社会分层结构》,黑龙江人民出版社2002年版,第133~143页。

会的冲突与各阶层价值观的冲突密切相关，以社会总体价值观整合各阶层价值观是化解矛盾、消弭冲突的有效途径。一般认为，价值观包括个体价值观、阶层价值和社会价值观三个层次，社会价值观在价值观体系中处于主导地位，即主导价值观。社会上层阶层的经济价值观属于阶层价值观，全体公众的价值观则属于社会主导价值观。而新闻传媒并没有发挥好公平传播功能，对社会的主导价值观传播不清，对不同阶层的经济价值观的传播不够平衡，相反以上层阶层的价值观替代社会整体价值观，热衷于表现歌星、影星、球星、老板等社会上层人士的经济价值追求，甚至以娱乐成分以混淆视听，给社会带来不和谐、不稳定因素。

（二）新闻传媒服务于以人为本的和谐社会经济发展的对策

和谐社会经济发展要求坚持以人为本，只有经济发展成果惠及全民，经济发展与人的全面发展相协调，才能维护社会稳定，增添社会发展的动力和活力。新闻传媒坚持以人为本，营造社会经济发展的和谐舆论环境，要从国家、社会和公众根本利益出发，在追求媒体的经济发展的同时，把社会责任和社会效益放在首要位置。其一，在报道利益分配原则上，既强调国家与集体的利益，也要注重个人利益，广大公众的根本的大利益是由无数具体的小利益组成的，新闻传媒要在细节上做好文章。其二，对政治、经济、文化等方面较为弱势的群体的利益要从根本上予以重视。传媒不能把对底层群体的报道只定位在娱乐的层面上，而更应该倾注热情和精力，甚至提到首要问题来做，让底层群体真正成为传媒的主人。其三，在新闻报道中要自觉纠正"利润挂帅"等片面追求，坚持"三个有利于"的根本标准，体现经济报道的"三贴近"原则。

以人为本的经济发展过程，实质是以经济发展成果惠及全体公众的利益协调过程。公正、公平地分配社会资源，是和谐社会构建的基本问题。在阶层分化不断加剧的情况下，各阶层对资源的控制和占有不同，对社会的需求也就有所不同。这突出表现在经济资源的分配上，公共经济资源如何分配，经济利益如何切分，主要掌握在管理人手中。强势群体有更多的话语权，有很多与管理者讨价还价的渠道。而一般公众对国家政策影响力很弱，话语权有限；他们无力影响与他们自身利益密切相关的社会福利、教育、税收等制度的构建与安排，他们自身的生活又不可能完全靠自己解决，部分要依赖于国家的福利制度、教育制度、医疗制度等一系列制度来调整。如果他们的社会利益表达渠道不畅，基本利益得不到保障或利益受损，就会出现利益表达的无力感，积郁过多，就会选择非正常的抗争手段，这又会加剧与社会的冲突，形成利益表达渠道壅塞的恶性循环。因此新闻传媒应主动承担建立各阶层畅通的利益表达渠道，接通各阶层间有效的对话、妥协与协商机制。首先，最大限度为日益分化的陷入社会底层的群体提供利益协商、利益表达的途径，在舆论上消解两极分化的矛盾，建立健全的社会底层向上流动的信息通道。其次，为尚处于萌芽起步发展阶段的社会中间层提供发展机遇，着重提供有价值的经济信息，营造良好的经济信息环境。中国人口众多，经济处于发展中，产业相对不发达，劳动者阶层关注的焦点主要集中在生理和安全需要层次上，他们最为迫切的需求是解决吃、穿、住、行等基本生存条件。当今中国，住房、医疗、教育、养老、就业已成为困扰劳动者阶层最突出的问题。因此，新闻传媒应不但要为他们反映这些突出问题，更应帮他们解决这些问题。[①]

第四节　新闻传媒与全面协调可持续的和谐社会经济发展

全面、持续、可协调发展，是和谐社会经济发展的基本要求。在服务经济发展的过程中，新闻传媒要统筹兼顾，发挥社会经济信息流通的主渠道作用，增强新发展观念的传播和经济预警、经济环境优化调适功能。一方面要努力促进自身传媒经济的全面、持续、可协调发展，另一方面又要注意大力张扬经济全面、持续、可协调发展的理念和经验，促进经济信息的全面顺畅流通，做好经济发展的舆论调节和引导，承担好经济发展守望者的基本责任。

一、坚持全面协调可持续的和谐社会经济发展的实践路径

全面发展包含两层意思：首先，全面发展要求牢牢扭住经济建设这个中心，坚持聚精会神搞建设，一心一意谋发展，不断解放和发展社会生产力[②]。其次，全面发展是要按照中国特色社会主义事业的总体布局，坚持"两手抓，两手硬"，全面推进经济建设、政治建设、文化建设、社会建设、生态建设，处理好经济工作与其他工作的关系，"不仅以发展生产力实现人们的共同富裕为目的，还要以提高全民族的文明素质，实现人的全面发展为最终目标和落脚点"。[③]

协调发展的总要求就是要统筹发展，促进现代化建设各个环节、各个方面相

[①] 康新贵：《当代中国社会四个阶层划分与阶层矛盾》，http://www.wyzxsx.com/Article/Class17/200708/23179.html.

[②] 胡锦涛：《在中国共产党第十七次代表大会上的报告》，人民出版社2007年版，第15页。

[③] 王伟光：《改革开放是发展中国特色社会主义的强大动力》，载《中国社会科学》2008年第5期，第14页。

协调，促进生产关系与生产力、上层建筑与经济基础相协调。经济协调发展具体要求有三方面内容：其一，要搞好协作。经济发展往往涉及多个门类，需要互相支持、密切配合，发挥各自优势，实现资源的优化配置。其二，要加强系统协调。增强系统意识，注意发挥各部门积极性，建立顺畅的信息渠道和联络沟通机制。其三，要加强部门协调。总之，促进经济社会协调发展，必须坚持以经济建设为中心，用科学发展观统领全局，针对经济运行中的新情况新变化和突出矛盾，加强和改善宏观调控，着力推进改革开放，切实保持经济又好又快发展。

可持续发展从社会属性上看，是指在生存不超出维持生态系统涵容能力的情况下，改善人类的生活品质。从经济属性上看，可持续发展的核心是经济发展，是在不降低环境质量和不破坏自然资源基础上的经济发展，坚持生产发展、生活富裕、生态良好的文明发展道路。坚持可持续发展，在体制、制度以及政策层面至少有三个问题需要改进：第一，要用可持续发展的战略思维，重新审视中国的经济战略目标和相关的指标体系，并对国家的产业结构、产业布局以及未来的发展重点等，进行必要的调整。第二，要为可持续发展战略，提供有效的制度安排和机制供给。第三，要改善国家的公共经济政策制定系统，为可持续发展战略的贯彻实施提供政策保障。总之，经济的可持续发展总的要求是经济的发展以不断提高人们生活质量和环境承载能力、满足当代人需求又不损害子孙后代需求为前提的发展。

全面协调可持续的和谐社会经济发展，包揽了中国特色社会主义事业中的重大关系，涵盖了经济发展的各个环节和方面，形成了有中国特色的以经济建设为中心，经济与社会、经济与自然关系和谐的新型发展战略。其总体实践途径为：以共同发展形式推进全面协调可持续的和谐社会经济的发展，以互动发展形式推进全面协调可持续的和谐社会经济的发展，以跨越发展形式推进全面协调可持续的和谐社会经济的发展，以可持续发展形式推进全面协调可持续的和谐社会经济的发展。经济实现全面、协调、可持续发展的具体途径主要体现在"要按照'在发展中调整，在调整中发展'的动态调整原则，通过调整产业结构、区域结构和城乡结构，积极参与全球经济一体化，全方位逐步推进国民经济的战略性调整，初步形成资源消耗低、环境污染少的可持续发展国民经济体系。"①

---

① 全国推进可持续发展战略领导小组办公室编：《中国 21 世纪初可持续发展行动纲要》，新华网，2003 年 7 月 24 日，http://news.xinhuanet.com/newscenter/2003-07/24/content_992452.htm。

二、新闻传媒在推进全面协调可持续的和谐社会经济发展中的功能

（一）诠释全面协调可持续发展的宏观政策——宣传教育功能

新闻传媒要为落实全面协调可持续发展营造良好的舆论氛围，传播和宣传好可持续发展的宏观经济政策，努力做到"三个坚持"：一是坚持正确导向。从新闻报道活动的策划、组织，到新闻稿件的选题、形式和内容，都要体现全面协调可持续发展的要求。二是坚持围绕中心。把新闻报道工作视角聚焦在党中央、国务院的各项重大部署上，服务大局，开展全方位的新闻报道。三是坚持反映民意。充分反映广大公众的呼声，针对公众最关心、最直接、最现实的经济热点难点问题，采用公众喜闻乐见的方式进行政策解读，开展有说服力的报道引导。此外，各新闻传媒之间要完善分工负责和沟通协商机制，落实有关新闻传播工作的各项规定，完善制度，健全机制，形成新闻传播的整体合力。

（二）及时预警涉及经济的公共危机事件——经济预警功能

有效处理经济危机事件的传播，化解舆论危机，是新闻传媒在构建和谐经济发展中的直接功能，也是提升其品质和能力的根本途径。新闻传媒开展经济危机事件传播，可从三方面入手：第一，建立完善的预警机制，把握在危机事件中传播和引导的主动权。要特别注意保持公众信息反馈渠道的畅通，使社会舆论相对理性和均衡。第二，建立有效的应急机制。在第一时间对危机事件做出反应，及时、真实、准确、全面地传播危机相关的信息，防止危机信息传播主流渠道"梗阻"，防止不利于矛盾化解和问题解决的"不良信息"的传播和蔓延。第三，新闻传媒应当形成自己的舆论优势。在危机事件发生后，传媒要主动介入，在及时反映和报道事件的同时，要积极参与和引导舆论，避免知而不言、闻而不动，任由各种危害经济发展正常秩序的流言或谣言随意传播、肆意蔓延。

（三）优化社会经济发展环境——维护调适功能

在和谐社会的经济发展中，新闻传媒担负着双重任务：作为经济全面协调可持续发展的社会保障系统，要为优化社会经济发展环境做出贡献；同时作为现代产业的重要构成部分，又要优化配置自身资源，大力发展传媒经济。这两大任务的完成，都与新闻传媒优化社会经济发展环境的维护调适功能的发挥难以分开。

新闻传媒的维护调适功能，大体上包括三个方面的优化调适：

一是新闻传媒内外部环境的优化调适。传媒内部环境是指传媒组织在一定经济技术条件下，以及生产经营的内在客观物质条件和主观工作状况的各个方面。传媒内部环境优化调适的目标是将有限的内部资源最有效地作用于传媒经济系统。新闻传媒内部环境的优化调适包括两方面：传媒组织内部资源间的优化调适和传媒组织内部核心能力的优化调适。传媒内部环境的调适，是传媒整合资源，维护传媒经济发展的核心内容。传媒外部环境是指传媒组织与政府、供应商、中介机构、竞争者和公众互动的宏观环境。传媒外部环境的优化调适包括传媒宏观环境的优化调适和传媒产业环境的优化调适。新闻传媒自为性的内部和外部环境调适，是保证其协调可持续发展的基本条件。

二是政府与新闻传媒关系的优化调适。政府在法治的前提下，以放手发展，强化社会责任为目标，实施对传媒产业的监管，放手发展与强化监管是硬币的两面，国家监管是为了传媒更好的发展，传媒发展必须以有效监管为前提。目前，中国的传媒管理体制构建的基本思路与原则是：一靠市场，二靠法治；政府有所管，有所不管；宏观管好，微观搞活。政府侧重宏观调控，引导市场，为新闻传媒体制改革，传媒资源优化配置，提供法规、政策支持，推动传媒在市场中平等、公平竞争，推进传媒产业化。新闻传媒参与市场竞争，就必须进行新闻传媒机构的内部深化改革，而改革的主要方向就是确保公共产品属性前提下，建立现代企业制度；另外，传媒产业并不是单指新闻信息流通的这一单个环节，它的生产、加工、销售等过程，是必须同传媒以外的产业相结合，带动多个产业和行业的合作与整合。

三是新闻传媒对经济发展环境的优化调适。新闻传媒要通过及时全面报道和分析经济运行情况及基本走势，敏锐体察有悖于全面协调可持续发展的问题和矛盾，创造有利于经济发展环境优化的舆论环境。其中，新闻传媒尤其要注重通过"每日每时的运动"，发挥对经济环境的监测和守望功能，发挥经济领域的舆论监督责任，直接参与优化经济环境的整体社会治理过程中。

（四）协助完善利益普惠性保障体制——社会涵化功能

完善社会普惠性的利益保障机制，是构建和谐社会中需要解决好的现实和紧迫的问题。新闻传媒可以充分发挥其社会涵化功能，为社会利益协调机制的构建和完善，激发发展动力和活力，提供舆论保障。这表现在：一是发挥教育功能，从思想上健全利益引导机制；二是发挥引导功能，从道德上加强利益约束机制；三是发挥协调功能，协同社会完善利益调节补偿机制；四是发挥激励功能，增强社会经济发展的向心力和凝聚力；五是利用信息平台资源，协调参与构建利益均衡机制。

三、新闻传媒服务全面协调可持续的和谐社会经济发展的对策

（一）新闻传媒在推动全面协调可持续的和谐社会经济发展中存在的问题

与全面协调可持续的和谐社会经济发展的根本要求相比，当前不少新闻传媒的功能发挥还存在一些问题。由于市场压力、制度束缚、机制不顺等因素，中国传媒的经济预警功能的优势至今没有得到充分发挥；由于"嫌贫爱富"、"利润至上"倾向还没有完全消除，传媒满足不同阶层受众的利益诉求平台构建不顺，传媒协调功能不畅。此外，传媒本身的资源优化配置也不能适应全面协调可持续经济发展的要求。

1. 新闻传媒的信息功能缺陷

首先，传媒对经济发展的预警功能不足。社会预警，就是预先警告社会，指出有可能发生什么问题或者什么时候发生问题，所考察的多是负向指标，主要进行中长期预测。"传媒预警是社会预警的组成部分，它是指在公共危机即将来临或处于萌芽状态之时，大众传媒以社会预警为直接目的进行信息的采集和处理工作，并将采集和处理后的信息传播出去，以起到防患于未然、最大限度减少损失作用的活动。"① 社会预警注重未雨绸缪、事前防范，以最大限度地减少损失。新闻传媒发挥预警功能，不仅要向公众传播政府有关机构授权发布的预警信息，更要通过各种信息渠道，发现各种潜在的危机因素，经过有效甄别和判断后，及时向公众发布。社会预警赋予新闻传媒新的内涵；但由于市场压力大、制度束缚、机制不顺等因素，中国新闻传媒预警功能还没有得到充分的发挥。在本课题《中国司局级干部对大众传媒的认知、评价和期待》章节中，通过调查得知：面对关系到国计民生、安全生产等重大突发事件时，司局级干部对于"我国新闻传媒的社会预警机制实施的情况"的评价如何？3.9%的人认为"很好"，38.9%的人认为"较好"，45.6%的人认为"一般"，10.8%的人认为"较差"，0.8%的人认为"说不清"。评价在"较好"以上的仅仅有42.8%，"一般"以下的达到57.2%。可见，在中国上层人群——司局级干部中，也普遍认为，中国新闻传媒的社会预警机制实施的情况不尽如人意，还需要着力改善。

其次，传媒对经济报道的虚假信息过滤不够。与构建和谐社会的要求相比

---

① 罗晓华、黄幼民：《传媒预警：构建和谐社会的稳定剂》，载《新闻前哨》2005年第11期。

较,新闻传媒的运用,尤其是在一些传媒报道上还存在着比较严重的不和谐问题。其中最突出、最显著的表现就是虚假报道。《新闻记者》每年年初都会评选出上一年度的十大假新闻,2003年被评为"信口雌黄奖"的假新闻是由《中国经营报》刊发的《中央督察组上海明察暗访,84%项目有违规之嫌》,该报道引用了"权威的消息源",并使用了翔实的"数据",得出"上海市有84%的房地产项目违规交易"(自2001年7月1日至2003年8月25日报道刊出)的结论。后经上海市政府和国务院五部委联合督查组的调查,证明该报道失实。2003年9月22日,《中国经营报》发表《致歉声明》表示"该文有明显失误",记者没有采访到督察组人员,主观色彩较浓,报道所引用数字均不是中央督察组所提供。就数量而言,年度十大假新闻也只是冰山一角,实际上,更多的假新闻却可以在"形势一片大好"、"大会胜利举行"等光环的掩盖下得到肯定,甚至获得表彰,不是因为它们真实,而是因为它们"效果好"。"在传播学上,客观真实始终是新闻报道第一位的目标,并有其自身公认的标准。新闻的真实要求记者尽可能准确地描述事实,而不是按照效果来设计新闻。"① 新闻传媒不仅不能容忍影响恶劣的虚假新闻,"效果良好"的虚假新闻更应引起我们的重视。

再次,传媒的经济报道缺乏理性和深度。"我国的经济改革已经驶进了风急浪高的深水领域,改革的深化使我们面临着许多新情况、新问题,它要求肩负舆论导向重任的记者多思多想,大胆探讨,通过深入报道,从舆论上推动改革的进程和社会的进步。"② 现今公众已不再满足于新闻传媒对纷繁的经济现象作浅层次的直观反映,而要求其进行深层次的思考和分析。经济报道要有深度,就不可避免地要触及经济工作、经济生活中存在的问题。对待这些问题,新闻传媒不能只提出问题,而应探索问题的起因、症结、出路、对策,给人以思考和启迪。同时,经济类深度报道本身的难度系数大,表层化的消息与情况介绍相对容易制作,正确率高,保险系数大;而深度报道不仅耗时费力,保险系数低,且容易惹麻烦。为此,不少传媒满足于对经济信息的一般告知,而不作深层解读。有的传媒甚至都采取"犬儒主义"的策略,以庸俗化和娱乐化来取代对经济问题的理性分析,用大量垃圾信息搪塞糊弄受众,以泛娱乐、猎奇炒作等方式对受众进行"狂轰滥炸"。

2. 新闻传媒资源优化配置与整合存在较严重问题

一是集团化、联盟化价值链接上的断裂。中国目前的传媒经营模式被称做"单点式"经营,即这种经营方式是围绕着内容生产将相关的上中下游环节搭建

---

① 长平:《我们不能容忍哪种新闻?》,南方报业网,2007年7月26日,http://www.nanfangdaily.com.cn/southnews/spqy/200707270227.asp。
② 陈晓红:《经济报道应追求"新、深、活"》,载《新闻传播》2002年第1期。

起来的。这种经营模式至少存在两个方面的问题：一是对资源的利用率比较低，类似于"广种薄收"的粗放经营的原始农业模式；二是存在着"透明的天花板"式的发展限制，"'单点式'的内容开发具有某种饱和点，成为进一步发展的约束"。虽然目前传媒集团化、联盟化趋势如火如荼，但大多数的传媒集团只是完成了形式上的整合，真正意义上的产业价值链接尚未完成。所谓产业价值链是指以某项核心价值或技术为基础，以提供能满足消费者某种需要的效用系统为目的，具有相互衔接关系的资源的配置与组合。① 就现阶段而言，传媒系统的价值链接主要表现为两种形式：首先，单一传媒内部价值链接；其次，集团化的跨地区、跨行业、跨媒体的价值链接。就中国目前的传媒整合而言，无论是两种中的任何一种，都存在着浅层整合、未达到深层整合或完全整合的问题。以报业集团为例，单纯的报业合并，但并未实现真正的企业文化统一、管理体制统一等情况非常普遍。这样，不仅没有降低传媒的运行成本，增强传媒竞争力，反而因为整合后的不适应，提高了传媒的运营成本。

二是传媒盈利模式单一，资金来源单一。"用形象的语言来说，传媒产业的赢利模式有四种：一是'卖内容'、二是'卖广告'、三是'卖活动'、四是'资本运作'"。② 调查显示，中国传统媒体90%的收益源于广告，即传媒的盈利渠道主要来自于广告。③ 过度依靠"卖广告"这种单点支撑的赢利模式，会增大传媒经营的风险度；结构太单一，就会造成传媒与广告一荣俱荣、一损俱损的不利局面。而这种强烈的依赖性，更会深层次地影响着传媒业的发展，当广告利润无限扩大后，传媒经营就会进入一个"瓶颈期"，难以再向前发展。

多方渠道赢得资金支持，谋求多元发展，是中国传媒业亟须解决的问题。近年来，随着传媒产业经济规模的扩大，传媒经济实力的增强，很多新闻传媒纷纷进行多元化经营的主动探索，如：经营出版子报子刊，经营图书出版，涉足广播电视和教育，建数据库并出售信息，提供咨询服务，成立广告社或广告服务社，提供信息处理和传递服务，涉足旅游、文化娱乐产业、交通运输行业，进入服务业和房地产业等。虽然多元化经营能够有效地均衡市场风险，通过不同行业、不同产业对市场的渗透，可以争取更多的市场机遇；同时，多元化经营还能够加强不同产业和产品之间的联系，扩大收入渠道，增强传媒的整体经济实力，提高对市场的适应能力、应变能力和竞争能力。但是，这种道路目前仍处于探索阶段，尚未成为中国传媒经营主流趋势。而且，"中国传媒资金91%来自自身经营"，

---

① 喻国明：《变革传媒：解析中国传媒转型问题》，华夏出版社2005年版，第11页。
② 喻国明：《如何突破传媒经营的碎片化状况》，载《新闻前哨》2007年第7期，第22~23页。
③ 李彦峰、何文茜：《论传统媒体盈利模式的创新》，载《商场现代化》2008年第11期。

这样发展就会受到限制。①

3. 新闻传媒资源区域配置不均，对区域经济发展不利

传媒资源区域优化配置不均，已经成为中国传媒业发展的一个亟待解决的现实问题。传媒学者周鸿铎教授的研究表明："省情决定传媒生产力"，从地理空间上看，整个西部面积占全国面积2/3；但从区域经济实力来看，反差却格外强烈。从近两年的统计资料看，仅北京电视台一家的电视广告收入，就相当于整个西部地区12个省市的电视广告收入。中央电视台一家的电视广告收入，则是整个西部地区电视广告收入的4.5倍。②

区域传媒资源配置不均，其主要原因虽有客观的区域经济差异造成，但区域政策差异所起的作用也不可小视。特别是长期以来按照中国的新闻传播政策，只有中央的、全国性的传媒才有跨地区经营的权利，而且只有特殊的、中央性的特许个别传媒才有传播一些重要的、特别新闻的权利。改革开放后，北京、广东、上海等地，凭借其强大的经济优势和率先发展的政策优势，整合传媒资源，创新传媒管理方式，迅速占领了优势地位。特别是近年来随着传媒产业的规模化发展"强者越强，弱者越弱"的趋势更加明显，一些原本就在起跑线上落后的传媒，在竞争中就更显乏力，这不仅影响一些经济不发达地区的传媒产业发展，同样也会间接影响到中国区域经济的发展。

（二）新闻传媒服务全面协调可持续的和谐社会经济发展的对策

1. 新闻信息传播层面的对策

（1）发挥利益关系协调功能是传媒服务全面协调可持续发展的前提。

利益关系是一切社会关系的集中体现。当前中国有利于调动社会各方面积极性的新型利益格局已显雏形，但社会的急剧转型导致的各种利益关系的急剧调整和变化，也产生了一些新问题，主要是城乡之间、地区之间和社会阶层之间的收入差距扩大。这些社会矛盾势必会对和谐社会建设造成不利的影响，带来一定的冲击。

这就需要认识和把握社会收入差距变化的客观规律，进一步完善分配制度，构建完善的利益调节机制。政府部门在调节利益分配上起着主导作用，传媒也担负有重要使命，必须通过客观、公正、全面的报道方式，尽可能地反映不同社会群体的利益诉求和观点意见，理顺公众情绪，排解群众的困难，让公众得到心理的平衡，感受到社会主义的温暖，体会到社会和谐、稳定的好处。新闻传播积

---

① 贾品荣：《中国传媒经济呈现八大特征》，载《新闻前哨》2007年第7期，第20页。
② 张世昕：《媒介产业重要的经济增长点》，载《中国经贸导刊》2005年第6期，第31页。

极、及时、有效地疏导社会舆论，化解社会矛盾，消解社会冲突，平衡社会心理，尤其要注意关注困难群体、困难人群和特殊地区、特殊人口的生活状况问题，要体谅他们的困难和疾苦，在全社会大力提倡团结互助、扶贫济困的良好风尚，形成团结友爱、融洽和谐的人际关系和经济发展环境，维护社会的和谐与稳定。近些年来，部分新闻媒体出于经济利益的考虑，对强势人群重视程度日益提升，对社会各层面的底层群体的关注逐渐消减。有一位媒体老总就曾直言不讳地表示：强势人群是社会财富的主要拥有者，不断优化和吸纳这个"四有"（有点权、有点钱、有点品位、有点闲）阶层，就等于拥有了取之不竭的"注意力资源"，印刷机就会往外吐钞票而不是吐废纸。如何看待这种观点？在本课题《中国大学生对大众传媒的认知、评价和期待》章节中，通过调查得知：46.4%的大学生明确表示反对（分别有31.8%和14.6%的人选择了"反对"和"非常反对"），26.4%的大学生明确赞同（分别有22.8%和3.6%的人选择"赞同"和"非常赞同"），另有27.2%的大学生选择"说不清"。其中，明确表示反对意见的比例超过了持赞同态度者。这说明还没正式走入社会的大学生群体对社会公器出现明显偏置的观点大部分是反对的，也充分说明发挥利益关系协调功能是传媒服务全面协调可持续发展的前提。

（2）处理好经济发展的热点报道是传媒服务全面协调可持续发展的要件。

经济热点问题往往是群众关注的涉及切身利益的问题，而且其关涉的政策性强，敏感度高，处理得好，便会有利于社会的和谐与稳定，如果处理不好，便会影响社会的和谐与稳定。因此，传媒要以积极的态度、科学的方法去分析、研究热点，提出解决矛盾的方法，达到上下沟通、化解矛盾、变消极因素为积极因素的目的。

对热点问题，新闻传媒不能采取充耳不闻、视而不见等回避的做法。如果因为传媒的不作为而使得一些负面信息大肆传播，成为公众在街头巷尾的"谈资"，势必会造成一定程度的舆论混乱，传媒也会脱离公众，失去公众的信任，丧失舆论导向的功能。值得注意的是，很多经济问题是热点和难点兼备，这就要求新闻传媒在报道中严格把握尺度。报道这些问题最终目的是为了解决问题，所以，传媒要善于使热点问题降温，使难点问题变易，促成矛盾缓解和化解，使舆论导向实现正效应。面对千变万化和纷繁复杂的舆论环境，新闻传媒要时刻保持清醒的头脑，善于审时度势，坚持正确、有效的舆论导向，防止新闻报道"冷热失度"，特别是要防止"骤冷骤热"，或"持续高温"等现象，努力创造一种宽松、和谐、平顺的舆论环境。

（3）做好经济新闻深度报道是传媒服务全面协调可持续发展的关键。

"如同其他社会新闻一样，一种能包容广泛空间和宽阔历史跨度、显示更深内涵层次,更能适应当今受众需求的报道形式正被越来越多的新闻业界同行所利用,这就是新闻的深度报道。"① 经济新闻深度报道是有关经济新闻的高层次报道方式,它所反映的题材,总是与如何正确认识和处理改革开放中出现的问题紧密连在一起,在广大受众心目中占有显著地位的、有关国计民生的经济现象、重大经济问题和重大经济事件,也是社会公众普遍关注的经济热点。这种题材决定了必须把报道对象置入全局的、整体的大环境中去思考和反映。经济新闻深度报道是一种阐明事件因果、预测事件发展趋势的报道形式。当国家某项大政方针、政策措施出台后,新闻传媒要进行解读,通常情况下还要对该项方针和政策的前景做出合理的预测。不仅要报道典型的经济现象,更要分析这种典型现象的来龙去脉,向受众解释各种经济问题和陌生的经济科学理论。"还要把这一典型现象延展到与它直接和间接发生关系的其他典型、系列乃至扩展到全局,多线条并进,多侧面表现,最后加以集中、综合、概括,最终呈现出横向关联与纵向聚合,显示出深度报道的典型性、重大性、显著性和新闻性,从而实现经济新闻深度报道的最终目的"②,实现对经济发展中不符合全面、协调、可持续发展的问题进行理性的分析和揭露,以推动社会更加自觉地推动经济全面、协调、可持续发展。

(4) 开展危机事件报道是传媒服务全面协调可持续发展的重点。

正确处理危机事件的传播,化解舆论危机,是新闻传媒在服务构建和谐经济发展的直接任务。首先,新闻传媒必须建立完善的预警机制。传媒要保证信息传递渠道的畅通,及时搜集各种可能引发社会矛盾,特别是可能造成社会矛盾激化的信息,做到未雨绸缪,把握在危机事件中传播和引导的主动权。要特别注意保持群众信息反馈渠道的畅通,使群众的意见和要求能够自由表达,使社会处在一种舆论平衡状态。

其次,新闻传媒应当建立起有效的应急机制。传媒要在第一时间对危机事件做出反应,防止信息传播渠道出现"梗阻"现象,防止不利于矛盾化解和问题解决的"不良信息"的传播和蔓延,使有关危机事件的传播能够做到及时、准确和全面。媒体要特别注意收集群众对事件处理的意见和看法,及时疏导消极的舆论,防止其产生不良影响。

再次,新闻传媒应当形成自己的舆论优势。传媒要注意把握好舆论导向的主动权,努力形成自己在危机事件传播中的舆论优势。在危机事件发生后,传媒要主动介入,及时反映和报道事件,要积极干预和引导舆论,尽可能避免知而不言、闻而不动,任由各种舆论随意传播、肆意蔓延的情况。特别是在负面舆论已

---

①② 陈嘉、王覆臻:《经济新闻深度报道的三个特点》,载《新闻传播》2002 年第 7 期。

经生成且呈蔓延之势的时候，更应当积极主动地阐明观点，亮明态度，用正确的舆论去引导群众。要注意帮助他们用冷静、理智、合法的方式表达自己的意见和要求，将各种非主流的社会舆论引向正确的轨道。

2. 传媒产业发展层面的对策

（1）要构建全国统一的传媒大市场。

新闻传媒资源优化配置与整合、传媒资源区域配置不均等产业层面的问题，都与市场分割、市场主体发育不全密切关联。目前，构建全国传媒大市场的时机已经成熟。2009年3月25日，国家新闻出版总署颁布的《关于进一步推进新闻出版体制改革的指导意见》（以下简称《指导意见》）中提出，推进新闻出版体制改革的目标任务是："全面完成经营性新闻出版单位转制任务，建立现代企业制度，在企业内形成有效率、有活力、有竞争力的微观运行机制；推动跨媒体、跨地区、跨行业、跨所有制的战略重组，开拓融资渠道，培育一批大型骨干出版传媒企业，打造新型市场主体和战略投资者；通过增加投入、转换机制、增强活力、改善服务，建立以政府为主导、以公益性单位为主体的新闻出版公共服务体系，使人民群众的基本文化权益得到更好保障；加快新闻出版传播渠道建设，推进连锁经营、物流配送、电子商务，规范出版产品物流基地建设，形成统一开放、竞争有序、健康繁荣的现代出版物市场体系；实现政府职能的根本转变，形成调控有力、监管到位、依法行政、服务人民的宏观管理体制。"① 《指导意见》强调，政府和企业管办要分离，公益性和经营性出版单位在管理上要分类，采编业务和经营性业务要分开，改革的核心是转企改制。凡是经营性出版单位要通过改革，全面完成转制任务，建立现代企业制度，实现产权和人员身份的置换，在企业内形成有效率、有活力、有竞争力的微观运行机制。而实现上述"三分一转"的一个基础性工作，就是构建全国统一的传媒大市场。

全国统一的传媒大市场的建立，第一要打破传统的按部门、按行政区划和行政级次分配新闻出版资源和产品的体制，打破过去的条块分割、地区封锁、城乡分离的市场格局。只有这样，才能有助于加强资本、产权、信息、技术、人才等传媒产业生产要素市场建设，实现生产要素合理流动和资源优化配置。如何评价当前中国实行的对新闻传媒的多头、多层管理体制？这一体制是否有利于新闻传媒资源的有效配置？在本课题《中国司局级干部对大众传媒的认知、评价和期待》章节中，通过调查得知，受调查的司局级干部中有44.0%的人认为"不太有利"，17.8%的人认为"不利"，25.1%的人认为"有利"，3.7%的人认为

---

① 国家新闻出版总署：《关于印发〈关于进一步推进新闻出版体制改革的指导意见〉的通知》，中华人民共和国新闻出版总署网，http://www.gapp.gov.cn/cms/html/21/508/200904/463198.html。

"十分有利",9.3%的人认为"不清楚"。认为"不利"或"不太有利"的司局级干部人数达到了61.8%。这在某种程度上说明,当前中国管理层也对这种媒介管理体制总体上是不满意的。第二要注意,这样的大市场,不仅仅是一个统一的而非分割的新闻要素市场、产品市场,它还应是一个打破行政壁垒、条块分割、城乡分离的统一的资本市场、新闻来源市场和受众市场。尽管《指导意见》重点突出的是构建全国新闻出版要素市场、资本市场的主体,强调要在充分利用系统内国有资本的同时,开辟安全有效的新闻出版业融资渠道,有效地吸纳系统外社会资本和境外资本,实现以资本扩张带动业务扩张、规模扩张和效益扩张;要加快建立信用监管制度和失信惩戒制度,运用行政的、经济的等多种手段,形成以道德为支撑、以产权为基础、以法律为保障的诚信体系。但事实上,在统一的新闻要素市场、资本市场基础上,必然会形成统一的广告市场,形成统一的受众市场。因此,构建统一的传媒市场,既包括统一的全国性新闻要素市场、产品市场、资本市场,还包括新闻来源市场、广告市场。第三应注意,伴随着海峡两岸关系的深度改善和新闻传播交流的推进,所谓全国统一的传媒大市场,还应包括以大陆为主体包括台、港、澳在内的统一的传媒市场的构筑。尽管港、澳、台地区实行的是与大陆不同的社会制度,新闻传播规制与管理的体制也有所差异,但从传媒市场的角度来看,那仅仅是不同的次级区域市场。正如经济的发展正导致一般经济市场的一体化进程加快一样,新闻传媒业的发展和交流,同样会促进传媒市场的一体化进程。因此,构建全国统一的传媒大市场,我们不能只考虑当下的大陆市场,必须具有构建中华传媒大市场的战略思维。第四则要积极构建和完善传媒市场规则。这里既包括传媒市场主体进入、退出市场的具体的规则,更包括规范传媒市场主体及其工作人员的行为、规范对于传媒市场进行宏观调控的政府行为的系统、完整的传媒市场法规体系。第五则要大力开拓农村大市场,成形城乡统一的传媒市场。这不仅包括互联网下乡、报纸下乡、电视下乡等,还要大力拓展其间的渠道、内容与节目市场。第六还要注意构建整合的全媒介市场。这是从媒介融合的全媒介形态层面对于全国性传媒大市场的要求。过去的单媒体时代,传媒市场往往分割为报业市场、广电业市场、网络传播市场等,而在媒介融合时代,则需要根据受众的需要,对市场进行整合,构筑适应于多媒体传播的市场主体需要的全媒介市场。

(2)推进传媒组织的市场主体转型。

毋庸讳言,中国的新闻传媒产业组织至今还没有成为真正意义上的市场主体,传媒资源行政化配置所造成的资源过于分散、传媒集团生产价值链的断裂、盈利模式单一等问题一直十分突出。这些问题导致传媒业发展与人民群众日益增长的精神文化需求不相适应,与日趋完善的社会主义市场经济体制不相适应,与对外开放不断扩大的新要求不相适应，与现代科学技术和传播手段迅猛发展及广泛应用的新形势不相适应。这就迫切要求我们进一步推动传媒业体制改革，着重推进传媒组织向市场主体的转型，至少需要采取如下几项措施：

第一，要在传媒管理体制方面，持续推进"放权松绑"。所谓"放权松绑"，主要是要切实贯彻执行国家新闻出版总署《指导意见》中提出的"三分一转"。当然，无论是过去的"两分开"，还是现在的"三分一转"，都只是过渡性体制。在"三分一转"的基础上，还要积极探索构建传媒产业的宏观调控制度，从而让传媒产业组织成为真正意义上的市场主体。要做到这一点，关键在于，在条件成熟的时候，传媒企业也应该享受与其他工商企业一样的国民经济待遇，即：除去部分党媒外，其他传媒则去掉行政级别，切断传媒与所在地方的行政隶属关系；国家通过财政、税收、国际收支杠杆来引导传媒市场，而传媒企业自主适应市场生存和发展，真正成为产权清晰、责任明确、自己享受权利并承担义务的市场主体和企业法人。

第二，要在传媒组织体制方面，坚持区别对待、分类指导，稳步推进市场主体化传媒集团建设。这一措施强调的是，对于不同类型传媒的区分并采取不同类型的市场主体化措施。根据中国现有的传媒组织性质和结构，一方面可以打破以党报、党媒为龙头的传媒集团结构，实行传媒资源重组，构建新型的传媒集团。比如，将党报、党台、党网，重组为一个或多个公益性传媒集团，对它们实行超市场生存的策略，实行国家财政包干，明确其社会公共类传媒的定位与职责。而对那些市场化程度较高、已经获得一定的市场竞争力的都市类报纸和都市类电台、电视台，以及有影响力的门户网站、专业网站、新闻网站，作为经营性新闻传媒，实行资源整合，重组为跨地区的全国性或大区域性、流域性传媒集团。另一方面，则可以整合境内外的对外传播的传媒资源，构建市场化的对外传播传媒集团。对于一些在境外已经形成了一定公信力和影响力的媒体，例如凤凰卫视、阳光卫视等，支持它们与海内外的巨型资本主体联姻，打造能够与国际垄断传媒相抗衡，能够与中国的国家级对外传播传媒平台互补的"大外宣"海外军团。而且，还可以鼓励一部分经营机制灵活、影响力较大的网络媒体与报纸、电视、广播传媒重组，形成符合媒介融合趋势的全媒介集团。

第三，对于"去行政化"的经营性传媒，应按照市场主体的要求，放开其内容经营与生产要素经营的限制。一方面，使它们可以根据市场竞争和受众需要，在法律允许的框架内自由进行新闻的采访、报道与传播；另一方面，可以按照《公司法》的要求，让它们加快产权制度改革，完善法人治理结构，建立现代企业制度，从而成为真正的市场主体，可以自主决定版面、时段、频道的大小及容量，决定自身产品的品质和价格。

第四,要打造传媒产业集群,以提高新闻传媒业的产业集中度与规模。尽管在北京、上海、广州、武汉等地,传媒产业集群的雏形已经初显,但尚需进一步持续打造。可以在沿海的珠三角、长三角、环渤海区,以及内陆的武汉城市圈、长株潭城市群、成渝城乡一体化试验区等改革开放前沿地区和传媒产业发达地区,进行组建去"去行政化"多媒体、跨区域传媒集团探索试验,打造传媒产业集群。也可以按照流域经济的产业集群环境,打造泛珠江传媒产业集群、长江流域传媒产业集群。还可以考虑参照中国石油产业构建产业集群的宏观思路,对全国传媒市场进行系统整合,打破目前的传媒市场各省市诸侯割据的状况,构建大区域传媒产业集群,以促进传媒产业的发展。例如,可以充分利用以上海为龙头、武汉为中心、重庆和成都为后卫的长江流域传媒产业优势,建立能够整合长江流域十余省市的全媒介集团。

第五,整合多样性的传媒可经营性产业资源,打造中国传媒业的龙头企业。比如,可以整合包括《人民日报》、新华社、《光明日报》、《经济日报》、中央人民广播电台、中央电视台等中央级媒体的可经营性产业资源,重新组建全媒体的、市场化的"中国传媒集团",并使之成为面向国内外市场的中国传媒业的龙头企业。还有,中国目前尚缺乏类似于日本电通公司那样的在世界上有影响力的专注于传媒广告经营的巨型传媒集团。为此,中国广告业可以借鉴其传媒、企业、广告公司共生互荣的产业发展模式,结合中国国情,探索走出一条符合中国特色的本土广告产业发展新模式。在中国广告市场全面开放的过程中,中国大型企业集团、传媒集团应该以资本收购、兼并、控股的方式进入广告产业,组建大型的传媒、企业、广告业资本联姻的广告集团,从结构上根本改变中国本土广告公司多为民营"作坊式"的行业局面,真正培育出一批能够带动中国广告产业未来发展走向的行业领导型企业。① 这类企业,可以充分使用目前传媒融投资体制所释放的制度资源,形成多元的产权体制。在资本构成上,可以导入国有大型企业,如中石油、中石化、中国工商银行等工商金融企业的资本,也可以探索适度导入部分民营资本,使之成为产权结构多元的传媒龙头企业。

(3) 从部分到整体,积极有序地推进传媒资本运营。

传媒资本运营的主要作用是从资本市场上融资、投资,从而实现传媒业资产的保值增值。就整个传媒产业而言,资本运营有利于调整产业结构,整合产业资源,提高产业整体效益;同时,也有助于传媒业在竞争中实现优胜劣汰,进而增加国有资产的活力。中国传媒业在进行资本运营的过程中,可以向以下几个方面

---

① 陈永等:《中国广告产业将走向何方——中国广告产业现状与发展模式研究报告》,载《现代广告》2006年第7期。

拓展：

第一，依据多元产权结构，实施资本运营。如果中国传媒业建立由国有独资传媒、国有控股传媒、国有参股传媒构成的多层次的产权结构的话，那么，不同产权属性的传媒则承担不同的功能，进而就需要采取不同的资源补偿方式。从这个角度进行衍生，由产权结构决定了不同产权性质的传媒也需要采取不同的资本运营方式。国有独资传媒，因其为公共利益和国家利益而存在，是非营利的社会公器，而无需直接进入资本市场，可以采取政府补贴和转移性支付的方式，实现资源补偿，并通过行政管理与法治管理相结合的方式，规范其正常运作即可。国有控股传媒，则可以有限度地进行资本运营，通过上市融资，获得其投资与发展所需的资本，进而实现资产增值。对其经营行为，主要通过法律和经济手段进行调控。国有参股及其他类型的传媒，则可以按照市场运行规则，进行完全的资本运营。依据多元产权结构，允许不同产权性质的传媒依据其产权特质进行资本运营，可以极大地释放中国传媒的产权能量，推进中国传媒的进一步市场化转型、发展。

第二，从局部到整体进行资本运营。2007年10月17日，在中共十七大召开的第三天，国家新闻出版总署署长柳斌杰在接受《光明日报》、英国《金融日报》等传媒采访时表示："允许新闻出版传媒的整体上市，而不是局限于过去将报纸的采编业务与广告等商业经营剥离开来的做法……"他的这一表态被认为是中国政府已决定将文化传媒产业向市场谨慎开放。这一政策信号意味着中国传媒业的体制改革由此进入了一个全新阶段。[①] 过去传媒业的资本运营，往往只是将发行和广告剥离出来，进行资本运营，而传媒产品的内容部分却不能进行资本运营，这严重割裂了传媒业的产业价值链条，不利于传媒业的进一步发展，资本的回报也很难保障。允许部分传媒整体上市，有利于传媒业构建完整的产业价值链，有利于上市传媒公司按照真正市场化的方式进行资本运作。

第三，资本运作的范围要从增量传媒扩展到存量传媒。改革开放30多年来，中国传媒业改革发展的一个基本特点就是，微观业务机制层面的改革远远超前于宏观体制规则层面的改革，边缘资讯领域的改革远远超前于主流资讯领域的改革，增量传媒（即新增传媒）的改革远远超前于存量传媒（即既存传媒）的改革。事实上，中国传媒业今天的繁荣发展很大程度上是建立在前三者探索、创新的基础上，而今天发展的巨大困难和障碍则源自于后三者的阻滞与落后[②]。增量传媒在市场经济的大潮中诞生，因此生来就适应资本的语境。而存量传媒则有着

[①] 传媒杂志编辑部：《2007年度传媒界言论》，载《传媒》2008年第1期。
[②] 喻国明、张小争：《传媒竞争力》，华夏出版社2005年版，第3页。

本身的属性、承载的功能和历史原因等，在面对资本市场时，表现出了种种不适应。但存量传媒在整个传媒业中所占的比重很大，所以探索其资本运营具有重大的意义。存量传媒的资本运营，可以借鉴国有企业改革的成功经验，建立起国有传媒资产的委托代理关系，按照传媒所承担的不同功能进行分类，逐步进入资本市场。

当然，在选择适宜传媒资本运营的可行路径的同时，还必须认识到，资本运营对于传媒业的影响具有双重性：一方面，资本运营有利于传媒扩大规模，增强实力，引进先进的管理模式和经营人才，为坚持正确的舆论导向提供物质基础；但另一方面，如果宏观调控不当，资本对产业利润的追逐，一定程度上也会反映到舆论导向上，造成导向的偏差。因此，宏观管理部门需着手研究制定与传媒业资本运营相配套的政策、法规，防止运营的盲目性，减少运营风险。我们可以从英国政府设立的国企"黄金股"和新加坡对传媒的法律监管中获得有益的启示。英国的"黄金股"，也称为特别股，是指政府将原来控股的重要大型国有企业的股权部分或全部出售后，在不占控股地位的情况下，仍拥有对该企业重大事项决定权的一种特殊股权。该条款一般由法律规定或设置在公司章程中。设置这一特殊股权的目的是便于政府阻止一些重要的特殊企业被某些"不受欢迎"的资本兼并，或被低价出售。新加坡则将报业公司股权分为管理股和普通股。明确规定，管理股由政府控制，"未经新闻艺术部书面批准，报业公司不得向非新加坡公民或公司出售或转让管理股，任何非新加坡公民不得担任报业公司的董事"；普通股是上市流通股，"除非预先获得新闻及艺术部的批准，没有人能直接或间接拥有报业公司3%的普通股股份"。这些限制性规定，可以分散单一投资者的股权，控制其规模，对于防范资本对舆论的负面影响有着积极的作用。

第四章

新闻传媒与和谐社会的文化构建

构建和谐社会需要相对应的文化的构建,文化是社会构造的潜在力量,在社会传媒化的情境中,传媒是凝集文化能量、影响文化构造和变迁的主要渠道。在和谐社会文化建设中,面临着由于利益分化、社会多元化格局、文化转型等引发的文化冲突,新闻传媒发挥文化其调谐作用,促进各类文化的协调、对话和沟通,是最紧迫的任务。在传媒消费主义文化转向的环境中,新闻传媒的文化发生与传播机制出现了很大的变化,传媒消费主义文化的草根性、娱乐性、世俗化趋势,促成了大众文化的兴盛,但也带来了对主流文化的消解、对公共文化的淡漠等,这是新闻传媒在服务和谐社会的文化构建中需要警惕和解决的问题。和谐社会的文化构建核心是和谐的道德文化,新闻传媒要以社会主义核心价值体系为根本依托,在注重自身道德文化建设的同时,着力张扬与和谐社会文化构建相适应的社会道德文化。

"构建社会主义和谐社会,既包含着和谐的文化建设,同时更需要和谐文化的引导和支撑。"[①] 和谐文化是社会和谐的文化升华,也是公众追求社会和谐的智慧结晶,"是全体人民团结进步的重要精神支撑。"[②] 有没有和谐的文化,是一个社会能否和谐发展的根基所在,也是衡量一个社会是否和谐的重要标尺之一。对个体而言,和谐文化起着潜移默化的教育作用,影响着公众的思想和行为准则;对全社会而言,和谐文化具有明确的价值导向作用,内含着公众高度认同的

---

① 朱根甲:《和谐社会呼唤文化和谐》,载《行政与法》2006年第8期。
② 胡锦涛:《在中国共产党第十七次代表大会上的报告》,人民出版社2007年版,第21页。

共同价值观念。① 在当代社会，新闻传媒是社会文化的重要组成部分，和谐文化建设离不开新闻传媒，新闻传媒的发展也必须依托于和谐文化的建设。

第一节 新闻传媒与文化的关系

文化离不开传播，没有传播，文化就无法产生和传承；而传播媒介也离不开文化，社会文化是传播媒介生存发展的源泉和土壤。新闻传媒作为人类传播活动的重要组成部分，其自身就是一种文化存在。新闻传媒既是一种文化的象征、凝聚、守望，又是文化的传播、延续和重塑。在每时每刻的新闻传播活动背后，总隐存着特定的文化价值系统，新闻传媒实质上是特定文化价值的扩散器。文化价值与新闻传媒互为表里。结合前人的研究成果，新闻传媒与文化的关系大致可以归纳为这样三个方面、三种模式：传媒反映文化——"反映论"模式，传媒影响文化——"影响论"模式，传媒就是文化——"同构论"模式。

一、传媒反映文化——"反映论"模式

"反映论"模式是公众对传媒与文化关系的常识性认识。文化是传媒生存发展的源泉和土壤，文化为传媒提供了用之不竭的信息源泉，文化的发展推动着传媒的发展；因此，传媒无时无刻不在反映着当时当地的文化形态。通常，通过分析传媒的形式和内容，我们就可以了解它所处于的特定文化。不同地区、不同时代的文化形态不同，传媒所反映出来的内容、形式也必然有所不同。传媒的形式和内容都是文化形态的反映。

可以说，传媒就是特定社会文化的容器。当今中国社会，不同质地的文化，如中国文化与西方文化、现代文化与传统文化、都市文化与乡村文化、高雅文化与通俗文化等，在传媒上均会有所展现，且呈现出多种层面的交织、冲突与融合景象。传媒文化内容丰富复杂，缤纷多彩。但是就总体趋势而言，改革开放以来，传媒文化演变最为突出的特点是，从政治文化中分离出了世俗文化，文化重心表现出由上层建筑向下层社会挪移的态势。一方面，党报（台）在改革过程中，开始关注并以相当版面（栏目，包括周末版、周日刊等），关注普通人的生活；另一方面，大量都市报和各种文体生活报等非机关报崛起，更以普通人的世

---

① 雷莹、白显良：《先进文化 和谐文化 文化和谐》，载《光明日报》，2006年5月16日。

俗生活为诉求对象。由这样两个方面因素汇聚成传媒世俗文化的巨流，标志着社会对浮出水面的大众文化的认可。

但是，传媒"反映论"模式否认了媒介符号表述自身的独立性，认为符号表述与其被表述的事物和现象有某种相对应的关系，甚至某种因果关系，即被反映的事物和现象为因，符号表述为果。因此，这一模式也否认符号创造和处理者们的活动、组织构成，以及符号创造和处理过程自身的文化意义。① 文化在传播媒介的表现不是在某一个电视节目或报纸杂志内，而是在媒介的"信息系统"之中，通过不同形式的符号组合，传播媒介的内容整体所表现出的占社会主导地位的阶层的意识形态。由此，美国著名传播学者格伯纳对美国三大电视网的内容系统分析结果表明，其电视内容相当严重地歪曲了社会现实。

二、传媒影响文化变迁——"影响论"模式

传媒影响文化变迁，这一观念即"影响论"模式，是研究传媒文化功能的立论基础或者说是前提假设。一般来说，传媒对文化的影响重大而深远。传媒不但传承着文化，还会创造出新的文化，如报纸杂志、广播电视、电影、图书、网络等纷纷形成了各自不同的媒介文化。在影响文化的进程中，当下中国传媒一方面十分关注社会文化热点、文化现象、文化生活，监督和引导着社会文化发展的方向。但另一方面，传媒本身存在的某些问题又对社会和谐文化建设产生了负面影响，尤其是近年来新闻传媒中出现的一些不良的风气，"有偿新闻"甚至"有偿不闻"之风大盛，大肆传播暴力、色情或低俗的内容，大兴炒作之风等，更是对社会和谐文化的构建带来巨大的危害。

传媒"影响论"模式具有因果关系式的解释模式特点。这种模式在一定程度上是非常有价值的，它可以帮助我们确认传媒对一些社会文化现象的影响，从而帮助我们确定文化政策（如"扫黄打非"政策等），以避免传媒的负面影响。同时，它还可以帮助我们认识传媒的力量，从而更有效地利用传媒影响公众的价值观念、态度和行为，找到传媒控制社会文化的最佳路径。所谓报纸杂志、广播电视是党的宣传和教育工具就是建立在这一基础之上的。"随着传媒市场迅速走向开放，各种不同形态的媒介符号表现形式和具有不同意识形态根源的媒介内容并存于我国传媒，研究不同传媒内容对我国社会文化的影响自然成为非常迫切的

---

① 潘忠党：《传播媒介与文化：社会科学与人文学研究的三个模式（上）》，载《现代传播》1996年第4期。

任务。"①

尽管如此，传媒"影响论"模式的解释力却是有限的。它在概念上把传媒与文化截然分离，认为传媒及其内容与形式不是文化的一部分，而是外在于文化的，所以它才能影响文化。据此，传媒内容的制作及其过程也被看做是既定的。事实上，传媒内容的制作及其过程恰恰只能由变化着的不同文化所确定，因为传媒内容的制作和传播者（指传统媒体而言）通常意义上是社会权力机构的一部分，是占主导地位的意识形态的宣传者。

三、传媒就是文化——"同构论"模式

"同构论"模式认为，传媒就是文化，或者说文化就是人类的媒介传播活动。"因为文化的基本构成因素就是符号系统和由此组成的社会现实，没有符号的处理、创造和交流，就没有文化的生存与发展"。②传播学家凯利认为传播活动是公众交往的一种仪式，其作用是在于通过符号的处理和创作，定义一个人活动的空间和人在这一空间扮演的角色，使得公众参与到这一符号活动当中，并在这一活动中确认社会关系和秩序，确认与他人共享的观念和信念。"传媒的最高表现并不在于信息在自然空间的传送，而是在于通过符号的处理和创造，参与传播的公众构建和维持有序的、有意义的、成为人的活动的制约和空间的文化世界。"③

"同构论"模式又称之为"互动论"模式。从原始社会口耳相传的"听觉世界"，到中世纪拼音字母的发现出现的"视觉世界"，再到近现代印刷术、电子和网络传播技术的发明而形成的"信息世界"，文化慢慢进入一个"媒介化"的过程之中；同时，不同时代，不同性质的传媒也显示出不同的文化形态和文化水准。不同文化形态反过来对传媒提出规范与评价。特定的文化传统制约着传媒的生存形态和发展趋势。传媒与文化的这种同构或互动关系在当今现代社会更加明显：大众传媒渐渐发展成为文化聚合、扩散与传承的主要渠道，成为社会核心的文化构件。而传媒与文化的交织，构成了一种前所未有的新的文化景观——传媒文化。传媒与文化具备内在的一致性，在很大程度上是难以割裂的。美国学者道格拉斯·凯尔纳（Douglas Kellner）在《媒体文化》一书中，就往往把文化研究与传媒文化研究交织、贯通在一起，并且置于当代社会与历史变迁的语境中进

---

①② 潘忠党：《传播媒介与文化：社会科学与人文学研究的三个模式（下）》，载《现代传播》1996年第5期。

③ Carey J W. Communication as culture: Essays on media and society. Boston MA: UnwinHyman, 1989: 18–19.

行。他认为,惟其如此,"媒体与文化的理论可以获得最佳的发展"①。他还说:"我审视的是媒体文化是怎样同政治和社会斗争叠合在一起,怎样参与塑造日常生活,怎样影响公众的思维和行为方式,影响公众怎样看待自己和他人,以及如何形成自身的认同性,等等。"② 这一观点明确地表明了传媒与社会文化的同构关系。

第二节 文化冲突与新闻传媒的文化调谐职责

从人类文化发展的历史来看,不同文化的冲突与融合是一种普遍规律。如果没有文化的冲突与融合,也就没有文化的发展与创新,文化便会固步自封,最终走向灭亡。但如果任由文化冲突自由发展加剧,也将制约社会文化的发展。

妥善的处理文化冲突,实现社会文化全面、协调、和谐发展是和谐社会建设的迫切需要和急需解决的问题。作为中国当代文化的主要传承工具,新闻传媒在进行和谐社会文化构建时,应该在主流文化的基础上,树立积极的文化开放观和安全观,大力发展中国的文化事业,引进、吸收外来文化的优秀成果,传承中国传统优秀文化,并结合时代性要求,发挥传媒在文化冲突中的文化职责,把中国文化建设成现代的、民族的、和谐的社会主义文化。

一、当前社会文化冲突的表现

当前,由于全球化进程的深入推进,整个世界正在发生着深刻的社会文化转型,中国也在经历着深刻、复杂的社会文化变迁。当代中国的文化结构非常复杂:一方面,中国传统本位文化根深蒂固;另一方面,马克思主义文化也成为当代中国文化的中流砥柱;同时,西方的自由主义文化也在当下中国文化中占据着不可忽略的地位,产生着潜移默化的作用。多元文化的冲突,在当前中国社会中的表现日益凸显。

1. 西方文化与本土文化的冲突

当下的中国本土文化是以具有中国特色社会主义文化为主流的、以中国传统文化为底蕴的文化体系,而西方文化则是以资本主义文化为主流、以基督教普世

---

① [美] 道格拉斯·凯尔纳著,丁宁译:《媒体文化》,商务印书馆2004年版,第13页。
② [美] 道格拉斯·凯尔纳著,丁宁译:《媒体文化》,商务印书馆2004年版,第11页。

文化为基础的文化体系，两者本就蕴涵着相互差异和对立的内容。尤其是随着全球化的深入和世界经济一体化进程的加快，为了实现在全世界普及资本主义制度的目的，西方国家不断推广着普世主义文化，试图扩张其非物理形态的文化版图。

西方国家常常通过操控传媒来获得国际话语霸权，进而推行其文化观念。近10年来，西方的电视新闻几乎就等于全球新闻。目前传播于世界各地的新闻，90%以上由美国和其他主要西方国家垄断，其中又有70%是由这些国家的跨国大公司垄断。在这期间，美国控制了全球75%的电视节目的生产和制作；许多第三世界国家的电视节目有60%～80%的栏目内容来自美国，几乎成为美国电视节目的转播站；而在美国国内的电视中，外国节目的占有率只有1.2%。① 国际上许多重大和突发事件发生之后，世界各国电视台播出的大都是美国等西方国家传媒的新闻镜头，西方主流报纸的报道和言论也常常为其他国家的媒体所引述和转载。美国等西方发达国家的新闻传媒有效地设置了国际舆论中的主要议题。这样一来，以美国为代表的西方文化观念、价值取向和政治民主自由、信仰等都依托于新闻传媒得以在全球范围内迅速渗透和扩张。如在当年的"美国伊拉克战争"中，公众所能够了解到的"事实真相"基本上都是来自西方新闻传媒所发布的消息和报道；而西方传媒通常是站在西方的立场去报道、去诠释该事件的。在此过程中，西方新闻传媒通过对国际话语权力的霸占，对国际舆论的控制来为其政府辩护，并使其所传播的信息和话语成为众人被迫接受的"事实真相"。

除此之外，西方国家还借助于传媒生产的文化产品将自己的强势文化渗入到他国的日常生活中。美国好莱坞影视文化对世界各国的强势冲击即是明证。美国电影所具有的潜在的影响力，使公众自觉或不自觉地接受电影中的行为准则、价值观念，并将其视为必然。随着卫星电视的发展，这些问题已经十分严峻地摆在了我们面前……电影绝不仅仅是娱乐，也不是纯粹的商业，电影是力量、是影响力。② 隐藏在好莱坞电影背后的西方价值观不断地向世界各地扩散和渗透，这些价值观念包含着西方的自由民主理念和西方的政治体系甚至西方的生活方式和流行趋向等。

西方国家以其特有的意识形态立场向其他国家推广普世主义文化，客观上也就是在全世界普及资本主义制度，这必然激起中国本土文化的抵触，从而导致西方文化与中国本土文化的冲突。

---

① Tahranian M. Communication and Development//Crowley D, Mitchell D. Communication Theory Today. Stanford University Press, 1994: 279.

② 大卫·普特南：《不宣而战——欧洲视听业的现状及对美策略》，http://ChinaMedia.yeah.net. 2001-8-29.

2. 社会各阶层之间的文化冲突

由于中国社会的深入变革及经济的快速发展，导致贫富之间、官民之间、城乡之间的矛盾凸显，进而导致不同社会阶层之间在生活方式、价值取向上的矛盾冲突，这也是当前中国社会中较为突出的文化冲突现象之一。

自中共十一届三中全会以来，中国传统的"平均主义"思想被批判；当今中国社会上逐步树立了一种新型的价值取向，即允许一部分人、一部分地区在法律许可的范围内勤劳致富，先富起来，再带动其他人、其他地区一起实现共同富裕。但由于相应的配套措施未能及时推出，加之缺乏法律或制度上的约束，致使社会出现了贫富不均、贫富悬殊和经济发展不平衡的现象。从国际上衡量一国或地区收入差距的经济指标——基尼系数（该系数数值介于0到1之间，数值越大，说明收入分配越不公平）来看，中国在2000年就冲破了基尼系数0.4的国际警戒线。尽管目前学界对中国基尼系数的核算结果有所不同，但一般认为中国的基尼系数已达到0.4或是0.47。这说明中国已经朝着世界贫富差距逐渐变大的国家发展。虽然在社会发展过程中，一定程度的贫富差距可以避免社会僵化和社会停滞，能促进社会的发展，并在社会的不断发展中形成动态的社会稳定和和谐的机制。但是，当贫富差距超出了合理的范围时，就必然会造成社会鸿沟和社会分裂，破坏社会稳定。根据2005年国家统计局提供的数字，中国大陆最富裕的10%人口占有了全国财富的45%；而最贫穷的10%的人口所占有的财富仅为1.4%。① 这一数据也说明：尽管中国社会财富总量在不断地增长，但占人口多数的中下阶层公众的利益却被忽视了。这种不公平、不合理的社会财富分配状况，必然导致不同阶层社会成员之间包括文化在内的冲突，从而阻碍社会的和谐化发展。

除贫富冲突外，在当今社会，官民之间的冲突也相当突出。可以说，"目前是新中国成立以来党群关系、政府和人民关系最为紧张的时期。"② "在农村，由于官民之间的冲突，乃至出现了政治危机。"③ 中国传统的价值观基本上都是以官为本。这种"以官为本"，不仅导致官民之间关系的紧张对立，也严重阻碍了社会的和谐发展。

此外，中国社会一直以来呈现出明显的城乡二元结构。在相当长的时间内，这种二元结构的矛盾被掩蔽，但随着户籍制度的变动，特别是城市化战略的实施，农民大量涌入城市，由于城市市民和农民之间生活方式、行为模式、价值观

---

① 武锋：《简析贫富差距的原因及其对策》，载国家信息研究中心网，http://www.china.com.cn/chinese/jingji/1067856.htm

② 参见胡鞍钢：《对挑战与危机的回应：中国政府职能转变与危机管理》，载《建设公共服务型政府》，中国经济出版社2003年版，第303页。

③ 参见于建嵘：《农村的政治危机：表现、根源和对策》，载中国选举与治理网，2002年12月20日。

等方面的差异，导致城乡的文化冲突也日益突出。大批拥入城市的农民虽然离开了农村，却又不能立即融入城市，他们对原有的农村文化难以割舍，而新的城市文化又尚未在其脑中完全形成，这就导致农民在对自我身份的认同十分模糊和茫然，出现了"人在城市，心在农村"的情形。与此同时，农民在整个社会中处于社会的底层，在经济、政治、文化各个领域都属于弱势群体，当农民们试图通过流动改变其生存现状的时候，会遭遇诸如社会制度、固有文化模式等方面的压力和阻力，尤其是在与城市市民接触和交往的过程中，还会受到市民的种种偏见和歧视，从而导致两者的关系紧张。

3. 大众文化与精英文化的冲突

大众文化与精英文化的分野是世界性的文化现象。大众文化是在工业化技术和消费社会语境下，通过大众传媒广泛传播以适应社会大众的文化范式和类型。它以消费为中心，以大众传媒市场为走向，以文化时尚为内容，以社会大众为对象的文化形式；其基本的特征是商业性、流行性和庞杂性。而精英文化是指知识分子所精心创造、传播和分享的文化，主要表现为价值规范性、文化启蒙性和批判构建性；它充分体现了知识分子对社会的使命感和对社会价值理想的关照，一般与社会世俗生活保持一定的距离。

在中国古代和近代历史上，精英文化一直都处于话语的中心地位，尤其是在"五四"新文化运动后，以新型知识分子为代表的精英文化更是占据着社会的主流地位，这种状况一直延续到20世纪80年代。90年代以后，精英文化在大众文化的冲击下开始退到"边缘地带"。

大众文化在中国的出现，是改革开放、思想解放、市场经济以及科学技术发展等诸多因素综合作用的结果。20世纪80年代以后，随着改革开放的不断发展和推进，中国大众文化开始产生并发展起来。尤其是90年代后，社会主义市场经济的确立，大众传媒承载着大众文化更是不断地向前推进，形成了与精英文化、主流文化并行发展的一种文化景观。

由于大众文化打破了特定阶层对文化的垄断的特权现象，因而具有广泛的社会性。但大众文化也会带来消极影响，比如，大众文化常常追求通俗而出现精神矮化，以娱乐提供逃避的快乐，这其实是对文化使命的弃权。长期浸淫在大众文化中的公众，其个人化与个性化的特征弱化，公共话语和共同关怀日趋淡薄。于是，精英阶层所坚持的社会责任、终极关怀、社会理想等在大众文化势不可挡的潮流中被渐渐遗忘和抛弃。大众文化也日渐消解着人文精神，公众不再以个性、创造性、批判性、超越性等概念来评价和要求文化，反而以大众性、娱乐性、畅销性来衡量文化的意义。这样，曾经掌握中心话语的精英文化，被迫从文化舞台的中心走向边缘，而大众文化则成了文化舞台的主角。

二、新闻传媒对文化冲突的调谐

人类历史上,各种文化之间既不是永远冲突的,也不可能是永远和谐的,而是在和谐与冲突之间保持着一种动态的平衡。文化无优劣之分,新闻传媒在文化冲突过程中理应扮演调谐者的角色,使各种文化观念既相互砥砺碰撞又相互激励融合,使各种形态的文化既各具特性,"各美其美",又你中有我,我中有你,实现多元文化的全面、协调、和谐发展,并使之成为构建社会主义和谐社会的有机组成部分。

1. 保持普世性与中国特殊性的弹性空间

中华文化源远流长。作为一个文化大国,中国向来就是以开放的胸襟,对国内外各种文化广收博采,将其纳入中华五千年文明的浩瀚长河。当然,其间也并非"一帆风顺",尤其是明清以来的"闭关锁国",使中国失去了学习、吸纳西方先进文化的机会。诚然,"闭关锁国"这一策略可以暂时避免中西文化的冲突,但这种策略并没有从根本上解决问题,反而使一时回避的文化冲突在长久的隔绝之后,落差更大,中西文化的冲突更加剧烈。而且,文化上的封闭,还堵塞了文化交流的通道,使中华文化自身失去了发展的动力,更降低了对外来文化的不良影响的抵制能力。在政治、经济、文化全球化的今天,新闻传媒必须承认并尊重文化的多元化和多样性,认识到国际间文化交流、互动、合作的必然性,以开放的心态积极融入国际文化传播的潮流,融汇世界先进文化成果,博采众长。

当然,随着信息全球化的进程的深入,全球文化的趋同性与本土文化的特殊性之间的矛盾和冲突一定会凸显出来。这也造成了当代中国文化总徘徊于两个极端之间:或者强调建立普世价值的重要性,强调向西方文化学习的重要性,甚至把普世主义与西方化简单地等同起来,走向"全盘西化"的极端;或者强调中国的特殊性,强调民族主义的至上性,以致不惜否定普世的价值,甚至走向"盲目排外"的极端。① 应该说,这两种取向都不利于中国文化的健康发展。

目前,中国正面对着这样一种文化全球化现实:西方传媒在传播渗透本国国家立场、政治意识形态的文化的同时,向全球扩散着西方普世主义文化中诸如人权、自由、民主、平等、社会公正、尊重事实、追求真理、市民社会等价值观念,而这些文化价值观提供了一种新的、超民族、超文化的道德理想,一种普世性自由与公正竞争的前景,这恰恰是现代化追求的主要精神内涵,也是任何发展

---

① 俞吾金:《当代中国文化的内在冲突与出路》,载《浙江大学学报(人文社会科学版)》2007年4期。

中国家在追求现代化的过程中所无法回避的。我们应当对这样的现实保持清醒的头脑，传媒也应当对此有所分析鉴别，有批判、有扬弃、有吸收、有利用，不能因其所具有的政治立场、国家观念而对其简单批判拒绝，也不能因其具有的普遍价值、普遍意义而全盘照搬、简单挪用，只能站在自我民族文化的立场上，面向全球化。

我们应当认识到，全球化的文化普世性正是民族文化自觉性的催生剂。每个民族都有自己独特的传统文化，每个民族都热爱甚至崇拜自己的传统文化。任何一种文化在面对一种异文化，一个文化他者的时候，更容易强化和激发对自己本土文化的感情。中国新闻传媒需要担负起的责任就是保持普世性与中国特殊性的弹性空间，既努力平衡西方文化与本土文化之间的冲突，又强化本土文化的民族性和中国国情的特殊性。正如著名文化学者赛义德所说："一切文化都你中有我，我中有你，没有任何一种文化是独立单纯的，所有文化都是杂交的，混成的。"① 无论西方文化和中国本土文化"现在"如何，其实两者都是互为"主体"与"他者"，都应该也能够从对方获取自身所需、所缺，进而"美美与共"、共处于"地球村"。

总之，面对中西文化的冲突，中国新闻传媒应采取文化兼容并包的态度：一方面，要客观地认识西方现代化的先发性所带来的普世主义文化的优势地位，而促使中国本土文化对之进行借鉴的现实，不能陷于狭隘的民族主义而人为地把西方文化与本土文化绝对地对峙起来；另一方面，不能对西方普世主义文化进行表层模仿和简单传递，而应对之进行深度剖析和有效引导，避免西方个人主义、享乐主义、消费主义等观念潜移默化地影响国人的价值观、思维方式和生活方式。更为重要的是，中国新闻传媒既要利用西方全球新闻传播网络塑造自己的国际形象，更要建立自己的全球传播网络，在对外开放中发展自己、在文化冲突中证实自己，坚持自己的中国特色。

2. 促成社会阶层之间的平等交流与对话

如前所述，由于社会的深刻变革及经济的快速发展，导致社会各阶层之间的矛盾冲突凸显；这些矛盾是当前社会不稳定的主要因素，新闻传媒有责任和义务来调谐社会各阶层之间的冲突。新闻传媒应该充分发挥公共领域平台的作用，成为社会不同阶层之间沟通交流的平台，给公众以直言意见的机会。实际上，新闻传媒不仅仅是公众意见的代言人，还是社会中各个阶层情绪宣泄的渠道；社会各阶层以新闻传媒为平台进行对话，不同阶层的意见得以表达，心理得以疏导，从

---

① ［美］赛义德著，谢少波、韩刚等译：《赛义德自选集》，中国社会科学出版社1999年版，第179页。

而有效地协调各阶层之间的矛盾冲突。

　　一般而言，由于政治、技术手段等原因的制约，公众在传媒上发表意见的机会相对较少。在这种情况下，新闻传媒应当自觉成为社会中不同阶层之间交流和沟通的平台，说自己该说的话、说大多数公众想说的话。在2008年的贵州"瓮安"事件和上海"袭警"事件中，新闻传媒都不同程度地为公众提供了意见交流的平台和较为开放的信息空间。尤其是2007年新闻传媒对厦门"PX项目事件"的报道，更是传媒实现下情上达，协调政府与普通百姓之间关系的典型案例。该事件进入公众视野源于当年3月19日《中国经营报》的一则报道，该报道称，两会期间，105个政协委员齐声呼吁，联名签署了"关于厦门海沧PX项目迁址建议的议案"，成为当年政协的头号重点议案。此后，厦门市民以各种方式展开了广泛议论。而后，该事件激起舆论广泛关注，社会各方力量纷纷介入。6月1日、2日两天，约有1万多市民上街游行，使得事件再度升温。此后，这一事件得到全国众多传媒的广泛关注，也吸引了一些国际主流传媒参与报道。最终在中央政府相关机构的介入下，以厦门市政府宣布缓建PX项目告一段落。这一案例的经验告诉我们：在社会公众和政府发生冲突的时候，新闻传媒应为政府和公众搭建起交流和对话的平台，一方面要让公众知道和理解政府的行为，另一方面要反映民意，反映舆论，让政府了解公众的想法和意见，并将公众意见聚集并放大，引起政府的重视。

　　促成社会各阶层之间的平等交流，新闻传媒还应注重社会阴暗面的揭示，以暴露事实背后的真相。近年在对中国多起矿难报道、刑事案件报道中，中国新闻传媒或多或少扮演了揭露真相、守望社会的角色。如"南丹矿透水"事件等矿难报道中，新闻传媒通过艰辛努力，与各种利益集团斗争，不断挖掘出事实真相并公之于众。正是有了新闻传媒对社会的不良现象进行的揭露和监督，才能维护社会的公平和正义，增进社会各群体之间的沟通和了解，促使整个社会机器正常良好的运转下去。2004年初的哈尔滨"宝马撞人案"事件则是新闻传媒对公众实施正面心理疏导的另一典型案例。这一事件伊始就包含有"仇富"、"仇官"的情绪。当时，在人民网、新华网、网易、新浪、搜狐等网站上都设有"宝马案"专题，而当《沈阳今报》关于哈市"宝马撞人案"可能重新调查的消息见报后，新浪网网友跟帖量在9个小时内就突破了1万。网络媒体为公众提供了这一事件各方面的信息和便捷的意见平台，事实真相大白，公众的意见得到充分的表达，这对于"宝马撞人案"的公正审理发挥了一定的推动作用。这是公众意见得到正确的疏导、促成社会和谐的典型个案。

　　促成社会各阶层之间的平等交流，新闻传媒还应关注社会中的弱势群体。作为社会弱势群体的农民工是现实社会中比较特殊的群体，他们在社会资源的占有方面处于劣势。新闻传媒应该充分让农民工也享有媒介接近权和话语表达权。如果新闻传媒能够关注他们，给予他们情感的慰藉和足够的关怀，为他们提供一个可以诉诸意见的空间，必然会减少许多冲突，化解许多隔阂和误解，消融许多不满和愤恨。近年来，众多新闻传媒的报道注意提倡"以人为本"、"关心弱势群体"，就是在全国"两会"期间，"弱势群体"议题也受到相当重视，尤其是"农业税、农民工"等问题备受关注，这是好现象。新闻传媒理应担负起平衡和缓解不同社会阶层之间矛盾与冲突的职责。

然而，在现实中，也有一些新闻传媒一味追求吸引公众眼球，对不同社会阶层之间的矛盾与冲突抱着旁观的态度，甚至煽风点火。如在对重庆"杨家坪拆迁事件"的报道中，尽管有些传媒对该事件涉及个人利益和相关政策法律的把握较为妥当，但仍有不少传媒肆意渲染事件的矛盾，以此迎合公众；不仅置双方和解的多次谈判、重庆政府在事件上的宽容和努力于不顾，而且在无形中故意夸大和凸显民众与政府的对立，或明或隐地引导和营造民众对政府的不满情绪。其结果造成了"重庆最牛钉子户"被大肆报道后，理性的声音相对微弱；尤其是在一些网络论坛上，形成"一边倒"的舆论场，只要有人有不同意见，便会遭到围攻、斥骂。随后，各地类似的"钉子户"也蜂拥而出，一时间社会影响相当不好。新闻传媒的责任除了报道事实，还承担着引导社会舆论、缓和社会矛盾的重要责任。中国正处于社会转型期的特殊国情，新闻传媒必须维护大局、维护稳定。

3. 促进大众文化与精英文化的协调发展

当今中国，新闻传媒已经成为当代人生存的重要的社会文化环境。随着新闻传媒的技术推进及媒介符号的大规模复制和生产，直接影响了当代社会文化环境的特征：一方面，大众文化喧哗繁荣；另一方面，精英文化偏安一隅。由此，导致了整个社会文化生态的失衡。

在新闻传媒发展初期，纸媒及文字符号助成了精英文化的权威地位，促成了精英文化的主流地位。但是，自20世纪80年代末起，随着改革开放的不断深入，当代中国社会结构转型和市场经济的确立，特别是电子媒介的繁荣和发展，与之伴生的是消费主义的扩散和大众文化的崛起。大众文化所具有的世俗性、时尚化、娱乐化和狂欢化等特征，对于象征权威和经典的精英文化具有天然的解构功能。综观中国当前的媒介生态环境，消费主义和娱乐文化风头强劲，精英文化的传承主体——知识分子们，在媒介运作市场化和媒介内容娱乐化的夹缝中，似乎很难找到属于自己的立足之地。精英文化在失去文化阵地的同时，其社会功能及文化责任也更加难以施行。在这样的情况下，精英文化必须借助于新闻传媒，与具有强大生命力的大众文化进行一定程度的融合。从20世纪80年代开始，中央电视台陆续拍摄"四大名著",使得"四大名著"依赖于电视的巨大影响力"飞入寻常百姓家"。精英文化通过新闻传媒的传播,能够拉近与大众的距离,也与大众文化越来越融为一体,这是一种值得肯定的趋势。许多人认为精英文化过分地向大众文化靠拢,会导致精英文化品位的降低,乃至走向庸俗和堕落。这种看法似不无道理,但就总体而言,精英文化走下神圣的殿堂,适当地借鉴和利用大众文化的形式,尽量以一种老百姓喜闻乐见的形式进行传播,无疑有利于精英文化的普及和对大众文化的引导,其利远远大于弊。

事实上,在大众文化风头强劲的情形下,精英文化借助于新闻传媒进行的自救,既是时代的要求,也是自身的生存和发展的需要。当前,市场机制使得文化自身的商业价值不断增值,这对精英文化来说既是挑战也是机遇。精英阶层只有借助于新闻传媒这一广阔的平台,将其人文精神、人文理想灌注于大众文化中,将学术研究大众化、通俗化,同时既不失自己的使命感、责任感,又有可能使精英文化不走向低谷、低俗。近年来,走红大江南北的"央视"的《百家讲坛》正是新闻传媒实现精英文化大众化的典型。《百家讲坛》借助电视传媒的大众化优势,邀请学术界精英走上荧幕,以通俗、鲜活的语言向观众传播精英文化,以"雅"来追求节目的格调品质,以"俗"来追求收视群的多样化。这种"雅俗共生"避免了"低俗"的节目倾向,以亲和的传播方式来传播品调高雅的精英文化。这样,不仅造就了一批如易中天、刘心武、于丹等学者明星,催生了一批如《品三国》、《刘心武揭秘红楼梦》、《于丹〈论语〉心得》和《于丹〈庄子〉心得》等大众化的精英文化力作,而且扩大了《三国演义》、《红楼梦》、《论语》和《庄子》等经典名著的影响,加深了大众对千百年来曲高和寡的高雅文化的理解。

新闻传媒不仅能够为精英文化大众化提供平台,还能引导大众文化走向精英化的轨道,从而实现"精英"与"大众"两种文化形态的协调发展。大众文化的出现,打破了特定阶层对文化垄断的特权现象,这是文化发展史上的巨大进步。但这也在一定程度上导致了文化的平庸化,文化成为一种可复制的、唾手可得的东西,成为一种平面化的、无深度感的文化。因此,新闻传媒有必要对大众文化进行引导,提升大众文化的格调,促使大众文化升华。特别是在中国的文化转型时期,新闻传媒应当使大众文化与主流文化、精英文化相互协调、共同发展,将大众文化引导到代表广大民众根本利益,代表中国先进文化的发展轨道上来。

总之,新闻传媒应从文化生态学的视角出发,自觉地协调各种文化主体、文化要素的关系,这样才能更好地使我国文化沿着健康的轨道发展。

第三节　新闻传媒的消费主义文化转向及对策

随着改革开放的深入，中国市场经济体制已日趋完善、成熟；但与此同时，我们也应看到，至今仍有不少人对市场经济存在着偏见和误解。譬如，一种"流行"的观点认为市场经济就是一切以经济挂帅，一切以追求经济利益为最终目的。以致社会上产生这样一种认识："什么好卖就卖什么"，"什么来钱就干什么"。这种认识和实践也蔓延到媒介行业，一些传媒便出现了媒介消费主义倾向：什么媒介产品最容易成为畅销品，媒体就生产什么媒介产品。在这种消费逻辑引领之下，传媒消费主义在不少地方开始泛滥。从总体情况看，当前中国新闻传媒业面临着这样一种境地：一方面，经济全球化导致消费主义作为一种强劲的渗透性力量进入整个社会系统，对作为社会子系统的新闻传媒也必然产生深层次的影响。新闻传媒的生存和发展需要顺应特定时期的文化表现，遵循社会内在的文化逻辑，由此必然要受控于消费主义的主流社会话语。另一方面，新闻传媒又在进一步促进消费主义的扩张与渗透。新闻传媒是消费主义文化输出的主要管道，公众所处的文化环境主要是由大众传媒缔造的，公众的认知和行为受制于这个环境。所以，现今的新闻传媒已经成为社会消费观念培育和扩散的平台。

一、传媒消费主义文化转向

目前，消费主义正日益成为一种全球性蔓延和扩张的文化思潮。所谓消费主义文化，主要是指以美国为代表的、在当代西方发达国家普遍存在的一种文化态度、价值观念和生活方式。它的突出特点是消费在个人生活中占据中心位置，消费成为生活的主要意义和目的。在消费主义文化中，公众的消费行为并不仅仅是为了满足基本的生理需要，更多的是体现在被人为制造的欲望所支配。换言之，"公众所消费的，主要不是商品和服务的使用价值，而是它们的符号象征意义（比如特定商品象征着某种地位、身份、品位、个性、情感等）。"[①] 消费主义使现代消费由过去的对商品本身的崇拜转向了对商品形象和意义的崇拜，并被看做是自我表达和社会认同的主要形式。

正是由于市场运作机制和西方社会消费主义思潮的影响，使得当前中国新闻

---

① 参见陈昕、黄平：《消费主义文化在中国社会的出现》，载文化研究网。

传媒（主要是广播电视及都市类报纸和时尚类杂志）呈现出明显的消费主义转向。在这里，所谓传媒的消费主义转向，是指传媒把公众当作消费者，媒体从业人员则由传播者变成了生产者，其工作就是满足公众物质和精神产品的消费需求，强调追求的是"物"的符号意义，以努力营造所谓"消费社会"的氛围。

这种传媒消费主义转向具体表现为以下三个方面：

1. 传媒传播内容的消费主义转向

在此，所谓传播内容的消费主义转向，主要是指传媒传播的重点内容由"生产性"内容转向"消费性"内容。1978年，中共第十一届三中全会提出党的工作重心转移到经济建设上来，同时也要求新闻传媒业从以宣传政治活动为主转移到以宣传经济建设为主上来。此后一段时期，中国的新闻传媒传播内容可以说是以"生产方式报道"为主。到20世纪90年代之后，中国新闻传媒结构发生了根本性的变化，打破了此前"党报一统天下"的局面，都市报及各种文体娱乐、生活服务类报刊大量涌现，广播电视也大量增加文体娱乐、生活服务类的栏目及内容，使得新闻传媒传播的重点内容逐渐转向"生活方式报道"，并不断突出和强化"生活方式报道"。

这里的所谓"生活方式"是就其狭义而言的，即"生活方式的实质无非是消费者如何享用消费资料的方式"。① 它指的是人的总体消费行为，是把消费视作一种生活方式，把生活方式等同于消费。现今的中国传媒，尤其是在都市类报纸以及生活时尚类杂志中，展现消费行为的生活方式报道占据着重要地位。这主要包括休闲娱乐、购物旅游、居室装修、卫生保健、服饰化妆、烹饪美食等内容，同时还包括大量的生活消费的行情、趋势、热点、时尚与流行等。一些电视剧及广告动情地展示郊外别墅、豪华居室、高级轿车、靓丽服饰、美味佳肴等，直接间接地实施"消费的总动员"。众多传媒连续不断的消费生活方式的展示，意在告知公众："生活本应如此"。传媒消费主义的"生活方式报道"，所展现的不再是以量入为出、勤俭朴素为基本观念，不再将节俭视为美德，而是将追求奢华、品位、时尚，追求快乐、美、舒适、幸福、愉悦等感官享乐的生活方式作为传播的主要内容。在"生活方式"报道的诱导下，身体的需要、欲望、冲动、激情不再遭到压抑和贬低，各种欲求被彻底地解放和激活。传媒最终启发了公众感官需求的无止境向享乐性生活方式的不断追求。传媒在虚拟的空间编织着"幸福神话"，构筑"温柔陷阱"，对公众实施无穷无尽的诱导，并以此培养公众的消费个性和生活风格。②

---

① 罗萍：《生活方式学概论》，甘肃科学技术出版社1989年版，第1页。
② 徐小立、秦志希：《论消费文化语境下新闻传媒的变异》，载《新闻与传播评论》2005年第5期。

突出、强调"生活方式报道",还表现在不断开辟新的生活风尚和制造新的意义空间,以迎合广告商的需要。在市场竞争的"裹胁"下,传媒系统必须不断提出新的生活哲学和行为时尚,才能领导市场的潮流,才能为在市场经济的"丰裕社会"里不断推陈出新的产品打开销路;这是因为创造出一个新概念就意味着开启了一片新的消费领域。各种传媒为此不断炒作各种"时尚生活概念":一会儿不遗余力地教导你如何做个优雅的"都市白领"、"OL 一族"("上班族"),一会儿又极力渲染用并不饱满的钱包做个时尚"小资";一会儿号召"向中产人士看齐",一会儿又鼓吹不分阶层和财力,争为"个性"彰显的"新好男人"、"新新人类"、"布尔乔亚"、"波西米亚"、"DIY"、"BOBO 族"……如此等等概念,都是通过其独特的消费方式和消费风格来定义的。这些由新"概念"定义的、有着鲜明的个性特征和时代特征的社会新阶层看似从天而降,其实不过是消费时代需要这些有活力的新概念来刺激已然麻痹的社会生产力而生产出来的。从表面上看,这些新概念和刺激消费没有直接的因果关系,但"它们之间实际上存在着坚固的对应关系,因为没有什么比不断地制造消费热点和卖点,创造出一个有利于消费的大氛围更有益于消费社会的巩固和发展了。"①

传媒传播内容的"生活方式报道"转向,还集中体现在广告中"符号价值"的塑造与传播上。从社会文化层面上,可以这样认为:广告是"消费主义的抒情诗",亦即广告并不客观地再现商品既有的实用价值,为公众提供商品信息服务;而是努力挖掘商品的符号价值,使其变成有某种理想的文化含义的符号象征,或者让消费者在商品和某种文化意义之间取得某种习惯性联想,从某则广告自然而然地联想到它所代表的文化意义。这样,广告将美丽、浪漫、奇异等文化含义巧妙地融合于商品中,或借以象征某种地位、身份、品位、个性,从而改变商品原始意义和使用概念,进而刺激公众的消费欲望。例如,某钻石广告的广告词这样说道:"钻石恒久远,一颗永留传"。广告让公众在钻石与永恒爱情之间取得自然的联想:拥有此钻石,就像拥有永恒爱情的承诺。于是,购买这种钻石送给心爱的人就成了表达爱情承诺的"理想选择"。广告就是这样"把罗曼蒂克、奇珍异宝、欲望、美、成功、共同体、科学进步与舒适生活等等各种意向附着于肥皂、洗衣机、摩托车及酒精饮品等平庸的消费品之上"②。如此,公众所消费的,不只是商品和服务的实用价值,而是它们的符号象征意义。大众传媒正是对于商品的"符号价值"的开掘和传播,使公众通过消费行为来进行新的身份认同和表达,社会也就由于消费而进行新的社会分层和社会关系的再生产。③

---

① 叶晖:《论传媒诱导下的大众消费》,载《理论观察》2004 年第 5 期。
② [美]迈克·费瑟斯通著,刘精明译:《消费文化与后现代主义》,译林出版社 2000 年版,第 19 页。
③ 徐小立、秦志希:《论消费文化语境下新闻传媒的变异》,载《新闻与传播评论》2005 年第 5 期。

传媒传播内容的消费主义转向除了将公众视为消费者，突出"生活方式报道"之外，还着眼于传媒自身信息产品的"可消费性"组织生产。消费主义转向让传媒不是注重新闻信息对于公众监视环境、优化决策的主体功能，而是强调产品对公众的吸引力和满足公众对传媒文化产品的欲望。这样，对新闻价值的评判和传播内容的选择完全交付给了作为消费者的公众，公众的喜好决定了传媒的选择。

不难发现，当前大量的娱乐新闻、娱乐节目和娱乐性的电视剧，逐渐占据着传媒传播内容的主导地位；它们基本上是消费性的而不是生产性的。一些电视台及其栏目宣称"以娱乐立台"，鼓吹"生产快乐"，大打娱乐牌，以此达到既可规避政治、经济风险，又可以自身产品的"可消费性"换来可观经济效益之目的。为此，不少电视传媒上的都市言情剧的内容往往具有"欲望化"倾向，以唯美的画面、纯洁的感情、出人意料的情节和着装时尚的俊男靓女为基本构成要素；它们按照公众的欲望和向往，演绎着富于幻想的非凡的生活和经历，以博取公众的青睐。历史题材剧中的"戏说历史"，则将公众对民主和法制、对反腐败的期待置换成了对"明君"、"清官"的期待；而电视传媒上的《孝庄秘史》、《皇太子秘史》、《太祖秘史》……一系列秘史构成的"历史"、"野史"，则在竭力煽情中消费历史的影子，以迎合受众的窥视欲。这些传媒以公众的心理需求为导向而任意扮演历史，这同样体现出传媒自身的消费主义转向。

此外，传媒传播内容的消费主义特征，还体现在大量的非道德化叙事。在消费主义浸淫传媒以前，众多传媒的传播内容往往注重宣传、教育和艺术的感染力，再现英雄模范人物的先进事迹和崇高品质，反映公众高尚情操、心灵美。随着传媒的消费主义转向，一些传媒开始偏爱暴力、灾害、犯罪新闻等阴暗面的揭示。如近些年流行于各地都市类报纸的"情感专栏"，热衷于登载"一夜情"、"婚外恋"或"多角恋"等情感故事；其故事叙述从场景到情节描绘都有把出格的感情甚至赤裸裸的"肉欲"加以美化和浪漫化的转向。这些传媒对此类故事的传播停留于倾诉和展示，少有道德的审视和理性的思考，除了满足一些人的窥私欲外，更多的是对感官刺激的迎合和对"人欲"的渲染、美化。同时，不少传媒还将非道德题材用故事化叙事模式表现，以强化传播内容的"可售性"。近年来大量以纪录片形式出现的法制节目、犯罪报道等，就是以叙事方式传播非道德题材的典型样本。如《拍案说法》（重庆卫视）、《文涛拍案》（凤凰卫视）等节目，叙事风格十分明显。这些用讲故事的方式呈现出来的纪录片，用故事元素来强化知识型纪录片的娱乐性和可看性。

2. 传媒主体形象的消费主义转向

从传媒的呈像频率及对公众的影响效果看，传媒主体形象已经经历了从革命英雄、科学家、劳动模范、道德楷模（如雷锋、王进喜、焦裕禄、钱学森等）到演艺界明星和体育明星的转变。当前特别是一些市场化传媒上各种文体明星占据着大幅版面和大段时段，可谓"群星璀璨"。传媒主体形象的变化说明传媒更多地关注消费特征而不是生产特征更明显的人物形象，可以说传媒主体形象已从"生产英雄"变成了"消费偶像"。之所以说现今的传媒主体形象是"消费偶像"，有两方面的原因：一是各种明星、名人大多来自娱乐行业，其主体特征是消费的而不是生产的，即他们在社会中的角色更多的是消费性的而不是生产性的。二是对这些形象的塑造和描写，传媒关注得更多的是他们的消费性特征而不是生产性特征。传媒对他们的塑造，重点关注的不是他们生产了什么，如何生产，生产中的艰辛与奋斗，而是他们如何生活。他们的衣食住行以及社会交往。传媒展现的明星的生活秘事，情感（绯闻、情变、恋情动态、家庭纠纷等）、生活细节、写真、子女以及演艺圈人际关系等日常琐事，只是供公众消遣或是一种消费生活的示范，而不是对公众产生人生价值和道德启示等生产性的影响。可见，一些传媒所呈现的明星形象是消费性的"符号"，而不是其附有的生产意义和文化价值。

这样，传媒主体形象塑造的诉求从"教化"变成了"消遣"，反映传媒呈现这些形象主要是为了吸引更多人的观看、欣赏，而不是出于引导和教化的目的，不是出于对促进社会发展和人的道德升华等方面的关注，不是为了实现人生高尚目标的树立。这样，传媒主体形象的主要功能也就相应地从"可资教化"变为了"可供消遣"，形象的主要意义负载也就从"承载价值"过渡到了"娱乐消遣"或"生活示范"。

明星、艺人之所以能成为消费主义时代传媒的主体形象，原因在于"消费偶像"的存在，有其社会心理基础。《名流——关于名人现象的文化研究》一书对明星消费现象给予这样的解释：对于普通人来说，他们只是社会这个舞台下的看客，靠舞台上的名人明星们演绎自己理想中的生活。普通人"只能每天在报纸、电视、书刊上看着名流们生活，仿佛是名人代表他们生活在这个世界上。因此，名流是一种想象的资源，在艰难的岁月里，公众通过这种资源获得慰藉"。[①]公众通过阅读和观看"名流"的浮华生活，一方面分享他们头上绚丽的光环，来满足自己内心的渴望；另一方面，"名流"的形象，还有他们身上发生的各种纠纷、绯闻、勾心斗角等新鲜和刺激的材料，也成为吸引公众的最好资源。于是"名流"既成为公众的消费对象，更是公众的"消费偶像"（向明星看齐，像明

---

① ［英］克里斯·罗杰克著，李立玮等译：《名流——关于名人现象的文化研究》，新世界出版社2002年版，第31页。

星那样享受浮华的生活)。

3. 传媒运作机制的消费主义转向

这里所谓的传媒运作机制,主要是指传媒运作理念、制度安排和生产流程等几个方面。传媒运作机制的消费主义转向,首先体现在传媒运作观念的变化上。长期以来,中国新闻传媒的运作理念,囿于政教宣传理念,即传媒扮演着组织者、宣传者、教育者、引导者的角色,从完成党的宣传组织任务、维护党的利益和推动国家发展的角度出发传播信息;传播的目的在于教育和引导公众。如今中国新闻传媒的运作理念不仅传承着以往政教宣传理念,同时还引入了新闻专业理念和市场理念。新闻专业理念体现在,传媒将公众定义为"公民",认为传媒应该满足公众应有的知情权,为公众提供新闻资讯,成为公众民主参与的信息平台和表达平台;同时,重视传媒作为社会子系统的责任和功能,新闻价值的判断不仅来源于公众的喜好,更来源于具有社会责任的社会精英意识。市场理念则彰显在强调传媒的商品属性上,认为新闻传媒不仅有着信息传播和意识形态的追求,而且还应有着商品推销的经济利益追求。

其次,传媒运作机制的消费主义转向,也体现在传媒制度安排上的变化。以市场意义的"推销者"角色来运作传媒,必然寻求制度上的保障。由此也就带来了传媒制度安排上的变化,这主要表现在传媒经营部门地位的上升和绩效评估体系的改变。传媒经营部门地位的上升,几乎是目前所有市场化传媒的一种制度安排。拿报纸来说,国际上通行的经营与采编人员比例大致为 7:3,而在报业经营管理体制改革以前,中国报纸的经营与采编人员比例正好相反,甚至到了 2:8。经营部门不仅人少,而且素质差。各大报社有的实行总编辑负责制,有的实行社长负责制,社长与总编辑之间的关系长期无法协调。1996 年,《羊城晚报》率先进行经营管理体制的改革,实行社长领导下的总编辑和总经理负责制。社长总揽全局,总编辑负责采编,总经理负责经营,首次将经营和采编放在同等重要的位置,让总经理与总编辑平起平坐。如今这种"三驾马车"、"两个轮子"的管理模式已经成为中国报社通用的管理模式。尽管这一机制规定经营部门与编辑部门要严格分开,经营部门不得过问编辑业务,但在市场竞争带来的经营压力下,为了经营的高效率,众多市场化传媒不得不打通各部门之间的区隔,按照"整体运营"规律,"实现内容、发行、广告之间的互动","围绕统一的利益驱动运转三个环节"。① 还有不少传媒机构引进整合营销的理论,力图拆除编辑部门与广告经营部门之间的壁垒,使整个传媒的各个部门和环节"注重以客户为

---

① 龙奔:《从"报纸经营"到"经营报纸"》,载《中华新闻报》2004 年 3 月 29 日。

中心的跨职能的协调活动"。①

传媒成为市场意义的"推销者",必然会把信息、新闻的"可消费性"作为内容生产的最重要的标准,从而也带来了传媒激励机制和约束机制的变化。具体来说,这些变化更多地体现在传媒的绩效评估体系上。对栏目、节目等传媒内容的评估来说,收视率、阅听率和发行量正成为目前众多传媒最主要的"评价"标准。如电视台建立以收视率为主体的节目评价体系,实施栏目(节目)收视率的末位淘汰制等,这就迫使传媒从业者想方设法适应乃至迎合公众的需求与兴趣,促使他们无论在报道时事新闻、灾害新闻、战争新闻还是娱乐新闻、社会新闻等,都不再是仅仅以为公众提供信息服务、优化决策为目的,而是要尽可能地考虑"内容"的可售卖性。对于传媒内容生产的主要力量记者和编辑的绩效评估,其加分或扣分的依据一般来自这样几个方面:单位领导及主管领导的表扬或批评、高层领导的批示、公众的反应、行业经济部门的反应、有否引起官司等。这些措施虽然也能促使记者、编辑服务于社会公共利益,但它更大程度上是着眼于传媒自身的经济效益。因为不难看出,这些依据的制订,与传媒为了获取政治资本和经济资源,以及规避风险和争取高的经济回报等问题的考虑都有直接的关系。

再次,传媒运作机制的消费主义转向,还体现在传媒生产流程的"逆推"上,即由过去的"生产决定消费"变成了"消费决定生产"。消费主义规定着,传媒的传播内容生产由消费作导航;消费决定了为谁生产,生产什么,以及怎样生产。

在"为谁生产"的问题上,消费主义背景下的传媒在逐利动机的驱使下,其公众定位发生了根本变化。有的传媒公开宣称要做"白领中产的代言人",有些传媒把自己的核心公众定位于所谓"社会精英"、"社会主流阶层"和"中产阶层";就连最没有边界的互联网上的信息服务,其面向的公众实际上更多的也是社会中上层。而农村农民、弱势群体、边缘人群等不被广告商看好的社会人群同样也不能受到众多传媒的青睐。

"生产什么",这主要涉及到传播内容的题材选择。基于对内容吸引力、生产成本及风险的考虑,不少传媒"选题"的总原则是公众感兴趣,而且成本低、风险小、回报高。成本、风险和回报的算计,决定了这些传媒报道中城市题材的集中和舆论监督题材的稀少。因为城市题材对传媒的主要广告目标公众——城市居民的亲和力大一些,而且由于距离、交通、通讯上的便利和语言上的无障碍减少了成本也减轻了报道的难度。为了规避经营风险,许多传媒还尽量选择那些与政府直接部门有所分开的社会性话题,也就是所谓的"民生新闻";而前瞻性的

---

① 丁俊杰:《媒介整合营销》,载《中华新闻报》2003 年 8 月 4 日。

话题和社会转型期出现的各种重大的、有争议性的话题则相对较少,因为这些话题性新闻需要面上的调查才有概括性、深刻性,难度很大,成本也不小,而且很容易出偏差,风险大,所以不少传媒"不大敢碰"。

"怎样生产"的问题,主要关系到传播内容的处理、加工。当生产围绕消费目标旋转,传媒的传播内容生产势必呈现出这样两大主要特点:一是从"可消费性"着手处理加工收集到的报道材料,尽量"吸引眼球",满足公众感官的需求;二是可能的话,尽量使商业流程与传媒生产流程相结合,在传播信息的同时宣传和推销商品并服务。

二、传媒消费主义复杂的文化意义

消费主义思潮侵入传媒,不论对于新闻传媒自身,还是对于社会而言,都具有复杂而深远的影响。

1. 对新闻传媒自身而言

一方面,传媒的消费主义转向有着其积极的意义。传媒消费主义转向有利于传媒确立为公众服务的主导意识,实现传媒从"意识形态附庸"向公众本位理念的转变。消费主义转向在一定程度上,会促使传媒新闻专业理念日趋增强,新闻的覆盖面也更趋扩大,从原来的政治、经济、军事和国际事务等传统报道领域,扩展到现在的日常生活的方方面面,在客观上能使公众获取更多与自身贴近的信息。不仅如此,消费主义转向还有助于传媒在新闻报道中更多地运用民间视角,吸纳民间的语言风格,与公众实施互动,力求符合公众的认知水平和实际需求,使传媒的信息产品为普通公众所喜闻乐见。

但是,另一方面,消费主义转向给传媒带来的消极意义也是不容忽视的。消费主义倾向,使传媒以公众注意力为最根本的驱动力,视公众作为传媒信息产品的消费者,必然会导致传媒往往关注那些异类的、超常的、负面的,且有感性刺激效果的事情,如"星、性、腥"之类的新闻,往往去追逐日常生活中的琐闻趣事,展现衣食住行柴米油盐的世俗人生,而难以花费大的成本、深入调研长期存在的、重大的社会问题并作前瞻式报道,亦难以承担各种可能的风险对社会热点、难点问题为公众提供理性、深刻的解读。同时,传媒娱乐化、新闻世俗化的消费主义转向,不仅不利于公众参与公共事务,凝聚公共意志,而且还可能让公众沉溺在物质财富的追求和享受中,退回到私人空间,对公益事业和公共事务的责任意识减弱,从而也使传媒的公共性精神趋向衰落。此外,消费主义转向还可能导致传媒的社会责任意识薄弱,侵蚀公众精神和社会文化,使传媒难以承担真正推动社会整体进步和人的全面发展的重任。正如新加坡《联合早报》总编辑林任君对于传媒转向消费主义文化的现状的评价,他认为,市场机制"没有让媒体强化报道质量、确保新闻准确、客观、平衡,反而必须快速出街、主观偏颇、添油加醋;竞争没有让版面成为雅致、悦目的图画,反而必须美女俊男清凉上阵,或以血腥恐怖的图片,刺激感官;竞争没有让媒体完整成为传递信息、社会公器的载体,反而助长无厘头、夸张渲染、舍本逐末,侵犯隐私、政治扒粪,带来的结果就是制造外表绚丽刺激欲望的即食产品,一次性消费,既矮化高层读者的智慧,也无法开启一般民众的民智,甚至将民智引入下降的通道"[①]。

2. 对社会而言

一方面,传媒消费主义转向有利于释放人的生理欲望,尊重人的本能要求,使生活美丽起来,使人获得更多的愉悦和幸福。传媒消费主义文化,批判禁欲主义对人性的禁锢,肯定了人对物质享受的正当性,肯定了感性因素对于人的地位和价值。随着社会经济和物质财富的快速发展,随着文化世俗化进程的推进,物质享受和感官享乐已成为公众实现人生价值和目的的一个重要方面。因此,传媒的消费主义在某种程度上体现了时代文化的现状和价值取向的变化,在某种程度上适应了今天一些公众的生活梦想、意愿的改变。

但是,另一方面,传媒消费主义转向,也给人类社会带来了深层的危机,它的负面影响已经超过它的解放意义。传媒消费主义不断开发、制造人的欲望,却无法帮助公众实现它。"欲壑难填",新的欲望总是不断产生,人的内心始终处于无法满足的境地,人的精神疲惫和焦虑自然毋庸赘言。传媒消费主义还会助长社会奢靡享乐之风盛行,造成人的心灵空虚、精神缺失,人的发展在物质和精神两方面难以协调。传媒消费主义制造了高贵、时尚、品位等话语,赋予消费品标识身份、地位的意义,使人无法肯定或否定自己,而只有通过消费品来打量自己,认证自己,人无疑被这些消费品所限定,成为无本质之物。"人作为社会性的动物,只有在社会性联系中才能获得高于简单生存的生活意义,而高于简单生存的生活是道德的生活,高于简单生存的意义是社会的意义"。[②] 因此,从关注生命个体的生存状态,关心人的全面发展、人生的意义与价值出发,人应该挣脱物欲的羁绊,追求精神的提升,在社会中实现人生价值,从而获得自身的幸福和快乐。传媒消费主义所倡导的物质消费、欲望消费显然与个人生存的意义、价值最终相悖。总之,传媒消费主义不利于个人的全面发展。

与此同时,传媒倡导消费主义也对整个社会带来负面的影响。首先,消费主义生活方式所带来的环境问题和人类的可持续发展问题日见突出。当今社会,资

---

① 林任君:《在报业恶性竞争狂澜中寻找华文报的中流砥柱》,在第四届"世界华文传媒与华夏文明传播国际学术研讨会"的主题发言,2005年9月24日。
② 王新生:《消费大众的精神空场与公共理性的重建》,载《求是学刊》2007年第2期。

源紧缺、环境污染已对中国乃至整个世界形成严峻的挑战,消费主义生活方式的不可持续性已是全球有识之士共识,时代的主题是节约、节源而不是奢靡浪费。"社会发展应以资源、环境为主导而不是以人的奢侈消费、过度满足为主导"①。传媒热衷向公众灌输超前消费和奢侈消费,诱导公众一味贪求物欲享受,而非合理、科学的消费,这显然与国情、社情不符,不符合社会科学发展和节约型社会的要求。其次,是传媒对消费主义宣扬易诱发不良的社会心理,造成社会的不稳定。传媒倡导追求物质享受的消费主义生活方式,夸大渲染富人、明星的豪华生活场景,无疑会增加社会底层、弱势群体的不平衡心理,煽起"仇富"情绪,加剧社会的认同危机,从而成为社会发展中重大的潜在危机。同时,消费主义意识形态诱导个人对于享乐、富人生活方式的期待,使得个人和社会以物质消费和欲望消费为中心,势必助长物欲化、庸俗化的心理,消解积极进取的社会精神,其对社会心理的腐蚀必定成为社会可持续发展的掣肘。

从文化的层面看,当下消费主义借助传媒的力量向社会迷漫、扩散,正在不断挤压着主流文化和知识分子精英文化的空间,消费文化的霸权正在使市场经济条件下刚刚成为可能的一部分公共话语空间让位于消费话语和为吸引消费者而传播的消遣娱乐,从而削弱传媒的公共职能。为此,新闻传媒必须改变消费主义意识形态的宰制地位,才可能强化公共理性的重建,实施传媒公共领域的职能。从公众层面看,有人认为,消费社会的问题之所以值得忧虑,根本上并不在于经济过程中消费成为主导性的方面,而在于它创造了一种使人类迷失方向、被异化、物化的逻辑。

如何重构被消费文化侵蚀的传媒公共领域?丹尼尔·贝尔寄希望于"新宗教",哈贝马斯希望构建一个"理想的交往情景",汉娜·阿伦特求助于传统精神的恢复,等等。但众多学者普遍认为,最根本的不在于消除消费文化赖以生存的政治权力和垄断所体现的"合理化"逻辑本身,而是要培养一种力量,将这逻辑限制在它应属的领域内。按哈贝马斯看来,这样一种力量来自于"教会、文化团体和学会、独立的媒体、运动和娱乐俱乐部、市民论坛和市民协会、职业团体、政治党派、工会"等等。② 对于中国而言,这是一个复杂、漫长的过程。

第四节 新闻传媒与和谐社会道德重建

一个社会是否和谐,一个国家能否实现长治久安,很大程度上取决于全体社

---

① 贾广惠:《论传媒消费主义对公共性的瓦解》,载《人文杂志》2008年第3期。
② 王新生:《消费大众的精神空场与公共理性的重建》,载《求是学刊》2007年第2期。

会成员的思想道德素质。没有共同的理想信念，没有良好的道德规范，则无法实现社会和谐。所以，建设和谐文化、巩固社会和谐的思想道德基础，是建设和谐社会的重要任务，也是新闻传媒的职责所在。审视和谐社会道德建设的问题，我们发现，一方面，随着全球化进程的深入，西方道德价值观念不可避免地对中国既有的道德观念产生很大的冲击，全球化要求中国社会道德进行调适与变革。所以，可以说，对社会道德进行重构是全球化时代对中国精神文明建设提出的新要求。另一方面，处于转型时期的中国经济发展迅速，社会分化加剧，在长期自然经济和计划经济状态下所形成的道德思维和社会道德规范与市场经济环境并不协调。在这样的情形下，对道德进行重构是社会经济发展提出的必然要求，也是新闻传媒和谐发展的必然要求。

一、和谐社会是道德化社会

和谐社会包括社会关系的和谐及人与自然的和谐两个方面，主要是指社会关系的和谐。作为社会意识形态范畴的道德是构建和谐社会关系的精神基础。一个社会的道德呈现不仅表现为社会成员的行为规范，更表现为社会成员的价值信仰与精神。人无德不立，国无德不兴。一个人需要有精神的支持，一个民族和国家同样要有价值理想和精神信仰。"缺乏道德精神，就会导致社会成员精神匮乏，就会损害社会公平和正义，影响社会安定和秩序，使民族失去凝聚力、向心力和创造力，导致一个社会一个民族沉沦与分裂"。[①] 道德不仅是和谐社会的信念支撑和价值目标，同时它以制度化的规范要求协调着各种社会关系并引导着公众行为的价值取向。胡锦涛指出："我们所要建设的社会主义和谐社会，应该是民主法治、公平正义、诚信友爱、充满活力、安定有序、人与自然和谐相处的社会。"[②] 这些都与社会道德构建的目标要求相关联、相耦合。

不少学者认为，和谐社会是道德化社会。王小锡认为和谐社会既是一种社会发展的理想目标，也是一种社会发展的价值取向，更是渗透着道德精神的具有生机和活力的社会。物质文明展示道德精神，物质创造需要道德精神；民主法治的依据是社会主义道德；利益分配的合理性基于体现社会公正的道德价值；人际交往方式及其交往效果是道德实体的存在样式，是衡量社会和谐与否的直接表现形式；精神文化生活水平是和谐社会的重要内容和标志，而精神文化的核心依然是

[①] 王小锡：《实现和谐社会的道德思考》，载《伦理学研究》2005年第3期。
[②] 参见《人民日报》2005年2月20日第一版。

道德精神。① 刘创则认为和谐社会是道德化社会的理由在于：道德是保障社会和谐的内在条件；道德对和谐社会发展具有价值取向作用；道德是构建和谐社会的有效调控力，在形成良好的市场经济环境过程中发挥着重要作用。②

和谐社会是道德化社会。那么，当前中国的社会道德状况如何？全球化背景下中国正处于社会转型的多重变革时期，新旧制度之间、城乡之间、贫富之间、不同阶层、不同观念之间的矛盾冲突加剧。在社会转型中，公众的思想道德观念也在发生变化，旧的道德价值体系逐渐瓦解，而新的道德价值体系却还没有完全建立起来，甚至在道德"善"、"恶"的价值判断上还存在着一些模糊认识；社会道德价值观及道德原则体系或者缺失，或者缺少有效性，不能对社会生活和公众的个人生活发挥正常的调节和引导作用，从而表现为一定程度的社会生活和个人生活的失控、失序。转轨中的经济体制和政治体制、多元的道德价值评价标准，以及受到巨大冲击的个人社会心理等多方面原因，导致中国道德失范现象较为普遍。本课题组通过实地调查得出以下数据：35%的受调查者认为中国当前的社会道德状况比较差，32%的受调查者认为中国当前社会道德出现了迷失现象。这不能不令人担忧。如果这些存在的问题得不到及时有效的解决，必然损害正常的经济和社会秩序，损害改革发展稳定的大局，也会影响到和谐社会的建设。因此，道德建设必须引起全社会的高度重视。

二、传媒的社会道德功能

随着传播技术的发展，新闻传媒对社会生活的各个方面的渗透力和影响力日益加强，甚至已经逐步取代了家庭、学校等传统道德教育机构的功能，成为公众获取有关道德信息的主要渠道。计划经济时代的党政团工青妇居（村）委会，以及企事业单位等各种组织参与道德建设的功能日益弱化、萎缩。在传统的道德建设组织缺位情况下，新闻传媒在影响公众思想道德观念方面发挥着更大的作用。新闻传媒所传递的道德信息能够广泛、迅速、持续地影响着公众的道德情操、价值观、人生观，甚至于公众的工作方式和生活方式。美国文化与媒体研究所（The Culture and Media Institute）在《全国文化价值调查报告》中指出，大部分美国人认为道德败坏的罪魁祸首是大众媒体。如果新闻传媒继续提倡世俗价值观而损害正统的信仰和价值观，美国人道德衰落的趋势将很难扭转。该报告还认为："关心国家道德状况的美国人应当坚持要求媒体努力更平等地代表所有观

---

① 王小锡：《实现和谐社会的道德思考》，载《伦理学研究》2005 年第 3 期。
② 刘创：《道德建设与和谐社会的构建》，http://www.gmw.cn/01ds/2005 - 06/29/.

点，包括那些正统的观点。"① 那么，中国的新闻传媒又是如何塑造当代中国人的道德观念呢？以杨丽娟事件为例，新闻传媒在其中起了很大的"推动"作用。新闻传媒的做法不是从正面去引导，而是通过炒作、通过新闻传媒的社会动员作用来"帮助"杨丽娟实现追星的愿望；不是理性地报道事实，而更多的是激情四溢的渲染、制造"气氛"，在许多新闻传媒的报道中，杨丽娟的行为甚至被描绘成一种英雄、浪漫的做法，是对个人梦想追逐的执着。不可否认，中国社会的病态化发展过程中新闻传媒负有重要的责任。

新闻传媒主要是通过塑造社会舆论对道德规范起到监督与维系作用；今天的中国，新闻传媒已经成为形成社会舆论的重要力量。江泽民曾指出："新闻舆论，作为上层建筑、意识形态的一个重要组成部分，由于其自身的特点和优势，同政治、经济、文化生活的各个领域，都有密切的联系，都会产生广泛而深刻的影响"。② 新闻传媒正是通过塑造"拟态环境"，为公众提供了一个道德思想观念和行为的参照系，影响着公众的道德观念和行为。新闻传媒的这些道德功能可以归纳为"道德认知和传承"、"正面疏导"和"负面惩戒"四个方面。

1. 道德认知和传承功能

施拉姆在探讨传媒对个体的作用时，指出新闻传媒能够向个体提供知识和经验，传播社会文化遗产并提高社会大众的文化水平。新闻传媒向公众提供的知识信息是多样的，其中也包括道德信息，它能够为个体提供一个道德现象、道德生活的模拟"图像"或拟态环境，在个体道德认知过程中起着重要的作用，促进个体形成对社会道德生活的认识、评价和理解。

新闻传媒的道德认知作用不是指传媒简单地、刻板地把道德观念、道德规范和价值标准灌输和强加给公众，而是通过潜移默化的方式来改变公众的道德观念，促进道德行为的养成。新闻传媒在传递信息的同时为公众构筑了一个强大的认知场，这些信息及观点由浅入深、由点到面地影响着公众的认知、态度、情感、价值观、文化心理等，新闻传媒潜移默化地影响着公众的思想观念，价值行为取向③。"大众传播媒介迅速、及时地向公众传递信息……而且为其独特的社会心理作用，在拓展公众视野的同时……改变着公众的认知方式，塑造着他们的价值观认知结构"④。

另外，新闻传媒天然地具有传承道德的功能。新闻传媒对传统道德的传承主要表现为把历史上沉淀下来的优秀的传统道德文化精髓传递给社会成员，使社会

---

① 详见 http://www.cultureandmediainstitute.org/specialreports/pdf/NationalCulturalValues.pdf。
② 江泽民：《讲学习，讲政治，讲正气》，学习出版社1996年版，第371页。
③ 童清艳：《超越传媒——揭开媒介影响公众的面纱》，中国广播电视出版社2002年版，第48页。
④ 童清艳：《超越传媒——揭开媒介影响公众的面纱》，中国广播电视出版社2002年版，第152页。

成员共享本民族的道德价值观、社会道德规范。通常新闻传媒对社会道德的传承有两种方式：一种方式是纵向传播，即上一代社会成员通过传媒向下一代传递属于自己一代的已定型的道德思想，实现道德的代际相传，保持社会道德的持续性。下一代的社会成员通过接受上代的道德知识、道德态度，在自己的社会道德生活中，适应角色，遵循道德规范。另一种方式是横向传播，即新闻传媒在一定的历史条件下，在全社会范围内的同一代社会成员中扩散、传播从上一代得来的社会道德知识、道德观念，以形成道德态度、取向。这样一来，社会道德的传承，就在代际和群际中通过新闻传媒传播的渠道实现，借助于传媒的这一主要渠道，社会道德得到传承、发展。

社会中的某种道德价值观通过新闻传媒的传播，迅速地波及广大公众，成为大多数人甚至全社会信奉的价值观。2007年，众多传媒对当年感动中国年度人物获奖者谢延信的报道，在谢延信的事迹中挖掘出中华民族的许多优秀的传统美德，如孝敬老人、诚实守信、无私奉献、积极乐观、勇担责任等；通过传媒的集中报道，使这些美德得以在全社会范围内广为传播。另外，新闻传媒传播的道德价值观还会与公众原有的价值观念发生聚合和分化作用，从而产生出新的价值内涵，并进而导致公众的道德观念在更大的范围内趋于融合、变革。如改革开放以来，以新闻传媒为中介，传统与现代、本土与外来的各种道德观念、行为模式汇聚在一起，相互碰撞、交融，在很大程度上改变着国人的道德风貌和价值取向。

2. 正面疏导功能

新闻传媒对道德的引导主要通过舆论来实现。新闻学者陈力丹指出，马克思和恩格斯关于"报纸是作为社会舆论的纸币流通的"论断，抓住了报刊和舆论关系的特点。报刊是舆论的产物，它必须表达舆论，只有通过表达舆论才能形成更广泛的舆论，达到其特殊的指导或影响舆论的目的[①]。而"舆论基本上就是对一些事实从道德上加以解释和经过整理的一种看法。"[②] 新闻传媒通过抓住舆论热点问题，充分发挥自身公众范围广、影响大的特点，精心选择一些对社会道德建设具有典型意义的事例或人物，把握有利时机，让公众积极展开讨论，以形成舆论强势，使公众在参与中实现自我教育，从而达到润物无声、潜移默化的效果。新闻传媒正是通过社会舆论对道德观念、事件和行为、道德人物等的传播，影响着公众的道德认知、情感、意志和行为，并使公众能够意识到社会舆论在提倡什么、反对什么、限制什么，在无形的舆论压力下实现对社会成员的道德引导。

---

① 陈力丹：《精神交往论》，开明出版社1993年版，第201页。
② ［美］李普曼著，林珊译：《舆论学》，华夏出版社1992年版，第96页。

新闻传媒的道德引导往往还借助道德颂扬来实现。新闻传媒报道是体现和谐社会精神内核的社会团体、组织和个人行为，不仅为民众树立典范，更通过具有公信力和感染力的叙事，承担起营造和谐气氛的功能，向社会各阶层展示公平公正、平等互爱、和睦相处的社会环境，鼓励他们实践和谐社会主义道德规范，使之成为公众的价值信仰和精神。另外，新闻传媒为公众展示多种高品位的文化内容和文明水准，弘扬高尚的道德情操，以及利用其社会影响力，积极倡导社会文明新风，扶持社会文化事业等。中共十四届六中全会前后，中国各级各地传媒加大了精神文明宣传力度，从许振超、任长霞、王顺友、郑培民、方永刚等典型人物的推出，到"精神文明巡礼"、"劳动者之歌"、"讲文明，树新风"等栏目的亮相，再到全国道德模范的评选表彰，以及各级传媒组织赈灾、扶贫等大规模的慈善活动等，都对社会道德的进步产生积极的影响。2007年7月和2009年9月，连续开展的两届"全国道德模范评选表彰活动"就是道德颂扬的典范之举。通过新闻传媒这个平台让公众充分了解了道德楷模的先进事迹，更充分发挥着道德模范的引领作用，弘扬了社会正气。课题组的调查结果显示，受调查者普遍认为新闻传媒倡导了男女平等、尊老爱幼、热爱祖国、诚实守信等正面的道德观念。

3. 负面惩戒功能

新闻传媒对越轨的道德行为、道德现象具有监视、批评的作用。众所周知，道德与法律的作用方式不同。法律体现统治阶级意志，是由国家行使立法权的机关依照立法程序制定，由国家强制力保证执行的行为规则。而道德是依靠社会舆论的力量，依靠公众的信念、习惯、传统和教育的力量来维持。它通过社会公众的指责，自我良心的责备形成的心理压力而发生作用。对道德行为而言，舆论是一种他律，即外在约束和监督。舆论监督虽然本身不具有法纪效力，没有直接的处置权，但舆论作为一种全社会范围的公开评价，其对社会所形成的软控制力并不亚于法律的硬控制。"不怕上告，就怕见报"，"千夫所指，无疾而死"便体现出舆论监督的道德威慑力。

当社会道德规范体系出现无序状态时，新闻传媒还可以通过它特有的"谴责机制"使背离社会规范和主流道德意识的社会心理和行为得以纠正，正如美国著名传播学者拉扎斯菲尔德所指出的，"大众传媒通过将偏离社会规范和公共道德的行为公诸于世，能够唤起普遍的社会谴责，将违反者置于强大的社会压力之下，从而起到强制性的社会规范的作用。"[①]

近些年来，在公部门领域，新闻传媒特别是网络传媒对政府官员的腐败或不作为行为进行大量曝光，形成一种强烈的舆论压力，从而实现对公权力的监督与

---

① 郭庆光：《传播学教程》，中国人民大学出版社1999年版，第115页。

制衡。在私部门领域,新闻传媒对见利忘义、坑蒙拐骗、以职谋私等不道德行为进行了有效监督。新闻传媒成为端正不正之风和净化社会风气的利器,通过对一些典型的消极事例和现象的披露,有助于在全社会范围内形成扶正祛邪、扬善抑恶的道德环境。2003年山西繁峙矿难记者集体受贿事件的曝光,2007年"纸包子事件"的严肃处置,就为新闻行业的行风端正起到了重要的作用。2008年2月16日,楚天都市报独家推出的"良心债"系列报道,以生动鲜活的事例,书写出一部彰显道德张力、净化心灵、明辨荣辱、促进和谐的优美篇章,产生了强烈的社会反响和心灵共鸣。

三、传媒道德建设与和谐社会道德文化构建

中国新闻传媒在对道德建设做出重要贡献的同时,也对当前社会道德产生了一些不良影响。目前,对中国社会道德产生不良影响的传媒现象主要有虚假新闻、有偿新闻、暴力和色情、媒介炒作、侵犯隐私权、虚假广告、媒体"道德绑架"、传媒消费主义、传媒泛娱乐化等。正是由于传媒这些不良现象,导致了社会不良道德行为的加剧。根据课题组的调查结果,受调查者认为传媒对以下社会不良行为负有责任,如享乐主义、盲目崇拜、坑蒙拐骗、个人主义、贪污受贿等。

新闻传媒与和谐社会建设是一种相辅相成、相互促进、和谐共存的关系。郑保卫指出,在构建社会主义和谐社会的过程中,新闻传媒是和谐社会建设的宣传者和促进者;而社会和谐又是新闻传媒的奋斗目标和工作动力;同时,和谐的传媒与和谐的舆论本身是社会主义和谐社会的重要组成部分①。如前所述,新闻传媒对社会道德的影响巨大,如果新闻传媒本身道德失范,则会对社会道德产生后果更加严重的负面影响。因此,加强新闻传媒的道德建设,是重构和谐社会道德的关键所在,也是新闻传媒在建设和谐社会过程中应尽的责任和义务。

1. 发挥民间监督力量,完善传媒他律机制

世界主要发达国家在对大众传播媒体行为的规范方面,有着成熟的处理经验。在欧美等国家,民间他律机制非常完善。美国有独立于传媒、政府之外的全国性民间监督传媒组织,如"公正报导及确实组织"(FAIR)以及"媒体确实报导组织"(AIM)等。加拿大的民间传媒监督团体如"电视暴力行动团体"(AGVT)、"加拿大妇女传播"与"关心儿童广告协会"等,多属非营利性的志愿者团体,除接受民众检举外,另负责与官方及传媒自律单位协商。英国的

---

① 郑保卫:《论新闻传媒与和谐社会建设的关系》,载《新闻与写作》2007年第2期。

"独立电视委员会"(ITC)以"观众评议协会"(VCCs)在对一般大众传播媒体以及新闻传媒采访报道,甚至是人格权、名誉权、隐私权保护等方面,均有相当的他律功能。新加坡主要有"出版品诉愿委员会"(Publication Appeal Committee)、"广电节目咨询委员会"(Program Advisory Committee)等机构来执行大众传播媒体的民间他律规范。中国台湾民间从事媒体监督工作的组织也较多,主要有:"新闻评议委员会"、"台湾媒体观察教育基金会"、"阅听人媒体监督联盟"、"妈妈监督媒体文教基金会"、"财团法人广播电视事业发展基金会"、"台湾广告主协会"、"台湾记者协会"、"与媒体对抗"等,它们均起到了很好的监督作用。

考察中国大陆的传媒监督机制,主要有政党、政府的专门部门监督,行业协会或学会的自我监督,大学和研究机构的学术监督四大部分组成。而对新闻传媒的实质督察权还是掌握在行政者手中。如政府拥有对传媒国有资产管理的行政督察权,党的相关部门对媒体拥有政治思想领导权。党政相关部门对新闻传媒的监督实则是一种上对下的组织监管关系。这种上对下的监督本身决定了监督视角的局限性。新闻传媒的行业协会则具有半行政的性质,阮志孝指出,中国新闻学会挂靠于新闻传媒,在经济上也依赖于新闻传媒。其存在的主要意义就是为新闻传媒服务,如组织业务培训、相关信息交流和学术研讨活动等;职业操守教育与行业自律虽然是其工作的一部分,但重在宣教而非监管。这类行业协会和学会,对于新闻传媒的舆论监督也就不可能特别重视、有力。大学及研究机构所办的专业刊物,主办者都是事业单位。刊物是党和政府管理的出版事业,办刊目的在于为教学与科研服务,其着力点也不在于行使对传媒的监督权。①

与世界主要发达国家相比较,中国大陆的新闻传媒监督最主要的缺陷在于缺乏来自民间的他律力量。我们需要一个超越政治与经济利益之上的新闻传媒监督机制,以谨守消费者权益来观察与监督传媒。由民间社群所组成的新闻传媒监督组织,是对传媒消费行为的自觉运动的表现,与政党、政府、行业组织的规范共同构筑起新闻传媒监督的防线。这一新闻传媒监督组织可凝聚社会各方的力量,以公正第三部门的角色来对待传媒,从事批评与建议,关注传媒在当今社会中所应扮演的规范性角色。同时,这也是公众在履行自己应有的权利。

2. 开展道德推理和抉择训练,提高道德冲突处理技能

要建设传媒道德,重构和谐社会道德,除了构建包括民间他律机制在内的新闻传媒道德制度外,如何提高传媒从业人员处理道德冲突的技能也非常重要。在社会转型过程中,传统道德的不适与新型道德的重建所带来的道德冲突是新闻传

---

① 阮志孝:《谈我国大陆媒介的监督组织与机制》,载《新闻记者》2006年第9期。

媒及其从业人员不得不面对的窘境。对新闻传媒来说，一方面要参与市场竞争，这就要求传媒按照经济规律运作，追求经济利益，以保障媒体的正常运行；另一方面，传媒要向社会负责，担当起社会公器的责任，这就要求传媒不能仅仅追求自身的经济利益，还要以社会利益为重。如何在这二者之间寻求一个平衡点，需要新闻传媒对社会道德准则进行恰当的选择。在转型时期的新闻传播工作中，新闻传媒从业人员常常会遇到道德价值抉择难题。为了解决这些难题，新闻传媒及其从业人员们必须学习一些道德推理技能，进行道德推理训练，以提高在面临道德抉择时的应对能力。

一般来说，常用的道德推理工具是波特图式。这是美国哈佛神学院博士拉尔夫·波特设计的一种道德推理模式。它将道德分析的四个方面纳入其中，即定义、价值、原则、忠诚。通过对定义、价值、原则、忠诚四个问题的分析，来寻找道德答案。波特图示被看做一个循环的有机整体，它不是一组随便放在一起彼此独立的问题，而是各个部分相互联系的系统（见图 4-1）。

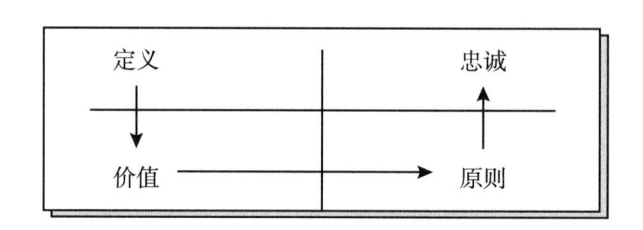

图 4-1　波特图式

资料来源：克利福德·G·克里斯蒂安：《媒体伦理学：案例与道德论据》，华夏出版社 2000 年版，第 15 页。

从图 4-1 中可以看出，要对某个问题作出道德判断时，需要针对这个问题从"定义情况"——到"确认价值"——再到"提出道德原则"——到最后"选择忠诚"——从而推断出应如何解决道德问题。通过波特图示四个步骤的推理方法，新闻传媒从业人员可以得出一个负责任的和符合道德的决定。这个决定产生于过程的每一个步骤中，而更多地集中于最后的选择之中。它促使新闻传媒从业人员确立自己的道德观念，促使其做出刊登或不刊登及怎样刊登某个新闻报道的决定。

波特的道德推理图式是建立在一个假设的基础上的。即新闻传媒从业人员都能自觉遵从其所主张的媒介道德原则。实际上，尽管每个人都有自己的价值主张与道德观念，但是由于各种因素的影响，有时公众又不得不做出不合自己道德主张的决定。针对这种现象，我们必须开发一个新的道德抉择模型，以此来全面衡量各种因素影响的重要性，综合评估之，最后得出一个最优化的道德抉择。

道德抉择模型是进行新闻传媒道德抉择和判断的一种方法,即个人如何筛选道德的原则。早期学者大多从个人的认知过程(认知、评估、行动)去分析,并认为个人或组织特质是影响道德抉择的因素。近十年来的一些道德抉择模式的研究,也提出个人道德抉择会受其对道德问题(issue),或称之为道德处境(situation)认知的影响。我们可以使用情境调查法,考察一些道德两难的情境(scenarios)。据此了解公众对此情境的认知过程。也可以用问卷法直接了解个人因素(如个人规范)或组织因素(如组织正式及非正式规范)对个人道德抉择的影响。

图4-2是美国学者琼斯(Jones)发表的问题权变模型(Issue contingency model),以系统性的架构提出个人道德抉择的过程受其对道德问题本身道德水平认知的影响。并以"道德强度"来表示个人对道德问题情境的认知:道德强度不同会对个人道德抉择产生不同的影响。

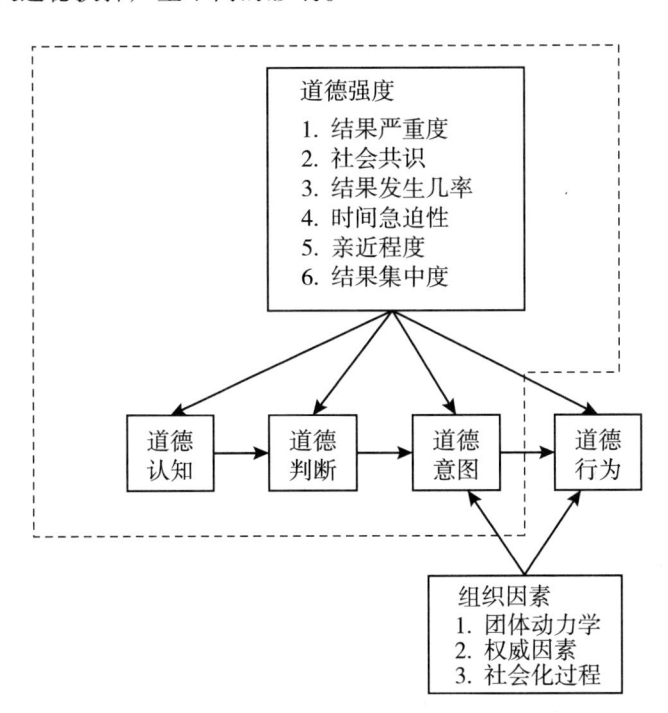

图 4-2 道德抉择模型

资料来源:Jones T M. Ethical Decision Making by Individuals in Organizations: An Issue-Contingent Model. Academy of Management Review, 1991 (4): 366-395.

波特的道德推理图式和琼斯道德抉择模式将行为主体所面临的道德冲突以清晰直观的图式和流程图展示出来,便于行为者进行道德选择并做出恰当的行动决策。但是,这些只不过是一些工具罢了。在运用这些工具的过程中,新闻传媒从业人员必须树立正确的媒介道德观念。因为，如果缺乏道德关怀也同样无法做出合乎道德的选择。所以，下述加强媒介道德教育是必不可少的媒介道德建设环节。

3. 开展道德教育，提高从业人员道德水平

道德作为自律，是道德主体的习惯和自觉。道德教育是提升媒介道德水准的必然之道。教育是道德的传授与实践的结合。直面目前新闻传媒道德失范的现象，我们更要重视道德教育。通过教育使公众认清新闻传媒的传播活动的本质，在于正确把握报道与事实之间的关系。其次，也教育公众看清新闻传媒道德失范的现象，通过教育来唤醒公众的自主意识，建立批判意识。我们期待通过道德教育的过程，可以达成新闻传媒及其从业者本身的更新转型，远离失序乱象。

目前，我们主要有两种新闻传媒道德教育方式：一是在校学生的新闻传媒道德教育，二是新闻传媒从业人员的职业道德教育。

学校传媒道德教育是传媒道德教育主要阵地。高校的新闻传播院系是培养新闻传媒工作者的摇篮。新闻传播学专业的学生如果在校时就能够受到良好的职业道德教育与训练，使其自身形成良好的内在品质，在以后的传媒工作中，就可能引导其成为一名坚持职业道德的合格新闻传媒从业者。如果学校教育没有及时建立正确的传媒道德观，毕业后，学生们很可能受一些社会不良风气的影响，随波逐流，其并不牢固的道德壁垒很快就会被侵蚀。综合对武汉、长沙、广州、上海等高校的考察，中国高校对学生在新闻传媒道德方面的培养、教育重视不够，也很不到位。很多高校的新闻传媒道德教育流于形式，普遍以可有可无的选修课的形式进行。在具体教学过程中，教师教条式的刻板教学也未能收到应有的效果。而在新闻业发达的美国，20世纪90年代便有50%的新闻院校开设新闻道德必修课，对学生职业道德教育高度重视。哥伦比亚大学新闻学院认为给未来的记者应传授两件根本的东西：新闻工作的技巧和"道德"。日本的新闻道德教育则包括学生在校期间的精神教育和在职人员的入社教育，以培养记者强烈的责任感。而在中国的新闻学教育中，专门开设新闻道德课程的并不多，有关新闻职业道德的问题也只是在新闻理论、新闻采访写作等课程中有部分论述。① 在学生进入社会大门之前，还需要有一道门槛进行过滤。中国劳动和社会保障部职业技能鉴定中心制定了《职业道德全国统一鉴定试点考核办法》，办法规定，从2003年起，凡参加国家职业资格全国统一鉴定考试的考生，都要在原有理论知识考试中加试职业道德考核部分。这一措施在制度上有利于提高中国新闻传媒业整体职业道德水平。

---

① 蔡雯：《浅谈我国新闻传播教育与新闻人才培养》，载《新闻实践》2004年第10期。

仅仅是学校的传媒道德教育是不够的。新闻传播院校学生毕业就业后，在工作岗位仍然需要自觉参加新闻传媒职业教育，加强专业技能知识的学习，坚守马克思主义传媒道德观，努力提高自身修养。但是，中国新闻传媒从业人员处于快节奏、高压力的环境中，整天忙于采访写稿活动，获得专门的学习机会微乎其微，甚至连互相交流的时间都很少。这很难适应新闻事业快速发展的需要，也不符合传媒道德发展的要求。因此，我们应当运用"学习曲线"的原理，将"学习性工作"与"工作性学习"结合起来，使新闻传媒从业者树立正确的传媒道德观和精湛的专业技能。

中国新闻传媒道德的现状和中国新闻事业的健康发展，迫切需要加强新闻传媒业的专业主义建设，强化新闻传媒人员新闻专业主义精神的引导、培养和教育。鉴于市场竞争的压力，目前中国众多新闻传媒主要立足于本单位利益来考核、管理从业者，把他们视为"单位人"而不是"行业人"，也就是说主要不是从新闻行业专业社区的行业规范和职业精神来管理从业者，而众多新闻传媒从业人员也主要本着为单位负责而不是为行业负责的精神来从事专业工作，这也就必然导致中国新闻传媒业的职业道德水准不高。为此，我们就应当加强新闻专业主义教育，让新闻从业者本着客观公正的精神报道新闻，为社会、为公众利益服务。新闻专业主义精神的培养是引导传媒道德进入健康发展轨道的重要工程。

第五章

跨文化传播与构建和谐社会

从跨文化传播的视野观照新闻传媒与构建和谐社会的关系，是一个极其重要又易被忽略的命题。跨文化传播包括国内不同文化的沟通与传播以我国为视角的与国际间不同文化的交流与理解等。在处于全球化传播环境中的多民族、文化多元、社会结构和阶层分化急剧转型的社会中，跨文化传播是通过各种文化的沟通、融合、协调、互补，在开放、包容、和谐的文化构建中，促进社会现代化、促进社会和谐的重要途径。跨文化传播的功利性和工具性、文化焦虑、意义分享的异化等突出的不和谐因素，是构建和谐社会的重大障碍；如何在矛盾、冲突、差异、多元、焦虑等文化交往语境中构建和谐的跨文化传播？这需要在日常生活层面、文化心理层面、文化适应与融合层面注入跨文化传播的和谐理念，需要在个体的反思、团体的"第三文化空间"、社会的跨文化伦理、传媒的跨文化公共空间、国家和国际社会的开放且是非暴力的跨文化空间等维度着手，构建有效的跨文化传播机制，创新跨文化传播方式和方法，并以此服务于构建和谐社会。

跨文化传播指的是不同文化背景的人们之间发生的信息传播和文化交往活动，它主要从三个层面诠释着和谐社会的含义：其一，在日常生活层面，跨文化传播把互动与沟通当做和谐社会的基本意义，强调分属于不同文化范畴的人们在日常的互动过程中彼此之间的沟通；其二，在文化心理结构层面，跨文化传播注重异质传播的和谐意义，寻求基于不同文化的符号意义系统的差异和类同的传播的可能性与可变性；其三，在群体交往层面，跨文化传播把和谐社会的意义指向呈现着矛盾、冲突和戏剧性变化的传播过程中形成的文化的融合与变异。在这三个层面上，跨文化传播的目的不在于建立个人的文化主体性，而是形成从他者出发的相互理解的文化主体间性；不是像社会共同体理论那样，消除人的文化特性和差异性，分享共同性和社会共同体经验，也不是像某些后现代理论那样，强化个体文化身份的独特性和不可替代性，而是达成人与人之间彼此倾听、彼此宽容与理解的文化关系。由此，跨文化传播从特定角度展现了和谐社会的问题与可能性。

跨文化传播所面对的特定问题是：在矛盾、冲突、差异、多元、焦虑等文化交往语境中如何构建和谐的传播？这一问题的动态性、丰富性以及对人性与人心的挑战性，无疑扩展了社会和谐的思维空间和思想张力。

第一节　跨文化传播对于构建和谐社会的意义

跨文化传播作为人类一般传播活动在物理空间与文化空间上的延伸，为不同文化背景的文化中人提供了在更大范围内寻找文化相似性并建立文化共识的可能性，跨文化传播也因此而具备了构建社会共同体的功能。那些了解到其他文化如何看待这个世界的人有着跨文化的头脑，这使得他们以不止一种文化标准，而是以多种参考框架来进行对外界的认知和判断。跨文化头脑的形成能使他们对人类和世界有着更广阔的看法；通过对他文化的移情作用，从而获得对这个世界的更客观的看法。反之亦然，与来自其他文化的人进行对话，我们可以从经验里通过移情作用理解不同的文化传统，但这并不意味着摈弃自身的文化传统和价值观，尽管在接触不同思考方式的过程中我们不可避免地会反复审视自身的文化和价值观。从这样的思考中，我们获得了更开阔的视野，并逐渐形成更开阔、更全面的世界观。

一、跨文化传播：在文化开放与社会开放中构建和谐

在现实生活中，我们常常会自觉或不自觉地把自己纳入各种各样的文化群体，因而也会常常遭遇"陌生人"或被看做是"陌生人"。通常，人与人在传播中达成对生活习惯、习性、爱好、感觉、价值、信念等的分享，进而形成文化群体。然而，我们虽然有文化归属感，但并不能很清晰地认知我们所属的文化群体，就像一个中国人很难说清楚什么是中国文化，一个美国人很难表达出美国文化的内涵一样。直到遇见了来自其他文化的人并与之交往，我们才能在一个文

参照框架中确认自己的文化特点。从这个意义上讲，跨文化传播首先来自于人与人之间的文化差异以及文化陌生感，或者说，它就在有文化距离感的个体间发现人类认识自我的需要、对新奇的需要、通过认识"他者"而扩大精神交往领域的需要，这些需要始终是跨文化传播的内在心理动因，并且构成了人的跨文化特性的重要组成部分。

人类传播史表明，人类在生产物质生活的同时，就开始生产精神交往的需要，如远古的洞穴壁画、结绳记事等，可看做是人类早期精神交往的凭证。按照马克思的观点，人的历史是从生产物质生活本身开始的，是在人的物质联系中演进的，但由于人在物质生活的生产中同时生产着人的精神交往需要，人在物质联系中不断地产生出精神联系，因此，随着生产力的普遍发展，人的普遍交往也建立起来，以致狭隘地域性的个人为世界历史性的、普遍的个人所代替[1]。特别是工业革命后，生产力和社会分工的普遍发展带来了各民族的普遍交往，并把人们推到了这样的历史场景之中：每一个人的需要的满足都依赖于整个世界，跨地域、跨文化的相互了解、相互交流有助于开放自我、开放社会，从而更好地实现人的需要的满足。今天，经济全球化迅速地消解着文化的地域性和封闭性，不仅使满世界奔走的商人扮演着"陌生人"的角色，而且让每一个浸染于现代文明的人表现出更多的跨文化特性。显然，从历史的层面上看，跨文化传播植根于人的普遍的物质交往和精神交往需要。

新闻传播作为跨文化传播的重要手段，同样也是为这样的一种交往需要而存在。作为一种公开传播的信息，新闻是人类生存发展的必具要素。社会越开放，越是现代化，人们通过新闻信息交流建立起互动的社会化生活、满足生存和发展的愿望，就越强烈。作为一种文化现象，新闻传播又在特定的文化圈中成长，传承着一定的文化，受制于一定的文化，开放并改变着一定的文化，同时，还发挥着联系各文化圈的纽带作用。尽管新闻的意识形态性，同它作为一种文化形态一样，具有排斥性与对抗性，但跨文化的新闻传播却作为一种历史现象延续下来[2]。

现代人很容易产生一种错觉，以为跨文化新闻传播是现时代特有的景象，是由卫星技术、网络技术等现代化技术制作出来的"人体延伸"景观。其实，这只是技术决定论者所看到的表象。从根本上说，跨文化新闻传播是"历史向世界历史转变"过程的有机组成部分。按照马克思的说法，所谓世界历史是指建立在生产力和社会分工普遍发展基础上的各民族的普遍交往，每一民族同其他民

---

[1] 《马克思恩格斯全集》第 1 卷，人民出版社 1972 年版，第 32 页。
[2] 单波：《浅议跨文化新闻传播》，载《湖北大学学报》（哲学社会科学版）2003 年第 2 期。

族的变革都有着依存关系,都不可独立于世界历史轨迹而发展①。很显然,跨文化新闻传播就存在于"各民族的普遍交往"历史进程中。

总之,跨文化传播是基于人最基本的交往需要,而这种需要的满足直接决定着个体内心的和谐以及由此带来的社会和谐,因为只有当人在跨文化传播中感受到了最基本需要的满足,才会构建起人和人之间的理解、信任,而当一个人在跨文化传播中感觉到了冲突、误解等,那么其内心中的不和谐也会影响到人和人之间的交往,由此生成的整个社会关系网就必然会充斥着矛盾和敌视。

二、跨文化传播:在全球化背景下推进社会文化的和谐发展

跨文化传播的历史,可以一直追溯到人类早期不同部族的人们第一次相遇的那个时刻。人类学研究表明,原始社会的不同部族之间不仅会发生战争、征服、兼并等消极性的社会交往,更会发生诸如联姻、贸易等和平和富有积极意义的交流活动。随着"历史向世界历史转变"的历史进程不断推进,人类发生跨文化传播的程度不断加深,发生的频度也不断提高。进入20世纪以来,在经济全球化与传播技术迅猛发展这双重动力的作用下,世界正在相对变小,跨文化传播已经成为现代人普遍的生活方式。

自从著名传播学者麦克卢汉1962年提出"地球村"(global-village)概念以来,"全球性的"(global)一词已经历了以"主义"(-ism)、"性"(-ity)、"化"(-ization)为后缀的一系列思想的扩展,既被赋予时代的特性,又被赋予理论化的品格。不论我们赞同还是反对,它都成了现时代最强劲的社会思潮之一。在一般意义上,全球化一词最为普遍和最无争议的含义,是指一种发展过程,即世界上各种社会、文化、机构及个人之间的复杂关系快速发展变化的过程。这一过程将包括各种时间与空间的压缩,即对跨越这些客观存在所用的时间——有形或想象的——加以戏剧化压缩而使距离缩短,好像把世界变小了,在某种意义上也使人与人之间相距更近。但同时,这一过程也在扩展各种社会关系,把制约我们日常生活的各种关系从本土范围扩展到了全世界。

虽然随着全球化和媒介技术的发展,跨文化传播已经成为了我们的生活方式。但是在反思当中,全球化被认为是一个不确定的概念。在一些人眼里,它是一种帝国主义特有的带有等级的东西,是一些核心文化所表现出的愈益膨胀的霸权主义,是美国的价值观、消费品和生产方式。有些人甚至认为全球化已发展为

---

① 《马克思恩格斯全集》第1卷,人民出版社1972年版,第39~40页。

美国化，因为世界上没有一个角落不渗透着美元、微软、好莱坞电影、电视节目、美国有线电视新闻网（CNN）、杰瑞·斯皮林格、麦当娜、迈克尔·杰克逊。更有趣的是，在当代英语中，"全球化"还出现了两个同义词——"可口可乐化"、"麦当劳化"，这就是说，"全球化"还可以是虚无缥缈的、无可比拟的"时尚感觉"。有些人又认为，全球化是资本的全球化，其基本原理在于，资本主义必须扩大再生产，市场必须扩张。上述这类见解的共同特点是，把全球化看做是政治、经济、文化、权力的单向流动与单一控制，以致主权国家体制解体、稳定而完整的国家分裂、文化多样性消失，出现大联合的世界社团或国际社会。与此相反的见解是，全球化不是那想象中的地位稳固、自信自负、在全球行使霸权主义的各种经济文化权力集中地，而是一张离心网，网中的权力分配格局是游移不定的，呈现出一种全球性相互关联、互为解释的复杂形态。

如果按前一种看法来观察，全球化将是"历史向世界历史转变"过程的终结。因为"世界历史"的发展并不意味着民族文化在消灭了闭关自守状态后，落入一个更大的权力支配体系中，也并不意味着各个国家民族性的完全丧失和世界的完全融合；相反，它尊重各国的民族性和特殊性，并以此为基础，建立一个多样化的有机统一体，满足多样化的精神交往需要。当然，如果从文化批判的角度来看，这一全球化的观点提供了大量的批判性材料，而这些批判性材料无疑是把握"世界历史"的一个环节。从总体上而言，人是"世界历史"的主体，人是"世界历史"的最终目的，因此，从人的需要、人的价值、人的全面发展的尺度来看，资本主义的全球化在消灭民族狭隘性的同时又把一切文明资本主义化，威胁着世界文化的丰富性和多样性，它在促进人的普遍流动和发展人的能力的同时又使人成为市场体系的附属物；市场的价值决定着人的知识、尊严、良心的价值，以致交往和文化的世界化反而剥夺了人的人格自由。这种两面性应该使我们认识到，一个具有历史价值和人文价值的全球化体现为人的全面发展过程，体现为国家、民族、文化间的互动过程，并由于这种互动，每一个国家、民族，每一种文化都打破片面性、局限性和对抗性，又能保持自我的发展特性，形成相互依赖、相互沟通的多极化、多样化格局。这样，全球化才体现为人的目的[①]。

这种反思为跨文化传播打开了人文主义通道，使之朝向具有人的目的的"世界历史"发展方向向前推进。在这种全球化观念的导引下，文化的地域性和封闭性被消灭了，从而肯定了人类作为具有跨文化经验的物种的可能性；同时，也恢复了文化的无边界性，促进了文化表达方式的无限可更新性和无限多样性，而不是促进文化的同质化；促进文化区域间的信息分享、意义分享，而不是促

[①] 单波：《浅议跨文化新闻传播》，载《湖北大学学报》（哲学社会科学版）2003年第2期。

进文化帝国主义的权力支配体系的形成。这对和谐社会的建设无疑是具有积极意义的。

第二节　当代跨文化传播中呈现的不和谐因素

前面的论述使我们得出一个乐观的认识：如果跨文化传播发挥了其构建社会共同体的功能，使有着不同文化属性的文化中人都在理解他者、审视自我当中进行平等的对话，那么，由文化和谐进而达致社会和谐就是一个顺理成章的过程了。但是，现实的世界远非预设的那么简单，我们为跨文化传播预设了平等、自由、多元的前提，而当我们真正进行跨文化传播时，这些前提却遭遇到了许多障碍和挑战，并由此引发了诸多的不和谐。譬如说，我们为了反抗帝国主义的政治、经济扩张而反对"文化帝国主义"，可是在反抗的过程中，过度的文化根源意识又演变成了排他性的原教旨主义、封闭主义；当西方种族主义者从鼓吹"种族之间生物学的不平等"转向鼓吹"文化之间差异的绝对化"时，那迷惑的言辞让许多人失去了警惕，但是其实质却是以文化间多元主义为理由实行的"文化内一元主义"，以文化特殊为借口践踏人的文化选择权、文化交流权。因此，充分认知跨文化传播过程中的不和谐因素，更有助于构建跨文化传播的和谐理念。

一、跨文化传播中的工具性和功利性引发的不和谐

在跨文化传播过程中，文化族群或国家间的政治、经济关系和文化、意识形态等因素都会留下深刻的印记，跨文化传播因此也就成了世界政治、经济、文化诸体系争霸的场所。于是，一个受到干扰的跨文化传播过程常常表现为拥有优势政治、经济地位和传播手段的文化体系进行全球扩张的过程。在这种情况下，当代跨文化传播在总体上表现出明显的工具性与功利性。西方经济发达国家在推行"文化帝国主义"政策的过程中，由于拥有在世界政治经济领域内的主导与支配地位，不断地借助大众传播媒介把西方文化塑造成世界范围内的支配性文化样式，透过他们的文化视野所描述的世界几乎成为世界的真实面貌。在这种情况下，一方面是西方社会种族主义加深了文化冲突；另一方面，也促进了非西方社会的异己中心主义的产生。这种异己中心主义赋予特定的他种文化以价值的优先性，以此种文化的信仰、价值及生活方式为依据设计自我人格与日常行为模式，

并对其自身文化固有的伦理观念与价值取向采取历史虚无主义的文化立场，从而导致非西方文化在当代成为一种分裂性文化。

传播技术革命则为支配性的跨文化传播提供了越来越稳固的工具，这种改变明显地体现在前电子时代向电子时代转变的过程之中。按照梅罗维茨的说法，印刷媒介传递的信息去除了大部分的表象形式，所体现的往往是某一个体文化内部带有浓厚理性色彩的、具有一定深度的文化构成①。相对于他种文化内相当数量的社会成员与不识字者来说，印刷媒介传递的信息有着很大的理解难度，因而它只能到达具有一定文化甄别能力的精英阶层。由于传受双方一定意义上文化水平的对等性，前电子时代以印刷媒介为主要传播形式的跨文化传播在一定意义上具有文化对话与意义共享的伦理意义。电子媒介则不同，一方面，它抹平了受传者认知能力的鸿沟，他种文化内部的一切成员都可能成为跨文化传播的受传者；另一方面，电子媒介为高位文化体系向低位文化体系进行文化渗透提供了稳固的技术保障，支配性在以电子媒介为主要传播形式的跨文化大众传播中有了更鲜明的表现。这种状态随着大众传播商业逻辑的无限扩张、随着电子媒介在跨文化大众传播体系中技术霸权的建立，正呈愈演愈烈之势。

这种文化上的霸权和技术上的优势，很容易带来民族中心主义这一极不利于构建和谐的文化心理。所谓民族中心主义乃是一种信念，即一个人认为自己所属的文化群体——通常被等同于国家——优先于所有其他文化群体②。它表现为一种民族优越感，即从本民族文化价值出发判断其他文化的价值，并认为其他民族文化的价值比本民族文化价值低。对人类来说，没有人天生具有民族优越感或民族中心主义信念，这显然是从文化群体中习得的。如果说文化意味着学习和分享"看世界"的方式，那么，文化可以被描述为一种"透镜"，我们通过它去评价世界，并从外部环境中选择、评价、组合信息，很自然地形成对本民族文化的信仰。应该说，相信自己的文化是好的这本身并非坏事，而且有利于在传播过程中传递被认为是重要的价值观。但是，民族中心主义太偏激了，认为一个人不能相信其他文化价值观同样好或有价值。当民族中心主义阻止人们运用他种文化的"透镜"来了解别人的观点时，它就成了一种障碍。其典型的思维是：大多数文化比我的文化落后，我们的文化应该成为其他文化的典范，不必尊重其他文化的价值与习俗，生活在我的文化中的人拥有最好的生活方式，等等③。种种调查显

---

① ［美］约书亚・梅罗维茨：《消失的地域：电子媒介对社会行为的影响》，清华大学出版社 2002 年版，第 32 页。

② Martin J N, Nakayama. T K. Experiencing Intercultural Communication. Mayfield Publishing Company, 2001：40.

③ 林惠祥：《文化人类学》，商务印书馆 1991 年版，第 54 页。

示，我们总是习惯通过提升所属文化群体的价值来提升自我的价值，由此，我们往往会越来越倾向于认同群体的文化价值观，使用群体所赋予的文化"透镜"去观察文化的"他者"，而不愿意反思自身的文化价值，结果自然会不由自主地丧失文化反省能力。不幸的是，程度不同的民族优越感几乎总是参与到跨文化传播中，影响着传播的有效性，因为这常常导致个体间和文化群体间的相互排斥而不能实现有意义的信息交流。

与此同时，与民族中心主义相伴随的还有成见、偏见和歧视，它们共同构成了对跨文化传播的阻碍。所谓成见（stereotypes）是指我们在日常生活中接受其他文化信息时，因过分简单的归纳而形成的对他文化的概念化认识，并由这种概念化的认识形成对他文化的刻板印象。本来，对他文化的归纳与总结是跨文化传播过程中的一种互动方式，概念化也表明人要追求对他文化的确定性的认识，但一旦形成刻板印象，不同文化群体间的互动便会出现信息损耗，从而影响相互间的全面、准确的认识，导致偏见的产生。所谓偏见（prejudice）就是在没有获得全面、准确的信息的基础上对他文化作出的不理性的判断，进而由此形成对他文化的否定性态度。偏见之可怕，不在偏见本身，而在于偏见所隐含的社会文化心理机制。一个人持有对他文化群体的人的偏见，有时是为了掩盖自我，如一个不称职的老师更容易对学生群体持有偏见，这样便于掩盖自身的短处；有时为了强化某种信念或价值，人也会对他文化持有偏见，比如，一个归属于某个宗教群体的人就可能对其他宗教怀有偏见，为的是提升自己的宗教信仰。如果说偏见是一种态度，那么，歧视（discrimination）则是一种行为。当对于他文化的否定态度转化为行动时，产生的行为就称为"歧视"，即在种族、性别、年龄、职业等层面上不公正地对待个体的行为过程。最可怕的歧视是群体对群体的歧视（如白人对黑人、民族对民族），因为在一种集体无意识中，歧视获得了正当性[①]。

二、跨文化传播中的同质化现象

在充满了工具性和功利性的跨文化传播当中，也形成了褊狭的传播机制，即要么以集权主义的权力运作方式和思想统治的形式，实现信息的单向、片面的传播；要么在追求资本利益最大化的过程中建立政治经济文化权力的单向流动与单一控制，以致个性消失、界限消失、文化的多样性消失，出现受资本宰制的、虚拟的国际社会或"时尚感觉"。前者是容易引起现代人厌恶、反抗的封建化传播机制，后者则以资本的逻辑和消费主义的迷魂药，让人们沉沦于文化生产的标准

---

① 单波：《跨文化传播的基础与障碍》，载《武汉大学学报》（人文科学版），2002年第3期。

化、齐一化。不论何种情况发生，都将摧毁跨文化传播的基础。

我们可以清楚地看到，在追求单一控制和大众传媒的全球化资本运作过程中，文化间的个性差异及其文化中人的顽强种族主义中心意识，成了跨文化大众传播的阻碍性力量；为了越过这重障碍，生产某种迎合人类普遍文化需要的传媒产品也就成了实现媒介经营全球化战略的必由之路，而真正能够超越文化差异性、体现人类普遍性的，只能是那些满足感官生理愉悦与浅层次需求的娱乐化传媒产品和消费性大众文化。在这一背景下的一桩典型事件是，2006年1月在日本播出的日剧《西游记》再次以商业主义策略对中国传统经典进行改编：片中的唐僧变身一位靓丽的女性，身着洁白的袈裟，用哀怨的眼神，时刻盯着她的爱徒孙悟空。身着"迷你裙"的孙悟空与美女师傅在西行途中彼此爱恋，而精瘦无比的猪八戒和一贯好色斗狠、精明冷漠的沙和尚依然像土匪一样一路行凶买醉。这部片子一经在"戛纳电影节"宣传，就受到很多中国人的关注和反对。在大众文化领域进行的跨文化传播，文化同质是唯一出路，似乎只有将经典的作品庸俗化、低级化的作品才能克服跨文化传播障碍，实现最大范围的传播。而"暴力与性"的符号显然就是这个领域的通用语。文化差异在这里只是用来包装同一性的外衣。因此，大众文化畅行必然会使得民族文化衰竭，失去原有的特征。以商业利益为目标的文化传播行为会使文化的同一性取代多样性，从而显示全球化文化的不归路。正如它的英文译名"Journey to the West"一样，《西游记》的命运是现代跨文化传播的一个暗喻。原本，那个向西的征途（Journey to the West）是要在一种与己不同的异质文化中寻找一个乌托邦。我们渴望交流，想要从与我们不同的文化中吸取养分，从而反思自我，寻找本心，取得改良自我的"真经"，实现人类和谐生存与发展。但我们自己却变得人妖不分，人神无界。我们谈着小恋爱、哼着小歌谣，在旅途中且玩且乐，在西方极乐世界拿回一本《娱乐宝典》，从此天下同乐，普天狂欢。

同时，我们注意到，在实践中，精于生产这种文化产品的正是西方发达国家的大众传播媒介。西方大众传播媒介在自己掌握的市场经济游戏规则中有效地制造文化口味，并使这种文化口味成为普遍的文化需要，从而在跨文化传播中表现出明显的竞争优势。其结果是，经济发达国家和它们的媒介大公司在当今世界文化领域和文化市场中拥有绝对的主导地位，他们强有力地支配着全球大众传播媒介市场。据统计，全球50家传媒娱乐公司占据了当今世界95%的传媒产业，目前90%以上的新闻与娱乐由美国和西方垄断，其中70%是由跨国大公司如时代华纳、维亚康姆、迪斯尼、新闻集团、贝塔斯曼等垄断，仅仅美国就控制了全球75%的电视节目生产和制作。因此，在当代跨文化大众传播中，信息与文化（产品）流动表现出从西方发达国家流向第三世界国家的绝对的单向流动过程，西方发达国家尤其是美国的大众文化成为世界上最具市场竞争力和传播能力的文化样式。当代跨文化传播因此在某种意义上就成了美国式大众文化的跨文化传播，发展中国家甚至美国以外的其他西方发达国家的文化个性，都在经受着美国式大众文化的竞争考验。

在这种情况下，跨文化传播的多样性受到了严峻的挑战，德国著名哲学家伽达默尔提出："我所设想的人类团结不是全球均一，而是多样性的联合。我们必须学会欣赏和容忍多样性、复合性和文化差异。……多样性的联合，而不是均一，是欧洲的遗产。这种多样性的联合必须扩展到整个世界——包括日本、中国、印度和伊斯兰文化。每种文化，每个人都对人类的团结与幸福有其自己的独特贡献。"① 遗憾的是，现实的情况表明，由褊狭的传播机制导致的同质化却成了实现人类团结与幸福的最大障碍。

三、跨文化传播中的文化焦虑②

跨文化传播作为超越文化边界而进行的传播，多元文化因素在其中展现为一副色彩斑斓参差混杂的拼图式文化景观，文化中人遭遇这种充满种种异质意义体系的文化拼图时，一方面有"开眼看世界"的新奇感，但另一方面也会导致被社会学家称之为文化休克（cultural shock）的文化不适应，即文化中人感受到一种前所未有的焦虑，诸如个体情绪上的沮丧焦虑、文化身份上的混乱、文化信仰的缺失、价值判断的失据等。这种焦虑也就成了文化主体在进行跨文化交流时的障碍，并导致了文化个体心理的不平衡以及文化群体间的误解、隔膜等诸多不和谐状况。

一般来说，焦虑是指人们在面对危险和威胁情境时，感到紧张、不安和害怕等心理体验，也是对预期中的对自己有重大影响的损失或失败的情绪反应。当一些对我们很有价值的东西处于危险时，焦虑就开始了。焦虑能使我们面对自己，最终认识到并且挽救对我们最有价值的东西，或者在价值尺度和价值追求中建立新的价值中心③。但与此同时，焦虑也使我们陷入自我价值中心的绝对化，失去对其他文化价值的感通。

跨文化传播的焦虑常常表现为文化身份焦虑。所谓文化身份（cultural identi-

---

① Dallmayr F. Beyond Orientalism. Essays on Cross-Cultural Encounter. State University of New York Press, 1996.
② 此节参见单波：《紧急状态下跨文化传播的焦虑及其消解》，载《国际新闻界》2006年第1期。
③ ［瑞士］维雷娜·卡斯特著，陈瑛译：《克服焦虑》，三联书店2003年版，第12～13页。

ty）就是一个群体或个人自己承认同时也被他人承认的在文化上的位置①。文化身份焦虑首先来自自我与文化环境关系的失衡。由于人的"归属需要",身份确认对任何人来说都是一个内在的、无意识的行为要求。个人努力设法确认身份以获得心理安全感,也努力设法维持、保护和巩固身份以维护和加强这种安全感。尤其是当人们因移居、求学等原因,从一种生活方式转向另一种生活方式时,关于"我是什么"、"我是否为新的文化群体所承认"、"我是否要放弃原来的文化身份而加入新的文化群体"这类确认自我身份的问题就会随之出现。如果人们不能获得令人满意的、完整一致的解释,以平衡自己的内心世界,重建自我和文化环境的关系,那就必然充满焦虑,从而给社会注入不安全的因素,也使自我陷入迷茫。

　　文化身份的构成一般有三个因素,即表面特征、心理构成和文化形象。表面特征就是文化身份的外在文化特征,如吃什么菜、说什么语言、读什么书、与什么群体的人交朋友,它是构成文化身份必不可少的因素,但不是决定因素。心理构成是指文化身份被内在地构造出来的因素,也就是主体的自我认同。文化形象,即"外来者"对主体的"选择、诠释和评价方式",也就是外部环境对主体的认同。在平等、平和、平实的社会环境与心理环境之中,由这三种因素构成的不同文化身份的人之间,并不必然形成外在冲突和内在紧张,而是可以使各种文化身份各安其位,互为吸纳,形成某种平衡,以致在这个全球化的时代,个人身份或多或少都是跨文化性的。然而,文化间的冲突与排斥经常打破这种平衡,形成文化意义上的紧急状态。这种紧急状态或像都德的《最后一课》中法国人的语言与话语权即将被剥夺的那一刻,或有如日本人参拜靖国神社所激起的文化心理对峙。这时,一部分人陷入单一化趋同性的集体文化认同,形成"我们"与"他们"的尖锐对立,虔诚地信奉我所归属的文化群体的价值,并为这种价值已经或正在遭受的扭曲与伤害而倍感焦虑。就像在中国,一些满怀"民族主义"理念的人为西方的文化渗透所带来的"文化失语症"忧心忡忡。而对于跨越文化边界而生存的边缘人来说,很容易发生像安东尼·吉登斯(A. Giddens)所说的认同危机(identity crisis)。这种认同危机常常伴随着心理焦虑,即自我失去了方向,不知道自己是谁,从而产生不知所措的感觉;同时,自我的内心会产生强烈的冲突和不安,这种心理状态就是文化身份焦虑。一生往来于中国文化和美国文化而又身处中西文化激烈碰撞时代的赛珍珠(S. Buck Pearl)曾这样表白自己:"我在一个双重世界长大——一个是父母的美国人长老会世界、一个小而干

---

① 莱恩·塞格尔斯:《"文化身份"的重要性——文学研究中的新视角》,载乐黛云、张辉:《文化传递与文学形象》,北京大学出版社 1999 年版,第 327~347 页。

净的白人世界;另一个是忠实可爱的中国人世界——两者间隔着一堵墙。在中国人世界里,我说话、做事、吃饭都和中国人一样,思想感情也和他们息息相通;身处美国人世界时,我就关上了通向另一个世界的门"①。在她的中国身份和美国身份之间,她漂泊着,流浪着,过着分裂的双重生活。当这两个世界不可避免地发生冲突、互相排斥的时候,她就无可奈何地发现,自己同时失去了两个世界。在内心里,她连一个分裂的双重世界也无法拥有,她成了真正的"放逐者"(the exile)。

人的文化身份焦虑可以从"自我不一致"理论、归因理论以及认知失调理论中得到进一步的解释。

希金斯(E. T. Higgins)的"自我不一致"(self-discrepancy)理论认为,我们认为我们实际上是什么人与我们认为我们希望是什么人之间的不一致,是导致人的焦虑的根源。对自己实际是什么人的看法就是自我概念,而希望是什么人的看法称之为自我导向。希金斯认为,自我导向总是超越于自我概念,两者间小小的差异或者说不一致对个人可能是一种鼓舞,但是如果差异过大,而且个体本身又意识到了这种差异,那么他就会感到情绪上的不舒服,进而还会使其在情绪上产生骚乱和挫折感,从而引发焦虑②。在跨文化传播过程中,人的自我导向多种多样,最为突出的有两种:一是"寻根式的文化归属"自我导向,即认为"我"在根源上应该属于纯粹的表明"我"的历史文化身份的民族文化或群体文化(如中国文化、印度文化、埃及文化以及阶级文化、性别文化等);二是"多种文化身份"自我导向,即认为"我"不应该屈从于心智之外的文化力量,应该积极参与不同的社会文化游戏,有意识地卷入杂多的文化关系结构(就像介于两种文化之间的边缘人)。

当跨文化传播处在文化冲突与排斥"爆发"的紧急状态时,人们常常会感知自己的实际文化处境与自我导向之间的不一致,而且个体意识到的不一致越多,情绪上的波动也就越大;特别是如果个体具有较强的自我意识,那么他就会对其内心世界的不一致保持高度的觉察,从而在情绪上受到的困扰就更大,也就更可能陷入到焦虑中。对于一个具有"寻根式的文化归属"自我导向的人来说,这种不一致的察觉就表现为:我在文化压力下正在偏离我的文化特性,改变我的文化形象,放弃我的文化权利,以至于我的文化群体的生存与发展处于危险之中。对于具有"多种文化身份"自我导向的人而言,这种不一致的察觉又表现为另外一些焦虑:由于文化冲突加剧,我正在失去跨界生存的可能性,我被迫屈

---

① 赛珍珠:《我的中国世界》,湖南文艺出版社1991年版,第9页。
② Hoggins E T. Self-discrepancy theory: What pattens of self-beliefes cause people to suffer? //Berkowitz L. Advance in experimental socialpsy-chology. New York: Academic press, 1989 (22).

从于外在的力量，为避免被社会边缘化，或进行单一的文化选择，或趋附于某种强势文化。通常，对自我不一致的察觉是在特定的情景下展开的，也就是在文化冲突与危机性事件中，个体会自动地把自己的文化行为、文化选择与自我导向进行比较，当发现的不一致足以使自尊降低时，个体便会陷入焦虑的情绪之中。由于自我觉察把注意力集中到自我不一致上，它将会引起情绪上的困扰和自我评价的降低，因此，人们也许会躲避自我注视，但这种回避并不总是可能的。

在这种情况下，人们通常会用自我贬损的方式来维护自己的尊严，以回避自身的问题，为文化上的挫败感寻找辩解的理由。然而，这种形式的自我贬损不同于文化的自我批判，后者能立于文化自信与文化理性而找到自我文化发展的价值之源，而前者却只能陷入文化价值失落的深渊之中，从而使焦虑越来越深重。文化的自我贬损涉及归因问题。归因就是指寻求行为结果的原因，是指人们从可能的导致行为发生的各种因素中，认定行为的原因并判断其性质的过程。在心理学中，归因较多地涉及到人们的情感和动机因素，而且归因的结果也会影响人们随后的情感、态度和行为，是一种主观性较强的活动[①]。根据归因理论，真正对人的情绪产生影响的往往不是结果，而是人们对原因的感知。一般情况下，人们对坏结果的情绪体验是暂时的，即使是消极的情绪体验也不会使个体陷入到焦虑心境之中，因为这种情绪体验源于对行为结果的客观评价。同时，人们通常不会满足于对结果的简单的认知，而是要寻求造成此结果的原因。而在思考行为原因的过程中，不同的归因方式随之产生了，因此也就产生了不同的情绪体验。因为在多数情况下，结果本身并不重要，重要的是造成此种结果的原因。在跨文化传播过程中，归因效果是复杂多变的，为厘清自己所属文化群体的价值及发展目标而进行自我文化行为的反省，寻找在危机状态下文化发生"病变"的内在原因，或发现文化挫败感的真正原因，这本身是文化自信的表现，体现了自作主宰的文化精神；而如果全面否定自我文化群体的价值，一切以他文化的价值来评判自我的文化价值，就会降低或损害个人的文化自尊，引起自卑、放弃等消极情绪，甚至会使个体对自己的文化身份产生深深的焦虑。如果把文化的危机归因于政治、经济、宗教等稳定性的因素，个人就会产生文化宿命论的想法，对自我文化群体的发展前景的期望值就会降低，从而导致无助、自卑、虚无等情绪体验。

在探寻文化危机的原因的过程中，认知失调也会引起文化焦虑。有关认知失调的理论认为，从一般意义上讲，人有一种保持认知一致性的趋向。人们可以将外部的不一致理性化，达到内部心理或认知上的一致，但随着新的认知因素的导入，以及个体与群体中的其他成员的认知不一致，往往会引起个体的认知失调。

---

① 参见付翠：《焦虑产生的社会心理分析》，载《宁夏社会科学》2001年第2期。

这种失调常常表现为逻辑上的失调，态度和行为之间的失调，诸如此类的失调往往会使个体处于焦虑状态①。例如，每当中国人回顾帝国主义欺凌中国的历史，或面对现实的危机事件（如中美撞机事件、中国驻南使馆被炸事件等）的时候，常常重复两个矛盾性的认知因素，即"落后就要挨打"与"走和平发展道路"。前者的意义是，在这个弱肉强食的世界，弱势文化有着遭遇强势文化攻击的宿命，要避免挨打的命运，必须强大起来，加入残酷的优胜劣汰的世界竞争体系之中；后者的意义则是，中国需要在和平的环境、和平的策略中求发展。其中的矛盾是，如果承认优胜劣汰的法则，如何求得和平？如果寻求和平的发展道路，那如何面对霸权的挑战？于是，中国人的焦虑就隐藏在这种矛盾之中。

历史与现实告诉我们，只要跨文化传播的鸿沟存在，文化的冲突与排斥就不能消除，只要人的安全需要与归属需要受到威胁，我们的文化身份焦虑就一刻也不会停止。"文化身份"体现着人的相互依赖、渴望精神与情感有所归依的本性，但同时又像一把钥匙，我们寻求它的时候，就把自己禁锢在了自己的"囚室"，并在心中确认了自己的"囚室"②。这就展示了人的矛盾性，一方面感受着歧视、偏见与成见之痛，另一方面又划定着自己的文化地盘，坚持自己的文化理念与文化生活方式的唯一至上性，制造着新的歧视、偏见与成见，从而使文化处在不间断的冲突与排斥的过程之中。这样，所谓的安全需要与归属需要永远得不到真正的满足。

跨文化传播的文化历险并不仅仅是发生在个体层面的焦虑，文化群体如民族以及其他更大的文化部落同样会面临文化隔膜、文化误解的跨文化困境。由于群体常常表现出专横、偏执与夸张情绪等特性，个体的文化休克自然会进一步放大为文化群体间的紧张对峙甚至剧烈冲突。于是，在政治、经济的冲突愈演愈烈的过程中，文化冲突也迅速增长，而且如今比以往任何时候都更危险。一个典型的案例是，在"9·11"事件和伊拉克战争报道中，美国一些主流媒体构建着伊斯兰教与恐怖主义的关系，认为美国之所以遭受袭击，就是因为一些穆斯林对具有优越性的西方价值观感到不满和嫉恨。很明显，这样的报道强化了美国文化群体在特定状态下表现出的专横、偏执与夸张情绪，从而制造着可以预见的两种文化效应：一是加深美国人对伊斯兰教文化的隔膜和误解；二是掩盖美国与中东地区的政治、经济冲突。

在日常的跨文化传播中，我们总是感觉到文化间的意义的隔阂，感觉到彼此之间无法修补的分歧，不同文化群体的人之间交流与对话的不对称性甚至裂痕；

---

① 参见付翠：《焦虑产生的社会心理分析》，载《宁夏社会科学》2001 年第 2 期。
② 参见艾略特的诗《荒原》：我听见钥匙／在门里转动一次，就只一次／我们想到那把钥匙，每个人都禁锢在他自己的囚室／想着那把钥匙，每个人都确认了自己的囚室。

同时，以自我利益为中心的我们又敏感于文化间的权力关系，警惕他文化对自己的文化的支配。而每到文化的紧急状态，这种跨文化传播的焦虑几乎变成一种绝望：不同文化之间的人是无法交流的。于是，我们转而寻求一种普遍的爱，去关爱他者，但这种文化伦理性话语同时也会转化为一种文化政治话语，变成施爱与被爱的控制关系。在对东南亚"海啸灾难"的报道中我们可以感受到，新闻传媒一面突出报道在自然灾害的威胁下，人类的同情心使世界的分离感大大缩小，人们通过不同的方式向受灾国人民伸出双手；一面又呈现种种疑问：美国人的援助行动会不会是其全球战略的一部分？中国人的援助是否有称霸亚洲的嫌疑？很明显，人们向往着心心相印，警惕着各怀心思，正是在这种心态的作用下，跨文化传播被拖进了难以摆脱的困境。

由跨文化传播中存在的不和谐因素可以看出，跨文化传播的基础并不是由历史安排好了的，毕竟，物质交往所伴随的资本的垄断与渗透，精神交往所隐含的偏见、歧视与思想控制，都会扭曲跨文化传播。我们可以触摸到的现实是，资本的全球化已造成政治、经济、文化、权力的单向流动与单一控制，构成了对文化多样性的威胁。显然，跨文化传播还必须建立在健全的传播机制与跨文化伦理基础之上，真正使人与人之间、文化群体间的传播既呈现文化的多样性、表现人的自由本性，又能抑制文化霸权的产生和集团利益的渗透。所谓健全的传播机制，就是在充分的信息交流的基础上形成意义的分享以及分享过程中的对抗、协商和认同。这里主要涉及对同质与异质的关系构建问题，一般说来，传播更容易发生在同质的个体间，同质传播比异质传播更有影响，个体间的有效传播导致知识、态度和行为的更大同质。但是，只能消灭个体间的差异、导致人的同质化的传播绝对是单向的、片面的传播，它最终使人接受同质化的控制。

实际上，在文化间的交流中达成一点理解与共识并不是什么难事，只要这种理解和共识能在各自的文化语境中得以成立，问题是理解和共识并不一定通向真实的文化互构和相互的接受，例如，中国和西方逐步通过对话在人权问题上达成理解和共识，但西方文化意义上的人权倾向于强调个人权利的优先，而中国文化意义上的人权倾向于相互责任的优先。于是，改变不了的事实是，西方新闻传媒依然根据西方文化对于人权的观念设定，单向地、片面地构建着中国的人权状况。当跨文化传播过程中的某种依附性或支配性关系愈演愈烈时，我们又强调恢复文化的主体性、尊重文化的多元化和差异性，提出以信息主权和保护世界文化多元体系为中心价值的世界信息新秩序理论，以反对美国化文化的跨文化蔓延。但正如马拉特（Armand Mattelart）所指出的，这种新秩序理论同样存在着"道义可靠性不足"："有些国家的政府一方面大声疾呼一种新的传播秩序和以文化身份的名义创建统一信息的通讯社，同时不放弃在内部压制言论自由、拘捕记者、禁演电影或电视节目。"① 马拉特看到,对于某些国家来说,新秩序在一定意义上已经成了其国内藏污纳垢的避难所。社会学家吉登斯(Anthony Giddens)同样质疑文化多元论或称文化相对主义的绝对伦理正当性,他问道:"文化相对主义是否意味着所有的习俗和行为都同样合理?"② 在当代跨文化传播中存在着信息不对等流动的现实情境下,以文化多元主义为价值诉求的低位势特定文化所能采取的反应,就其消极表现来看,或是关闭文化边界,以杜绝外来文化对本土文化的侵蚀,或者是把维护本文化的绝对尊严推向极致,从而走向种族主义,以抵制、对抗甚至攻击一切异己文化,或者是走向"文化内一元化",剥夺人的文化选择权和创造权。

所有这些悖论都表明,我们在跨文化传播中忽视了一个根本性的问题:如何使人类各种文化和谐对话并发展为健康的、有活力的文化?从这个意义上讲,我们迷失了跨文化传播的方向。

四、跨文化新闻传播:意义分享的异化③

新闻传播本身就是跨文化的,社会越开放,越是现代化,人们就越是能通过新闻传播建立起互动的社会化生活。作为一种文化现象,新闻传播又在特定的文化圈中成长,传承着一定的文化,受制于一定的文化,开放并改变着一定的文化,同时,还发挥着联系各文化圈的纽带作用。正是这样一些特点,在同一个新闻事件中,自我的新闻表达与来自他者的新闻表达表现为排斥性与对抗性,出现双向的话语倾斜与话语缺失。所谓话语倾斜,即整个话语和文本向某种言谈方式和话题倾斜;而所谓话语缺失,即为了使文化意义可理解、合乎某种表达逻辑,"排除"了事物的某些特定层面来谈论一个话题。

一般说来,语言是具有特权的媒介,我们在人与人的互动过程中通过语言"理解"事物,生产并交流意义。同时,意义还通过种种不同的媒介生产出来,这使得意义以历史上从未有过的规模和速度在不同文化间循环起来。我们所讨论的新闻传播是通过语言进行的意义生产活动,它超越了语言系统(即 langue)本身,也超越了个人语言行为(即 parole)本身,成为一种话语(discourse)实践。"话语"(discourse)一词的语言学含义比较简单,即各种相互联系的书写和演讲段落,而按照福柯(Michel Foucault)的解释,"话语"表示一组陈述,这

---

① [法]马特拉著,陈卫星译:《世界传播与文化霸权》,中央编译出版社 2001 年版,第 194 页。
② [英]安东尼·吉登斯:《社会学》,北京大学出版社 2003 年版,第 34 页。
③ 此节参见单波、万黎君:《跨文化新闻传播的话语倾斜与话语缺失》,载《全球传媒评论》第 3 期,清华大学出版社 2009 年版。

种陈述为谈论或表现有关某一历史时刻的特有话题提供了一种语言或方法。在哲学家福柯看来，话语构造了话题，它界定并生产了我们知识的各种对象，它控制着一个话题能被有意义地谈论和追问的方法①。正是由于话语"采纳"了某些特定方式谈论一个话题，限定以一种可接受的和可理解的方法来谈话、写作，所以，话语也"排除"、限制和约束了其他的言谈方式。于是，就出现了话语倾斜，即向某种言谈方式和话题倾斜，也出现了话语缺失，即为了使文化意义可理解、合乎某种逻辑，"排除"了某些特定方式谈论一个话题。

在日常的文化实践中，人们总是在不停地感知、理解着世界，相互进行着意义表达；而意义表达又依赖着对"差异"的感知。这是因为："差异"是意义的根本，没有它，意义就不存在；意义是在对话中通过参与者之间的"差异"而显示出来的。然而，人们对"差异"的感知又极具危险性，可以形成各种消极的情感、社会文化分裂以及对"他者"的敌意和侵犯②。种族的差异和差异的种族化，是日常的文化交流中最使人困惑的问题。霍华德·马凯尔（Howard Michael）曾记载这样一件事情：

在1985年第一届国际艾滋病会议上，一名美国女记者与扎伊尔艾滋病专家卡皮塔·比拉·明古兰医生有过这样一段对话：

"告诉我，医生，非洲人真的与猴子做爱吗？"

"太太，我不知道你在说什么，我们不干这种事。但我相信在欧洲他们拍摄女人与狗做爱的电影。"③

美国记者充满偏见的提问制造了一个话题，再一次呈现了潜藏在西方人意识中的某种定型化思维：黑人是野蛮的，非洲文化是落后的，黑人男子有过分的性欲和性技巧（亦包括黑人女性有过分的性欲和性挑逗），而这对社会的发展构成了威胁，这种威胁不仅是针对白人妇女的，而且是针对文明本身的，是比瘟疫更可怕的事情，因为这可能导致人种混杂、优生计划失败及种族退化。这种定型化思维是维护白人或西方人为中心的社会和文化秩序的组成部分，它建起一条符号的边界，来区别"正常的"和"不正常的"、"正常的"和"变态的"、"可接受的"和"不可接受的"、"可归入的"和"不可归入的"，或者"他者"、"自己

---

① Foucault M. The archaeology of knowledge（trans. A. M. Sheridan Smith）. New York：Pantheon Books. 1972：116.

② [英] 斯图尔特·霍尔编，徐亮、陆兴华译：《表征——文化表象与意指实践》，商务印书馆2003年版，第236~238页.

③ [美] 霍华德·马凯尔著（Howard Michael），罗尘译：《瘟疫的故事》，上海社会科学院出版社2003年版.

人"和"外人"①。很明显，在这种定型化思维中，非洲人（或黑人）的特征被简化、夸大，不仅被西方文化所排斥，而且确认了排斥的合理性。不难看出，西方人在解释艾滋病病源时已把非洲文化本身看做是"病源"了，这种关于艾滋病的隐喻所带来的文化压力已超出了一般人的心理承受力，它会激起比扎伊尔医生更激烈的文化反抗，当这种文化反抗弥漫社会的时候，更严重的危机又等着我们了，恐怖主义的兴盛便是明证。由此我们可以体会到一个值得反思的问题：在对待差异和他者方面，一些话语具有深深的反人类特性②。

定型化思维不仅在种族中心主义的层面上构建着"我们"与"他们"的区别，"我们"对于"他们"的优越感，"我们"支配"他们"、改造"他们"的合理性；而且根据社会的、文化的、道德的划分，维护人类的"纯粹性"，把所有的"正常人"集合在一起，进入一个"想象共同体"，把所有"不正常的"、以不同方式生存的他者在文化与道德层面加以放逐。这样，便自然限定了谈话方式和话题。

新闻传播是以大众为对象的话语形式，它和私人信件或特殊目的的出版物不同，它的受众是广大的群体。新闻传播要达到有效传播，必须瞄准一定范围内的大众的共同性，事先假定相当数量的知识、信念、社会规范和价值观是大众共同分享的；对于大众不了解、不熟悉的事物，新闻传播总是试图"搭建"共同经验，帮助大众达成理解。同时，新闻传播不是私人话语，而是公共话语，按照新闻职业理念来说，新闻传播是新闻事实的非个人化表达，是一种不偏不倚的公共表达，但是，由文化所塑造的大众必须通过影响记者或媒体，进而影响新闻传播的价值判断、叙事框架、主题选择，否则，就难以实现新闻传播的意义分享。所有这些使得新闻传播的话语风格限定了谈话方式和话题。比如下面这种常见的讲究意义分享的新闻报道：

《纽约时报》1982年2月新德里电　这是数以百计的印度电影表现的故事：一位骄横的婆婆大发雷霆，指责自己的寡媳出卖自己家庭的利益，并将她逐出家门。

这次发生的可不是影片中虚幻的故事：婆婆成了7亿人民的领导者、位高权重的英迪拉·甘地总理。

儿媳是26岁的玛尼加·甘地，她是总理已故的儿子桑贾伊的遗孀。

在这里，记者非常明白新闻传播话语的接近性和趣味性，以美国人对印度影

---

① [英]斯图尔特·霍尔编，徐亮、陆兴华译：《表征——文化表象与意指实践》，商务印书馆2003年版，第265、261页。
② Hall S. Race, Culture, and Communications: Looking Backward and Forward at Cultural Studies//Storey J. What is Cultural Studies? A Reader. London: Arnold, 1996.

片的"文化经验",达成了对一个陌生文化的事件的"意义分享"。但是,对于印度文化来说,这样的"文化经验"只是虚拟的、单一的,并不是真实的、全面的,而且当这种文化经验积累多了之后,就会形成文化偏见。这样的偏见反过来会"过滤"新闻事实,左右谈话方式和话题。

"意义分享"是公民自治和市场化运作共同制造的话语风格,它常常依赖文化群体的共同经验、兴趣以及共识,并且进一步转化为一种集体无意识,这样它便有可能异化为一种支配性的力量,构建主流话语,偏离具体讨论,忽略具体感知,消解事物的多样性与新闻的公共性。作为公共表达的新闻传播话语往往更能选择特定文化群体的谈话方式来表达新闻事件,从而使不同文化背景的新闻传媒表现出话语的对立。再请看下面这个例子[①]:

1991年,在美国艾奥瓦大学,学物理的中国学生卢刚没有争取到奖学金,他对这一结果提起上诉,没有成功,后来也没有得到在大学教书的工作。10月31日,他进入物理系,开枪杀死了处理他上诉的顾问、同学和旁观者,然后开枪自杀。美国报纸对此事的报道集中于卢刚的品质上:心理弱点(脾气很坏、性格险恶),生活态度(个人认为枪是拯救不满的重要手段)、心理问题(他是一个心理有点不正常的人,他使自己成功也使自己毁灭,他的心理问题面临着挑战)。

而中国报纸的报道则大不相同:中国记者强调卢刚的行为一定与某种背景有关,如卢刚与导师的关系不好,与被枪杀的同学处于敌对状态,与中国人群体隔离,中国社会给他造成的压力("是中国尖子生教育政策的牺牲品"),以及美国的社会背景(枪支管理混乱)。

同一事件为什么出现了对立的叙事?主要是因为美国新闻传媒选择个人主义文化的谈话方式,一切从个人出发来"编排"事件;中国新闻传媒则选择集体主义文化的谈话方式,一切从个人与社会的联系出发来"编排"事件。会不会是中国的新闻传媒偏爱中国学生,有意把他的犯罪归结为社会原因?另一篇报道显然又否定了这一点:

同年,一位名叫麦克温尼的美国邮递员丢掉工作,向工会提出上诉,没有成功,后来也没有找到专职工作,11月14日,他走进曾经工作过的邮局,开枪杀死了处理他上诉的管理人员、几名同事和旁观者,然后自杀。莫里斯和彭凯平发现这些报道与对卢刚的报道一样,美国记者把焦点集中在麦克温尼的个人性情方面("不断受到暴力威胁"、"脾气火暴"、"狂爱武术"、"精神不稳定")。

[①②] Morris M, Peng K. Culture and cause: American and Chinese attributions for social and physical events. Journal of Personality and Social Psychology, 1994 (67): 949–971.

而中国的报道则强调对麦克温尼造成影响的环境因素（职业杀手最近被解雇了"、"邮局的管理人员是他的敌人"、"受到最近其他杀人案例的影响"）②。

很明显，依然是相似的文化方式"编排"了新闻事实。"意义分享"就这样在日常新闻话语中异化为一种支配性力量，让主流文化意义、主流意识形态左右千变万化的事实的表达，而且让公众的互动与公共讨论都被笼罩其中，成为虚拟的表达。

第三节 跨文化传播的和谐理念*

跨文化传播所面对的特定问题是：在矛盾、冲突、差异、多元、焦虑等文化交往语境中如何构建和谐的传播？这一问题的动态性、丰富性以及对人性与人心的挑战性，无疑扩展了社会和谐的思维空间和思想张力。面对这一问题的人所形成的和谐理念也具有某种独特性，它涉及社会文化理想，但更多的是寻求理想贯通于文化冲突现实的动态和谐；它改变了传播效果对象化、客体化的模式，转而面对主体间的多元文化关系；它不像文化相对主义那样仅仅强调必须完全接受文化差异，而是积极推进有着文化差异的人之间的对话与协商；它导入心理学的观念，但并不致力于发现人类传播心理的普遍规律，而是通过感知人类各种文化精神表现形式，发现各种文化心理之间的微妙关系以及文化对话的可能性。

跨文化传播的和谐理念并不围绕一个单一的命题而展开，而是由其三个层面问题架构的三个维度发散开去，即日常生活层面的跨文化传播的和谐理念、文化心理层面的跨文化传播的和谐理念、文化适应与融合层面的和谐理念。我们可以由此跨文化传播的和谐理念的多种内涵及其价值，找到在跨文化传播过程中推行和谐理念的路径。

一、日常生活层面的跨文化传播的和谐理念

在日常的文化实践中，人们总是在不停地感知、理解着世界，相互进行着意义表达，而意义表达又依赖着对"差异"的感知，这是因为："差异"是意义的根本，没有它，意义就不存在；意义是在对话中通过参与者之间的"差异"而

---

* 此节参见单波、薛晓峰：《西方跨文化传播理论的和谐理念》，载《国外社会科学》2008 年第 6 期。

显示出来的①。然而，人们对"差异"的感知又极具危险性，可以形成各种消极的情感、社会文化分裂以及对"他者"的敌意和侵犯。种族的差异和差异的种族化，是日常的文化交流中最使人困惑的问题。

在社会冲突不断的19世纪末20世纪初，社会学家们纷纷探讨群体内的意义分享，并试图把这种意义分享推扩到整个社会，构建伟大的公共体。而西美尔（George Simmel）则另辟蹊径，把冲突看做是一种基本的社会形式，认为人类有一种"先天的攻击本能"，也就是他们有一种容易激发的对他人的敌意②。他认为群体间的冲突增加了每个群体内权威集中的程度、社会团结的程度和拥有共同对手的群体联合的可能性，但同时降低了社会宽容的程度，而生活在不宽容的社会是人的致命危险。于是，他转而进入对个体间关系的普遍思考。在他看来，传播是社会生活的基本形式，社会由个体间的传播组成，某类传播在一段时间后变得相对稳固，并由此呈现出文化和社会结构，而文化和社会结构又反过来影响个体间的互动；当个体进入到一个群体中时，他必须放弃他的一些个性，与群体的普遍性保持一致，达成意义的分享，形成一定的文化价值系统。如此这般之后，群体的成员就不再用客观的标准看待彼此了，而是利用群体的文化"透镜"审视对方；这时，与一定文化系统相异的、不完全被群体成员接受的"陌生人"就出现了。或者说，我们所处的社会文化系统把成员的角色分配给了我们，把陌生人的角色分配给了"他者"。"陌生人"给我们带来了远距离视野的独特优势，并用不同的方式观察我们所处的社会文化系统，相对而言，他们不受约束，保持着进出这一系统的自由，可以越界生活在不同群体的边缘，并容易在交流中以对方的视角看问题③。因此，"陌生人"有跨文化的视角，他在对某种符号形式作出识别时，不会立即将其与特殊的含义联系起来，而是理解它在不同文化语境下可能有的不同含义。

西美尔显然是将"陌生人"作为一个动态的概念来加以考察的，他让我们感受到传播是在社会距离不同的个体之间发生，这就打破了种族主义、社会分层、阶级等的褊狭，将人置于平等的地位，以"彼此都是陌生人"的眼光来关照传播和社会，同时也为跨文化传播设定了平等的基调。但是，在平等背后，西美尔也注意到，由于陌生人行为的不确定性和不可预知性，人们总是对陌生人带有疑虑，这种疑虑的极端后果就是仇外。那么，这种陌生人现象就会演变成社会

---

① ［英］斯图尔特·霍尔著，徐亮、陆兴华译：《表征：文化表现与意指实践》，商务印书馆2003年版，第236页。
② ［德］盖奥尔格·西美尔著，林荣远译：《社会学：关于社会化形式的研究》，华夏出版社2002年版，第190页。
③ ［德］盖奥尔格·西美尔著，林荣远译：《社会学：关于社会化形式的研究》，华夏出版社2002年版，第512~529页。

问题,这显然不利于种族、文化间的和谐共存,也无法在每个人的内心中建立起和谐的平衡,西美尔的研究使人看到了跨文化传播中存在的具体障碍,并提示我们陌生人之间的沟通、协调是通向和谐的基础。

在传播技术越来越发达、传播产品越来越丰富的今天,我们对陌生人的形象的感知和对他者文化的认识,更多地还是依靠对声音、文字、电子技术生产的形象、音符甚至是各种物品所蕴含意义的理解。我们总是通过我们的表征系统(意义生产系统)去构建文化和世界,而这种构建一旦用符号建立了属于它的边界,就成了一种定型化的排他实践,并且通过不同的表征实践(学术、展览、文学、绘画,等等),生产出一种有关他者的形式,并深深地卷入权力的运作[①]。无论是有偏向的意义,还是定型化的排他实践,都可能导致文化的误读和冲突。此时,跨文化传播的纠偏式理念在于,如果我们不能赋予他者文化以同情性的理解和尽可能接近真实的认知,只是从自我出发并且依靠权力去表征他者,那么,跨文化的理解就成为了自我中心主义的言说,和谐就会离我们远去。

在日常生活中,我们一般能体验到,文化是一种生活方式,它使孤立的个人产生归属感,分享群体的共同经验,但是,跨文化传播的理性之眼总是从对冲突的特别关注中寻找文化间理解的途径。它对文化特性的独特理解之处在于,文化具有民族中心主义(ethnocentrism)倾向[②],即每一种文化都试图用自己的文化价值去观察和评价他者,特别是在文化冲突发生的时候,每一种文化都习惯于抬高自己的文化价值,以凝聚文化群体的信念,取得对他文化的支配权。他提醒人们警惕排他式的归属感和民族优越感。所谓排他式的归属感就是内集团通过夸耀自己和貌视外部的人来提升自己,个体不假思索地将内集团的价值视为完美的,并自动地运用它们去判断他人以及自己不熟悉的价值与行为,把具有这些价值与行为的人定义为外集团[③];相应地,民族优越感表现为个人判断其他文化比自己民族的文化低等的度,它是人们将自己归属于内集团的结果。而对于所谓文化认同、群体认同,跨文化传播承认这体现着人的相互依赖、渴望精神与情感有所归依的本性,但问题是,人们同时又设定了心灵的"囚室",通过划定自己的文化地盘、坚持自己的文化理念与生活方式的唯一至上性,制造着新的歧视、偏见与成见,从而使文化处于不间断的冲突与排斥过程之中。所有这些都妨碍了我们对与我们不一样的人的沟通与理解。

---

① [英]斯图尔特·霍尔著,徐亮、陆兴华译:《表征:文化表现与意指实践》,商务印书馆 2003 年版,第 261 页。
② Martin J N, Nakayama. T K. Experiencing Intercultural Communication: An Introduction, Mayfield Publishing Company, 2001: 25-40.
③ Sumner W G. Folkways. Boston, 1907: 418.

因此，跨文化传播理念指引着一条更冷静的和谐之路：交流的挑战不是忠实于我们的地盘，而是对别人抱原谅的态度，他们不可能像我们看自己一样来看我们。因为我们不可能彼此相同，也不可能你是我，我是你，所以我们的问题不应该是：我们能够交流吗？而是应该问：我们能够互相爱护，能够公正而宽厚地彼此相待吗？①

由此，跨文化传播理念更多地指引人们去关注社会距离（social distance），体验在种族、民族、宗教、职业或其他变量上个体与他者缺乏亲密感的程度，使得人与人、群体与群体之间在积聚过高的敌意水平之前释放敌意，并创造出调解冲突的规范；同时，把生活在两个不同世界的边缘人（marginal man）作为观察的重心，以此理解文化的变异和融合，理解那些来自不同的文化背景、有不同的观念信仰的人们在互动的过程中如何说明和理解意义，消解人与社会的疏离感，如文化休克、隔膜、自我封闭、对立等不良情绪，侧重于发挥边缘人的双重乃至多重文化视角的优势，激发人的共同文化体验。但是，这并不意味着要走向文化同化，因为文化同化的作用并不能消除彼此的仇恨②，那些隐含在文化同化过程中的文化排他主义、一元主义行为和种族主义行为一样加深着彼此的误解，引发彼此的敌对。它依然反映了种族的不平等系统，并由社会内部成员共享的话语体系来维持、复制和巩固③。因此，对于人来说，要把学会欣赏和容忍多样性、复合性和文化差异真正落实到人的生活层面。

在上述意义上，跨文化传播理念发展出异质传播新思维。一般说来，传播效果理论倾向于认为，大多数传播发生在同质的个体之间，同质传播比异质传播更有影响，个体之间的有效传播能导致知识、态度和整个行为的更大同质。与此相对应的是，跨文化传播促使人们把目光转向处于不同文化背景的个体之间的异质传播，有效的传播是将异质的个体间的误解降低到最低水平，在各自保持自我的文化特性的背景下取得相互的理解。只能消灭个体间的差异、导致人的同质化的传播绝对是单向的、片面的传播，它最终使人接受同质化的控制。真正说来，一个有意义的传播是在社会文化距离程度不同的个体间展开的，其意义分享的过程永远是同质与异质双向呈现的过程。在这个有意义的传播过程背后，存在着一个跨文化伦理问题，即一个具有人文价值的跨文化传播应该体现为国家、民族、文化间的互动过程，并由于这种互动，每一个国家、民族，每一种文化都打破了片

---

① [美] 彼得斯著，何道宽译：《交流的无奈：传播思想史》，华夏出版社 2003 年版，第 251~252 页。
② Seth J. Schwartz, Hilda Pantin, Summer Sullivan, Guillermo Prado, and José Szapocznik. Nativity and Years in the Receiving Culture as Markers of Acculturation in Ethnic Enclaves. Journal of Cross-Cultural Psychology 2006 (37): 345 – 353.
③ Karlsson L. The Diary Weblog and the Travelling Tales of Diasporic Tourists. Journal of Intercultural Studies, Aug., 2006, 27 (3): 299 – 312.

面性、局限性和对抗性，同时又能保持自我的发展特性，形成相互依赖、相互尊重、相互沟通的多极化、多样化格局，这时，跨文化伦理的意义在于：尊重人的文化个性和跨文化特性，促进文化的开放，促进文化表达方式的无限可更新性和无限多样性，抗拒文化的同质化；促进文化区域间的信息分享与意义分享，抗拒文化帝国主义的权力支配体系的形成，保护文化的多元化价值体系，从而使跨文化传播体现为人的目的[①]。

二、文化心理层面的跨文化传播的和谐理念

当归属于不同文化的人们走到一起，而他们相互感到"陌生"时，跨文化传播就开始了。在一般意义上讲，跨文化传播是触及人的心灵、表现人的文化心理的社会行为。所谓跨文化是指参与传播的人不只依赖自己的代码、习惯、观念和行为方式，而是同时也经历和了解对方的代码、习惯、观念和行为方式的所有关系，因此，跨文化包括所有的自我特征和陌生新奇性、认同感和奇特感、亲密随和性和危险性、正常事物和新事物一起对人的中心行为、观念、感情和理解力起作用的关系。

日常语言哲学家（如维特根斯坦、赖尔、奥斯汀、斯特劳森等）认为，尽管我们无法进入他心，检验他的经验是否在性质上与我的经验相同，然而这并不排除一种谈论"感觉"、"知道"等心理现象的公共语言，这种公共语言是可以比较的。现象学家胡塞尔明确地肯定他人意识的独立存在，而不是把他人看做是意识活动的构成物。存在主义哲学家萨特则宣称，他人跟我一样作为具有否定特征的纯粹意识而存在；他是一个生存主体而不是认识对象；我和他之间存在着一种互相限制对方的自由，却又恰恰意味着彼此都是自由的这种微妙关系。这些哲学思想内涵各不相同，但都批判了他心问题上的怀疑论和唯我论，为跨文化传播提供了根本性的价值观，即确认文化的差异性和多样性，它在精神分析学意义上的论点是，"他者"是根本性的，无论对自我的构造，对作为主体的我们，对性身份的认同都是如此；我们的主体性是通过向来不完整的无意识与"他者"的对话，才得以形成的[②]。确认文化的差异性和多样性的过程又是一个不断超越文化的过程，即不以自己所属文化群体的价值来判断其他文化群体的价值，反思自身的文化价值，民族中心主义向文化价值平等的方向转变。霍尔在七十年代出版

---

① Shan Bo. La communication interculturelle: ses fondements, les obstacles à son development, Communication & Organisation, juin, 2003.

② [英] 斯图尔特·霍尔著，徐亮、陆新华译：《表征——文化表象与意指实践》，商务印书馆 2003 年版，第 239~240 页。

《超越文化》中提出，人类要走向跨文化传播，必须超越文化，而超越文化的重心在于"无意识文化"，也就是一种已潜入民族或个人的深层心理结构里的文化，一种"心中"的文化，一种已经与民族或个人行为模式浑然一体的"隐藏着的文化"，它像一张无形的网，把一个民族、一个社会、一个团体、一个人死死地套住了。在他看来，要解构这种"无意识文化"，不能仅仅进行尊重文化差异的空洞说教，还必须从文化交流过程中的感知、语境与文化心理表现、文化映象与记忆、文化的非理性力量等方面，解开人们的心结，感知人类各种文化精神的表现形式，发现各种文化心理之间的微妙关系，找到文化对话的可能性。

跨文化传播的核心心理问题是"文化适应"（acculturation），它指由个体所组成，且具有不同文化的两个群体之间，发生持续的、直接的文化接触，导致一方或双方原有文化模式发生变化的现象。最初心理学家对这一现象进行研究的时候，得出了这样的"普遍规律"：对于新到一个文化环境中的个体来说，其文化适应的最后结果必然是被主流文化所同化；同时，个体受到主流文化的影响越多，原来民族文化对他的影响就相应地越少。这实质是单向度、单因素文化分析的结果。20世纪70年代以后的心理学家仅仅是对个体的文化适应策略稍做区分，就发现了整合（integration）、同化（assimilation）、分离（separation）和边缘化（marginalization）四种文化适应策略，其中，文化心理向度也表现出保持传统文化和身份的倾向性以及和其他文化群体交流的倾向性。进一步地，心理学家又看到了第三向度，主流文化群体与少数族群在相互适应过程中所扮演的角色，从而呈现出跨文化传播中的多样化心理表现。而文化适应研究的"融合模型"（fusion model）则直面跨文化传播的现实：文化适应中的个体实际上面对的是一种新的整合文化，而不是单一的主流文化，或者原有文化①。这样，在文化交流中，就无所谓单一的模式和心理规律，而只有随文化的多样性与文化传播活动的丰富性而律动的心理过程了。

跨文化传播呈现的另一个核心心理问题是文化焦虑，而这种焦虑常常表现为文化身份焦虑。所谓文化身份（cultural identity）就是一个群体或个人自己承认同时也被他人承认的在文化上的位置。文化身份焦虑首先来自自我与文化环境关系的失衡，其根本原因是对主体性和文化主体的过分看重，主体性能够导引出行为主体的权利，却不能保证相互的义务，且易使人处于权利与义务失去平衡后的危险之中；文化主体有助于呈现自我文化的价值，但总是表现为单一文化视野，并隐含着排斥其他文化价值的看不见的暴力。要摆脱焦虑，必须回到文化的主体间性上来构建文化身份，使之处于动态的过程之中。美国文化学家斯图亚特·霍

---

① 参见余伟、郑钢：《跨文化心理学中的文化适应研究》，载《心理科学进展》2005年第6期。

尔（S. Hall）说："我们先不要把身份看做已经完成的，然后由新的文化实践加以再现的事实，而应该把身份视作一种'生产'，它永不完结，永远处于过程之中，而且总是在内部而非在外部构成的再现"①。这样，我们才能摆脱以控制为宗旨的虚假的整体性身份认同，让个人真正回到人与人的关系之中。只是问题在于，我们如何超越文化中心主义的心理障碍，依然有赖于我们自身的道德理性力量。

在个体跨文化心理层面上，如果缺乏对自我有效的管理和与他者沟通有效的符码，也无法到达和谐的状态。古迪昆斯特（W. B. Gudykunst）从陌生人的传播困境入手进行研究，认为动机因素、知识因素、技能因素这三组因素的非平衡交互作用，导致了陌生人面临传播情境产生焦虑和不确定性。当焦虑和不确定性高于最大限度时，就无法有效传播（例如因为我们过分关注焦虑或者不能预测陌生人的行为）；当焦虑和不确定性低于最小限度时，由于不在意发生的事情（焦虑小）或者过于自信所作预测（不确定小），也无法有效传播②。汀－图梅（S. Ting-Toomey）则关注到了每一种文化里都有某种用于协商的"面子"，这种"面子"，即自我的公众形象，是个体在群体生活中的最基本的符号资源。在跨文化传播中，如果没有采取"自我面子关切"和"他者面子关切"的协商式行为，文化间沟通的目的就很难达到③。

三、文化适应与融合的和谐理念

在主体间性的关照之下，跨文化传播理论认为和谐的最高价值理念表现为文化融合。文化是在不断的发展变化之中的，和谐的跨文化传播表现为人类各种文化都通过对话而获得思想的新资源，进而开始某种文化的生成过程，文化融合就是在不同的文化观念、价值彼此影响、交流互动中实现人类文化共同发展的主要形式。这在一定程度上抛弃了民族偏见，在尊重各文化实体的差异性基础上以进取的姿态致力于将人类文化的发展提升到一个全新的水平。

一般说来，为了生存下去，我们会采取适应策略，即调整自己的个人准则来适应东道主文化，或者相互之间简单地尊重文化差异，这样一来，我们只是生存

---

① 斯图亚特·霍尔：《文化身份与族裔散居》，载罗刚、刘象愚主编：《文化研究读本》，中国社会科学出版社2000年版，第208页。
② Gudykunst W B. Anxiety/Uncertainty Management Theory：Current Status//Wiseman R L. Intercultural Communication Theory，Sage，1995.
③ Ting-Toomey S. Intercultural conflict styles：A face negotiation theory//Kim Y Y，Gudykunst W B. Theories in intercultural communication. Newbury Pk，CA：Sage. 1988：213-238.

下来了，但还是不明白自己为什么要这样行事，克服不了文化间的内在紧张关系，不足以应对新的问题和挑战。解决这一问题的关键在于创造文化融合。融合是指个人在心理上开始将东道主文化的价值观念融入自身的价值系统，同时东道主文化也受到旅居者价值观的影响。其基本的和谐理念包括：

首先，伦理上的跨文化对话是可能的。因为伦理原则如同其他文化形式是人为地产生的、传播的，伦理原则既非天生固有也非写进形而上学的图式之中，如果伦理规范是由文化缔造的，那么同样可以根据新的问题而得到修正从而在跨文化的交往中获得新的视角。

其次，虽然不同文化中存在不可通约的规范，跨文化交流者仍可能融合各自文化中的价值观而创立新的规范。跨文化对话能有效地融合表面上不相容的看法，甚至会产生处理新问题的全新的概念和规范。

第三，那些了解到其他文化如何看待这个世界的人有着跨文化的头脑，这使得他们以多种文化的参考框架来判断。跨文化头脑的形成使得他们对人类和世界有着更广阔的看法。通过对他文化的移情作用，我们获得了对于这个世界的更客观的看法。反之亦然，来自其他文化的人在对话中可以从经验里通过移情作用理解不同的文化传统，但这并不意味着摒弃自身的文化传统和价值观，虽然在接触不同思考方式的过程中我们不可避免地反复审视自身的文化和价值观。从这样的思考中我们获得了更开阔的视野，并逐渐形成更开阔、更全面的世界观。

第四，按照贝勒特（Bennett）的描述，一个人获得文化融合的视角可分为6个阶段：否认，在早期"种族中心主义"（ethnocentric）阶段简直没认识到文化间差异的存在；防御，承认差异但认为一种文化比另一种优越；简化，采取表面的普遍主义（universalism）把差异估计得最小；接受，在后来的"种族相对主义"阶段，以一种简化的相对主义的方式接受了差异；适应，个人能够以其他文化作为参考框架；或融合，个人采用了双文化的视角，利用多种文化框架为参照①。每个阶段都代表了一个更高层的变异了的应对跨文化差异的框架，在它的最终阶段个人通过在他们的思维方式中至少融合了一些观点和其他文化的价值观而获得了一种双文化视野。

第五，同化带来的一元化让文化失去了生命和存在的理由，因为只有在相互依靠和配合之中，各种文化才能展示出其最大的价值和意义。而如果采用"我们"与"他们"的尖锐对立的观点来维护自身文化，一方面会让个体为自己所遭遇的扭曲和伤害倍感焦虑，一方面甚至会导致其演变成某种具有反现代反人类

---

① Evanoff R. Integration in intercultural ethics, International Journal of Intercultural Relations, July 2006, 30（4）：421－437.

倾向的本土文化偏执狂。因此，无论是同化还是对抗，其文化后果都是我们所不能接受的，这样面对冲突的方法也背离了跨文化传播的和谐理念。

第六，促进沟通、控制冲突、达致和平已成为当代跨文化传播的历史使命。和平并非意味着无冲突，实际上，差异性的存在先天地为传播活动（及人类其他活动，如政治、贸易、外交等）设置了冲突的可能。但是，可能性同样不意味着必然性。人类应该通过自己的富于创造性的理性行为，实现"跨文化冲突的有效管理"，创建一个不同文化的人民都能和平共处的共同世界。传播学者大卫·卡尔（David W. Kale）描述了作为跨文化传播伦理的和平所包含的三个阶段：最小和平、中等和平、最佳和平，他认为，只有当双方都像对待自己的目标一样认真考虑对方的目标时，最佳和平才能够达成。在传播方面，卡尔明确表示，通过破坏他人对于其自身观念以及人类精神的尊严和价值的方法进行传播，是不道德的。基于这样的理解，卡尔进一步提出了跨文化传播中全球化道德代码四原则，即：对不同文化的人采取自己希望得到的尊敬态度；尽可能准确地描述你所感知的世界；鼓励其他文化的人用他们独特的方式表达自己；努力寻找同其他文化的人的共同点[①]。

也就是说，只有在相互尊重的基础上尽可能表述自己并倾听他人的表述，在表述与倾听中寻找共同点，达成共识，跨文化传播活动才能回避冲突，达到和平。也只有这样，跨文化传播才能真正体现为人的目的，从而体现其本身固有的基本伦理诉求。

第四节　推行跨文化传播和谐理念的对策

跨文化传播理念事实上已成为自成体系的和谐理念体系，这一理念的深层内涵和要义就是，它认为一切都应该从我们自己做起，把和谐理念贯通到具体的行动，并且层层推扩为从个人、团体、社会到媒体、国家和国际社会的联合行动。

一、个体：在日常生活中反思

从某种意义上说，如何克服障碍去达成积极的跨文化传播的答案，就隐含在

---

① Kale D W. Peace as an Ethic for Intercultural Communication. , Samovar L. A. and Porter R. E. Intercultural Communication: A Reader (9th ed.). Belmont, CA: Wadsworth, 2000: 450 – 55.

个体的积极反思之中。跨文化传播是一项日常生活实践,个体的反思必须立足于生活。比如:通过阅读民俗学、地理文化方面的书籍杂志,观看民俗方面的纪录片(而非电影),了解其他文化的价值观并加以吸收,使自己拥有多元文化价值视野;记录自己与他文化群体的人交往的经历,反思是否做到了彼此尊重;观察本国报纸、电视、文学、电影等媒体对其他文化群体的呈现,在哪些方面扭曲了他者形象?是什么原因形成了这种扭曲?在跨文化团体(如跨种族家庭、社区、办公室、班级、球队等)进行调查,看文化交流成功与不成功的因素是什么;当文化冲突性事件发生的时候,看各种文化群体的人如何参与到冲突性事件之中,有什么问题是可以避免的?在此基础上,个体的跨文化传播能力就是处理文化差异与陌生、群体间冲突、生活中的文化压力等问题的内在能力,它是和谐理念贯通于现实的基础。每一个人都可以通过对文化特殊性、背景特殊性、文化普遍性的感知与学习①,了解交流对象的文化习俗、说话方式、文化价值观等基本文化信息,熟悉双方文化交流的历史与现实背景、交流对象的心理背景,寻找对所有文化来说都普遍存在的文化特征和行为,以此提高自己与他者和谐相处的能力。

二、团体:构建"第三文化"空间

作为社会文化冲突的缓冲地带,跨文化团体着眼于联系边缘人(包括移民、少数族群、旅居者、跨文化生存者、亚文化群体等)意义上的人群,推进相互间的学习和了解,整合其文化特点和价值观,构建"第三文化"(the third culture)空间,使有着不同文化背景和精神需要的人们可以积极构建他们的共同基础,批判现存的规范形成新的规范,最终融合不同文化的规范指导跨文化情形中个人的交往。同时,积极发展治疗跨文化精神疾病的社会服务,解除跨文化交流的精神压力,也是在跨文化群体间构建"第三文化空间"的一条有效路径。

三、社会:推广跨文化伦理

跨文化伦理是社会裂痕与冲突的黏合剂,其精髓在于人的道德精神要合于人的文化创造自由与文化选择自由,合于文化生态的多样性平衡和文化意义的共同

---

① [美]拉里·萨默瓦、理查德·波特著,闵惠泉等译:《跨文化传播》(第四版),中国人民大学出版社 2004 年版,第 336~337 页。

分享，合于人的文化传播无限可循环性的要求，合于文化创造所内含的超越文化限制的精神[①]。跨文化伦理的社会化将促进社会性道德意识的更新和社会道德准则的创新，丰富社会的道德资源。

一个体现为伦理合法性的跨文化传播，强调每一个传播参与者的主体性地位，谋求在不同文化背景的传播者之间建立某种具有主体间性（intersubjectivity）的相互关系，这一目标在大众传播成为跨文化传播主要形式的今天，显得尤为艰巨，但也尤为迫切。它要求跨文化传播彰显各文化主体间的对话意识和沟通意识。如果某一文化体系作为整体受到异种文化的侵凌与支配，其文化中人的可能选择只能是，要么附庸外来文化的影响进而沦为异己中心主义者，要么强化自身的种族中心主义倾向从而滑向原教旨主义者。身为前者，异己中心主义者实际上既隔离于其本土文化，又因为其对于外来异种文化的内在精髓的疏离，以至于很难获得外来文化的认同。这样，他们最终只能成为某种无根的文化漂流者。身为后者，面对异种文化侵凌与支配挑战，原教旨主义者为了固守其文化领地，必然努力从其文化体系中剔除一切与外来异文化具有相同甚至相似的价值判断与生活方式，从而导致其文化体系中一切具有现代性特征或人类普遍意义的文化素质被清除，其文化中人最终会演变成某种具有反现代反人类意味的本土文化偏执狂。无论是作为前者还是后者，其文化后果都是我们所不能接受的。因此，我们认为，唯有通过跨文化大众传播达成不同文化体系之间的和谐对话，在这种对话中求同存异，相互从对方文化中吸取思想性精华，从而达到本土文化的意义增殖与其文化中人生活方式的多样化。

美国传播学家彼得斯（John Durham Peters）在考察了人类交流活动的种种困境与传播观念的种种悖论后指出，交流的挑战不是忠实于我们的地盘，而是对别人抱原谅的态度，他们不可能像我们看自己一样来看我们。因为我们不可能彼此相同，也不可能你是我，我是你，所以我们的问题不应该是：我们能够交流吗？而是应该问：我们能够互相爱护，能够公正而宽厚地彼此相待吗？[②] 也就是说，我们不应该在打破文化的边界、追求文化的融合的不可能性中自寻烦恼，也不应该以自我文化为中心来俯视他者，或是寻求与异文化群体的人联合，而是在存在论意义上宽容他者，承认他者的存在权利，承认他者文化体系的价值。真正说来，占据我们心灵的跨文化传播的焦虑都与他者有关，因此，我们有必要从他者的角度考虑跨文化传播。如果我们转换观念，不是从自我出发，而是从他者出发，那我们就可能放松主体性视野的内在紧张关系，从各种角度观察文化，并在

---

① 单波、王金礼：《跨文化传播的文化伦理》，载《新闻与传播研究》2005 年第 1 期。
② 彼得斯著，何道宽译：《交流的无奈：传播思想史》，华夏出版社 2003 年版，第 248～255 页。

相互合作、保证相互的义务基础上获得各自的权利（right）。

四、大众媒介：寻找跨文化的公共空间

跨文化的公共空间的最基本层面是跨文化的"共义域"，即跨文化交流双方共同的经验范围所构成的交流语境和背景。"共义域"越是广泛、完全，双方之间的了解和认识越是深刻、明晰、准确；而当"共义域"缺失或者不完全时，就会造成传播的不顺畅，误解和曲解也就由此产生。在跨文化传播中，由于传播者与所反映对象之间，共同的文化背景和经验范围严重缺失，使得两者之间的"共义域"超乎寻常的褊狭和缺失，因此难免出现曲解，造成误读[1]。跨文化的公共空间的第二个层面是少数和多数的共同空间，即吸引少数族群同时又让主流受众感兴趣的表达空间。它让不同文化背景的人因公共兴趣而聚集，同时又展现同一议题的多样观点，消解群体间语言偏见（linguistic intergroup bias）[2]，避免使用更抽象的语言描述与刻板印象一致的行为，特别是当行为者是一个外部群体的成员的时候。

五、国家与国际社会：构建开放的、非暴力的跨文化空间

国家要在政策与法规层面不断清理文化封闭、文化歧视，铺设通向开放社会的道路，同时又要保护移民、少数族群、边缘人、亚文化群体的文化权利，保护文化的多样性和文化生态的平衡。

在实践和谐世界理念的语境下，国家要与国际社会共同构建跨文化传播的合作机制，创造促进人类和平生活、和谐共处的国际环境，其中最具现实意义的是在国家间推行跨民族主义（transnationalism）。所谓跨民族主义指的是跨民族国家疆界的人们和机构的多种联系和交往[3]。它反映国际上国家间的联系，在许多情况下，它被用来指移民缔造和保留多股社会关系以及其定居地和出生地社会的联系。它基本的要素是移民同时认可祖国和东道国社会。跨民族主义被地理上的接近性和远程通信服务所推动，有些人认为它更可能在移民占相当比例的国家中

---

[1] Sim S-F. Demystifying Asian values in journalism. Journal of Communication, March, 2006, 56 (1): 429-432.

[2] Gorham B W. News Media's Relationship With Stereotyping: The Linguistic Intergroup Bias in Response to Crime News. Journal of Communication, March 2006, 56: 289-308.

[3] Evanoff R. Integration in intercultural ethics. International Journal of Intercultural Relations, July 2006, 30 (4): 421-437.

产生。比如，融合的移民会看重文化的保持同时也与东道国社会接触，并且通过与出生地的联系扩展文化保持的方式。与此同时，那些把分类和跨民族联系结合起来的移民会退避三舍，退回到种族的小团体内。这种种族小团体与祖国有着多种联系，如贸易公司、旅行社等，特别是他们遭到种族歧视或感到被同化的巨大压力时。跨民族主义给移民在新国度的生活提供了更广的选择余地。当他们的身份受到威胁时，移民有更多的机会和东道国保持距离。多种选择的可能性使移民在新的社会中更自在。

第六章

传播新技术与构建和谐社会

　　本章立足于处于社会转型期的中国现实国情,从传播新技术扩散与社会系统互动、互构的新视角出发,以问题意识为导向,着重探讨传播新技术对于和谐社会构建的严峻挑战及相应对策。传播新技术的内在特性在与社会环境的复杂互动过程中,衍生了社会结构重组、社会控制失效、数字鸿沟加大、社会交往异化、文化传播失衡等问题。解决之道,在于正确认识并充分利用新媒体的技术优势,因势利导,趋利避害,以构建和谐传媒环境为先导,建立健全风险预警和风险沟通机制,加强数字时代的媒介素养教育,扩大信息普及,消弭数字鸿沟,重建数字时代的传播规范,进而实现合目的性的、有序的、可控的新闻与信息传播秩序,实现社会的和谐运行状态。

　　随着数字技术、网络技术、现代通信技术等传播新技术广泛运用于互联网和手机等新媒体,人类社会面临着一种空前复杂的信息环境和传播格局。传播新技术改变了传媒;而已经深深嵌入社会并不断改变社会结构和社会版图的传媒,在新技术的浸润下,按照其自身的逻辑不断型塑着现代社会。而正处于社会转型期的中国,在加速推进现代化和融入全球化的进程中,传播新技术引发的媒介化社会发展的广度、深度更是空前强化了。在新的技术条件和社会环境下,传播新技术及其塑造的传媒新形态,对于和谐社会的构建无疑是一个极其重要的影响变量。传播新技术与社会环境之间的复杂互动关系,直接规定了传播新技术的社会影响及其性质,这是我们在构建和谐社会过程中需要大力关注并亟须解决的问题。

第一节 传播新技术与社会环境变迁

一、传播新技术及其特征

"传播新技术"中的"新"是一个相对的概念，它是与"旧"、"传统"等相比较而言。相应地，"传播新技术"这个概念也不是封闭的，而是开放的，其内涵和外延处于不断的变化之中。尽管当代科学技术的迅猛发展在客观上造成了界定传播新技术的困难，但探讨传播新技术的传播特性却是我们展开问题论述的必然逻辑起点。何况，"从技术发展史和现实的技术过程看，技术发展的总趋势和方向，每一历史时期的社会主导技术，无论其形式还是内容，都存在着不可逆转的必然性。"[1] 有鉴于此，结合人类传播史上不同阶段的技术特性，本章中所提到的传播新技术主要指的是数字技术、网络技术以及现代通信技术（移动通信技术、个人通信技术和卫星通信技术）等。

我们在传播技术方面将以网络媒体为代表的新媒体与传统媒体进行对比，就可以发现传播新技术所具有的相对稳定的本质特征。这些特征主要体现在以下几个方面：数字化、网络化、交互式、个人化，以及时间和空间的压缩等。

（1）数字化。数字化将文本、图像、音频、视频等全部转化成计算机可读形式，即变成了一组组由0和1组成的字符，将信息以编码形式加载其中。数字化是传播新技术的核心特征，传播新技术的其他种种特性均是由它衍生出来的。数字技术的本质特点是开放、兼容、共享，这是广电网、电信网、计算机网络互联互通的基础，也是媒介融合的基础。数字化传播技术的广泛应用，使得我们步入了一个"数字化时代"。几近无限的信息容量，可以无穷无尽拓展的链接和丰富多彩的多媒体形式，借助文本、图像、音频、视频等，各种信息经过数字化处理以后，以数字化形式在全球范围内迅速传输，构成了数字化时代的图景。

（2）网络化。以数字化技术为依托的传播新技术能够将各种不同形态的新媒体在城乡之间、不同国家之间甚至全球范围内串联在一起，形成一个庞大且复杂的信息流通网络。各种网络之间又相互连接，整个世界几乎被这样一个大网覆盖起来。信息不仅在网络化的信息系统内纵向贯通，而且又在其他社会系统之间

---

[1] 韩小谦：《技术发展的必然性与社会控制》，中国财政经济出版社2004年版，第2页。

横向渗透。网络运转平台已经成为现代社会信息不可缺少的运转平台，这从一个侧面反映了当今社会对信息传播系统的巨大依赖性。随着经济全球化步伐的加快和高科技的广泛应用，网络化在全球范围内有了长足的发展。

（3）交互式。传播新技术提供了人们自己主动去寻找信息、索要信息和发布信息的可能，促进了可以操控的互动模式的实现。首先，公众有了更多的媒介选择，而且能够更主动地使用媒介选择或索要自己需要的信息。其次，除了主动地选择媒介和信息，公众还能够轻松的介入信息制作过程。通过电子邮件、手机短信、撰写博客日志、发起网络群聊等方式，公众可以便捷地以众多形式向他人传播信息，或者与传播者对话，表达自己的意见和要求；或者通过互联网络、可视系统参与远程会议等互动过程。交互式的传播中，传受双方不仅处于较为平等的地位，而且传受双方的关系也会变得更为多样化。

（4）个人化。传播新技术赋予信息接收者更多的内容控制权，即接收者不仅能对所传播的内容进行个性化处理，还能传播自己感兴趣的内容。由于传播新技术的应用，在技术上对信息进行筛选、复制和传递已经变得非常容易。通过特定的装置和程序，任何个人都能够有针对性地选择和订制自己所需要的信息，并能通过过滤手段屏蔽噪声。各个不同的人接受的信息也因此具备了个性化的特点。

（5）时间和空间的压缩。传播新技术摆脱了时间和空间的限制，彻底改变了人类生活的基本时空向度。传统的电讯传输速度是以千比特/秒为单位（Kbps），而随着传播新技术的发展，传播通道中流动的信息则以吉比特/秒为单位（Gbps），信息传递的速度极为迅速快捷。信息产生的同时即可以为用户获得，时间的因素在这里变得可有可无。近乎瞬间传输的电子信息，强化了实时的社会感，使人们仿佛感到自己无时不"临在"，无处不参与。传播新技术让声音、活动图像等只存在于稍纵即逝的瞬间，这样，这些符号呈现的本身即宣示其当下和此刻的临在性。比如卫星电视的现场直播让观众如亲临事件的发生现场，并能随意选择自己合适的时间收听、收看节目内容。著名传播学者曼纽尔·卡斯特将这种超越时空限制的现象称为信息网络社会中具有支配地位的"流动的空间和无时间的时间现象。"他认为，地域性解体使之脱离了文化、历史、地理的意义，并重新整合进功能性的网络或意向拼贴之中，导致流动空间取代了地方空间。当过去、现在与未来都可以在同一则信息里被预先设定而彼此互动时，时间也在这个新沟通系统里被消除了。其结果是，流动的空间与无时间的时间成了新文化的物质基础。①

---

① 曼纽尔·卡斯特：《网络社会的兴起》，社会科学文献出版社 2006 年版，第 465 页。

传播新技术催生了众多的新媒体，它们是传播新技术的实现形式和外在载体。目前较为通行的新媒体定义是："新媒体（new media）是一个宽泛的概念，是利用数字技术、网络技术，通过互联网、宽带局域网、无线通信网、卫星等渠道，以及电脑、手机、数字电视机等终端，向用户提供信息和娱乐服务的传播形态。"[1] 新媒体的本质特征是技术上的数字化、传播上的互动性。严格地说，新媒体应该称为数字化互动式新媒体。

毋庸置疑的是，在目前的经济技术条件下，网络媒体是新媒体的主体，它涵盖了传播新技术的所有核心要素。手机虽是"带着体温的"的便携式媒体，但是从现实来看，它依托于移动通信网，是定位于"点对点"信息交流的个人通信工具；利用手机媒体开展"一对多"、"点对面"的信息传播还面临着传播结构、传播成本、传播效率、传播范围等多方面的限制。而且，从全球范围开看，移动通信网之间尚未完全实现互联互通。尽管按照手机传播技术的发展趋势，"手机已不仅仅是现代通信业的代表，并且越来越成为通信与计算机技术相融合的产物；而且已经成为网络媒体的延伸与组成要素。"但是，"手机媒体也只能成为信息海量的网络媒体新的组成部分"。[2] 即便"作为通信工具的手机必将是互联网的终端，在它上面可以呈现其他媒体的内容，也可以为这些媒体制造和传送内容"[3]，但手机要真正实现从人际沟通工具向大众传播工具转变，还是离不开移动互联网的支持。从此种意义上讲，依托于互联网平台的网络媒体，更适合开展包括大众传播在内的多层次传播。

由于整个社会和一般公众在日常生活中直接面对和使用的是新媒体本身，传播新技术只是隐性地发挥着支持作用。所以，本章在探讨传播新技术的社会影响时将主要以网络媒体为例，同时兼及作为网络媒体延伸的手机媒体。

二、传播新技术与社会之间的互动关系

在现代社会，传播新技术的影响力已经普遍渗透到人类活动的方方面面。如今各个学科在各自的领域进行研究时，都不得不考虑传播新技术的性质及其影响作用。传播新技术在社会变迁中处于何种地位？是决定或者直接影响了社会变迁的形态、过程和结果，还是被作为社会整体的一个子系统，随着社会的变迁而做出相应的改变？这些问题正是技术社会理论关注的主要议题。

---

[1] 匡文波：《2006 新媒体发展回顾》，载《中国记者》2007 年第 2 期。
[2] 匡文波：《手机媒体概论》序言，中国人民大学出版社 2006 年版，第 6 页。
[3] 匡文波：《手机媒体概论》，中国人民大学出版社 2006 年版，第 109 页。

技术社会理论包含着观点相互对立的两个体系：一个体系，即主张技术变迁引起社会变迁的技术决定论或者说技术中心论；另一个体系是社会中心论，认为社会是引起技术变迁的最重要因素。

1. 技术中心论视野中的传播技术与社会变迁

技术中心论或者说技术决定论是当代的一种哲学观念，在 20 世纪 70 年代之前，它在技术社会理论中占据着主导地位。技术中心论有两个主要观点：首先，认为技术是一个独立因素或者说是一种自主力量；其次，认为技术变迁会引发社会变迁。这里关键的问题是影响社会变迁的技术在多大程度上是自主的。如果认为技术是绝对自主的，并且声称技术变迁是社会变迁的最重要原因，这就构成了所谓硬技术决定论；如果在认为技术影响社会历史发展方向的同时，也承认技术是相对自主的，负荷一定的社会、政治和伦理价值，且不是社会变迁的唯一因素，这种理论倾向可以称为软技术决定论。①

在考察传播媒介的发展时，无论是硬技术决定论者还是软技术决定论者，都会重点关注两个方面的问题：媒介发展的过程中，技术起了什么样的作用，以及传播技术对于传播内容起到什么样的影响和作用。

第一个方面问题恰恰是要证明传播技术是一种自主于社会之外的独立发展的力量。英国传媒学家布里恩·温斯特在论证这一点时以电影的出现作为案例来进行说明。他认为，电影的出现不是一次单独的技术事件，首先，独立存在的照相机、透镜和幻灯技术为制造幻灯机提供了基础；而后幻灯机和照片的融合带来了无声电影；留声机的加入使有声电影得以出现。② 从布里恩的论述我们可以看出，重大的传播技术实践和创新都是接连发生，每一个技术创新都会触发下一个技术革新，虽然其间会受到诸如世界大战等外部因素的干扰，但传播技术发展的连续性始终未曾被打断。这个过程中，社会制度、经济形态的变化都没有给传播技术的发展带来决定性的影响。

第二个方面问题从另一个逻辑的角度推断出传播技术对社会变迁的决定作用。在传播技术和社会变迁之间，技术决定论者引入传播内容这一概念。除了人际传播，其他几乎所有的传播活动都要借助特定传播技术，传播技术对传播活动以及传播内容的影响是毋庸置疑的。比如，电报这种传播方式快速但是价格高昂，所以其传播内容主要是紧急事件的告知。另外，著名传播学者丹尼斯·莱纳 1954 年在地中海东部沿岸地区进行的实地调查发现，当现代媒介突然应用于第

---

① 李三虎：《技术决定还是社会决定：冲突和一致——走向一种马克思主义的技术社会理论》，载《探求》2003 年第 1 期。
② ［英］布里恩·温斯顿著，来丰译：《媒介的产生——技术决定论抑或文化决定论》，载《江西财经大学学报》2000 年第 1 期。

三世界的传统村庄时会发挥极大作用：现代信息和知识借助现代传播媒介开阔了村民的眼界，提高了村民们的期望。① 在这里，特定的传播技术传送特定的传播内容，传播技术对传播内容起到了直接的影响作用。这是一个传播技术决定传播内容的较强有力的例证。

1964 年，加拿大传播学者马歇尔·麦克鲁汉抛出了具有划时代意义的论调——"媒介即讯息"。从传播技术、媒介内容、社会变迁的角度进行分析，"媒介即讯息"中包含着对传播技术、媒介内容和社会变迁相互关系的解说：麦克鲁汉认为，在传播技术、传播内容和社会变迁的关系系统中，尽管传播技术是通过影响传播内容而影响社会变迁，但媒介传播的具体内容，或者说具体信息对于社会的影响远不如传播技术大。这从正面肯定了传播技术对于个人和社会形态的影响力，否定人类行为的能动性，暗示个人在这个过程的被动与无助。所以一般人都将麦克鲁汉归类为技术决定论者。除此之外，麦克鲁汉还认为媒介是人体的延伸，如印刷品是人眼睛的延伸；收音机是耳朵的延伸，电视机是眼和耳共同的延伸。媒介的发展会带来人的感觉器官平衡状态的变动，改变人的心理和社会交往方式，从而带来社会整体的变迁。

总的来讲，技术中心论以"信息革命"和"网络社会"为关键词，向人们描绘出一幅技术创造社会的景观。但这种倾向在解答不同社会系统或社会制度间相同媒体的作用或区别时，却面临尴尬，进一步说明在考虑技术对社会的影响时，不能忽视社会因素对技术的影响作用。

2. 社会中心论视野中的传播技术与社会变迁

尽管技术中心论已经成为影响力很大的技术社会理论，但由于其过于强调技术的作用力，忽视了技术发展演变过程中的国家和社会等有关力量的干预，也没有考虑媒介在世界体系中不同国家和地区上"中心地带"和"边缘地带"分布的差距，对一些问题在解释力方面还存在一些不足，因此，与之相对地出现了另外一种技术社会理论——社会中心论。社会中心论或者说社会决定论主要关心技术的社会生成，它认为技术和技术变迁是社会构成或者构建的产物，而非为某种"自我发展"的路径决定。

社会中心论思想的诞生是在默顿科学社会学思想影响之下，在逐步发展的技术社会学研究中渐渐生成的。社会中心论有许多不同的表现形式，但大都围绕两个论点展开：一是认为社会是一种独立因素或者自主力量；二是认为社会变迁引起技术变迁。这里关键的问题是社会在多大程度上影响了技术，且不受技术的影

---

① ［英］布里恩·温斯顿著，来丰译：《媒介的产生——技术决定论抑或文化决定论》，载《江西财经大学学报》2000 年第 1 期。

响。如果认为社会是绝对自主的,并且声称社会是技术变迁的最重要原因,这就是所谓的强社会决定论;如果在认为社会属性或者人类价值影响技术历史的发展方向的同时,也承认技术对社会的影响,并且认为社会不是技术变迁的唯一要素,这种理论倾向可以称为弱社会决定论。①

在研究传播技术和社会变迁的关系时,社会中心论认为传播技术的效能更多地取决于媒介本身所依存的社会环境,取决于信息的传递者和接受者所处的社会关系;同样的媒介在不同的社会可能会产生不同的影响,同样的传播技术在不同的环境下也会带来不同的结果。也就是说,传播技术和媒介内容都要由社会环境和环境下的社会主体来决定。

3. 技术与社会的互动影响

当前,传播新技术对于转型中的现代中国的社会意义何在?对中国构建和谐社会的伟大实践将产生哪些影响?这是本课题研究关注的主要问题。当前中国正处在现代化发展进程中,要取得后发优势,创造一种通过工业化与信息化的成功结合而赶超发达国家的新途径,必须处理好对技术的态度及认知问题。关于技术中心论和社会中心论,实际上都是针对传播技术的某种态度,它们具有的共同点在于,两者都认为双方是决定与被决定的关系,一个认为技术决定社会,另一个认为社会决定了技术。很显然,这两种论调都失之偏颇。

因此,本课题研究抛弃了传播技术与社会变迁之间存在直接、机械性影响的决定论观念,采纳传播技术与社会互动影响的看法。"技术并未决定社会,而是技术具体化了社会;社会也并未决定技术发明,而是社会利用了技术"。② 技术与社会这二者的关系可以概括为如下内容:社会与技术保持着相对自主性,同时又相互影响;社会和技术的互动促使技术整体处于经济、政治、文化的交互影响之中。

我们认为,个人、群体与社会存在的所有过程都受到传播新技术的"塑造",而不是"决定";同时,传播技术发展又受到社会和文化的影响;并且,传播新技术只有在得到社会广泛的采纳与应用时,才能对社会发生影响。

对于高度依赖媒介化生存的当代社会而言,具有革命意义的传播新技术从来都是一把双刃剑,它既可能成为一种整合社会的黏合剂,也可能化作一股分化社会的离心力。正是由于具有这些与以往传播技术截然不同的新特征,再加上其与社会各层面存在着复杂的互动关系,传播新技术对目前中国和谐社会的构建产生了巨大的冲击。这些冲击中既有机遇也有挑战。一方面,传播新技术有助于构造和谐的传播系统,有助于优化社会结构,调节社会利益关系,创新社会交往方

---

① 李三虎:《技术决定还是社会决定:冲突和一致——走向一种马克思主义的技术社会理论》,载《探求》2003 年第 1 期。

② 曼纽尔·卡斯特:《网络社会的兴起》,社会科学文献出版社 2006 年版,第 6 页。

式，从而促进社会的整合，给和谐社会的构建创造了机遇；另一方面，传播新技术也给社会结构、社会秩序带来了新的不确定性因素与风险因素。"拥有强大的现代传播技术的传媒，既可以促进受众的风险认知与社会的风险沟通，同时，也可能成为已有风险的动力和新风险的源头。"① 传播新技术对社会的整合力量与冲突力量同时运作，构成了目前中国和谐社会构建过程中社会环境的重要组成部分。

三、传播新技术与中国社会环境变迁

在讨论传播新技术对和谐社会构建的影响之前，应该对当前中国传播新技术发展所植根的国情和社会背景因素有一个全面的把握。

首先，中国是世界上最大的发展中国家，人口基数庞大，人均经济总量处于世界整体状况的中下层水平。与此同时，中国国内各地区的发展也不平衡，东西部之间、城乡之间、不同职业、不同收入群体之间存在较大差距。这些差距必然会对传播新技术的发展、推广和应用产生影响。

其次，进入信息时代或新媒体时代，中国及其他发展中国家与发达国家并不是从同一起跑线出发的。单从传播技术角度来看，几乎所有新媒体的核心技术包括技术标准的制定都掌握在发达国家手中。从国际范围来看，中国传播新技术的发展还远未达到国际先进水平。信息时代或新媒体时代的到来，为中国提供了一个发展机遇，但能否在较短时间内整体缩小这一差距并在某些方面超出，关键是要看我们的政策、机制和创新方面的努力程度。

再次，在数字化、网络化传播新技术驱动的全球化传播的背景下，传统的、有中国特色的社会管理体制和传媒管理体制正面临着严峻的挑战。在传播新技术条件下，信息传播已经超越了民族、国家的疆域界限，要达成合目的性的、有序的、可控的新闻与信息传播秩序，要实现"无论什么情况下，党和人民喉舌的性质不能变，党管媒体不能变，党管干部不能变，正确的舆论导向不能变"，中国传统的传媒管理体制迫切需要作出重大的革新。

最后，20世纪80年代以来，处于加速现代化过程中的中国社会经历了巨大的社会变迁。这一变迁以两个方面的转型为标志：第一，由高度集中的计划经济体制向社会主义市场经济体制的转轨；第二，由初级工业化向建设小康社会和全面小康社会的现代化转型。这两个转型过程紧密相连，互相促进，构成了当代中国社会变革的先导和主流。转轨、转型意味着断裂，也包含着急剧的重组与更新。作为外源型后发展国家，中国的社会转型具有自身的特点，前现代、现代和

---

① 黄和杰：《警惕传媒沦为风险制造者》，载《新闻实践》2007年第12期。

后现代这些历史发展不同阶段的表现特征,同时并存于当代中国社会,它们挤压在一起,相互制约,相互激荡,使当代中国的社会结构呈现出极其复杂的局面,原来历时展现的矛盾集聚在一起,共时性地表现出来。① 长期积蓄的矛盾、危机都可能在新时期随时找到突破点而爆发出来;有的已经爆发出来,由风险转化为伤害或者灾难,打断了社会的演进和转变过程。这就把整个中国社会推向了"高风险社会"。② 高风险和多危机已然成为了现代中国社会的典型特征之一,而现代科技的飞速发展和现代化的飞速推进是其中最大的风险源。③ 中国社会的有序运行也越来越依赖于以信息与传播新技术为基础的符号系统和专家系统,并以此获得社会共识,达成社会共同行为,从而实现一定程度上的社会和谐。但问题在于,"如果提供信息和解释信息的符号系统和专家系统出现问题,整个社会可能陷入高度紧张和突发性事件所带来的混乱的风险中"。④

正是这几个背景因素的影响,使得中国传播新技术的发展和运用受到两股力量的作用:一方面是技术相对落后、法律法规不够健全、城乡发展落差大等不利因素;另一方面则存在国家政策大力推助、市场发展潜力巨大、国际资本和技术投入积极等有利因素的推动。为此,传播新技术在中国的发展和应用,不能囿于其新的传播技术特点而脱离整体的社会现实环境。以上所述的几个基本的社会现实,都是中国目前在传播新技术发展过程中必须高度重视和正确处理的。

由于篇幅所限,同时也为了彰显问题意识,本课题研究在初步揭示传播新技术的特性及其社会环境的基础上,将着重关注传播新技术给和谐社会的构建所带来的挑战,并探索在传播新技术条件下构建和谐社会的相关对策。

第二节 传播新技术给和谐社会构建带来的挑战

一、社会结构的不确定性与风险

自进入工业社会以来,人类在自然面前一路高歌,欢呼自己成了自然的主

---

① 李淑梅:《中国社会转型的特殊方式与人的发展》,载《社会科学战线》2005 年第 3 期。
② 孙立平:《转型与断裂:改革以来中国社会结构的变迁》,清华大学出版社 2004 年版,第 59 页。
③ 毛萍:《现代科学技术与社会风险和危机管理》,载毛萍等:《现代科学技术与人的生存状态》,海天出版社 2005 年版,第 285 页。
④ 李路路:《社会变迁:风险与社会控制》,载《中国人民大学学报》2004 年第 2 期。

人。然而，积极发展的工具理性以及精密计算使得现代社会成为一个充满相对复杂性、不可预见性和不可控制性的系统，具有相当不稳定的结构；"风险"成为当代社会的制度性、社会性特征，且形成了结构性的产生机制。传播新技术的发展促进了风险社会的形成，其工具性、不确定性、复杂性以及其内在蕴涵的"解放"的潜力等等，都增添了社会结构中的风险因素。

首先，传播新技术的迅速发展及更新为当代已相当复杂的传播与沟通环境添加了变数。这些变化以及不确定性所带来的冲击效应本身也成为社会风险的一部分。传播新技术的兴起冲击了人们对于社会真实的构建问题以及与此相关联的社会认同问题。

其次，传播新技术的发展造就了信息爆炸的局面，信息超载与信息资源相对短缺现象同时并存。数字化技术的应用，使得海量信息的传递成为可能。由传播新技术构建出的全球网络超越时空，造成庞大的信息流在全球的快速与同步传播，社会信息量猛增。除此之外，在信息生产部分，个人不仅作为信息的消费者，也成为信息生产者，人人可以生产自己的新闻或信息。再加上各种新闻传媒日益强大的信息生产能力，造成庞大的信息流在世界范围内流动。

信息爆炸将带来十分严重的后果。在海量信息之中，哪些是有价值且需要获取的信息，哪些是需要剔除的无用信息或垃圾信息，如何分辨虚假信息、有害信息等等，都成为我们不得不面对的新问题。这些问题如果处理不好，就很容易让人在信息浪潮中迷失。由于人类处理与利用信息的能力的进步速度大大落后于社会信息生产与传播速度，从而形成了信息生产与利用之间的落差，也影响着人类对信息资源的进一步开发利用。同时，每个人或机构的信息负载量是有限度的，当人们接受的信息超过其所能消化的信息量时，往往会因压力过大而出现信息超载现象，从而造成财力、物力和精力的浪费。信息超载会使人们处在信息的海洋之中感到无所适从，致使信息的吸收和利用率下降，造成信息生产量与信息吸收量的差距越拉越大。

信息本来是用以消除不确定性的，过量的信息却增加了人们的不确定性和不安全感。而且，信息超载又使人们面临新的信息匮乏。由于信息量太大，身处信息的海洋却找不到自己所需要的信息，致使社会信息吸收利用率反而下降，出现另一种意义上的信息短缺现象。

最后，社会风险因素增加，风险传播速度加快。德国社会学家贝克在20世纪80年代中期提出了风险社会思想，认为现在的突发危机不再是孤立的，在信息化和社会流动大大加快的社会，它的影响是全面且扩散的。当政府或传统主流传媒对社会风险事件采取一种过于敏感、不愿正视的态度，或者相关的信息发布和反馈机制严重滞后的时候，这些风险事件就会借助新媒体快速扩散开来。现代社会多元开放，以网络化状态交织的传播新技术带来了社会结构、组织之间高度的依赖性，各机构或社群之间的依存关系必定会随着信息的流向而建立起一个复杂的依存网络。这是一个通达全世界的网络，而各个社会组织、机构仅仅是这个网络上的单个节点。传播新技术造成了机构与机构之间、组织与个人之间相互依存关系的加深。

传播新技术的高速发展，加速了社会组织、社会结构的变迁，迫使当代工业、经济及社会文化面临着重新再结构化的问题。尤其是在上层建筑层面，由于原有社会既有意义经常被冲击或置换，社会意义的解组和重构相对加快，社会基础结构呈现一种高度动态的趋势。这一切造成现代社会处于动荡之中，也使得现代社会中的风险更加难以预测和控制，因而可能产生更大的威胁。

社会系统的高度复杂化，虚拟行为结果的巨大不确定性，再加上社会结构及组织之间日益加深的依存关系，使得社会风险快速增加，破坏性也将呈几何级数增长。现代社会风险之所以产生：一是越来越个体主义化的社会，势必造成人们行为选择的不确定性极大化；二是高新技术的发展使得社会系统高度复杂化，从而使得社会风险快速增加。这样，社会复杂系统的每一个节点上，都可能由于个体行为的偏离而带给整个系统风险。[①] 而传播新技术网络化形成的无中心的拓扑结构（即所有节点都相互联结，而并非单线联结或核心式联结的方式），使得这种偏离或不确定性通过延伸而不断放大，并容易形成连锁效应。传播新技术本身虽然有一定的相对独立性，但其发展与演进则是依附于整个社会体系的。从系统理论的观察而言，一个社会沟通系统的自我演化，必定关联于其所依附的政治、经济以及文化系统等。所以，传播新技术的发展，自然会让一些看来"遥远"的事件，也会带来对身边生活的影响。现代社会中，风险的传播将可能超越群体、阶级、组织、社区、地区、国家等传统的社会屏障，在较短时间内威胁到传播新技术所涉及的每一个人。

二、社会控制的紊乱与重组

传统的社会控制手段整合，通常运用暴力国家机器及其制度安排以及道德、法律、宗教等相应机制，实现对社会的全面控制。这种控制体系是建立在严格的时空界限之中的。传播新技术对于时空的压缩和伸延，使得以网络媒体为代表的新媒体带来了控制对象的流动性与控制领域局限性等问题。另外，随着传播新技术把世界各地的人们联系在一起，地域文化让位于新型的多元的全球文化，原有

---

① 王攀：《从"熊猫烧香"看社会风险管理》，载《羊城晚报》2007年2月15日，第A02版。

的价值体系、信仰体系和道德评判体系将被打破，传统社会的社会控制基础被动摇，许多法律变得不合时宜，阶级、国家等观念将被改写。这些都给传统的社会控制体系带来挑战，造成了社会控制系统的紊乱。

首先，控制对象的流动性。传播新技术从未被任何单一团体所拥有或控制。传播新技术在技术层面上不存在中央控制问题，比如互联网络技术仅仅是一种以相互协议为基础，是无数的服务提供者和电信传播组织促成了网际运作。同时，网络化的特性使得任何采用新的传播技术的系统或结构都具有网络化逻辑，无中心的网络化结构决定了人的行为可能通过传播科技网络的延伸而无限放大，因而使行为的结果呈现不确定性。

其次，控制领域的局限性。传统的社会控制有着严格的界限，而传播新技术的特点之一就是能超越时空的限制，从而有效地打破国家和地区之间的各种有形的和无形的壁垒。从技术层面讲，传播新技术是无国界的，人们完全可以借助互联网、手机等新媒体到处穿梭，而丝毫不会感到国家界限的限制。它们超越了传统的地域和时间限制，跨越了国界，很难将其纳入传统的社会控制体系。以至于德国学者恩格尔感叹说：如果极而言之，各国享有领土主权是现代国际法的基础，既然领土主权对互联网不起任何作用，那么民族国家在处理互联网的问题时实际上就无事可做了。①

再次，传统控制手段的不足。虽然国家和社会一直试图稳定和保持其对传播新技术相关领域的控制，但其控制手段的进步却明显落后于传播新技术的发展步伐。仅就法律手段而言，要通过立法程序来遏制借助传播新技术进行的犯罪活动困难重重。原因在于，以传播新技术为手段的犯罪难以被发现、难取证、难破获也难定罪，信息犯罪因此难以得到应有的打击。法律控制的滞后性造成这一在日常社会行之有效的控制手段在虚拟空间的效果大打折扣。虚拟行为主体的匿名性带来的模糊性使得传统法律难以介入其间进行监督。再加上法律在本质上是反应性的，它只能对已经出现的问题进行事后处理，很少能起到预防的效果。更重要的一点，法律反应的方式因为一些必需的繁复的程序而显得极其迟缓，最终使其很难应对瞬息万变的传播新技术所带来的问题。

如果说法律控制是一种硬性控制和惩罚性控制的话，那么道德控制则是一种软性控制和倡导性控制，它主要通过对生存状态的更高层次的倡导而非惩罚的胁迫产生控制功能。然而，由于虚拟身份、虚拟角色等大量存在，制造事故的主体是不明确的，有时根本无法寻找到造成损失的责任主体，所以造成的问题常常具有"去责任化"的特征。这些都动摇了传统道德约束的根基，由此在传播新技

---

① 张新华：《信息空间的兴起与网络时代的战略环境》，载《图书情报工作》2003年第7期，第19页。

术应用领域，传统道德约束机制的效力必定会大打折扣。

网络化以及非同步性使得传播新技术成为"自由的科技"。这种"自由的科技"作用于以下传播领域，并通过对传播领域内传播主体、传播方式等的变革挑战了社会控制手段。

传统大众媒介建立的是中央控制式的传播网络。在传统大众媒介构成的传播网络中，只有中心节点才拥有发布信息的特权，其他节点只是接收中心所发信息的终端；只要掌握中心节点，就控制了几乎整个传播网络。

传播新技术将大众媒介带入了"众神狂欢"的时代，越来越多的个人与团体拥有自己的传播媒介，享受着它带来的诸多便利。由于互联网在传播技术上的优势，各传统媒体都纷纷建立自己的网站，扩大传播空间，人们因而可以通过网络接触到空前多的信息来源。传播主体的多样化，致使消息来源控制、广告控制和自我控制等各种新闻传播控制手段都被大大地削弱。另外，分组交换技术改变了旧的传播拓扑结构，也就在一定程度上消解了传播控制力量，并大大动摇了大众传播过程中的信息'把关人'的地位。所以，特别是对于那些采用了传播新技术的新媒体，很难对其发出的信息进行真正有效的检查。

传播新技术的发展使国内传播和国际传播的界限变得日益模糊，造成官方检查和管理上的困难。在当今传播新技术、新传媒日益普及的情况下，单个政府确实越来越难以在一国境内控制信息的传播，因为那些信息的源头往往在境外，不在他们的主权管辖范围之内。例如境外卫星电视节目越界传播、互联网上有害信息跨国传播等问题。这些传播方式最大的特征是其信息存在的形态不是物理的，而是以数字化形态存在，因而可以穿越一切物理障碍。因此，传统上对付物理形式信息的新闻检查面对新的数字化信息几乎毫无作用。

三、数字鸿沟加剧社会分化

关于"数字鸿沟"（digital divide），经济合作与发展组织给出了一个较为详细的定义："数字鸿沟是不同社会经济水平的个人、家庭、商业部门和地理区域，在接入信息和通信技术和利用互联网从事各种活动的机会上存在的显著差距。"[①] "数字鸿沟"的具体内涵可以解读为，由于信息和通信技术的资源分配不均，及其所造成的对于新技术应用的不平等，导致地区之间、群体之间、个人之间拥有与未拥有传播新技术的差别逐渐增大；而且，它对社会的影响将随着信息和通信技术的进步而加剧。因此，数字鸿沟可视为由于传播新技术的出现和应用

---

① 汪明峰：《""数字鸿沟"的概念及其空间表现》，载《社会学研究》2005年第6期。

所带来的一种社会问题。

数字化等新传播技术兴起时，曾经让许多人满怀憧憬，认为其将带来一个"人人平等"的美丽新世界。因为数字化、网络化技术有着让所有人便捷、高效地共享新媒体信息的可能性。但是，每一种传播科技都内含了一个不平等的社会关系。传播新技术为我们带来的机遇和它们要社会付出的代价，并不会在社会大众间平均分配。换言之，我们总要面对传播新技术资源贫富不均以及由此带来的数字鸿沟，总要承受社会分化加剧和社会风险分配失衡的后果。

首先，是否拥有某项传播新技术或者相关设备在很大程度上受到经济力量影响。随着科技的高速演进，个人电脑的购买成本仿佛在不断减小，但要充分利用其潜能则要求经常更新和替换软件，并不断地投入资金。传播新技术与经济力量之间呈现为一种相互强化的关系。

其次，对传播新技术的掌握和设备的操作需要一定的专业知识和能力。拥有某项新媒介也必须有足够的能力来使用它才行。从认知学视角来看，当信息传播增加时，处于较高社会经济地位的人比较低地位的人能更快地吸收信息；而在接受同样信息的时候，教育水平高的人比教育水平低的人能记住并反馈更多的信息。从这种观点出发，数字鸿沟主要表现为利用信息和吸收信息能力的差距，而新的传播技术正凸显了这种差距。

同时，传播新技术的使用者要具有判断信息价值的能力。韩国学者金文朝和金锺吉将这种能力称为信息意识（information consciousness），并指出其是和使用者所属的亚文化特征相一致的信息使用者的反应能力，直接和使用者的主观生活世界相连。[①] 这种能力明显与教育水平等因素相关。

由此看来，传播新技术内含了一种不平等的社会关系。如果要利用某种传播新技术提升生活水平，我们不仅需要付出经济上的资源或成本，还需要具备多方面的能力。教育、性别、年龄、社会分工等因素都对这些能力产生影响，这就造成不同社会阶层运用传播新技术的能力上存在差异。因此，传播新技术依社会阶层、教育程度和工作状况，呈现严重不均衡的发展态势，其也无法被社会全面平等地共享。在现实社会中，处在社会分层顶端的阶层，更容易借助新技术率先跨入数字社会之中，而那些被排除在获益之外的人们会发现自己很难赶上最早的那些新技术使用者，从而形成一种马太效应。[②] 从某种意义上说，数字化等传播新技术发展的浪潮不仅远不能消除已有的不平等，还可能加剧这些不平等。

[①] 金文朝、金锺吉著，张海军译：《数字鸿沟的批判性再检讨》，载《学习与探索》2005年第1期，第34页。

[②] 出自《新约全书·马太福音》第25章中的话："因为有的，还要加给他，叫他有余；没有的，连他所有的，也要夺过来。"

传播新技术的发展可能使贫富差距日益扩大。因为贫穷而无法享受传播新技术优越性的人在经济和工作就业上的竞争将会处于劣势。甚至那些无法运用、传播新技术的人，将可能被排挤在公共事务的参与之外。随着传播新技术的日益进步，数字鸿沟可能会加剧社会各领域的分化。对于互联网而言，在它还没有像电话、电视那样在社会中广泛普及之前，它可能只是知识分子、熟悉计算机使用的人的特权，这种现象的持续有可能促使人们在经济、就业和参与公共事务上产生更大的不平等。

　　另外，商业化的诱因也会造成传播新技术发展的重点趋于为精英们的利益服务，从而通过信息技术，让资本、财富和资源呈现出一种联合趋势；而与此同时，却会有大片地区和大批人群被隔离于"网络"之外。这些被隔离的地区被卡斯特尔称之为"断了线的区域"（switch-off areas）。[1] 传播新技术所裹挟的不仅仅是相关的工具设备，它更包含着分布信息、知识的力量。有研究证实，互联网发展在中国体现了巨大的区域差异，业已成为中国社会经济发展的新差距。信息和通信技术的普及应用在一定程度上加剧了空间差异和城市极化，显示出了对于大城市的特殊偏好。[2] 由此看来，传播新技术在与现实社会的互动过程中，有可能造成更大的社会鸿沟。

　　其实，"'数字鸿沟'根本上所反映的是物质基础的差异。"[3] 社会经济地位越高，越能为防范、规避和化解风险提供坚实的物质基础。从总体上看，在"财富分配"中拥有决定权和优先权的人同时具有使用信息与传播新技术方面的优势条件和强大能力，因而他们防范和化解风险的能力强。而对那些因社会经济地位低下而在信息与传播新技术浪潮中处于边缘化地位的人（即那些在"财富分配"尤其在新媒体资源占用和使用方面处于弱势地位的群体）来说，他们防范和化解风险的条件和能力就差，从而遭受的损失和损害就更大、更严重。从某种意义上讲，（在传播新技术方面的）社会经济地位和条件与规避风险的能力成正比。如此一来，风险的到来对每个人都是一样的，然而风险影响的后果对于每个人却是不同的，并由此造就了新的社会不平等。当然，值得警醒的是，"或早或晚，现代化的风险同样会冲击那些生产它们和得益于它们的人。它们包含着一种打破了阶级和民族社会模式的'飞去来器效应'"[4]。那些在社会结构中处于上层地位的人最终也会变为受害者。这是因为，在当今的知识经济时代和信息社

---

[1] ［美］曼纽尔·卡斯特：《网络社会的崛起》，社会科学文献出版社2001年版，第38页。
[2] 汪明峰：《互联网使用与中国城市化——"数字鸿沟"的空间层面》，载《社会学研究》2005年第6期。
[3] 庄友刚：《跨越风险社会——风险社会的历史唯物主义研究》，人民出版社2008年版，第217页。
[4] ［德］乌尔里希·贝克著，何博闻译：《风险社会》，译林出版社2004年版，第21页。

会，因为"数字鸿沟"的扩大必将导致社会不平等进一步加剧，并导致"风险分配"的严重失衡，这样一来，某些具体类别的社会风险将向那些新型的弱势群体集中，他们的挫折感和相对剥夺感自然会得到强化，形成累积效应，从而极易触发突发社会危机，冲击社会秩序，危害社会和谐。由此，社会风险最终将以一种整体的、平等的方式损害着每一个人。

四、虚拟性带来交往的异化

在麦克卢汉看来，印刷传播时代的个人被独立于部落之外，呈现出一种碎片化、个人化的情感疏离状态。而电子媒介所营造的场域中，电波能打破时空的藩篱，将原先处于不同地理与文化的人相互联结在一起，带来了部落生活曾有的临场感、整体感和参与感，个人不再只是孤立的单位和疏离的个体，个体之间心理距离也大为减弱，实现了人的"再部落化"。

从传播新技术的发展来看，传播新技术跨越时空的特性，使得麦克鲁汉关于"地球村"的想法更为具象化：电脑中介沟通（CMC）、远程呈现（telepresence）等交往形态使得人们的互动得以打破时间、空间的藩篱，并拓展出新的人际关系。然而，全方位考察一下这些新的交往形态，我们可以发现，麦克鲁汉的观点似乎太过乐观，虚拟化的中介式交往也有一定不足，比如，其间可能呈现出人的交往被异化的态势，交往主体也存在着从单一到分裂、从疏离到迷失的可能。

首先，传播新技术赋予个人超越时空的能力，在匿名特质下，人的肉体不再成为限制因素，人们可以隐藏自己的真实身份，扮演多重角色。由ID的选择开始，使用者透过信息选择，可以轻易转换性别、长相、年龄等，或者建立多重身份。然而，在多种虚拟身份下，尽管个人不再疏离和单一，却也容易因为多重自我、主体的身份认同呈现一种散乱、不确定的状态，形成个人自我的失焦，甚至过于沉溺在虚拟空间中，而无法自拔。

其次，中介式交往"去线索"的特质表面上看来提供了人际交往平等互动的机会，实际上却提高了传播的不确定性，使互动更容易处于无序和失范状态。传统"面对面"互动中，社会舆论、道德以及相应的人际交往的规则作为监督力量具有强大的约束力。而一旦进入匿名化、陌生化的虚拟空间，这些监督力量的约束作用就会大打折扣。在虚拟世界中，缺乏真正的"游戏"和"交往"规则，造成了与传播新技术相关的社会交往领域的"规范真空"，这是相关问题产生的重要原因之一。比如，虽然许多网络社群在成立之初来去自如、畅所欲言，似乎毫无规范和限制，但是一段时间后人们就会发现，毫无规范的群体难以长久，既留不住新人，也会增加经常使用者的不满和挫折感。由此，为了降低种种不确定性，网民反而更依赖现实世界中现实人的条件，如外形、收入、学历等，来决定是否要花时间去经营特定的人际关系。①

同时，中介式交往数字化、虚拟化的特性，使人们可以在比较平等的地位上针对特定议题畅所欲言。然而，已有的研究显示，由于人们在虚拟空间比较不在意别人对自己的看法，个体话语的理性尺度被挑战，反而鼓励和纵容了反社会行为。② 比如发言内容流于主观、情绪化，且只专心发表个人意见，忽视他人的观点。这些都是虚拟状态下人际交往所要付出的精神成本。与此同时，各种虚拟群体的形成，其关系通常是短暂且缺乏约束的。这样形成的群体，由于彼此不相识，人数众多，常常会就某一社会议题因彼此的暗示、情绪上的传染而陷入到一种非理性状态。网络特有的数字化等虚拟特质，又使得过激言辞的伤害性在群体成员眼中似乎极大地降低。在彼此的暗示和传染下，虚拟空间中群体的非理性特征逐步放大，最终便可能在言论和行为上走向极端化，产生破坏性作用。

最后，信息符号代码的数字化形式流动的无差别性泯灭了现实系统操作网民的差别和互动，从而根本抵消了信息传递的人本意义。由于人与机器设备的接触日渐频繁，人与人直接交流自然会大大减少；相应的，由"面对面"的接触交往所建立的富有情感的人间亲切友爱的关系也越来越淡化。这样，势必加深人们的孤独感，产生这样或那样的心理问题。尽管传播新技术的确能将人与人联系在一起，但在技术的使用过程中，涉及的是独自的行动、个体的选择与反应，所以，这种互动方式并非治疗与现代生活相关的个人主义、无归属感或孤独感的良方，反而可能在某种程度上加剧了这些问题。因此，传播新技术在社会上、在人与人之间的关系上，甚至是在个人自身之上，存在着使人更加异化，而与其所生存之社会环境更加疏离的潜在破坏力。

五、文化传播领域的冲突和失衡

传播新技术将全世界几乎所有国家和地区联系起来，提供了一个空前巨大的跨国、跨文化交流空间。在这个空间里，高度发达的传播媒介构成了全球信息网络统一体，但在其中同时也存在着全球信息传播的失衡问题。比如，许多弱势文化和民族有了自己的声音，但政治经济实力雄厚、传播技术力量强大的国家的文化霸权却不断加强；网络和卫星电视等造就了"地球村"，但是"地球村"里文化冲突发生的概率剧增。具体来说，传播新技术带来的文化传播领域的冲突和失

---

① 施懿珊：《网路社群与社交网络》，中华传播学会 2002 年会论文。
② 谷玲玲：《为什么要研究网络社群》，中华传播学会 2002 年会论文。

衡体现在以下几个方面：

首先，传播新技术为高位阶文化体系向低位阶文化体系进行文化渗透提供了稳固的技术保障。在跨文化传播中，所谓的信息自由流动更多地呈现为一种单向的、不平衡的流动状态。传播学者诺顿斯特伦针对"国际信息流向"的相关研究发现，"从数量上看，据估计，从工业化国家（居住着人类1/3的人口）流向第三世界（占世界人口的大约2/3）的信息总量，相当于从后者流向前者的信息总量的至少100倍之多。"由此可见，全球范围内的"信息流动"虽然打着"自由"、"平等"旗号，但东西方在物质和传播技术手段上的巨大差距，实际上造成的结局是西方新闻价值和意识形态的单方面输入。[①] 结局就是，严重失衡的信息流向和流量背后隐藏着文化的渗透。另一传播学者托夫勒曾对这种文化渗透进行了严厉批判，他认为，世界已经离开暴力与金钱控制的时代，而未来世界政治将控制在拥有信息强权者的手里，他们会使用手中掌握的网络控制权、信息发布权，利用英语这种强大的文化语言优势，达到暴力金钱无法征服的目的。[②] 从某种程度上说，互联网上、卫星数字电视中传递的，不只是制作精良的新闻及娱乐节目，还潜含着西方的文化观念、意识形态等一系列复杂的社会价值观，这些都会给中国主流文化带来巨大的压力和考验。

如果对借助各种传播新技术进入全球家庭之中的所谓全球化文化产品进一步分析，我们可以发现，这些文化产品绝大部分是由跨国传媒集团将体现西方价值观的符号和意义商品化之后的结果。在资本运作过程中，这些传媒集团提供文化产品的主要动力并非是各国、各地区民众的特殊需要，而是"利润逻辑"。当然，这些文化产品并不必然是"不好"的，但显然不是从所在地的观点核心利益出发，也不利于文化间的个性差异的保存以及民族国家自身文化的发展。传播学者汤林森推崇备至的所谓"全球在地化"（glocalization）体现的正是这一技术与资本逻辑的典型运作方式。同时，要越过各国各民族文化差异等跨文化大众传播的阻碍性力量，生产某种迎合人类普遍文化需要的媒介产品也就成了实现媒介经营全球化战略的必由之路，而真正能够超越文化差异性、体现人类普遍性的，只能是那些满足感官生理愉悦与浅层次需求的娱乐化媒介产品与消费性大众文化。[③] 于是，在跨文化传播实践中，携带着意识形态霸权并践行资本逻辑的西方跨国传媒，借助传播新技术的力量，在当今世界文化领域和文化市场中拥有绝对的主导地位，实现了全球范围内的文化渗透。

全球化时代传播新技术包装的文化具有一定的诱惑性，人们在警觉大众文化

---

① Frederick H. H. Global Communication and International Relations. Belmont, CA: Wadworth, 1993: 128.
② ［美］阿尔温·托夫勒著，刘江等译：《权力的转移》，中共中央党校出版社1991年版。
③ 单波、王金礼：《跨文化传播的文化伦理》，载《新闻与传播研究》2005年第1期。

负面影响的同时，常常可能被以另一种面貌出现的大众文化产品所"迷惑"。数字化、个人化的传播新技术造就了文化消费的时尚面貌和自由假象，极易蒙蔽人，也容易造成消费主体的迷失。与传播新技术相关的文化，通常体现出快速、易得的消费特性，影像化是其重要趋势，符号的创造力、表现力则已达到新的高度。这一简单、便捷的文化"形态"，解决了人们在快速运转的生活中阅读的诸多不便，然而也产生了许多其他问题。阅读书籍等文字材料时，人们的认知是建立在联想基础上的，是一种间接的认知，它便于人们进行理性思考；而与传播新技术相关的认知则多半建立在直接的感性认知基础上，使人们更倾向于以非线性、非直接因果式、多元式的思维方式认识世界和人类社会自身。以互联网为例，它具备传递多重信息符号的能力，既传播文字、图片，又传播音频、视频。这些信息，既有代表某种文化有关社会与人生的理性思考与深刻洞见，更有该文化参差多样的原生态文化构成，从而使文化传播与消费呈现一种多样文化鱼龙混杂的情境。

第三节 传播新技术条件下构建和谐社会的对策

　　仅列举传播新技术所包含的种种可能性和不确定性是不够的，要达到构建和谐社会的目标就必须善于利用机遇，更好地利用积极因素，同时勇敢迎接挑战，防范社会风险，避免负面的、不利的因素的发生，并提出切实可行的现实对策。

　　由于传播新技术自身所具有的数字化、网络化、个人化等特点，以及它与社会各层面的密切联系，决定了应对传播新技术所带来问题的各种对策必然要比传统传媒业的管理要复杂得多。任何单一的、孤立的解决方案都无法很好地应对与传播新技术相关的问题，我们需要建立起新的具有合作互补关系的复合调控机制。具体来讲，针对传播新技术挑战的对策或解决方案需要具备以下几个方面的特征。

　　首先，多维度。多维度即体现为主体的多元化，这包含多方面的含义：一方面指由多个主体组成，国家、各种社会组织、企业、家庭、个人等都是参与者；另一方面也指包括了空间及地理意义上的纵向多层次，涉及从村庄到区域、到国家，乃至全球的巨大范围；再一方面还指表现为治理领域横向的多样性，包括了人类活动中几乎任何与传播相关的领域。

　　其次，要建立一种合作与互补关系。各个主体或行为者都有自己的优势和不足，只有取长补短才能发挥更大的作用。而且，这种合作是一个动态、开放的体系，不仅仅是民族国家内部的，还需要是国际性和全球性的。

最后，个人是最基本的单位，也是对策或解决方案作用发挥的核心所在。与传播新技术相关问题的解决最终要落实到个体身上，特别是如果要使解决方案能够真正发挥作用并实现可持续运行，必须提高个人的自觉性和能动性。只有个人把制度及与之相关的行为规范内化到行动中，才能最大程度地解决传播新技术给我们带来的种种挑战。

所以，要充分发挥传播新技术给和谐社会建设的促进作用，并且有针对性地解决其带来的挑战，必须在政策和措施中贯彻合作互补的理念，并有效发挥个人的主体性。结合中国政治、经济、文化的发展状况，要解决传播新技术为和谐社会建设带来的挑战可以从以下几个方面入手。

一、建设和谐的传媒环境

传播新技术最直接的作用对象是传统传媒系统；新技术在为其注入新的发展活力的同时，也对相对稳定的传统传媒系统形成了威胁与挑战。随着传播新技术革命的不断深入，传播媒介处于一个技术逻辑与市场逻辑相互交织的发展环境之中，新旧媒介竞争加剧。新媒体对传统传媒广告及受众市场的争夺以及传媒技术革新等多重因素的共同作用，使得传媒发展环境正面临着复杂的结构性转变。这些因素都在客观上刺激了传媒系统的适应性反应，增强了其系统的自组织适应能力。同时，大众传播媒介并不是完全自主的，而是一个制度性的操作机构，受到政治和经济等各方面社会因素的影响，要服从于各种规则、惯例。为此，新闻传媒发展的状况在很大程度上取决于其自身所处的发展环境。所以，在和谐社会构建的过程中，必须重视和谐的传媒环境的建设。

和谐的传媒环境是有容、有序，独立性与开放性并存，活力与秩序并重的传媒环境。和谐的传媒环境不仅要有利于新闻传媒自身的发展，同时也要能够给和谐社会的发展带来积极的促进作用。传播新技术的应用有利于建设和谐的新闻传媒环境。

传播新技术激发了传媒的活力。随着中国社会发展进程加快，社会阶层的变迁，利益主体的分化，公众需求的分化与多元化，加上消费时代公众传媒形态选择的多样化，公众对传媒的心理期待提高，这些都会对传统传媒形成了无形的压力。为了生存与发展，传统传媒必须积极应对新传播技术环境变化带来的挑战。一方面，千方百计地要巩固和发展既有的优势；另一方面，积极吸收新技术的传播优势，以适应日新月异的传播新环境。当前，不少纸媒正在逐渐转向电子报、手机报；电视传媒则借助数字化技术，正在不断拓展数字电视的功能；而广播传媒则朝着高清晰数字广播发展，并利用网络技术开发网络广播服务。应该说，当前中国传统传媒的活力，在传播新技术的激发下，正在不断被开掘出来。

传播新技术有助于形成开放多元的传媒结构，构建吸纳和融合不同意见、观点的公共平台。多元、多样是和谐的前提，社会如此，传媒系统也是如此。给多元意见提供自由竞争和碰撞的平台，乃是一定历史时期政治文明的具体体现。特别是在社会利益分化和社会阶层分化重组等力量的作用下，多元化和多样化成为中国社会现阶段各领域、各层面发展变化的普遍特点。随着个体意识的觉醒，公众政治参与、意见表达愿望日益增强。这在客观上要求具有多元结构且开放的传媒系统，即每一特殊群体特别是一些弱势群体和阶层都应该有相应的表达渠道来发出自己的声音，同时在坚持弘扬主流意识及主流声音的前提下，能够对社会上客观存在的多元意见和声音予以反映，并且促进不同意见的交流与碰撞，从而达到和而不同的境界。现阶段，中国执政党和政府虽然在政治上领导着几乎全部的信息传播媒介，但不可忽略的是，各种新媒体和新的传播方式，如手机报、手机电视、博客、播客等越来越受到欢迎，形成了意见表达的新平台。主流传媒与非主流传媒并存，传统媒体与新媒体同台竞技，将成为和谐社会的一道亮丽景观。可以想象，一个日益多元的社会，将会因一个多元而开放的传媒系统变得更加和谐。

传播新技术为传媒管理层面的改革提供了契机。建设和谐的传媒生态不仅要求传媒在技术层面的改造与适应，更要求在传媒管理层面上的改革和创新。传媒产业的发展通常与技术上的整合密切相关。近年来，"4C 融合"、"三网融合"等新名词逐渐进入人们的视野。以"4C 融合"为例，"4C"指计算机（computer）、通讯（communication）、消费电子产品（consumer Electronic）和内容（content）。"4C"的概念最早从信息技术行业开始，现已扩展到包括通信、消费电子的整个信息产业，为信息产业领域内各行业的沟通和整合提供了基础。其中，"计算是贯穿信息社会始终的核心技术，通讯是信息社会赖以存在的基础设施，消费电子是人与信息系统的接口，内容是信息社会的重要资源。促进融合的主导力量是国际互联网，融合的结果是计算能力、通讯网络、接入设备和信息资源与服务的广泛普及。"[①] 而与此同时，建立在互联网平台上的网络之间互连的协议（IP）技术把电脑与通信有机结合起来，将所有的信息以数字的形式传输，实现了"IP over everything"，即可以在任何通信网上建立 IP 网，下一步还将向"everything over IP"（任何业务都可在 IP 网上实现）发展，实现更大范围、更高水平地信息处理。"4C 融合"不仅对广电传媒和电信行业的发展产生影响，而且开

---

① 高文、黄铁军：《互联网激发 4C 融合》，载《中国经济时报》2000 年 6 月 6 日。

拓了许多新的领域。如有线电视正在向数字化、多功能化、产业化和大规模联网方向发展，将成为未来信息社会新兴的支柱传媒，有着巨大的产业开发价值。

实事求是地说，当前中国社会存在着的条块分割的管理体制，已经相当严重地抑制了传媒系统发挥融合的优势和整体功能。尽管传统传媒与其他信息产业部门如娱乐业、电信业等已具备了整合的技术平台，但是二者之间，至今还广泛存在着行业壁垒和条块分割等监管障碍。从目前的情况看，仅就广电传媒与电信行业两个领域来讲，必须要努力消除行业、地方和部门之间的界限，才能使这两个领域真正融合。在融合过程中，还需要破除一些不能适应目前发展需要的政策和管理模式。传媒融合要建立在产业整合的基础上，遵循市场经济的原则，引入竞争靠市场力量来提高质量和效率，只有这样，才能更好地促进各种传媒的发展，收到更好的效益。

总之，传播技术创新导致的传媒环境变革具有巨大的冲击力。当信息、媒介和通信技术融合在一起时，各项产业之间以及它们的产品之间的传统界线将会打破。只有构建和谐的传媒环境，建立良好的管理体制，才可能防止领域垄断，才能够保证有序竞争，才能够保证各领域之间的协作和健康发展。

二、构建预警机制，降低社会风险防范成本

传播新技术在构建和谐社会中的作用发挥，不仅要体现在有助于创建和谐的传媒环境上，而且还应体现在有助于社会风险的有效化解上。对于社会转型期发生的社会冲突，借助传播新技术网络化、瞬时性的优势，我们可以建立起机制完善、反应迅速的风险预警体系，防止冲突和危机对社会和谐稳定造成威胁。

和谐社会应该是一个风险最小、风险分配合理的社会；而过多的风险和风险的不合理分配必将影响社会的稳定，造成社会发展的危机。中国目前正处于社会转型期，社会转型与体制转轨的不期而遇是当前社会发展的最主要特征。社会转型在把现代性注入社会的同时，也引发了种种社会问题，成为社会风险的主要来源。然而，任何社会的不稳定、社会风险都不会凭空发生，它们在爆发前都会伴随一定的征兆。为了把社会风险控制在一定范围之内，确保改革的社会成本与代价不超出社会的承受能力，维护社会的相对稳定，必须建立健全社会预警机制。

社会风险预警机制与传播、传媒是分不开的。社会风险预警就是要对危害公共安全的各种风险进行监控，以便于提前发现社会风险，并告知管理者和公众及时采取措施规避，从而减少风险发生的概率。及时、迅速地察觉并传播风险信息，这是社会预警机制的核心要求，而这一预警机制的建立则依赖于传播新技术的支持。传播新技术的网络化特性使得新媒体能够对社会预警指标体系进行快速

跟踪，从而及时察觉社会中可能出现的不和谐、不稳定因素。通过互动式的信息传播平台就能够实现对民意的监测，了解公众需求、情绪和意见。新媒体在此基础上通过对客观信息和观点意见的同时传播，能够尽可能满足公众多样化的信息需求。而传播新技术的瞬时性特征则能在第一时间内对出现的社会风险发出警报，以利于采取相应的政府干预和社会行动来化解风险，排除警情，保持社会运行的和谐与均衡。

对于社会管理者来说，很多风险事件是首发性的，没有历史经验可资借鉴，更没有现成的解决方案可供采纳，再加上时间紧迫、信息有限。这种态势要求社会管理者必须高度重视对决策信息的反馈，建立灵敏、迅速的反馈机制；并根据所收集到的反馈信息，对解决方案进行及时的调整和修改。传播新技术赋予了新媒体以及传统传媒传播过程双向互动性，这为社会管理者及时收集反馈信息提供了便利，也方便了基层民众及时将第一手信息传递出去。

科学的社会风险管理首先要树立尊重客观事实，尊重公众知情权的意识，积极主动、迅速及时地发布危机信息，形成一个全方位开放型的信息沟通网络，实现整个社会信息的充分告知。传统传媒、新兴媒体都要纳入危机信息发布体系中。在这个过程之中，新媒体以其迅捷的速度和低成本展现出传统传媒所不具备的优势。以手机短信传播为例，由于价格的平民化，手机已经成为当今中国普通民众基本的生活用品，普及率甚至超过传统传媒；短信技术使用户接收和发送信息达到前所未有的普及和快捷。因此，手机短信平台在一些大规模的群体事件以及区域性的公众危机中发挥了重要的信息传播作用。比如，2005年3月，在天津市发生的恶意牛奶投毒事件中，政府紧急部署移动运营商发送手机短信来传递信息，及时避免了危机的蔓延。2007年8月10日至11日，广东湛江遭遇两百年一遇罕见特大暴雨。8月12日凌晨4时，"湛江大暴雨要引发大地震"的谣言不胫而走。当天早上8时25分，正在现场指挥防灾的广东省气象局副局长林献民决定，利用气象部门的手机短信应急服务平台，向湛江公众发送辟谣短信。16分钟后，辟谣短信以每小时50万条的速度，发送到湛江市140万手机用户。谣言止于真相，短信发出后，恐慌迅速平息。①

对于突发性的公共危机事件，仅有信息的传播是不够的，扭转危机需要危机主体甚至是全社会成员共同的参与和行动。公共信息平台在社会力量的动员中发挥着重要作用。传播新技术为公共信息平台的建设提供了直接的技术支持。借助公共信息平台，可以充分发挥资源整合、社会协同作用，将不同部门、不同地域、不同社会阶层、不同群众动员起来，形成社会共识，共同应对社会风险。

---

① 张铁：《中国政府直面突发事件》，载《人民日报》2007年8月31日，第3版。

三、扩大信息普及

有助于扩大信息普及,是传播新技术在构建和谐社会中作用体现的又一方面。当下中国社会,政府部门信息服务的提供以及政策的制定与落实,是社会"数字落差"消弭的主要力量来源。一般而言,各国政府消弭"数字鸿沟"的做法主要集中在扩大信息普及和提高信息素养两方面。扩大信息普及包括各类硬件提供与资金援助;提高信息素养方面包含正规学校教育的信息素养与信息技能的培养、教学与学习过程的信息化、职业训练以及相关法规的调整与订立等。由于中国目前贫富差距、地区差距都比较大,信息化发展水平极不平衡,这样的条件下要实现传播新技术"惠及全民"的目标,难度很大。结合中国国情,信息普及可以从以下方面入手:

一方面,是增强公众的信息可获取性,即实现信息落地。当前,关键是要抓好信息基础设施的建设。信息基础设施是实现信息资源流动的高速公路;尤其是对于一些欠发达地区来说,如果没有通信网络等信息基础设施,其他的传播新技术也只能是遥远的梦想。与其他基础设施相比,信息基础设施服务覆盖面大,在信息化进程中,有助于帮助落后地区直接分享各种技术与知识的收益,从而实现某种形式的跨越式的"追赶"。目前,中国大多数的省区还处于互联网应用的初级阶段,中小规模城市的互联网普及水平亟待提高。

当然,中国地域辽阔,如果想把光缆、网络铺到每个镇、每个村,即便是在传播技术设备不断降价的今天,成本也是很高的,需要大量资金支撑,特别是在地广人稀的西部以及其他偏远落后地区。尽管目前国家出台了多项优惠政策,来推助这些地区的信息基础设施建设,但如何保障充足的资金,仍然是我们亟待解决的问题之一。为此,可以通过一些激励机制,鼓励私人机构及其他社会力量参与到这项有助于缩小"数字鸿沟"的善举中来,鼓励他们提供资金、技术或者更多的培训机会等。当然对于如何在大力发展数字技术的过程中,精准地投入政府与民间资源,同时达成稳健商业模式与多元社会关怀的平衡,我们还有很长的路要走。

另一方面,一些地方和部门把消除"数字鸿沟"视同为单纯的买电脑、铺网络,却忽视了信息贫困者的真正需求和使用能力。消除"数字鸿沟"绝不是简单的互联网、计算机、软件技术等的推广,而是信息的有序、有目的地传播。信息贫困者往往是低收入群体,他们通常既没有能力购买电脑,也没有很强的信息意识,还没有信息技术应用的技能。因此,在缩小"数字鸿沟"的过程中一定要考虑国情、民情,尤其是要考虑广大民众的经济承受能力及文化、技术水平，采取低成本的信息化路线。

2001年年底，北京市农林科学院开展了"北京农村远程教育及信息服务工程"。该工程系统融合了卫星宽频、内容预定和推送、网络流媒体传输等技术，开展农村远程教育与信息服务，让农民群众能够及时得到技术的、知识的、政策的实用信息，而且这些信息更加贴近农民的生活，更符合农民的需求，得到了广大农民群众的欢迎。事实证明，利用卫星传送，适合中国国内的地域状况，且建设成本并不算太高，具有覆盖面广、兼容性强、布网迅速、成本低廉等优点。从北京农林科学院的试验我们可以看到，只要措施得当、到位，达到小学以上文化程度的民众，经过简单培训就能通过这些技术手段获得自己所需要的知识、技术和政策信息，成为从传播新技术中得到好处的人，而不是远离信息社会的人，更不是被传播新技术远远抛到后面的人。

从某种意义上说，传播新技术的发展在加剧"数字鸿沟"的同时，也为消除和减少"数字鸿沟"提供了机遇和可能性。"数字鸿沟"是一个挑战，也是一个机遇，关键就在于如何来缩小"数字鸿沟"。这需要积极开展这方面的理论研究，也需要总结好的经验和做法，在缩小"数字鸿沟"行动中不断创新。另外，消除"数字鸿沟"并不是单纯靠计算机、网络等先进传播工具就能够解决所有问题，还需要提高公众的媒体素养，使公众拥有获取、加工和使用数字信息的知识能力和技能，把传播新技术用好，创造出价值。

四、加强数字时代的媒介素养教育

媒介素养教育不仅有利于"数字鸿沟"的消除，而且透过对人们技术素养的培养，亦即对传播新技术的再认识，还可以培养出拥有独立和理性的判断能力的个体，提升人类使用传播新技术的自主性，从而减少传播技术与人类社会之间产生的种种矛盾。因此，开展媒介素养教育，培养公众对传播新技术的解读和批判能力，以及利用传播新技术为个人生活、社会发展服务的能力，极具现实意义。这也是发挥传播新技术在构建和谐社会中作用的一项重要内容。

在传播新技术条件下，媒介素养构成的复杂性逐步彰显。媒介素养教育不能仅仅停留在一般的读写能力和一般的媒介知识方面，应该随媒介环境和社会环境的变迁而注入全新的内涵。我们固然要引导公众对媒介负面内容保持应有的警觉，但在全球化背景下，还应及时涉及跨文化交流等方面的问题。媒介素养对我们来说还是一个比较新的事物；尤其是当前中国在尚未落实媒介素养初级内容、在一些基本素养尚不具备的情况下就面临着新的复杂局面，因此，媒介素养教育的任务十分艰巨。

开展传播新技术环境中的传媒素养教育，具体包括以下几个方面的内容：

一是操作设备技术方面的培养。如通过多种渠道的培训、教育使公众学会用传播新技术处理资料和信息，并以此为基础增强个人解决问题的能力。这属于最基本的媒介素养教育内容。

二是增强应用信息的能力培养，这就是要注意教育，培养公众对媒介内容的认知与运用能力，使公众能够正确地掌握信息、使用信息，同时也能够正确认识到社会生活、文化、政治、经济等因素对媒介的影响和制约，意识到媒介内容背后隐藏着的意识形态、权力关系以及利益关系，发展出自主性的解读。

三是信息伦理的培养。正当使用信息行为是很重要的。要教育公众注意学习与信息及传播等相关的道德、法律规范及案例。此外，还要注意培养公众的信息协作与信息共享意识，树立信息共享、协力合作等观念。让公众能够且乐于与他人分享和共享信息，能够利用各种信息协作途径和工具开展广泛的信息协作，与他人建立经常的、融洽的、全方位的信息协作关系，如进行网上交互写作、开展网上讨论等。

四是正确认识过渡时期的信息失序现象的能力培养。要注意培养、提升公众分辨和认识过渡时期信息失序现象的能力，增强对不良信息的免疫能力。要教育公众加强个人的批判意识，增强信息选择能力、分析和质疑能力，以避免负面、不良信息的误读和误导，尽量减少其带来的伤害。特别要注意教育公众抵制不良信息对青少年产生的负面影响，培养青少年具有正确的人生观、价值观，能够自觉清除信息垃圾，避开有害信息。

五、完善传播新技术条件下的社会控制机制

社会控制是任何社会存在的前提，对传播新技术进行适当的控制是当今人类社会安全、文明、和谐的重要保证。传播新技术给传统社会控制带来的失范并非意味着社会就此要混乱下去，它只是表明传播实践对旧有的社会控制与管理提出了新的课题。传播新技术的突飞猛进和广泛应用，使世界正进入一个各国政府都在着手建立新的信息传播规范的行程之中；与此同时，全球性的产业也通过建立自律准则和形式参与到新规则制定的过程之中。这种情况下，面向信息时代，完善技术、法律、道德等社会控制手段，建立"新的传播秩序"，成了摆在各国政府和整个社会面前的一项紧迫课题。

综观传播新技术带来的各种各样的社会问题，可以发现，这些社会问题的产生必然依赖一个可能的技术环境。正是传播新技术提供的自由的使用环境，以及暗藏的技术管理缺陷，才引发了种种社会问题。对于因技术不完善或技术发展而引起的社会问题，首要的一个方面，便是通过技术的进步或技术的进一步发展来

控制或解决；其次得借助技术管理的完善来解决，技术管理是指对涉及信息安全的领域进行管理，包括采用技术手段对信息系统、网络进行维护，保护用户权利及使用技术手段加强行政权的行使。由于信息活动的技术性很强，所以法律规范在这个领域内的有效实施必须借助于技术，通过技术才能预防某些危害或使危害减小到最低程度。

技术的步伐常常比法律和道德的步伐要急促得多，法律和道德的规则通常很难跟上传播技术革命的迅猛发展，但是并不意味着法律和道德的规则在传播新技术的控制领域无法发挥作用。

传统法律中有关信息传播的规范主要是对信息传播行为进行控制，控制的对象主要集中在经营性质的传播行为上，因为个人化传播行为造成的影响相对比较轻微，所以个人化的传播行为通常被忽略。其次，借助传播新技术，个人化的传播行为往往也可能会产生极其广泛且强烈的后果和影响，因此，在法律中加强对个人化的传播行为的控制理应成为必要。另外，虚拟空间是传播新技术条件下形成的与现实的生活空间完全不同的"空间"，虚拟性是其本质特征。虚拟空间由于传播新技术的特性摆脱了时间和空间的限制，适用于物理空间的法律无法在虚拟空间内立足。在虚拟空间中，只有基于TCP/IP协议或数字化的技术话语，并没有物质形式的存在，任何用来描述和确定物理空间的因素都将失去意义。传播新技术的发展给公众提供了一个新的活动空间，而目前传统的法律都是为了解决物理空间中的问题，它们所指向的都是处于特定时间和空间之下的人、行为或者物。所以，目前传播新技术带来的许多问题都与法律规范的缺失与控制不到位有关。

面对传播新技术的挑战，法律作为一种社会控制机制必然也必须做出一定的反应。虽然公众在网络及其他虚拟空间会开展一些社会行动，模拟"虚拟"，但是公众的这些活动仍然处于日常生活的环境之中，仍然属于其每日传播活动的一部分。无论借助传播新技术所进行的交往活动如何具有匿名性，角色如何变化，其行为主体还是现实社会中真实的个人。在网上或其他虚拟空间扮演的角色只是公众所扮演的众多角色之一种。这样，公众的网上活动，仍是日常社会活动的一部分，自然可以通过立法、司法和行政管理等常规程序来对传播主体及其行为实施控制。所以，传播新技术对传统法律的这种挑战只是技术性的，可以通过对现有法律进行修改或补充解决这些问题。当然，虚拟空间自身对传统法律的挑战则具根本性。其中不但要涉及到许多技术性问题，而且还要涉及更深层次的理念性问题，甚至会完全改变我们现今所熟悉的法律的基本概念。仅仅将适用于物理空间中的法律照搬到虚拟空间中去，将不会具有多大的效力。[①] 所以，传媒法律法

---

① 董炳：《网络时代呼唤网络法学》，载《江海学刊》2000年第4期。

规理应与传播科技发展达致一种和谐、平衡，技术管理方面的内容也理应是传媒法律法规制定的一个重要组成部分。

法律通过发挥其刚性的制约力来调整人们的外部关系，而道德则是依靠人们的内心世界和动机来实现自我约束。与立法相比，发挥道德的自我约束力量，引导传播新技术使用者进行自律往往能够实现更好的社会控制效果。传播学者里可里德和泰勒（Licklider & Taylor）指出：这个计算机网络沟通系统，若要能继续维持其正常的运作，则其关键不在于依赖一个"有力的"类似中央政府的管辖机构的监督，而在于有赖广大民众（网络使用者）积极主动的共同努力维护。[①] 同样的，各种传播新技术的管理与决定权，将会落在基层使用者的身上。所以，先从自律做起，在一些原则、准则和规范成熟以后，再逐步发展成为法律，不失为传播新技术条件下法律建设的一条途径。

提升自律意识与培育人文精神是传播新技术发展过程中不可或缺的两个方面的内容。从技术及人文精神发展的角度来看，和谐社会应该是传播新技术高度发展、人文精神也高度繁荣的社会。在高新技术飞速发展的现代社会里，制度的运行、规范的实施和观念的传播都与一定的技术支持条件相关联，技术已经成为社会发展形态的重要标志。同时，技术作为人类解放、自由的象征和必要条件的作用日益显著。在传播新技术日益发展的现代社会中，如果个人的理性控制能力不能与技术的开发和利用同步，那么我们当前的文明成果与社会秩序将可能受到传播新技术的威胁。所以，我们需要发展强有力的技术控制能力和理性控制能力来规制人类的行为，用人文情怀、人文理想和人文精神来守护人的心灵，遏制人性的异化，降低传播新技术给社会发展带来的风险。这种控制能力的发展与人文精神的培育、自律意识的提升是同步的。只有在技术高度发展，并且人文精神和自律意识高扬的情况下，社会中的每一个人才能充分地发挥自己的自由创造和情感表达，也才能摆脱和消除种种对于传播新技术的不当使用。人文精神和自律意识的培育为传播新技术的和谐发展提供了基础，同时也为人与社会的和谐发展提供了条件。所以，在大力发展传播新技术的同时，一定不能忽视人文精神和自律意识的培育。

---

① 吴齐殷：《网民与非网民的社会意向》，第三届资讯科技与社会转型研讨会，中央研究院社会学研究所，1999。

下 篇

四类社会群体媒介认知专项调查报告

第七章

四类社会群体媒介认知专项调查概述

第一节 调查报告中的关键概念解读

一、媒介认知

"认知"既是心理学关注的重要问题,又是哲学认识论的核心话语。心理学把它作为与情感、动机、个性等同等量级的心理现象来予以探究。一般而言,心理学中的认知,指的是对他人或事物作出推测与判断的过程,"是一种解决问题的活动"。"认知过程"则表示"一个人对来自周围环境的信息加以选择、确定其意义并运用自己的知识和技能来处理当前的问题。"[①] 基于对"认知"和"认知过程"的探究,心理学领域形成了认知心理学思潮。这一思潮兴起于20世纪50年代中期,到70年代后则成为西方心理学的一个主要研究方向。认知心理学研究人的高级心理过程,主要是认知过程,如注意、知觉、表象、记忆、思维和语言等。以信息加工观点研究认知过程是现代认知心理学的主流,可以说认知心

---

① [美] 布恩、埃科斯特兰德编,韩进之、吴福元等译:《心理学原理和应用》,知识出版社1985年版。

理学相当于信息加工心理学。它将人看做是一个信息加工的系统，认为认知就是信息加工，包括感觉输入的编码、贮存和提取的全过程。按照这一观点，认知可以分解为一系列阶段，每个阶段是一个对输入的信息进行某些特定操作的单元，而反应则是这一系列阶段及其操作的产物。信息加工系统的各个组成部分之间都以某种方式相互联系着。哲学家们则借助思辨、争论、逻辑分析、概念分析和历史透视等方法，对"认知"的基础和前提假定进行了清晰的审视和反思。从哲学的角度看，认知问题的哲学根源可追溯到柏拉图的"理念论"、经院哲学的"心理表征"和奥卡姆的"心理语言"。它的直接根源是17世纪的哲学家笛卡儿和霍布斯等关于思想和心智问题的探讨。传统认识论对"认知"的把握，是以笛卡儿式的二元论为基础的。在这种认识论中，认识的主体——心与认识的客体——外部对象绝对分开，外部对象刺激认识主体，认识主体由此获得关于对象的认识。这种以认识主体为核心的认识论预设了主体与外在对象之间的符合，预设了中立并且唯一可靠的主体观察和认识过程，预设了存在一个判断真假的普遍标准。在一些现代学者，特别是后现代主义者看来，传统认识论是追求以确定性为目标的启蒙运动和理性主义的产物，是近代科学取代宗教，理性的个体取代上帝的结果。因而，笛卡儿以来的300多年中，哲学认知的笛卡儿传统有时受到批判，有时受到青睐，并与其他哲学传统结合而得到发展。譬如，斯宾诺莎的"身之思想"、莱布尼茨的"心理共鸣"、休谟的"联想原则"（相似、接近和因果关系）、康德的基于心智固有结构的概念发展理论、弗雷格的"弗雷格假定"（思想结构由自然语言的结构解释）、胡塞尔的意向性等等，都与笛卡儿传统有关，也都是理解哲学认知的重要思想来源。在此，我们无意纠结于哲学认识论的纷争，只是从哲学渊薮之中撷取"认知"的智慧。在传统认识论的认知过程中只有两种要素，即认知的主体与客体，其中认知主体即是认识个体，它在认知过程中既独立于认识对象，又独立于其他的认知主体，它是个别的、孤立的、主观性的。然而，"主体在其实际的认识过程中，又时刻渗透背景理论、渗透概念框架，它们构成认知过程中不可缺少的要素。"[①] 从这个角度说，认知是主体对于客体的把握，但这种把握又渗透着主体的背景理论与背景图式，是一种主体化的构建过程。

基于这样的对于"认知"的心理学与哲学认识论的理解，我们认为，媒介认知即指受众对于媒介的认识、把握与判断的过程。这一过程的主体是媒介受众，客体是媒介。虽然我们依旧是从主客体关系的角度来界定传媒认知，但这一过程并不是简单的"外部对象刺激主体，认识主体由此获得关于对象的认识"

---

① 黄正华：《认知科学中的心身问题与认识论》，载《科学技术与辩证法》2006年第5期。

的笛卡儿式过程,而是一个主体与客体相互作用的过程。在这一过程中,媒介本身的特点,受众的已有经验和图式,特定的传媒认知情景等因素,都可能影响到传媒认知。从传媒认知活动的结构层次来看,传媒认知包含着两个层面:知识层面与传媒本质层面。在知识层面,传媒认知包括对于大众传媒在日常生活中的重要性、媒介角色、媒介组织、受众权利的推测与判断;在媒体本质层面,包括对媒介的运作机制、传播功能的认识与了解等。媒介认知是受众接触和使用媒介的基础,也是形成媒介评价和期待的前提。

二、媒介评价

"评价"问题是哲学价值论的核心问题。评价不能脱离价值而存在。价值是属于主客体之间深层关系的范畴,它所揭示的是主体需要与客体属性之间的一种特定关系。对这种特定关系的认识,有三个关键点:其一,价值是主体需要与客体属性的相互结合和相互统一关系。在现实世界中,价值关系的形成首先必须以主体需要和客体属性的存在为前提。但这仅仅为价值关系的形成提供了一种可能,要把这种可能变为现实,主体需要与客体属性必须相互结合、相互统一。其二,价值只存在于主客体之间,体现着主客体之间的相互依存关系。脱离了主客体之间的相互依存关系,无所谓价值。其三,价值关系存在于人的认识和实践活动的全过程。人在现实世界的活动,既包括认识活动,又包括实践活动。无论是认识活动还是实践活动,都存在着主客体之间的价值关系。所谓价值评价,就是主体按照一定的标准,对客体的价值属性所做出的肯定或否定的判断。"在价值评价中,主体感到客体及其属性对自己有用、有利、有益,就作出肯定性的价值判断,反之,就作出否定性的价值判断。"[①] 价值评价既不同于价值,又有别于价值认识。如果说价值体现的是主客体之间的一种客观关系,那么,价值评价则属于主观意识范畴,是主体对客体价值属性的一种观念上的断定,也是价值主体对客体属性能否和在多大程度上满足自身需要的一种肯定或否定的判断。"这种断定又不同于价值认识。价值认识是对客观价值关系的一种主观反映,是对价值本质、特点及其发展等的理性把握,它是一种价值理论,即所谓的'价值学'或'价值真理',它所要求实现的是主观与客观的统一。"[②] 而价值评价则是对事物有无价值、有多大价值的一种肯定或否定的判断,它主要通过主体的态度、情感、意志等主观意向形式表现出来,在价值评价中,更多地渗透着人的主观情

[①②] 朱志军:《价值与价值评价:主客体关系的深层思考》,载《辽宁师范大学学报》2003年第1期。

感、需求与期待等因素。

基于对价值与价值评价的认识，我们认为，媒介评价即是受众对于媒介内容的理解与价值高低的评判。媒介评价，包含着两个层面：一是对媒介内容的理解，二是对其价值高低的判断。对媒介内容的理解，即理解媒介是进行评价的前提。这里的理解媒介，包含着几个意义：其一，具备基本的媒介接触条件和能力。例如，报纸的无障碍阅读能力，广播电视的基本视听条件，新闻网站、博客或微博、推特（Twitter）等互动传媒的接触条件与能力等。其二，实际地接触媒介内容。例如，对于相关版面、栏目、节目、时段、频道、频率的阅读、视听、点击等。其三，受众自身新闻传播需要的自觉满足。这一层次强调的是媒介评价主体对于自己的价值需要的把握和洞察。这里的媒介价值高低的判断，是评价主体基于理解媒介而作出的对于媒介内容的优劣的评判、喜好的选择等评价的显性表征。所谓优劣评价，就是一种传媒内容是否符合主体新闻传播需要的评判；所谓喜好的选择就是一种通过选择性媒介接触行为体现出来的价值高低的判断。媒介评价的目的在于评判传媒的发展现状及其对于受众的效用的大小，以便传媒更有效地服务受众。

三、媒介期待

"期待"作为对客体对象的未来状态的希冀和期望，既是一种主体的心理状态，又是一种价值评价的内在尺度。作为主体的心理状态，期待是一种行为意向因素，"是个人对某个对象的反应倾向，亦即行为的准备状态，准备对某种对象作出某种反应。"① 这种行为意向状态，与认知、情感等因素一起，构成主体的态度。作为价值评价的内在尺度，期待表征主体的定向性心理结构图式、需要和利益。在现实的价值评价活动中，主体是用一定的标准对客体及其属性是否有价值、有多大价值等，作出肯定或否定的判断。主体的期待，是价值评价的基本标准。符合主体期待的客体属性，体现出较高的价值；反之，则价值较低。期待的实质，既包含主体的定向心理结构图式，又包含主体的利益和需要。接受美学曾经提出"期待视野"的范畴，来揭示文学艺术作品的接受者由"先在"的人生经验和审美经验转化而来的关于艺术作品形式和内容的定向性心理结构图式。哲学解释学则直接使用"先见"来描述主体的价值评价是带着自身的历史存在状态（定向性心理结构图式）进入解释的循环过程。德国哲学家加德默尔称"先见"或"偏见"为"视野"或"境界"，其基本含义包括三个意义层次："一是

---

① 时蓉华：《社会心理学》，浙江教育出版社 1998 年版，第 297 页。

形象地指历史与传统给个人形成了他理解的存在背景，犹如历史延伸而来的地平线一般。二是指个人由他在历史上的存在中开始理解活动的起点，犹如站在历史形成的地平线上，展望理解现实的人生。三是比喻一代代的人，从历史为他们形成的地平线上起步，开辟创造出新的人生、新的人类未来。"① 至于主体需要和利益对价值评价的影响，更是不言而喻。

基于这样的对于"期待"的把握，我们认为，媒介期待则是指受众希望媒介满足自己的信息传播需要，和满足哪些方面需要的主体要求和期望。媒介期待，具有三层次内涵：其一，新闻传播活动受众主体的要求和期望的基础，则是新闻传媒与社会的政治、经济、文化等核心因素互动而推动社会进步与发展的新闻传播历史文化传统。这一传统，构成受众媒介期待的"先见"。其二，媒介期待的核心之一，则是受众对于新闻传媒改变当代社会的政治、经济、文化等核心因素的内在要求与期望。其三，媒介期待的核心之二，则是受众对于在社会发展过程中新闻传媒从制度与技术、形态与内容等方面，改变自身的内在要求与期望。

第二节　社会阶层结构与四类调查对象选择根据

在构建和谐社会的语境下，新闻传媒要有效地承担起"维护社会良序、推进民主法治，坚守社会良心、扩展公平正义，传播社会良知、促进启蒙协商，传导社会良俗、倡导诚信友爱"的历史使命，进而实现"守望社会、真实传播新闻信息，制约权力、健全新闻舆论监督，弘扬人文精神、提升传播理性，当好信息'管家'、构建和谐的舆论场"的传播责任，当前必须切实把握社会各主要阶层的传媒认知、评价和期待。

本调查报告，由《中国农民对大众媒介的认知、评价和期待》、《中国司局级干部对大众传媒的认知、评价和期待》、《中国大学生对大众传媒的认知、评价和期待》、《中国传媒人对大众媒介的认知、评价和期待》等四个专题报告组成。每个报告的正文，则分为引言、主要发现与结果分析、建议和对策，具体陈述调查研究设计、研究结果与解决问题的对策和建议。

经过近30多年的社会转型，今天的中国社会结构系统尽管社会阶层分化的碎片化特征依然存在，但是社会阶层结构正在形成。但整体上开始呈现出相对定型且走向稳定的态势。这样，使社会的"分层形态、分层秩序和分层机制稳固

---

① 殷鼎：《理解的命运》，三联书店1988年版，第258页。

下来，使个人和群体在社会分层中的位置确定下来，使人们的地位变化遵循一定的渠道和规则。"① 一些社会学家经过长期的大规模调查分析认为，当前中国的社会阶层结构已经分化成为十大阶层，即："（1）国家与社会管理者阶层（拥有组织资源）；（2）经理人员阶层（拥有文化资源和组织资源）；（3）私营企业主阶层（拥有经济资源）；（4）专业技术人员阶层（拥有文化资源）；（5）办事人员阶层（拥有少量文化资源或组织资源）；（6）个体工商户阶层（拥有少量经济资源）；（7）商业服务业人员（拥有很少量三种资源）；（8）产业工人阶层（拥有很少量三种资源）；（9）农业劳动者阶层（拥有很少量三种资源）；（10）城乡无业、失业、半失业阶层（基本没有三种资源）。"② 这标志着现今的中国"凡是现代化社会的基本成分都已具备，现代化的社会阶层位序已经确立，一个现代化社会阶层结构已经在中国形成。"③ 根据这一现状，我们可以采用利益群体的社会分层范式进行国民阶层划分，即依据在工业化与市场化"双重转化"过程中人们利益获得和利益受损的状况将国民划分为四个利益群体或利益集团：特殊获益者群体、普通获益者群体、利益相对受损群体和社会底层群体④。所谓"特殊利益者群体"就是在社会转型过程中获益最大的群体，例如民营企业家、私营企业主、垄断行业高层管理人员、三资企业管理和技术阶层成员，市场上的各类经纪人，歌星、影星、体育明星，以及通过各种途径获得了显著利益的国家与社会、国有企业的管理人员。他们是拥有较大的消费话语权、资产话语权、管理话语权的人群。上述十大阶层之中的"国家与社会管理者阶层"、"经理人员阶层"、"私营企业主阶层"等大体上属于特殊利益群体，也即社会的上层。所谓"普通获益者群体"就是指改革开放以来在经济、文化等各方面资源中获得了一定利益的群体。知识分子、干部、党政机构的办事人员、企业中底层管理人员，以及一部分工人、农民等等，均属于这一群体。上述十大阶层中的"专业技术人员"、"办事人员阶层"、"个体工商户阶层"、"商业服务业人员"等大体上都属于这一群体；这一群体，属于社会中层。所谓"利益相对受损者群体"指的是在改革的过程中利益受到了损害的群体，主要是下岗职工群体和富裕地区的部分失地农民、大学毕业待业人员等，属于社会的中下层。所谓"社会底层群体"是指经济收入低于贫困线以下的社会群体，这主要包括边远农村、山区的绝对贫困人口、城市下岗职工中的生活极端贫困者、贫困农民和在城市中居无定所无正当职业的农民工等，这一群体属于社会的下层。

---

① 李春玲：《断裂与碎片》，社会科学文献出版社 2005 年版，第 558 页。
② 陆学艺主编：《当代中国社会阶层研究报告》，社会科学文献出版社 2002 年版，第 9 页。
③ 陆学艺主编：《当代中国社会阶层研究报告》，社会科学文献出版社 2002 年版，第 5 页。
④ 李强：《转型时期的中国社会分层结构》，黑龙江人民出版社 2002 年版，第 119 页。

不管是十大社会阶层，或者是四类利益群体，对他们的媒介认知、评价和期待的充分把握，是新闻传媒促进和谐社会构建的功能发挥的基础。由于受制于研究经费、时间和其他研究条件的局限，本课题组不可能对所有社会阶层进行调查，而只能选择不同社会阶层的代表性群体，实施抽样调查。与此同时，在今天的新闻传播实践中，作为新闻事件当事人的政府、民众、企事业单位与新闻传媒的矛盾冲突日渐尖锐，为此，调查对象还理应考虑到这一矛盾的不同方面的代表。这就是我们选择农民、司局级干部、大学生、传媒人四个社会群体作为调查对象的依据所在。其中，农民群体是中国社会阶层结构的下层和弱势群体代表。当前他们不仅在经济上贫困，而且在社会和政治层面表达与追求自己利益的能力上也处于弱势地位，在传媒上更是缺失话语权。司局级干部既是国家与社会管理者阶层的代表，又是新闻事件当事人中政府组织的代表。在国家与社会管理者阶层之中，司局级干部群体的代表性主要体现在：在干部序列职级方面承上启下，较之于县处级及以下的职级，他们属于中高级干部，而比较于省部级及以上职级，他们又属于中下级干部；在媒介使用权和管理权上，根据目前按照行政差序格局配置媒介资源的现实，除了企事业单位负责人之外，实职的地厅级、司局级干部，具有对于部分低层次新闻媒介的一定程度的使用权和管理权；在职务权限上，他们既不像省部级干部那样属于地方大员、封疆大吏或内阁成员，也不像县处级干部那样属于"芝麻官"、基层干部；在社会权力资本的结构之中，他们处于次中心地带，既是权力信息的执行者，也是部分权力信息的发布者。大学生群体既代表将来的社会中坚力量，又代表目前网络前卫舆论、草根舆论的主体。在中国和谐社会的构建过程中，未来我国社会的中上阶层，主要从目前的在校大学生之中产生。他们是整个社会中坚力量的后备军，是将来的社会中产阶层的构成部分之一，是将来大众传媒的主流消费者和接触者。特别是在网络传媒的影响力日益剧增的今天，大学生群体因其掌握高新技术的便利而与网络媒体得以亲密接触，导致这一群体出现了传统媒体话语权的相对缺失与网络媒体话语权的比较充盈的现象。传媒人群体既是社会中层的代表，而其"社会守望者"的角色又可视为社会各类群体的综合代表；与此同时，这一群体还可视为新闻当事人与传媒矛盾的传媒方代表。而在中国新闻传媒的市场化、民本化、数字化的转型发展过程中，传媒人始终处于剧烈的转型矛盾之中。他们正在从传统的事业单位干部转向企业组织、市场主体的员工，从过去的宣传人转向今天的职业传播者，从传统单媒体时代的报人、电视人、广播人、杂志人转向媒介融合时代的融合型传媒人，从社会生活的监督者转向既是监督者又是被依法监督者。

第三节 调查样本形成的方式及其主要的总体发现

一、调查样本形成的方式

从 2007 年 2 月到 2008 年 8 月,课题组采取判断抽样确定调查对象区域与多层随机抽样相结合的方式,形成样本。选择上海市核心城区、北京市核心城区、广东省广州市、湖北省武汉市、四川省成都市、陕西省西安市等六个城市的司局级干部、大学生、传媒人群体,以及江苏省常州市武进区、广东省东莞市属镇、湖北省枣阳市、湖南省浏阳市、四川省资阳市雁江区、陕西省白水县等六个县级行政区的农民群体,作为调查对象,实施多层随机抽样,投放并回收问卷。问卷投放与回收的总体情况参见表 7-1。

表 7-1　　　　　　　四类受众调查问卷投放与回收情况

调查对象	投放问卷	有效问卷	抽样地区
农民	1 080	1 068	江苏省常州市武进区、广东省东莞市属镇、湖北省枣阳市、湖南浏阳市、四川省资阳市雁江区、陕西省白水县
司局级干部	1 080	491	北京市、上海市、广州市、成都市、西安市、武汉市
大学生	1 080	997	北京市、上海市、广州市、成都市、西安市、武汉市
传媒人	1 080	1 026	北京市、上海市、广州市、成都市、西安市、武汉市

二、调查主要的总体发现

1. 四类受众群体面对突发新闻事件首选媒介的差异性

从表 7-2 调查数据可以看出:

表 7-2　　　四类受众群体面对突发新闻事件首选媒介的差异　　　单位:%

群体	电视	报纸	网络	广播	新闻期刊
农民	77.2	2	9	3.7	2.2
司局级干部	48.7	3.7	35.4	5.4	6.8
大学生	29.1	5.5	59.9	3.3	2.1
传媒人	54.7	5.3	32.9	4.4	2.7

（1）报纸媒介的社会影响力正在大大减弱。面对突发新闻事件，司局级干部和农民一样，首选报纸的人数比例不仅大大低于电视、网络，甚至低于广播与新闻周刊。

（2）电视媒介在社会上仍有较大影响，但受到了网络媒介的巨大冲击。面对突发新闻事件，不仅大学生首选网络的人数比例大大超过电视；司局级干部和传媒人首选电视的人数比例也只占到了一半左右，而首选网络的人数比例则达到1/3左右。

（3）新闻周刊的社会影响力开始产生，尤其是在司局级干部中，面对突发新闻事件，首选新闻周刊的人数比例已超过报纸和广播；与此同时，农民群体首选新闻周刊的人数比例也超过报纸、逼近广播。

（4）农民群体中，不仅电视媒介的接触率最高，而且网络媒介的接触率正在不断攀升。面对突发新闻事件，近80%农民首选电视，近10%的农民首选网络，而首选广播、报纸、新闻期刊三类媒介的农民总和刚刚超过8%。

2. 四类受众群体的媒介评价和期待的主要差异

（1）农民群体认为，媒介对农民阶层的报道和关注不够；一些面向"三农"的传媒不熟悉农村，为"三农"服务的力度不够。占调查总数60.7%的农民认为新闻传媒不关心、不重视农民，不为农民说话。

（2）司局级干部群体认为，新闻传媒社会预警机制实施情况不尽如人意，对重大突发性事件报道的专业性、客观性不足。其中，49.9%的被调查者认为，新闻媒介对各级政府、对各级领导干部的监督还需要大力加强。

（3）大学生群体普遍认为传统新闻传媒整体上可信度不高。占调查总数89.2%的大学生认为，传统传媒的公信力正在下降。

（4）占调查总数63.3%的传媒人认为，当前多层、多头的管理体制对新闻传媒资源的有效配置不利；占调查总数80.8%的传媒人对自己任职的媒体所扮演的社会角色、经营管理现状、内部运行机制表示不满意；占调查总数82.9%的传媒人认为广告经营对新闻传播的客观公正有影响，86.5%的传媒人认为当前的宣传监管方式对新闻传播的客观公正有影响。

3. 四类社会群体媒介评价反应的意见强烈程度依次是

（1）讲真话不够，不能满足受众的知情权，公信力不高；

（2）嫌贫爱富，追逐社会强势群体，对社会弱势群体关注不够；

（3）金钱至上，自甘堕落，忽视社会责任；

（4）缺失理性，盲目跟风、炒作，误导受众；

（5）不真正了解受众需求，自说自话、自娱自乐；

（6）话语失衡，多元群体利益表达渠道缺失。

4. 四类社会群体对和谐社会构建中新闻传媒普遍的期待依次是

（1）维护受众的知情权，客观、全面、真实地反映社会生活；

（2）凸显人文关怀、伸张社会正义，成为负责任的社会公器；

（3）把公众的愿望和心声准确、及时地反馈给党和政府，同时要强化对公共权力的舆论监督；

（4）持续报道社会问题，充分发挥预警功能，促进社会问题的解决和社会各阶层的和谐共处；

（5）优化传媒布局，调整传媒结构，形成有利于社会各阶层利益表达的现代传媒体系。

第八章

中国农民对大众传媒的认知、评价和期待

第一节 引 言

一、研究的背景与问题

当代中国的社会现实中有两大问题十分引人注目：一是日益扩大的贫富差距，二是城乡断裂背景下的倒"T"形社会结构——两极分化社会的形成。[1] 这两大问题都与农民社会阶层的生存状态相关，表现着农民社会阶层的底层化和弱势化；其投射到传播领域，即是农民社会阶层的传媒资源占有和传播接近权实现上弱势地位的形成。目前中国社会弱势群体主要指的是经济上贫困、在社会和政治层面表达与追求自己利益的能力上处于弱势地位的社会群体，包含着贫困农民、进入城市的农民工、城镇下岗职工三类人，农民是其主体之一。"弱势群体，他们掌握的资源很少，尽管可能人数众多，但他们的声音很难在社会中发表出来。我们不能不承认的一个事实是，涉及弱势群体利益的时候，往往要靠政府和大众媒体来为他们说话，他们自己的声音是很微弱的。说句老实话，如果政府和媒体都不为他们说

---

[1] 李强：《"丁字形"社会结构与"结构紧张"》，载《社会学研究》2005年第2期。

话，他们自己很难具有有效地表达和追求自己利益的手段。"① 在城乡社会结构断裂和两极化发展的背景下，尤其是经历了媒介都市化、阶层化之后，农民受众传播弱势地位的凸显，已经成为一个不争的事实。无论是"媒介失语"还是"传媒歧视"，其实都表征着农民阶层的这种传播弱势地位：一方面农民未能成为媒介内容呈现的主体；另一方面，农民未能成为媒介的目标受众，他们不能从媒介中获得自己感兴趣的或者与自己密切相关的传播内容。有研究者认为，中国乡村的受众具有"媒介接触的有限性"、"传播环境的混乱性"、"信息选择的狭窄性"、"信息反馈的被动性"等特征②。这是对农民受众的传播弱势地位的概括性表达。

农民社会阶层的传播弱势地位，彰显出农民阶层在当代社会结构中利益表达话语权的缺失。这种缺失的根源在于社会利益博弈机制的失衡。"传播领域在某种意义上转化了冲突场所来重新建立作为表现的社会关系。""社会环境的自我再生产是通过象征产品来完成的，而象征秩序的冲突暗示出权力关系。"③ 市场经济从本质上说是一种建立在利益主体分化基础上的博弈经济，它要求建立四大利益关系机制，即利益表达机制、利益博弈机制、利益协调机制、制度化的解决利益冲突的机制。这当中，首要的问题就是利益表达机制。在现代市场经济中，利益表达是博弈的基础。从利益关系与博弈的视角，审视现今占全国人口70%的农民群体，居然没有一个真正意义上能为他们说话、为其争取应有权益的利益集团。"正是由于农民缺少自己有组织、有力量、掷地有声的'代言人'，才造成在公共政策决策中几乎没有话语权，在分配与再分配活动中只能成为任人宰割的对象"。④

这一方面，可以帮助我们把握农民与媒介关系的实然状态，有利于传播层面洞悉农民信息需要、优化媒介结构、调整传播内容，解决结构失衡、内容失语等问题，形成有利于中国社会和谐发展的传媒结构和传播机制。另一方面，能够为形成农民社会阶层的利益表达与博弈机制提供支持，有利于实现社会结构优化的"补低、扩中、调高"⑤ 这一利益调整思路，有利于上述两大社会问题的解决和城乡一体化统筹发展的现代化进程的推进。

二、调查设计

1. 本项调查的目的

第一，客观准确地认识和考察中国农民的媒介认知、媒介评价和媒介期待，

---

① 孙立平：《断裂：20世纪90年代以来的中国社会》，社会科学文献出版社2003年版，第68~69页。
② 谢咏才、李红艳：《中国乡村传播学》，知识产权出版社2005年版，第141~142页。
③ 陈卫星：《传播的观念》，人民出版社2004年版，第366页。
④ 闫威、夏振坤：《利益集团视角下的中国"三农"问题》，载《中国农村观察》2003年第5期。
⑤ 即补助城乡社会低收入阶层、扩大中等收入者比重、规范和调节高收入阶层。

把握构建和谐社会媒介与农民关系的基础。

第二，全面廓清现有阶层媒介与农民受众之间的互动现实，把握可能造成传播歧视的"隐患点"，寻找面向农民的媒介发展和媒介结构优化的最有发展潜力的"增长点"。

2. 调查方法和调查内容

以统一问卷、随机抽样、入户面访的方式，调查中国农民受众的基本情况（包括性别、年龄、家庭媒介接触的人数、外出打工的人数及地点、文化程度、职业、政治面貌、宗教信仰）和媒介接触情况、媒介现状与问题认知、媒介评价、对媒介及其发展趋势的期待等几个方面，以期对农村受众群体的媒介认知、评价与期待有一个比较全面、客观、准确的认识。

3. 抽样设计

这次调查对象的目标总体是中国农民阶层，调查方法是判断抽样与多极分层抽样相结合。首先选择东部的江苏省常州市武进区、广东省东莞市属镇，中部的湖北省枣阳市、湖南省浏阳市，西部的四川省资阳市雁江区、陕西省白水县等能够代表全国东、中、西部农村经济社会与媒介发展水平的6个县或县级行政区，作为调查对象区域。在6个县级行政区内，采用多级分层抽样的方式，抽取调查样本。每个县区样本总数为180个，总计1 080个。抽样方案如表8-1所示。

表8-1   调查抽样方案

抽样阶段	第一阶段	第二阶段	第三阶段
随机抽样方案	每县区抽3个乡镇	每个乡镇抽3个村	每个村抽20位村民

4. 调查的实施质量

本次调查的实地访问工作是在2007年2月份（当年春节前后）进行。武汉大学、华中农业大学和华中师范大学的来自调查区县的大学在读本科生，经过调查员培训之后，于2007年寒假携带问卷在规定时间内返乡执行调查。按照设计要求，共发放问卷1 080份，回收有效问卷1 068份。有效问卷回收率为98.9%。经过对10%的已执行有效问卷所进行的电话复核，全部调查访问工作符合调查程序的规范和质量要求。

5. 数据处理

本次调查共采集到的原始调查数据共计7.5万余个。全部数据均采用国际通行的社会科学统计软件包（spss/pc+）统计处理。下文即这次调查的主要发现和分析性结论。

第二节 主要发现与结果分析

一、媒介接触

在目前媒介化社会的语境下，对城市受众而言，大众传媒资源相对过剩已经是不争的事实，而农村受众日常信息需要的满足主要通过哪些媒介或传播活动实现，是我们关注的核心问题。本调查从一系列判别型指标中选择了与农村受众的生活方式密切相关的媒介接触类别、接触频率、接触时间进行考察。调查显示：

1. 农民受众的日常生活含政治、经济、文化、技术等信息来源倚重电视媒介以及村民会议等组织传播活动

（1）他们了解党和国家方针、政策、法规的主要途径占据前五位的是：电视，59.2%；村民会议，11.1%；自己学习文件，10.3%；广播，7.8%；报纸，5.1%（见图8-1）。

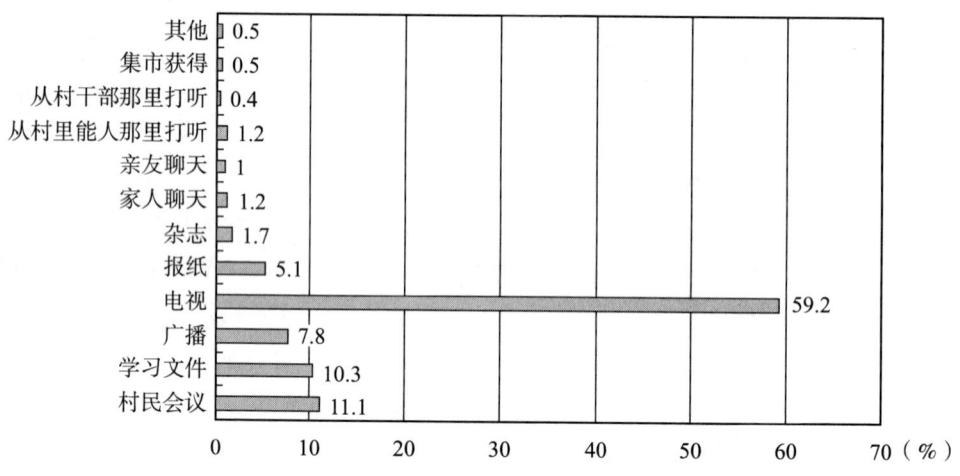

类别	百分比
其他	0.5
集市获得	0.5
从村干部那里打听	0.4
从村里能人那里打听	1.2
亲友聊天	1
家人聊天	1.2
杂志	1.7
报纸	5.1
电视	59.2
广播	7.8
学习文件	10.3
村民会议	11.1

图8-1 中国农民了解党和国家方针、政策、法规的主渠道

（2）他们了解国内外大事的主要途径占据前五位的是：电视，63.3%；广播，10.4%；村民会议，8.1%；自己学习文件，6.1%；报纸，5.4%；杂志，1.2%（见图8-2）。

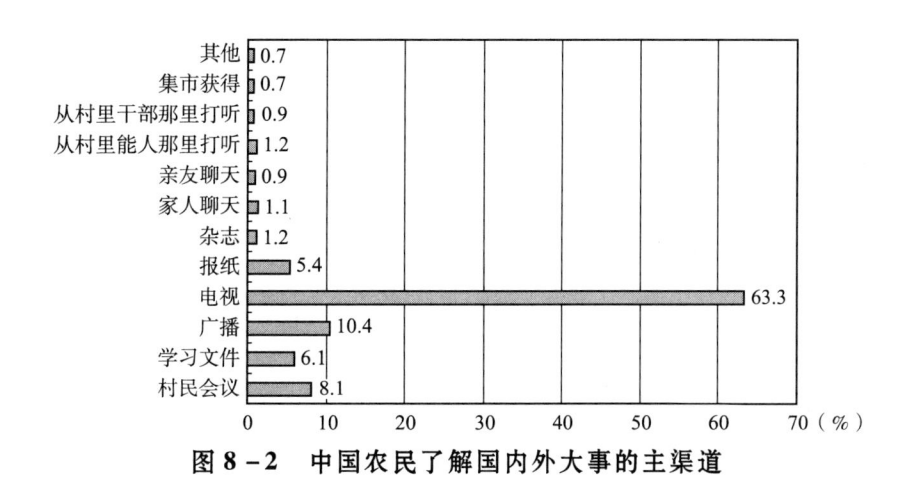

图 8-2 中国农民了解国内外大事的主渠道

渠道	百分比
其他	0.7
集市获得	0.7
从村里干部那里打听	0.9
从村里能人那里打听	1.2
亲友聊天	0.9
家人聊天	1.1
杂志	1.2
报纸	5.4
电视	63.3
广播	10.4
学习文件	6.1
村民会议	8.1

（3）他们了解农业技术知识的主要途径占据前五位的是：电视，56%；村民会议讲解，9.6%；广播，4.9%；报纸，4.9%；集市上向农技人员咨询，4.7%。

2. 农民的休闲活动侧重于看电视、打麻将、上集市

我们根据农民的生活方式和习惯，设置了他们可能从事的22类休闲活动。他们选择的结果，位于前五位的是：看电视，46.9%；打麻将，18.5%；上集市，13.3%；上网，5.3%；读报纸，3.6%（见图8-3）。

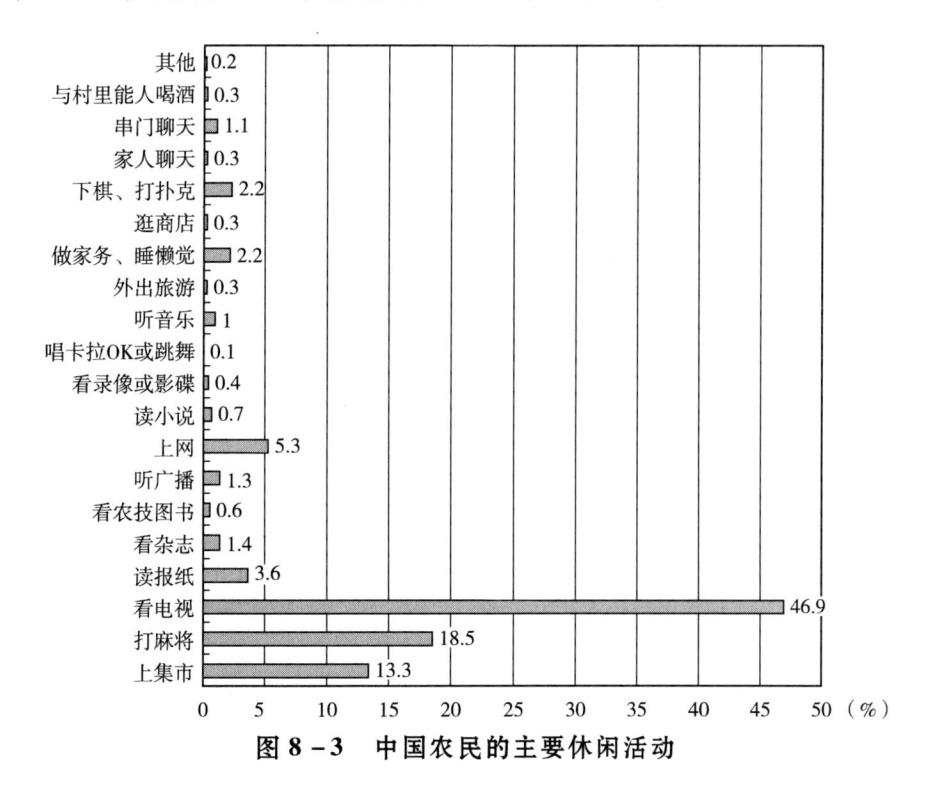

图 8-3 中国农民的主要休闲活动

活动	百分比
其他	0.2
与村里能人喝酒	0.3
串门聊天	1.1
家人聊天	0.3
下棋、打扑克	2.2
逛商店	0.3
做家务、睡懒觉	2.2
外出旅游	0.3
听音乐	1
唱卡拉OK或跳舞	0.1
看录像或影碟	0.4
读小说	0.7
上网	5.3
听广播	1.3
看农技图书	0.6
看杂志	1.4
读报纸	3.6
看电视	46.9
打麻将	18.5
上集市	13.3

3. 农民接触大众传播媒介的频度和时间上出现了电视＞报纸＞网络＞广播的模式

根据调查,农民接触大众传播媒介的情况如表 8 – 2 所示。

表 8 – 2　　　　　　中国农民的大众传播媒介接触情况　　　　　　单位:%

媒介	从不看/听	每周 1 ~ 2 天	每周 3 ~ 4 天	每周 5 ~ 6 天	天天看/听/上
报纸	43	28.5	14	5	9.5
电视	3.7	4.9	17.5	20.4	53.5
广播	65.3	20.8	6.6	3.2	4.1
新闻网站	63.9	15.9	7.8	3.9	8.5

(1) 就报纸媒介的接触时间和频率来看,从来不看报纸的为 43%,每周有 1 ~ 2 天看报的为 28.5%,每周有 3 ~ 4 天看报的为 14%,每周有 5 ~ 6 天看报的为 5%,天天看报的为 9.5%。

我们探究了调查对象"从来不看报"的原因,主要是:"村里没有报纸"占 39%;"没时间看"占 21.2%;"报纸上的内容在电视、广播上都能看到或听到"占 16.6%;"报纸内容与己无关"占 5.2%;"不识字,看不懂"占 4.9%;"报纸内容不真实"占 4.5%;"买报纸要花钱"占 4.1%;"其他"(根据注明情况,包括不好看、不喜欢看、没那习惯、学习工作太忙、没兴趣等)占 4%。

经常读报农民所阅读的报纸主要有:《人民日报》占 31.8%;本地都市类报纸占 21.4%;本地晚报类报纸占 13.9%;农业推广类报纸占 13.9%;本地党报占 13.5%;其他占 5.4%。《人民日报》之所以高居第一位,至少有三个原因:第一,公费摊派订阅到村和村民组、小学;第二,对村民来说,阅读方便;第三,报纸"代表党中央的声音",具有一定的政治权威性。

农民感兴趣的报纸内容,排在第一位的主要有:政治类占 30.9%;经济类占 13.9%;社会生活类占 13.2%;农业科技类占 12%;娱乐类占 7.2%;体育类占 6.7%。

阅读报纸的来源,农民自己订阅的占三分之一强,达到了 34.5%;临时购买的,达 28.6%;公费订阅和摊派订阅的,达 23.3%;向别人借阅的,达 13.5%。

(2) 就电视媒介的接触时间和频率来看,天天看的,有 53.5%;每周有 5 ~ 6 天看的,有 20.4%;每周有 3 ~ 4 天看的,有 17.5%;每周 1 ~ 2 天看的,有 4.9%;从不看电视的,只有 3.7%。

他们经常收看的电视频道,按照选项比例排序为:中央电视台为 54.8%;省级或省会城市电视台为 47.6%;地级或县级城市电视台为 24%;境外和港、澳、台电视频道为 5.1%。

不看电视的原因，主要有："家里没有电视"为 16.9%；"电视内容与己无关"为 45.4%；其他原因（根据注明情况，包括"不好看"、"不喜欢"、"没时间"、"对眼睛有害"等）为 37.8%。

他们平时收看的电视节目，新闻类占 42.8%，电影、电视剧占 18.9%，经济类占 10%，综艺类占 7%，生活服务类占 5.5%，科技类占 5.2%，教育类占 4.2%，体育类占 3.2%。

对于中央电视台"新闻联播"中的主旋律宣传专题栏目"红色记忆"或"时代先锋"，回答"看过"的为 38.3%，"没看过"的为 44.5%，"好像看过的"为 17%。

（3）就网络媒介的接触情况来看，从不上网的占 63.9%；每周有 1～2 天上网的为 15.9%；每周有 3～4 天上网的为 7.8%；每周有 5～6 天上网的为 3.9%；天天上网的为 8.5%。

从不上网的原因，主要有："村里没有电脑"的，占 63.1%；"村里有电脑但没有接通电信网络"的，占 6.7%；"自己不知道如何上网"的，占 19%；"网上内容与自己无关"的，占 8.2%；"其他"（根据注明情况包括"乱花钱"、"没时间"、"上网费高"、"外出上网"等），占 3%。

经常上网的农民所点击的网站，综合门户网站为 49.6%，新闻网站为 29.6%，相关单位网站（如农资企业、农产品销售单位等）为 7.1%，政府门户网站为 6.2%，行业网站为 2.7%，其他网站（如中国律师网、中国养猪网、教育信息网等）为 4.9%。

其上网的目的与动机中，"消磨时间、娱乐"的，为 40.7%；"了解国内外大事"的，为 33.7%；"获取生产资料来源和出售农产品"的，为 11.6%；"掌握党和国家的方针政策"的，为 6.7%；"了解农业科技"的，为 4.6%；"发表自己的看法"的，为 1.4%；"节约通信费用"的，为 1.1%；其他（上述动机之外）的，为 4%。

（4）就农民受众的媒介接近（参与）活动看，参与媒介"有奖竞猜活动"的，有 24.8%；"刊登广告、启事"的，有 15.8%；"接受记者采访"的，有 15.2%；参与"直销购物"的，有 14.6%；"通过写信或打电话等方式"参与传播反馈的，有 9.9%；"点播或参与电台或电视节目"的，有 9.6%；"担任新闻媒介的通讯员、信息员"的，有 9%；"参加受众座谈会"的，有 4%；"对新闻媒介提出意见"的，有 2.8%；"给新闻媒介提供新闻线索"的，有 2.5%。

二、媒介认知

本调查既考察了农民受众对大众传播媒介功能与作用现状的认知,又考察了他们对于媒介问题的认识和了解,还关注其对媒介人文关怀现状的认知程度。

1. 媒介功能的认知

(1) 多数人认为媒介的主要作用是"传播新闻信息"与"引导公共舆论"

对媒介的作用与功能的认知,是媒介素养的核心层面。调查发现,农民受众大体上能较为准确地把握媒介作为信息传播工具的作用。他们理解的媒介功能主要有:"传播新闻信息",占50.5%;"引导公共舆论",占15.1%;"传播科学技术知识",占9.4%;"传达党的方针政策",占9.7%;"监督国家机关运行及工作人员工作",占4.3%;"宣传典型推进工作",占4%;"刊登广告信息",占2.5%;"普及法律教育人民",占2%;"提供娱乐",占1.6%;"动员大众投身改革",占0.9%。这说明,在农民受众的意识中,新闻媒介首先是传播新闻信息、引导公共舆论的社会公共机构;尽管它也有宣传功能和教育功能,但较之于信息传播和舆论引导,那是第二位的(见图8-4)。

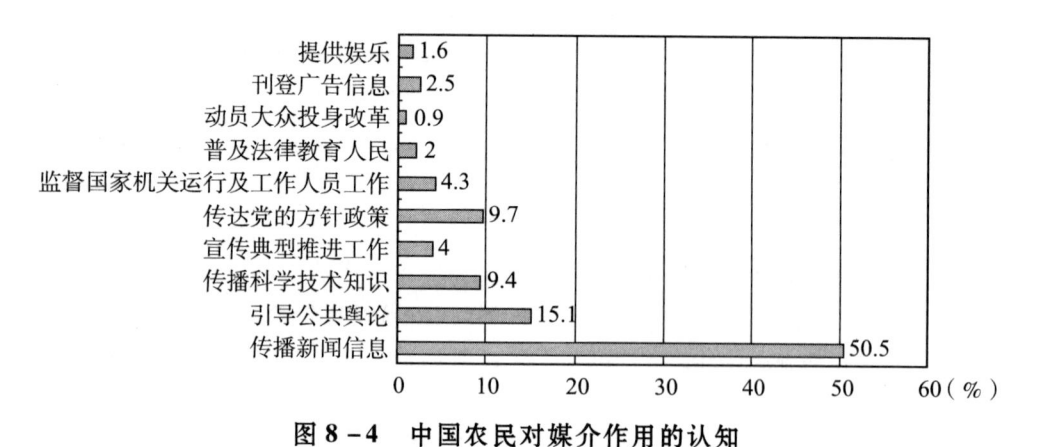

图8-4 中国农民对媒介作用的认知

在此基础上,他们对"大众传媒批评和监督领导干部"的看法是:"很好",占12.2%;"好",占48%;"不太好",占29.8%;"不好",占4.1%;"无所谓",占5.9%。其中,占60%以上的绝大多数人认为,大众传播媒介应该批评和监督领导干部。这与他们对大众传播媒介功能的理解是一致的。

在回答实施媒介监督的现实性问题,也就是"大众传媒能否有效实施对领导干部的批评和监督"的时候,只有6.4%的人认为"完全可能",39.4%的人认为"可能性比较大",42.9%的人认为"可能性不大",4.5%的人认为"不可能"，6.9%的人认为"说不清"。其中，一半以上的被调查者认为"可能性不大"、"不可能"，或者"说不清"。这说明，在农民受众看来，中国媒介对政府、对各级领导干部的监督还需要大力加强。

在对媒介监督的效果进行评价时，有3.2%的人认为"很有效果"，37.2%的人认为"有效果"，45.5%的人认为"有一点效果"，只有8.7%的人认为"无效果"，5.2%的人回答"不知道"。80%以上的受众认为，"大众传播媒介对于领导干部的批评和监督"是"有一点效果"和"有效果"，这说明，农民受众从总体上对媒介监督效果是充分肯定的。

从不同的媒介种类来看，舆论监督做得最好的，78.1%的人认为是电视，8%的人认为是报纸，7.4%的人认为是网络，5.1%的认为是广播，1.3%的认为是杂志。这里，电视媒介的强势地位再一次得到印证。

（2）将近一半以上的被调查者对于通过传媒维护自己的权利，包括知情权，是持怀疑态度的。

从媒介维护受众的合法权益和知情权的角度看，有8%的人认为"通过传媒维护自己的权益""完全可能"，有39.5%的人认为"可能性比较大"，有41.4%的人认为"可能性不大"，有4.6%的人认为"不可能"，有6.5%的人认为"说不清"。显然，差不多一半以上的被调查者对于通过传媒维护自己的权利，包括知情权，是持怀疑态度的。这种怀疑，是根源于传媒结构的不合理，还是传媒自身运作的问题？我们又设置了一个题目"您觉得目前的报纸、广播、电视、网络的数量与规模能够满足农民朋友的需要吗？"，回答"不能满足需要"的占20.8%；"基本满足需要"的占52%；"满足需要"的占17.3%；"完全满足需要"的占2.2%；"不知道"的占7.7%。从农民受众的角度看，有70%的人认为现有媒介的数量、规模至少是基本满足需要。看来，问题并不在硬件上，而在传媒的运作上。

那么，对于有可能在新闻的宣传模式与专业模式方面发生博弈的重大突发事件之类的报道，农民受众的看法如何？课题组直接调查了他们的态度。对于重大突发事件，他们认为该如何报道呢？73.7%的人认为应该按照新闻专业的要求，"进行全面、真实的报道"；22.2%的人认为应"有选择地进行事件报道"；4.1%的人"不报道"。

而对中国媒介关涉国民卫生、安全等重大突发事件（比如传染病爆发、集体中毒事件、矿难事件等）预警传播的总体情况，农民受众的评价并不低：有19.2的人认为"很好"，有43.6的人认为"较好"，有31.4%的人认为"一般"，有4.5%的人认为"较差"，有1.3%的人认为"很差"。

（3）受调查者中，有37.8%的人认为"没有"最爱看的报纸，51.6%的人认为"没有"最喜欢收听的广播，而有66.3%的人爱看"中央电视台"的节目。

问卷中设置了3个题目，分别考察农民对于报纸、广播、电视的深度认知与态度。

①对于他们"最爱看的报纸"的问题，回答十分耐人寻味：37.8%的人填写"没有"，33%的人填写"《人民日报》"，7.9%的人填写"本地的晚报类报纸"，7.8%的人填写"本地的都市类报纸"，6.1%的人填写"农技推广类报纸"，4.3%的人填写"地方党报"，3.1%的人填写"其他"（见图8-5）。

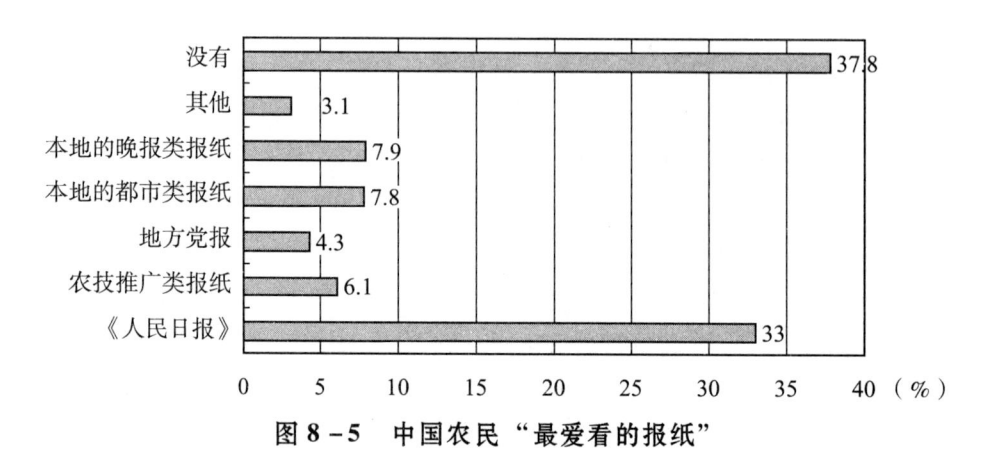

图8-5 中国农民"最爱看的报纸"

②对于他们"最爱看的电视节目"的问题，66.3%的人回答是"中央电视台"，12.4%的人回答是"省级电视台或卫视"，4.1%的人回答是"地级或县级城市电视台"，3.3%的人回答是"省会城市电视台或卫视"，2%的人回答是"境外和港、澳、台电视频道"，1.7%的人回答是"其他"，而有10.3%的人回答是"没有"（见图8-6）。由数据可以看出，中央电视台赢得农民的喜爱程度很高。

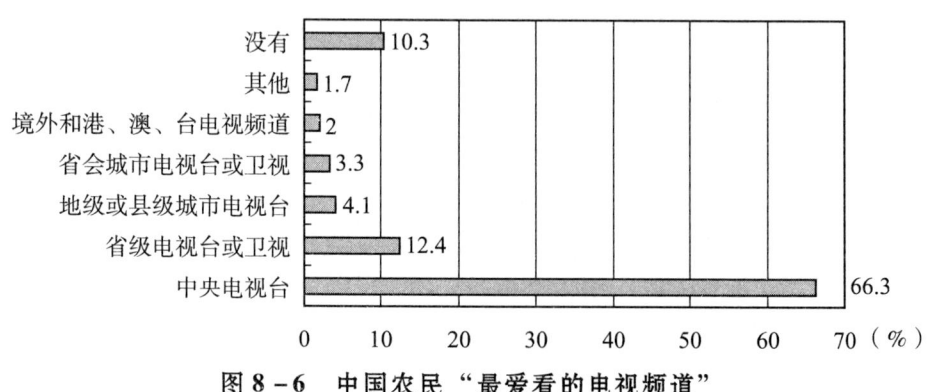

图8-6 中国农民"最爱看的电视频道"

③对于他们"最喜欢收听的广播"的问题,答案统计结果也很有意思,过半的人(51.5%)回答"没有",36.0%的人回答是"中央人民广播电台",4.4%的人回答是"地级或县级城市广播",3%的人回答是"省级电台",2.9%的人回答是"省会城市电台",1.2%的人回答是"其他",1%的人填写为"境外电台"(见图8-7)。

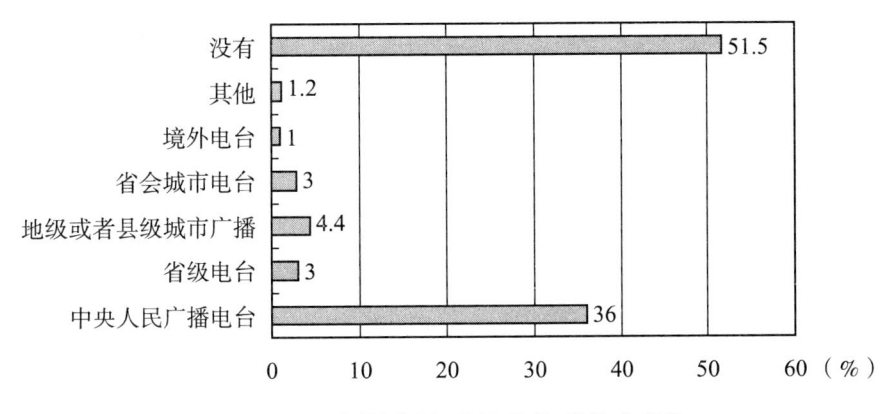

图8-7 中国农民"最爱收听的广播"

设置题目时,对于互联网在农村的发展和普及重视不够,因而没有设置调查他们"最喜爱的网站"的调查项,这是本研究的一个疏忽。不过,通过上述数据可以看出,农村缺乏农民最喜爱的报纸和广播的推论,大体上是成立的。尽管央视被多数农村受众所喜爱,但考虑到今天城市化进程加速的时代背景和央视独特的城市生活和娱乐信息传播功能,以及央视自身各频道的市场定位,也可以推论央视荣膺他们"最喜爱的电视节目"榜首,并不是因为央视维护了农民阶层的利益,而是它展示了农民阶层心向往之的城市社会场景。因而,才会有52.4%的农民认为"通过传媒维护自己的权益"是"可能性不大"或者"不可能"、"说不清"的。

2. 媒介问题认知

从农民受众的角度说,媒介现存的问题至少有两个方面:一是以城市社会为中心,二是为农民服务的媒介越来越少。我们设置了5个题目来调查农民阶层对于媒介问题的认知。

(1)大众传媒最大的问题:"报道本村、本镇、本县的事情太少","与自己距离太远"。

考察他们所认为的当下大众传媒内容层面的最大问题,有30.5%的人认为"报道本村、本镇、本县的事情太少",30.4%的人认为"与自己距离太远",22.2%的人认为"不清楚",15.3%的人认为"刊播相声、评书、小品、戏剧、趣闻故事太少"（见图8-8）。无论是"报道本村、本镇、本县的事情太少"，还是"与自己距离太远"，说明农民受众并没有成为媒介内容呈现的主体，选择这一部分的人约为60.9%。在农村社会的日常生活中，通过大众传媒来欣赏相声、评书、小品和趣味故事是他们休闲生活的主要内容之一，但15.3%的人认为，媒介上这方面的内容太少。这说明，农民受众对于媒介内容总体上是不满意的。

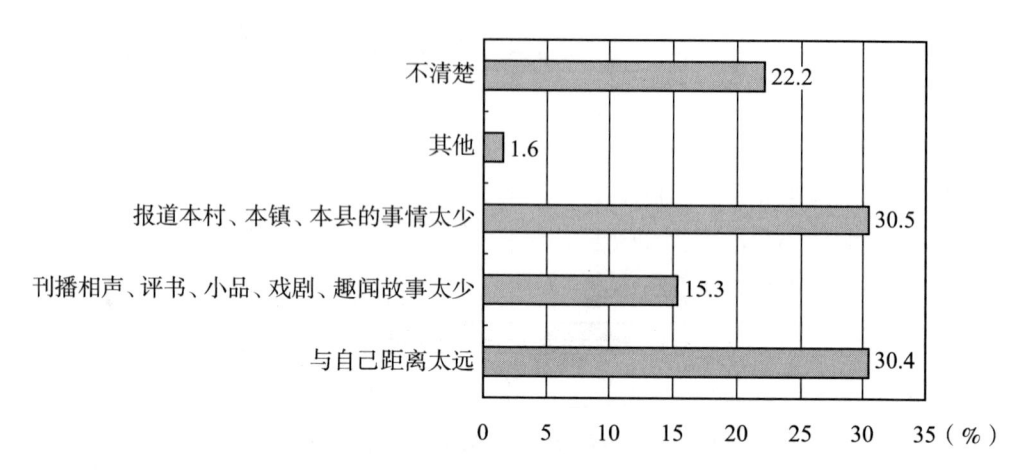

图 8-8 大众传媒存在的最大问题

（2）导致农民不喜欢大众传媒的最重要因素是："虚假新闻增多"。

从传播实践存在问题的角度，追问影响农民受众媒介接触的因素，有29.4%的人认为"虚假新闻增多"，16.8%的人认为"内容低俗化"，14.2%的人认为"会议新闻过多"，11.5%的人认为"重大新闻有所隐瞒"，8%的人认为"广告等商业因素的侵蚀"，5.7%的人认为"编辑记者不关注农民生活"，5.2%的人认为"传媒宣传导向性过于突出"，2.6%的人认为"传播禁止范围过宽"，2.5%的人认为"有偿新闻增多"，2.1%的人认为"传播自由空间过大"（见图8-9）。占据前五位的因素涉及媒介执行社会主义新闻专业主义原则。如果不能客观及时、准确平衡地报道新闻信息，就会影响到农民受众的媒介接触和喜爱媒介的程度。

（3）一些面向"三农"的报纸应改弦更张，其主要原因在于：它们不熟悉农村，为"三农"服务的力度不够。

针对目前一部分面向"三农"的报纸经营不善，苦撑危局，准备改弦更张的现实，我们设置了一组问题，调查农民受众的态度和传媒开拓农村市场的可能。对于"有一部分专门为农村服务的报纸，因为连年亏损，准备改为都市报纸"，农民受众表示"非常支持"的占3.9%，"基本支持"的占37%，"一般"（无所谓）的占25.1%，"不太支持"的占26.2%，"非常不支持"的占7.8%。

我们进而分别探求了"支持"和"不支持"的原因。如果选择"支持",则认为"媒介人员不熟悉农村"的占41.3%,"媒介对农村的服务力度不够"的占32.7%,"媒介财政困难"的占22.2%,"其他"原因的占2.1%,也有1.9的人认为"为农村服务的媒介过多"。如果选择"不支持",回答"不清楚"的占39.5%,"为自己服务的媒介不多"的占23.9%,"国家应该补贴报纸的亏损"的占18.1%,"自己愿意自费订阅支持报纸生存"的占15.2%,"其他"的占3.3%。这说明,"支持"的主要原因并不在于农民受众对于这些报纸的尴尬处境的同情和理解,而在于对他们的不满意,感觉他们不熟悉农村或者为"三农"服务的力度不够;只有22.2%的人,注意到了这些报纸的财政困难和难以维系。"不支持"的主要原因,有相当一部分被调查者是"不清楚"的,只有23.9%的人明确意识到了为农民服务的媒介不多,也有15.2%的人表示"自己愿意自费订阅支持报纸生存"。

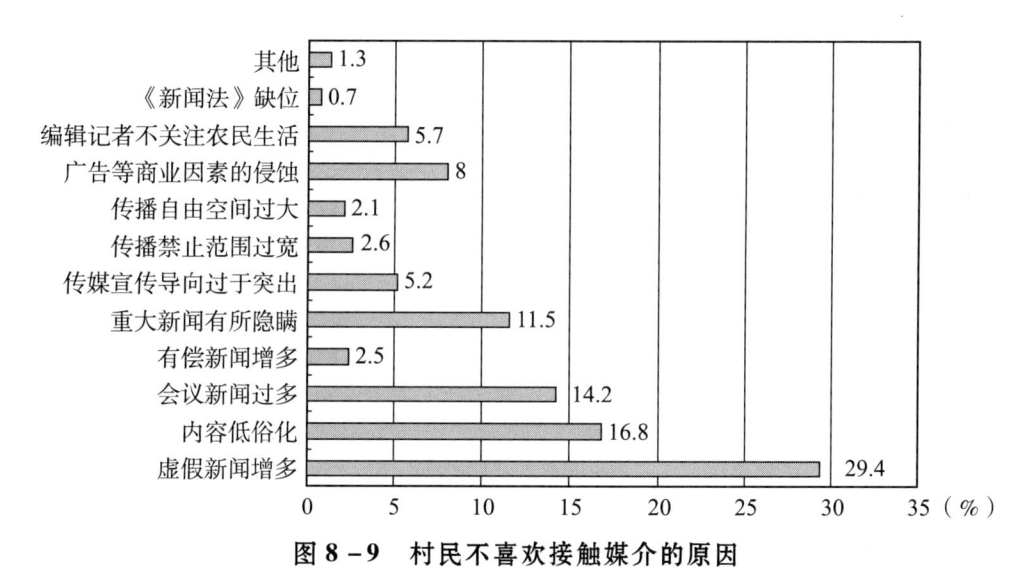

项目	百分比
其他	1.3
《新闻法》缺位	0.7
编辑记者不关注农民生活	5.7
广告等商业因素的侵蚀	8
传播自由空间过大	2.1
传播禁止范围过宽	2.6
传媒宣传导向过于突出	5.2
重大新闻有所隐瞒	11.5
有偿新闻增多	2.5
会议新闻过多	14.2
内容低俗化	16.8
虚假新闻增多	29.4

图8-9 村民不喜欢接触媒介的原因

3. 媒介人文关怀的认知

对于媒介人文关怀,一般的看法是,势利的阶层媒介过于关怀一些社会强势阶层而歧视包括农民受众在内的社会弱势群体。那么,农民阶层对于这一问题的认知情况如何,这也是本课题的重要观测点之一。

(1)多数人认为媒介对农民阶层的报道和关注不够。

关于媒介对于农民阶层总体报道情况,回答"不够"的占43.6%,"适度"的占35.4%,"过多"的占4%,"不知道"的占17.1%。如果把"不够"与"不知道"的数据相加,大约有60.7%的农民受众认为,媒介对于农民社会阶层的报道和关注是不够的。

（2）多数人认为只有少数媒介关注"三农"。

为了进一步调查农民受众对于关注"三农"和给予了农民一定人文关怀的广电节目或报纸栏目的历史记忆，设置了一个开放题目"您的记忆中，关注您和农民朋友的广播、电视节目或报纸节目如果有的话，请写出名称"。调查结果显示，中央电视台-1、中央电视台-7（金土地）、《常州日报》、《常州电视台》、《武进日报》、《楚天都市报》、湖北经济频道、东莞电台、广东卫视、《浏阳日报》以及金土地、每日农经、三农问题、三农出路、民工等为数不多的节目或栏目入选频率较高。值得注意的是，除中央电视台外，它们都是东中部区域的媒介及其栏目。

（3）多数人认为媒介对于领导干部、企业家、演艺与体育明星的报道过度。

农民阶层如何看待目前媒介呈现主体的领导干部、企业家、演艺与体育明星的过度报道？就领导、干部人群的报道情况，他们认为"太多"的占27.7%，"适当"的占37.4%，"太少"的占20.3%，"不知道"的占14.6%。就企业家、演艺与体育明星的报道情况，他们认为"太多"的占36.0%，"适当"的占36.3%，"太少"的占11%，"不知道"的占16.8%。

（4）近一半的人认为媒介要多关注"进城打工的农民"、"在家的农民"和"失业人员"。

如果媒介的视点下移，采用平等视角"对普通人的报道应该将重点放在哪些人"？受调查者中，24.9%的人认为要关注"进城打工的农民"，17.6%的人认为是"领导干部和公务人员"，14.6%的人认为是"企业管理人员"，11.6%的人认为是"失业人员"，9.4%的人认为是"专业技术人员"，9%的人认为是"工人"，7.1%的人认为是"在家的农民"，5.6%的人认为是"大学生"（见图8-10）。

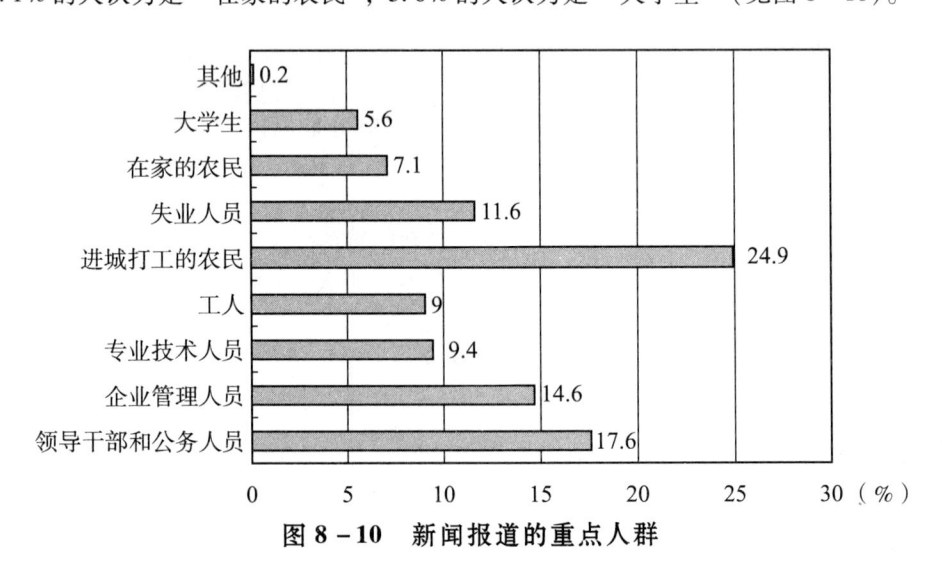

图8-10 新闻报道的重点人群

(5) 多数人认为，关注"三农"的媒介，应侧重于对"三农"政策的传播。

关于"三农"的报道，是媒介发挥公共沟通工具职能、关怀农民社会阶层的最直接表现。我们让受调查者挖掘记忆，写出进行了"三农"报道的媒体及报道名称，让农村受众记忆深刻的有中央电视台－1、中央电视台－7、湖南广播、湖南卫视、《武进日报》、《扬子晚报》等媒体所作的废除农业税、粮食直补、退耕还林、新农村建设等报道。这些报道大多是对党和政府的惠及农业、农村、农民工作政策的传播。

三、媒介评价

为了考察农民受众对于目前媒介传播价值高低的评判和优劣的选择，我们设置 12 个调查题目，分别从"报道质量"、"利益代言"、"广告刊播"、"媒体信任"、"娱乐传播"、"打击坑农害农"、"农民信息需要满足"等六个角度考察农民受众对媒介的评价。

（1）面对突发事件，首选电视。

报道质量方面，我们通过农民受众的媒介选择行为来考察。受众面对突发性重大新闻事件，一般会自觉选择其使用方便的、新闻报道质量最好的媒介。在现有的新闻期刊、广播、电视、互联网、报纸等新闻传播媒介中，发生重大突发性新闻事件时，受调查者首选电视的占 79.8%，首选互联网的占 9.3%，首选广播的占 3.9%，首选新闻周刊的占 2.3%，首选报纸的占 2%，无首选的占 2.7%（见图 8-11）。我们还进而考察了农民首选这些媒介的具体媒体。就电视而言，首选的频道，第一是"中央电视台新闻频道"（73.6%），第二是"凤凰卫视新闻频道"（7.5%），第三是"境外电视台"（7%），第四是"省级电视台或卫视"（6.1%），第五是"地级或县级城市电视台"（4.6%），第六是"省会城市电视台或卫视"（1.2%）。就互联网而言，首选的网站，首先是"综合门户网站"，其次是"专业新闻网站（如新华网、人民网等）"。就报纸而言，首选的报纸，第一是《人民日报》（49.1%），第二是"晚报类报纸"（11%），第三是"都市类报纸"（8.6%），第四是"地方党报"（7.3%），第五是"其他报纸"（3.8%）。

（2）对于电视媒介为农民利益代言的认可程度超过报纸和广播。

利益代言方面，我们设置这样的题目，考察媒介为农民说话而为农民认同的情况：请判断"农村中有报纸（电视、广播），农民却没有报纸（电视、广播）"的说法与实际情况相符合的程度。统计结果见表 8-3：

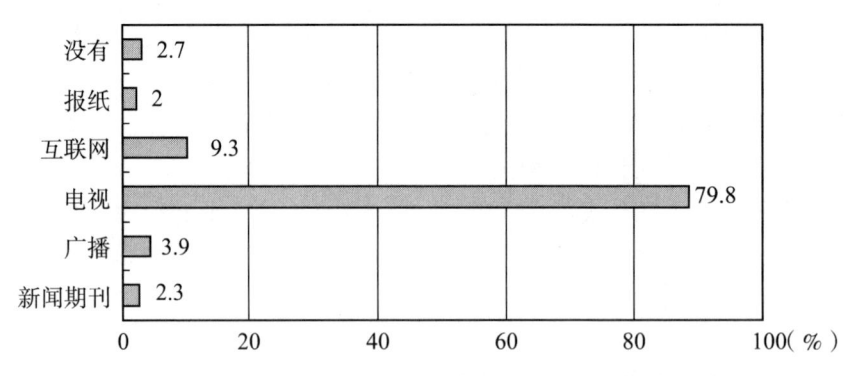

```
没有          2.7
报纸          2
互联网        9.3
电视                                            79.8
广播          3.9
新闻期刊      2.3
          0    20    40    60    80   100(%)
```

图 8-11　发生突发性新闻事件时农民的首选媒介

表 8-3　对"农村中有报纸（电视、广播），农民却没有报纸（电视、广播）"观点的认可程度　　　　　单位：%

媒介	符合实际	基本符合实际	不太符合实际	完全不符合	不清楚
报纸	17.2	43.3	29.1	4.2	6.2
电视	10.9	31.3	40.5	12.05	5.25
广播	16.5	46.1	25.4	3.7	8.3

过半数的农民受众认为，有关广播和报纸的说法"基本符合实际"或"符合实际"；他们认为有关电视的这一说法"不太符合实际"或"完全不符合实际"的人数达52.55%，超过认为"符合实际"或"基本符合实际"的人数（42.2%）达10个百分点以上。这说明，农民受众对于电视媒介利益代言人认可的程度超过报纸和广播。

(3) 媒介"广告越来越多"的现象，已经超过了其心理承受阈。

对于媒介的广告刊播，主要考察农民对于"广告越来越多"的现象的态度。表示"完全接受"的占5.8%，表示"基本接受"的占39.6%，"不太接受"的占37.9%，"不接受"的占11.3%，"不知道"的占5.4%。表示"不太接受"或者"不接受"的将近一半（49.2%），超过了表示"完全接受"或"基本接受"的比例（45.4%）。这说明，农民受众对媒介广告越来越多的现象的心理接受程度，已经超过了其心理承受阈。

(4) 决定人们信任媒介的主要因素是"新闻的真实性"和"言论的权威性"。

调查题目罗列了12个选项及1个弹性选项（其他），动态考察农民受众对于媒体信任因素的选择性评价。选择"新闻的真实性"的，占41.5%；选择"言论的权威性"的，占20.1%；选择"公众的满意程度"的，占8%；选择"媒体的公正性"的，占7.3%；选择"批评性报道的深刻性"的，占6.3%；选择"报道的全面性"的，占4.3%；选择"宣传的有效性"的，占3.9%；选择"报道的典型性"的,占 3.9%。另外还有"媒介主管部门的满意程度"、"科技信息的及时性"、"娱乐信息的丰富性"、"舆论监督的有效性"等选项,选择比例均不到 2%(见图 8-12)。由此看出,农民受众认为决定媒体信任的最重要的 5 个因素,按照重要程度排序,分别是新闻的真实性、言论的权威性、受众的满意程度、媒体的公正性、批评性报道的深刻性、报道的全面性。

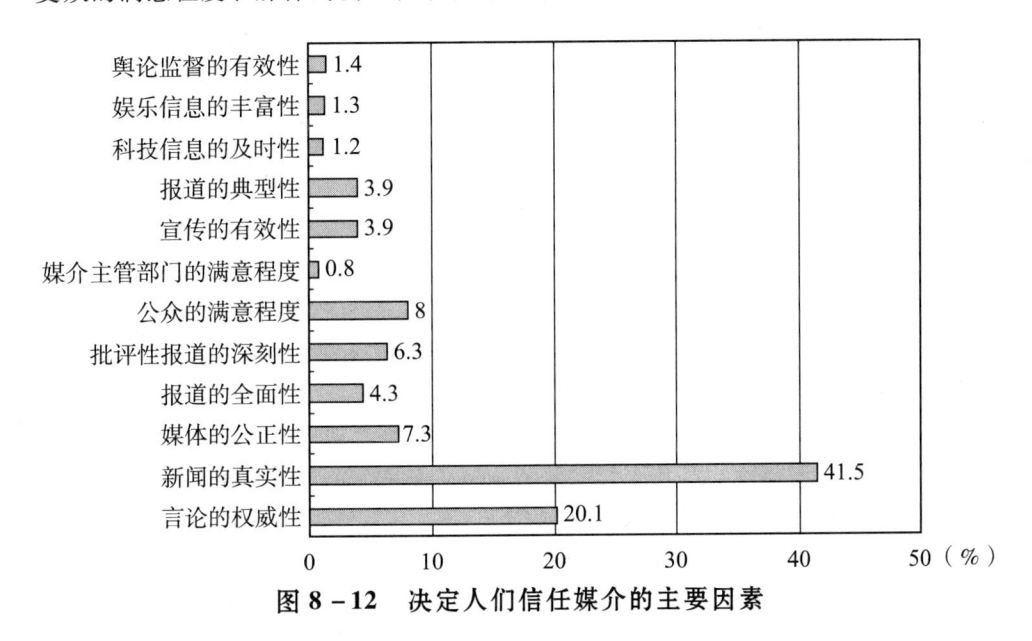

因素	比例(%)
舆论监督的有效性	1.4
娱乐信息的丰富性	1.3
科技信息的及时性	1.2
报道的典型性	3.9
宣传的有效性	3.9
媒介主管部门的满意程度	0.8
公众的满意程度	8
批评性报道的深刻性	6.3
报道的全面性	4.3
媒体的公正性	7.3
新闻的真实性	41.5
言论的权威性	20.1

图 8-12 决定人们信任媒介的主要因素

(5)不同意禁止"超女"等娱乐选秀节目。

以"超级女声"、"第一次心动"等为代表的一批选秀节目在电视媒介市场刮起了一股强劲的娱乐旋风。这批节目游走在传播禁区的边缘,一次次被呼吁禁播。那么,这些娱乐传播的节目是不是应该禁止播出,农民受众的态度如何呢?我们以"超级女声"为例,选择了前文化部长刘忠德的"应该禁止"的观点作为测试项,在五个程度级的选项上,请被调查者表达是不是同意"应该禁止"态度。选择"不同意"的占 9.6%、"不完全同意"的占 44%、"同意"的占 31.7%、"非常同意"的占 6.7%、"不知道"的占 8%。过半数(53.6%)的人"不同意"或"不完全同意"对于"超级女声"一类节目"应该禁止"的观点。看来,对于电视媒介"提供娱乐"的功能,农民受众也是"喜闻乐见"的。

(6)肯定媒介"打击坑农害农现象"一类新闻报道的价值。

新闻媒介监测环境,报道一些打击"不法企业出售假种子、假农药"坑农害农的新闻,农民受众对它们的价值也是充分肯定的。被调查者中,认为,这类报道"有价值"的占 43.1%,"很有价值"的占 15.7%,"价值不大"的占 33.3%,"完全无价值"的占 3.4%,"不知道"的占 4.5%。58.8%的人肯定

"打击坑农害农现象"一类报道的价值。

（7）全心全意为农民服务的媒介，评价最高、记忆最为深刻。

农民信息需要的满足是一个十分难以描述和揭示的指标，但透过农民受众满意的栏目或节目，可以见一斑而窥全豹。那么，从农村受众的角度来看今天的媒介，到底有没有"完全符合农民阶层需要的广播电视节目或报纸栏目"呢？对于这个开放式的调查题目，被调查者的回答，与前述的"记忆深刻的三农报道"的媒介与栏目或节目相同。可见，关注"三农"，让农民成为呈现主体的媒介或栏目、节目，就是能够满足农民信息需要、农民阶层最满意的媒介。对这类全心全意为农民服务的媒介，他们评价最高、记忆最为深刻。

四、媒介期待

本课题调查了农民受众两个方面的媒介期待：对媒介发展趋势的期待，对传媒在新农村建设中承担的社会功能的期待。

1. 对媒介发展趋势的期待

基于目前的传播现实和传媒发展趋势，我们从农民意愿、信息需要等方面进行了农民受种对媒介的期待调查。结果显示：

（1）农村需要大力发展电视和网络媒介。

调查显示，农民阶层希望农村大力发展的媒介，首先是电视（37.9%），其次是网络（31.2%），再者是广播（16.1%），然后是报纸（12.8%），最后是杂志（2%）（见图8-13）。与此相联系，回答"将来最方便您获取信息的媒介"时，60.4%的人选择了电视，13.2%的人选择了互联网，各有11.3%的人选择了报纸、广播，3.3%的人选择了杂志，还有极少数人选择了手机短信（见图8-14）。考虑到电视已经是农村的强势媒介，方兴未艾的网络媒介应该是今后农村媒介体系建设的重点。

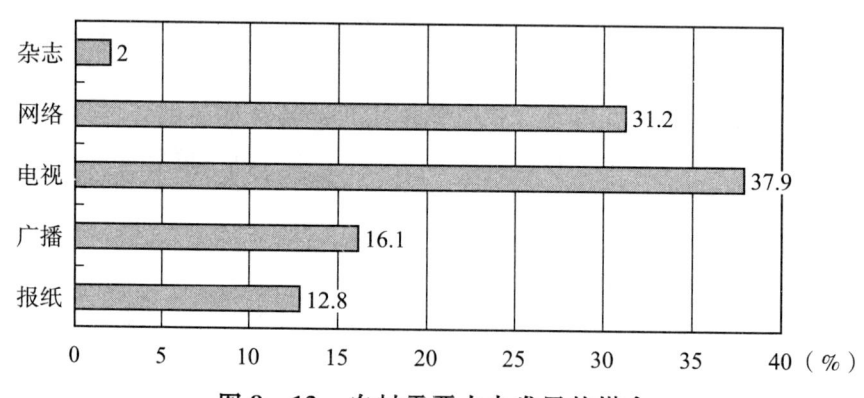

媒介	百分比
杂志	2
网络	31.2
电视	37.9
广播	16.1
报纸	12.8

图8-13 农村需要大力发展的媒介

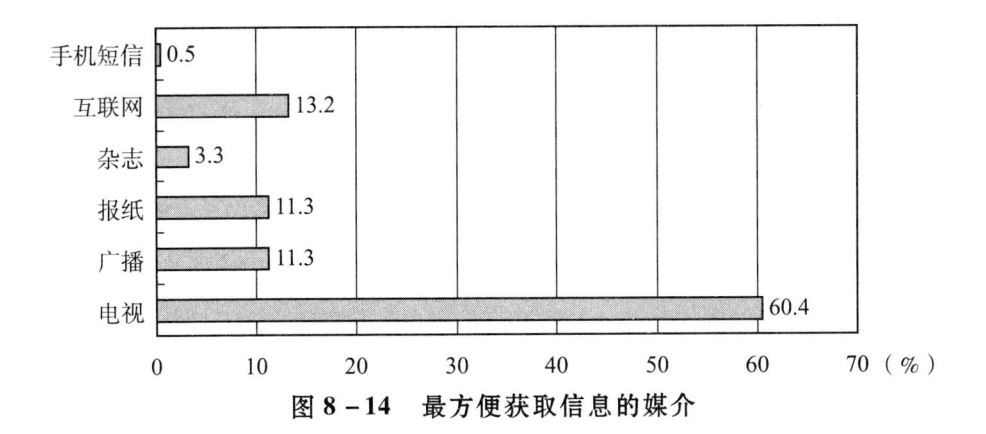

```
手机短信  0.5
互联网    13.2
杂志      3.3
报纸      11.3
广播      11.3
电视      60.4
          0    10   20   30   40   50   60   70（%）
```

图 8－14　最方便获取信息的媒介

（2）新闻媒介传播内容层面应该加强国内外重大事件的报道，着力加强对农民工等弱势群体的关怀。

根据中国新闻媒介运行实践，我们在调查中，提出了管理体制、运行机制与传播内容层面需要改进的 17 个方面，作为备选项。调查显示，传播内容层面的改进成为关注重点：21.8% 的人认为应加强"国内外重大事件的报道"，13.9% 的人选择了"对农民、进城务工的农民、城镇失业人员的关心"，13.3% 的人选择了"农业科学技术知识传播"，11.9% 的人选择了"农民喜爱的电影和电视剧"，11.5% 的人选择了"法律政策宣传"。他们不太关心"刊播广告"、"制定《新闻法》"、"不同观点的发表"、"传统文化的扩散"、"经济运行信息的传播"等与他们的生活方式有一定距离的问题（见图 8－15）。

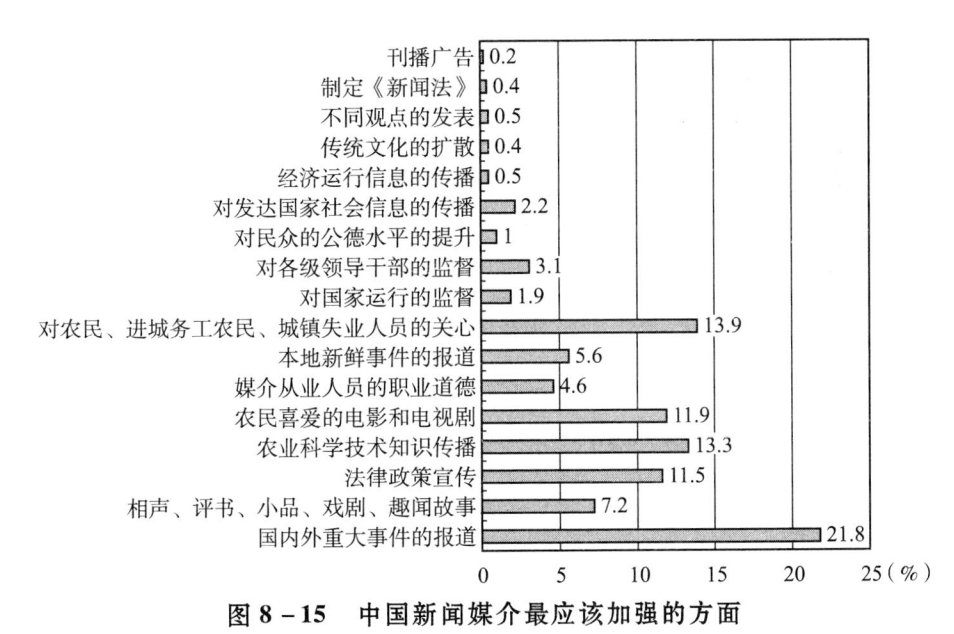

```
刊播广告                          0.2
制定《新闻法》                    0.4
不同观点的发表                    0.5
传统文化的扩散                    0.4
经济运行信息的传播                0.5
对发达国家社会信息的传播          2.2
对民众的公德水平的提升            1
对各级领导干部的监督              3.1
对国家运行的监督                  1.9
对农民、进城务工农民、城镇失业人员的关心  13.9
本地新鲜事件的报道                5.6
媒介从业人员的职业道德            4.6
农民喜爱的电影和电视剧            11.9
农业科学技术知识传播              13.3
法律政策宣传                      11.5
相声、评书、小品、戏剧、趣闻故事  7.2
国内外重大事件的报道              21.8
                0    5    10   15   20   25（%）
```

图 8－15　中国新闻媒介最应该加强的方面

(3) 最希望新闻媒介传播6种信息。

受调查者中，有28.5%的人选择"农产品市场方面的信息"，26.3%的人选择"方便孩子学习的信息"，24.7%的人选择"天气预报"，24%的人选择"农业技术的信息"，22.2%的人选择"反映农村人呼声的信息"，15.9%的人选择"对各级领导干部监督的报道"。除此之外，他们还比较重视文化娱乐方面的信息（10.4%）、农民进城务工的信息（11.40%）、城市生活信息（10.50%）等（见图8-16）。

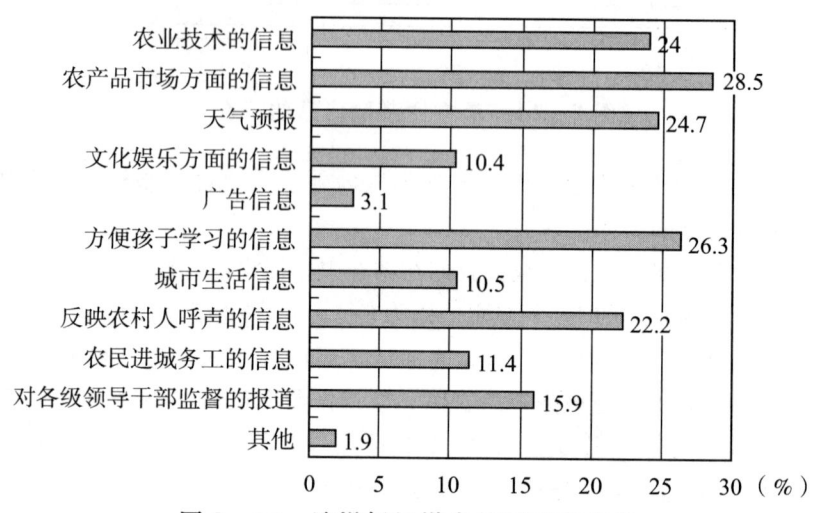

图8-16 希望新闻媒介传播哪些信息

2. 对传媒在新农村建设中承担的社会功能的期待

(1) 新闻媒介应在社会主义新农村建设中更好地发挥作用。

调查数据显示，有24.5%的人认为，媒介在新农村建设中作用很大；有45.8%的人认为作用一般；17.1%的人认为作用很小；只有12.6%的人不清楚其作用（见图8-17）。可见，绝大多数农民受众认为媒介在新农村建设中是有作用的，他们期待传媒发挥更大的作用。

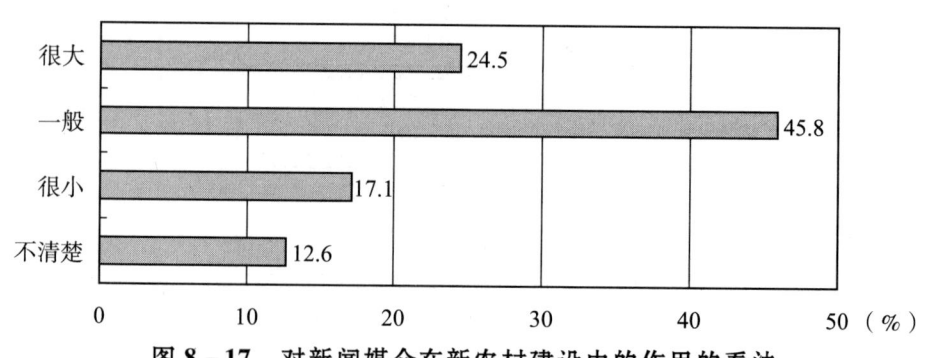

图8-17 对新闻媒介在新农村建设中的作用的看法

(2) 新闻媒介应告知受众"所需要知道的一切信息"。

对于"广播、电视、报纸、网络等应该告诉您所需要知道的一切信息",调查者中,6.3%的人"完全同意",15.9%的人"同意",49.4%的人"基本同意";而"不同意"和"完全不同意"的人只有28.4%(见图8-18)。可见,农民受众对信息需求是十分迫切的。

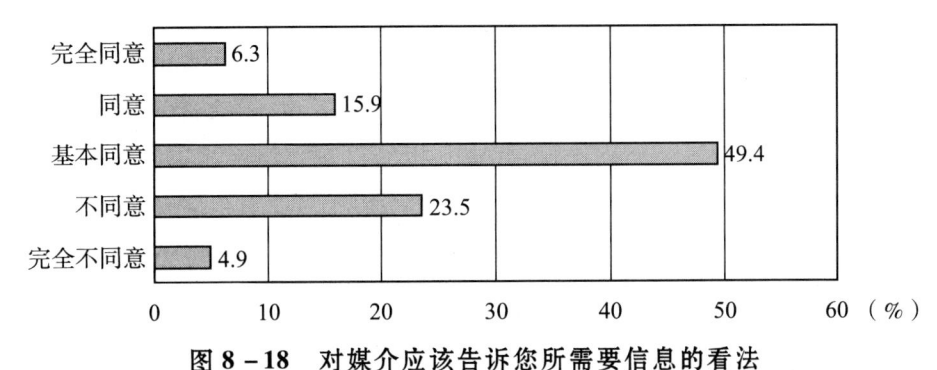

完全同意	6.3
同意	15.9
基本同意	49.4
不同意	23.5
完全不同意	4.9

图8-18 对媒介应该告诉您所需要信息的看法

(3) 新闻媒介应该客观、全面、真实地报道农村情况。

就媒介报道农村情况,我们设计了四个问题,调查结果显示,受调查者中大多数(56.3%)赞成"客观、真实、全面地传播";另有22.2%的人赞成"服从宣传的需要",9.1%的人赞成"依据改革的需要",12.4%的人赞成"有选择地真实地传播"(见图8-19)。

有选择地真实传播	12.4
依据改革的需要	9.1
服从宣传的需要	22.2
真实、全面、客观的传播	56.3

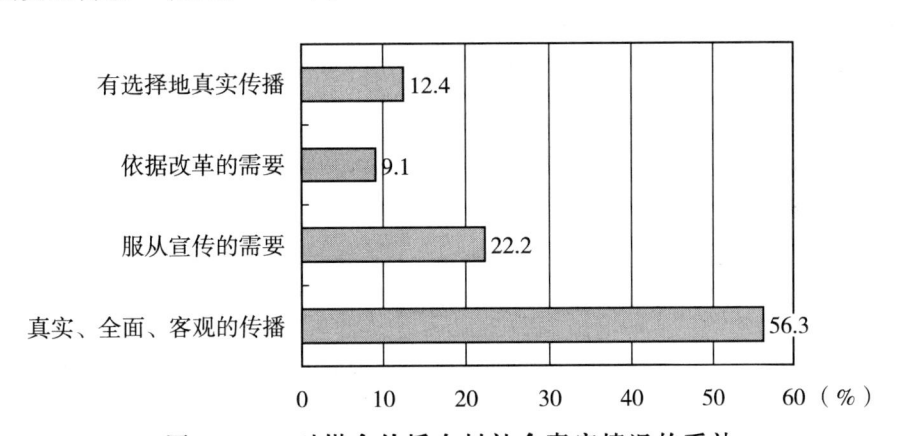

图8-19 对媒介传播农村社会真实情况的看法

(4) 新闻媒介应持续报道农村社会问题。

调查显示,有25.9%的人认为,媒介不间断地报道农村现存的社会问题,有助于人们"能够了解社会发生的事情";19.3%的人认为,能够"提供决策参考";14.3%的人认为,能够"促进问题的解决";9%的人认为,可以促进"推动新农村建设"（见图8-20）。这几个方面的比例之和，高于68.4%。当然，也有4.5%的人认为，这样报道可能"制造社会混乱"；还有16.8%的人认为可能"放大农村社会的不和谐面"，10.2%的人认为，会"干扰国家的大政方针政策"。

推动新农村建设 9
促进问题的解决 14.3
制造社会混乱 4.5
能够了解社会发生的事情 25.9
提供决策参考 19.3
放大农村社会的不和谐面 16.8
干扰国家的大政方针政策 10.2

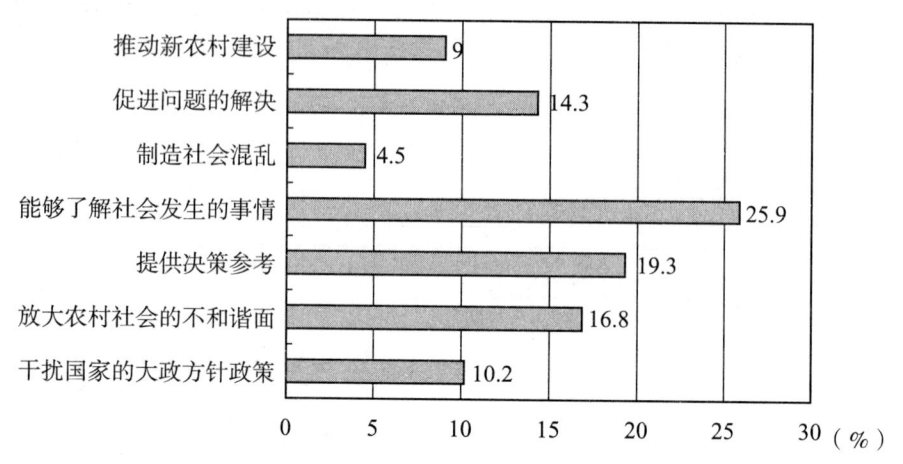

图8-20 对媒介持续报道农村社会问题的看法

（5）新闻媒介应该禁止虚假、空泛的报道。

调查中，在回答"可能使广播、电视、报纸、网络等新闻传媒在新农村建设过程中不产生作用，或者产生不好作用的新闻报道现象"时，受调查者首选的是"虚假报道"，占35.9%；其次是"空泛的报道"，占21.9%。此外，还有"离开农民需要的报道"，占19%；"按照上级的需要写的报道"，占13.4%；"新闻报道变成逸闻趣事（报道的娱乐化）"，占9.8%（见图8-21）。其中，占据第一、二位的是禁止虚假、空泛的报道。

按照上级的需要写的报道 13.4
新闻报道变成逸闻趣事 9.8
离开农民需要的报道 19
空泛的报道 21.9
虚假报道 35.9

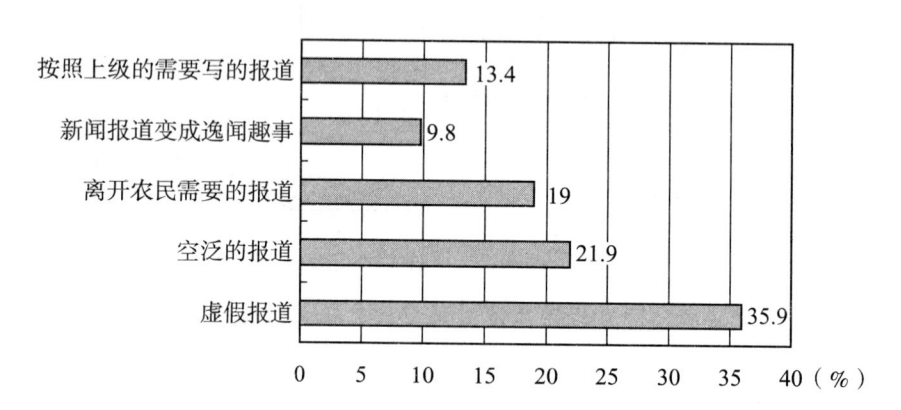

图8-21 对媒介在新农村建设中不产生作用或者产生不好作用的报道的看法

（6）新闻媒介应在新农村建设中更好地发挥"传递新闻信息"、"提供对社会问题的深度报道"、"对领导干部实施舆论监督"、"表达农民意见"的功能。

调查显示,农民受众对媒介在新农村建设中的功能期待,第一位的是"传递新闻信息",占受调查者的33.6%;第二位的是"提供对社会问题的深度报道",占18.2%;第三位是"对领导干部实施舆论监督",占10.2%;第四位的是"表达农民意见",占9.6%(见图8-22)。

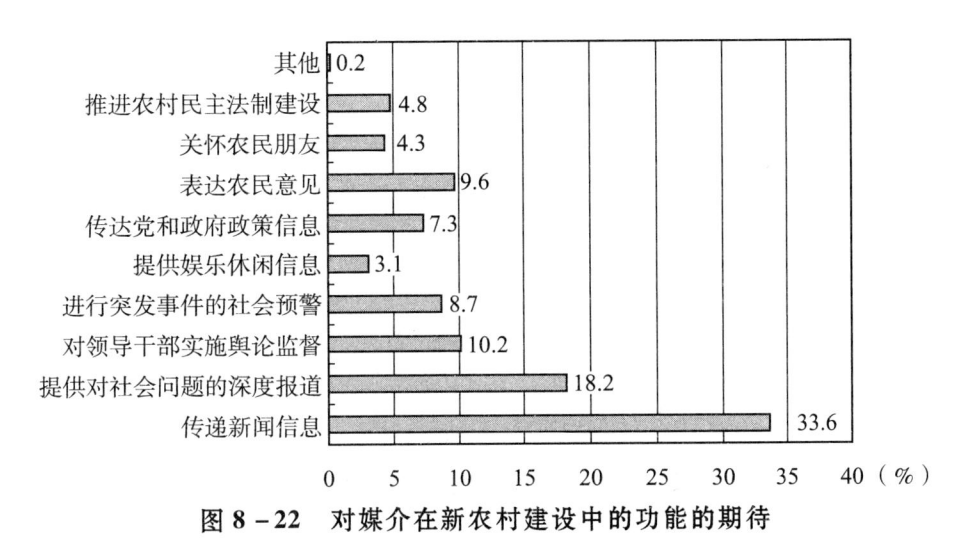

项目	百分比
其他	10.2
推进农村民主法制建设	4.8
关怀农民朋友	4.3
表达农民意见	9.6
传达党和政府政策信息	7.3
提供娱乐休闲信息	3.1
进行突发事件的社会预警	8.7
对领导干部实施舆论监督	10.2
提供对社会问题的深度报道	18.2
传递新闻信息	33.6

图8-22 对媒介在新农村建设中的功能的期待

(7)新闻媒介应为乡村政治生活建设提供监督,传播现代政治文明观点。

在乡村政治生活建设方面,受调查者中,有35.9%的人认为媒介应该"多监督村干部的工作",33.6%的人认为应该"多报道农民积极参与各种形式政治生活的事件",33.3%的人认为应该"多向农村地区传播现代文明的政治观点",23.8%的人认为应该"监督选举过程以保证选举公正"(见图8-23)。因此,新闻媒介应该为乡村政治生活建设提供监督,传播现代政治文明观点。

项目	百分比
其他	24.0
多报道农民积极参与各种形式政治生活的事件	33.6
多监督村干部的工作	35.9
多向农村地区传播现代文明的政治观点	33.3
监督选举过程以保证选举公平	23.8

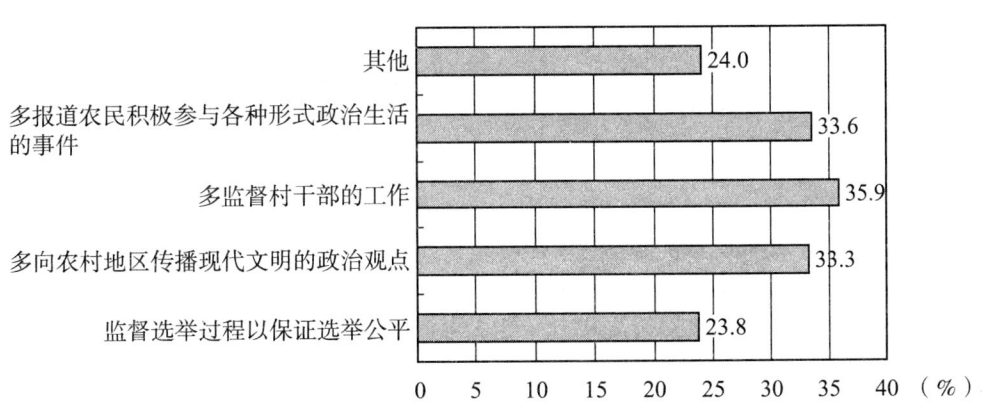

图8-23 对媒介在新农村政治生活中的作用期待

(8) 新闻媒介应为乡村经济建设提供有效致富途径，并关注社会保障、医疗保健等问题。

在媒介参与乡村经济建设方面，受调查者中，有41%的人认为应该"关注农民的社会保障、医疗保健等问题"，39.6%的人认为应该"及时准确地向农村介绍新的有效的致富途径"，30.1%的人认为应该"加强对输入农村的假冒伪劣产品的监督"，24.7%的人认为应该"帮助农民朋友密切关注农产品市场信息"（见图8-24）。

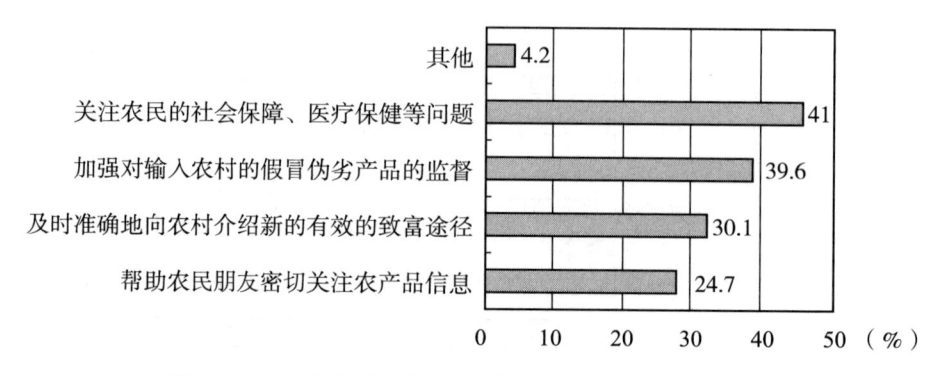

图8-24 对媒介在新农村经济建设中的作用期待

(9) 新闻媒介应关注农民的文化素质提高及子女教育等问题。

在媒介参与乡村文化建设的多项选择中，有35.9%的受调查者认为要"关注农民文化素质的不断提高等问题"，34.6%的人认为应该"关注农民子女的教育问题"，32.8%的人认为应该"以各种方式支持富有地方特色的民俗民情文化"，22.6%的人认为应该"组织更多文艺节目到农村演出"，21.8%的人认为应该"在电视剧、曲艺等栏目中加入更多贴近农民的内容"。

第三节 建议和对策

"以农民为本"构筑新农村传播体系，是我们提出的对策与建议的核心观点。其基本出发点是促进农民获得传播资源配置上的"国民待遇"，使他们能够获得社会精神文化方面的"社会公共产品"和利益表达渠道。构筑这一体系有三个基本支撑点：在媒介结构优化上，重点发展电视和网络媒介；在媒介定位与传播资源分布上，以农民社会阶层作为目标受众优化传播内容；在媒介利益表达上，构建以农民为传播者的大众传媒利益表达渠道。在现代化进程的大视野中重新构筑新农村传播体系,在重视对农村传播的基础上,形成城乡一体化统筹协调发展的传播机制。

一、重点发展电视和网络媒介

在中国传统的"四纵(中央、省、地市、县)三横(电视、报纸、广播)"媒介宏观结构中,一般的看法是,要在农村重点发展广播。"广播投资少,且更适宜农村分散居住的特点,地方接近性强,这对农村人口占70%左右的中国是十分重要的。"① 但调查表明,广播媒介在农村的影响力已经大大低于电视,电视不仅是城市的强势媒介,也是农村的强势媒介。同时,网络在农村的作用越来越大,影响未可限量。尽管农村互联网发展程度与城镇差异巨大,全国互联网普及率达到了25.5%,农村互联网普及率很低,但最近几年农村网民规模增长迅速。截至2008年年底,在全国的3.38亿网民中,农村网民规模达到了8 460万人,较2007年增长60.8%,增速远远超过城镇(35.6%)。而到了2009年6月底,农村网民规模又有较大增长,已达到9 565万人。② 优化媒介结构首先是从传媒资源配置的总体格局方面,形成符合农村受众接触习惯和媒介消费方式,并且具有良好发展前景的农村社会媒介结构。因此,目前中国农村重点发展的媒介应该是电视和网络。

发展农村的电视,不能仅仅依靠在"四级办广播、四级办电视、四级混合覆盖"的方针指导下已经形成的地县级电视台,与此同时,还需要注意两个方面的结构优化:一方面需要对现有电视媒介进行改造,另一方面要鼓励那些代表农民利益的机构和社会组织主办一些以农民的需要和利益为主要诉求的电视媒介。就前者而言,中央、省、地市、县市级"四纵"电视机构,要从频道与节目资源配置上,厘定清楚自己的身份,不能把自己混同为一般的城市电视机构或商业电视机构。尽管"四纵"电视机构之中,也开办了个别对农频道,但较之于占据中国人口总数70%的农民阶层的庞大信息需求来说,仅仅是"星星之火"。当然,这里也不是说,要把"四纵"电视完全变革成对农电视机构,而是要它们充分担当起新闻媒介机构的社会责任,在受众市场调查的基础上,拿出充分的资源,为农民受众服务,成为社会主义新农村与和谐社会构建的参与者与社会公正的守望者。20世纪90年代以后,中国的大众传媒走过了一个"去农村

---

① 林晖、李良荣:《关于中国新闻媒介总体格局的探讨》,载《新闻大学》2000年春季号。
② 中国互联网络信息中心:《第23、24次中国互联网发展统计报告》,http://www.cnnic.net.cn/ 2009/9/18。

化"、"抛弃农村受众"的弯路,今天"城乡两极化社会"格局、城乡"知沟"的出现,从传播的角度说,也是包括电视在内的大众传媒与社会场域互动的结果。而在构建和谐社会的过程中,"在消除知识沟方面,电视有其独到的作用。电视即使不能完全消除知识沟,至少也能抑制知识沟的扩大。"① 发展农村电视,修复社会断裂和抑制城乡知识沟的进一步扩大,首先需要"四纵"电视媒介形成对农电视的"燎原之势"。与此同时,代表中国农民阶层的利益集团正处于构建和组建过程之中,把农民组织起来,有助于将个体农民的真实呼声和利益诉求进行提炼和整合,通过组织化的集体行动来表达其意志,在法律的框架下争取和维护自身的合法权益。这样,化无数个微弱、含糊的声音为清晰有力、掷地有声的合法要求,从根本上改变农民群体在与其他利益集团的博弈中"单兵作战、势单力孤"的弱势地位。农民阶层利益集团对内可安抚过激的农民,保留其利益诉求中的合法合理部分,并作为他们的代言人;对外能够以组织的身份在法律框架内主张权利,利用本集团的人力、物力、财力资源以更平等之地位与其他矛盾主体进行磋商、调解或谈判。② 农民阶层利益集团形成以后,应该允许它们成为媒介,尤其是电视媒介的管理主体。

发展农村网络媒介,至少有三个方面的工作要做:第一,引导既有的全国性门户网站、有影响力的新闻网站等,开办"三农"频道。第二,实施"网络村村通"工程。利用工业反哺农业的资金投入,加大农民文化素质,尤其是媒介素养教育的力度,加大农村社会信息基础设施的建设投入,全面促进"网络村村通"工程的实施,推进网络媒介在农村普及率的提高。第三,引导农业产业化经营的组织通过网络沟通信息。目前中国农业产业化经营组织形式大体上有如下四种:"公司+农户"、"社区合作社+农户"、"农民专业合作社+农户"、"专业批发商+农户"。以上这些组织形式经过多年来的发展已日趋成熟和完善,在农业产业化经营过程中发挥了应有的作用,客观上也或多或少地成为"三农"利益的代言人。发展面向农村的网络媒介,也要引导它们成为农村网络的管理主体和传播主体。

二、以农民社会阶层作为目标受众优化传播内容

"当代传媒在针对农村进行传播时存在诸多误区。传播者在传播诉求上并没

---

① [美]沃纳·塞佛林、小詹姆斯·坦卡德著,郭镇之等译:《传播理论——起源、方法与应用》,华夏出版社2000年版,第281页。
② 闫威、夏振坤:《利益集团视角下的中国"三农"问题》,载《中国农村观察》2003年第5期,第54页。

有真正站在农民的角度,传播动机与农民需求之间存在较大差异。农民受众在当前传播进程中被有意无意地遗忘了,越来越居于边缘地位。"① 正因为农民阶层在一定意义上被淡化为非传播主体,导致"相对于城市而言,较之于改革之初对'三农'的积极报道,目前媒介对农村的报道力度不是增强了而是减弱了,媒介镜像中的'三农'与现实中的'三农'差距不是减小了而是增大了。"② 而立足于城市传播的媒介,延伸到农村之后,"传播的主要内容是娱乐性内容,而其承载的农村发展信息则很不充分,且形式较为单一,由此造成城市与农村之间的'知沟'在不断扩大,传统文化受到大众文化的挤压而趋向消失,大众传媒为农村受众不断制造出各种'虚假影像',阻碍了农村受众对现实世界的正确认知。"③ 因此,构筑"以农民为本"的新农村传播体系,在媒介定位与传播资源分布上,要根据农民阶层的信息需要和媒介期待,选择安排传播内容。

调查表明,农民更渴望得到能够直接促进他们的生存境况和生活方式改善的信息。在他们看来,新闻媒介应该加强的首先是"国内外重大事件的报道",其次是"对农民、进城务工的农民、城镇失业人员的关心",以及"农业科学技术知识传播"、"农民喜爱的电影和电视剧"、"法律政策宣传"。至于与媒介的生存状态密切关联的"刊播广告"、"制定《新闻法》"、"不同观点的发表"、"传统文化的扩散"、"经济运行信息的传播"等问题,暂时还没有进入他们的媒介期待视野。他们最重视的信息是"农产品市场方面的信息"、"方便孩子学习的信息"、"天气预报"、"农业技术的信息"、"反映农村人呼声的信息"、"对各级领导干部的监督的报道";他们还比较重视文化娱乐方面的信息、农民进城务工的信息、城市生活信息。以农民为目标受众,那些面向"三农"的媒介,就要根据农民的媒介期待进行频道、频率、版面布局和栏目、节目的安排。同时还要经常进行受众调查,捕捉农民受众关心的热点、焦点和难点进行报道,构筑媒介公信力。从农民阶层的信息需要满足的角度说,以农民为本,以农民的需要决定报道内容的取舍,决定媒介的风格定位,决定媒介的变革方向和风格进程。

三、构建以农民为传播者的大众传媒利益表达渠道

农民阶层利益表达能力的低下、利益表达渠道的单一,已经是一个不争的社会事实。构建以农民为传播主体的大众传播利益表达渠道,帮助农民实现自身的

---

① 张宁、方晓红:《加强农村传播 服务农村发展》,载《新闻记者》2002年第12期。
② 方晓红:《媒介对三农作用指标体系的研究路径及功能》,载《南京师大学报》2007年第2期。
③ 张宁、方晓红:《加强农村传播 服务农村发展》,载《新闻记者》2002年第12期。

合理利益要求,是今天中国大众传媒参与和谐社会构建的重要社会责任之一。

利益表达就是一定的社会主体向外界表明自己的利益要求,并试图通过一定的途径和手段来实现利益要求的行为。利益表达行为的构成,至少涉及四个要件:利益表达主体、利益表达客体、利益表达内容、利益表达形式。所谓利益表达主体就是具有利益要求的社会主体,例如社会各阶层,在利益博弈过程中,都可能成为利益表达的主体。所谓利益表达的客体,是指主体的利益要求所指向的对象,例如一定的社会政治、经济、文化权益。所谓利益表达的内容,是指利益表达的具体要求,即针对一定的客体所提出的利益诉求。所谓利益表达的形式,是指主体参与利益博弈,提出利益要求的途径与方式。构建这样的利益表达渠道,需要媒介观照到利益表达主体、客体、内容、形式等方面。

首先需要致力于利益表达主体素质的提升。"现代化进程以失败的农民革命为起点,在 20 世纪,它却经由成功的农民革命而进入高潮。那种认为农民只是历史客体,是一种社会生存形态、历史变化的被动承受者,而与历史变革的动力无缘的观点,已经站不住脚了。"[①] 虽然在中国现代化的历史进程中,农村社会组织发生了深层次的变化,农民阶层也产生了新的阶层分化,农民的职业角色也从过去的单一、同质走向多样化、异质化,由过去极为脆弱的小农转变为富于进取的时代主体。但是,仅有这些变化还不够,还与社会主义新农村建设所要求的农民应该是政治主体、经济主体、文化主体、生活主体和传播主体的主体特质有较大的距离。"在不发达国家,农民构成了人口最基本的部分,因此农民是变迁机构的首要目标。只要影响了广大的农民,发展规划才能实现。一个国家要实现现代化,它的多数人必须改变生活方式。"[②] 从政治主体的角度说,他们还需要从传统臣民的政治人格转向现代公民的政治人格;从经济主体的角度说,他们还要从农村土地承包经营者转向现代集约化农业的参与者;从文化主体的角度说,他们需要从没有或者较低科学文化素质的群体转向较高科学文化素质的拥有者;从生活主体的角度说,他们需要从比较落后的生活方式的实行者转向健康文明生活方式的实践者;从传播主体的角度说,他们需要从被动的边缘接受者成为积极主动的媒介参与者和传播接近权的实现者。四个方面主体的构建需要传播媒介,不仅仅是"上情下达"的宣传者,更要成为开阔视野、传播科学、提升素质的新农村主体的塑造者。新闻媒介应该全面推进农民阶层的主体意识认知和转型,成为推动中国农村社会变革的一种动力因素。

---

① [美]巴林顿·摩尔著,拓夫、张东东译:《民主和专制的社会起源》,华夏出版社 1987 年版,第 368 页。

② [美]埃弗里·M. 罗戈斯等著,王晓毅译:《乡村社会变迁》,浙江人民出版社 1988 年版,第 320 页。

其次，要重视农民利益表达客体的传播。农民利益表达的客体，主要是农民的利益要求所指向的对象，包括社会政治、经济、文化、生活、传播等方面的权益。为农民说话的媒介，就要关注中国农村政治、经济、文化、生活、传播资源的配置及其变化情况。例如，新农村的建设，实质是一个制度变迁和创新的过程。其中，既包括一系列正式制度的改造与创新，也包括非正式制度的扬弃与重建。而在正式制度重构方面，村民自治正在成为乡村治理的基本模式。所谓村民自治，是指村民通过实施民主选举、民主决策、民主管理、民主监督的权利来实现增进本社区公共福利的目的。从农民利益表达客体传播的角度说，大众传播媒介就需要告诉受众，如何实施民主选举、民主决策、民主管理、民主监督。对于落实村民自治中存在的问题，比如，"有些地方乡镇政府和村委会的制度定位及其角色关系尚待厘清，两委关系的失衡制约基层自治组织整体作用的发挥，乡村宗族势力对村委会的权力行使有着不可轻视的消极作用等"[1]，大众传媒应注重从农民民主权利实现的层面进行传播，增强农民的政治主体意识，提升他们的民主参与、政治参与的技能和素养，帮助农村社会构建公共话语空间，进而把相关问题纳入可解决的范围。

再次，要重视农民利益表达内容的传播。农民的利益表达的内容主要是农民政治、经济、文化、生活、传播等方面的要求。这里尤其要注意对于农民利益集团的利益诉求的表达。形成一定的类似"农协"或"新农会"的农民利益代言组织，可能是中国农民在今天重新组织起来的重要趋势。只有农民拥有了自己的组织，才能不断增强对于社会政治、经济、文化的参与程度和影响力、博弈力，才能够根本上改变农民的弱势地位，才能强化农民的利益表达能力。大众传媒应该关注这些新型社会化组织的代言诉求。同时，对农村社会发生的一些侵权事件、农业安全生产事件、决策失误等等，要尽可能打破信息屏蔽，进行客观、真实、及时地报道。这都是重视农民利益表达内容的重要方面。

最后，要重视对农民利益表达途径及其实现程度的监督。在今天，除了大众传媒以外，中国农民可能使用的利益表达渠道包括政党利益表达制度、信访制度、人民代表大会制度、政治协商制度、社会团体利益表达制度、社会协商对话制度、行政领导接待制度等等。由于种种原因，导致这些利益表达渠道可能不同程度地存在通道拥挤、负荷力不强、权益保障不够、可操作性弱等问题。例如，人民代表大会制度的立法程序上，就存在着对于农民的歧视。《中华人民共和国全国人民代表大会和地方各级人民代表大会选举法》规定：自治州、县、自治县的人民代表大会代表的名额，由本级人民代表大会常务委员会按照农村每一代

---

[1] 何元飞、孙传通：《和谐社会农民利益表达机制的重建》，载《财经界》2008年第12期。

表所代表的人口数四倍于镇每一代表所代表的人口数的原则分配。也就是说，四个农民拥有的代表数等于一个市民拥有的代表数。① 从大众传媒渠道自身说，即使是在实践包括农民利益在内的"三个代表"思想的党报媒介上，也存在着"党政是'三农'新闻的主要消息来源和意见表达者，普通农民成为消息来源的概率非常小"等问题。尤其是阶层媒介对于农民与党政的关系的传播，常常"党政被描述成农民利益的绝对代表者、救世主、领导人、智慧者形象，普通农民则被描述为跟从者和受益者，二者关系呈现明显的'使动者—受动者'或'主动—被动'之二元形态。"② 这些现象都需要大众传媒纳入监督范围，使问题进入可解决的视野。

只有从利益表达的主体、客体、内容与形式四个方面，构建大众传媒利益表达渠道，农民阶层才可能成为真正意义上的社会主体和传播主体。这样，大众传媒也才可能在农民与社会不同利益主体之间构建平等的信息交流与反馈平台，成为农民利益表达的无障碍通道。

"发展中国家现代化进程大都带来的一个严重政治后果是，它造成了乡村和城市、农民与市民之间的经济、文化尤其是政治意识、政治观点和政治参与的差距。这种现象成为发展中国家现代化进程中难以梳理的'二律背反现象'。它是许多发展中国家政治不安定的爆发源，成为国家政治体制变革和社会结构性变迁的主要障碍。"③ 构建新农村传播体系的目的，绝不是加剧或者扩大两极化社会业已形成的利益表达和传媒资源占有的非均衡性，而是形成与中国的现代化事业发展与和谐社会构建适配的城乡一体化统筹发展的传播机制。

---

① 闫威、夏振坤：《利益集团视角下的中国"三农"问题》，载《中国农村观察》2003 年第 5 期。
② 夏倩芳、张明新：《社会冲突性议题之党政形象构建分析——以〈人民日报〉之'三农'常规报道为例》，载《新闻学研究》2007 年 4 月第 91 期。
③ 刘晓凯、刘彤：《现代化进程中的农民问题与中国社会政治稳定》，载《政治学研究》2004 年第 4 期。

第九章

中国司局级干部对大众传媒的
认知、评价和期待

第一节 引　言

一、研究的背景与问题

中国的社会转型和社会发展，已经进入到了构建和谐社会的新阶段。在构建和谐社会的进程中，一种能够推动新闻传媒业和社会良性运转的新闻传媒与公众、政府之间的互动共生关系，正在型塑着、构建着。如果说，经过了30年的新闻改革，新闻传媒与受众的应然关系已经建立的话，那么，新闻传媒与政府之间的应然关系，将是现在及将来的新闻改革的重点。形成新闻传媒与政府之间的应然关系，首先需要尊重新闻传播规律、尊重社会主义新闻专业主义。正如胡锦涛总书记所说的那样，"要坚持用时代要求审视新闻宣传工作，按照新闻传播规律办事，创新观念、创新内容、创新形式、创新方法、创新手段，努力使新闻宣传工作体现时代性、把握规律性、富于创造性，不断提高舆论引导的权威性、公信力、影响力。"①

---

① 胡锦涛:《在人民日报社考察工作时的讲话》，载《人民日报》2008年6月26日。

其次，要构筑政府与新闻传媒有效互动的机制。作为和谐社会的有机构成子系统之一，政府与新闻传媒的关系，并不是简单的管理与管理相对人的关系，而是一种在社会主义制度框架之内的工作关系、共生关系和监督关系。社会主义民主政治的发展，需要我们"扩大人民民主，健全民主制度，丰富民主形式，拓宽民主渠道，依法实行民主选举、民主决策、民主管理、民主监督，保障人民的知情权、参与权、表达权、监督权"。① 新闻传媒正是推进社会主义民主建设的民生、民权、民心、民意通道。与此同时，从政府与公众的角度看，政府是大众传播媒介的主要信息来源之一，政府需要通过大众传播媒介与公众沟通，传播相关的政务信息，塑造形象；公众需要通过媒介来满足知情权，监督政府运作。如果说"大力推行政务公开，健全政府信息发布制度，完善各类公开办事制度，提高政府工作透明度，创造条件让人民更有效地监督政府"②，这是政府的主要职责的话，媒介作为社会生活的探照灯和监视器而对政府实施监督，则是人民监督政府运行的主要途径。

构建政府与新闻传媒的工作关系、共生关系和监督关系，使新闻传媒成为政府实施民主、科学、理性执政的重要资源，仅从政府的角度来看，需要构建三个基本的支撑点：一是信息依法公开。政府需要宣传，但新闻传媒并不仅仅是一般社会组织的宣传工具，而是客观、真实、及时传播事实信息的社会信息传播系统。因而，政府对新闻传媒的运用主要是建立与新闻传媒之间的良性公共关系，前提是政府及政府行为的透明化。政府需要使自己的执政思维从信息控制转向谋求通过各种手段实现体现自己意图的信息强势，执政能力的重点需要从控制信息流动方向和范围转向保持自己意愿的信息强势③。只有通过信息公开，实现政府与媒体的双向沟通，并借新闻传媒实现政府与公众的沟通，传媒与政府之间的工作关系得以形成，政府议题才能够通过新闻传媒与公众实现有效互动沟通。二是健全政府公关传播的机制。在今天的社会危机高发期尤其需要政府能够客观及时地把相关信息告诉公众，构建一个负责任的政府形象。无论是实行新闻发言人制度，还是政府机构主动接触媒介、政府责任人接受媒介采访，寻求对实施信息把握的主动，开展政府公关都是十分必要的。这既是按照新闻传播规律进行舆论导向的重要途径，更是公众通过传媒和政府分享信息、同政府双向交流、对政府监督的重要方式。公共关系成功的前提是传播真实的信息，说真话，办实事，走向"双赢。""当你不说实话、不传播真实信息的时候，即使你有很高的公关技巧，

---

①② 温家宝：《第十一届全国人民代表大会第一次会议政府工作报告》，载中央政府门户网站，http://www.gov.cn/2008lh/content_923918.htm.

③ 陆晓华：《作为执政能力构成的舆论影响力与传媒运用能力》，载《声屏世界》2005 年第 4 期。

也有良好的主观愿望，但最终还是要受到时代、舆论和历史的惩罚。"①"周正龙虎照事件"已经充分地证明了这一点。必须以说实话、传播真实信息为底线依据，健全完善以新闻发布制度为核心的政府公关传播机制。只有这样，才能促进政府对新闻传媒运用的现代转型。三是提升政府用自身行为主动定义新闻的能力。政府的行为方式对新闻信息传播具有很强的铺垫和框架作用。政府成为新闻的第一定义者是至关重要的。这就要利用政府的政策资源和行政行为过程中丰富的信息资源，设计活动来保持与媒体的积极关系，满足现代媒体的报道要求②。这里强调的是善于变政府行动为新闻、变政策法规为新闻，设置和引导报道议程。③ 以此为基础，善于运用执政行为中的关节点，呈现具体的行为情境，呈现具有媒体亲和力的事件，以吸引媒体把关人的注意力④，形成"媒介事件"效应，从而获得政府对政治、社会问题定义和解决方法报道的主动。这三个支点的构建，都是以政府工作人员的媒介认知、媒介期待与媒介素养为基础。政府工作人员以平视、平等的态度了解新闻传媒，分析传媒，接触多种传媒，遵循新闻传播的规律，柔性运用传媒而不是僵化控制传媒，才能发挥政府传播公关的主动性。为此，本课题探究的重点在于政府机构从业人员的媒介认知、媒介评价和媒介期待。

当然，在政府与媒介共生关系的构建过程中，政府机构从业人员复杂而广泛。不仅他们的媒介关系角色复杂，而且整个群体的层次多、差异大、分布广。就其媒介关系角色而言，他们至少具有区别于一般受众的三重角色：既是新闻传媒的一般受众，又是新闻传媒的报道和监督对象，还是新闻传媒的强势使用者和接近者。这三类角色的媒介素养要求是不一样的。就其群体的层次、差异与分布而言，社会生活的各个层次、各个部分、各个领域都分布着不同职级的政府机构从业人员或者准政府机构的从业人员。显然，在研究经费十分有限的前提下，我们不可能对这样一个复杂而又广泛的群体的媒介素养进行全面的抽样调查，只能选择其中具有代表性的层次或群体进行调查分析。而在中国的领导干部序列之中，司局级干部（包括地市级、厅局级干部，以及享受地厅级待遇的企事业单位负责人等）是一个具有代表性的群体。其代表性体现在：在干部序列职级方面承上启下，较之于县处级及以下的职级，他们属于中高级干部，而较之于省部级及以上职级，他们又属于中下级干部；在媒介使用权和管理权上，根据目前按

---

① 郎劲松：《现代政治传播初探》，《新闻传播学前沿》，中国传媒大学出版社2004年版，第24页。
② [英]布赖恩·迈克奈尔著，殷琪译：《政治传播学引论》，新华出版社2005年版，第135～136页。
③ 李希光：《新闻执政与主流媒体的新闻改革》，《2005年中国传播学论坛论文集》，中国传媒大学出版社2007年版。
④ [英]布赖恩·迈克奈尔著，殷琪译：《政治传播学引论》，新华出版社2005年版，第134页。

照行政差序格局配置媒介资源的现实，除了企事业单位负责人之外，实职的地厅级、司局级干部，具有对于部分低层次新闻媒介的一定程度的使用权和管理权；在职务权限上，他们既不像省部级干部那样属于"地方大员"，也不像县处级干部那样属于"芝麻官"、基层干部；在社会权力资本的结构之中，他们处于次中心地带，既是权力信息的执行者，也是部分权力信息的发布者。

因此，考察和分析中国司局级干部层次干部的媒介认知、媒介评价和媒介期待，具有重要的意义。分析考察司局级干部群体的媒介认知、媒介评价和媒介期待的意义至少有两个方面：媒介发展层面，可以帮助我们把握这个群体与媒介关系的实然状态，有利于从传播层面洞悉以司局级干部为代表的领导干部群体的信息需要、优化媒介结构、调整传播内容，推进解决新闻媒介的结构失衡、内容失语、管理失范等问题，形成有利于中国社会和谐发展的传媒结构和传播机制；社会发展层面，有利于促进形成合规律的政府与媒介的互动共生关系，促进媒介生态的优化与全新的新闻传媒、公众、政府的应然关系的构建。

二、调查设计

1. 本项调查的目的

第一，客观准确地认识和考察中国司局级干部群体的媒介认知、媒介评价和媒介期待，把握构建和谐社会的媒介与领导干部群体关系的基础。

第二，全面廓清现有阶层媒介与司局级干部群体之间的互动现实，把握可能造成传播偏差的"隐患点"，寻找面向领导干部群体的媒介发展和媒介结构优化的最有发展潜力的"增长点"。

第三，为解决社会危机事件爆发时领导干部的媒介"恐慌"问题，以增强其媒介素养提供对策。

2. 调查方法和调查内容

以统一问卷、判断抽样、访员面谈的方式，调查中国司局级干部的基本情况（包括性别、年龄、职务、文化程度、行业、政治面貌、宗教信仰等）、媒介接触情况、媒介现状与问题认知、媒介评价、媒介期待等几个方面的观点与看法，以期对司局级干部群体的媒介认知、评价与期待有一个比较全面客观准确的认识。

3. 抽样设计

这次调查的目标对象是非媒介、非新闻宣传管理行业的司局级干部群体。采用判断抽样的方式，选择能够代表全国东、中、西部经济社会与媒介发展水平的上海市、北京市、广州市、武汉市、成都市、西安市作为调查地点。在六大城市的在岗司局级干部（含司局级、地市级、厅局级行政干部正副职，以及少数企事业单位的司局级干部正副职）中，抽取调查样本，实施调查。采集的样本分布如表9-1所示。

表9-1　　　　　司局级干部抽样调查采集的样本分布

城市	北京	广州	武汉	西安	上海	成都	合计
样本数	20	100	102	162	76	31	491

4. 调查的实施质量

本次调查的实地实施工作是在2007年3~4月份进行。课题组委托四川大学新闻与传播学院、西北大学MBA教育培训中心、暨南大学新闻学院、上海大学影视艺术学院、武汉大学新闻与传播学院、中央财经大学新闻传播学院以及中央电视台等机构的工作人员，经过调查员培训之后，执行调查。按照设计要求，共发放问卷1 080份，回收有效问卷491份。有效问卷回收率为45%。经过对10%的已执行有效问卷进行电话复核，全部调查访问工作符合调查程序的规范和质量要求。

5. 数据处理

本次调查采集到的原始调查数据共计8.8万余个。全部数据均采用国际通行的社会科学统计软件包（spss/pc+）统计处理。下文即这次调查的主要发现和分析性结论。

第二节　主要发现与结果分析

一、媒介接触

在大众传播媒介高度发达、传统媒介日益转型的今天，作为社会管理核心人群的司局级干部日常信息需要的满足主要通过哪些媒介或传播活动实现，这是我们关注的核心问题。本调查从一系列判别型指标中选择了与司局级干部的生活方式密切相关的媒介接触类别、接触频率、接触时间进行考察。调查显示：

1. 司局级干部的政治、经济、文化、技术等信息来源倚重电视媒介，其次为报纸、网络等大众传媒

（1）他们了解党和国家方针、政策、法规的主要途径占据前5位的是：电视，54.8%；报纸，18.1%；互联网，11.6%；会议传达，7.2%；广播，5.1%

(见图9-1)。

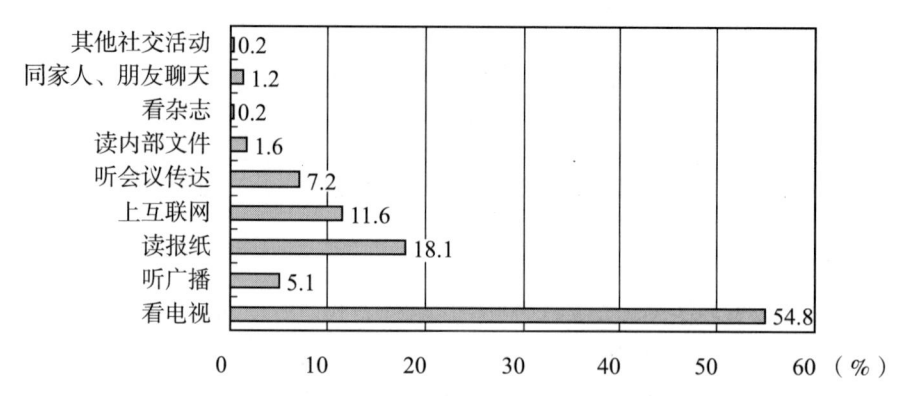

图9-1 司局级干部了解党和国家方针、政策、法规的主渠道

其他社交活动 0.2
同家人、朋友聊天 1.2
看杂志 0.2
读内部文件 1.6
听会议传达 7.2
上互联网 11.6
读报纸 18.1
听广播 5.1
看电视 54.8

(2) 他们了解国内外大事的主要渠道占据前五位的是：电视，56.3%；互联网，16.5%；报纸，16.3%；广播，4.7%；会议传达，2.1%（见图9-2）。

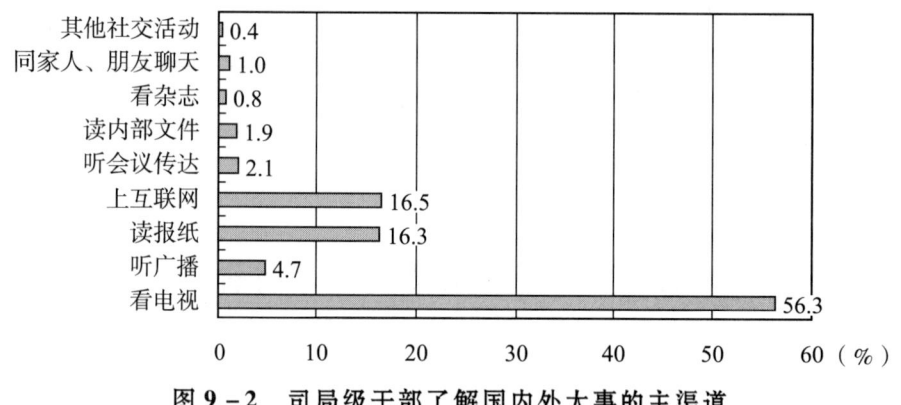

图9-2 司局级干部了解国内外大事的主渠道

其他社交活动 0.4
同家人、朋友聊天 1.0
看杂志 0.8
读内部文件 1.9
听会议传达 2.1
上互联网 16.5
读报纸 16.3
听广播 4.7
看电视 56.3

2. 司局级干部接触大众传播媒介的频度和时间上呈现出电视＞报纸＞网络＞广播的模式

司局级干部接触大众传播媒介的情况显示如下（见表9-2）：

表9-2　　司局级干部的大众传播媒介接触情况　　单位：%

媒介	从不看/听	每周少于1天	每周1~2天	每周3~4天	每周5~6天	天天看/听/上
报纸	1.9	10.4	19.5	15.7	11.4	41.1
电视	2.3	12.0	16.4	14.7	11.8	42.8
广播	19.6	23.7	16.7	12.0	9.2	18.8
网站	2.9	6.7	14.4	16.7	19.2	40.1

（1）就报纸媒介的接触时间和频率来看，天天看报的为 41.1%，每周有 5~6 天看报的为 11.4%，每周有 3~4 天看报的为 15.7%，每周有 1~2 天看报的为 19.5%，每周少于 1 天的为 10.4%，从来不看报纸的为 1.9%。

调查对象中"天天看报"的人高达 41.1%，那么，他们经常阅读的报纸有哪些？他们对报纸中的哪些内容感兴趣呢？调查表明，他们经常阅读、接触频率较高的报纸依次为：地方党报（39.5%）、都市类报纸（15.7%）、《经济日报》（13.5%）、晚报类报纸（13.0%）、企业报（6.6%）、行业报（4.6%）、《参考消息》（3.1%）、财经类报纸（1.2%）、《人民日报》（0.2%）、《光明日报》（0.2%）、其他报纸（2.3%）。他们感兴趣的报纸内容依次为政治类（55%）、经济类（17.8%）、文化类（10.4%）、娱乐类（6.1%）、体育类与社会生活类（5.1%）、法律类（2.7%）、教育类（2.5%）、其他（0.4%）。

（2）就电视媒介的接触时间和频率来看，天天看电视的人有 42.8%，每周有 5~6 天看的有 11.8%，每周有 3~4 天看的有 14.7%，每周 1~2 天看的有 16.4%，每周少于 1 天的有 12.0%，从不看的也有 2.3%。

他们经常收看的电视频道依次为：中央电视台（43.0%）、凤凰卫视（38.0%）、地方电视台或卫视（17.9%）、其他国外或境外电视（1.1%）。他们平时收看的电视节目（感兴趣的电视内容）依次为：新闻类（70.0%）、深度报道类（6.0%）、谈话类（5.3%）、电影电视剧（4.1%）、体育类（2.3%），以及专题片、综艺类、文艺类、法律类、教育类、服务类、游戏类（均在 2.0% 以下）等。

（3）就广播媒介的接触情况来看，从不听的占 19.6%，每周少于 1 天听的有 23.7%，每周 1~2 天听的有 16.7%，每周 3~4 天听的有 12.0%，每周 5~6 天听的有 9.2%，天天听的有 18.8%。

（4）就网络媒介的接触情况来看，天天上网的为 40.1%，每周 5~6 天上网的有 19.2%，每周有 3~4 天上网的为 16.7%，每周 1~2 天上网的有 14.4%，每周少于 1 天上网的有 6.7%，从不上网的有 2.9%。

他们经常点击的互联网站类型依次为：综合门户网站（64.4%）、专业新闻网站（23.9%）、政府门户网站（3.5%）、行业网站（3.1%）、单位网站（3.1%）、其他网站（2.0%）。其上网的目的依次为：工作需要（50.8%）、了解国内外大事（22.9%）、消磨时间和娱乐（19.0%）、掌握党和国家政策（5.0%）、节约通信费用（1.0%）、发表己见并与别人讨论（0.6%）、其他（0.6%）。

（5）他们天天接触的媒介按频度和接触时间排列，依次为电视、报纸、网络、广播。其中，电视、报纸、网络的接触比例相当，分别为 42.8%、41.2%、

40.1%；广播的接触比例最低，为 18.8%。另一方面，他们不接触媒介的比例，广播为最高，达到了 19.6%。

二、媒介认知

本研究既考察了司局级干部对大众传媒功能与作用的现状认知，又调查了他们对于媒介结构、媒介问题的认识和了解，还关注到其对于媒介人文关怀现状的认知程度。

1. 媒介功能的认知

（1）多数认为新闻媒介的主要作用是"传播新闻信息"与"引导公共舆论"。

对媒介的作用与功能的认知，是媒介素养的核心层面。调查发现，司局级干部能较为准确地把握新闻媒介作为信息传播工具的作用。他们认为，新闻媒介的作用依次为："传播信息，监测环境"（43.2%）、"引导舆论，协调社会"（26.4%）、"传达党的方针政策"（14.3%）、"传承文明，传播科学"（5.5%）、"提供娱乐，释放压力"（4.1%）、"宣传典型，推进工作"（3.5%）、"普及法律，教育人民"（1.8%）、"刊登广告，发展经济"（0.6%）、"动员大众，投身改革"（0.6%）（见图9-3）。这说明，在司局级干部的意识中，新闻媒介的作用首先是"传播信息，监测环境"和"引导舆论，协调社会"；尽管他们也认为，媒介可以"传达党的方针政策"，但较之于信息传播和舆论引导，那是第二位的。

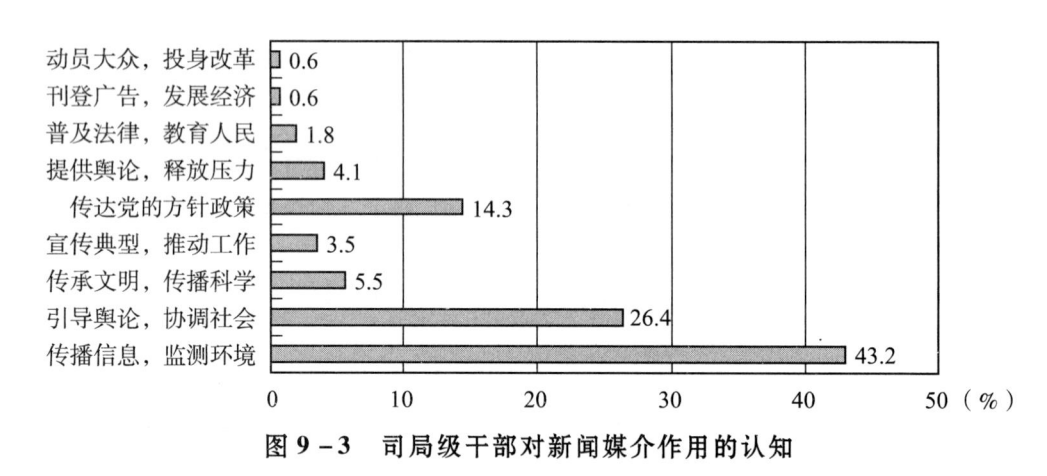

类别	百分比
动员大众，投身改革	0.6
刊登广告，发展经济	0.6
普及法律，教育人民	1.8
提供舆论，释放压力	4.1
传达党的方针政策	14.3
宣传典型，推动工作	3.5
传承文明，传播科学	5.5
引导舆论，协调社会	26.4
传播信息，监测环境	43.2

图9-3 司局级干部对新闻媒介作用的认知

（2）大多数认为新闻媒介的功能定位主要是"传播新闻信息的工具"和"社会公共舆论机关"。

那么，根据上述对"作用"的理解，新闻媒介在社会生活中究竟扮演什么样的功能角色？司局级的看法是："传播新闻信息的工具"（41.1%）、"社会公共舆论机关"（27.1%）、"整合社会的工具"（8.2%）、"党的宣传工具"（7.6%）、"社会生活的监视器"（5.1%）、"阶级斗争的工具"（4.7%）、"发动群众的工具"（3.3%）、"社会发展的探照灯"（2.9%）（见图9-4）。排在前三位的观点是符合新闻传播基本规律的。这说明，大多数司局级干部对新闻媒介的功能角色的认知是准确的、科学的。

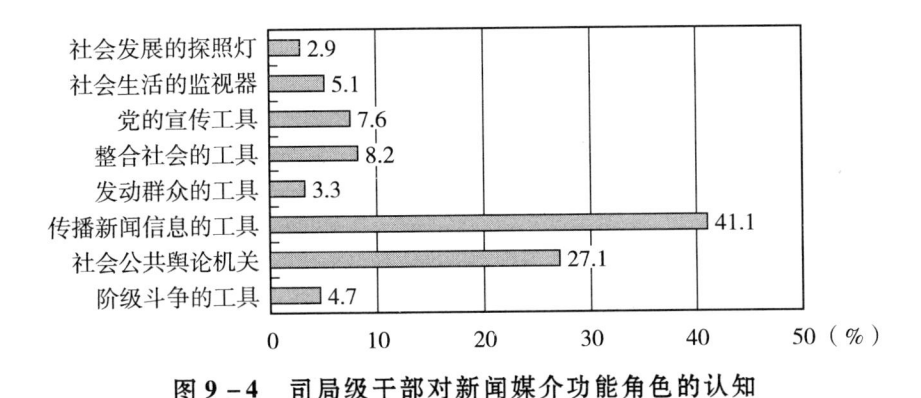

图9-4 司局级干部对新闻媒介功能角色的认知

（3）大多数表示欢迎新闻媒介的批评和监督，肯定其效果，推崇电视与报纸的强势监督，对通过传媒实现监督国家方针政策的贯彻执行情况具有信心，但同时认为舆论监督的总体力度应该加强。

司局级干部对"大众传媒批评和监督领导干部"的看法是："很好"，占22.9%；"好"，占48.4%；"不太好"，占16.7%；"不好"，占5.1%；"无所谓"，占6.9%。占70%以上的司局级干部认为，大众传播媒介应该批评和监督领导干部。这与他们对大众传播媒介的作用与功能的理解是完全一致的（见图9-5）。

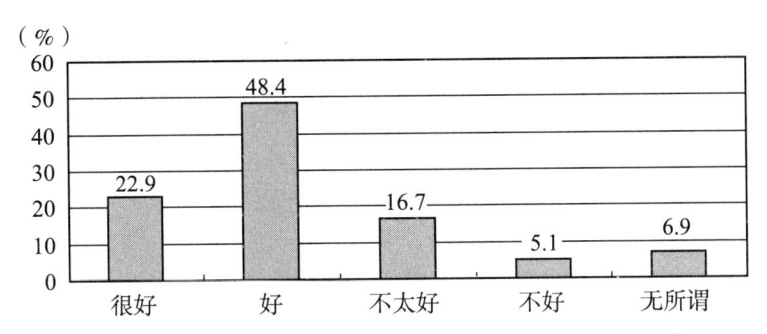

图9-5 司局级干部对新闻媒介批评和监督领导干部的看法

在回答对新闻媒介监督的效果评价时，有5.0%的人认为"很有效果"，42.2%的人认为"有效果"，44.9%的人认为"有一点效果"，只有5.4%的人认为"无效果",2.5%的人回答"不知道"(见图9-6)。这说明,对新闻媒介监督效果,从总体上看,司局级干部是充分肯定的,90%以上的认为,"大众传播媒介对于领导干部的批评和监督"是"很有效果"、"有一点效果"和"有效果"。

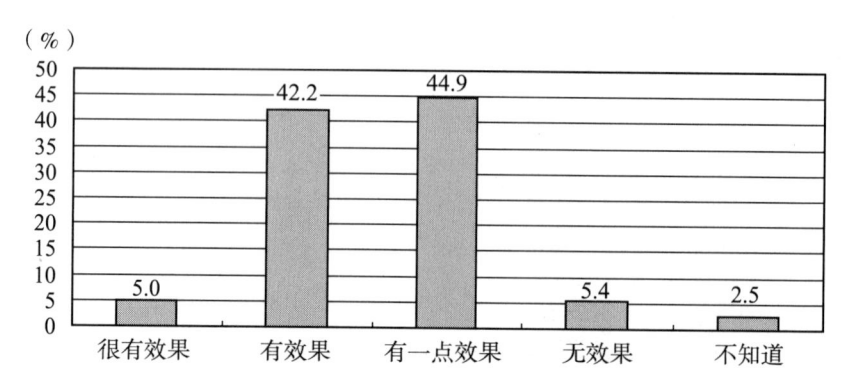

图9-6 司局级干部对新闻媒介批评和监督领导干部作用与效果的看法

从不同的新闻媒介种类来看,舆论监督做得最好的,55.6%的人认为是电视,21.4%的认为是报纸,16.4%的认为是网络,6.2%的认为是广播,0.40%的认为是杂志(见图9-7)。这里,电视新闻媒介的舆论监督强势地位得到印证。

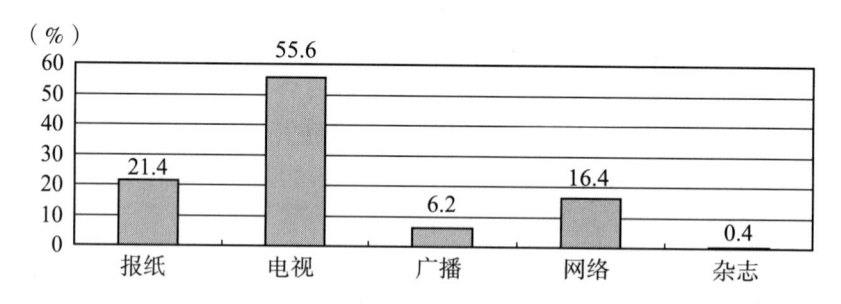

图9-7 司局级干部对进行舆论监督做得好的媒介的判断

在回答"能否通过传媒实现对国家方针政策贯彻执行情况的监督"的问题时,有11.8%的认为"完全可能",有42.6%的认为"可能性比较大",有36.9%的认为"可能性不大",有5.8%的认为"不可能",有2.9%的认为"说不清"(见图9-8)。这说明,有一半以上的司局级干部认为"能够通过传媒实现对国家方针政策贯彻执行情况的监督"。

在回答实施新闻媒介监督的现实性的问题,也就是"新闻媒介能否有效实施对领导干部的批评和监督"的时候,只有11.9%的人认为"完全可能",

38.2%的人认为"可能性比较大",42.1%的人认为"可能性不大",3.1%的人认为"不可能",4.7%的人认为"说不清"(见图9-9)。将近一半的被调查者(49.9%)认为大众传媒有效实施对领导干部批评和监督的"可能性不大"、"不可能",或者"说不清"。这说明,在他们看来,中国新闻媒介对政府、对各级领导干部的监督还需要大力加强。

```
说不清      2.9
不可能      5.8
可能性不大  36.9
可能性比较大 42.6
完全可能    11.8
```

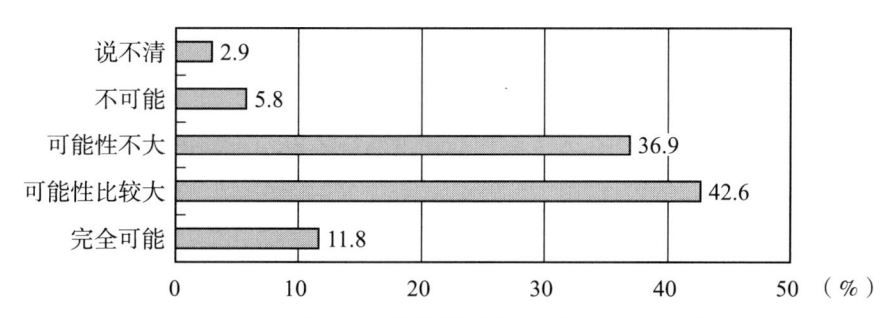

图9-8 司局级干部对通过传媒进行舆论监督的可能性的判断

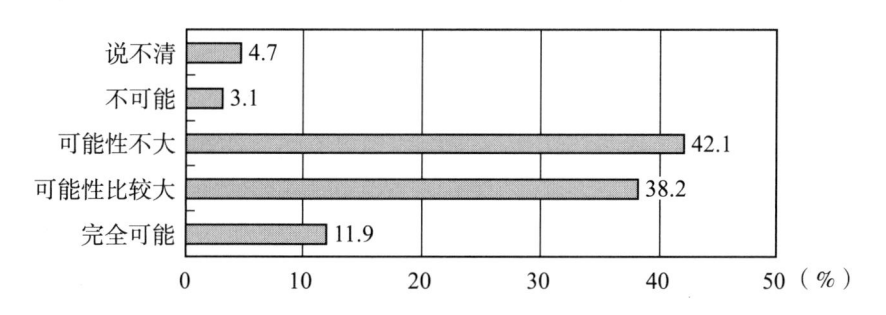

```
说不清      4.7
不可能      3.1
可能性不大  42.1
可能性比较大 38.2
完全可能    11.9
```

图9-9 司局级干部对新闻媒介批评和监督领导干部的看法

(4)多数人认为中国新闻传媒社会预警机制实施情况不尽如人意,传媒对重大突发事件应该进行全面真实的报道。

面对关系到国计民生、安全生产等重大突发事件时,司局级干部对于"中国新闻传媒的社会预警机制实施的情况"的评价如何?3.9%的认为"很好",38.9%的认为"较好",45.6%的认为"一般",10.8%的认为"较差",0.8%的认为"说不清"(见图9-10)。评价在"较好"以上的仅仅有42.8%,"一般"以下的达到57.2%。在他们看来,中国新闻传媒的社会预警机制实施的情况不尽如人意,还需要着力改善。

与之关联,在回答"传媒在实现预警机制功能的过程中,对重大突发性事件(如非典、禽流感、大地震等)应该采取的态度和做法是"的问题时,有67.7%的认为"进行全面真实的报道",29.4%的认为"有选择地进行事件报道",仅仅有2.9%的认为应该"不报道"(见图9-11)。大多数司局级干部(67.7%)的态度十分清楚,"进行全面真实的报道"是新闻传媒实现预警机制的前提。

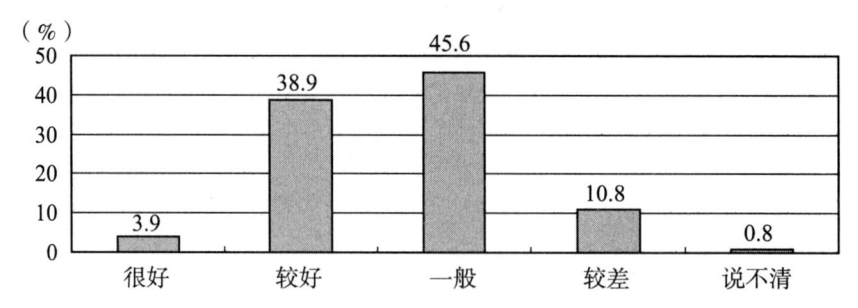

图 9-10 司局级干部对于中国新闻传媒的社会预警机制实施的情况评价

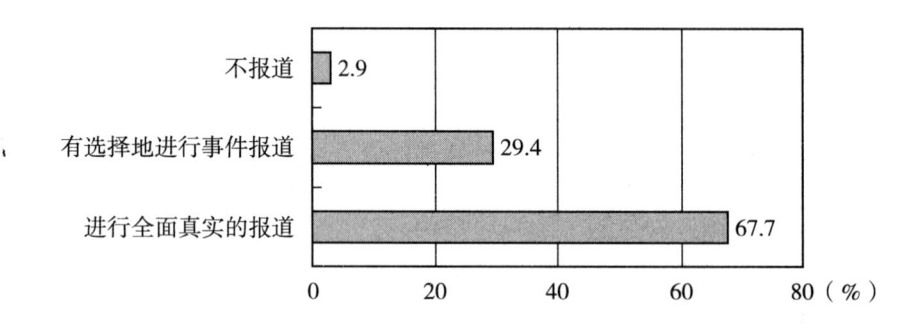

图 9-11 司局级干部对传媒应对突发事件时应采取态度的认知

2. 媒介结构认知

(1) 多数人认为目前大众传媒的数量和规模基本满足社会需要。

在回答"目前大众传媒数量和规模能够满足社会需要吗?"这一问题时,有13.8%的人认为"不能满足需要",有58.9%的人认为"基本满足需要",有18.5%的人认为"满足需要",有7.0%的人认为"超过需要",1.8%的人回答"不知道"(见图9-12)。"基本满足需要"、"满足需要"、"超过需要"三项之和为84.4%,这说明,在他们看来,中国的大众传播媒介的数量和规模基本满足社会需要。

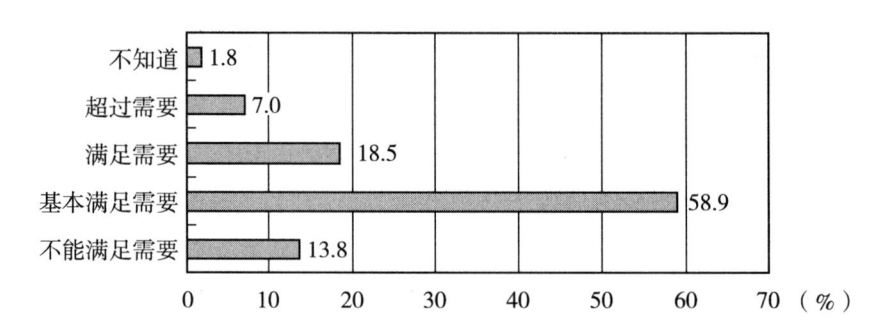

图 9-12 司局级干部对于大众传媒的数量与规模能否满足社会需要的评价

（2）多数人认为影响最大的报纸是都市类报纸，市民最喜爱看的电视是中央电视台，最喜欢听的广播是中央人民广播电台。

在这一组调查数据上，我们又设置了3个题目，分别考察司局级干部对于所在城市的媒介的深度认知与态度。

①对于"您所在的城市影响最大的报纸"的问题，回答十分耐人寻味：30.6%的填写"都市类报纸"，29.1的填写《人民日报》，28.4%的填写"地方党报"，9.7%的填写"境外报纸"，2.2%的填写"晚报类报纸"（见图9-13）。

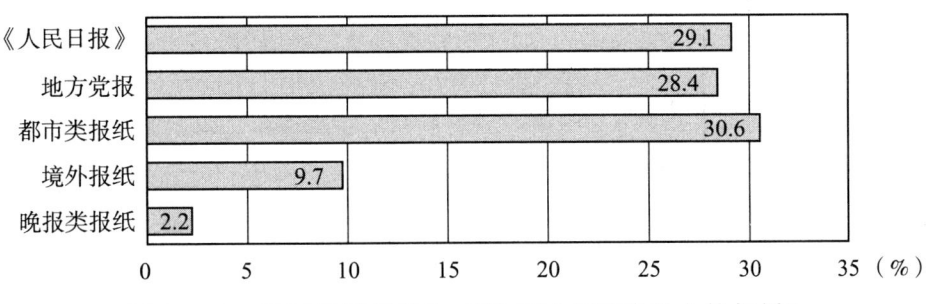

图9-13　司局级干部认为"所在城市影响最大的报纸"

②对于"您所在的城市的市民最喜欢看的电视"的问题，50.4%的人回答是"中央电视台"，24.6%的人回答是"省级电视台或卫视"，15.5%的人回答是"凤凰卫视"，8.6%的人回答是"省会城市电视或卫视"，0.9%的人回答是"其他境外电视台"（见图9-14）。由数据可以看出，中央电视台赢得的喜爱程度最高。

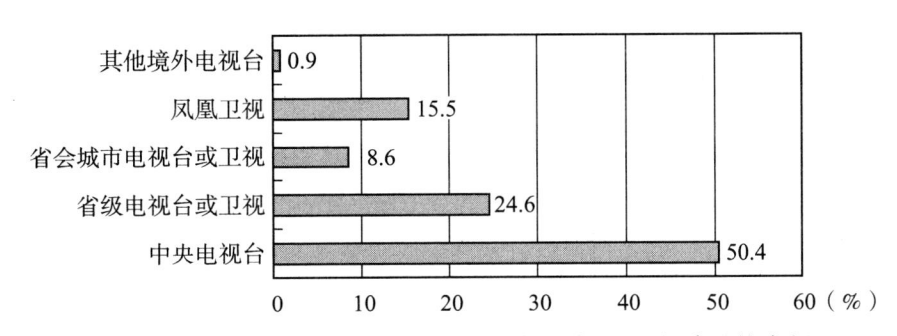

图9-14　司局级干部认为"所在城市的市民最喜爱看的电视"

③对于"您所在的城市的市民最喜欢收听的广播"的问题，答案统计结果也很有意思，过半的人（52.5%）回答"中央人民广播电台"，26.7%的人回答是"省级电台"，17.3%的人回答是"省会城市电台"，3.5%的人回答是"境外电台"（见图9-15）。

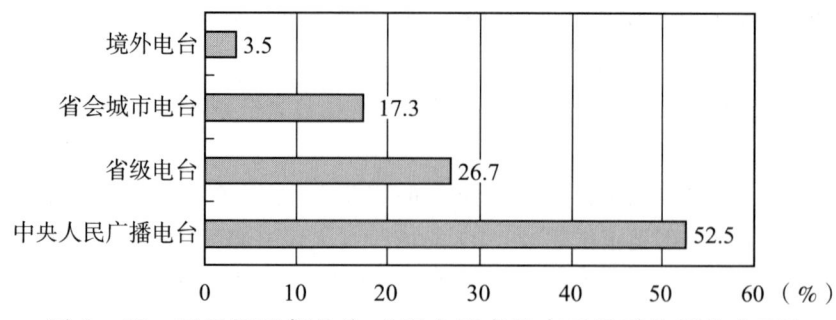

```
境外电台      3.5
省会城市电台  17.3
省级电台      26.7
中央人民广播电台 52.5
```

图 9-15　司局级干部认为"所在城市的市民最爱收听的广播"

3. 媒介问题认知

司局级干部属于社会生活中媒介素养较高的特殊群体，我们设置了一组题目来考察他们对于中国媒介现存问题的认知。

（1）多数人认为多头多层管理对新闻传媒资源的有效配置不利。

当前，中国实行的是新闻媒介的多头、多层管理体制。那么，司局级干部们对这一体制的态度如何呢？这一体制是否有利于新闻传媒的资源有效配置呢？有44.1%的人认为"不太有利"，17.8%的人认为"不利"，25.1%的人认为"有利"，3.7%的人认为"十分有利"，9.3%的人认为"不清楚"（见图9-16）。61.8%的人认为，"不利"或"不太有利"。这说明，他们对于当前中国媒介的管理体制总体上是不满意的。

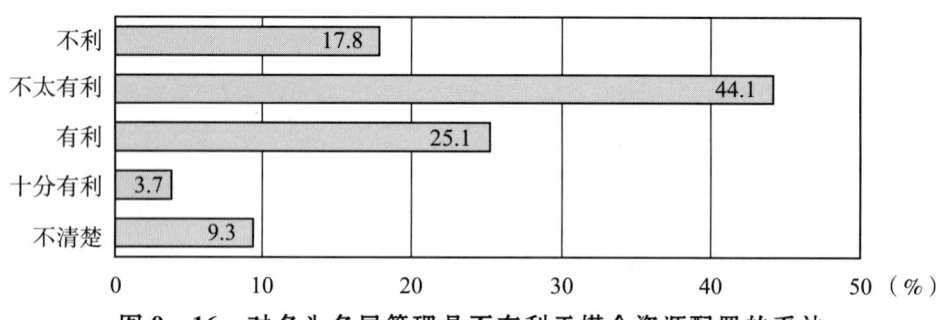

```
不利      17.8
不太有利  44.1
有利      25.1
十分有利  3.7
不清楚    9.3
```

图 9-16　对多头多层管理是否有利于媒介资源配置的看法

（2）大多数人认为传媒应是"生产社会公共产品的特殊企业"。

传媒组织的性质一直是一个有争议的问题。对传媒组织的定性，不仅影响到中国的媒介管理体制，更制约中国大众传播产业的市场化进程和产业发展。那么，司局级干部是如何认识中国的媒介组织的性质的呢？43.1%的人为传媒组织是"生产社会公共产品的特殊企业"，20.7%的人认为是"事业单位"，15.9%的人认为是"企业"，15.1%的人认为是"社会公益机构"，5.2%的人回答"不清楚"（见图9-17）。大约有59%的人认为媒介组织的性质是"企业"或"生产社会公共产品的特殊企业"。

```
不清楚            5.2
社会公益机构       15.1
生产社会公共产品的特殊企业  43.1
企业              15.9
事业单位           20.7
```

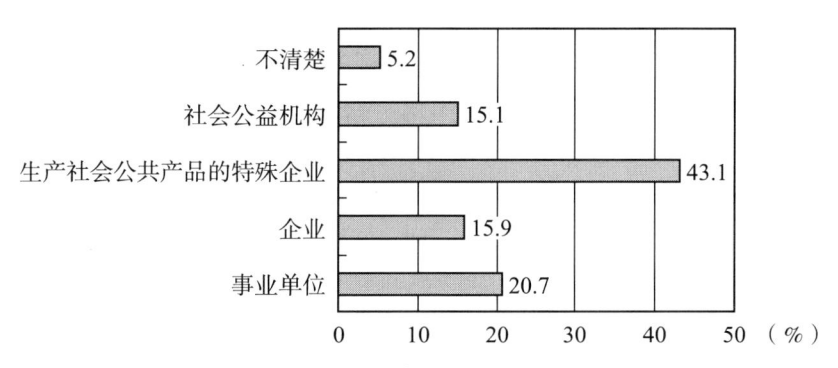

图 9-17　对传媒组织的性质的看法

（3）普遍认为中国媒介公信力下降的主要原因是"虚假新闻增多"、"内容低俗化"、"重大新闻有所隐瞒"等。

媒介公信力的下降也是当下中国媒介面临的重要问题。追问司局级干部对于媒介公信力下降的主要影响因素的理解，结果表明：排在前六位的分别是：第一，虚假新闻增多（26.3%）；第二，内容低俗化（16.4%）；第三，重大新闻有所隐瞒（14.3%）；第四，会议新闻过多（12.9%）；第五，传媒宣传导向性过于突出（9.8%）；第六，有偿新闻过多（5.6%）。此外，还有5.0%的认为是"传播禁止范围过宽"，2.5%的认为是"广告等商业因素的侵蚀"，2.4%的认为是"传播自由空间过大"，1.9%的认为是"《新闻法》缺位"，1.9%的认为是"忽视受众知情"，0.6%的认为是"编辑记者专业素养欠缺"，还有0.4%的认为是"其他"（见图9-18）。其中，前六位的主要因素，确实是中国媒介在内容层面不同程度地存在的主要问题。

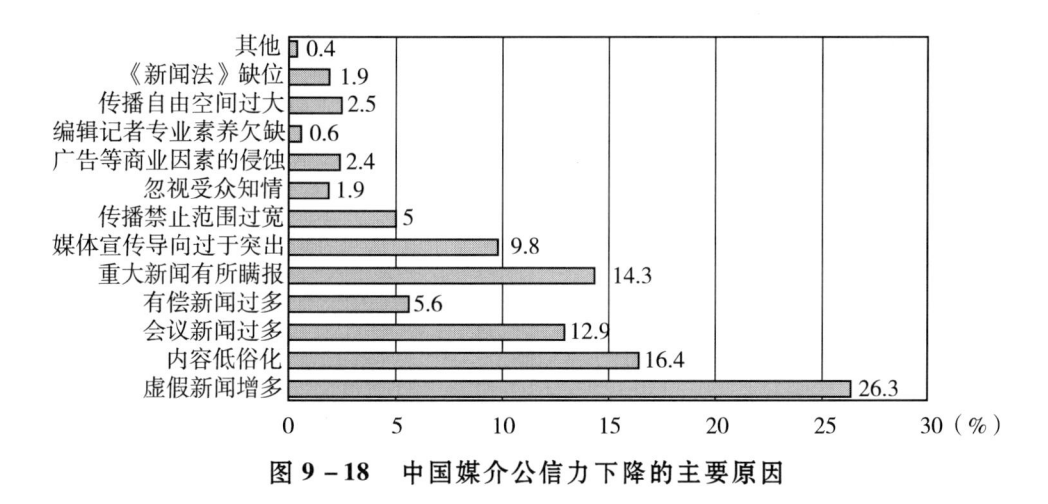

```
其他                    0.4
《新闻法》缺位           1.9
传播自由空间过大          2.5
编辑记者专业素养欠缺      0.6
广告等商业因素的侵蚀      2.4
忽视受众知情             1.9
传播禁止范围过宽          5
媒体宣传导向过于突出      9.8
重大新闻有所瞒报          14.3
有偿新闻过多             5.6
会议新闻过多             12.9
内容低俗化               16.4
虚假新闻增多             26.3
```

图 9-18　中国媒介公信力下降的主要原因

（4）大多数人认为传媒跨地区发展，对新闻资源的有效配置"有利"。

打破按照行政差序格局配置新闻资源，实现新闻媒介突破行政壁垒跨区域发展，是深化新闻改革的难点之一。司局级干部们就这一问题的认知和态度，对于在深化改革中突破这一难点具有重要意义。对于"目前成长较好的一部分新闻媒介，受到各种因素的限制，只能在一定的行政区划范围内发展，您认为新闻媒介打破行政壁垒而跨地区发展有利于新闻资源的有效配置吗？"的问题答复的结果依次如下：63.9%的人认为"有利"，9.4%的人认为"十分有利"，17.8%的人为"不太有利"，2.3%的人认为"不利"，另有6.6%的人回答"不清楚"（见图9-19）。回答"有利"和"十分有利"两项之和为73.3%，占调查对象的绝大多数。这说明，大多数司局级干部支持新闻媒介的跨地区发展。

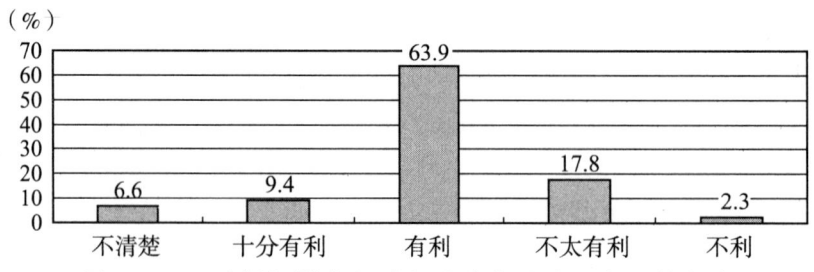

图9-19 对新闻媒介打破行政壁垒跨地区发展的态度

（5）大多数人认为，所在省市有必要建立多媒体媒介集团。

依据产业化、集团化的发展路径，国外的大型传媒集团一般是打造广播、电视、报纸、网络、出版、音像等多媒体整合的产业链条。司局级干部对"所在的省市有必要建立这样的传媒集团吗"问题的回答依次为：56.5%的人认为"必要"，9.3%的人认为"十分必要"，22.6%的人认为"不太必要"，5.8%的人认为"不必"，尚有5.8%的回答"不清楚"（见图9-20）。"必要"和"十分必要"选项之和为65.8%，这说明，大多数调查对象认为自己所在省市还是有必要建立具备广播、电视、报纸、网络、出版、音像等多媒体整合产业链条的传媒集团。

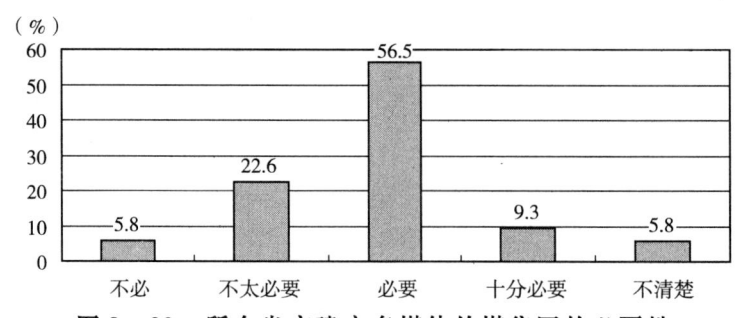

图9-20 所在省市建立多媒体传媒集团的必要性

（6）大多数人表示能够支持本城媒介被其他城市媒介兼并。

根据以上测试，我们进而考察被调查对象关于本城媒介被其他城市媒介兼并的态度，结果显示：8.0%的选择"基本支持"，44.9%的选择"能够支持"，26.7%的选择"很支持"，20.4%的选择"不太支持"（见图9-21）。持"基本支持"以上积极态度的合计达79.2%。由此可知，司局级干部们是支持本城媒介被其他城市媒介合并或兼并的。这一结果，与他们支持新闻媒介打破行政壁垒实现跨地区发展的态度十分吻合。

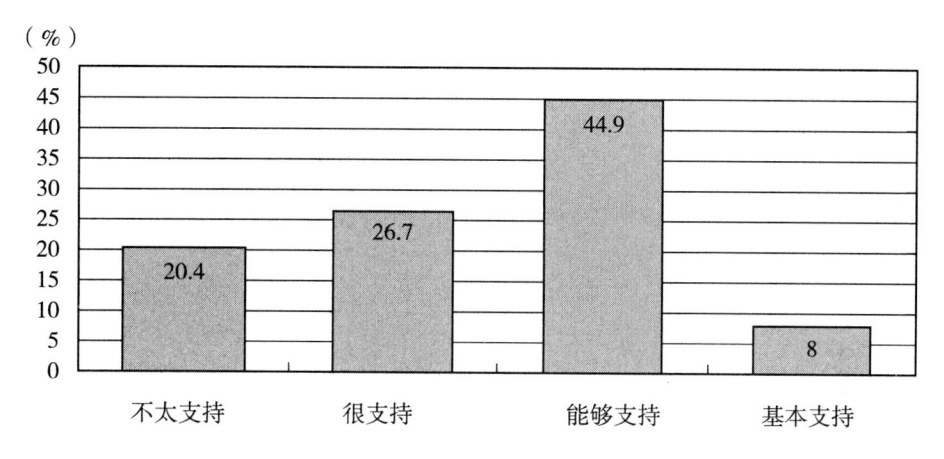

图 9-21 对本城媒介被他城媒介兼并的态度

（7）表示是"不太支持本城市媒介被其他城市媒介兼并"的人，主要是担心"不利于传达系统指令"和"不方便指导工作"。

在以上测试中，尚有20.4%的调查对象选择了"不太支持本城市媒介被其他城市媒介兼并"，我们更进一步考察了他们做出这一选项的原因，首先是"不利于传达系统指令"（45.7%），其次是"不方便指导工作"（28.6%），再者是"不利于宣传典型"（12.4%），还有是"不利于人员安置"（9.0%），另有选择"其他"（4.3%）（见图9-22）。很有意思的是，这里的前三项主要理由（不利于传达系统指令、不方便指导工作、不利于宣传典型），都不是从大众传媒本身的功能与作用提出来的，而是把媒介作为行政系统的延伸提出来的。这说明，不太支持其他城市媒介兼并本城媒介的这一部分调查对象，是把本城媒介视为自身的行政资源有机构成部分之一，而不是大众传播媒介。

（8）表示"基本支持本城市媒介被其他城市媒介兼并"的人，其理由主要是"人员素质的因素"和"媒介过多"。

我们深度考察了支持本城媒介被其他城市媒介合并或兼并的原因。其中，第一是"人员素质的因素"（41.8%），第二是"媒介过多"（25.8%），第三是

"财政困难"（11.4%），第四是"其他"（12.0%），第五是"与中心工作配合力度不够"（9.0%）（见图9-23）。

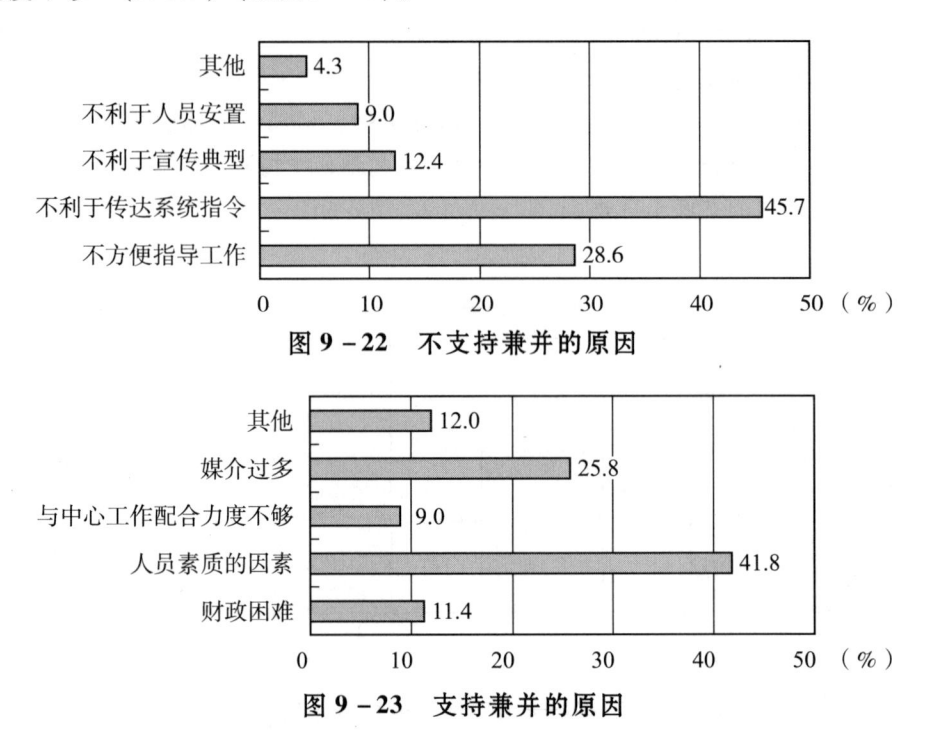

图9-22 不支持兼并的原因
- 其他 4.3
- 不利于人员安置 9.0
- 不利于宣传典型 12.4
- 不利于传达系统指令 45.7
- 不方便指导工作 28.6

图9-23 支持兼并的原因
- 其他 12.0
- 媒介过多 25.8
- 与中心工作配合力度不够 9.0
- 人员素质的因素 41.8
- 财政困难 11.4

（9）大多数人认为央视的"标王"企业对其新闻报道的影响"有一些"。

广告对新闻报道的侵蚀与影响，是中国新闻报道领域存在的问题之一。我们以中央电视台最近10年广告黄金段位招标所形成的"标王"对央视的新闻报道所产生影响的有无的认知为题，测试被调查对象关于这一问题的态度。其中，3.1%的人认为"完全没有"，17.7%的人认为"没有"，41.5%的人认为"有一些"，19.0%的人认为"有"，5.2%的人认为"比较大"，13.5%的人认为"不清楚"（见图9-24）。认为"有一些"、"有"、"比较大"的三项合计约为65.7%。这说明，大多数调查对象认为，"标王"企业对中央电视台的新闻报道的影响是"有一些"程度级以上的。

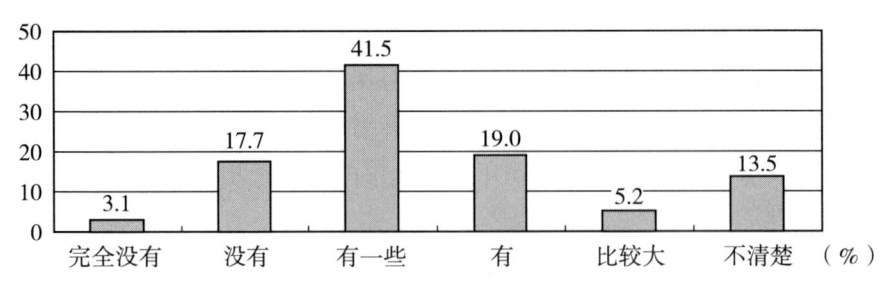

图9-24 央视"标王"企业对其新闻报道的影响
- 完全没有 3.1
- 没有 17.7
- 有一些 41.5
- 有 19.0
- 比较大 5.2
- 不清楚 13.5

(10) 大多数人认为,"王菲女儿兔唇事件"报道属于典型的媒介侵权事件。

媒介侵权现象时有发生。对此,司局级干部们是如何看待的呢?我们选择了"陈凯歌等导演的电影被网络恶搞"、"篡街首家烤鱼店回收残料烹制隔夜死鱼"、"新华社成都分社报道刘晓庆偷税漏税"、"王菲女儿兔唇事件"四个案例,供被调查对象进行媒介是否侵权的判断。到底哪些事件属于媒介侵权呢?7.4%的选择了"篡街首家烤鱼店回收残料烹制隔夜死鱼",10.6%的选择了"新华社成都分社报道刘晓庆偷税漏税",13.6%的选择了"陈凯歌等导演的电影被网络恶搞",68.4%的选择了"王菲女儿兔唇事件"(见图9-25)。多数调查对象认为,媒介对"王菲女儿兔唇事件"的报道是媒介侵权事件。

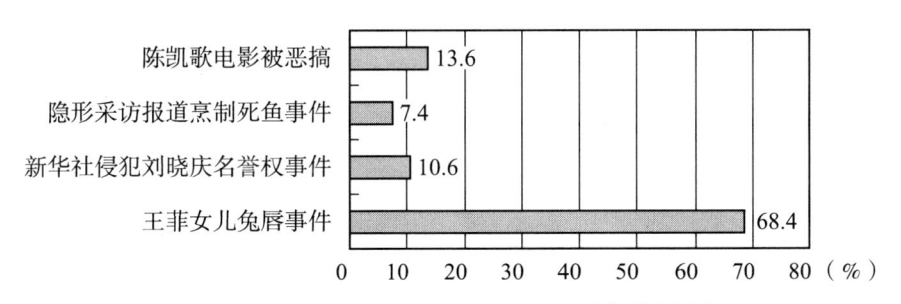

图 9-25 媒体侵犯报道对象权利事件判断

(11) 大多数认为,新闻侵权报道的真实性程度较高。

对于新闻侵权报道的真实性程度的认知,2.4%的认为"很高",21.8%的认为"较高",46.4%的认为"一般",20.3%的认为"较低",3.4%的认为"很低",5.7%的认为"不清楚"(见图9-26)。其中,"一般"以上程度级的选项合计为70.6%。这说明,被调查对象认为,侵权新闻报道的真实性程度总体上较高。

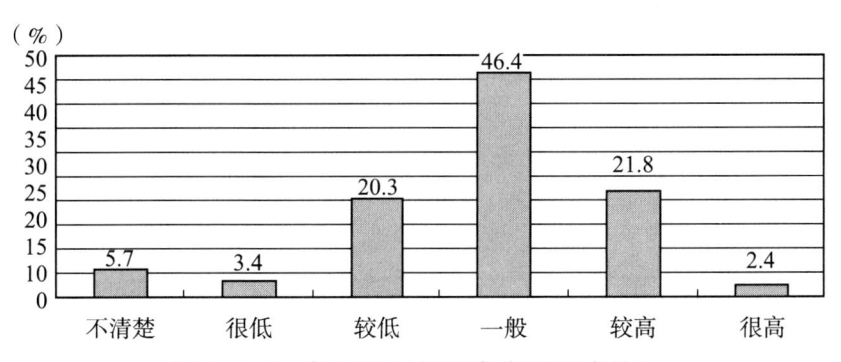

图 9-26 新闻侵权报道真实性程度认知

4. 对媒介人文关怀的认知

(1) 多数认为新闻媒介对普通民众的关注程度不够。

尽管今天的民生新闻报道已经蔚然成风,但新闻媒介对于普通民众的关注程度是否已经到位呢?司局级干部群体对此的认知程度如何呢?我们设置了四个量级的选项进行了测试,结果是:57.9%的人认为"目前新闻媒介对普通民众的关注程度"是"不够"的,39.1%的人认为是"适度"的,1.1%的人认为是"过多"的,1.9%的人选择"不知道"(见图9-27)。其中,认为"不够"的人(57.9%)远远超过认为"适度"的人(39.1%)。

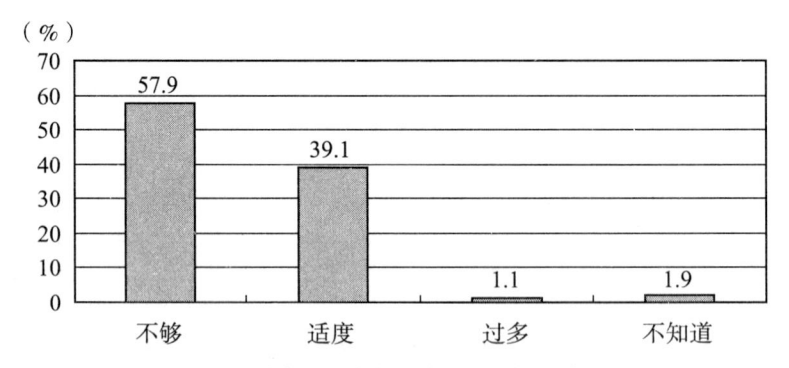

图9-27 对目前新闻媒介对普通民众关注程度的认知

(2) 多数人认为,媒介对社会弱势群体报道存在着"报道对象单一"、"报道内容简单"、"报道意图不纯,有炒作之嫌"等问题。

在进入构建社会主义和谐社会新时期以后,新闻媒介对社会弱势群体的报道有所加强。那么,被调查对象是如何认识媒介这类报道的主要特点与问题的呢?37.7%的人认为"报道对象单一",28.5%的人认为"报道数量增多",16.8%的人认为"报道内容简单,同情为主",10.0%的人认为"报道意图不纯,有炒作之嫌",4.0%的人认为"深度报道不足",2.6%的人认为"报道视角歧视",0.4%的人选择了"其他"(见图9-28)。其中,除了"报道数量增多"是肯定性评价之外,其余的各项都是问题的认知,这说明被调查对象对于媒介有关弱势群体的报道是不满意的。

(3) 认为媒介对领导干部的关注"适当"和"太多"的人各占1/3以上,也有人认为"太少"。

司局级干部如何认识并评价媒介对于领导干部群体的关注情况?35.4%的人认为"太多",36.5%的人认为"适当",22.8%的人认为"太少",5.3%的人回答"不知道"(见图9-29)。其中,选择"太多"、"适当"的均超过1/3。这说明,在被调查对象的视野里,媒介对领导干部的关注是"适当",稍显"太多"。

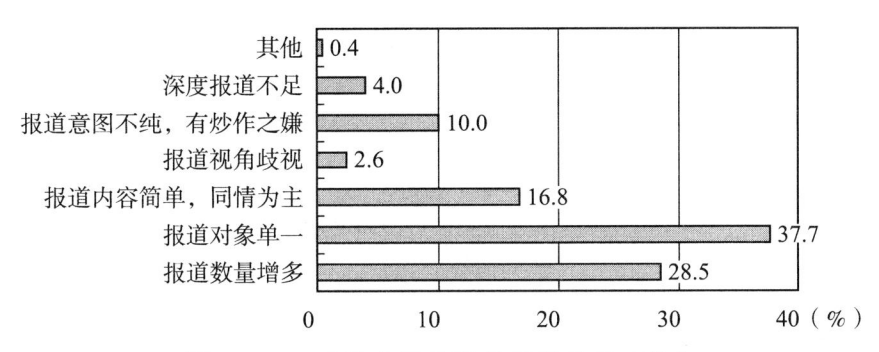

```
其他          0.4
深度报道不足    4.0
报道意图不纯，有炒作之嫌  10.0
报道视角歧视    2.6
报道内容简单，同情为主  16.8
报道对象单一    37.7
报道数量增多    28.5
```

图 9-28　对媒介弱势群体报道的特点认知

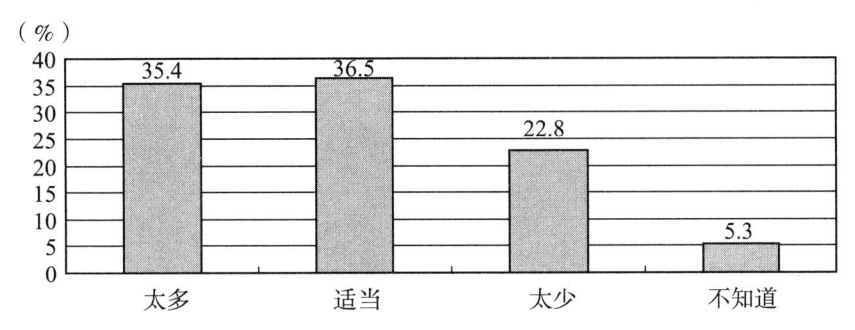

```
太多 35.4  适当 36.5  太少 22.8  不知道 5.3
```

图 9-29　对传媒关注领导干部群体的认知

（4）多数人认为，媒介的人文关怀在报道视点的选择上，应该立足于"目标读者"和"农民"、"工人"。

如果媒介的视点下移，采用平等视角"对普通人的命运与生活的报道应该将重点放在哪些人"？被调查者中，33.5% 的人认为应该立足于"目标读者"，18.8% 的人认为是"农民"，15.0% 的人认为是"工人"，13.7% 的人认为是"领导干部和公务人员"，7.9% 的人认为是"失业人员"，4.1% 的人认为是"企业经营与管理人员"，3.5% 的人认为是"大学生"，2.8% 的人认为是"专业技术人员"，0.5% 的人选择了"其他"（见图 9-30）。看来，除了"目标读者"之外，他们认为媒介人文关怀的试点选择还应立足于工人、农民，以及领导干部和公务人员。

（5）大多数认为中国媒介的人文关怀的总体情况不尽如人意。

对于中国媒介人文关怀的总体情况，0.4% 的人认为"很好"，10.3% 的人认为"较好"，61.0% 的人认为"一般"，24.5% 的人认为"较差"，2.5% 的人认为"很差"，1.3% 的人选择"不知道"（见图 9-31）。其中，除了 61.0% 的人选择"一般"外，选择"较差"与"很差"的人达 27%。这说明，在司局级干部群体看来，中国媒介的人文关怀的总体情况不尽如人意，尚需大力改善。

```
其他                    0.6
专业技术人员            2.8
大学生                  3.6
企业经营与管理人员      4.1
失业人员                7.9
农民                   18.8
工人                   15
目标读者               33.5
领导干部和公务人员     13.7
      0    5   10   15   20   25   30   35   40（%）
```

图 9-30　媒介人文关怀的视点

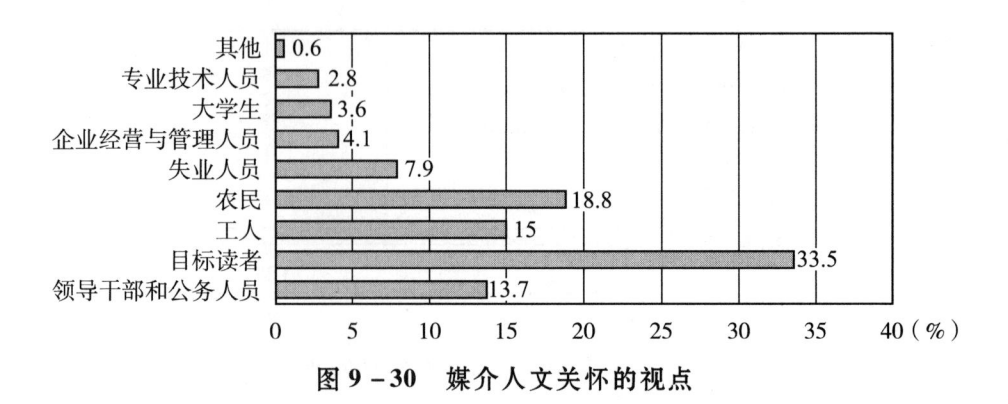

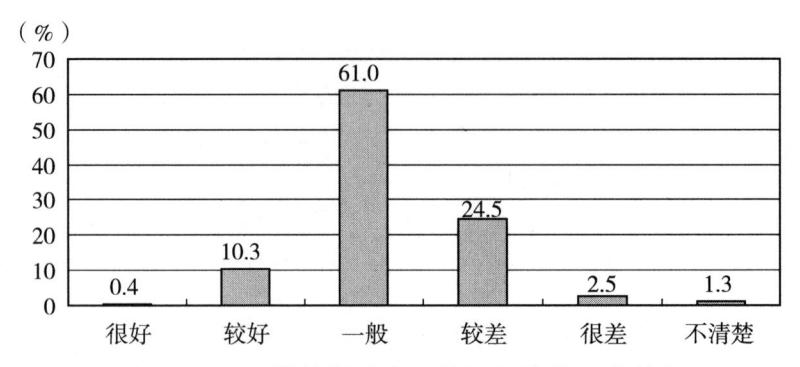

```
(%)
70
60        61.0
50
40
30
20        24.5
10  10.3
 0  0.4           2.5   1.3
   很好 较好 一般 较差 很差 不清楚
```

图 9-31　对媒体报道人文关怀总体情况的认知

三、媒介评价

为了考察司局级干部群体对于当下新闻媒介传播价值的评价，我们设置了 14 个调查题目，分别从"报道质量"、"媒介信任"、"媒介公信力"、"广告刊播"、"娱乐传播"、"报道价值"、"对工作的影响"七个角度考察司局级干部群体对新闻媒介的评价。

1. 面对突发事件，首选电视

报道质量方面，我们通过司局级干部群体的媒介选择行为来考察。受众面对突发性重大新闻事件，一般会自觉选择其方便实用的、新闻报道质量最好的媒介。在现有的新闻周刊、广播、电视、互联网、报纸等新闻传播媒介中，在发生重大突发性新闻事件时，受调查者首选电视的人占 48.7%，首选互联网的人占 35.4%，首选广播的人占 5.4%，首选新闻周刊的人占 6.8%，首选报纸的人占 3.7%（见图 9-32）。尽管其首选电视媒介的比例位居第一，但此外首选互联网媒介的比例远远高于其他群体。进而考察了司局级干部首选这些媒介的具体媒体。就电视而言，首选的频道，第一是"中央电视台新闻频道"（66.0%），第二是"凤凰卫视新闻频道"（27.9%），第三是"省级电视台或卫视"（3.8%），第四是"境外电视台"（1.1%），第五是"省会城市电视台或卫视"（1.1%）。就互联网而言，首选的新闻网站，首先是"综合门户网站的新闻频道"（51.3%），其次是"专业新闻网站（如新华网、人民网等）"（48.0%），最后是境外新闻网站（0.7%）。就广播媒介而言，首选的频率第一是"中央人民广播电台"（78.2%），第二是"地方省级电台"（13.9%），第三是"地方市级电台"（5.3%），第四是"境外电台"（2.5%）。就报纸而言，首选的新闻报纸第一是《人民日报》（51.7%），第二是"都市类报纸"（20.1%），第三是"地方党报"（18.2%），第四是"晚报类报纸"（8.4%），第五是"境外报纸"（1.5%）。

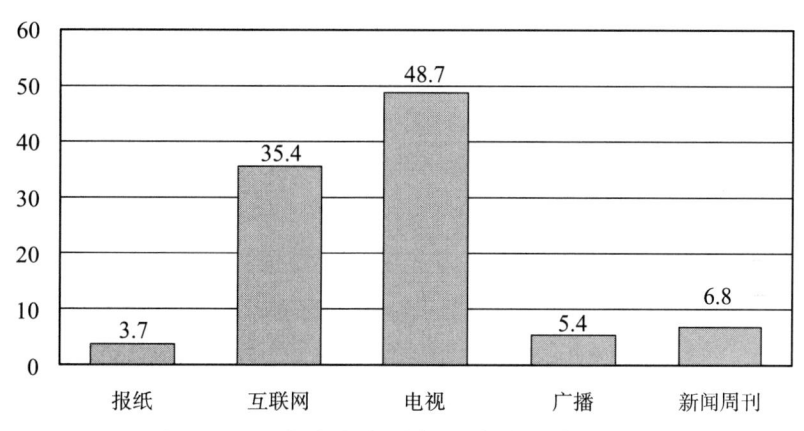

图 9-32　发生突发性新闻事件的首选媒介

2. 首选国内媒介的理由主要是"真实，贴近新闻事实"、"时效性强"、"贴近受众思维，易于理解"

我们进而考察了面对突发新闻首选国内媒介的理由，依次为："真实，贴近新闻事实"（36.4%）、"时效性强"（26.5%）、"贴近受众思维，易于理解"（23.7%），"立场客观公正"（8.7%），"其他"（4.5%），"报道视角新颖"（0.2%）（见图9-33）。值得注意的是，境内媒介在"真实，贴近新闻事实"、"贴近受众思维，易于理解"两个指标上的首选比率高于境外媒介。另外，"其他"的弹性选项中，排在第一位的理由是"了解政府的态度"。这说明，司局级干部们对于党报、党媒的信任程度是比较高的。

3. 首选境外媒介的理由主要是"时效性强"、"真实，可信度高"、"报道视角新颖"

司局级干部面对突发新闻首选境外媒介的理由，依次为："时效性强"（30.6%）、"真实，可信度高"（24.2%）、"报道视角新颖"（21.6%）、"立场客观公正"（19.6%）、"贴近受众思维，易于理解"（3.3%）、"其他"（0.7%）

(见图 9-34)。值得注意的是，境外媒介在"时效性强"、"报道视角新颖"、"立场客观公正"三项指标上的首选比率高于国内媒体，这说明，国内媒介在这些方面尚需加强。

```
贴近受众思维，易于理解    23.7
报道视角新颖             0.2
立场客观公正             8.7
时效性强                26.5
真实，可信程度高         36.4
其他                    4.5
```

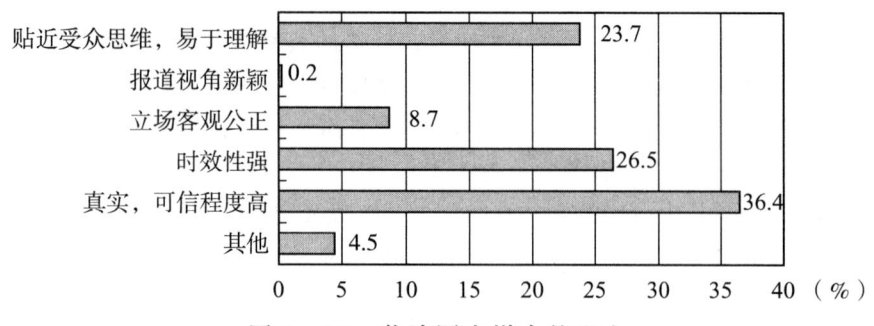

图 9-33　首选国内媒介的理由

```
其他                    0.7
贴近受众思维，易于理解    3.3
报道视角新颖             21.6
立场客观公正             19.6
时效性强                30.6
真实，可信度高           24.2
```

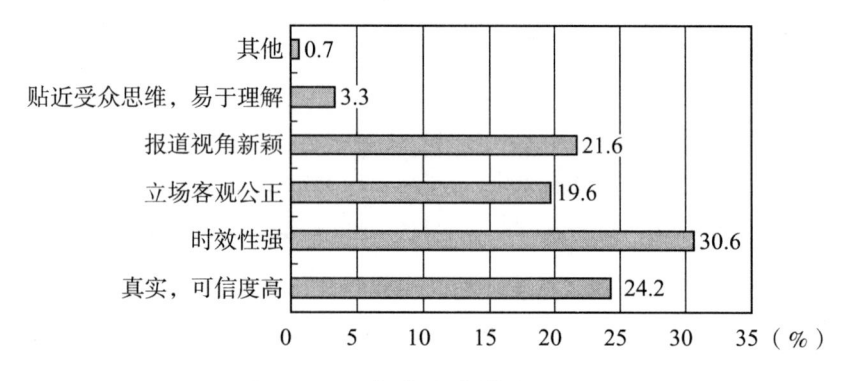

图 9-34　首选境外媒介的理由

4. 认同"中国媒介的公信力正在下降"的观点

一般认为，当前中国媒介的公信力正在下降。司局级干部属于对中国媒介的信任程度较高的群体，他们对于这一观点是否认同呢？有 7.2% 的人认为"中国媒介的公信力正在下降"的说法"没有道理"，有 45.4% 的人认为"有一点道理"，有 35.9% 的人认为"有道理"，有 8.2% 的人认为"很有道理"，有 3.3% 的人回答"不清楚"（见图 9-35）。选择"有一点道理"、"有道理"、"很有道理"的人合计高达 89.5%，这说明，其对"中国媒介的公信力正在下降"的说法是充分认同的。

5. 认同"阅读党报的人越来越少"的看法

司局级干部是党报的核心读者群体之一，党报读者的锐减是目前党报面临的主要问题之一。司局级干部们对这一问题如何认识和评价呢？59.2% 的人认为"基本符合实际"，17.5% 的人认为"符合实际"，11.9% 的人认为"不太符合实际"，3.7%的人认为"完全不符合实际"，7.6%的人答复"不清楚"（见图9-36）。选择"基本符合实际"、"符合实际"的人合计为76.8%。这说明，他们是认同"阅读党报的人越来越少"这一观点的。这与他们认同"中国媒介的公信力正在下降"的观点是一致的。

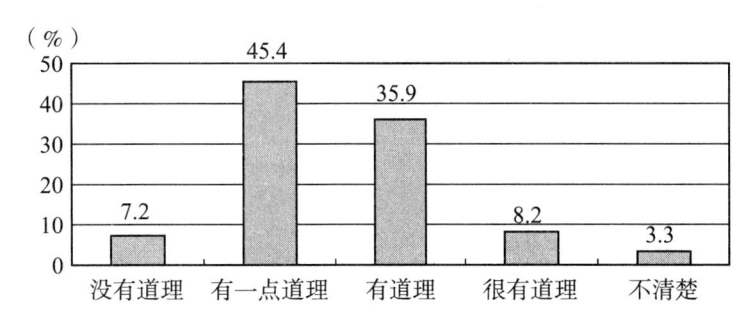

图9-35 对"中国媒介的公信力正在下降"观点的认同程度

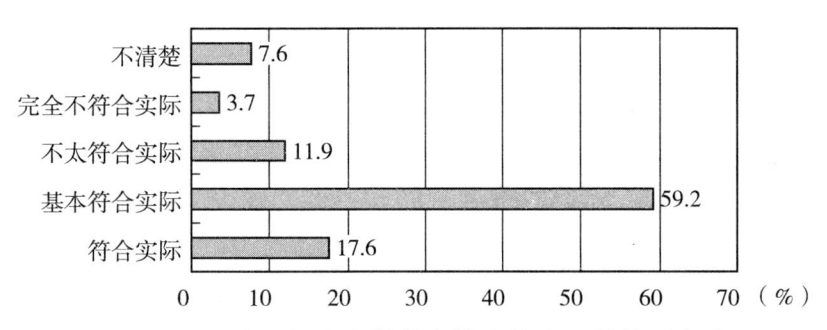

（没有道理 7.2；有一点道理 45.4；有道理 35.9；很有道理 8.2；不清楚 3.3）

图9-36 对"阅读党报的人越来越少"的认同程度

（不清楚 7.6；完全不符合实际 3.7；不太符合实际 11.9；基本符合实际 59.2；符合实际 17.6）

6. 决定媒介的公信力的主要因素是"新闻的真实性"、"言论的权威性"

调查题目罗列了9个选项及1个弹性选项（其他），动态考察司局级干部群体对于媒介信任因素的选择性评价。选择"新闻的真实性"的人，占53.9%；选择"言论的权威性"的人，占25.1%；选择"媒介的公正性"的人，占12.7%；选择"报道的全面性"的人，占3.2%；选择"批评性报道的深刻性"的人，占2.3%；"受众的满意程度"的人，占1.2%；选择"宣传的有效性"的人，占0.8%；选择"媒介主管部门的满意程度"的人，占0.6%；选择"报道的典型性"的人，占0.2%（见图9-37）。由此看出，司局级干部们认为决定公信力的最重要的6个因素，按照重要程度排序，分别是新闻的真实性、言论的权威性、媒体的公正性、报道的全面性、批评性报道的深刻性、受众的满意程度。至于"报道的典型性"、"宣传的有效性"、"媒介主管部门的满意程度"等要选项，选择比率低于1%。

报道的典型性 0.2
宣传的有效性 0.8
媒介主管部门的满意程度 0.6
受众的满意程度 1.2
批评报道的深刻性 2.3
报道的全面性 3.2
媒介的公正性 12.7
新闻的真实性 53.9
言论的权威性 25.1

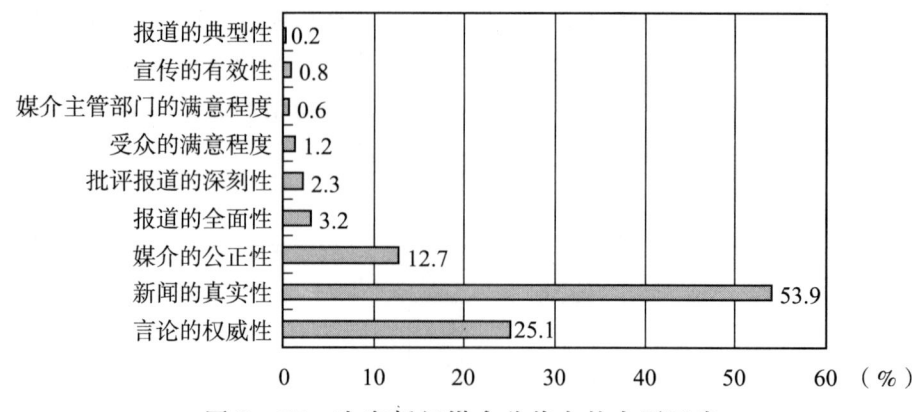

图9-37 决定新闻媒介公信力的主要因素

7. 基本接受媒介"广告越来越多"的现象

对于媒介的广告刊播，主要考察司局级干部对于"广告越来越多"的现象的态度。其表示"基本接受"的人占9.8%，表示"接受"的人占46.3%，"不太接受"的人占38.2%，"不接受"的人占4.9%，"不知道"的人占0.8%（见图9-38）。表示"基本接受"或者"接受"的人超过一半（56.1%），大大超过了表示"不太接受"或"不接受"的比例（43.2%）。这说明，司局级干部群体对媒介广告越来越多的现象是基本接受的。

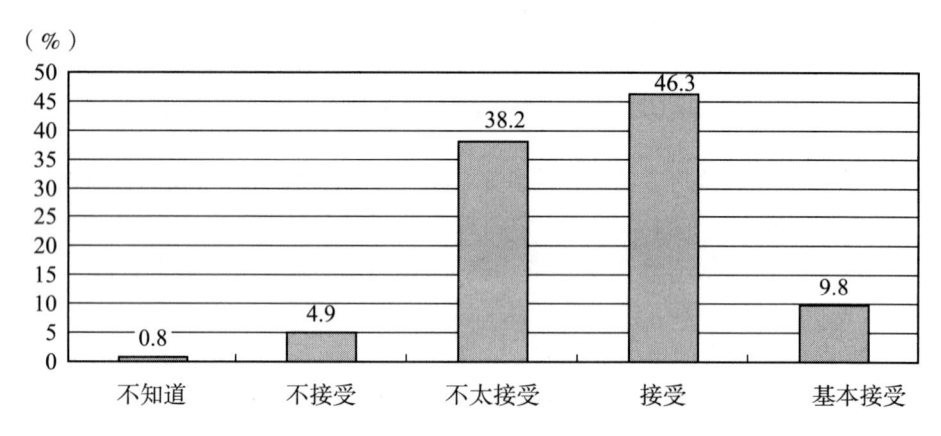

图9-38 对于"广告越来越多"这一现象的态度

8. 对禁止"超女"等娱乐选秀节目，大多数不反对不支持

以"超级女声"、"第一次心动"等为代表的一批选秀节目在电视媒介市场刮起了一股强劲的娱乐旋风。这批节目游走在传播禁区的边缘，一次次被呼吁禁播。那么，这些娱乐传播的节目是不是应该禁止播出，司局级干部群体的态度如何呢？我们以"超级女声"为例，选择了前文化部部长刘忠德的"应该禁止"

的观点,在五个程度量级上,请被调查者表达对于刘忠德先生"应该禁止"的观点的态度。选择"非常反对"的人占 2.7%、"反对"的人占 19.1%、"不反对不支持"的人占 61.7%、"支持"的人占 13.2%、"非常支持"的人占 3.3%(见图 9-39)。极有意思的是,支持刘忠德观点的人大约为 16.5%,反对刘忠德观点的人大约为 21.8%,不反对不支持的人为 61.7%。看来,司局级干部群体比较能够理性地对待媒介娱乐选秀节目。

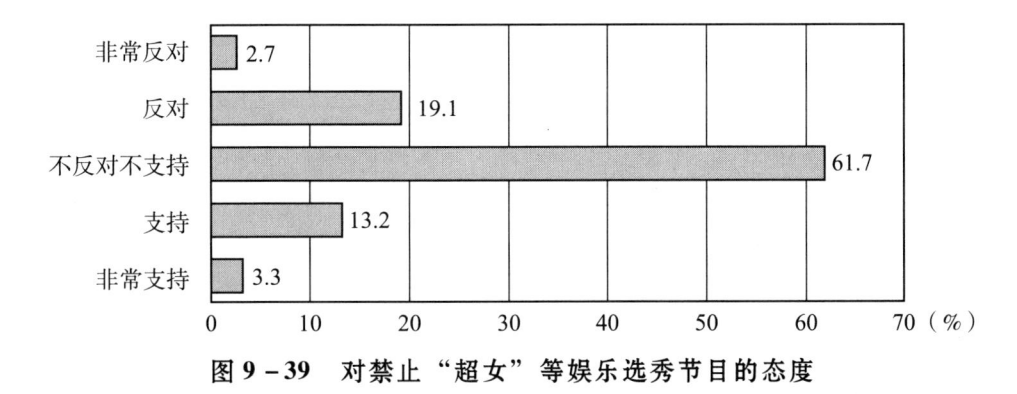

图 9-39 对禁止"超女"等娱乐选秀节目的态度

9. 大多数人认为,媒体报道"孙志刚事件"很有价值

《南方都市报》最早报道"孙志刚事件"之后,曾导致国家立法机构制定出台《收容法》。这是通过新闻信息传播而改变社会生活的某一方面的"恶法"的标志性媒介事件。对此,调查对象的看法是:0.5% 的人认为"无价值",10.2% 的人认为"价值不大",62.1% 的人认为"有价值",23.6% 的人认为"很有价值",3.5% 的人回答"不知道"(见图 9-40)。其中,85.6% 的人充分肯定了这类报道的价值。

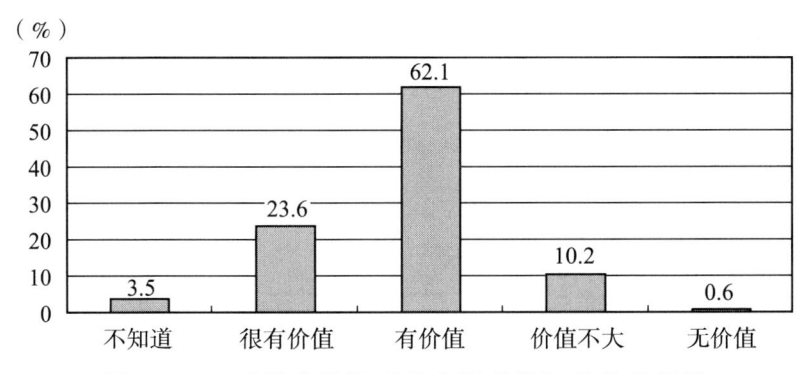

图 9-40 对媒介报道"孙志刚事件"的价值评价

四、媒介期待

本课题调查了司局级干部群体两个方面的媒介期待：对媒介发展趋势的期待，对媒介在和谐社会构建过程中所承担社会功能的期待。

1. 对媒介发展趋势的期待

基于目前的传播现实和传媒发展趋势，我们从媒介意向、信息需要等方面调查了司局级干部群体对媒介发展趋势的期待。结果显示：

（1）51.4%的表示，不太习惯"无纸的报纸"。

报纸的技术转型与数字化报纸的勃兴正改变着报纸的形态，手机报纸、网络报纸等"无纸的报纸"等融合媒介形态，将是新型报纸的基本样态。对此，有13.6%的感觉"不习惯"，37.8%的"不太习惯"，40.9%的"习惯"，5.4%的"很习惯"，2.3%的"不清楚"（见图9-41）。"不习惯"、"不太习惯"的两项之和达51.4%。这说明，一半以上的调查对象"不太习惯"报纸的无纸化，并没有做好"接受"的准备。

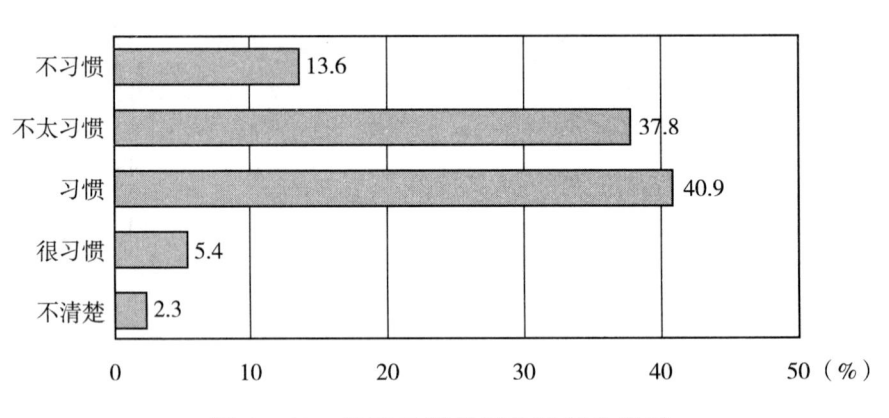

图 9-41　能否习惯报纸的无纸化发展

（2）56.9%的人不同意"现在媒介渠道过剩"的观点。

数字广播、数字电视、数字报纸的勃兴极大地扩展了传播渠道资源，有一种观点认为"现在媒介渠道过剩了"。那么，司局级干部们是否同意这种看法呢？3.3%的人表示"同意"，35.6%的人表示"基本同意"，53.4%的人表示"不同意"，3.5%的人表示"完全不同意"，还有4.2%的人表示"不清楚"（见图9-42）。其中，"不同意"或"完全不同意"的大约56.9%。

（3）多数认为网络游戏对青少年的健康成长不太有利，不宜大力发展。

尽管网络游戏将是中国网络出版业的重点扶持领域，但这是一个负外部性极大的领域。网络游戏对于青少年的健康成长是否有利呢？22.3%的人认为"不利"，55.2%的人认为"不太有利"，16.5%的人认为"有利"，1.5%的人认为"十分有利"，3.8%的人答复"不清楚"（见图9-43）。其中，认为"不利"和"不太有利"的人高达77.5%。在他们看来，网络游戏是典型的弊大于利的领域，对青少年的健康成长不太有利，不宜大力发展。

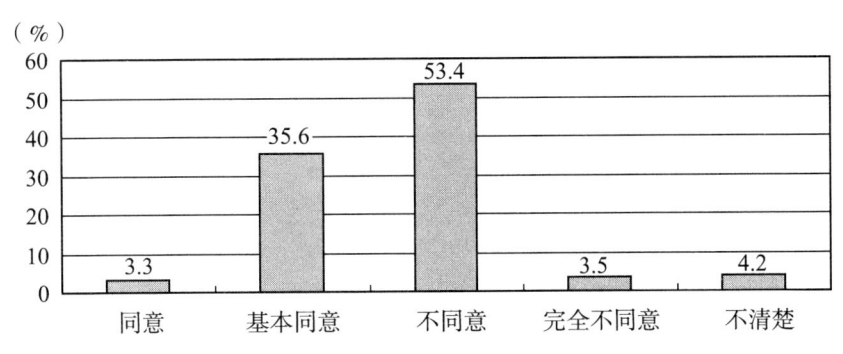

图9-42 对"现在媒介渠道过剩"的看法

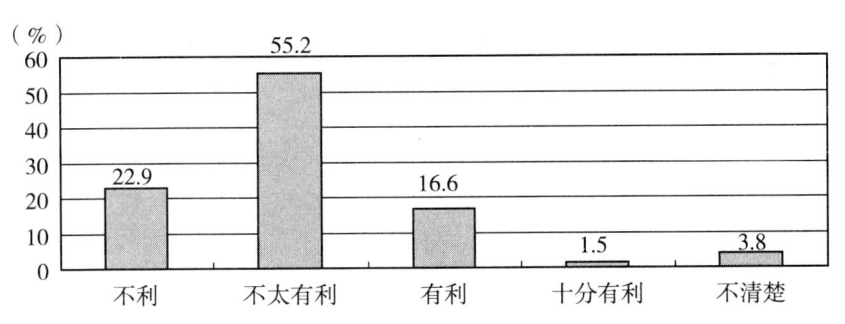

图9-43 网络游戏是否有利于青少年的健康成长的判断

（4）大多数认为中国新闻媒介最应该加强的方面是"国内外重大事件的客观报道"。

根据中国新闻媒介运行实践，在调查题中，我们提出了管理体制、运行机制与传播内容层面需要改进的18个问题，作为备选项，来了解对调查对象对于中国媒介当前最应该加强的工作的期待。调查显示，首先应该加强的是"国内外重大事件的客观报道"（54.5%）；其次，依次是"科学知识的普及"（7.2%）、"对社会弱势群体的关心"（5.2%）、"方针政策的宣传"（4.8%）、"新的传播技术的使用"（4.2%）、"媒介从业人员的专业水准"（3.4%）、"思想的引导"（2.9%）、"媒介规模的扩张"（2.7%）、"不同观点的发表"（2.5%）、"对公民道德水准的提升"（2.5%）、"娱乐方式与资料的提供"（1.9%）、"对国家运行的监督"（1.9%）、"媒介从业人员的职业道德"（1.9%）、"典型报道"（1.5%）、

"传统文化的扩散"（1.3%）、"制定《新闻法》"（1.1%）、"对各级领导干部的监督"（0.3%）、"经济运行信息的传播"（0.2%）（见图9-44）。其中，"国内外重大事件的客观报道"是他们认为应该加强的重点。包括国内外重大事件的客观报道、科学知识的普及、对社会弱势群体的关心、方针政策的宣传等于媒介功能发挥密切关联的传播内容层面的问题，他们认为都是需要着力改进的；而包括新的传播技术的使用、媒介规模的扩张等媒介系统内部的应该加强的问题，他们关注的程度并不高。

项目	百分比(%)
制定《新闻法》	1.1
不同观点的发表	2.5
传统文化的扩散	1.3
媒介规模的扩张	2.7
经济运行信息的传播	0.2
对民众公德水平的提升	2.5
对各级领导干部的监督	0.3
对国家运行的监督	1.9
对全国弱势群体的关心	5.2
典型报道	1.5
媒介从业人员的专业水准	3.4
新的传播技术的使用	4.2
媒介从业人员的职业道德	1.9
娱乐方式与资料的提供	1.9
科学知识的传播	7.2
方针政策的宣传	4.8
思想的引导	2.9
国内外重大事件的客观报道	54.5

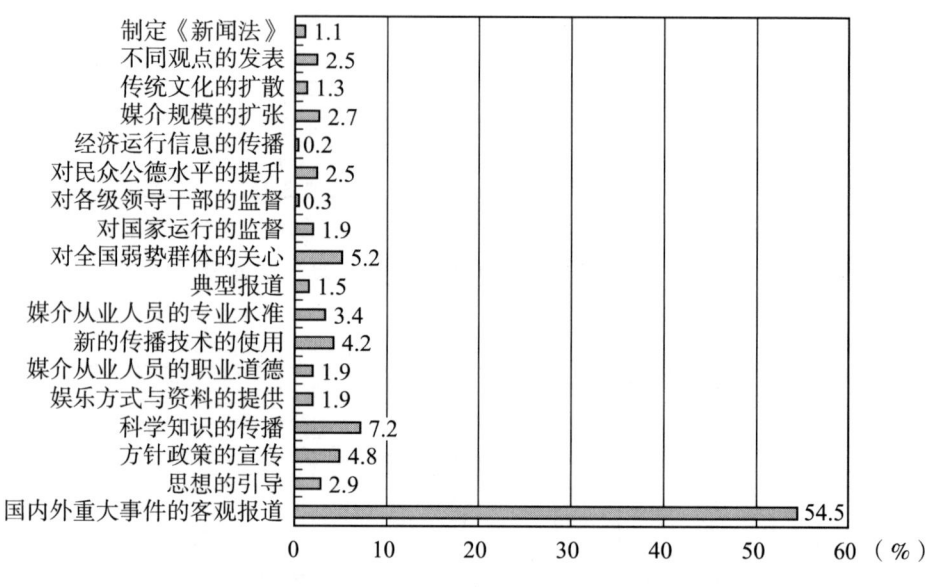

图9-44　中国新闻媒介最应该加强的方面

（5）大多数表示对中国媒介运行理念和方式与国际接轨基本理解。

在市场化、民主化、全球化、数字化四重社会变迁浓缩叠加在同一时空而持续展开的社会转型的过程中，中国媒介的运行理念与运行方式日益与国际接轨。调查对象对此的态度是：2.6%的人表示"不太理解"，13.3%的人表示"不理解"，68.6%的人表示"基本理解"，12.2%的人表示"很理解"，3.3%的人回答"不清楚"（见图9-45）。其中，表示"基本理解"和"很理解"的占绝大多数（81.9%）。这说明，司局级干部群体认为，中国的媒介运行理念和方式应该与国际接轨。

（6）最希望新闻媒介传播5种信息。

在对"最希望新闻媒介传播的信息"问题的回答中，有48.6%的人选择"每日国内新闻"，29.4%的人选择"重大新闻事件"，10.0%的人选择"新闻事件的深度报道"，4.2%的人选择"每日国外新闻"，3.6%的人选择"经济新闻"，1.5%的人选择"体育新闻"，1.3%的人选择"行业新闻"。除此之外，娱乐资讯、天气资讯等选项的选择比率，均未达到1%（见图9-46）。这说明，他们希望媒介提供的主要还是以新闻资讯为主体的"每日国内新闻"、"重大新闻事件"、"新闻事件的深度报道"、"每日国外新闻"、"经济新闻"、"体育新闻"等5种信息。这与新闻媒介作为社会生活的监视器的功能是一致的。

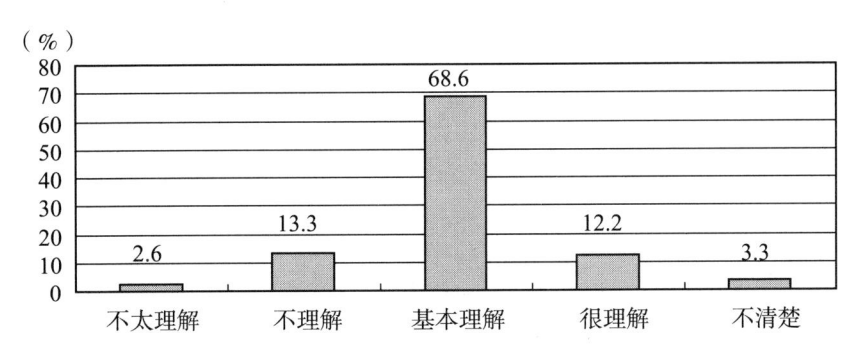

图 9-45 对中国媒介的运行理念和方式与国际接轨的态度

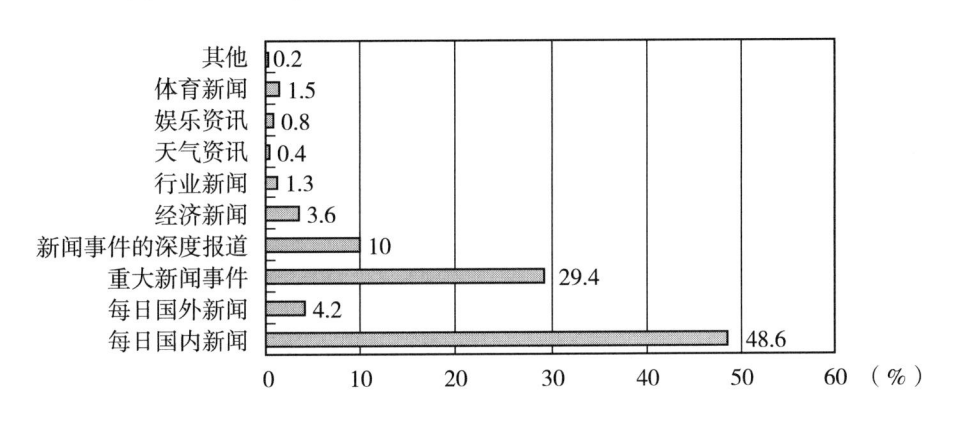

图 9-46 希望新闻媒介传播哪些信息

2. 对新闻媒介在和谐社会构建中承担的社会功能的期待

（1）大多数人认为新闻媒介应在构建和谐社会过程中能够更好地发挥作用。

调查数据显示，有0.6%的人认为，媒介在构建和谐社会过程中"毫无作用"；有4.9%的人认为"作用很小"；35.5%的人认为"作用一般"；51.4%的人认为"作用较大"；7.6%的人认为"作用很大"（见图9-47）。可见，大多数司局级干部认为媒介在构建和谐社会过程中是有作用的，并且作用较大，他们期待传媒发挥更大的作用。

（2）绝大多数人认为新闻媒介应首先满足公众的知情权。

有一种观点认为"媒介要在构建和谐社会中发挥作用，首先应该满足公众的知情权"。考察司局级干部群体对这一观点的态度,结果显示:0.8%的人"不同意";32.8%的人"基本同意";45.1%的人"同意";21.1%的人"完全同意";0.2%的人"不清楚"(见图9-48)。其中,"基本同意"以上程度级的高达98.9%。可见,司局级干部群体对于新闻媒介首先满足公众知情权而推进和谐社会构建作用的认知是十分清楚的。

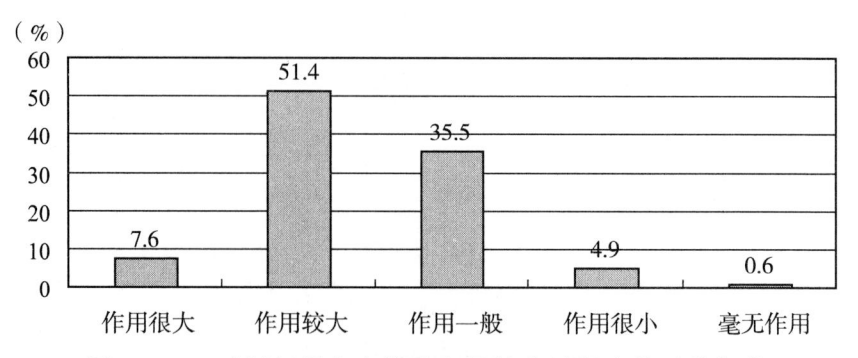

图9-47 对新闻媒介在构建和谐社会过程中作用的期待

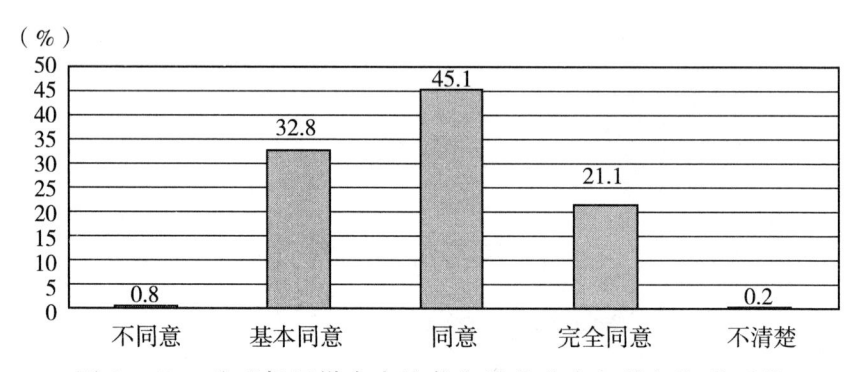

图9-48 对"新闻媒介应该首先满足公众知情权"的看法

(3)绝大多数认为新闻媒介应该客观、全面、真实地反映社会生活。

新闻媒介镜像歪置,扭曲变形反映社会生活,是构建和谐社会过程中需要克服的问题。在司局级干部们的意识中,新闻媒介到底应该怎样反映社会生活?60%的人认为应该"客观真实地反映",19.5%的人认为应该"真实理性地反映",11.6%的人认为应该"服从宣传的需要",8.9%的人认为应该"依据改革的需要"(见图9-49)。其中,绝大多数(79.5%)的人认为,对于社会生活的实际情况,新闻媒介应该"客观真实地反映"或者"客观理性地反映";只有极少数人认为,应该"服从宣传的需要"或者"依据改革的需要",或者有选择地反映。

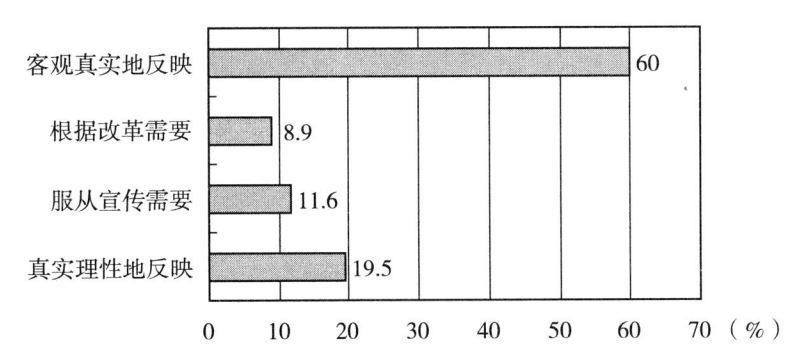

客观真实地反映	60
根据改革需要	8.9
服从宣传需要	11.6
真实理性地反映	19.5

图 9-49　新闻媒介如何反映社会生活的看法

（4）大多数认为，新闻媒介持续报道社会问题有利于提供决策参考、发挥预警功能。

目前中国已经进入社会问题和社会矛盾的高发期。对新闻媒介不间断报道社会问题可能导致的后果，调查对象是如何看待的呢？38.0%的人认为可以"提供决策参考"，21.1%的人认为能够"发挥预警功能"，29.3%的人认为可能"放大社会的不和谐面"，10.1%的人认为可能"干扰国家的大政方针政策"，1.5%的人认为可能"制造社会混乱"（见图9-50）。其中，59.1%的人认为的后果是正面的，是有利于提供决策参考、发挥预警功能；29.3%的人认为的后果是中性的，仅仅只有11.6%的人担心导致负面后果。这说明，调查对象并不担心新闻媒介客观、真实地报道社会问题。

制造社会混乱	1.5
发挥预警功能	21.1
提供决策参考	38.0
放大社会的不和谐面	29.3
干扰国家的大政方针政策	10.1

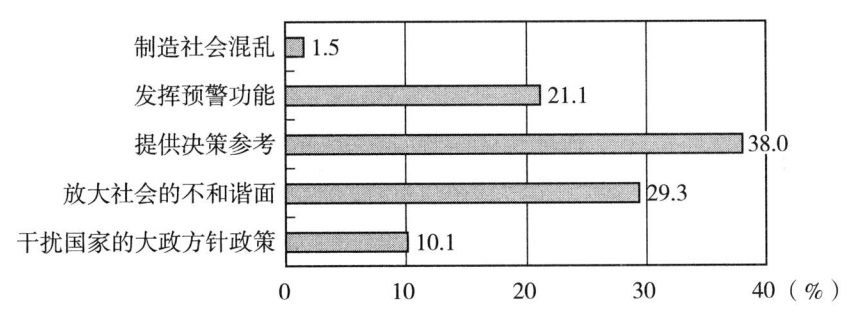

图 9-50　对媒介持续报道社会问题的后果的看法

（5）87.1%的人为对陈良宇案的报道是新闻媒介在发挥舆论监督功能，这样的报道应该加强。

陈良宇案是近年来相当具有代表性的高级领导干部腐败案件。新闻媒介对陈案进行了及时的报道，对此，调查对象的看法是：1.9%的人认为"媒体干涉过多"，2.9%的人为"简单报道一下即可"，3.6%的人认为"党内解决即可"，4.5%的人认为"影响党的形象"，27.8%的人认为"是媒介在发挥舆论监督功能",59.3%的人认为"这样的报道应该加强"(见图9-51)。肯定、支持媒介报道陈案,并认为这是新闻媒介在"发挥舆论监督的功能","这样的报道应该加强"的高达87.1%。这充分说明,广大的司局级干部十分欢迎类似的批评性监督报道。

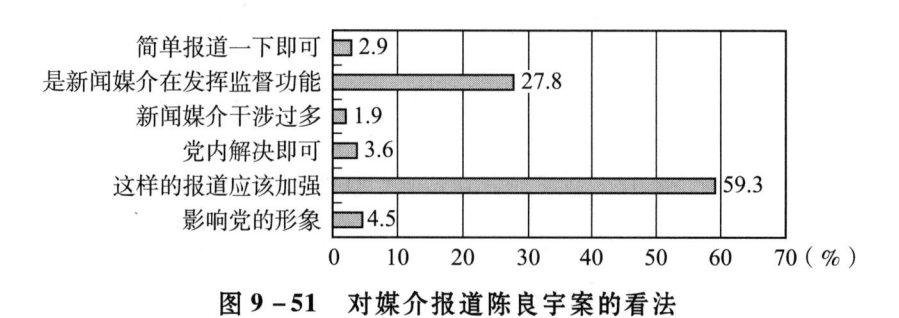

图9-51 对媒介报道陈良宇案的看法

- 简单报道一下即可 2.9
- 是新闻媒介在发挥监督功能 27.8
- 新闻媒介干涉过多 1.9
- 党内解决即可 3.6
- 这样的报道应该加强 59.3
- 影响党的形象 4.5

(6) 关于山西、河南等地频发矿难的较多报道发挥了媒介的预警机制,有利于促进问题解决。

对于新闻媒介有关山西、河南等地频发矿难的较多报道传播效果,调查对象是如何看待的呢?3.4%的人认为"影响社会和谐",4.2%的人认为"容易使人丧失信心",35.7%的人认为"有利于促进问题的解决",56.7%的人认为"发挥了媒介的预警机制"(见图9-52)。绝大多数(92.4%)的调查对象十分肯定这类报道的效果,认为是发挥了媒介的预警机制,有利于促进问题解决。

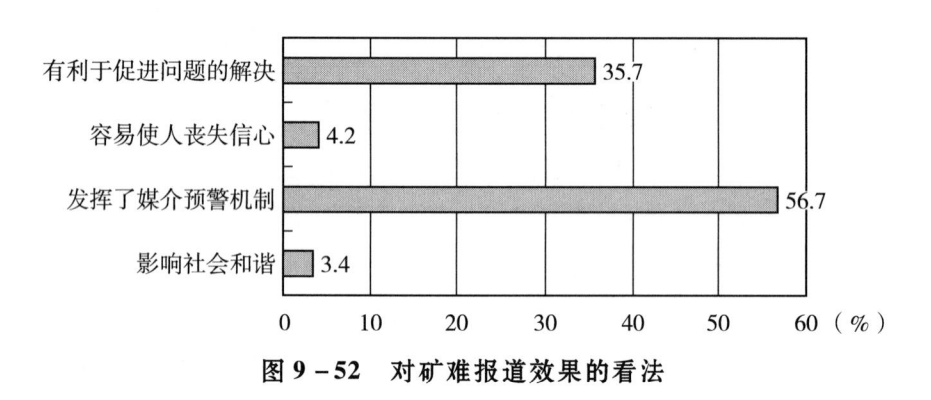

图9-52 对矿难报道效果的看法

- 有利于促进问题的解决 35.7
- 容易使人丧失信心 4.2
- 发挥了媒介预警机制 56.7
- 影响社会和谐 3.4

(7) 影响新闻媒介在和谐社会构建过程中发挥作用的新闻报道现象主要是不全面的报道、不客观的报道、新闻炒作。

调查题目列举了影响新闻媒介在和谐社会构建过程中正常发挥作用的常见的几种不良报道现象,被调查对象选择的结果依次排列如下:第一,不全面的报道(35.3%);第二,不客观的报道(23.5%);第三,新闻炒作(22.8%);第四,不平衡的报道(7.8%);第五,对普通民众的忽视(5.5%);第六,新闻报道的娱乐化倾向（5.1%）（见图9-53）。其中，排在前三位的是：不全面的报道、不客观的报道、新闻炒作。这说明，司局级干部群体也希望中国的新闻媒介能够恪守新闻专业主义，以客观、真实、及时、平衡的报道履行社会信息传播系统的职能。

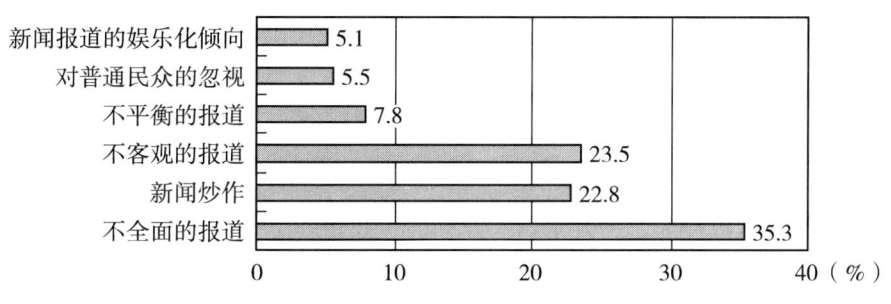

图 9-53 影响媒介发挥作用的报道现象判断

（8）媒介在构建和谐社会过程中最重要的功能首先是传递新闻信息。

司局级干部群体期待新闻媒介在构建和谐社会的过程中，发挥什么样的功能？57.2%的人认为是"传递新闻信息"，13.3%的人认为是"舆论监督"，10.5%的人认为是"提供深度报道"，6.3%的人认为是"社会预警"，4.0%的人认为是"传达政府信息"，4.1%的人认为是"推进民主法制"，2.7%的人认为是"反馈国民意见"，1.3%的人认为是"提供娱乐休闲"，0.6%的人认为是"人文关怀"（见图9-54）。其中，一半以上（57.2%）的人十分明确地选择了"传递新闻信息"。

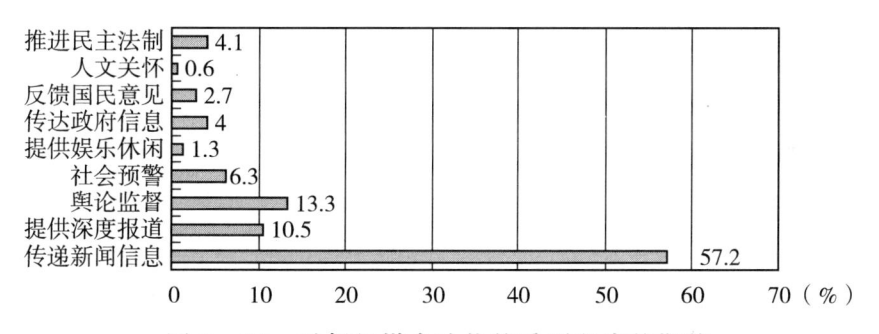

图 9-54 对新闻媒介功能的重要程度的期待

第三节 建议和对策

以媒介转型发展为契机，全面提升司局级干部的媒介素养，这是我们提出的对策与建议的核心。在今天这个媒介化社会时代，媒介接触与解读、使用已经成为各级领导干部的日常工作的一部分。有媒介报道曾这样描述一位省委书记的工作："我每天 7 点开始工作。第一件事，看早间新闻。一般先看中央电视台（新闻），再看河南电视台（新闻）。我会特别注意两个方面的情况，一是党中央、国务院有什么重大工作部署，二是各地特别是河南省有什么重大事情发生。然后进入工作状态，处理大量的文件、信息和各种大事。但这时候，我办公室的电视机也是开着的，并始终放在中央台的新闻频道上，这是我多年来养成的工作习惯……我一般晚上在 6 点 50 分下班，用 10 分钟时间回到家，一边吃晚饭一边看看 7 点钟中央电视台的新闻联播……工作间隙我也会了解网上的信息，河南商丘的李学生在浙江温州勇救小孩牺牲的事情，我就是第一时间在网上得到的消息。"① 而在新的政府与媒介的互动关系的形成过程中，无论是信息依法公开、健全政府公关传播的机制，还是政府定义新闻的能力的形成，都要求我们的政府工作人员克服媒介知识恐慌和素养危机，培养和提升自己的媒介素养，能够科学地认识媒介、准确地解读媒介、有效地利用媒介、公正地评价媒介，从而在实际工作中重视媒介、善待媒介、依靠媒介、借助媒介。对于司局级干部而言，既需要培养符合今天的媒介现实的基本媒介观念，又需要培养媒介接触和使用的素养、接受媒介监督和批评的素养。

一、培养司局级干部群体媒介新观念

在与中国社会转型互动共生发展的过程中，我们的新闻媒介正在发生数字化转型、市场化转型、民本化转型。这就需要包括司局级干部在内的各级领导干部，培养媒介新观念，进行媒介观念的转型与更新，形成符合今天媒介现实的媒介观念。在媒介新观念培养的具体内容上，要充分认识新闻媒介三大转型所带来的新趋势、新发展，以形成科学合理的接触、解读与利用媒介的观念基础。

1. 认识媒介的数字化转型

信息技术的创新、传播与扩散，直接而剧烈地引发了新闻信息传播与媒介的发展数字化转型。仅仅从新闻传播这一个方面来看，数字化时代将呈现七大趋势。② 第一，传播活动网络化。互联网的发展和普及，不仅仅对新闻信息传播的所有环节产生了广泛而深刻的影响，而且为新闻信息传播提供了新的基础平台。

---

① 参见《江南时报》2005 年 4 月 26 日，第 23 版。
② 唐润华：《数字化时代新闻传播的七大趋势》，载范以锦、董天策主编：《数字化时代的传媒产业》，暨南大学出版社 2008 年版，第 36 页。

当今人类所有传播活动都越来越多地移到这个平台上进行，这既从宏观上不断改变传统的传媒格局和传播生态，又从微观上继续更新着新闻信息传播机构的运作方式。第二，传播渠道复合化。不仅各类信息的传播渠道越来越多，而且不同形态的传播渠道相互融合。尤其是伴随着电视、通信、网络"三网合一"工程的推进，媒介的数字化转型和融合，使信息传播渠道日益复合化、整合化。第三是传播主体多元化。除了一般意义上的媒介及媒介集团之外，目前值得关注的传播主体包括各类专业信息机构、民营媒介产品生产企业、电信运营商、广大的个体网民。截至 2008 年 12 月 31 日，中国网民规模达到 2.98 亿人，普及率达到 22.6%，超过全球平均水平；网民规模较 2007 年增长 8 800 万人，年增长率为 41.9%。中国网民规模依然保持快速增长之势。① 网民规模的剧增和新媒介的发达，已经使网络舆论成为影响社会生活的重要力量。第四，受众和市场的碎片化。在这样一个"分众传播"的时代，无限增长的媒介资源正肆意地争夺有限的受众注意力资源，受众裂变为基于不同兴趣与需求的"碎片"。与之相适应，媒介市场也从过去的整体市场细分成各层次的细分市场。第五，产品形态多媒元化。今天的新闻信息的采集、发布和互动，可以通过文字、图表、视频、音频动画等介质进行全方位、多层次、适时互动的多媒体表达。网络媒介、交互式网络电视（IPTV）、手机媒介、楼宇媒介、电子杂志、电子阅读器等新媒介都可以展示多媒体形态的新闻信息。第六，信息流通的全球化。地球已经被各种传播网络层层包裹，新闻信息跨国界传播、受众对国际新闻信息需求量增大、境外新闻传播机构加紧向中国市场渗透等，成为信息流通全球化的重要表征。第七，传播机构形态两极化。在数字技术的作用下，新闻信息传播机构的功能、类型与形态也在发生结构上的变化，二是部分机构成为面向大众市场的综合性全媒体集团，二是部分机构成为面向分众市场的小型新闻信息传播机构。

2. 认识媒介的市场化转型

改革开放 30 年以来，中国的新闻媒介在市场化的轨道上，已经产生了很大的变化。首先是新闻传媒业的身份变了。30 年前，我们新闻传媒业的身份，是单一的"事业性质"的身份，是单一的党的宣传部门、宣传机关，记者、编辑都是党的宣传工作者，媒介上的报道、言论都是党的声音。在这 30 年中，我们的传媒业先后经过了三次"身份"改变：第一次是 1978 年由人民日报等多家首都新闻单位提出要求试行"事业单位，企业化管理"，得到了中央的认可，并在全国传媒业中推广。这次身份改变，就是允许传媒业这种事业单位可以有一块搞

---

① 中国互联网络信息中心：《第 23 次中国互联网发展统计报告》，载 http：//www.cnnic.net.cn/ 2009－02－15。

企业化管理。第二次是 1993 年 6 月，中共中央和国务院发布《关于加快发展第三产业的决定》，正式将报刊经营列入"第三产业"，允许媒介一部分实行商业化运作；2001 年 8 月，中央又颁布了《关于深化新闻出版广播影视业改革的若干意见》，明确将传媒业中的"发行集团"和"电影集团"等一起从"事业性质"中剥离出来，定位为"企业性质"。这第二次身份改变，就是允许传媒业从整体上实行"事业性质"和"企业性质"两种身份共存。第三次是 2003 年，中央先后出台了两个文化体制改革的试点文件，一个是《文化体制改革试点中支持文化产业发展的规定（试行）》、一个是《文化体制改革试点中经营性的文化事业单位转制为企业的规定（试行）》。进一步将党报、党刊这样一些核心媒介的宣传业务和经营业务分离开来，经营部分另外组成企业集团。这第三次身份改变就是允许党报、党刊也实行"事业性质"和"企业性质"两种身份共存。这样，我们现在的传媒业都普遍实行了"一媒两制"，既是事业单位，又是企业单位。第二是新闻传播的理念、观念变了。市场化转型给我们新闻传播理念、观念带来的变化最为明显的是，注重媒介目标消费群体信息需要的满足；新闻产品的"商品性"显现，媒介的"娱乐"功能开始释放。随着传媒业的市场化转型，新闻信息的接受者已经由原来体制下的受众，演化成市场经济体制下的新闻消费者。由此，新闻产品的"商品性"开始显现，"争夺眼球"成了众多传媒市场竞争的主战场。这突出表现在新闻可读性、可受性增强的同时，也出现了这样几个倾向：其一重大新闻事件报道的"故事化"、"戏剧化"。其二文化娱乐报道的"作秀化"。其三社会新闻报道的"煽情化"。第三是新闻传播实务运作上也开始发生了变化。新闻的价值取向上，由"宣传灌输"向提供事实再向既提供事实又提供认知世界的方法论转轨；受众定位上，由无视受众向注重受众、由注重规模受众再向注重目标受众转轨；媒介的行为方式上的转轨。由"奉旨行文"向"内容"为王再向"产品"为王转轨。第四是传媒产业的经营方式也变了。由过去国家"包养"，变成自己到市场上谋生路，去打拼。这样，各种各样的市场化经营手段和运作方式在传媒业中得以流行。比如，打价格战，挖人才，组建"集约型"的传媒集团，实施跨媒体、跨区域经营，进入资本市场搞"上市"，"走出去"与国际市场竞争等。总之，传媒业的市场主体角色越来越强化。

3. 认识民本化转型

在上述两种转型的作用下，中国媒介也正在发生民本化转型。所谓民本化转型，强调的是媒介角色正从过去的单一的党的喉舌向党领导下的国民信息传播工具的转型。这一转型表现在：第一，尽管现在我们的传媒依然接受执政党（政府）的新闻宣传思想指导，但同时也强调"以受众为本位"的新闻报道理念。第二，媒介的总体结构由党媒、市场化媒介、公共媒介等不同类型的媒介构成，媒介已经成为一种重要的公共力量，一种能够影响社会的"软权力"。第三，新闻传播的运作，注重社会公众的知情权的实现。尤其是近几年来新闻媒介对诸如广州"孙志刚事件"、沈阳黑社会头目"刘涌事件"、重庆"最牛钉子户事件"、江苏太湖的"蓝藻事件"、山西"黑砖窑事件"、陕西的"虎照事件"以及四川汶川大地震、北京奥运会等新闻事件所作的透明化报道，就是新闻专业主义开始张扬的结果，同时也显示了中国新闻传媒宏观政策的价值重心正在逐步地向满足民众的信息知情权、最大限度地保障民众在社会生活意见表达权的方向转移。第四，新闻报道"平民化"倾向彰显，传媒的"亲民"形象日趋浓烈。这主要表现在：媒介的"小众"化、"窄播"化的趋势越来越明显；"民生"新闻成了众多媒介的"主打"产品；把新闻做"软"，凸显新闻的人情味和情节性、趣味性成了不少媒介的"看家"法宝；用个性、特色"约会"受众，成了许多媒介的一大流行语。第五，网络互动新闻的崛起。以网络的论坛、博客、播客、相册、圈子等为媒介的网民个人新闻传播，正日益影响着新闻传播活动和社会舆论的生成与发展。在新闻网站及其网络论坛、博客、播客、相册、圈子等网络媒介所释放的巨大的新闻传播能量，已经成为巨大的媒体力量。在 2008 年围绕西藏"3·14"事件报道的国际舆论博弈过程中，中国主流媒介在沉默中等待"统一口径"的时候，以中国大陆网民为主体的全球华人通过互联网络迅速凝聚成为一个整体，齐心协力，及时群起声讨西方一些主流媒体的歪曲报道，形成了与西方那些主流媒体相对峙的"第三方力量"，用无可辩驳的事实回击了西方主流媒介的偏见，揭露了其"客观公正"的真实面目，遏制了其话语霸权，为国内的主流媒介后续加入舆论博弈提供了强有力的信息源和网络支持。传媒的民本化转型，正使之逐步回归"社会公器"的本性。

二、优化司局级干部的媒介接近和使用素养

在充分认知新闻媒介的数字化转型、市场化转型、民本化转型的基础上，优化司局级干部的媒介使用素养，需要引导其学会与媒介打交道。这方面的媒介素养教育中，包括三个基本方面：

1. 学会面向媒介，公开信息

政府信息的公开有主动公开和申请公开两种方式。前者是针对社会公众，后者是针对特定的申请人，包括公民和法人的申请人。作为媒介素养的信息公开能力主要是指针对社会公众的信息公开和发布能力。具体说，就是接近媒介、接近记者，通过媒介公开信息的能力。依法公开信息涉及三种能力：一是对于可公开信息的界定能力。对现代社会透明的、法治的、承担有限责任的政府而言，行政

信息的依法公开是常态，不公开则是例外。在法律许可的前提下，凡是管理相对人和公众关心的信息，都在可公开范围之列。二是应对记者采访的能力。"记者不是你的学生，不是你的部下，不是你的朋友，更不是你的敌人，而是你的挑战者！"国务院新闻办公室人事局局长汪兴明在 2005 年广州市新闻发言人培训班上这样讲到。其实，记者的角色准确地说，是代表公众了解他们"欲知"、"需知"、"能知"的信息，代表公众实现自己的知情权。因而记者与政府机构工作人员的关系是平等的工作关系、共生关系；记者自身在合法地从事职业活动时，拥有采访权、评论权和信息编辑发布权。接受他们的合法采访，配合他们实现自己的职业权利是包括司局级干部在内的各级领导干部及其他政府机构工作人员的义务。因此，司局级干部们在接受采访的过程中，要向他们提供真实的工作信息，提供公众关心的实事信息，而不是"防火防盗防记者"，或者简单地使用"无可奉告"等词语将其拒之于门外。三是在部门网站发布信息的能力。部门网站并不是一个信息化时代的装饰物，而是公开信息、与公众进行有效沟通的重要渠道。凡是有利于公众接受政府公共服务职能的信息，都应该在网站上及时公开、更新。

2. 学习适应政府公关传播的机制，主动接近和使用媒介

今天的新闻传播的一个重大变化，就是政府机构等社会组织作为新闻源，从过去的新闻宣传转向公关传播。尤其是在汶川大地震和北京奥运会之后，政府的新闻管理体制逐步走向开放，国内的新闻源面向国内外媒介全面开放，政府的公关传播策略的走向彰显。从 2003 年年初开始建立健全对外新闻发布机制，并且要求新闻发布经常化、规范化、制度化，可以视为政府公关传播机制开始构建的起点。截至 2008 年 6 月，国务院所有部委新闻发布和发言人制度，产生了 90 多位新闻发言人；全国的除港、澳、台外的 31 个省、市、自治区建立了新闻发布制度，设立了 50 多位新闻发言人；全国的部分重要城市及大型企事业单位，也设立了相应的新闻发布制度。这一制度的普及，在中国已经构建了初具规模的公共关系的媒介沟通机制。而在四川汶川大地震的处置过程中，新闻发布制度也爆发出"体制性能量"，为政府和媒介赢得信誉。通过新闻发布和新闻发言人制度而实施的政府公关传播就是变政策为新闻，变宣传为新闻，实施新闻执政的媒介策略。因此，适应政府公关传播的机制，主动接近媒介、主动邀请记者，召开新闻发布会，设置新闻报道议程，影响媒介，推销自身，自觉引导舆论这是当代领导干部的重要素养之一。新闻发布和新闻发言人制度的精髓在于政府定期或者不定期地主动向媒介提供信息，使政府机构及其工作人员在第一时间成为新闻的第一定义者。来自政府的信息有着天生的权威性，也是公众最想知道的信息。只要政府机构及其工作人员主动出击就能抢占引领舆论的先机。新闻媒介在选择信息源的时候，除了重视可信性和权威性两大标准以外，还有在十分有限的版面或时段、频道发布时间内重视及时性与易获得性。易于记者第一时间获得事实信息的新闻发布制度，对新闻信息传播具有很强的铺垫和框架作用。只有政府成为新闻的第一定义者，才能够在第一时间使政府的声音与形象出现在媒体上，才能够成功引导舆论。

3. 培养危机公关传播的能力

当前中国社会的发展已经进入社会突发性危机事件的高发期。突发性群体事件一直是困扰当今社会的重要问题之一，也是构筑和谐社会的重大障碍之一。2006年1月8日，国务院颁布《国家突发公共事件总体应急预案》，2007年11月1日，全国人大常委会发布《突发事件应对法》，应对突发性社会事件，将是中国各级政府工作人员的基本职能。在社会各阶层利益的实现和协调过程中，社会问题和危机事件的频繁发生，成为社会常态，将对政府的执政能力、执政水平提出严峻的考验。对此，如果缺乏基本的危机公关传播意识和能力，就会发生执政能力恐慌、媒介恐慌。危机公关传播能力指的是在危机事件发生之前、之中、之后，介于组织和公众之间的传播能力。它是在危机事件的不同阶段，能够进行恰当的公关策略选择，并运用媒介实现公关策略，完成政府与公众的良好沟通，维护并提升负责任的政府形象。这一能力至少包括三个方面的具体内容：首先是危机事件爆发前，具有正确的危机公关传播意识，能够恰当地使用大众传媒进行危机预警传播。应建立危机信息搜集系统，对有关危机风险源和危机征兆等信息进行收集，对搜集来的信息进行快速分析和判断，然后针对各种可能发生的危机事件，建立健全危机监控方法，及时发现危机征兆，准确把握危机的诱因、未来发展趋势和演变规律，尽早采取措施，尽可能将危机消灭在潜伏时期和萌芽状态。同时，对可能发生和可以预警的危机事件应进行预警，利用广播、电视、报纸、电话、手机短信、街区显示屏和互联网等多种形式发布预警信息，确保广大人民群众第一时间内掌握预警信息，使他们做好应对危机的心理准备，采取有效防御措施，尽可能地减少人员伤亡和财产损失。其次是在危机事件爆发以后，既要果断采取措施，控制危机蔓延，又要做好信息传播，提高解决危机的能力。对于危机事件过程中的公关传播和信息沟通，英国危机公关传播专家里杰斯特提出了著名的"三T"原则，即 Tell your own tale（以我为主提供情况）、Tell it fast（尽快提供情况）、Tell it all（提供全部情况）。在此基础上，还需要注意三点：一是尊重媒介，给媒介以平等的采访报道权。既不能把媒介看成是麻烦的制造者，也不能随意地把采访权"施舍"给自己喜欢的媒介，或者一相情愿地认为是会帮助自己的媒介。二是第一时间告知事实。在第一时间把权威信息告知公众，才能牢牢把住事件全过程中发布权威信息的主动权，谣言止于事实的公开。

媒介对危机事件及政府解决危机的态度和措施的报道，不但可以满足公众的知情权，让公众及时准确地了解事情的真相，稳定公众情绪，而且可以帮助政府树立认真负责的公众利益代表者的形象，增加公众对政府危机管理措施的信任和支持，有利于危机的顺利解决。三是充分利用新闻发言人制度，及时与公众保持沟通。新闻发言人制度可以确保"传播主体（政府）——传播渠道（媒体）——传播对象（公众）"这一传播链条的畅通无阻，有效地保障政府权威信息的及时流通和公共舆论的正确引导。通过新闻发言人，政府可以与媒介、公众就危机事件的有关情况进行交流，释疑解惑，表明政府的态度立场，介绍政府的应对举措，动员公众与政府积极配合，一起共渡难关。再者是危机事件的后期，重在调查评估、恢复重建，但同时要注意对于危机事件的起因、经过、损失、责任追究等信息的传播，使公众获得危机公关修正机制的相关信息，让人们感受到政府正在完善和修正处理公关危机事件的相关制度，使危机公关的制度和程序更加完善与高效。

三、养成自觉接受媒介监督的素养

新闻媒介对政府及其工作人员的批评和监督，是中国社会主义民主政治的社会监督系统的重要构成部分。在社会公共危机事件的高发期，新闻媒介发挥社会生活的探照灯与监视器的功能，对社会生活进行批评监督，尤为必要。最近连接不断出现的贵州瓮安"6·28"打砸烧事件、三鹿问题奶粉事件、山西襄汾"9·8"特大尾矿库溃坝事故等重大恶性危机事件，如果有新闻媒介及其调查性报道的及时介入，就可以防患于未然而不至于演化成为具有灾难性后果的重大社会问题。因此，强化对于政府机构、企事业单位的舆论监督，建构媒介与政府之间的监督关系，将是今后新闻改革的重要走向。媒介对政府的监督，有着"保健医生"的作用，可以帮助政府发现问题和解决问题。自觉接受媒介的批评和监督，也是包括司局级干部在内的中国各级领导干部媒介素养的重要方面。自觉接受媒介批评监督的素养，至少应该包括：坦诚告知事实真相的态度、承担领导责任的勇气、坦然应对媒介质疑、提供平衡报道的事实、不干涉媒介的正常新闻传播活动等不同方面、质疑新闻媒介侵权等方面。第一是坦诚告知事实真相的态度。这是应对媒介和记者采访的基本态度。媒介采访的主要目的就是要更加全面地了解事实真相，作为事件的当事人或者关系人，接受采访的时候，要客观陈述自己了解的情况；不能隐瞒事实或者随意增减事实要素，更不能提供虚假信息，误导媒介，愚弄公众。第二是承担领导责任的勇气。对于引起社会舆论广泛关注的事件不能推卸责任，更不能文过饰非。被批评的事件发生以后，公众最关注的是由谁来承担责任。可能在事发之初,难以确认真正的责任人,或者即使能确认责任人,但由于种种原因,不能迅速作出处理决定。这时就需要相关政府部门的领导人要有承担领导责任的勇气。在 2008 年年初南方的冰雪灾害事件中,有媒介对铁道部的工作提出批评。而铁道部某副部长在新闻发布会上回答记者"你给铁道部在本次抗击冰雪灾害中的表现打多少分"这一本来就带有陷阱性的问题时,给自己评功摆好,提出至少打 90 分。这一文过饰非的回答结果,弄巧成拙,把铁道部工作失误凸显出来。第三是坦然应对媒介质疑。在坏消息发生时,无论是新闻发言人,还是接受采访的工作人员,首先要做的不是回避记者的追问,而是要解释事件的原因和政府正在采取的行动。"无可奉告"、"正在调查中"、"这不是我们一个部门可以解决的"等这些拒绝或搪塞性答复不能出现在舆论监督的采访过程中。"正龙虎照"事件中,陕西省林业厅等机构,先后也开过几次新闻发布会,虽然没直接使用"无可奉告"等搪塞词语,但各路记者就同一个问题不断追问时,而相关人员总是"顾左右而言他"。这导致政府林业管理机构的公信力大大降低。第四是提供平衡报道的事实与观点。在媒介上出现了不符合事实的报道或观点时,当事人或关系人,要充分行使自己的媒介接近权,主动向相关媒介陈述自己所了解的事实信息,或者自己的观点。第五是不干涉媒介的正常新闻传播活动。这里强调的是要尊重媒介履行职能而实施的客观报道,不能因媒介批评自己而采取非法的报复行动,更不能殴打、追捕记者,甚至诬陷、非法查封媒介。第六是质疑或追究新闻媒介侵权。如果相关报道失实而损害了合法权益,或者表达不当而侵害了报道对象的合法权益,依法质疑,甚至追究媒介的责任也是自觉接受媒介监督素养的重要部分。

第十章

中国大学生对大众传媒的认知、评价和期待

第一节 引 言

一、研究的背景与问题

在中国社会改革与发展的历史进程中,高等教育也发生了从精英教育到大众化教育的转型,并且实现大规模扩招。截至 2008 年年底,中国普通高校本科生和研究生招生规模分别达到 570 万人和 42.4 万人,普通高等教育本科在校生达 1 738.8 万人,研究生 110.5 万人,在学人数位居世界第一;高等教育毛入学率达到 22%,已跨入国际公认的高等教育大众化阶段。虽然普通高校在学人数的绝对数字与中国庞大的人口规模比较似乎并不算大,但大学生是中国社会的一个特殊群体。其特殊性体现在三个方面:第一,他们是优化中国社会阶层结构的生力军。在中国已经步入现代化发展快车道的今天,大学是生产社会中产阶级的装置。中国社会的转型已经走过了结构大调整的关键阶段,当前中国的社会阶层结构已经初步定型。正在发展之中的社会中上阶层,主要从在校大学生中产生。第二,他们是大多数传统大众媒介将来的、潜在的目标受众。大学生处于职业角色

社会化的关键时期,尽管他们中的绝大多数因其经济来源的非独立性而不具备成为作为传统媒介市场的受众资格,除了《大学生》杂志以及部分高校内部的小众媒介以他们作为目标受众以外,绝大多数大众传媒都不是以他们为目标受众而设立,但是他们又是整个社会中坚力量的后备军,是将来的社会中产阶层的构成部分之一,是将来大众传媒的消费者和接触者。第三,他们是新兴网络媒介的核心受众。尤其是在网络媒介高度发达的今天,大学生群体因其掌握高新技术的便利而与网络媒介得以亲密接触,导致这一群体出现了传统媒介话语权的相对缺失与网络媒介话语权的比较充盈的现象。在今天的"后喻文化时代",由于大学生群体的特殊性决定了他们对于大众传播媒介与社会发展的影响未可限量。因此,我们必须研究和分析大学生群体的媒介认知、媒介评价和媒介期待。

分析考察大学生阶层的媒介认知、媒介评价和媒介期待的意义至少有三个方面:第一,可以帮助我们把握大学生与媒介关系的实然状态,有利于传播层面洞悉大学生的信息需要、优化媒介结构、调整传播内容,解决结构失衡、内容失语等问题,形成有利于中国社会和谐发展的传媒结构和传播机制,进而构建科学、合理的媒介与受众的互动关系。第二,可以帮助我们提前把握制约将来的媒介发展走向的社会中产阶层的媒介期待,能够为形成和谐社会利益表达渠道与博弈机制提供支持。第三,寻找大学生媒介素养的问题,并提出应对之策。大学生作为一个重要的高知识群体和网络媒介消费群体,具有触觉灵敏、思维活跃的特点,调查其对媒介发展现状、问题及趋势的认识,有助于帮助传媒找到自身的问题所在,这对于其改进自身状况、抓住未来市场发展契机、促进可持续健康发展有着重要的指导意义。

二、研究设计

1. 本项调查的目的

第一,客观准确地认识和考察中国大学生群体的媒介认知、媒介评价和媒介期待,把握构建和谐社会的媒介与大学生群体关系的基础。

第二,全面廓清现有阶层媒介与大学生群体之间的互动现实,把握可能造成传播偏差的"隐患点",寻找面向大学生群体的媒介发展和媒介结构优化的最有发展潜力的"增长点"。

第三,为提升大学生群体的媒介素养教育提供对策。

2. 调查方法和调查内容

以统一问卷、判断抽样、访员面谈的方式,调查中国大学生群体的基本情况

（包括性别、年龄、专业、政治面貌、宗教信仰等）、媒介接触情况、媒介现状与问题认知、媒介评价、媒介期待等几个方面的观点与看法，以期对大学生群体的媒介认知、评价与期待有一个比较全面客观准确地认识。

3. 抽样设计

这次调查对象的目标对象是在校大学生。由于调查对象规模巨大，且分布分散，采用判断抽样与随机抽样相结合的方式抽取调查样本。首先，根据中国高校分布特点，选择高校相对集中的北京、上海、武汉、西安、广州、成都六大城市作为对象城市。其次，在每个城市中抽取综合、理工类高校各 1 所，再从每个高校中抽取 3 个专业，最后在每个专业抽取本科生 20 名、研究生 10 名作为调查对象。本次调查的抽样方案与样本分布情况如下（见表 10-1、表 10-2）。

表 10-1   调查抽样方案

抽样阶段	第一阶段	第二阶段	第三阶段
随机抽样方式	每市抽 2 个高校	每校抽 3 专业	每个专业本科生 20 名、硕士研究生 10 名

表 10-2   大学生群体抽样调查采集的样本分布

城市	北京	上海	武汉	西安	广州	成都	合计
样本数	170	157	170	172	179	149	997

4. 调查的实施质量

调查以发放统一问卷的形式，于 2007 年 5～6 月在北京、上海、武汉、西安、广州、成都六大城市中进行。课题组委托四川大学新闻与传播学院、西北大学 MBA 教育培训中心、暨南大学新闻学院、上海大学影视艺术学院、武汉大学新闻与传播学院、中央财经大学新闻传播学院等高校的工作人员，经过调查员培训之后，执行调查。按照设计要求，在每个城市发放问卷 180 份，在全国发放问卷 1 080 份，共回收有效问卷 997 份，有效问卷回收率达到 92%。经过对 10% 的已执行有效问卷所进行的电话复核，全部调查访问工作符合调查程序的规范和质量要求。此外，我们还就一些问卷内容及相关扩展问题选择了部分被调查者进行了深度访谈。

5. 数据处理

本次调查共采集到的原始调查数据共计 10.8 万余个。全部数据均采用国际通行的社会科学统计软件包（spss/pc+）统计处理。下文即这次调查的主要发现和分析性结论。

第二节　主要发现与结果分析

本次调查的有效样本分布较为均匀，北京、成都、广州、上海、武汉、西安六城市所占比例分别为 17.1%、14.9%、18.1%、15.7%、16.9%、17.3%。被调查者的性别比例相当，男生占 53.5%，女生占 46.5%；学习阶段分布中，本科生与硕士研究生、博士研究生比例分别为 62.6%、36.2%、1.2%；政治面貌分布中，党员 36.2%，共青团员 55.8%，群众 8.0%。调查样本的基本情况如表 10-3 所示。

表 10-3　　调查对象基本情况

类别	地域						性别		学习阶段			政治面貌		
	北京	成都	广州	上海	武汉	西安	男	女	本科生	硕士生	博士生	党员	共青团员	群众
比例	17.1%	14.9%	18.1%	15.7%	16.9%	17.3%	53.5%	46.5%	62.6%	36.2%	1.2%	36.2%	55.8%	8.0%

一、媒介接触

1. 大学生群体接触各类媒体的时间比较

本研究对大学生每天接触报纸、广播、杂志、电视（传统电视、网络电视）和互联网六类媒介的时间做了一项调查，问卷中对于每一类媒介都分别设置了"基本不接触"、"少于 30 分钟"、"31~60 分钟"、"1~2 小时"、"2~3 小时"、"3 小时以上"6 个选项，由被调查者根据自身情况分别进行勾选，后期分析中通过对各项进行百分比统计，再加权计算出"平均时长"，从而得出大学生接触各类媒介的时间，详细结果如表 10-4 所示。

表 10-4　　大学生接触各类媒介的时间表

媒介类别	基本不接触	少于 30 分钟	31~60 分钟	1~2 小时	2~3 小时	3 小时以上	平均时长*
报纸	17.9%	61.0%	17.6%	3.1%	0.4%	0.0%	20.46 分钟
广播	52.3%	33.2%	10.3%	2.5%	1.7%	0.0%	14.42 分钟

续表

媒介类别		基本不接触	少于30分钟	31~60分钟	1~2小时	2~3小时	3小时以上	平均时长*
电视	传统电视	39.1%	34.7%	16.0%	6.1%	1.9%	2.2%	25.37分钟
	网络电视	22.4%	34.8%	22.1%	13.9%	3.5%	3.3%	39.9分钟
杂志		19.6%	50.1%	22.6%	5.5%	1.5%	0.7%	26.36分钟
网络		1.8%	15.0%	20.8%	25.4%	16.0%	21.0%	102.66分钟

* 平均时长赋值："基本不接触"＝0分钟；"少于30分钟"＝15分钟；"31~60分钟"＝45分钟；"1~2小时"＝90分钟；"2~3小时"＝150分钟；"3小时以上"＝210分钟。

对照表10－4可以发现，大学生每天接触网络的时间最长（达到了1小时43分钟，分别超过网络电视、杂志、传统电视、报纸、广播的接触时长大约为63分钟、76分钟、77分钟、82分钟、88分钟），其次是网络电视（近40分钟），然后再依次是杂志（约26分钟）、传统电视（约25分钟）、报纸（约20分钟）、广播（约14分钟）。值得关注的问题有二：一是，大学生每天接触网络的时间最长，而报纸和广播等过去大学生依赖的媒介受到的关注已经越来越少，甚至就接触时间来看已经排到了末位；二是，新兴媒介网络电视深受大学生青睐。网络电视是网络与电视相互渗透、相互融合而成的一种新型传播形态，它通过数字化宽带网络向人们提供信息和娱乐服务，与传统电视相比，具有使用方便、内容多样、选择自主、服务个性化和传播交互性等特点。它的这些特点恰好与大学生信息需求的自主性、多样性和参与性相吻合，因此，网络电视才能在短短几年的时间内，在大学生群体中迅速流行并普及开来。根据易观国际的一项数据分析，"到2008年，中国网络电视的用户将达到855万，其市场规模可达200亿~400亿元。"[①] 而大学生作为网络电视非常重要的收视群体，其对网络电视的使用情况及其自身的需求特性，对于未来整个网络电视行业的走向具有重要的指导意义，值得我们的关注。

2. 大学生经常接触的报纸、电视频道和网站

（1）大学生经常接触的报纸。

本次研究依据"全国性信息类报纸"（具体选取了《参考消息》）、"全国性的面向知识分子的报纸"（选取《光明日报》）、"党报类报纸"（包括中央级党

---

① 李建秋：《新媒体传播与娱乐新形式》，载《新闻界》2008年第2期。

报和地方党报，其中具体选取了《人民日报》、《经济日报》两份中央党报）、"都市类报纸"、"晚报类报纸"、"财经类报纸"、"行业报"、"企业报"、"其他类报纸"、"国外报纸"的思路，对大学生经常接触的报纸做了详细的调查，调查结果如图 10-1 所示。

报纸类型	百分比 (%)
其他	6
国外报纸	1.9
企业报	0.4
行业报	4.2
财经类报纸	5.4
晚报类报纸	17.2
都市类报纸	20.8
地方党报	3.4
《光明日报》	3.4
《参考消息》	16.0
《人民日报》	14.7
《经济日报》	6.6

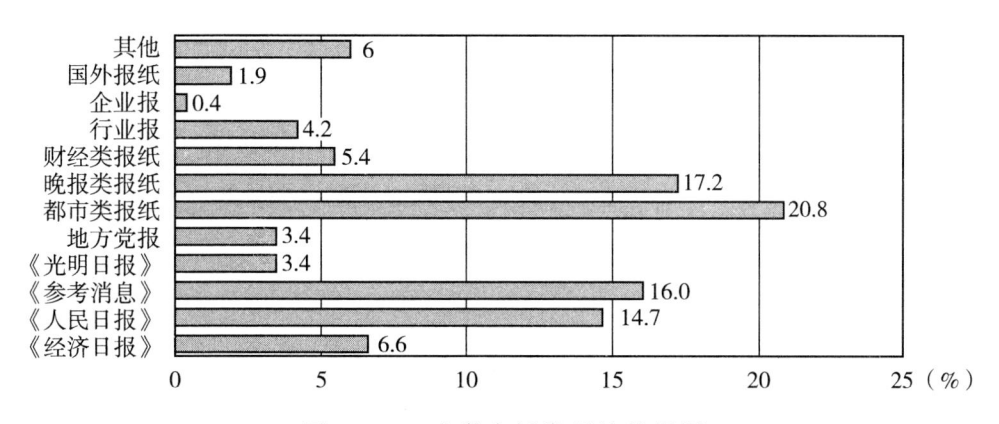

图 10-1　大学生经常阅读的报纸

大学生接触最多的是都市类报纸（占到了 20.8%），其次是晚报类报纸（比例为 17.2%），"全国性的消息文摘类报纸"《参考消息》排在第 3 位（16.0%），紧接着的是"中央级党报"《人民日报》（14.7%），而后依次是"有关经济方面的中央党报"《经济日报》（6.6%）、财经类报纸（5.4%）、行业类报纸（4.2%）、地方党报（3.4%）、"全国性的面向知识分子的报纸"《光明日报》（3.4%）、其他类报纸（6.0%）、国外报纸（1.9%）及企业报（0.4%）。考虑到近些年来，都市类和晚报类报纸的风格日益趋近，因此，实际上我们可以将都市类、晚报类报纸归为同一类，也就是说调查中有 38.0% 的大学生经常接触都市类晚报类报纸，远多于接触其他类报纸的人群，各个城市的都市类晚报类报纸在大学生中的受欢迎程度由此可见一斑。在全国性的报纸中，《参考消息》最受大学生青睐。而《参考消息》是全国发行量最大的日报，素以刊登世界各国报刊和通讯社的最新消息、评论、文章的精华，全面及时地报道世界各地以及港澳台的各方面最新情况而闻名，16% 的被调查者选择《参考消息》，说明《参考消息》已经成为大学生获取国际信息的重要渠道。此外，在调查中有 14.7% 的大学生经常接触《人民日报》。这一方面说明，虽然现今媒介种类日益多样，党报的发行量日益下降，但大学生们比较关注《人民日报》，该报在大学生群体中具有一定的影响力。另外，需要说明的一点是，由于种种原因的限制，本次调查中所列举的报纸种类并不能涵盖当前所有的报纸类型，但是就目前的调查来看，我们可以发现，本次调查所列举出的 11 类报纸，大学生都有经常性接触，这说明当代大学生接触报纸的种类多样，接触报纸的面还是比较广的。

（2）大学生经常收看的电视频道。

中央电视台是大学生收看最多的电视台，经常收看中央电视台节目的人数比例达到44.6%。收看凤凰卫视的人数比例达到30.3%，收看地方电视台或卫视的大学生人数排第三位（占22.4%），收看境外电视节目的大学生最少，占总人数的2.7%（见图10-2）。需要说明的是，凤凰卫视目前在内地只是有限落地，覆盖面并不大，因此其收视率自然不及央视；本次调查同时也揭示出，收看凤凰卫视的人数远远超过了各地方电视台的收看人数，由此可见凤凰卫视在大学生群体中受欢迎程度很高。

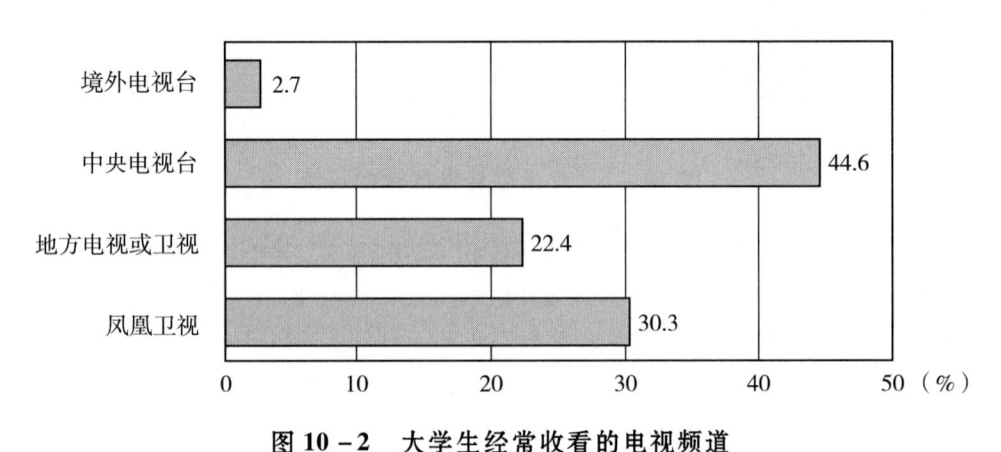

图10-2 大学生经常收看的电视频道

（3）大学生经常点击的网站。

经常登录"综合门户网站"的大学生人数达到了被调查总人数的62.7%，经常接触"新闻网站"的大学生占18.9%，关注"行业网站"和"单位网站"的大学生人数相同（均占被调查总人数的4.6%），点击"政府网站"的人数最少，只达到被调查总人数的1.6%（见图10-3）。需要关注的是，经常接触"综合门户网站"的人远远多过经常接触"新闻网站"的人，这说明大学生上网并不只是为了获取新闻资讯（因为如果单纯是为了获取新闻资讯，专业的新闻网站应该是首选），而是为了满足获取资讯、娱乐消闲、发表意见等多种需求。这同上文有关大学生上网目的的调查结果得到了相互的印证。

3. 大学生上网主要从事的活动

大学生每天接触网络的平均时间长达1小时43分钟，那么大学生上网都在做什么？本研究为"获取新闻资讯"、"进行聊天、收发电子邮件等人际交流"、"浏览论坛、博客或跟帖"、"享受玩游戏、看电影等娱乐活动"、"创建或更新个人博客"、"个人创作并发表帖子"六项活动，分别设置了"几乎每天"、"经常"、"有时"、"很少"、"从不"五个选项要求被调查者进行勾选，然后对各项进行百分比统计，再根据百分比计算出平均值，得出大学生上网从事各项活动的频率均值（见表10-5）。调查发现，大学生上网进行最多的是创作并发表帖子，其次是创建或更新个人博客，而后再依次是玩游戏、看电影等休闲活动，浏览论坛、博客或跟帖评论，聊天、收发电子邮件等，最后才是获取新闻资讯。可见，大学生虽然每天在网上花费的时间很长，但主要不是通过网络来获取新闻资讯，更多的是借助网络这种新兴媒介来发表个人观点和进行休闲娱乐活动。

其他 7.6
单位网站 4.6
政府门户网站 1.6
行业网站 4.6
新闻网站 18.9
综合门户网站 62.7

图10-3 大学生经常点击的网站

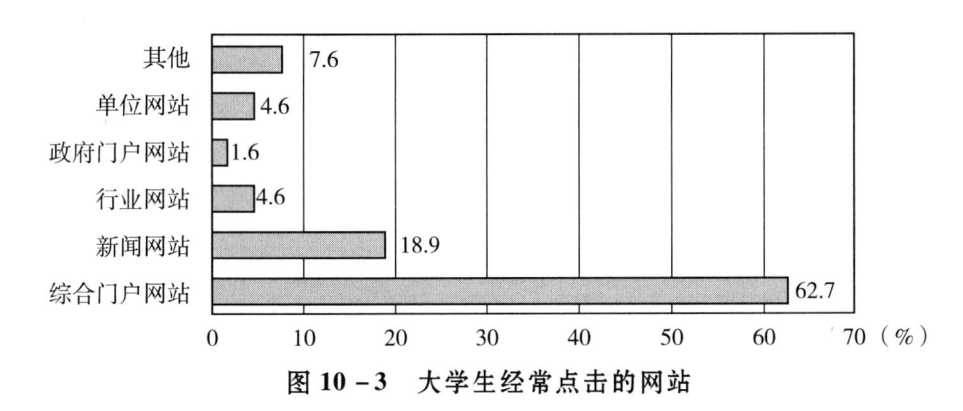

表10-5 大学生上网从事各项活动的频率均值表

	几乎每天	经常	有时	很少	从不	接触频率均值
获取新闻资讯	47.2%	26.5%	18.7%	7.3%	0.3%	1.870
进行聊天、收发电子邮件等人际交流*	38.3%	35.9%	19.2%	6.2%	0.3%	1.944
浏览论坛、博客或跟帖	23.4%	26.9%	30.8%	16.0%	2.9%	2.480
享受娱乐休闲（如玩游戏、看电影）	17.2%	35.0%	31.5%	14.6%	1.7%	2.488
创建或更新个人博客*	7.1%	17.5%	25.6%	24.7%	25.0%	3.429
个人创作并发表帖子*	4.8%	12.4%	25.1%	37.6%	20.2%	3.561

*号标志的行中，数据总和不满100%的余数是未回答者所占的比例。

4. 大学生了解党和国家方针、政策、法规信息，接触新闻信息的主要途径

（1）大学生了解党和国家方针、政策、法规信息的主要途径占据前5位的是：电视，41.5%；互联网，31.2%；报纸，13.8%；听广播，4.3%；时事政治课，3.4%（见图10-4）。这说明，他们了解党和国家方针、政策、法规信息依次倚重电视、互联网、报纸等媒介。

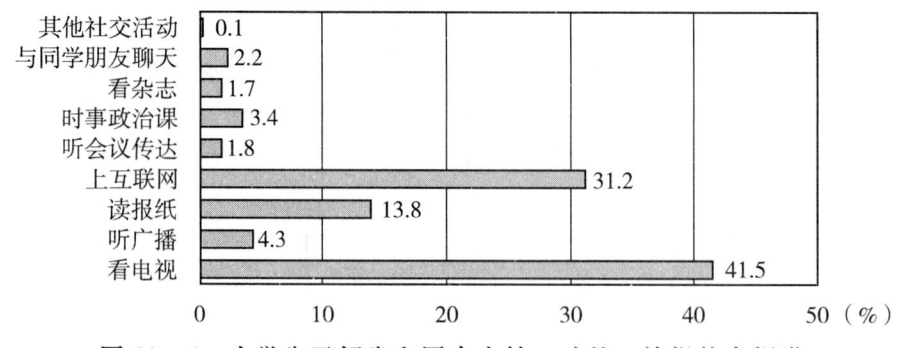

```
其他社交活动  0.1
与同学朋友聊天 2.2
看杂志     1.7
时事政治课   3.4
听会议传达   1.8
上互联网           31.2
读报纸       13.8
听广播      4.3
看电视              41.5
     0    10   20   30   40   50（%）
```

图 10-4　大学生了解党和国家方针、政策、法规的主渠道

（2）大学生了解国内外大事的主要渠道占据前五位的是：互联网，40.6%；电视，35.2%；报纸，13.7%；广播，5.2%；与朋友聊天，2.7%（见图 10-5）。由此可知，他们了解新闻信息依次倚重互联网、电视、报纸等媒介。

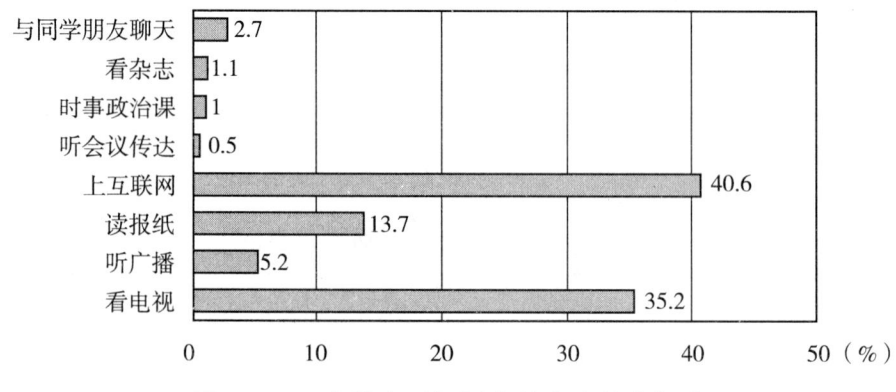

```
与同学朋友聊天 2.7
看杂志     1.1
时事政治课   1
听会议传达   0.5
上互联网             40.6
读报纸       13.7
听广播      5.2
看电视             35.2
     0    10   20   30   40   50（%）
```

图 10-5　大学生了解国内外大事的主渠道

5. 大学生接触报纸、杂志、电视、互联网的途径与方式

（1）大学生接触报纸的主要途径与方式：报摊购买和同学间、图书馆里借阅为主。

在被调查者中有 36.4% 的人通过报摊购买的方式获得报纸，27.8% 的人通过同学间传阅的方式接触报纸，另有 21% 的人通过图书馆借阅的方式阅读报纸，只有 8% 和 6.8% 的人分别通过个人订阅和学校订阅的方式接触报纸（见图 10-6）。这说明大学生主要还是通过自行购买和同学间传阅、图书馆里借阅的方式来获取报纸，以自费订阅的方式来阅读报纸的人很少。

（2）大学生接触杂志的主要途径与方式：同学间借阅占首位，其次是报摊购买和图书馆借阅。

同学间传阅是大学生接触杂志的最主要途径（占被调查对象的 31.7%），而后依次是报摊购买（占被调查对象的 28.9%）和图书馆借阅（占被调查对象的 27.8%），个人订阅（占被调查对象的 9.7%）和学校订阅（占被调查对象的 1.9%）是大学生较少采用的接触杂志的方式（见图 10-7）。与接触报纸的途径相比较，可以发现，同学间传阅取代报摊购买成为大学生接触杂志的首选途径，这可能与杂志价格远高于报纸，普通大学生难以长期承受有关。此外，还发现，无论是接触报纸，还是接触杂志，大学生们都不倾向于选择订阅的方式，而更多的是通过报摊购买或是借阅方式来获得报纸或杂志。

图 10-6 大学生接触报纸的途径

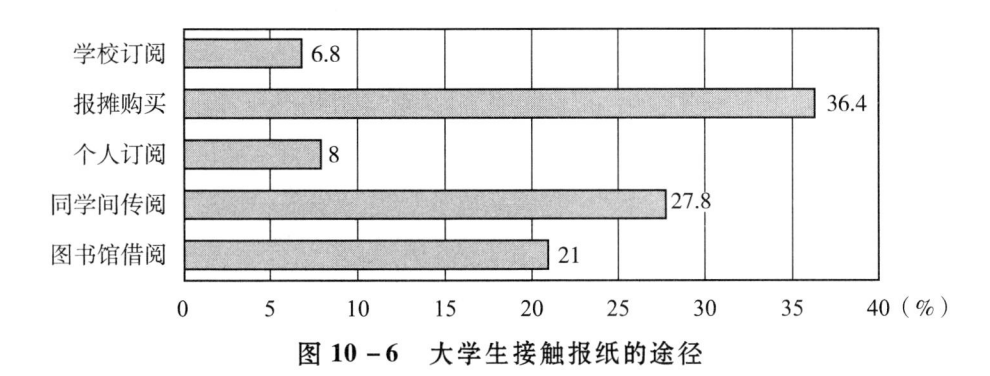

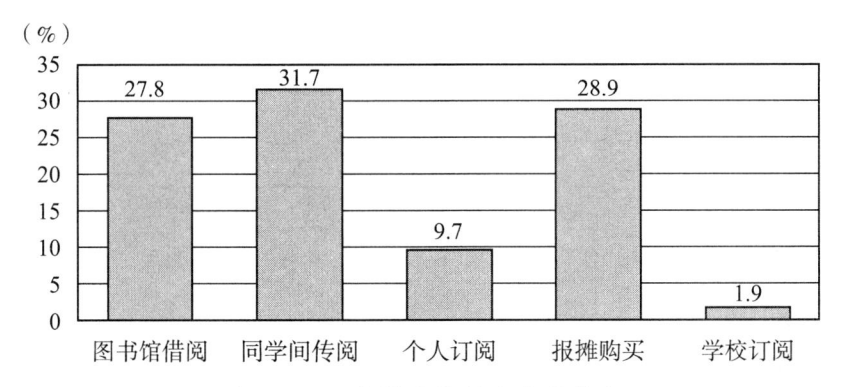

图 10-7 大学生接触杂志的途径

（3）大学生接触电视的主要方式：接触受条件限制，主要依赖家中的电视机。

被调查者中，有 47.4% 的大学生通过家中的电视机来接触电视媒介，有 28.5% 的大学生是借助公共场所的电视机来接触电视，只有 9.3% 的大学生通过宿舍中配备的电视机来接触电视，还有 14.8% 的大学生通过其他渠道接触电视（见图 10-8）。考虑到大多数大学生都是住校的，那么对于那些通过家中的电视机来接触电视的大学生（比例占总调查人数的 47.4%）来说，他们每年只有在寒暑假等假期返家的情况下才可能接触到电视媒介，这显然没有接触报纸和杂志容易。这说明，对于在读的大学生而言，由于受设备的限制，接触电视这种媒介相对而言是非常困难的，因此，我们可以推断，电视在面向大学生的传播中处于劣势，其在大学生群体中的影响力有限。

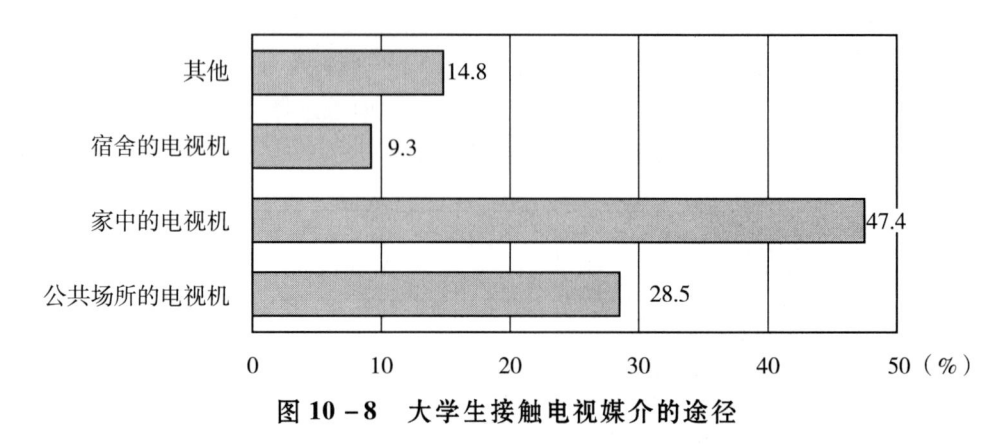

图 10 - 8　大学生接触电视媒介的途径

（4）大学生接触互联网的主要方式：接触较为便利，以学校的网络为主。

大学生主要通过宿舍的宽带来接触互联网，有多达 67.7% 的被调查者选择此种方式，其次是通过图书馆或实验室里的网络（14% 的大学生做此选择），9.8% 的被调查者通过家中的网络来接触互联网，只有 6.3% 的大学生主要通过网吧来上网（见图 10 - 9）。这说明，六城市高校网络设施比较齐全，为互联网成为大学生广泛接触的一种重要媒介创造了便利条件。

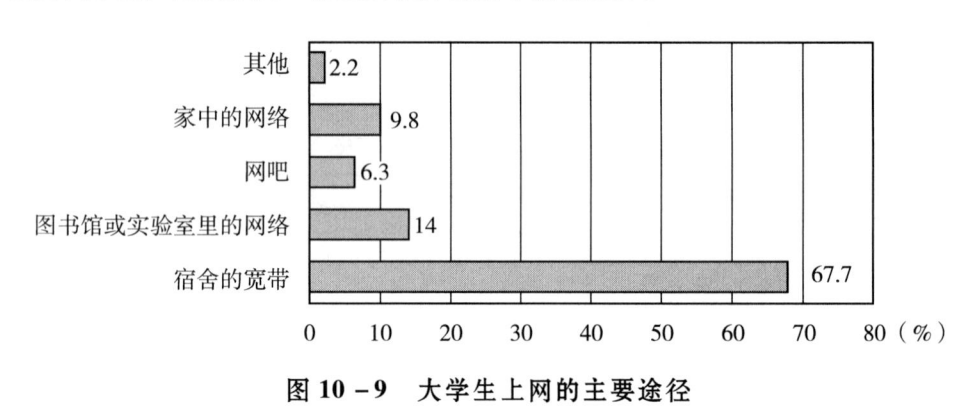

图 10 - 9　大学生上网的主要途径

（5）影响大学生选择媒介的主要因素是"权威性"、"时效性"、"实用性"。

在回答"影响你选择某个媒介的最主要因素"的问题时，41.5% 的大学生选择"权威性"，有 19.6% 的大学生选择"时效性"，7.5% 的大学生选择"实用性"，7.1% 的大学生选择"知识性"，6.6% 的大学生选择"深刻性"，然后分别有 3.7%、3.2%、3.1% 和 0.7% 的大学生依次选择了"独家性"、"可受性"、

"娱乐性"及"其他"作为影响其选择媒介的最主要因素（见图 10-10）。这说明，"权威性"是影响当代大学生选择媒介的决定性因素，"时效性"是影响大学生选择媒介的重要因素，"实用性"、"知识性"、"信息性"、"深刻性"、"独家性"对大学生选择媒介有一定的影响，而"可受性"、"娱乐性"等因素对大学生选择媒介的影响不大。

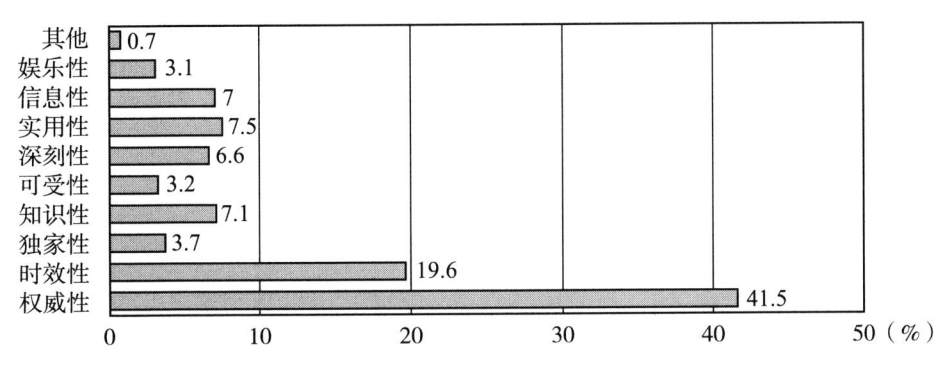

其他 0.7
娱乐性 3.1
信息性 7
实用性 7.5
深刻性 6.6
可受性 3.2
知识性 7.1
独家性 3.7
时效性 19.6
权威性 41.5

图 10-10　影响大学生媒介选择的主要因素

二、媒介认知

本研究既考察了大学生群体对新闻媒介的功能与作用的认知，又调查了他们对于新闻媒介结构、媒介问题的认识和了解，还关注到他们对于新闻媒介人文关怀的认知程度。

1. 新闻媒介功能认知

（1）多数人认为新闻媒介的主要作用是"传播新闻信息"与"引导公共舆论"。

对新闻媒介作用与功能的认知，是大学生媒介素养的核心层面。调查发现，大学生群体较为准确地把握了新闻媒介的作用与功能。他们认为，新闻媒介的作用依次为："传播信息，监测环境"（44.0%）、"引导舆论，协调社会"（24.2%）、"传承文明，传播科学"（12.1%）、"提供娱乐，释放压力"（7.8%）、"传达党的方针政策"（3.7%）、"宣传典型，推进工作"（3.1%）、"刊登广告，发展经济"（2.3%）、"普及法律，教育人民"（2.1%）、"动员大众，投身改革"（0.7%）（见图 10-11）。这说明，大多数的大学生倾向于认为"传播信息、监测环境"是大众传媒最主要的作用，"引导舆论、协调社会"和"传承文明、传播科学"也是大众传媒的主要作用，此外，大学生还认为大众传媒"提供娱乐、释放压力"的作用也不容忽视。而相比较而言，大学生则认为，"传达方针"、"宣传"、"广告"、"普法"、"动员"等，则并不是大众传播媒介的主要作用。

```
动员大众投身改革    0.7
刊登广告发展经济    2.3
普及法律教育人民    2.1
提供娱乐释放压力    7.8
传达党的方针政策    3.7
宣传典型推进工作    3.1
传承文明传播科学    12.1
引导舆论协调社会    24.2
传播信息监测环境    44.0
```

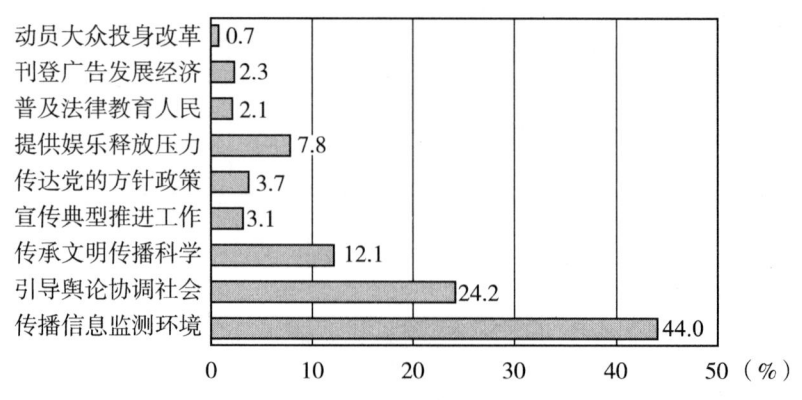

图 10-11　大学生理解的新闻媒介的主要作用

（2）大多数大学生认为，新闻媒介的功能定位主要是"传播新闻信息的工具"和"社会公共舆论机关"。

那么，根据上述对"作用"的理解，新闻媒介在社会生活中究竟扮演什么样的功能角色？他们的看法是："传播新闻信息的工具"（43.6%）、"社会公共舆论机关"（29.7%）、"党的宣传工具"（6.4%）、"阶级斗争的工具"（5.8%）、"整合社会的工具"（5.6%）、"社会生活的监视器"（4.8%）、"社会发展的探照灯"（3.2%）、"发动群众的工具"（0.9%）。"传播新闻信息的工具"和"社会公共舆论机关"以绝对优势而排在前两位。这说明，大多数大学生对新闻媒介的功能角色的认知是准确的、科学的（见图 10-12）。

```
社会发展的探照灯    3.2
社会生活的监视器    4.8
党的宣传工具       6.4
整合社会的工具     5.6
发动群众工具       0.9
传播新闻信息的工具  43.6
社会公共舆论机关    29.7
阶级斗争的工具     5.8
```

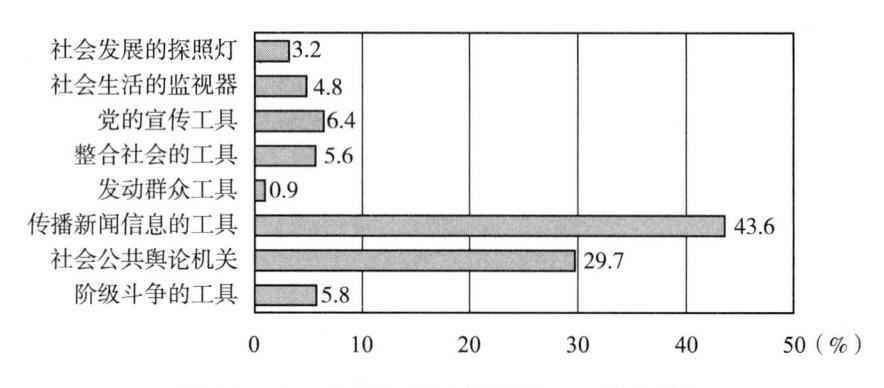

图 10-12　大学生对于新闻媒介功能的认知

2. 媒介结构认知

（1）多数大学生认为，大众传媒的新闻报道基本能够满足社会信息需要，能够满足大学生群体的信息需要。

在回答"大众传媒的新闻报道能否满足社会信息需要"的问题时，47.9%的大学生选择"基本满足需要"，12.2%的大学生选择"满足需要"，1.8%的大学生选择"超过需要"，33.3%的大学生选择"不能满足需要"，还有4.8%的大学生选择"不知道"（见图10－13）。前3项之和约为61.9%，这说明，多数大学生认为，大众传媒的新闻报道基本上能够满足社会的信息需要。

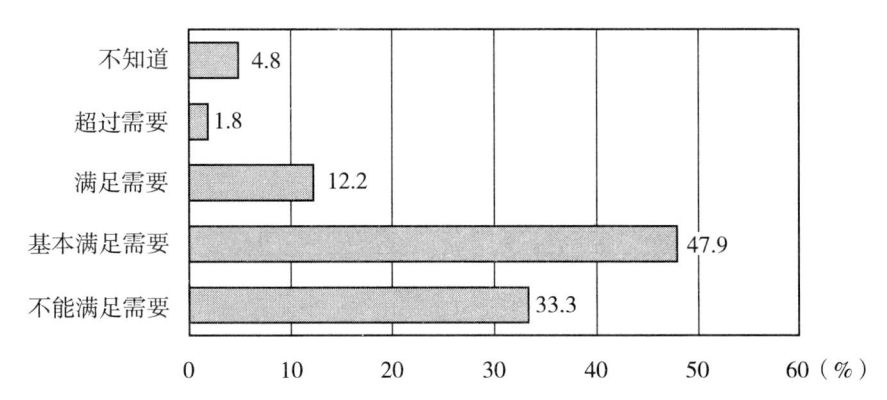

图10－13 对大众传播媒介的新闻报道能否满足整个社会的需要的认知

在回答"大众传媒的新闻报道能否满足大学生信息需要"的问题时，60.4%的受调查者选择"基本满足需要"，10.9%的选择"满足需要"，2.4%的选择"超过需要"，23.5%的选择"不能满足需要"，还有2.8%的选择"不知道"（见图10－14）。前3项之和约为73.7%，这说明，绝大多数大学生认为，大众传媒的新闻报道基本上能够满足大学生的信息需要。

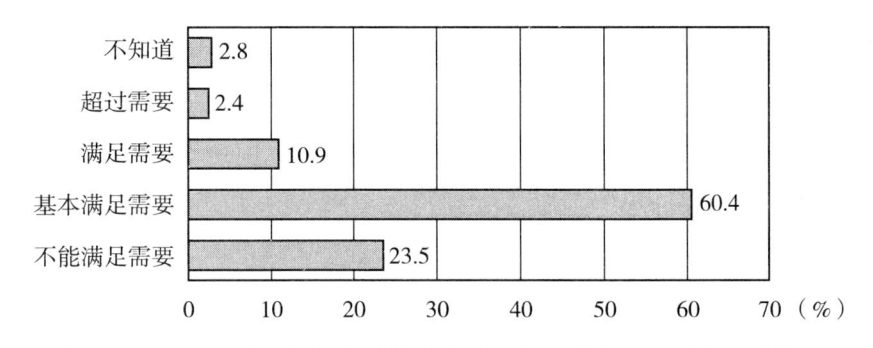

图10－14 对大众传媒的新闻报道能否满足大学生需要的认知

那么，到底是哪些媒介能够满足大学生的信息需要呢？我们设置了一组题目，继续进行深度考察。

（2）多数人认为，所在专业影响最大的报纸是都市类报纸。

在大学生可能接触的各类报纸中，满足大学生需要的报纸（也即在所在专业影响最大的报纸），25.6% 的受调查者认为是都市类报纸，24.7% 的认为是中央级党报，11.8% 的认为是校园报纸，6.3% 的认为是晚报类报纸，4.5 的认为是地方党报，2.4% 的认为是境外报纸，24.7% 的认为是其他（体育、财经、文摘类报纸）报纸（见图 10-15）。考虑到在大学的专业年级中，《人民日报》、《中国青年报》、《光明日报》是统一订阅到班级的等因素，可以推定，在学生所在专业中影响最大的报纸是都市类报纸。

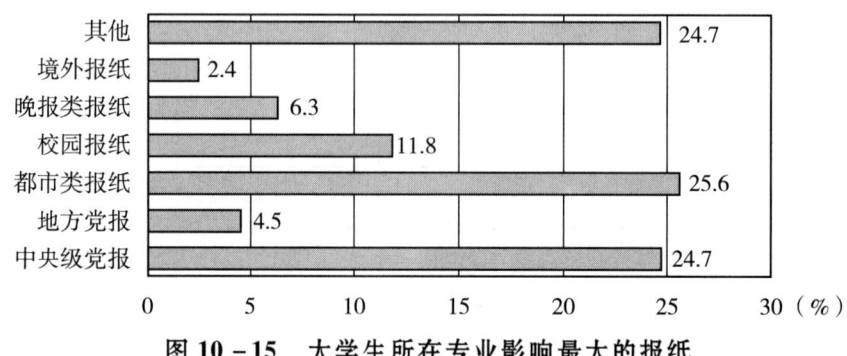

图 10-15　大学生所在专业影响最大的报纸

（3）大多数人业余时间最喜欢看的电视频道是央视的频道。

尽管大学生接触电视媒介的渠道并不如想象得那么丰富，但他们在业余时间还是可以接触电视媒介的。他们经常接触的电视频道，首先是中央电视台的相关频道（54.2%），其次是省级电视台或卫视（27.5%），再者是境外和港、澳、台电视频道（9.5%），最后是省会城市电视台或卫视（8.8%）（见图 10-16）。

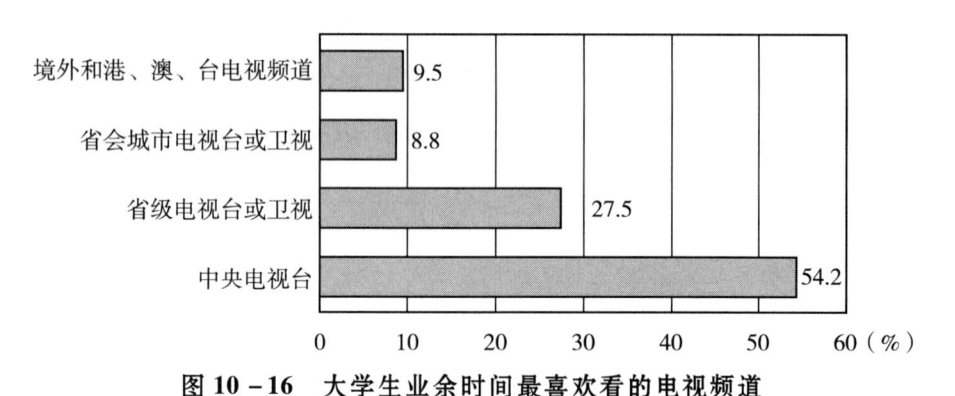

图 10-16　大学生业余时间最喜欢看的电视频道

（4）多数人最喜欢收听的广播是中央人民广播电台。

作为伴随性媒介，广播是大学生接触得较多的一种大众传媒。他们最喜欢收听的广播依次为：中央人民广播电台（44.9%）、省级电台（19.3%）、省会城市电台（14.9%）、校园广播电台（13.4%）、境外广播电台（7.5%）（见图 10-17）。

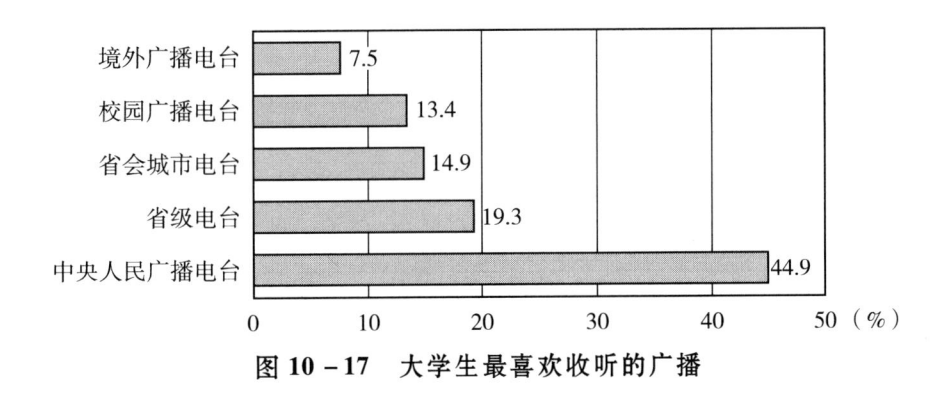

```
境外广播电台  7.5
校园广播电台  13.4
省会城市电台 14.9
省级电台     19.3
中央人民广播电台 44.9
```

图 10 – 17　大学生最喜欢收听的广播

（5）大多数人最喜欢点击的网站是综合门户网站。

网络是大学生相当偏爱的一类媒介。他们经常点击的网站中，门户网站占据绝对优势（69.2%），其次是校园网站（17.7%），再者是专业新闻网站（6%）（见图 10 – 18）。

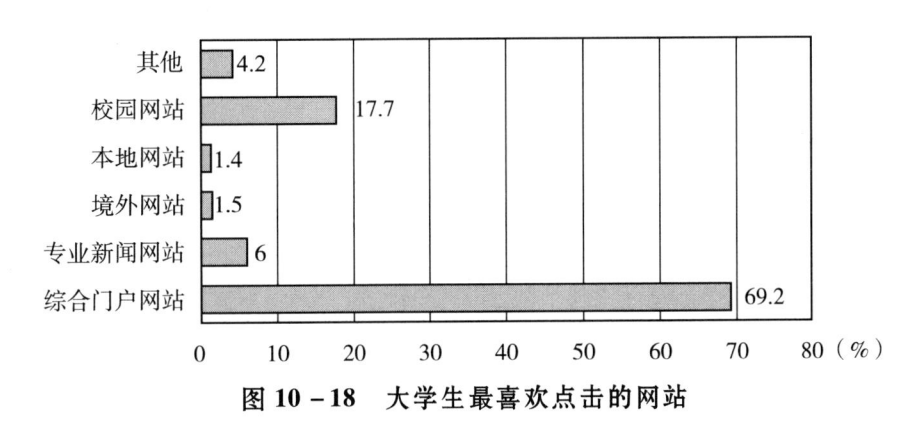

```
其他         4.2
校园网站     17.7
本地网站     1.4
境外网站     1.5
专业新闻网站 6
综合门户网站 69.2
```

图 10 – 18　大学生最喜欢点击的网站

3. 问题认知

（1）中国媒介公信力正在下降，"虚假新闻增多"、"重大新闻有所瞒报"是主要原因。

媒介公信力下降是中国媒介发展面临的重要问题。对于"中国媒介公信力正在下降"这一判断，有50.1%的受调查者认为"有道理"，有39.1%的人认为"有一点道理"，另外分别有6.1%和4.7%的人认为"没有道理"和"不清楚"（见图10 – 19）。如果把前两项加总的话，大约有89.2%的大学生认为"中国媒介公信力正在下降"的说法"有道理"、"有一点道理"。这说明绝大多数的调查对象对中国媒介公信力的现状表示担忧，认为中国媒介的公信力正在下降。

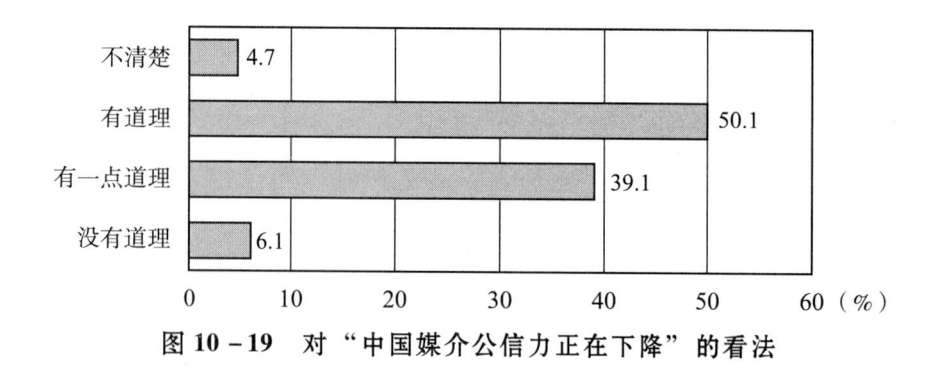

```
不清楚  ▇ 4.7
有道理  ▇▇▇▇▇▇▇▇▇▇ 50.1
有一点道理 ▇▇▇▇▇▇▇▇ 39.1
没有道理 ▇ 6.1
       0   10   20   30   40   50   60（%）
```

图 10-19　对"中国媒介公信力正在下降"的看法

继续追问大学生群体对于媒介公信力下降的主要影响因素的看法，结果表明，排在前六位的依次分别是：第一，虚假新闻增多（30.4%）；第二，重大新闻有所瞒报（18.2%）；第三，内容低俗化（17.8%）；第四，会议新闻过多（8.0%）；第五，传媒宣传导向性过于突出（6.6%）；第六，忽视受众知情权（5.0%）。此外，还有3.9%的人认为是"传播禁止范围过宽"与"广告等商业因素的侵蚀"，2.2%的人认为是"有偿新闻增多"，1.7%的人认为是"编辑记者专业素养欠缺"，1.5%的人认为是"《新闻法》缺位"，0.5%的人认为是"传播自由空间过大"，还有0.1%的人认为是"其他"（见图10-20）。前六位的主要因素，确实是中国传媒在内容层面不同程度地存在的主要问题。

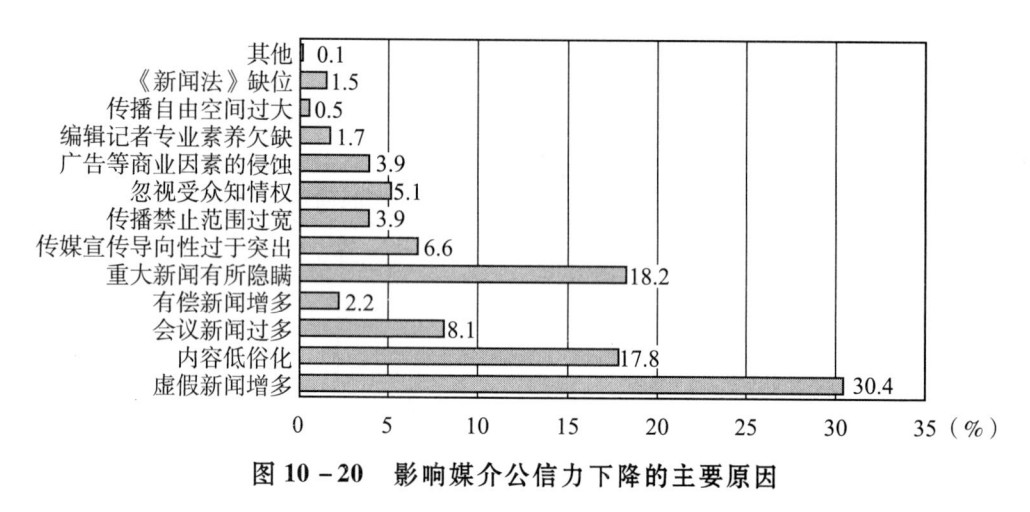

```
其他              ▏0.1
《新闻法》缺位      ▇ 1.5
传播自由空间过大    ▏0.5
编辑记者专业素养欠缺 ▇ 1.7
广告等商业因素的侵蚀 ▇▇ 3.9
忽视受众知情权      ▇▇ 5.1
传播禁止范围过宽    ▇▇ 3.9
传媒宣传导向性过于突出 ▇▇▇ 6.6
重大新闻有所隐瞒    ▇▇▇▇▇▇▇▇ 18.2
有偿新闻增多        ▇ 2.2
会议新闻过多        ▇▇▇▇ 8.1
内容低俗化          ▇▇▇▇▇▇▇ 17.8
虚假新闻增多        ▇▇▇▇▇▇▇▇▇▇▇▇▇ 30.4
                    0    5   10   15   20   25   30   35（%）
```

图 10-20　影响媒介公信力下降的主要原因

（2）媒介在满足大学生需要方面，存在"新闻视角老套"、"新闻信息量不足"等问题。

我们列举了从大学生群体中归纳出来的目前中国新闻媒介可能存在的一些问题，供调查对象选择，试图找出媒介在满足大学生信息需要方面的不足，结果显示：15.2%的大学生认为是"新闻视角老套"，13.2%的大学生认为是"国内新闻信息量不足",11.5%的大学生认为是"重大新闻事件信息量不足",11.4%的大学生认为是"国际新闻信息量不足",9.9%的大学生认为是"新闻报道缺乏深度",8.2%的大学生认为是"针对大学生的新闻报道数量少",7.9%的大学生认为是"专门定位于大学生的媒介太少",6.7%的大学生认为是"针对大学生的报道实用性不强",4.3%的大学生认为是"新闻时效性差",4.1%的大学生认为是"针对大学生的报道说教性太强",2.8%的大学生认为是"针对大学生的报道内容重复单一",2.6%的大学生认为是"针对大学生的新闻可读性不强",2.1%的大学生认为是"针对学生群体的新闻内容存在偏见",另有0.1%的大学生选择了"其他"(见图10-21)。这说明,他们对于媒介在满足自身信息需要方面问题的认知,集中于"新闻视角老套"、"国内新闻信息量不足"、"重大新闻事件信息量不足"、"国际新闻信息量不足"等新闻报道方面的问题。

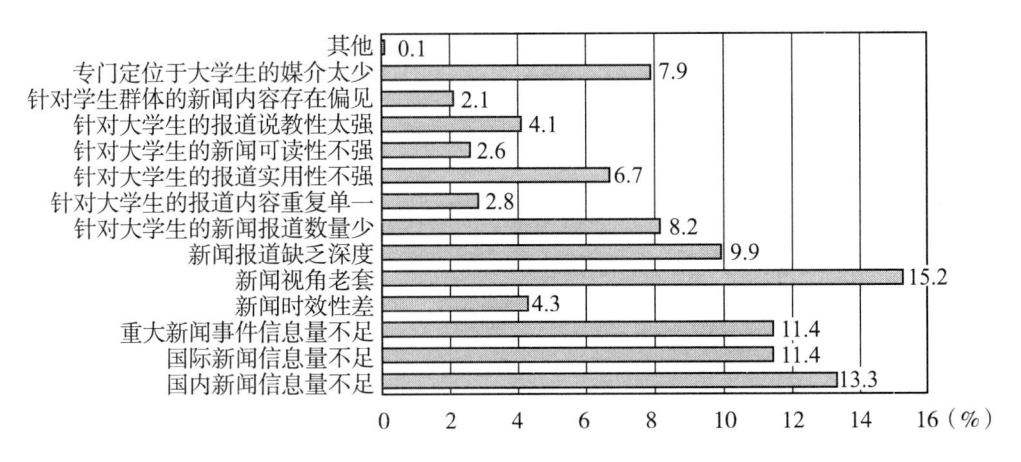

图10-21 媒介在满足大学生需要方面的不足

(3)国内新闻、国际新闻、本地新闻的报道中,都存在着较大的不足。

回答"现在新闻传媒在哪类报道中存在着较大的不足?"的问题时,15.9%的人选择"国内新闻",14.7%的人选择"国际新闻",12%的选择"本地新闻",另有8.7%的人选择"新闻分析",8.3%的人选择"文化新闻",7%的选择"社会新闻",6.5%的人选择"科技新闻",尔后有5.1%、4.6%、3.6%、3.5%、2.9%、1.7%、1.7%、1.5%、0.8%、0.7%、0.6%、0.2%的人分别选择"人才招聘"、"就业指导"、"教育新闻"、"娱乐新闻"、"法制新闻"、"热点报道"、"体育新闻"、"服务信息"、"经济新闻"、"流行时尚"、"名人访谈"、"其他"(见图10-22)。这说明,大学生群体最不满意"国内新闻"的报道,其次是"国际新闻"、"本地新闻"的报道,对"新闻分析"、"文化新闻"、"社会新闻"、"科技新闻"、"人才招聘"、"就业指导"、"教育新闻"、"娱乐新闻"、

"法制新闻"、"热点报道"、"体育新闻"、"服务信息"的报道也不太满意，而对"经济新闻"、"流行时尚"、"名人访谈"、"其他"种类的报道的满意度较高。

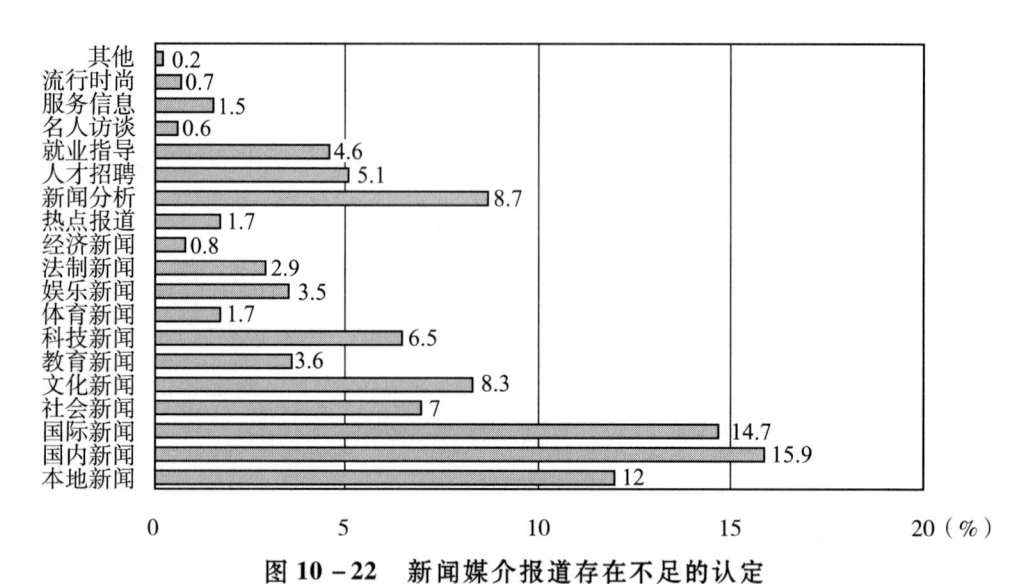

图 10-22 新闻媒介报道存在不足的认定

（4）最反感媒介"虚假信息太多"、"低俗内容太多"、"会议新闻太多"。

对于目前媒介内容层面存在的诸多问题，大学生群体最反感的依次为：第一，虚假信息太多（32.4%）；第二，低俗内容太多（15.1%）；第三，会议新闻过多（14.8%）；第四，放弃媒体的社会责任（8.1%）；第五，宣传内容过多（7.8%）；第六，广告等商业因素的侵蚀严重（6.9%）；第七，该报的问题不报（6.4%）；第八，不该报的问题大肆炒作（5.1%）；第九，报道视角的歧视（2.1%）；第十，新闻侵权现象严重（1.3%）（见图 10-23）。

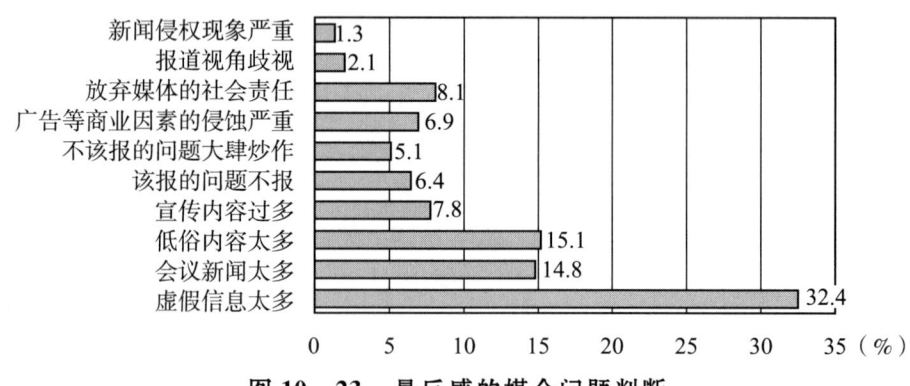

图 10-23 最反感的媒介问题判断

4. 对媒介人文关怀的认知

（1）认为新闻媒介对普通民众的关注程度不够。

尽管今天的民生新闻报道已经蔚然成风，但新闻传媒对于普通民众的关注程度是否已经到位呢？大学生群体对此的认知程度如何呢？我们设置了四个程度量级的选项进行了测试，结果是：59.8%的大学生认为"目前新闻媒介对普通民众的关注程度"是"不够"的，28.1%的大学生认为是"适度"的，7.1%的大学生认为是"过多"，5.0%的大学生选择"不知道"（见图10-24）。其中，认为"不够"的（59.8%）远远超过认为"适度"的（28.1%）。

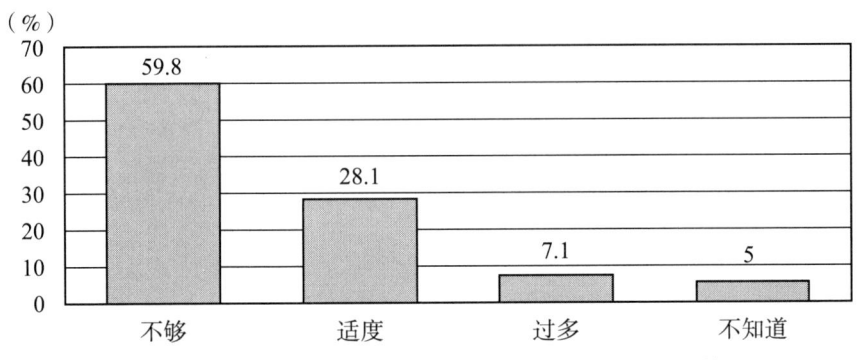

图 10-24　对新闻媒介关注普通民众程度的评价

（2）不满意对新闻媒介为"四有"阶层服务的论点和态度。

近些年来，部分新闻媒介出于经济利益的考量，对强势人群重视程度日益提升，对弱势群体的关注逐渐削减。有一位媒介老总就曾直言不讳地表示："强势人群是社会财富的主要拥有者，不断优化和吸纳这个'四有'（有点权、有点钱、有点品位、有点闲）阶层，就等于拥有了取之不竭的'注意力资源'，印刷机就会往外吐钞票而不是吐废纸。"大学生如何看待这种观点？46.4%的大学生明确表示反对（分别有31.8%和14.6%的人选择了"反对"和"非常反对"），26.4%的大学生明确赞同（分别有22.8%和3.6%的人选择"赞同"和"非常赞同"），另有27.2%的大学生选择"说不清"（见图10-25）。其中，明确表示反对意见的比例超过了持赞同态度者，但有近三成的大学生对这种使社会公器明显偏置的观点选择了模棱两可的立场。这说明，或许他们在理智上知道不应该赞同这种观点，但从另一方面又意识到这种论点反映了社会生活的现实状况，所以只能选择"说不清"这样模糊的答案。这也从一个侧面反映出有相当一部分大学生对一些明知是错误的但现实又如此的现象采取了一种妥协的态度，这不能不让人深思。

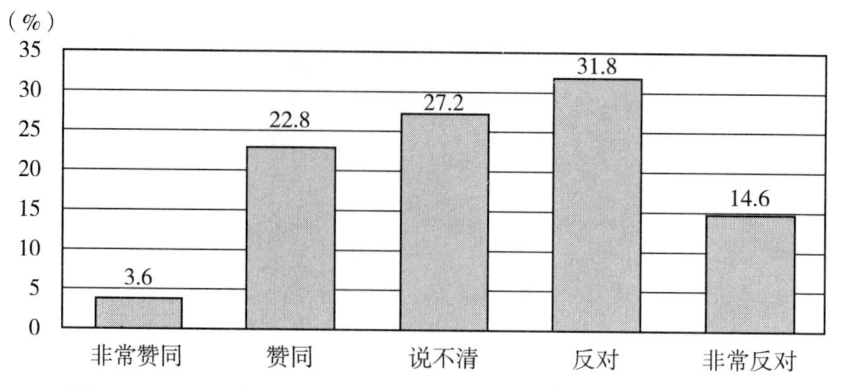

图 10-25　对新闻媒介为"四有"阶层服务的论点的态度

（3）认为媒介对弱势群体报道中存在的最主要问题是"报道视角歧视"、"报道数量少"、"报道缺乏深度"。

对于当下媒介有关弱势群体报道存在的主要问题的判断，22.1%的大学生认为是"报道视角歧视"，19%的大学生认为"报道数量少"，18.8%的大学生认为"报道缺乏深度"，14.4%的大学生认为"有炒作之嫌"，另外分别有8.7%、8.5%、7.9%和0.6%的大学生选择了"报道面太窄"、"报道对象单一"、"感情基调单一"、"其他"（见图10-26）。这说明，大学生群体认为，目前有关弱势群体报道中存在的问题首先是"报道视角歧视"，其次是"报道数量少"、"报道缺乏深度"和"报道意图不纯正，有炒作之嫌"。

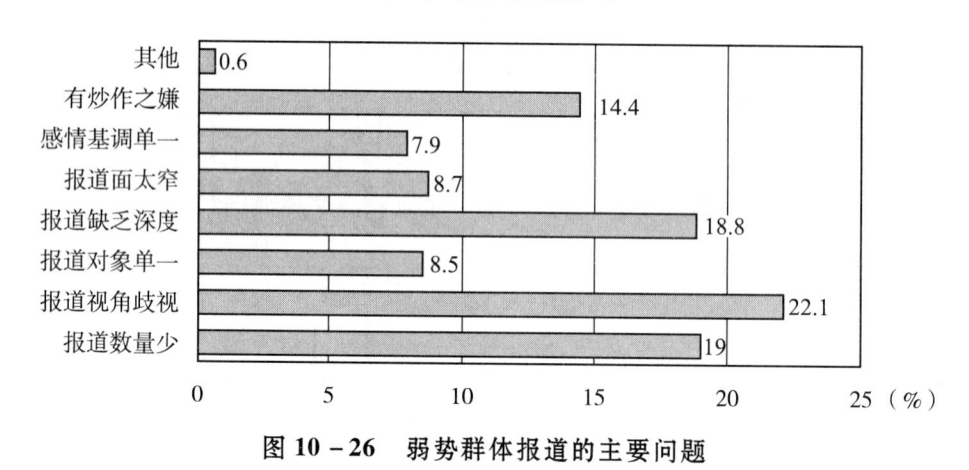

图 10-26　弱势群体报道的主要问题

（4）反对媒介使用"跳楼秀"等词语描述民工无助追讨工钱。

近些年，一些长期被拖欠工钱、求助无门的民工，常常采取假装跳楼、以死威胁的方式来追讨自己的工钱。有些媒介专门制造出一个名词——"跳楼秀"来表述这种现象。大学生群体怎样看待"跳楼秀"这个词？26.5%的大学生

"非常反对",35.8%的大学生"反对",22.8%的大学生选择"说不清",2.2%的大学生"非常赞同",12.7%的大学生"赞同"(见图10－27)。其中,"反对"的共计为62.3%,"赞同"的合计为14.9%。这说明,大多数学生是反对媒介使用"跳楼秀"一类的缺乏人文关怀的词语。

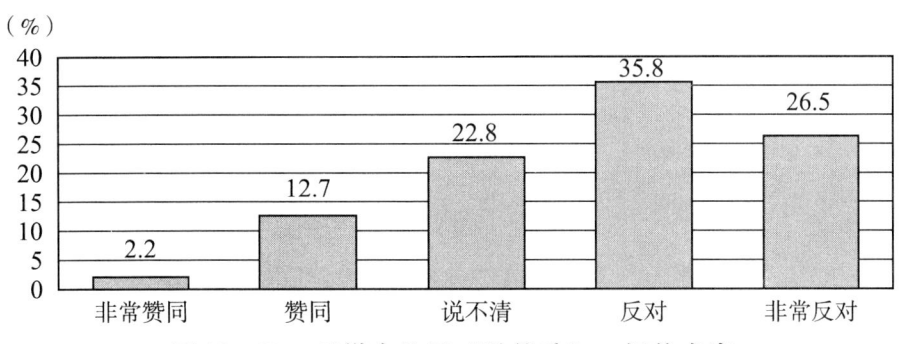

图10－27 对媒介使用"跳楼秀"一词的态度

(5) 明确反对传媒对"别斯兰人质事件"遇难人数实施有奖竞猜。

2004年9月,俄罗斯发生了震惊世界的"别斯兰人质事件"。某国家级电视台曾以短信参与的形式开展该事件死亡人数的有奖竞猜活动。对此,48%的大学生"非常反对",30.2%的大学生"反对",0.5%的大学生"非常支持",2.7%的大学生"支持",18.6%的大学生选择"中立"(见图10－28)。其中,合计有78.2%的大学生明确反对,而仅有3.2%的大学生表示支持。

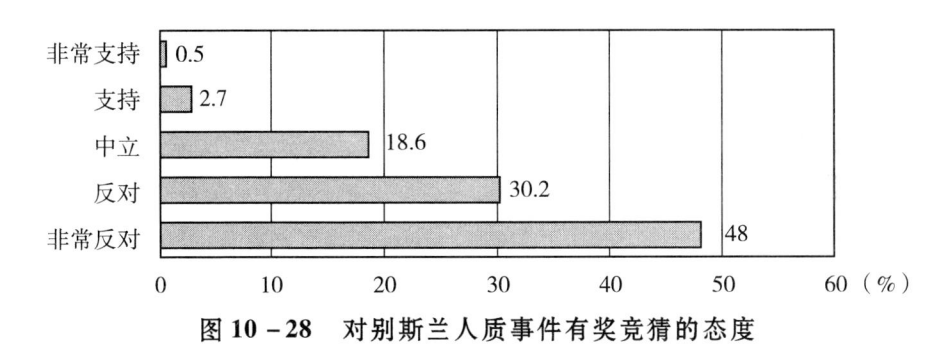

图10－28 对别斯兰人质事件有奖竞猜的态度

(6) 反对记者偷拍雨中骑车人摔跤只抢新闻而不去救人。

2005年,一名摄影记者在事先知道路面坑洼不平的情况下,以守株待兔的形式,拍摄了一系列骑车人雨中摔倒的连续动作照片。这组照片被刊登出来后,引发了一场有关"人文精神与职业精神"的大讨论。大学生群体的态度是:61.7%的认为"这名记者只顾着抢发新闻,却丧失了做人的最基本道德";21.1%的认为"记者的首要职责是报道事实,这名记者的做法没有错";12.4%

的选择了"说不清";4.8%的选择了"其他"(见图10-29)。这里,大多数的态度很明朗,反对记者偷拍雨中骑车人摔跤只抢新闻而不去救人。

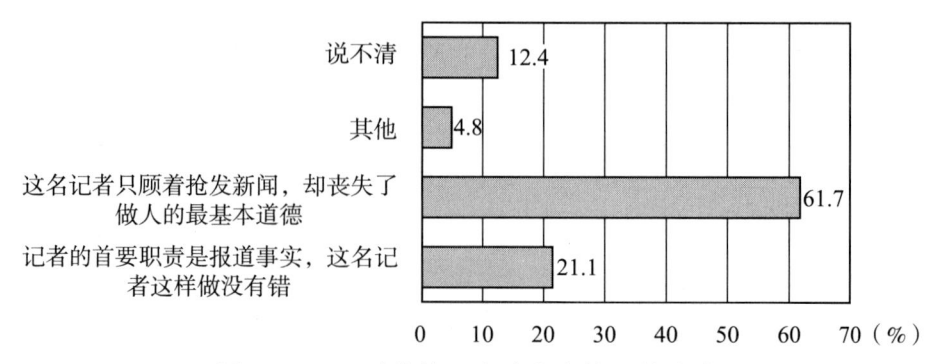

图10-29 对偷拍雨中骑车人摔跤的态度

- 说不清 12.4
- 其他 4.8
- 这名记者只顾着抢发新闻,却丧失了做人的最基本道德 61.7
- 记者的首要职责是报道事实,这名记者这样做没有错 21.1

(7)在人文精神与职业精神发生冲突时,大多数受调查者选择"将对人的尊重放在第一位"。

在回答"假设你是一名记者,在新闻报道之中,遇到了人文精神与职业精神发生冲突的情况,你如何处理?"的问题时,61.3%的大学生认为应该"将对人的尊重放在第一位",7.7%的大学生选择"将职业精神放在首位",27.8%的大学生选择"视具体情况而定",3.2%的大学生选择"说不清"(见图10-30)。这印证了上述3项个案调查结论。

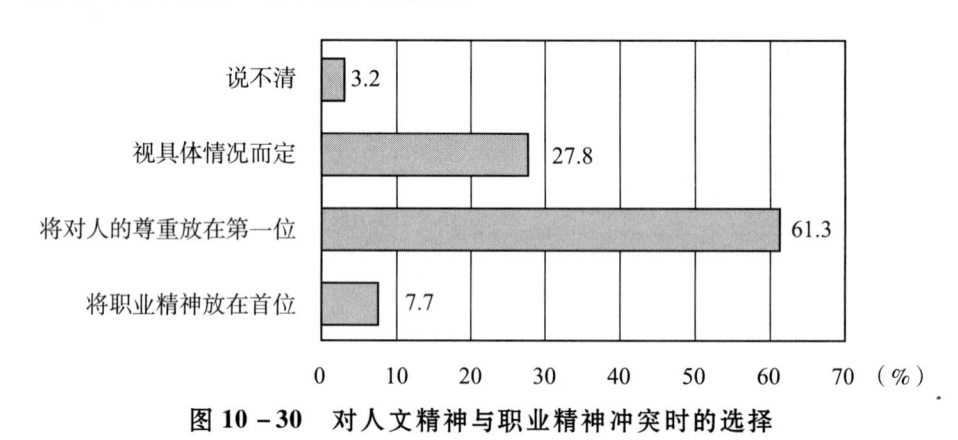

图10-30 对人文精神与职业精神冲突时的选择

- 说不清 3.2
- 视具体情况而定 27.8
- 将对人的尊重放在第一位 61.3
- 将职业精神放在首位 7.7

三、媒介评价

1. 对媒介公信力的评价

(1)认为中国新闻传媒整体可信度不高。

在回答"从总体来看,您认为中国新闻传媒对客观世界的反映在多大程度上可信?"的问题时,41.9%的大学生选择"大部分可信",35%的大学生选择"一半左右可信",20.3%的大学生选择"一小部分可信",另有1%和1.7%的大学生分别选择了"全部可信"和"完全不可信"(见图10-31)。这说明两个问题:一是当代大学生比较理性,完全相信或是完全不相信媒介的都只是极少数的人;二是中国传媒的整体公信力现状堪忧。即使算上完全相信媒介的极少数人(1.1%),对新闻传媒的可信度持明显肯定态度的也只占总调查人数的42.9%,另有一多半的大学生对新闻传媒的可信度持怀疑态度。

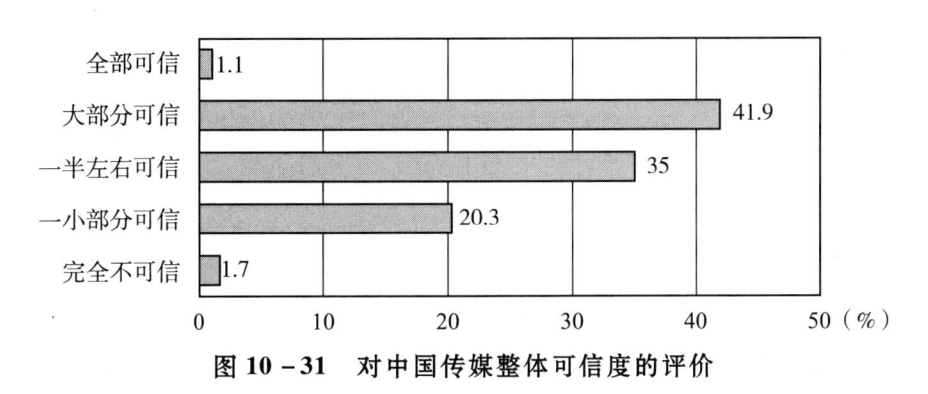

图 10-31 对中国传媒整体可信度的评价

(2) 在发生重大突发新闻时,大学生首选的新闻媒介是互联网。

在现有的影响社会生活的主要新闻媒介之中,大学生最重视的是互联网络。他们在发生重大突发新闻时的首选媒介,第一是互联网(59.9%),第二是电视(29.1%),其余媒介的首选比例不超过10%(见图10-32)。

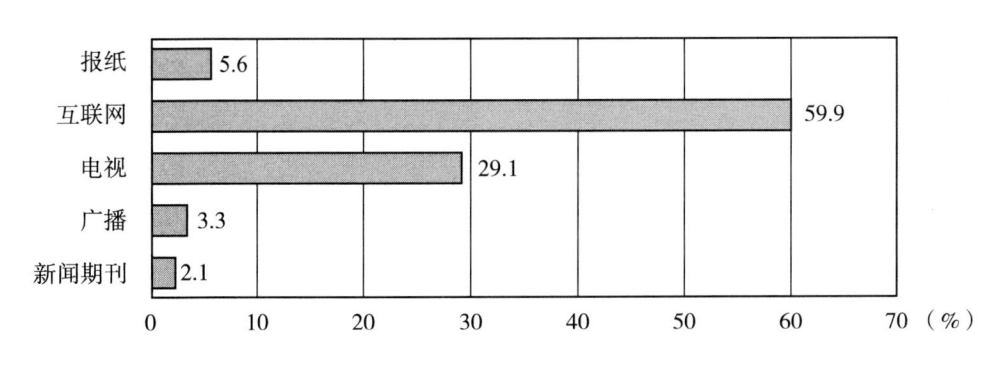

图 10-32 发生重大突发新闻时的首选媒介

(3) 在国内外传媒的同一报道相互矛盾时,大多数大学生"两者都怀疑"。

如果"当某一重大事件发生时,中国媒体上报道的内容与境外媒体报道的相互矛盾,在这种情况之下"大学生的态度怎样呢?52%的受调查者选择"两者都怀疑",10.2%的选择"两者都相信",而选择"只相信境外媒介"和"只相信中国媒介"的分别占总人数的12%和4.8%，另有21%的人选择"说不清"（见图10-33）。过半数的持"两者都怀疑"的态度。

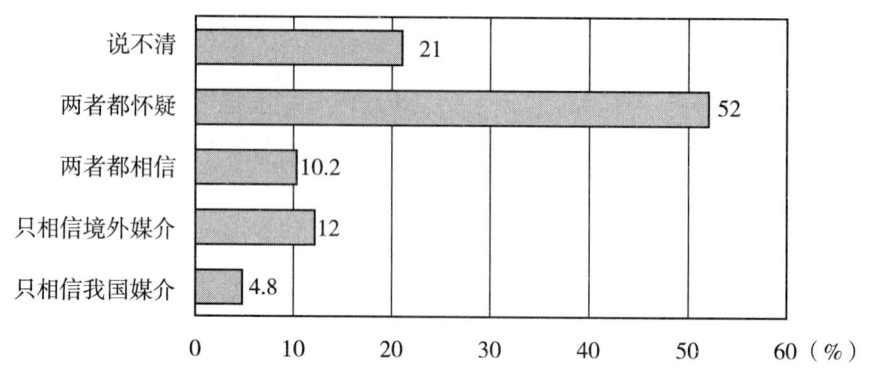

图10-33 对于国内外媒介新闻报道相互矛盾时的态度

（4）传媒的公信力取决于"新闻报道是否真实"和"传媒是否具备权威性"。

大学生如何看待影响媒介公信力的主要因素呢？37.7%的大学生认为是"报道是否真实"，35.9%的大学生认为是"是否具备权威性"，7.2%的大学生认为是"报道是否公正"；然后依次是"能否满足公众知情权"（4.1%）、"报道是否全面"（3.1%）、"是否具备人文意识"（2.2%）、"格调的高低"（2.2%）、"是否反映人民的呼声"（2%）、"是否发挥舆论监督作用"（1.8%）、"能否满足公众文化需求"（1.1%）、"能否满足公众娱乐需求"（1.1%）、"是否取得很好的经营效益"（0.8%）、"宣传是否有效"（0.4%）、"是否经常参与公益活动"（0.2%）、"是否获得主管部门认可"（0.1%）及其他（0.1%）（见图10-34）。在他们看来，影响媒介公信力的主要因素即"报道是否真实"、"是否具备权威性"，以及"报道是否公正"。

（5）国内外著名媒介中，对凤凰卫视的公信力评价最高。

我们运用五点量表调查了大学生群体对国内外14家著名媒体公信力评价情况，根据被调查对象对每一家媒介给出的"很差"、"比较差"、"一般"、"比较强"、"很强"5级程度选择结果的百分比，计算出大学生对每一家媒介公信力评价的平均值（在本研究中将其命名为"公信力指数"）。调查表明，在这14家媒介中，大学生认为凤凰卫视的公信力最强（公信力指数达3.82），紧跟其后的是中央电视台（公信力指数为3.60），其次是《人民日报》（3.26），然后是英国广播公司（3.21），其后依次是新浪网（3.14）、中央人民广播电台（3.03）、《南方日报》（3.0）、《纽约时报》（2.96）、美国有线电视新闻网（2.96）、人民网（2.81）、《新周刊》（2.54）、《中国新闻周刊》（2.44）、《新闻周刊》（美国）（2.40）、《三联生活周刊》（2.33）（见表10-6）。结果显示：其一，凤凰卫视被大学生群体评价为公信力最高的媒介；其二，中央电视台及《人民日报》在大学生人群中有着较强的信任度及影响力；其三，虽然新闻周刊的公信力不及

影响媒介公信力的主要因素评价（图 10-34）：

- 其他 0.1
- 是否取得很好经营效益 0.8
- 是否获得主管部门认可 0.1
- 媒体的宣传是否有效 0.4
- 是否反映人民的呼声 2
- 是否经常参与公益活动 0.2
- 是否发挥舆论监督作用 1.8
- 是否满足公众文化需求 1.1
- 能否满足公众娱乐需要 1.1
- 能否满足公众的知情权 4.1
- 是否具备人文意识 2.2
- 格调的高低 2.2
- 报道是否全面 3.1
- 报道是否公正 7.2
- 报道是否真实 37.7
- 传媒是否权威性 35.9

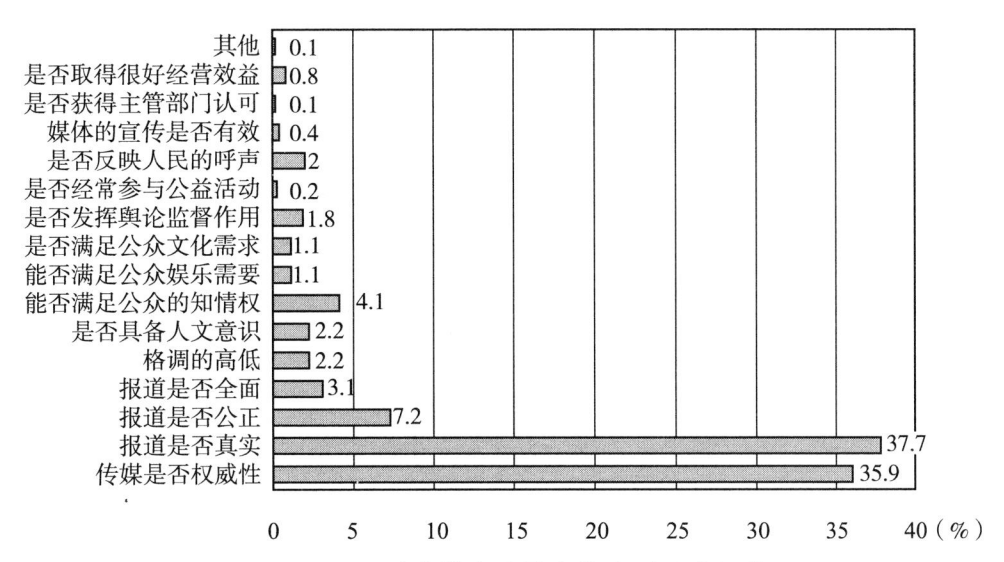

图 10-34 影响媒介公信力的主要因素评价

表 10-6 大学生对十四家媒介公信力的评价表

媒体名称	公信力评价					公信力指数
	很差	比较差	一般	比较强	很强	
《人民日报》	5.3%	5.9%	26.3%	39.8%	22.7%	3.26
《南方日报》	2.6%	5.1%	32.0%	46.7%	13.6%	3.00
《纽约时报》	0.9%	3.8%	22.2%	46.1%	27.0%	2.96
中央电视台	3.9%	6.6%	23.4%	37.6%	28.5%	3.60
凤凰卫视	0.5%	2.2%	15.1%	47.2%	35.0%	3.82
美国有限电视新闻网	0.8%	3.0%	27.8%	45.2%	23.2%	2.96
新浪网	1.3%	9.8%	43.3%	39.0%	6.6%	3.14
人民网	3.0%	6.6%	40.3%	40.1%	10.0%	2.81
中央人民广播电台	3.3%	6.1%	30.1%	42.2%	18.3%	3.03
英国广播公司	0.7%	1.7%	21.8%	49.6%	26.2%	3.21
《新周刊》	1.8%	7.7%	43.5%	37.3%	9.7%	2.54
《三联生活周刊》	2.9%	9.3%	47.7%	31.6%	8.5%	2.33
《中国新闻周刊》	2.3%	6.4%	46.5%	36.3%	8.5%	2.44
《新闻周刊》（美国）	2.1%	6.3%	36.1%	41.1%	14.4%	2.40

电视、报纸、网络、广播等媒介，但在所列举的 4 家新闻类周刊中，《新周刊》的公信力最高；其四，英国广播公司、《纽约时报》、美国有线电视新闻网等国外媒介在大学生人群中的评价均不低（尤其是英国广播公司，其公信力甚至仅次于《人民日报》，超过了新浪网、中央人民广播电台等中国知名媒介，成为大学生所认为的 14 家媒介中公信力排名第四的媒介）。①

众所周知，由于 2008 年 3~4 月间西方媒介对"3·14"西藏暴力事件以及奥运圣火全球传递的一些不实报道，引发了中国人民对于西方媒介的强烈不满，尤其是广大的在校大学生们，都纷纷以游行示威、抵制家乐福、抵制西方媒介等方式表达着自己的愤慨和抗议。那么，经过"西藏事件"和"圣火传递事件"之后，大学生如何看待西方媒介的公信力？本研究针对这一问题找大学生进行了深度访谈。结果表明，大多数受访者认为，失实报道事件发生后，西方媒介在自己心目中的公信力迅速下降。这给我们的启示有两点：第一，媒介公信力的建立需要经过长期的点滴积累，但是破坏媒介的公信力却是一件轻而易举的事；第二，真实是维护媒介公信力的最基本原则，离开了新闻真实性，媒介的公信力就无从谈起，中外媒介概莫能外。

2. 对新闻报道娱乐化现象的评价

（1）大多数的大学生认为，新闻报道的娱乐化倾向是存在的。

大学生如何评价新闻报道的娱乐化倾向？调查表明：48.9% 的认为"存在但不普遍"，39.1% 的认为"非常普遍的存在"，1.4% 的认为"不存在"，10.6% 的认为"说不清"（见图 10-35）。其中，认为"存在"的 2 个选项之和为 88%。也就是说，绝大多数（约占样本总数的 88%）的大学生认为目前新闻娱乐化倾向是存在的。

（2）对新闻娱乐化倾向的态度：过半的人选"中立"，1/3 的选择"反对"。

在有关"你对现在媒介娱乐化倾向的态度"的调查中，有 54.7% 的大学生选择了"不反对不支持"的中立态度，有 32.2% 的大学生明确表达了反对的态度（分别有 26.8% 和 5.4% 的大学生选择了"反对"和"非常反对"），另有 13.1% 的大学生持明确的支持态度（分别有 12.6% 和 0.5% 的大学生选择了"支持"和"非常支持"）（见图 10-36）。其中，选择"中立"的人数过半，说明大学生群体对新闻报道娱乐化的态度是矛盾的，尽管从自身的认识上知道新闻报道的娱乐化是有害的，但另一方面又发现这是一个比较普遍的现象；除了超过半

---

① 特别需要指出的是，本项研究的调查问卷起草于 2006 年 7 月，全国性的问卷调查开展于 2007 年上半年，调查报告撰写于 2008 年 5~6 月，研究的相对滞后决定了本项研究的一些结论都只能说明截止到 2007 年上半年大学生对问题的看法。随着现实情况的迅速变化，待到撰写报告时，为了验证一些结论的真伪，课题组不得不对一些问题重新进行了补充调查。

数的大学生对新闻娱乐化倾向持中立的立场之外，明确表示反对的人数明显超过持支持态度的人数。

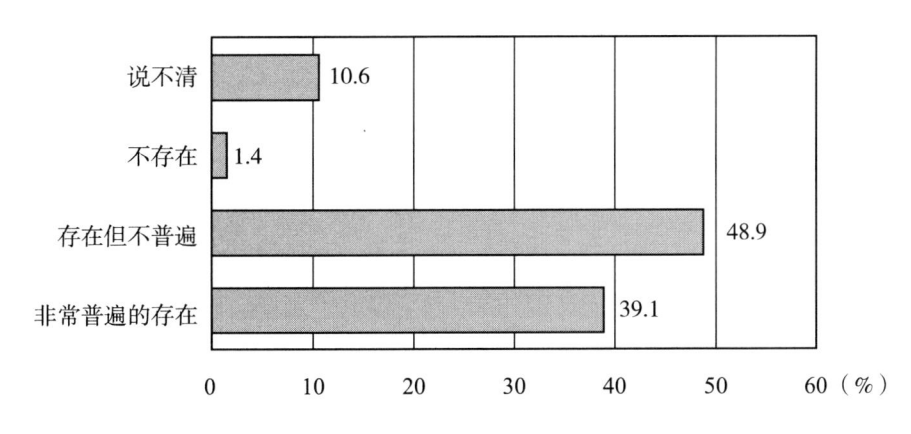

图 10－35　对新闻娱乐化程度的看法

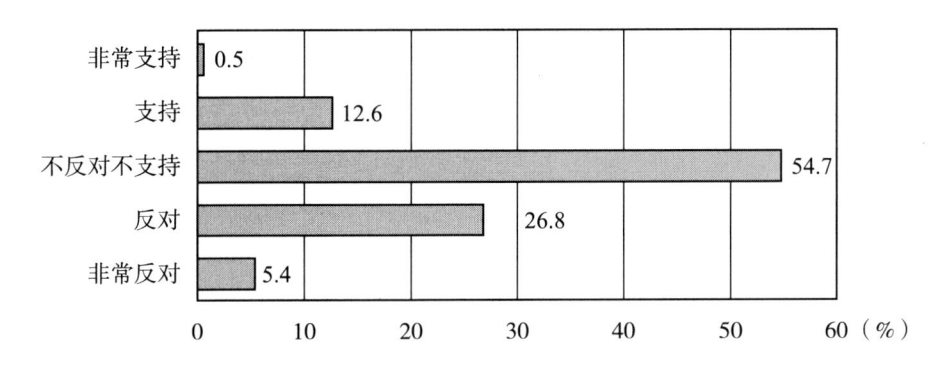

- 说不清　10.6
- 不存在　1.4
- 存在但不普遍　48.9
- 非常普遍的存在　39.1

图 10－36　对媒介新闻报道娱乐化的态度

- 非常支持　0.5
- 支持　12.6
- 不反对不支持　54.7
- 反对　26.8
- 非常反对　5.4

（3）普遍不赞同媒介以开发"娱乐"的手段来获取市场竞争力。

对于"是否赞同媒介以主打'娱乐'牌而获取市场竞争力的发展战略"的态度调查中，有38%的大学生选择了"不赞同不反对"，有42.2%的大学生明确表示反对（分别有36.4%和5.8%的人选择了"反对"和"非常反对"），另有19.8%的大学生表示赞同（分别有18.5%和1.3%的人选择了"赞同"和"非常赞同"）（见图10－37）。也就是说，除去持中立态度的大学生，明确反对媒介以"娱乐"的手段来获取市场竞争力的大学生比持赞同态度大学生人数的两倍还多。

（4）大多数人明确反对媒介就"王菲生产"一类典型娱乐新闻的大规模报道。

为了更进一步了解大学生对新闻娱乐化的认识，本研究特别就全国媒介对"王菲生产"事件的大规模、持续性报道的个案来考察大学生对此的态度，结果显示：33%的大学生对媒介的做法"不反对不支持"，63.5的大学生明确表示反对（分别有46.1%和17.4%的大学生选择"反对"和"坚决反对"），仅有3.5%的大学生持支持的态度（分别有2.4%和1.1%的大学生选择"支持"和"坚决支持"）（见图10-38）。也就是说，对于媒介对"王菲生产"事件"狂轰滥炸"的做法，除去33%持中立立场的大学生之外，明确表示反对的大学生在人数上占压倒性优势。

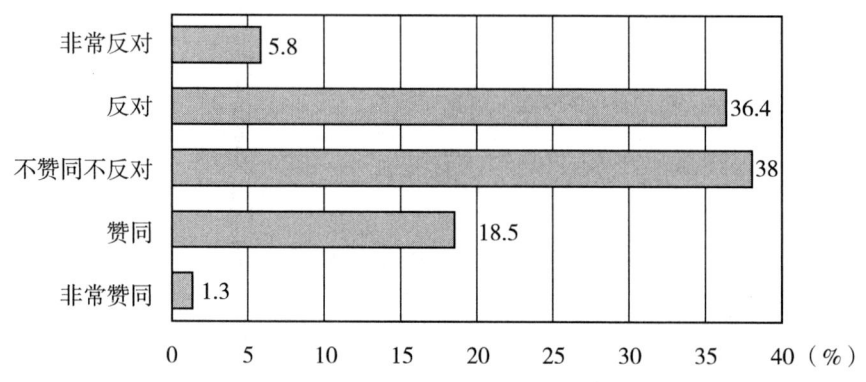

图10-37 对媒介以开发"娱乐"的手段获取市场竞争力的态度

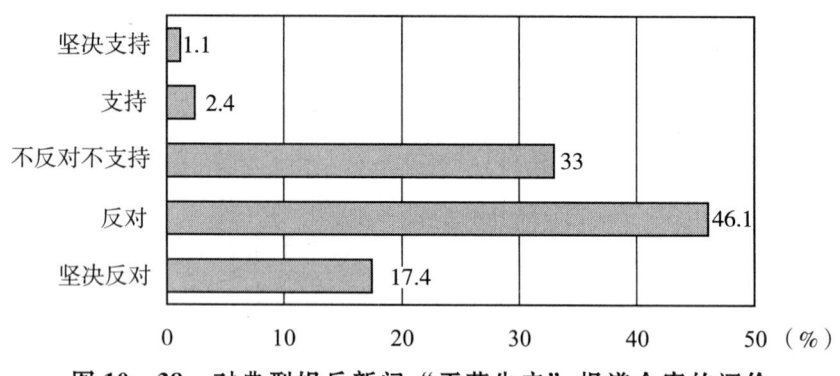

图10-38 对典型娱乐新闻"王菲生产"报道个案的评价

综合以上（2）（3）（4）项的结果发现，随着考察的层层推进，对新闻娱乐化倾向持中立性态度的大学生越来越少（由总人数的54.7%降到38%，再降到33%），而持反对态度的大学生则迅速增多（由总人数的32.2%升到42.2%，再升到63.5%）。这种变化充分反映出大学生对新闻娱乐化倾向的真实态度，即大多数大学生实际上对新闻娱乐化的倾向是持反对态度的，至少在意识层面上如此，而对新闻娱乐化倾向持肯定态度的大学生远比我们预想得少。当代大学生作为当代青年的一个重要群体，其意识层面上对新闻娱乐化呈反对倾向的社会现实，值得很多寄希望于通过开发"娱乐"来扩大受众群、增强市场竞争力的媒介的认真思考。

(5) 大多数人认为，新闻娱乐化的主要后果是"使传播内容低俗化、庸俗化，潜移默化中影响受众品位"。

关于新闻娱乐化带来的最大后果，44.8%的大学生认为是"以低俗内容影响受众品位"，13.7%的大学生认为是"使社会沉迷于各种繁杂琐事"而无力处理真正与自身利益攸关的问题，26.2%的大学生认为是，通过娱乐这一共通点，"媒介抓住受众，获得经济效益"，13.5%的大学生认为"满足了受众对于快乐的追求"而丰富和改善了人的生存状态，还有1.9%的大学生选择了"其他"（见图10-39）。其中，共计有58.5%的大学生认为新闻娱乐化带来的是负面后果，只有39.7%的被调查大学生选择正面后果。这说明当代大学生对新闻娱乐化后果的认识比较充分，既认识到新闻娱乐化可能具有的正面效应，也不回避其导致的负面后果，而且，大多数大学生认为新闻娱乐化的弊大于利。这从一个侧面反映出当代大学生意识层面上反新闻娱乐化的倾向，能够印证前面有关大学生对新闻娱乐化态度的调查结果。进而言之，大学生受众并不完全认同一部分"娱乐"立台的媒介对新闻娱乐化的定位。

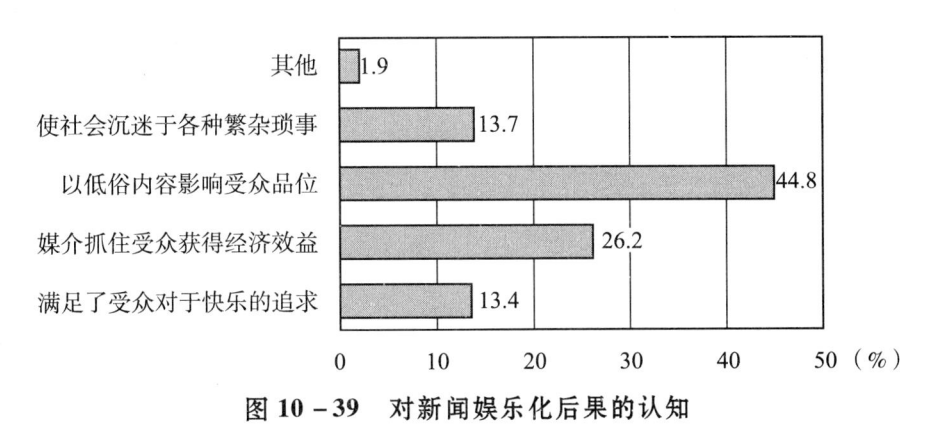

图10-39 对新闻娱乐化后果的认知

(6) 大多数认为，新闻"泛娱乐化"的主要原因是媒介社会责任意识淡薄与媒介市场化的影响。

进一步追溯导致新闻娱乐化和媒介的"泛娱乐化"主要原因，有34.2%的大学生认为是"媒介社会责任意识淡薄"，有20.7%的大学生认为是"媒介市场化的必然结果"，有15.8%的大学生认为是"简单模仿境外娱乐报道方式"，有11.1%的大学生认为是"大众品位不高"，有10.2%的大学生认为是"管理制度不健全"是最主要的原因，另外分别有6.4%和1.6%的大学生选择了"媒介从业人员水平不高"和"其他"（见图10-40）。显然，在他们看来，"媒介社会责任意识淡薄"是造成媒介"泛娱乐化"的罪魁祸首，其次"媒介市场化的发展趋势"和"简单模仿境外娱乐报道方式"对媒体的"泛娱乐化"也有不可推卸的责任，再者"大众品位不高"、"管理制度不健全"、"媒介从业人员水平不高"也是造成媒介"泛娱乐化"的原因之一。

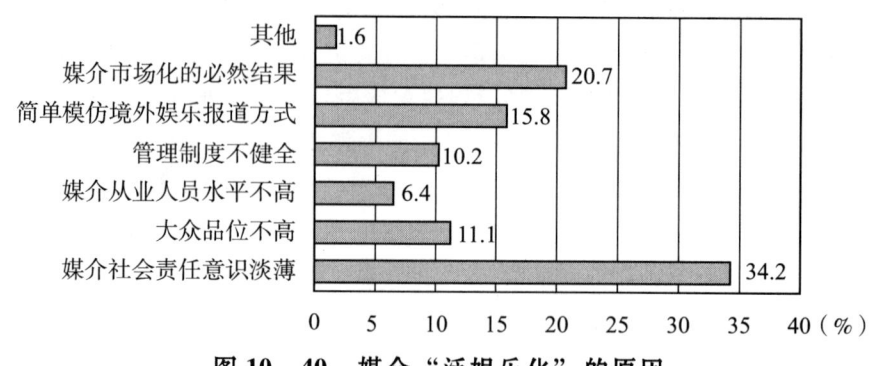

选项	百分比
其他	1.6
媒介市场化的必然结果	20.7
简单模仿境外娱乐报道方式	15.8
管理制度不健全	10.2
媒介从业人员水平不高	6.4
大众品位不高	11.1
媒介社会责任意识淡薄	34.2

图 10-40　媒介"泛娱乐化"的原因

3. 对媒介广告越来越多的现象，大多数表示"不接受"

为了获取更多的广告利润，媒介经营者可能大肆扩充广告版面或时段。对此，28.9%的大学生表示"基本接受"，2%的大学生表示"完全接受"，52.8%的大学生表示"不太接受"，14.9%的大学生表示"完全不接受"，1.3%的大学生表示"不知道"（见图10-41）。显然，对于新闻媒介广告越来越多的现实，大多数大学生表示"不太接受"或"完全不接受"。

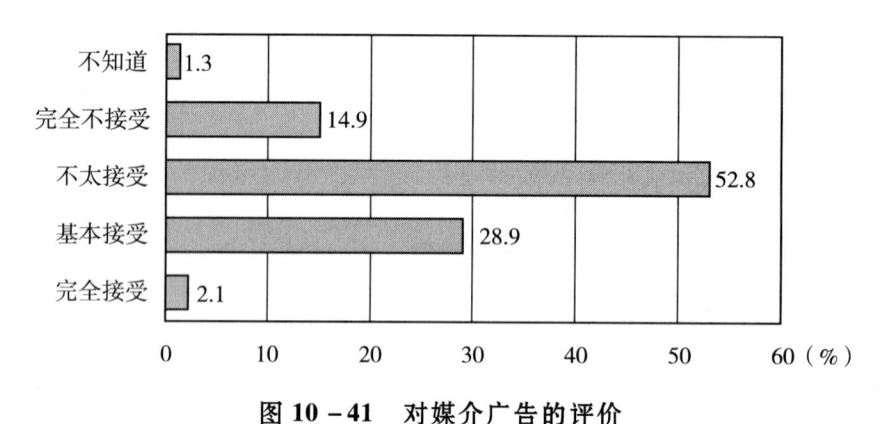

选项	百分比
不知道	1.3
完全不接受	14.9
不太接受	52.8
基本接受	28.9
完全接受	2.1

图 10-41　对媒介广告的评价

四、媒介期望

1. 对媒介融合趋势的期待

（1）大多数大学生"不习惯"或"不太习惯""无纸的报纸"。

报纸的数字化，乃至走向无纸化是媒介发展一个重要趋势。对于"无纸的报纸"，8.7%的大学生选择"很习惯"，38.2%的大学生选择"习惯"，10.8%

的大学生选择"不习惯",39.8%的大学生选择"不太习惯",2.5%的大学生选择"不清楚"(见图10-42)。其中,前两项之和为46.9%,"不习惯"、"不太习惯"的之和为50.6%。对"无纸的报纸"持"不习惯"态度的大学生略多于持"习惯"态度的大学生,但两者差距并不大,说明对于"无纸的报纸"这一报业发展趋势,大学生群体的态度大体是一半对一半。看来大学生对新的媒介形态的期待与接受程度并不如人们想象中得那样高。

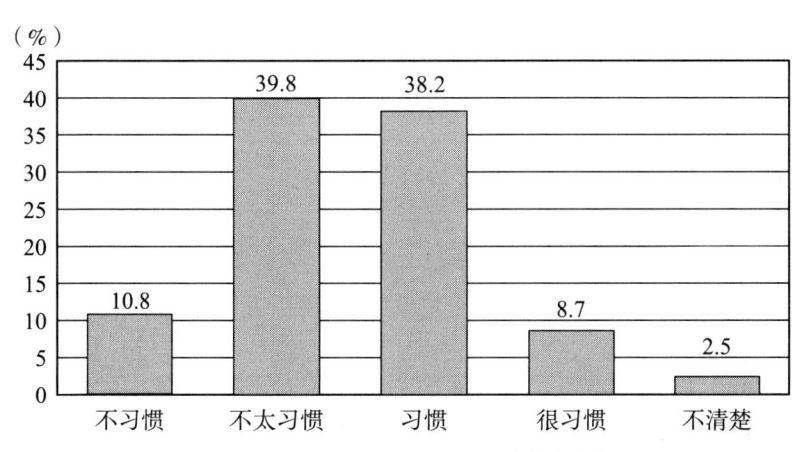

图10-42 是否习惯"无纸的报纸"

(2)大多数大学生不同意"现在传播渠道过剩"的判断。

有学者认为"现在传媒渠道过剩"。那么,对这一观点大学生是如何看待的呢?59.8%的大学生"不同意",5.9%的大学生"完全不同意",28.5%的大学生"基本同意",2.2%的大学生"完全同意",3.6%的大学生"不清楚"(见图10-43)。其中,在"不同意"程度级上的大学生共计65.7%,在"基本同意"程度级上的大学生共计30.7%,这说明大多数大学生不同意这一观点。

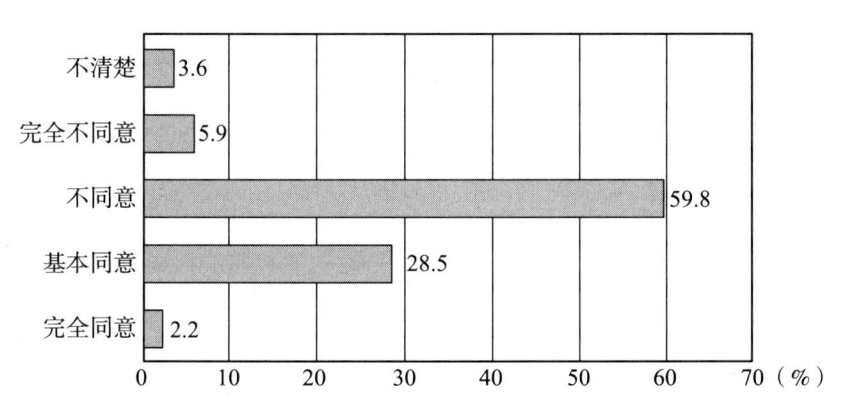

图10-43 对"传媒渠道过剩论"的态度

(3) 大多数大学生认为，网络游戏出版业的发展对自身成长不利。

网络游戏将是中国网络出版业的重点扶持领域，这对于当代大学生的健康成长是否有利呢？56.1%的大学生认为"不太有利"，14.5%的大学生认为"非常不利"，17.8%的大学生认为"有利"，3.3%的大学生认为"非常有利"，8.3%的大学生"不知道"（见图10-44）。其中，认为网络游戏不利于当代大学生成长的被调查者在数量上占压倒性优势（70.6%），远远超过了肯定网络游戏影响力的大学生（21.1%）。这说明，绝大多数大学生对网络游戏的危害性有清醒的认识，明确意识到了网络游戏对自身健康成长的不利因素。

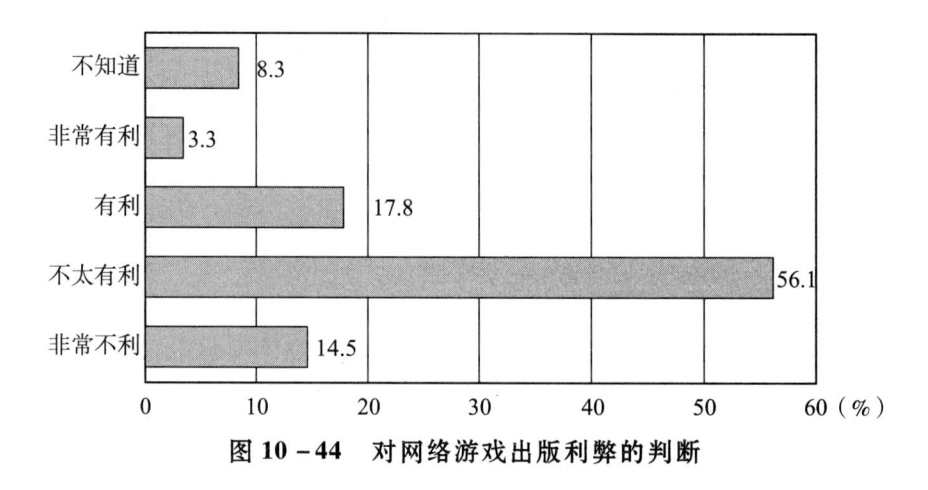

图 10-44 对网络游戏出版利弊的判断

(4) 对网络媒介一定会取代传统媒介的观点，持怀疑、观望态度。

网络媒介会不会取代传统媒介？这是一直以来围绕网络媒介的发展趋势争论不休的问题。随着近些年来网络媒介的迅猛发展和广泛应用，不少研究者认为"网络媒介一定会取代传统媒介"。但在被调查对象中，39.6%的大学生选择"反对"，7.4%的大学生选择"非常反对"，18%的大学生"同意"，2.9%的大学生"非常同意"，32.1%的大学生则"说不清"（见图10-45）。其中，除了少数大学生肯定网络媒介一定会取代传统媒介之外（20.9%），有多达79.1%的大学生对"网络媒介取代传统媒体"一说持不相信或观望态度。

2. 对媒介发展的期待

(1) 主张面对竞争，传统媒介应该从"增加受众的参与性，增强传播的互动性"、"使传播方式更人性化，方便受众获取信息"来改进，以应对新媒介的冲击。

网络等新媒介的崛起和普及，给传统媒介带来了很大的冲击。对此，传统媒介应该优先从哪个方面来改进呢？26.3%的大学生认为应该"增加受众的参与性，增强传播的互动性"；21%的大学生认为应该"传播方式更人性化，方便受众获取信息"；14%的大学生认为应该"减少说教性内容，增加服务性内容"；

另外，分别有 10.7%、10.2%、9.3%、6.9%、1.6% 的大学生依次选择"增强报道内容的时效性"、"加大信息量，丰富报道内容"、"增加弱势群体、不同意见者表达心声的机会"、"满足受众多方面需求"及"其他"作为传统媒介改进的方向（见图 10-46）。

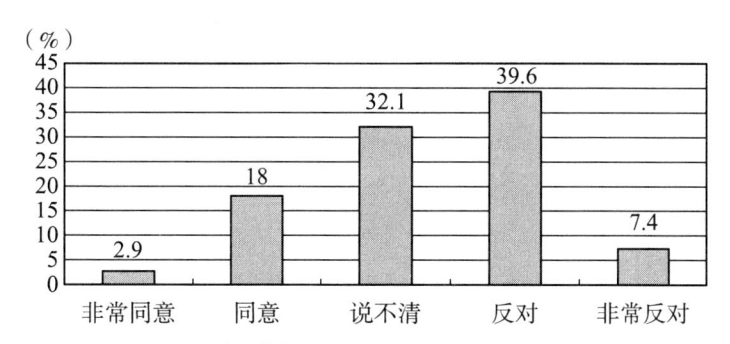

图 10-45 对新媒介一定取代传统媒介的观点的态度

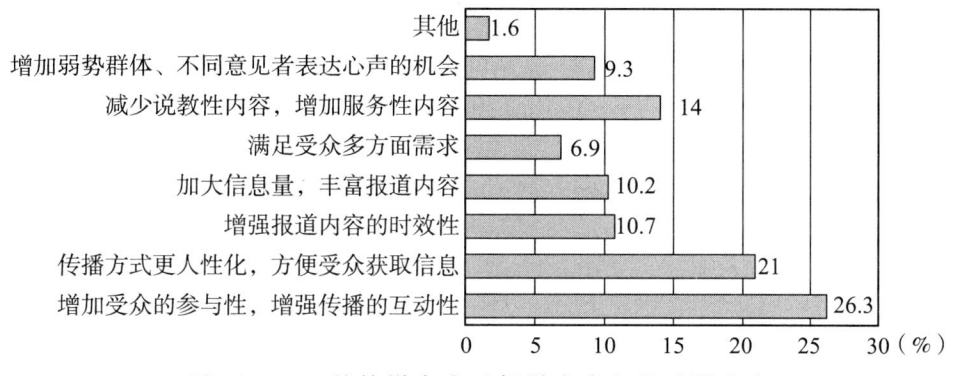

图 10-46 传统媒介应对新媒介竞争的改进方向

（2）认为中国传媒应该建立科学有效的媒介公信力评价体系，抵制低俗虚假新闻。

大学生认为，要解决媒介公信力下降的问题，提升媒介公信力的主要途径依次为：第一，建立科学的公信力评价体系（37.5%）；第二，把好品位关，抵制低俗新闻（17.2%）；第三，强化新闻专业主义理念，加强媒介从业人员的职业道德建设（14.6%）；第四，加强舆论监督功能（11.5%）；第五，坚持正确的舆论导向（7.5%）；第六，惩处各种传播违规违法的活动（6.9%）；第七，增大新闻信息量（4.4%）；第八，其他（0.4%）（见图 10-47）。

（3）对中国媒介与境外媒介竞争的能力持乐观态度。

中国媒介具有与境外媒体抗衡、竞争的能力吗？10.4% 的大学生明确肯定"有"，45.6% 的大学生认为"有一些"，29.2% 的大学生认为"没有"，14.8%

的大学生认为"很难说"（见图10-48）。这说明，大多数大学生认为中国媒介具有或多或少地与境外媒介相抗衡的能力（56%），一部分大学生明确表示中国媒介不具备与境外媒介相抗衡的能力（29.2%），另有小部分大学生无法确定中国媒介有无与境外媒介相抗衡的能力。看来，面对来自境外媒介的竞争压力，多数大学生对中国媒介还是持乐观态度的。

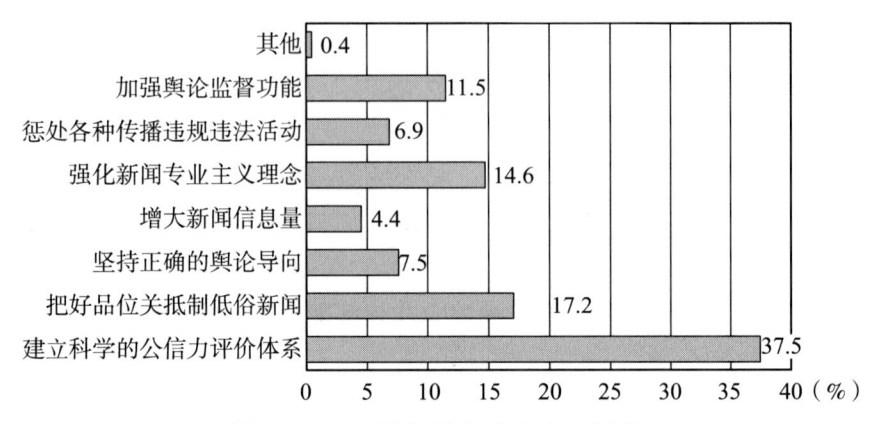

图10-47 提升媒介公信力的途径

- 其他：0.4
- 加强舆论监督功能：11.5
- 惩处各种传播违规违法活动：6.9
- 强化新闻专业主义理念：14.6
- 增大新闻信息量：4.4
- 坚持正确的舆论导向：7.5
- 把好品位关抵制低俗新闻：17.2
- 建立科学的公信力评价体系：37.5

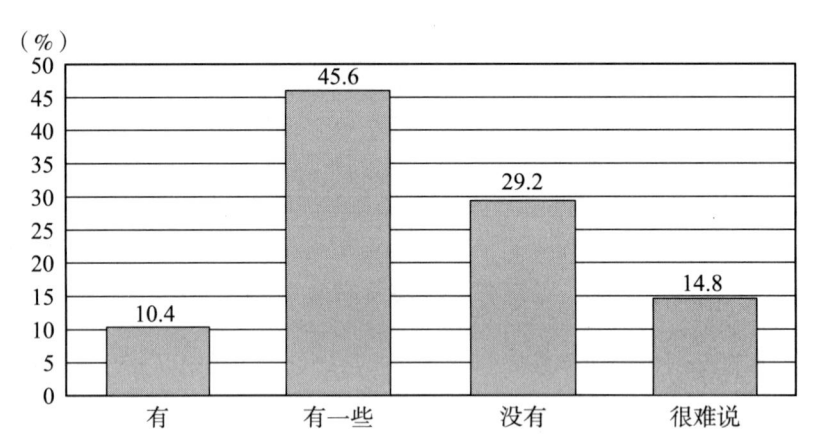

图10-48 对中国媒介是否具有与境外媒介竞争的能力的评价

- 有：10.4
- 有一些：45.6
- 没有：29.2
- 很难说：14.8

（4）主张中国媒介需要从"提升传播公信力"、"内容制作专业化"、"整合资源做大做强"等方面，提升应对国际竞争的能力。

中国媒介应该如何改进自身不足以更好地应对来自境外媒介的竞争？22.7%的大学生认为是"提升传播公信力"，21.1%的大学生认为是"内容生产更专业化"，20.5%的大学生认为是"整合资源做大做强"。此外，依次有15.4%、10.6%、7.6%、2.1%的大学生分别选取了"报道技术手段多元化"、"满足受众多方面需求"、"吸收管理和经营经验"及"其他"（见图10-49）。

```
其他                          2.1
吸收先进管理和经营经验          7.6
满足受众的多方面需求           10.6
提升传播公信力                22.7
内容生产更专业化              21.1
报道技术手段多元化             15.4
整合资源做大做强              20.5
                  0    5   10   15   20   25(%)
```

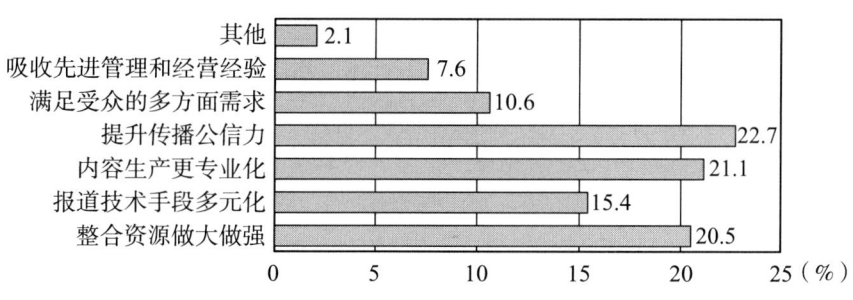

图 10-49　中国媒介最需要改进的不足之处

（5）最希望媒介大力报道的新闻事件是重大时政新闻。

根据问卷题目设计时期的传播现实，列举了几条发生在 2006 年 7 月和 8 月的新闻，请选出调查对象选择出"最希望媒介加大报道力度的新闻事件"，结果如下：30.6%的大学生选择了"青藏铁路二期通车"；20.5%的大学生选择了"上海'孟母堂'（全日制读经私塾班）被叫停"；20.1%的大学生选择了"媒体上暂停播放各类广告（如介绍药品、医疗器械、丰胸减肥增高产品的电视购物节目）"；10.1%的大学生选择了"台风桑美来袭"；9.1%的大学生选择了"黎以爆发冲突"；8%的大学生选择了"英国警方挫败一起重大恐怖袭击阴谋"；1.6%的大学生选择了王菲之女被证实是"兔唇"（见图 10-50）。其中占据绝对优势的是国内外重大时政新闻。这说明，大学生群体希望媒介加大报道力度的还是重大时政新闻，而不是娱乐新闻或者其他。

```
媒介上暂停播放各类广告              20.1
王菲之女被证实是"兔唇"     1.6
黎以爆发冲突                 9.1
英国警方挫败一起重大恐怖袭击阴谋  8
台风桑美来袭                10.1
上海"孟母堂"（全日制读经私塾班）被叫停  20.5
青藏铁路二期通车                     30.6
              0   5   10  15  20  25  30  35(%)
```

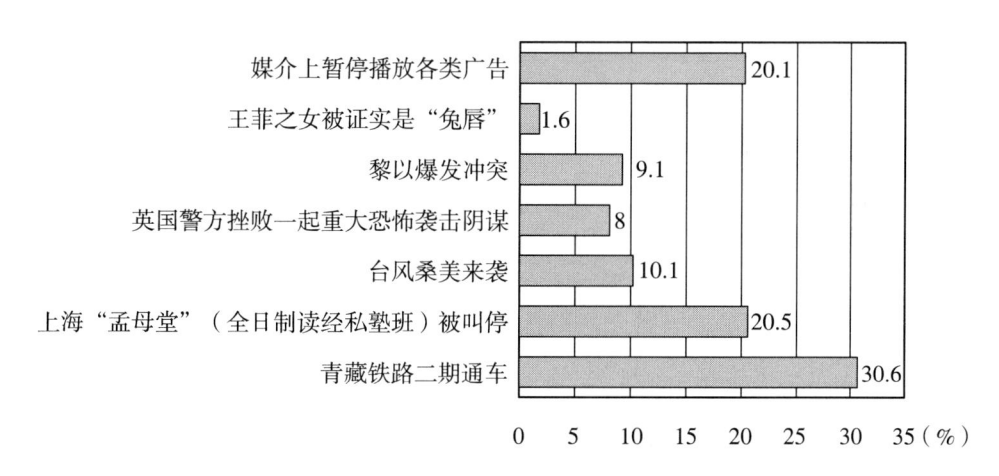

图 10-50　最希望媒介加大报道力度的新闻事件

（6）希望通过传媒了解的新闻信息类型，主要是"国内新闻"、"本地新闻"、"国际新闻"、"体育新闻"、"热点新闻"。

大学生群体希望通过大众传媒了解的新闻类型，第一是"国内新闻"

(27.8%)，第二是"本地新闻"（17.1%），第三是"国际新闻"（13.2%），第四是"体育新闻"（10.2%），而后依次是"热点报道"、"社会新闻"、"娱乐新闻"、"文化新闻"、"人才招聘"、"经济新闻"、"名人访谈"、"流行时尚"、"新闻分析"、"科技新闻"、"教育新闻"、"法制新闻"、"其他"、"就业指导"以及"服务信息"，分别有6.7%、5.3%、4.6%、2.9%、2.1%、2%、1.6%、1.5%、1.5%、1.4%、0.8%、0.4%、0.4%、0.3%、0.2%的大学生选择（见图10-51）。

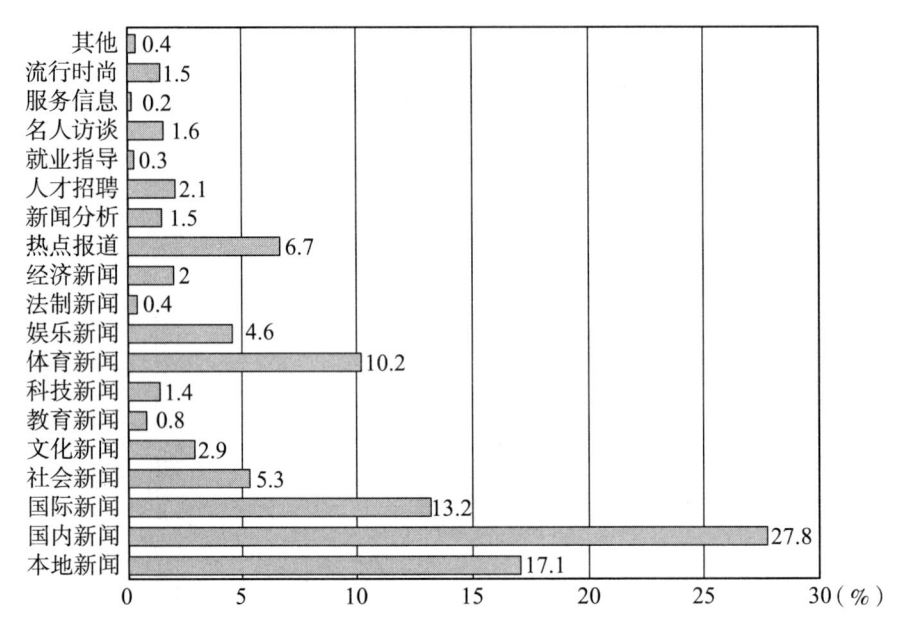

图10-51 大学生希望通过媒介了解的新闻信息类型

3. 对新闻媒介在和谐社会构建中承担的社会功能的期待

（1）新闻媒介应该在构建和谐社会过程中发挥较大的作用。

数据显示，15.6%的大学生认为，新闻媒介在和谐社会构建过程中"作用很大"，43.3%的大学生认为"作用较大"，29.9%的大学生认为"作用一般"，9.8%的大学生认为"作用很小"，1.4%的大学生认为"毫无作用"（见图10-52）。其中，合计有58.9%的大学生认为新闻媒介在构建和谐社会的过程中能够发挥比较大的作用，远高过认为"作用很小"（9.8%）或是"毫无作用"（1.4%）的人。这说明，大多数大学生对于新闻媒介在和谐社会构建中的功用有所期待。

（2）新闻媒介要在构建和谐社会中发挥作用，首先应该满足公众的知情权。

有一种观点认为"新闻媒介要在构建和谐社会中发挥作用，首先应该满足公众的知情权"。我们考察大学生对这一观点的态度,结果显示:1.7%的人"不同意";25.3%的人"基本同意";44.6%的人"同意";26.3%的人"完全同意";2.1%的人"不清楚"(见图10-53)。其中,"基本同意"以上程度级的高达96.2%。可见,大学生群体对于新闻媒介首先满足公众知情权,以推进和谐社会构建作用的认知是十分清楚的。

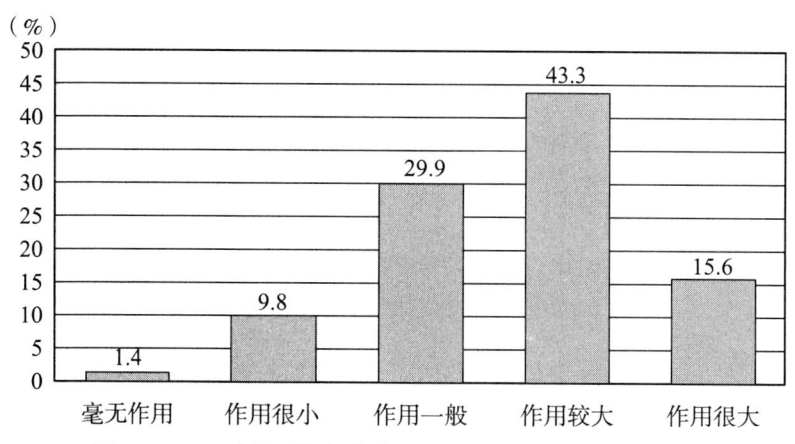

图10-52 新闻媒介在构建和谐社会过程中的作用

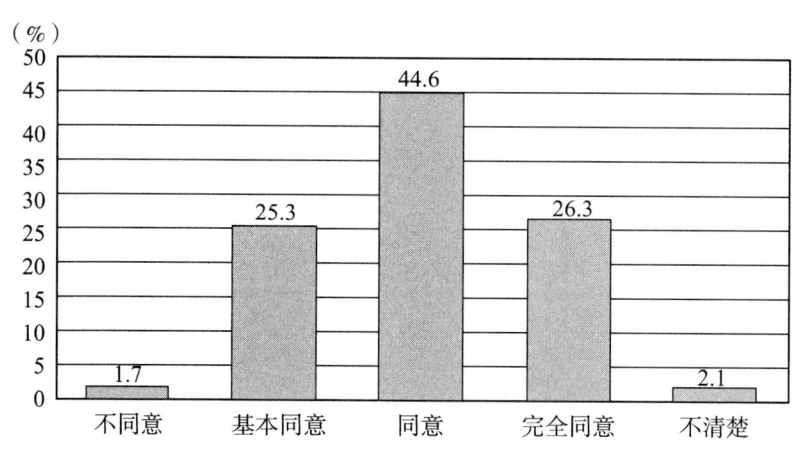

图10-53 对"新闻媒介应该首先满足公众知情权"的看法

(3)新闻媒介不间断地报道社会问题,能够"发挥预警功能"和"提供决策参考"。

对于"新闻媒介不间断地报道社会问题可能导致的后果"的看法中,31.5%的大学生认为能够"发挥预警功能",30.2%的大学生认为能够"提供决策参考",24.9%的大学生认为可能"加大社会的不和谐面",8.6%的大学生认为可能"干扰国家的方针政策",4.8%的大学生认为可能"制造社会混乱"(见

图 10-54）。其中，前两项之和为 61.7%，说明大多数大学生认为，新闻媒介不间断地报道社会问题，能够"发挥预警功能"和"提供决策参考"。

制造社会混乱 4.8
发挥预警功能 31.5
提供决策参考 30.2
加大社会的不和谐面 24.9
干扰国家的方针政策 8.6

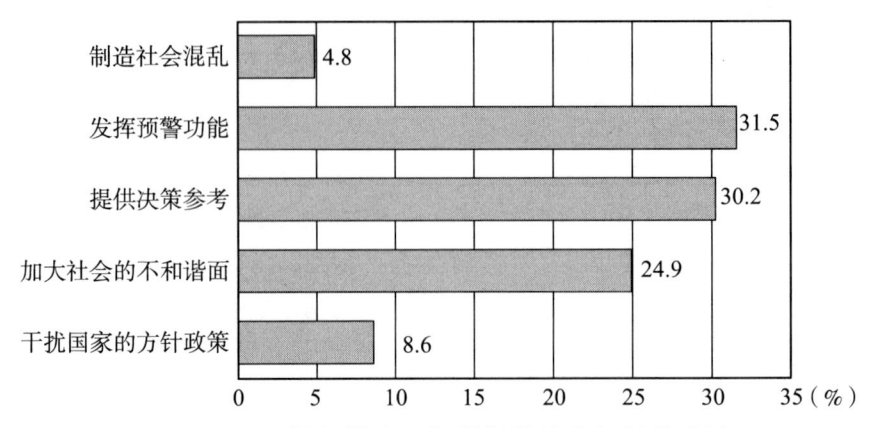

图 10-54 新闻媒介不间断报道社会问题的后果

（4）认为对陈良宇案的报道是媒介在发挥舆论监督的功能，这样的报道应该加强。

陈案是近年来相当具有代表性的高级领导干部腐败案件。新闻媒介对陈案进行了客观、及时的报道，对此，调查对象的看法是：6.9% 的大学生认为"影响党的形象"，11.3% 的大学生认为"媒介干涉过多"，36.5% 的大学生认为这样的报道"应该加强"，41.8% 的大学生认为是媒介在进行"正常舆论监督"（见图 10-55）。肯定、支持新闻媒介对陈案报道的，认为这是新闻媒介在进行"正常舆论监督"、这样的报道"应该加强"的大学生高达 78.3%。这充分说明，广大的大学生十分肯定这样的批评性监督报道。

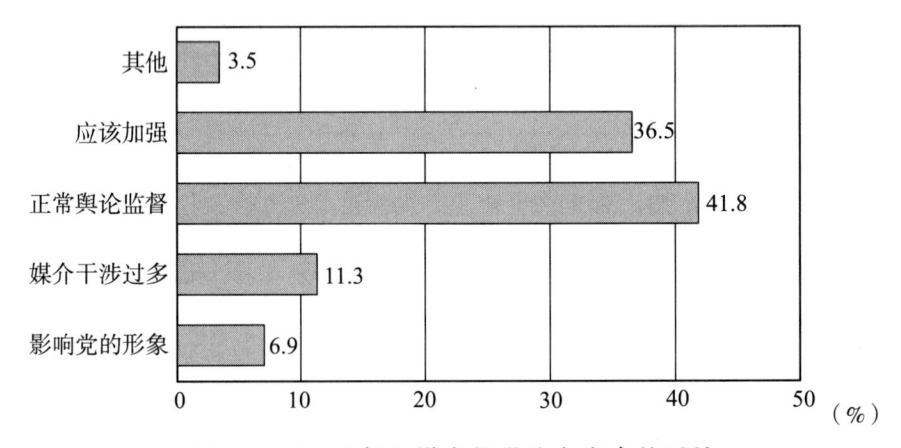

其他 3.5
应该加强 36.5
正常舆论监督 41.8
媒介干涉过多 11.3
影响党的形象 6.9

图 10-55 对新闻媒介报道陈良宇案的看法

(5) 认为关于山西、河南等地矿难较多的报道发挥了媒介的预警功能,有利于促进问题解决。

对于新闻媒介有关山西、河南等地矿难较多的报道传播效果,调查对象是如何看待的呢?3.5%的大学生认为"影响社会和谐",10%的大学生认为"容易使人丧失信心",38.3%的大学生认为"有利于促进问题的解决",48.2%的大学生认为"发挥了媒介的预警功能"(见图10-56)。其中,绝大多数(85.6%)的大学生十分肯定这类报道的效果,认为是发挥了媒介的预警机功能,有利于促进问题解决。

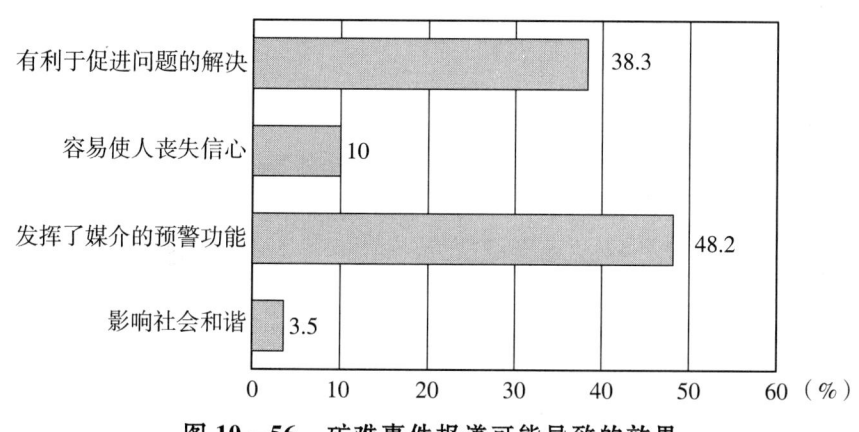

图10-56 矿难事件报道可能导致的效果

(6) 对新闻媒介14种社会功能的执行情况评价不高。

对于新闻媒介在构建和谐社会过程中承担的14种主要社会功能①的执行情况,大学生群体评价都不高——对所有14项社会功能的满意度指数都远远低于4(满意度指数超过4,意为"比较满意"或"非常满意")。也就是说,没有一项社会功能的执行情况被大学生群体认为是满意的。具体来看,共有5项社会功能执行情况的满意度指数达到了3,这说明全部14项社会功能中只有5项社会功能的执行情况被认为"一般",其中,大学生群体目前稍微满意的是新闻媒介"及时为大众提供新信息"的功能(满意度指数为3.264),其次是"为公众提供娱乐和休闲"(满意度指数为3.262),紧接着是"把党和政府的政策传达给公众"(满意度指数为3.24),而后是"报道最大多数群众感兴趣的新闻"(满

---

① 本调查所设定的新闻媒介的14种社会功能即:及时为大众提供新信息、依据事实报道新近发生的事件、报道最大多数群众感兴趣的新闻、为公众提供复杂问题的分析与解释、为公众提供娱乐和休闲、把党和政府的政策传达给公众、对政府的政策做出解释、引导公众对政府的政策和社会热点问题等内容进行讨论、把公众的愿望和心声反馈给党和政府、帮助公众实行舆论监督、关注弱势群体的生存状态、协调社会不同利益群体的关系、推动民主法治进程、及时报道可靠信息以阻止流言的扩散。

意度指数为 3.11），然后是"依据事实报道新近发生的事件"的功能（满意度指数为 3.10）。此外，余下的 9 项社会功能的执行情况的满意度指数均低于 3，属于"不太满意"和"非常不满意"的范畴，依次是"对政府的政策做出解释"（满意度指数为 2.93）、"引导公众对政府的政策和热点问题进行讨论"（满意度指数为 2.88）、"推动民主法治进程"（满意度指数为 2.79）、"及时报道可靠信息以阻止流言的扩散"（满意度指数为 2.78）、"为公众提供复杂问题的分析与解释"（满意度指数为 2.77）、"帮助公众实行舆论监督"（满意度指数为 2.59）、"关注弱势群体的生存状态"（满意度指数为 2.54）、"协调社会不同利益群体的关系"（满意度指数为 2.536）、"把公众的愿望和心声反馈给党和政府"（满意度指数为 2.48）（见表 10-7）。

表 10-7　大学生对新闻传媒在构建和谐社会过程中各项社会功能的执行情况的评价

传媒社会功能 \ 满意度评价	执行情况的满意程度类别					满意度指数
	非常不满意	不太满意	一般	比较满意	非常满意	
及时为大众提供新信息	1.9%	10.8%	43.4%	39.3%	4.6%	3.264
依据事实报道新近发生的事件	2.3%	16.3%	45.8%	32.5%	3.1%	3.10
报道最大多数群众感兴趣的新闻	1.6%	13.6%	50.9%	31.1%	2.8%	3.11
为公众提供复杂问题的分析与解释	5.1%	28.4%	46.1%	17.3%	3.1%	2.77
为公众提供娱乐和休闲	2.6%	10.2%	42.9%	39.4%	4.9%	3.262
把党和政府的政策传达给公众	3.1%	13.8%	39.7%	35.8%	7.6%	3.24
对政府的政策做出解释	5.7%	22.7%	42.4%	24.3%	4.9%	2.93
引导公众对政府的政策和热点问题进行讨论	5.2%	23.3%	46.1%	21.8%	3.6%	2.88
把公众的愿望和心声反馈给党和政府	15.3%	33.4%	36.0%	12.9%	2.4%	2.48
帮助公众实行舆论监督	12.4%	29.6%	41.9%	12.8%	3.3%	2.59
关注弱势群体的生存状态	13.5%	31.2%	40.2%	11.8%	3.3%	2.54

续表

满意度评价 传媒社会功能	执行情况的满意程度类别					满意度指数
	非常不满意	不太满意	一般	比较满意	非常满意	
协调社会不同利益群体的关系	11.1%	30.6%	46.2%	9.9%	2.2%	2.536
推动民主法治进程	5.8%	24.5%	49.7%	18.5%	1.5%	2.79
及时报道可靠信息以阻止流言的扩散	7.5%	25.6%	44.5%	20.7%	1.7%	2.78

调查结果反映了两个问题：其一，大学生群体对媒介"中立"的社会功能的执行情况的评价普遍高于传媒"参与"的社会功能的执行情况。在调查列举的全部14项社会功能中有4项是"中立"的社会功能，而其中除了"及时报道可靠信息以阻止流言的扩散"功能的执行情况被认为"不太满意"（满意度指数为2.78）之外，其他的3项"中立"的社会功能的执行情况均被认为"一般"（满意度指数都达到了3）；与此形成鲜明对比的是，所有14项社会功能中有10项为传媒"参与"的社会功能，其中除了"为公众提供娱乐和休闲"功能的执行情况被认为"一般"（满意度指数为3.262）之外，余下的9项"参与"的社会功能的执行情况均被认为"不太满意"。而前面对新闻媒介社会功能的重要性的调查中，我们得出结论是，大学生群体倾向于认为媒介"参与"的社会功能更加重要。这说明，大学生群体认为非常重要的或者说是寄予厚望的媒介"参与"的社会功能，在实际生活中执行得并不好，远远比不上媒介在"中立"性社会功能上发挥的作用。其二，大学生群体对"把公众的愿望和心声反馈给党和政府"、"关注弱势群体的生存状态"和"帮助公众实行舆论监督"3项媒介社会功能的执行情况的评价很差，满意度指数分别为2.48、2.54、2.59，居于全部14项的倒数第1位、倒数第3位和倒数第4位。而在前面有关大学生对媒介社会功能重要性的调查中，这三项社会功能的重要性指数分别为4.19、4.18、4.13，居于全部14项的第1位、第2位和第3位。大学生群体对这3项社会功能的评价由重要性的前三甲变为满意程度的末流，这说明大学生群体认为，新闻媒介在构建和谐社会的过程中应该承担的非常重要的社会功能，恰恰是目前媒介表现最不好、最没有发挥出充分作用的地方。如何在构建和谐社会的过程中，充分发挥出新闻媒介积极主动地传达人民心声、关注人民生活、推动社会进步的作用，值得整个新闻传媒业认真思考。

（7）超过半数的大学生对新闻传媒在构建和谐社会过程中的总体表现情况

"不满意"。

将大学生群体对新闻传媒 14 项社会功能执行情况的评价结果合并起来进行考察[①]，分析结果显示：51.5% 的人得分在 14~41 分，表示 51.5% 的大学生对新闻媒介在构建和谐社会中的各项社会功能的总体执行情况的看法是"不满意"；45.7% 的人得分在 42~55 分，说明 45.7% 的大学生的看法是"一般"；2.8% 的人得分在 56~70 分，表示 2.8% 的大学生认为"比较满意"或者"非常满意"[②]（见表 10-8）。这说明，有超过半数的大学生（51.5%）不满意于新闻传媒在构建和谐社会过程中的表现，只有极少数的大学生（2.8%）明确表示对新闻传媒在构建和谐社会过程中的总体表现满意，另有一部分大学生（45.7%）认为新闻传媒的表现马马虎虎。透过大学生的眼睛，我们可以看到，新闻传媒在推动和谐社会的构建的进程中仍然任重而道远。

表 10-8　　大学生对新闻传媒在构建和谐社会过程中的总体表现情况的评价

	不满意 （14~41 分）	一般 （42~55 分）	比较满意或非常满意 （56~70 分）
统计百分比	51.5%	45.7%	2.8%

（8）影响传媒在和谐社会构建中发挥作用的新闻报道现象主要是"新闻炒作"、"不客观的报道"、"不全面的报道"。

调查题目列举了影响新闻传媒在和谐社会构建过程中正常发挥作用的常见的几种不良报道现象，被调查对象选择的结果依次排列如下：第一，新闻炒作（30.9%）；第二，不客观的报道（20.9%）；第三，不全面的报道（19.4%）；第四，对普通民众的忽视（12.7%）；第五，缺乏人文关怀（6.7%）；第六，新闻报道的娱乐化倾向（5.5%）；第七，不平衡的报道（3.9%）（见图 10-57）。其中，排在前三位的是：新闻炒作、不客观的报道、不全面的报道。这说明，大学生群体也希望中国的新闻媒介能够恪守新闻专业主义，以客观、真实、全面、平衡的报道履行社会信息传播系统的职能。

---

① 即将 14 项社会功能的每一项社会功能的每一个选项分别赋分："非常不满意"赋值为 1 分，"不太满意"赋值为 2 分，"一般"赋值为 3 分，"比较满意"赋值为 4 分，"非常满意"赋值为 5 分。然后合并进行总分计算，再对总分进行分组。

② 根据各个选项的赋值情况，我们可以计算出：14 项×1 分/项=14 分，14 项×3 分/项=42 分，14 项×4 分/项=56 分，14 项×5 分/项=70 分。因此，总分计算结果在 14~41 分区间内的，表示看法是"不满意"；计算结果在 42~55 分区间内的，表示看法是"一般"；计算结果在 56~70 分之间的，表示看法是"比较满意"或"非常满意"。

缺乏人文关怀　6.7
新闻报道的娱乐化倾向　5.5
对普通民众的忽视　12.7
不平衡的报道　3.9
不客观的报道　20.9
新闻炒作　30.9
不全面的报道　19.4

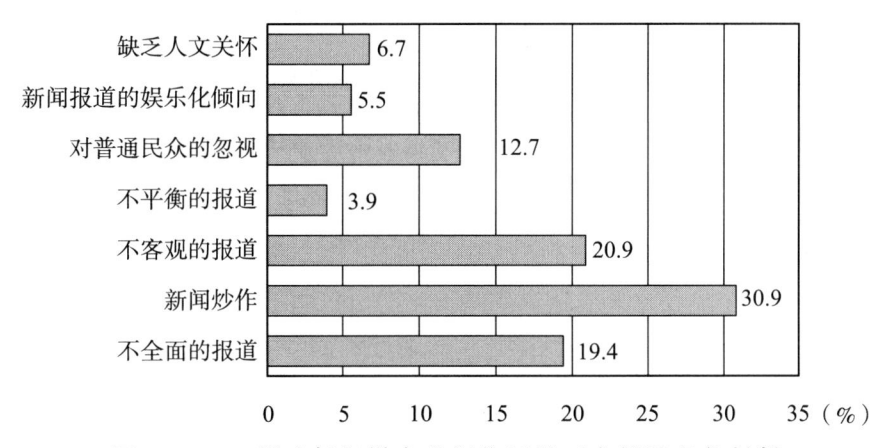

图10-57　影响新闻媒介发挥作用的不良报道现象判断

（9）对新闻媒介在和谐社会构建中承担最重要功能是"把公众的愿望和心声反馈给党和政府"、"关注弱势群体的生存状态"、"帮助公众实行舆论监督"、"依据事实报道新近发生的事件"。

构建和谐社会是一项宏大而系统的工程。新闻媒介可以利用自身优势从多个方面参与这一进程。本次调查共列举了新闻媒介在构建和谐社会过程中承担的14项主要社会功能，并对每一项社会功能分别设置了"非常不重要"、"不重要"、"一般"、"重要"、"非常重要"五点尺度，要求每一位被调查者根据实际情况做出选择。后期分析时，综合每一项每一尺度统计出的百分比，计算出每一项社会功能的重要性程度的平均值（本研究将其命名为"重要性指数"）。调查结果显示，在所列举的14项社会功能中，被调查大学生认为在构建和谐社会的过程中，"把公众的愿望和心声反馈给党和政府"是传媒最重要的社会功能（重要性指数为4.19），紧接着的是传媒"关注弱势群体的生存状态"的功能（重要性指数为4.18），其次是"帮助公众实行舆论监督"的功能（重要性指数为4.13），然后是媒介"依据事实报道新近发生的事件"（重要性指数为4.01），而后依次是"及时报道可靠信息以阻止流言的扩散"（3.95）、"及时为大众提供新信息"（3.93）、"推动民主法治进程"（3.84）、"为公众提供复杂问题的分析与解释"（3.82）、"引导公众对政府的政策和热点问题进行讨论"（3.744）、"协调社会不同利益群体的关系"（3.74）、"对政府的政策作出解释"（3.736）、"把党和政府的政策传达给公众"（3.57）、"报道最大多数群众感兴趣的新闻"（3.56）、"为公众提供娱乐和休闲"（3.36）（见表10-9）。

进一步分析调查结果发现，被调查大学生普遍认为媒介比较重要的社会功能有4项（重要性指数超过4，意为"重要"或"非常重要"）。在这4项社会功能中，前3项均为"参与"① 的社会功能，依次为"把公众的愿望和心声反馈给党和政府"、"关注弱势群体的生存状态"和"帮助公众实行舆论监督"，只有1

表10-9　大学生对新闻传媒在和谐社会构建中承担的各项社会功能的重要性评价

重要性评价 传媒社会功能	重要性程度类别					重要性指数
	非常不重要	不重要	一般	重要	非常重要	
及时为大众提供新信息	2.2%	5.4%	13.1%	47.4%	31.9%	3.93
依据事实报道新近发生的事件	1.3%	4.1%	13.4%	45.4%	35.8%	4.01
报道最大多数群众感兴趣的新闻	1.1%	7.7%	31.9%	45.3%	14.0%	3.56
为公众提供复杂问题的分析与解释	0.8%	6.5%	21.4%	43.4%	27.9%	3.82
为公众提供娱乐和休闲	1.4%	9.5%	39.7%	43.2%	6.2%	3.36
把党和政府的政策传达给公众	2.3%	5.7%	29.9%	48.2%	13.9%	3.57
对政府的政策作出解释	1.6%	7.5%	22.3%	45.4%	23.2%	3.736
引导公众对政府的政策和热点问题进行讨论	1.5%	6.4%	24.5%	43.3%	24.3%	3.744
把公众的愿望和心声反馈给党和政府	1.1%	4.1%	13.1%	29.0%	52.7%	4.19
帮助公众实行舆论监督	1.3%	3.7%	12.7%	36.4%	45.9%	4.13
关注弱势群体的生存状态	1.0%	3.3%	11.5%	36.8%	47.4%	4.18
协调社会不同利益群体的关系	1.5%	6.9%	23.1%	42.8%	25.7%	3.74
推动民主法治进程	1.0%	6.4%	20.1%	43.9%	28.6%	3.84
及时报道可靠信息以阻止流言的扩散	0.9%	4.6%	16.9%	43.6%	34.0%	3.95

---

① 参见陆晔、俞卫华的《传媒人的媒介观与伦理观》一文提到的"在西方当代新闻理念中，基于对大众传播媒介社会功能重要性的不同看法，大体可概括为两种冲突的方向：其一是'中立'（neutral）模式，它基于自由报刊理念，强调媒介传递社会信息、监测社会环境的功能，认为媒介是社会生活的传感器，记者是社会发展的旁观者，只应该客观中立地报道事实。其二是'参与'（participant）模式，即站在报刊社会责任理念的立场，强调媒介的选择、守望和诠释功能，认为媒介是社会进步的推进器，记者是社会发展的参与者，应该积极主动地传达出社会不同阶层的声音、协调现代社会各方利益、推动社会进步。"

项是"中立"的社会功能,即排在第 4 位的"依据事实报道新近发生的事件"。而联系陆晔在 2002 年进行的一项新闻从业者的调查,我们可以发现:"被调查的媒介人认为最重要的两个社会功能为媒介'中立'的社会功能(分别为'迅速为大众提供新信息'和'依据事实报道新近发生的事件'),而且,被普遍认为比较重要的 7 项社会功能(重要性指数超过 4,意为'重要'或'非常重要')当中,有 4 项为'中立'的社会功能(依次为'迅速为大众提供新信息'、'依据事实报道新近发生的事件'、'报道最大多数群众感兴趣的新闻'和'报道可靠信息与阻止流言传播');而'参与'的只有 3 项(依次是'帮助人民实行舆论监督'、'成为人民喉舌'和'对复杂问题提供分析和解释')。可以说,大多数新闻从业者目前比较倾向于'中立'的媒介观,即认为媒介最重要的社会功能是迅速提供新信息,依据事实进行报道。"① 虽然两项调查针对的对象、开展的时间、设置的具体选项都不相同,但是,仔细对照两项调查的结果,仍然可以从中看出一些问题:其一,新闻从业者比较倾向于从新闻传播自身的规律来看待新闻媒介的社会功能,而大学生则普遍持"参与"的媒介观,即更重视新闻媒介对社会的主动推进作用;其二,陆晔的调查只是针对新闻媒介的一般性的社会功能,而本项调查针对的却是新闻媒介在构建和谐社会的过程中所承担的社会功能,调查结果的不同说明,对于和谐社会的构建问题,大学生群体更强调新闻媒介对"人"的关注,包括对公众心声、公众利益的表达(该项功能的重要性指数为 4.19,居于全部 14 项的首位),对人的生活状态的关注(该项功能的重要性指数为 4.18,居于第 2 位)等。或者说,大学生群体倾向于认为或希望,新闻媒介在构建和谐社会的过程中,应该优先发挥出其积极主动地传达公众(尤其是社会弱势群体)心声、协调社会、推动社会进步的功用。

第三节 建议和对策

以社会与媒介的双重转型发展为契机,全面提升大学生群体的媒介素养,是我们提出的建议和对策的核心观点。这是由大学生群体在中国社会所处的地位及其媒介接触、媒介评价、媒介期待的特征,中国媒介发展的现实等几个方面的因素决定的。第一,大学生群体在中国社会所处的地位十分特殊。大学生群体成长

---

① 陆晔、俞卫华:《传媒人的媒介观与伦理观——二零零二上海新闻从业者调查报告之四》,载《新闻记者》2003 年第 4 期,第 46 页。

于今天，却代表着未来。他们是一个在转型社会时代急剧成长中的未成型群体，是一个能够用新的视野观察、思考、批判、创新的群体，也是一个成为将来公民社会主体的群体。在中国社会向公民社会转型、发展的今天，这一群体将成长为具有享受权利、承担义务的意识与能力的公民。第二，他们的媒介接触行为、媒介认知和媒介期待在总体上呈现出一定的矛盾性特征。他们钟情于网络，但并没有把互联网作为新闻资讯获取的首要途径；他们接触媒介的时间长、途径多，但获取信息的能力不强，不知道怎样通过媒介获得自己所需要的信息；他们接触媒介信息面广泛，但信息的分辨、筛选、利用能力不强，对污染性信息的抵抗能力不强；他们反对新闻的娱乐化，但也是娱乐化新闻最大的消费群体；他们渴望媒介公信力的提升，但又不理解媒介的权威性与世俗权力的权威性的区别；他们呼唤传媒的人文关怀，反对传媒歧视，但又不能识别媒介对"四有（有点钱、有点权、有点品位、有点闲）新人"的追逐，正是歧视的开始；他们意识到了数字化浪潮将带来传媒的革命性变化，并不认同"传媒渠道过剩"的观点，但又对数字媒介对于传统媒介的替代徘徊、观望；他们认识到了数字游戏对于健康成长的不利影响，却又把它当作主要的休闲娱乐工具；他们对中国媒介参与国际竞争持感性的乐观态度，但又没有看见二者之间巨大的差距；他们肯定新闻媒介在构建和谐社会过程中的巨大功能，但又看不见在今天的制度环境中新闻媒介发展的举步维艰；他们有较高程度的媒介依赖，但又对媒介社会装置及其运行了解浮于浅表化。第三，媒介的发展需要培养公民型受众。中国新闻媒介正处于多样化发展、市场化转型、民本化转型、数字化转型的关键时期，正构建着新型的公民与媒介的关系，正促进中国社会整体迈入媒介化社会。与社会媒介化相适应的公民型受众是需要通过培养而形成。新型的媒介与受众关系的形成，将在很大程度上取决于目前大学生群体的媒介素养。因此，全面提升大学生群体的媒介素养，在今天显得尤为重要。他们的媒介素养不仅仅将影响到未来中国社会中产阶层及其以上阶层的媒介接触与使用，更可能影响到和谐社会的构建和中国公民社会的发展。

自从1997年媒介素养教育的观念与方法导入中国以后[①]，经过了十余年的理论研究和准备，上海交通大学、南京大学、浙江大学、安徽大学等高校开设面向全校大学生的媒介素养课程，开始针对大学生的媒介素养教育实践探索[②]，但这只是初步的、零星的、分散的摸索。从全国来看，针对非新闻传播专业学生的

---

① 一般认为，卜卫的《论媒介教育的意义、内容和方法》（载《现代传播》1997年第1期）是中国第一篇讨论媒介素养教育的文献。
② 陆晔：《媒介素养的全球视野与中国语境》，载《今传媒》2008年第2期。

媒介素养教育尚处于学生自发的状态①这一现状并没有得到实质性改观，高等学校的媒介素养教育亟待拓展。全面提升大学生的媒介素养，拓展中国高校媒介素养教育，使当代大学生成为自由自觉地阅听人、积极主动的传播者、公共议程构建的参与者、传媒接近权的实现者、媒介监督的接受者、媒介化社会的优质公民，至少需要从以下三个基本方面展开实践探索：

一、探索更新大学生群体的媒介观念

面对当前中国新闻媒介正在发生的数字化转型、市场化转型、民本化转型，需要对包括大学生群体在内的公众的媒介观念，进行更新，形成符合今天的媒介现实的媒介观念。媒介观念更新的具体内容，可参见前文领导干部媒介新观念的培养，这里不再赘述。

二、探索科学的大学生媒介素养教育内容体系

所谓科学的大学生媒介素养教育内容体系，可以从如下三个基本点上体现出"科学性"：首先，能够有效地引导大学生所面临的媒介生活，并有助于他们自主拓展媒介素养。如果以20世纪90年代初期电视连续剧《渴望》的热播与对美伊战争的电视报道作为中国开始进入媒介化社会的标志的话，中国社会已经在媒介化进程上发展了十几年，媒介已经渗透进我们生活的全过程。"媒介已经完全渗透到我们的日常生活当中，以至于我们经常感觉不到它的存在，媒介对我们产生的影响就更不在话下。媒介向我们传递信息，给我们提供娱乐，使我们兴高采烈，让我们烦恼困惑。媒介改变我们的情绪，挑战我们的知识，侮辱我们的理智。媒介经常把我们变为最高中标者的廉价商品。媒介给我们下定义，为我们塑造现实。"② 而从一个大学生的视角来看，"早上去上课的路上总是听着MP3，即便教室距寝室也就10来分钟的路程；课上，用U盘拷贝笔记或者用录音笔录下老师上课的一字一句；朋友在一起喜欢用手机拍照；为了每天更新网络日志的需要，数码相机成了必备的'武器'；寝室的电脑，不是查阅学习资料就是播放着热门的韩剧；到了晚上，完成图文并茂的网络日记，回复评论成了习惯……自己

---

① 鲍海波等：《象牙塔里看媒介——西安大学生媒介素养现状调查》，载《新闻记者》2004年第5期。所谓"媒介素养的自发状态"，是指"大学生不是通过科学的媒介理论指导以及系统的训练获得媒介素养，而是在日常媒介接触经验的基础上，通过个人的直觉感悟来培养自身的媒介素养"。
② ［美］斯坦利·J. 巴伦著，刘鸿英译：《大众传播概论——媒介认知与文化》（第3版），中国人民大学出版社2005年版，第5页。

无法想象没有了这些数码产品的生活会是怎样。就好像有时忘了带数码相机出门，就会懊恼不已，觉得丢失了一次记录自己生活和心情的机会。"① 这是一个大学生作为新媒介的使用者的日常媒介生活自述。如何科学地认识媒介、积极地选择和接触媒介、有效地使用媒介已经构成了大学生在媒介化社会基本的专门能力之一。"在当今这个时代，处理媒体关系，已经从原来的通过个人的聪明才能驾驭的一门艺术，变成了需要训练有素的专业人员来把握的一门科学。"② 其次，与中小学的媒介素养教育形成整体合力。大学生的媒介素养教育，是整个学校媒介素养教育体系中的最高阶段。媒介素养作为公众接触和使用媒介的素质和能力，并不是一朝一夕或者某一个阶段的教育能够毕其功于一役的，它需要"从娃娃抓起"，从人的成长阶段的最初环节开始，同时在每个教育阶段完成层次递进的教育目标。针对大学生的媒介素养教育，在内容与目标上，应该与幼儿园与小学阶段（儿童时期）、初中阶段（少年时期）、高中阶段（青年前期）既相互衔接，又各有侧重，循序渐进，形成整体。如果说，幼儿园与小学阶段的重点在于培养学生了解与识别媒介，区别事实与虚构、广告与新闻，对媒介进行认知启蒙的话，初高中阶段的重点则侧重于"接触媒介"、"解读媒介"，培养学生"如何看电视（读报纸、听广播、上互联网）"的能力，并能够对于媒介信息质疑，能够评估并管理自己的媒介接触行为，引导他们成为能够分析、判断，并批判地接收来自各类媒介信息的能力。而大学时代的媒介素养教育，需要更进一步，既需要整合此前各阶段的接触媒介、解读媒介的素养，又需要培养学生的使用媒介、实现自身的媒介权益的能力。再者，有助于不同类型大学生的层次和专业个性发展。可以参考美国、英国等发达国家的高校媒介素养教育的思路，组织相关专家制订《中国高等教育媒介素养能力标准》，以此为目标形成《高等学校媒介素养教育教学大纲》，作为编写媒介素养教材的基本依据，完成科学的大学生媒介素养教育内容体系的构建。在媒介素养教育的内容确定以后，除了通过开设必修课、选修课，举办讲座等常规教学活动外，还需要进一步探索实施媒介素养教育的方法、手段。

三、探索大学生媒介素养教育的媒介实践途径

媒介素养教育与其他形态的教育一样，并不是一个仅仅依靠学校教育就可以

---

① 参见黄梦佳：《E时代消费，我做主》，载《文汇报》2006年1月26日，第11版。
② ［美］多里斯·A. 格拉博尔：《新闻：政治的幻象·前言》，载 W. 兰斯·班尼特著，杨晓红、王家全译：《新闻：政治的幻象》，当代中国出版社2005年版，第8页。

完成的教育，而是一种多边、多因素的教育关系，需要构建学生与家庭、媒介从业人员、教师等多边的关系。其中，家庭与学校的媒介素养教育固然重要，但与大学生自身的媒介环境密切关联的媒介实践的教育具有家庭环境教育、学校课堂教育不可替代的体验和内化功能。因此，拓展大学生媒介素养教育的媒介实践途径，不仅重要而且必须。这一途径的拓展，至少有三个方面的延展走向。首先是，设立以大学生为目标受众群体的大众传媒。大学生受众群体因其购买力较弱而难以成为面向市场的大众传媒的目标消费群体，因而除了《大学生》等极少数面向大学生的杂志外，以及"校内网"等极少数网站以外，目前面向大学生群体的大众传媒十分缺乏。国家应该在上海、北京、武汉、广州、成都、西安等高等教育发达地区，设立一定数量的公益性报纸、广播、电视和网站，面向大学生群体，以大学生群体的信息需要作为内容定位的主要根据，以大学生的生活、观点为媒介呈现的主体和主要的传播内容。调查表明，大学生群体需要具有权威性高、时效性强、信息量大，且报道的视角新颖、独特，分析犀利、深刻的新闻媒介。这样的媒介，可以注重国内新闻、本地新闻、社会新闻、国际新闻，注意满足大学生现实性、国际性、娱乐性的信息需求特性。其核心传播内容不仅要告诉大学生"发生了什么事"，还要告诉大学生"怎样发生"、"为什么会发生"、"将会如何发展"等深层次问题，以达到为大学生解惑的目的。当然，如果它还能满足大学生的娱乐性需求的话，它受到青睐的可能性会加大，但娱乐性并不能成为其被选择的主要标准。其次，拓展校园媒介的素养教育途径。校园内的广播、电视、报纸、杂志、计算机网络、网站等小众媒介资源，以其信息贴近学生、目标受众集中、接触频率较高等优势，构成使学生浸淫其中的日常生活媒介环境。拓展这一媒介素养教育渠道，既可以通过它们的节目、版面、频道等资源，普及媒介知识，营造媒介素养教育的氛围，又可以让大学生成为媒介实践活动的主体，开展各类传播实践活动，还可以为相关媒介方面的学生社团等提供交流沟通平台。再者，是优化公共性大众传媒的内容，增设媒介素养教育的板块。对大学生等成年人开展媒介素养教育，不仅仅是高等学校的职责之一，也是媒介的职责之一。在今天，"媒体在我们的生活中占据了中心地位。媒体既可以帮助我们分享我们的经历，也可以分裂我们的社会，这取决于你怎样运用它。"① 新的媒体层出不穷，它们创造出新形态的信息，反过来又要求新的获取信息的方式出现。这就需要大众传播媒介优化传播内容结构，培育受众，培养信息的接触、分析与传播方式。在社会的公共类报纸、电视、广播、网站中，开拓面向全社会

---

① [美] 特里·K. 甘布尔、迈克尔·甘布尔：《有效传播》（第7版），魏婷婷译，清华大学出版社2005年版，第445页。

的媒介素养教育内容板块，普及媒介知识与技能，介绍媒介化社会的批判、驾驭媒介的观念、技能与方法等，都属于培养媒介受众、培育信息接触与传播方式的主要途径。其中，一部分主流媒介可设置一些大学生乐于参与的栏目，也可深入高校校园举办互动性活动，以现场感应吸引大学生参与。例如，一部分报纸成立读者联谊会，经常举行一些活动，加强与大学生的互动，使大学生更了解报纸这一传媒；同时可以招聘在校大学生做兼职记者，也会使更多大学生认识媒体的功能及本质。

第十一章

中国传媒人对大众媒介的认知、评价和期待

第一节 引 言

一、研究的背景与问题

伴随着改革开放的历史进程,中国社会正在发生着现代化、市场化、民主化、全球化四重社会变迁浓缩叠加在同一时空的巨大转型。与社会转型同步启动的新闻改革,由此走过了整整30年的风雨历程;其间,作为社会信息沟通系统的大众传播媒介也因适应社会和传播环境的变化而同时转型。新闻传媒的转型包括正在发生的市场化转型、民本化转型、数字化转型等几个方面。传媒的三大转型,使传媒人的工作方式与生存环境,发生了巨大的变化。传媒人作为职业传播者和媒介场域的社会行动者,其角色与作用十分特殊。他们既是传媒转型的推动者,又是传媒转型的受动者;既是传媒发展的亲历者,又是传媒发展的承担者和构建者。不仅如此,在市场化、民本化、数字化三大转型的过程中,传媒人的职业角色及其要求也正在发生着革命性转型。从市场化转型的角度看,传媒人正在从传统的单纯的事业单位干部向企业组织、市场主体的员工转型。作为过去的事业单位干部,他们的任务相对单纯一些,并不需要考虑自身及单位的经济利益与

效益，但作为企业组织和市场主体的员工就不能不考虑广告主对于注意力资源的质和量的要求，不能不面临传媒组织经济利益驱动的压力。与此同时，其他产业的市场经济主体、企业组织及其他社会经济力量出于借助媒介进行公关沟通、形象提升和品牌传播的需要，常常可能通过一些法外的，甚至非法的手段收买、干预、影响传媒的正常新闻业务，使新闻传播主业的运行环境与传媒人的新闻信息采集与处理工作环境异常复杂化。从人本化转型的角度说，传媒人正在从过去的宣传人转向今天的职业传播者。作为宣传人，他们只需要按照上级口径和媒介自己的想法，以传播者为中心实施相关的理念与信息传播，进行政策宣传、舆论引导即可，但作为职业传播者不仅需要遵循媒介宏观管理制度的要求，还必须考虑目标对象及其信息需要，以受众为中心实施有效传播。这样，目标受众的表达权、知情权、监督权、参与权的实现，目标受众丰富多样的信息需求的满足，目标受众作为社会生活主体的政治、经济、文化、法律、教育、劳动等基本人权享受与义务承担的引导等，都成为职业传播者的主要责任之一。从数字化转型的角度说，传媒人正在从传统单媒体时代的报人、电视人、广播人、杂志人向媒介融合时代的融合型传媒人转型。过去的单媒体新闻传播行为已经开始在数字化浪潮中升级换代为融合新闻、多媒体新闻、互动新闻的复杂性、高技术传播活动。在这样的急剧的职业角色转型过程中，透析传媒人自身的正处于"升级换代"过程中的媒介认知、媒介评价与媒介期待就十分必要。

传媒人的媒介认知、评价和期待，他们观察和反思媒体的判断、理念和行动，他们的媒介素养，本质上是一种媒介的"自省"和自我意识。其间，不仅仅积淀了媒介转型所形成的理念、行为方式与制度的内化要素，而且预示着媒介将来的可能走向，制约着大众传播媒介在和谐社会构建过程中，其社会公正的守望者、和谐社会构建的参与者功能的充分发挥，制约着大众传播媒介的全面发展、协调发展和可持续发展。为此，本课题探究的重点在于传媒人的媒介认知、媒介评价和媒介期待。

分析考察传媒人群体的媒介认知、媒介评价和媒介期待的意义至少有两个方面：媒介发展层面，可以帮助我们把握这个群体与媒介关系的实然状态，有利于从传播层面洞悉传媒人群体的信息需要、优化媒介结构、调整传播内容，推进解决新闻媒介的结构失衡、内容失语、管理失范等问题，形成有利于中国社会和谐发展的传媒结构和传播机制；社会发展层面，有利于促进形成合规律的传媒人与媒介的互动共生关系的形成，促进媒介内生态的优化与媒介职业规范、专业理念、社会责任的构建。

二、调查设计

1. 本项调查的目的

第一,客观准确地认识和考察中国传媒人群体的媒介认知、媒介评价和媒介期待,科学地把握构建和谐社会语境下的传媒人角色转型与职业传播者的素质基础。

第二,全面廓清现有阶层媒介与传媒人群体之间的互动现实,科学地把握可能造成传播偏差的"隐患点",寻找推进媒介发展和媒介结构优化的有效的"着力点"。

第三,为应对经济危机蔓延、社会危机事件频发、数字技术的冲击,促进媒介社会责任的有效承担提供对策。

2. 调查方法和调查内容

以统一问卷、随机抽样、入户面访的方式,调查中国媒介人受众的基本情况(包括性别、年龄、文化程度、专业背景、政治面貌、职业细分),从媒介接触情况、媒介现状与问题认知、媒介评价、对媒介的期待与媒介发展趋势等几个方面,以期对媒介人受众群体的媒介认知、评价与期待有一个比较全面客观准确的认识。

3. 抽样设计

这次调查对象的目标样本总体是中国传媒人群体。采用判断抽样与多级随机抽样的方式执行调查。首先采用判断抽样的方式,选择大众传媒业比较发达的东、中、西部代表性城市上海市、北京市、广州市、武汉市、成都市、西安市6城市作为调查地点,每城市投放问卷180份,总样本为1 080份。调查对象为媒介从业人员,包括普通采编、经营管理人员、中层从业人员、高层主管、集团负责人等。在判断选择城市的基础上,针对每一个调查城市,采用多级随机抽样的方式确定样本,样本覆盖广播、电视、报纸、网络、新闻期刊等五类新闻媒介。具体的抽样方案如下(见表11-1):

表11-1　　　　　　　　调查抽样方案

抽样阶段	第一阶段	第二阶段
随机抽样方案	每城市抽五类媒体样本各1个	广播、电视、报纸、网络单媒体抽40个样本,新闻期刊抽20个样本

4. 调查的实施质量

本次调查的实地访问工作是在 2007 年 7~8 月份进行。课题组委托四川大学新闻与传播学院、西北大学 MBA 教育培训中心、暨南大学新闻学院、上海大学影视艺术学院、武汉大学新闻与传播学院、中央财经大学新闻传播学院以及中央电视台等机构的工作人员，经过调查员培训之后，执行调查。按照设计要求，共发放问卷 1 080 份，回收问卷 1 026 份，有效问卷为 878 份。有效问卷回收率为 81%。经过对 10% 的已执行有效问卷所进行的电话复核，全部调查访问工作符合调查程序的规范和质量要求。

5. 数据处理

本次调查共采集到的原始调查数据共计 10.4 万余个。全部数据均采用国际通行的社会科学统计软件包（spss/pc+）统计处理。下文即这次调查的主要发现和分析性结论。

第二节　主要发现与结果分析

一、媒介接触

在传统媒介和新媒介并存的时代，作为传媒产品生产者的传媒人群体，他们通过什么途径获取日常信息，通过什么媒介或传播活动满足新闻及服务信息需要是我们关注的核心问题。本调查从一系列判别型指标中选择了与媒介人受众的生活方式密切相关的媒介接触类别、接触频率、接触时间进行考察。调查显示：

1. 传媒人主要倚重电视、报纸和网络等媒介传播活动了解党和国家方针、政策、法规等

（1）传媒人平时比较关注的媒介，依次位于前 5 位的是：电视，35.8%；报纸，31.3%；网络，27.5%；广播，4.2%；杂志，1.2%（见图 11-1）。

（2）他们了解党和国家方针、政策的主要途径依次是：看电视，51.5%；上互联网，21.6%；读报纸，16.7%；听广播，4%；听会议传达，2.7%；读内部文件，2.1%；看杂志，0.7%；同家人、朋友聊天，0.7%（见图 11-2）。

（3）传媒人了解国内大事的渠道依次是：看电视，53.9%；上互联网，27.7%；读报纸，12.1%；听广播，3.7%；读内部文件，0.8%；同家人、朋友聊天，0.8%；听会议传达，0.6%；看杂志 0.4%（见图 11-3）。

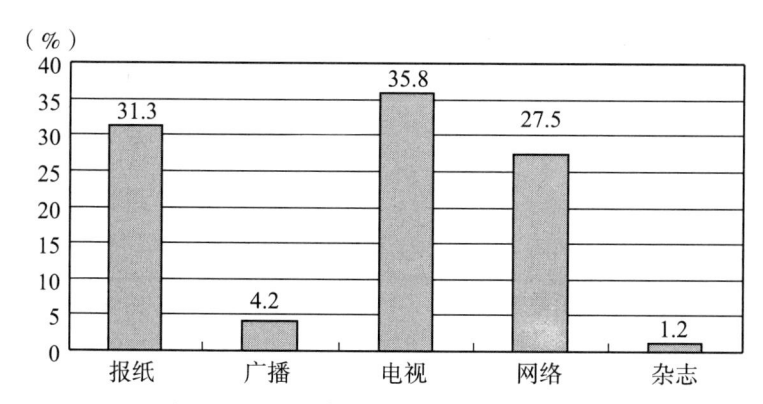

图 11-1　传媒人平时比较关注的媒介

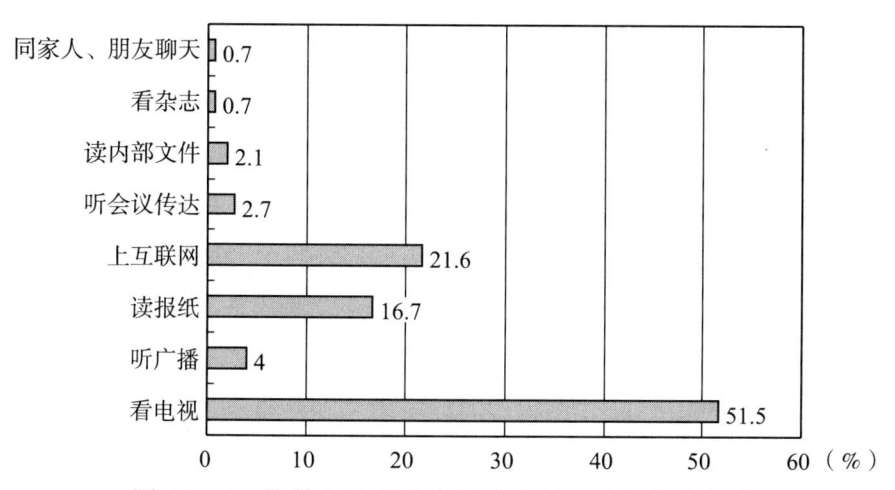

- 报纸　31.3
- 广播　4.2
- 电视　35.8
- 网络　27.5
- 杂志　1.2

图 11-2　传媒人了解党和国家方针、政策的主渠道

- 同家人、朋友聊天　0.7
- 看杂志　0.7
- 读内部文件　2.1
- 听会议传达　2.7
- 上互联网　21.6
- 读报纸　16.7
- 听广播　4
- 看电视　51.5

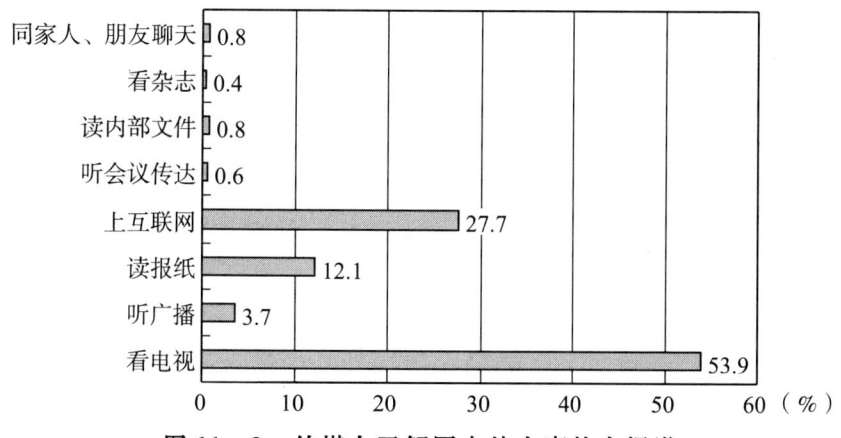

图 11-3　传媒人了解国内外大事的主渠道

- 同家人、朋友聊天　0.8
- 看杂志　0.4
- 读内部文件　0.8
- 听会议传达　0.6
- 上互联网　27.7
- 读报纸　12.1
- 听广播　3.7
- 看电视　53.9

2. 媒介人接触不同媒介的时间和频度上呈现出电视 > 网络 > 报纸 > 广播 > 杂志的模式

其中,电视、网络和报纸表现出较强的影响力。根据调查,媒介人接触大众传播媒介的情况显示如下(见表11-2):

表 11-2　　　　中国媒介人接触大众传播媒介情况　　　　单位:%

媒介	基本不接触	少于30分钟	31~60分钟	1~2个小时	2~3个小时	3个小时以上
报纸	6.4	58.9	24.4	7.5	1.8	1
电视	5.7	25.3	25.9	22.8	13.1	7.2
广播	39.4	39.1	11.4	5.4	1.8	2.9
网站	6.8	21.5	20.6	20	17.1	14
杂志	35	38.7	15.2	7.4	2.4	1.3

(1)就报纸媒介的接触时间和频率来看,从来不看报纸的人为6.4%,每天看报少于30分钟的人为58.9%,31~60分钟的人为24.4%,1~2个小时的人为7.5%,2~3个小时的人为1.8%,3个小时以上的人占1%。

由于媒介人个人习性、工作面向和接触便利等因素的影响,存在有6.4%的人"从来不看报纸",这些人可能是"电视人"或"网络人"、"广播人"。传媒人阅读、接触频率较高的报纸依次为:晚报类报纸(23.9%),《参考消息》(23%),都市类报纸(17.8%),《人民日报》(12.5%),《经济日报》(9.4%),地方党报(5.5%),财经类报纸(2.7%),其他报纸(包括行业报、企业报、社会团体报、国外报)(5.2%)。他们感兴趣的报纸内容依次是:政治类占32.7%;经济类占15.7%;文化类占14.7%;社会生活类占13.1%;娱乐类占9.8%;体育类占8.8%;法律类占2.7%;其他类占2.5%。

(2)就电视媒介的接触时间和频率来看,基本不看电视有5.7%,每天看电视少于30分钟的占25.3%;有31~60分钟的为25.9%,1~2个小时的为22.8%,2~3个小时的为13.1%,3个小时以上占7.2%。

媒介人经常收看的电视频道依次排序是:中央电视台(75.6%)、地方电视或卫视(55.5%)、凤凰卫视(42.1%);境外电视台占(13%)。他们感兴趣的电视内容依次为:新闻类,57.1%;经济类,6.7%;深度报道类,6.4%;电影、电视剧,6.3%;谈话类,5.7%;体育类,5.3%;综艺类,4.5%;文艺类,2.5%;法律类,1.7%;游戏类,1.4%;专题类,1.1%;教育类,0.9%;服务类,0.6%。

（3）就广播媒介的接触情况来看，基本不接触的人占 39.4%，每天少于 30 分钟的人有 39.1%，31~60 分钟的人有 11.4%，1~2 小时的人有 5.4%，2~3 小时的人有 1.8%，3 小时以上的人有 2.9%。

（4）就网络媒介的接触时间和频率来看，基本不上网的人占 6.8%，每天上网少于 30 分钟的人占 21.5%；每天上网时间有 31~60 分钟的人为 20.6%，1~2 个小时的人为 20%，2~3 个小时的人为 17.1%，3 个小时以上的人占 14%。在媒介融合的趋势如火如荼的今天，竟然还有 6.8% 的传媒人基本不上网，这是十分"雷人"的调查结果之一。

从互联网站点击的类别看，传媒人经常点击的网站依次排序是：综合门户网站，58.4%；新闻网站，29.5%；行业网站，5.1%；单位网站，2.4%；其他，2.3%；政府门户网站，2.2%。

除此之外，我们对媒介人上网目的也作了调查统计（见表 11-3），"每天"通过网络"掌握党和国家的方针、政策"的达到 31.1%，"经常"使用网络"获取新闻资讯、了解国内外大事"的达到 37.1%。

表 11-3　　　　　　传媒人上网的动机统计表

接触媒介目的	从不	很少	有时	经常	每天
获取新闻资讯、了解国内外大事	2.8%	12.4%	26%	37.1%	21.7%
掌握党和国家的方针、政策	7.1%	21.8%	34%	25.2%	31.1%
进行聊天、收发电子邮件等交流	5.5%	11.5%	18.3%	33.6%	2.9%
浏览论坛、博客或发表评论	9.1%	19.5%	27.6%	29%	14.8%
享受娱乐休闲（玩游戏、看电影）	7.3%	19.7%	28.9%	29.9%	14.1%
节约通信费用	24.2%	30.2%	21.9%	15.3%	10.2%

（5）值得注意的是，传媒人群体中基本不接触某一类媒介的比例较高。他们"基本不接触"某类媒介的比例，依次为：广播（39.4%）、杂志（35%）、网络（6.8%）、报纸（6.4%）、电视（5.7%）。导致这种现象的发生，固然有相关媒介影响力下降的问题，但更与传媒人的职业分工相关联。

3. 传媒人并不经常接触境外媒介。

调查显示，传媒人接触境外媒介的时间不多，频次不高。他们接触境外媒介的时间并不多，"很少"接触的占 41.6%；"有时"接触的占 33.5%；"从未"接触的占 10.6%；"经常"接触的占 10.1%；"每天"接触的占 4.1%（见图 11-4）。

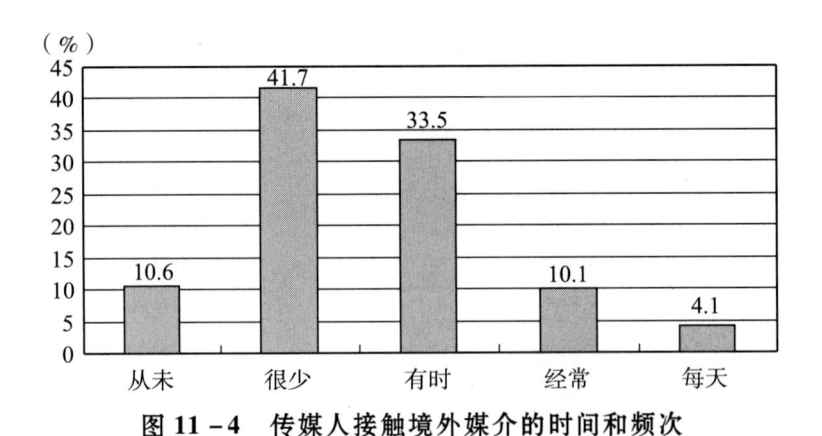

图 11-4 传媒人接触境外媒介的时间和频次

二、媒介认知

本研究既考察了传媒人群体对新闻媒介的功能与作用的现状认知，又调查了他们对于媒介问题的认识和了解，还关注到他们对于媒介人文关怀状况的认知程度。

1. 媒介功能的认知

（1）媒介的主要作用是"传播新闻信息"与"引导公共舆论"。

对媒介的作用与功能的认知，是媒介素养的核心层面。调查发现，传媒人群体能较为准确地把握新闻媒介作为信息传播工具的作用。他们理解的媒介功能主要有：传播信息（72.6%），引导舆论（10.5%），传达党的方针政策（7.8%），传承文明（3.1%），提供娱乐（3.1%），宣传典型（1.1%），刊登广告（0.8%），普及法律（0.5%），动员大众（0.5%）（见图11-5）。这说明，绝大多数传媒人（72.2%）认为，新闻媒介的主要作用首先是"传播信息"，其次是"引导舆论"（10.5%）和"传达党的方针政策"（7.8%），再者是"传承文明"（10.5%）、"提供娱乐"（3.1%）等。

（2）新闻媒介对社会生活的监督有效果。

根据传媒人对于媒介功能的理解，我们进而考察其关于"新闻传媒对社会生活的监督效果"的看法，结果发现：认为"很有效果"的占12.2%，"有效果"的占50.1%，"有一点效果"的占34.3%，"无效果"的占1.8%，"不知道"的占1.6%（见图11-6）。占62%以上的绝大多数媒介人认为，大众传播媒介对社会生活有监督作用，这与他们对大众传播媒介功能的理解是一致的。

```
动员大众  0.5
刊登广告  0.8
普及法律  0.5
提供娱乐  3.1
传达党的方针政策  7.8
宣传典型  1.1
传承文明  3.1
引导舆论  10.5
传播信息  72.6
```

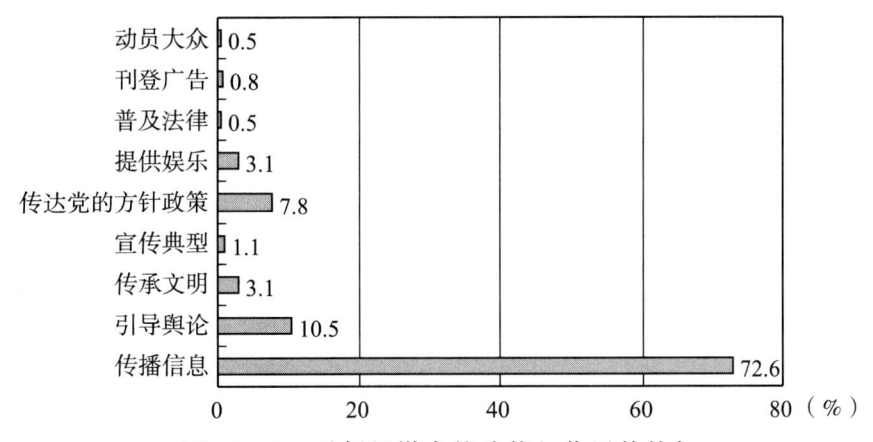

图 11-5　对新闻媒介的功能与作用的认知

```
很有效果 12.2   有效果 50.1   有一点效果 34.3   无效果 1.8   不知道 1.6
```

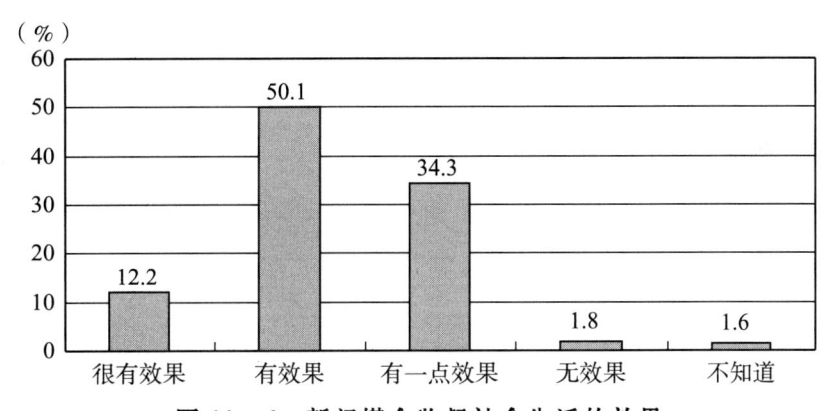

图 11-6　新闻媒介监督社会生活的效果

（3）舆论监督效果最好的媒介依次为电视、报纸、网络。

传媒人评价舆论监督实施效果最佳的媒介，依次为：电视（61.3%），报纸（21.2），网络（12%），广播（4.9%），杂志（0.6%）（见图11-7）。这说明，尽管当下网络媒介的舆论监督的深度、广度、力度、速度，都已经今非昔比，传统媒介已经开始出现一定的跟随性、滞后性，但职业传媒人依旧认为舆论监督效果最好的还是电视、报纸等强势传统媒介。

（4）面对关系国民卫生、安全重大突发事件时，中国新闻媒介的社会预警功能实施的情况并不满意。

在评价"面对关系国民卫生、安全重大突发事件发生过程中，中国新闻媒介的社会预警机制"发挥作用的情况时，有43.4%的人认为"一般"，31.3%的人认为"较好"，16.9%的人认为"较差"，只有5%的人认为"很好"，3.4%的人回答"说不清楚"（见图11-8）。从总体上看，认为"一般"和"较差"

的合计高达59.4%，认为"较好"与"很好"的人合计为36.3%，这说明大多数传媒人自身对于新闻媒介社会预警功能发挥情况是不满意的。

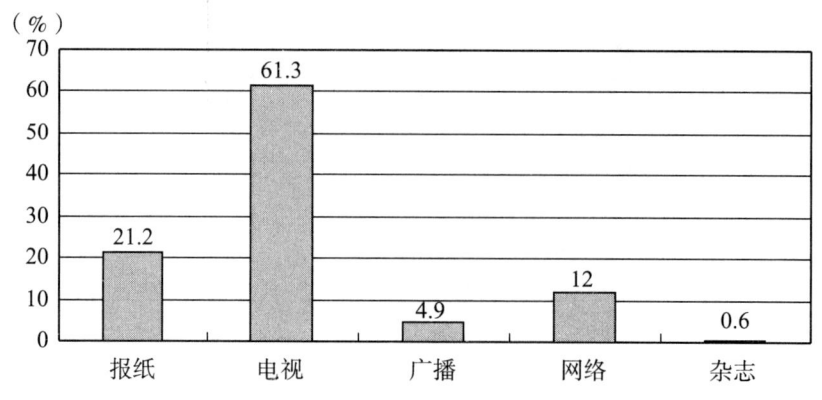

图 11－7　舆论监督做得最好的媒介

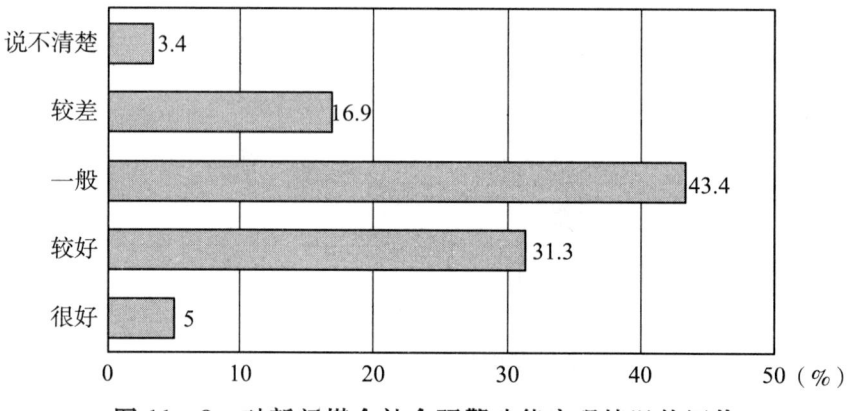

图 11－8　对新闻媒介社会预警功能实现情况的评价

（5）新闻媒介应该全面、真实地报道重大突发事件。

新闻媒介功能的有效发挥，媒介舆论监督效果的形成和公信力的提升，媒介预警功能的有效实现，都有赖于在一个打破信息屏蔽、信息依法公开的制度框架内能够全面、客观、真实地同步报道社会生活中的重大突发新闻事件。传媒人是不是认同这种新闻传播的职业态度呢？面对社会生活中的重大突发事件应该如何报道呢？调查表明：62.5%的传媒人认为，要"进行全面、真实的报道"；36.2%的人认为，"应该有选择地进行事件报道"；1.3%的人认为，"不报道"（见图11－9）。这说明，绝大多数传媒人的新闻传播职业态度是正确的，他们认为新闻媒介对于社会生活中发生的重大突发性事件，应该"进行全面、真实的报道"。

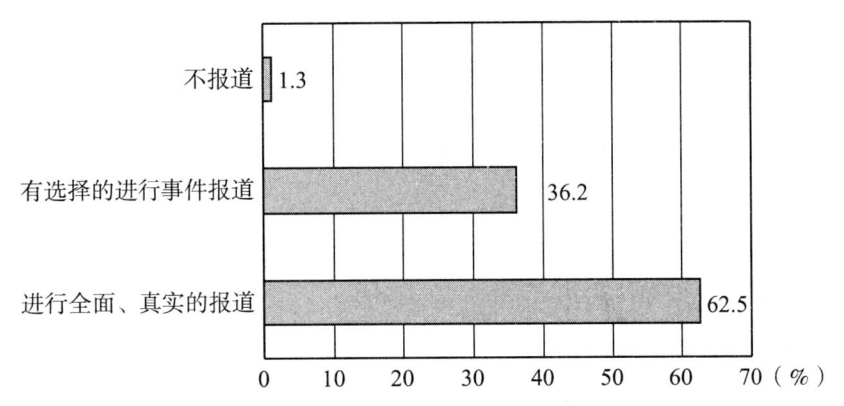

图 11-9 面对突发重大社会事件的态度和做法

2. 媒介结构认知

（1）所在城市影响最大的报纸是都市类报纸。

传媒人对所在城市影响最大报纸的认知依次是：43.3%的人认为是都市类报纸，21.7%的人认为是地方党报，20.2%的人认为是《人民日报》，14.5%的人认为是晚报类报纸，0.3%的人为是境外报纸（见图11-10）。

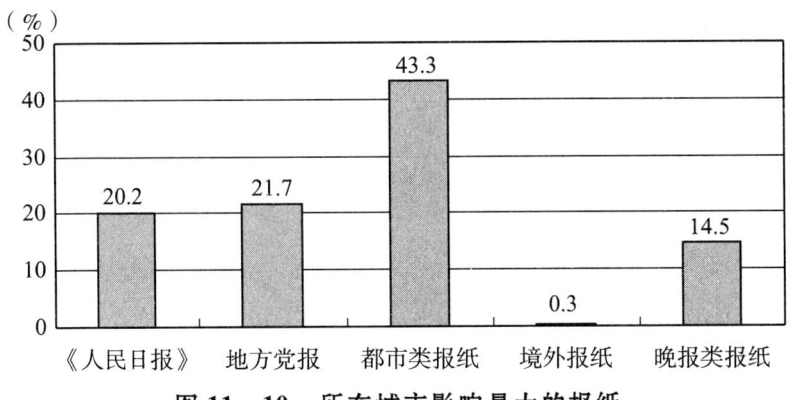

图 11-10 所在城市影响最大的报纸

（2）所在城市市民最喜欢看的电视是央视。

他们对所在城市的市民最喜欢看的电视判断结果依次是：47.8%的人选择中央电视台，23.5%的人选择省级电视或卫视，13.1%的人选择省会城市电视或卫视，11.1%的人选择凤凰卫视，4.5%的人选择其他境外电视台（见图11-11）。

（3）所在城市市民最喜欢收听的广播是中央人民广播电台。

他们对所在城市市民最喜欢收听的广播的判断结果依次是：中央人民广播电台，43.3%；省级电台，31.7%；省会城市电台，23.5%；境外电台，1.5%（见图11-12）。其中，位于第一的是中央人民广播电台。

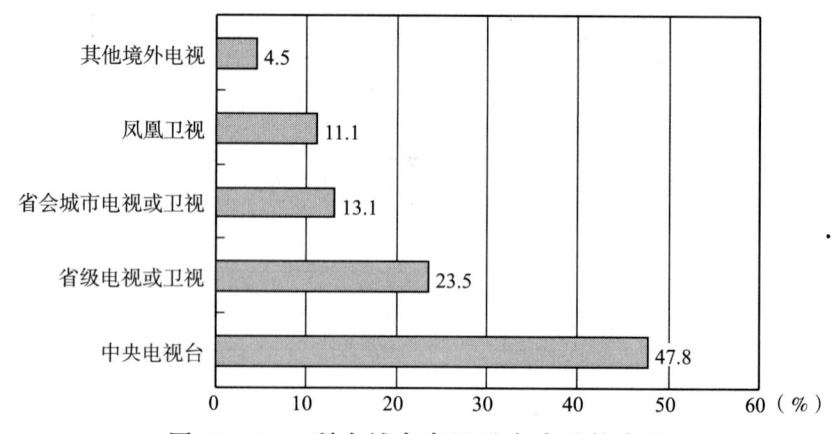

图 11-11 所在城市市民最喜欢看的电视

其他境外电视 4.5
凤凰卫视 11.1
省会城市电视或卫视 13.1
省级电视或卫视 23.5
中央电视台 47.8

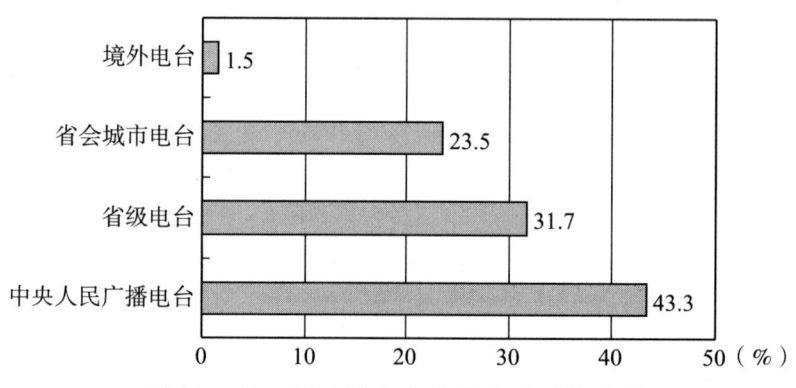

图 11-12 所在城市市民最喜欢听的广播

境外电台 1.5
省会城市电台 23.5
省级电台 31.7
中央人民广播电台 43.3

（4）所在城市市民最喜欢点击的新闻网站是综合门户网站的新闻频道、专业新闻网站。

他们对所在城市市民最喜欢点击的新闻网站判断结果依次是：综合门户网站新闻频道，75.5%；新闻网站，17.8%；其他，3.5%；政府网站新闻频道，1.8%；行业网站新闻频道，1.4%（见图11-13）。其中，排在第一位的是综合门户网站的新闻频道、专业新闻网站。

（5）对自己任职的媒介所扮演社会角色的满意度不高。

考察传媒人对自己所在媒介社会角色扮演的满意程度的评价，认为"一般"的占46.8%，认为"比较满意"的占35.5%，认为"不满意"的占11.4%，只有4.1%的认为"很满意"，还有2.2%的认为"说不清"（见图11-14）。其中，"一般"与"不满意"的达58.2%，"比较满意"与"很满意"的仅仅39.6%。这说明，大多数传媒人对自己所在媒介社会角色的扮演是不满意的，他们期望自己所在媒介可以做得更好。

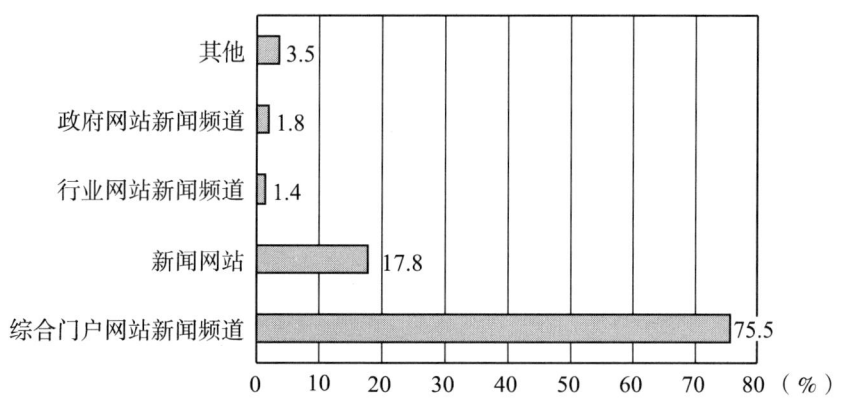

图 11 – 13 所在城市市民最喜欢点击的网站

- 其他 3.5
- 政府网站新闻频道 1.8
- 行业网站新闻频道 1.4
- 新闻网站 17.8
- 综合门户网站新闻频道 75.5

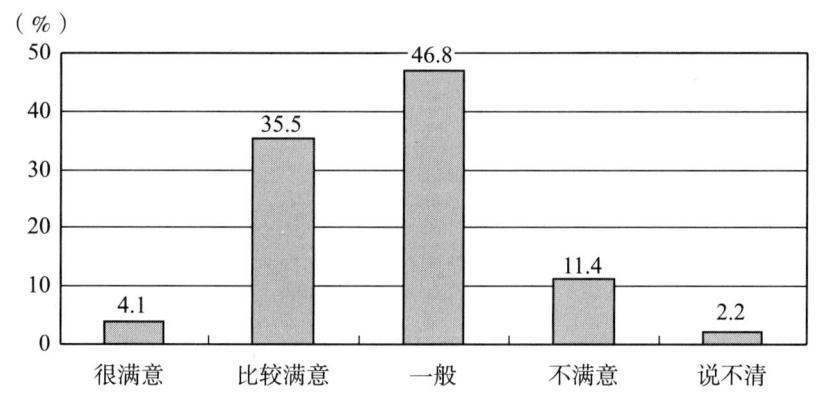

图 11 – 14 对自己所在媒介社会角色扮演满意度的评价

- 很满意 4.1
- 比较满意 35.5
- 一般 46.8
- 不满意 11.4
- 说不清 2.2

(6) 他们认为，"媒介堕落"现象严重地存在。

目前社会上有一种说法，"在媒介竞争愈演愈烈的今天，媒介堕落的现象普遍存在"。对此，传媒人怎么看待呢？调查表明，46.2%的认为这种现象"在一定程度上存在"，40%的认为"普遍存在"，10%的认为"说不清"，只有3.8%认为"不存在"（见图11 – 15）。其中，认为"在一定程度上存在"与"普遍存在"两项之和约为86.2%。这说明，在他们看来，"媒介堕落"现象严重地存在着。

3. 媒介问题的认知

为了考察传媒人对于中国传媒领域现存问题的"自省"意识，我们设置了一组题目探索他们的媒介问题认知。调查结果如下：

(1) 多头、多层管理对新闻媒介资源的有效配置不利。

中国实行对新闻媒介的多头、多层管理体制。那么，这一体制是否有利于新闻传媒资源的有效配置呢？传媒人又是如何看待这一体制的呢？有35.6%的传媒人认为"不太有利"，14.2%的认为"不利"，30.8%的认为"有利"，5.8%的认为"十分有利"，还有13.6%的选择"不清楚"（见图11-16）。其中，接近一半的（49.7%）明确认为"不利"或"不太有利"，三成多一些的（36.6%）明确认为"有利"或"十分有利"，考虑到还有13.6%的出于掩饰自己观点的心理而选择"不清楚"，实际上想表述的是"不一定有利"的态度，可以推断，大体上有63.3%的传媒人认为多头、多层管理体制对于新闻媒介的资源有效配置不利。

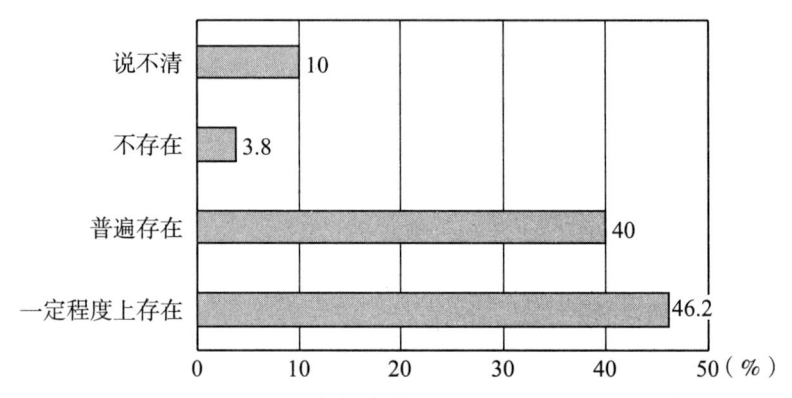

图 11-15　对"媒介堕落"现象存在与否的判断

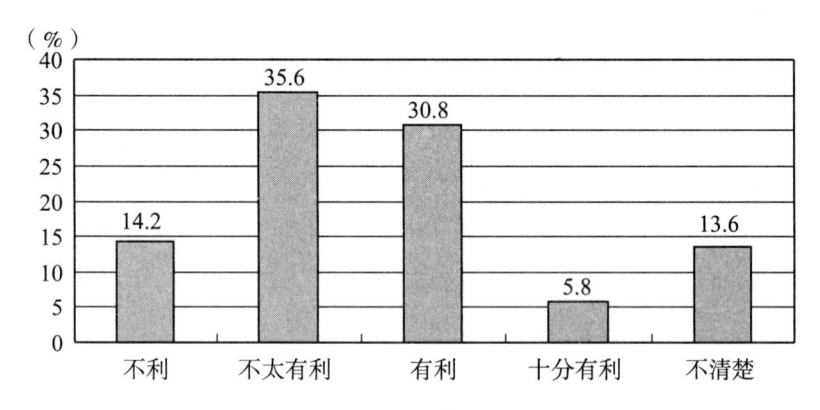

图 11-16　对媒介多头、多层管理体制的态度

（2）绝大多数传媒人认为，目前政府管理体制对媒介发展有影响，甚至影响较大。

对于"目前政府管理体制是否会影响媒介自身发展？"这一问题，传媒人在五个程度量级上的选择回答依次是：认为"有一些"的占50.7%；认为"有"的占22.1%；认为"比较大"的占15.5%；而认为"没有"的占10.6%；认为"完全没有"的只占1.1%（见图11-17）。其中，认为影响"有一些"、"有"、

"较大"的合计达到88.3%，认为影响"没有"或"完全没有"的合计约11.6%。这说明，大多数传媒人认为，目前政府管理体制对媒介发展有影响，甚至影响较大。

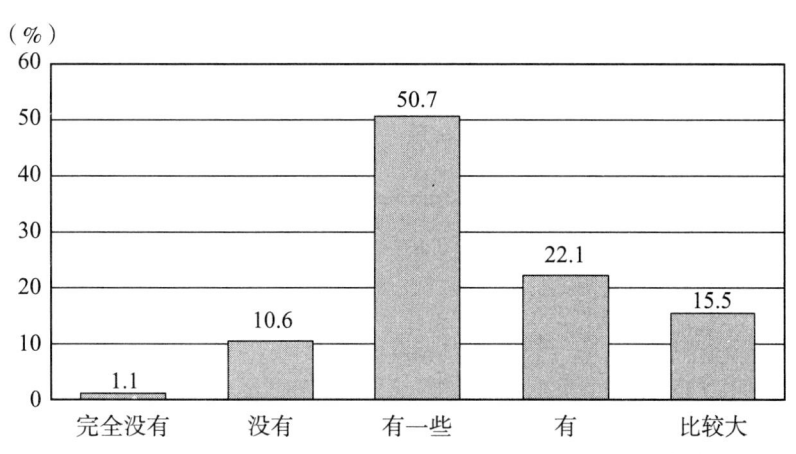

图 11 - 17　目前政府管理体制对媒介自身发展的影响

（3）多数传媒人对所在单位的经营管理现状与内部运行机制并不满意。

传媒人对自己所在媒体的经营管理现状，其满意程度依次是：认为"一般"的占56.4%，"不满意"的占19.3%，"非常不满意"的占5.1%，"比较满意"的占17.8%，"非常满意"的占1.5%（见图11 - 18）。其中，认为"一般"、"不满意"、"非常不满意"的合计约80.8%，而"比较满意"、"非常满意"的合计为19.2%，仅接近两成。这说明，大多数传媒人对所在媒介组织的经营管理现状是不满意的。

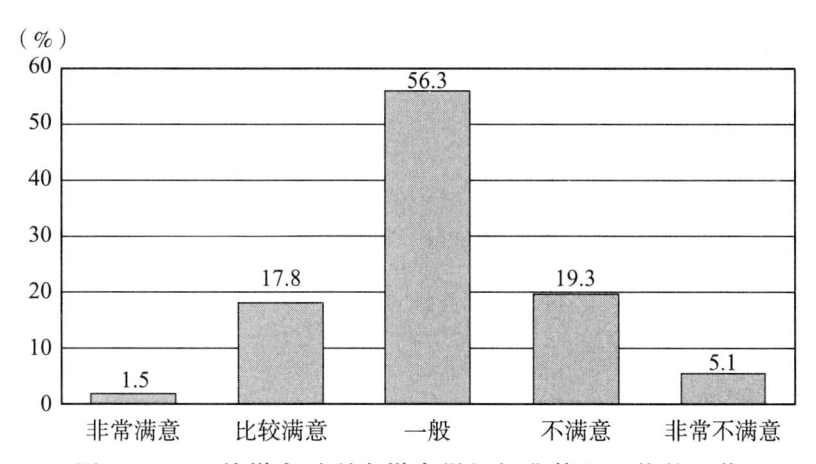

图 11 - 18　传媒人对所在媒介组织经营管理现状的评价

这与传媒人对于所在媒介的内部运行机制的满意程度评价大体上一致。调查发现，传媒人对所在媒介的内部运行机制的其满意程度评价依次是："一般"的占56.7%，"不满意"的占16.9%，"非常不满意"的占4.2%，"比较满意"的占20%，"非常满意"的占2.2%（见图11-19）。其中，从评价"一般"，到"不满意"、"非常不满意"的合计高达77.8%，而"比较满意"、"非常满意"的合计为22.2%。这说明，大多数传媒人对所在媒介的内部运行机制是不满意的。

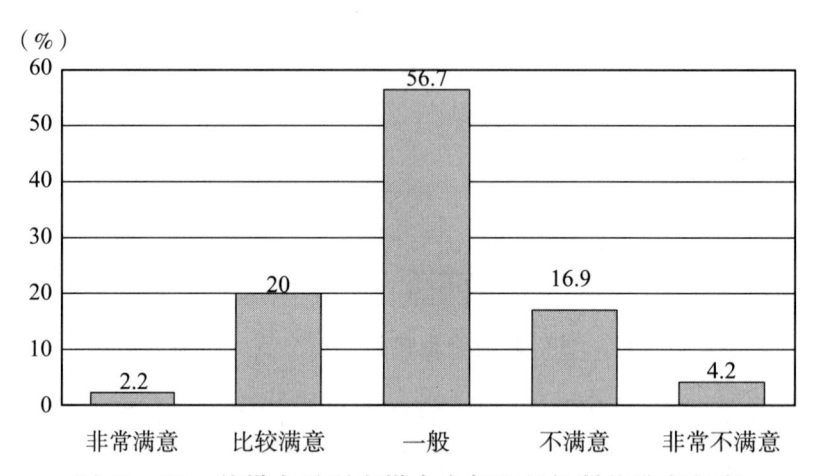

图 11-19 传媒人对所在媒介内部运行机制的满意程度

（4）目前媒介经营过于依赖广告对于新闻传播主业的客观公正有影响。

媒介不能没有广告经营，但如果过于依赖广告，而且广告经营与新闻传播之间的机制防火墙不坚固的话，就可能导致广告主对于新闻传播主业的影响和侵蚀，进而导致媒介公信力的下降。那么，目前中国媒介过于依赖广告的经营现状对于新闻的客观、公正和真实传播有影响吗？对这一问题，传媒人如何看待呢？他们的回答依次为：48.7%的人认为"有一些影响"，27.4%的人认为"有影响"，6.8%的人认为"影响比较大"，只有15.6%的人认为"没有影响"，1.5%的人认为"完全没有影响"（见图11-20）。其中，从"有一些影响"到"有影响"、"影响比较大"的人合计达82.9%。这说明，大多数传媒人认为，目前过于依赖广告的媒介经营对于新闻传播主业是有一定的影响和侵蚀的。

（5）大多数传媒人认为，宣传监管对于新闻报道的客观、公正有较大的影响。

在宣传监管比较强化的传播体制中，宣传监管对于新闻报道的客观、公正是否有影响？影响有多大呢？传媒人在"宣传监管对于新闻报道的客观、公正的影响"程度的认知评价的回答，依次为：49.1%的人认为"有一些影响"，27.5%的人认为"有影响"，9.9%的人认为"影响比较大"，12.7%的人认为

"没有影响"，0.8%的人认为"完全没有影响"（见图11-21）。其中，认为"有影响"、"有一些影响"、"影响比较大"的合计达86.5%。这说明，绝大多数传媒人认为，宣传监管对于新闻报道的客观、公正是有较大的影响。

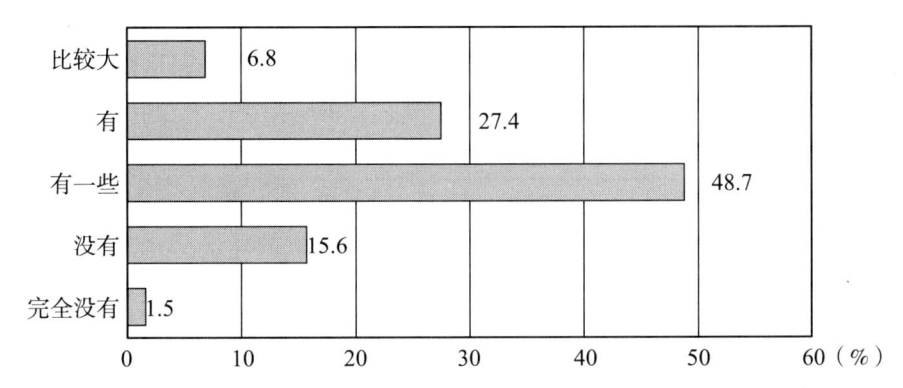

图 11-20　目前媒介过于依赖广告对于新闻报道影响的程度

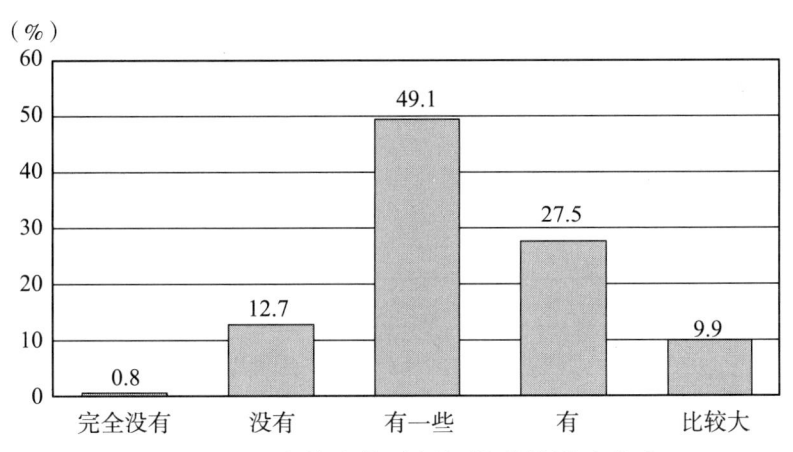

图 11-21　宣传监管对新闻报道的影响程度

（6）传媒人对所在媒介的"名记者、名主持人、名牌栏目等具有特色化、差异化的核心竞争力"打造方面不太满意。

如前所述，大多数传媒人对于所在媒介组织的内部经营机制是不满意的，那么他们对于所在媒体，"名记者、名主持人、名牌栏目"等构成媒介特色化、差异化的核心竞争力的打造情况，又如何评价呢？调查显示：48%的人认为"一般"，10.1%的人"不满意"，2.1%的人"非常不满意"，36%的人认为"比较好"，3.8%的人认为"好"（见图11-22）。其中，认为"一般"、"不满意"、"非常不满意"的合计达60.20%。这说明，大多数传媒人对此不太满意。

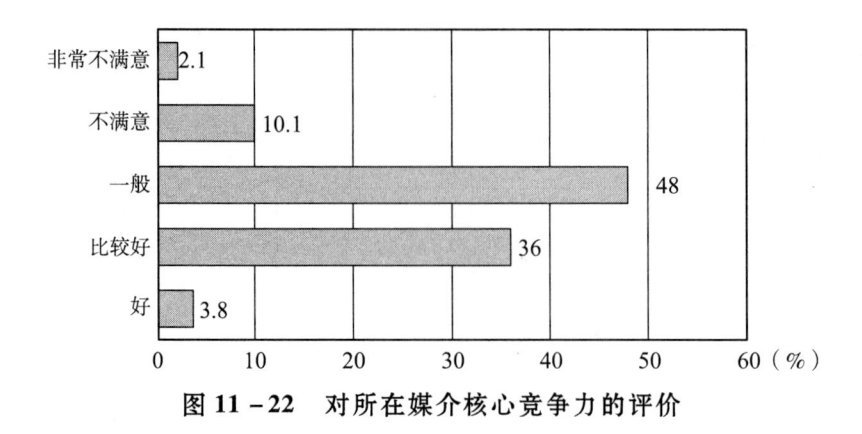

```
非常不满意  2.1
不满意      10.1
一般        48
比较好      36
好          3.8
```

图 11-22　对所在媒介核心竞争力的评价

（7）多数传媒人对自身所在媒介从业人员的职业素质与职业态度满意程度较低。

传媒人对所在媒介从业人员的职业素质的满意程度判断依次是：57.2% 的人认为"一般"，14.1% 的人表示"不满意"，0.9% 的人表示"非常不满意"，26.2% 的人"比较满意"，1.6% 的人"非常满意"（见图 11-23）。其中，"一般"、"不满意"、"非常不满"三项合计为 72.2%，"比较满意"、"非常满意"两项之和仅为 27.8%。这说明，他们对于所在媒介从业人员的职业素质的满意程度较低。

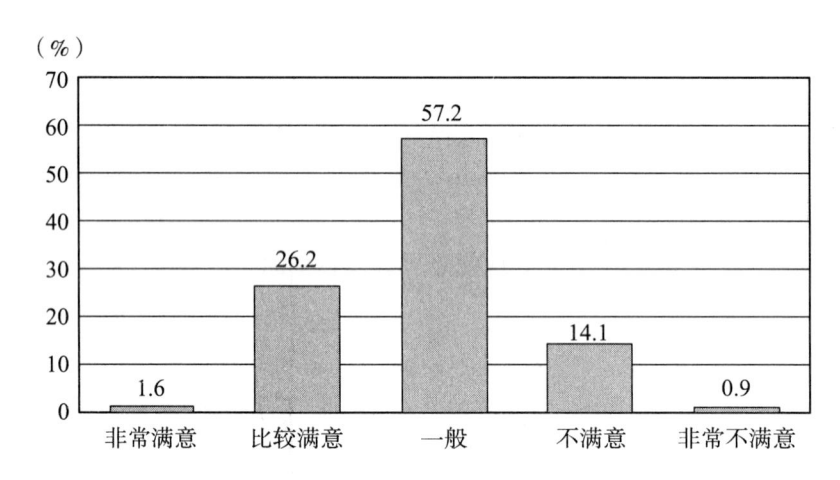

```
非常满意    1.6
比较满意    26.2
一般        57.2
不满意      14.1
非常不满意  0.9
```

图 11-23　对所在媒介从业人员职业素质满意程度判断

那么，对其职业态度的满意程度又怎么样呢？调查表明，与对其职业素质的满意程度具有一致性：认为"一般"的 54.1%，"不满意"的 12.7%，"非常不满意"的 2.8%，"比较满意"的 27.8%，"非常满意"的 2.6%（见图 11-24）。其中，"一般"、"不满意"、"非常满意"的诸项合计高达 68.4%，"比较满意"、"非常满意"的则为30.6%。这说明,传媒人对其所在媒介的从业人员职业态度的满意程度也比较低。

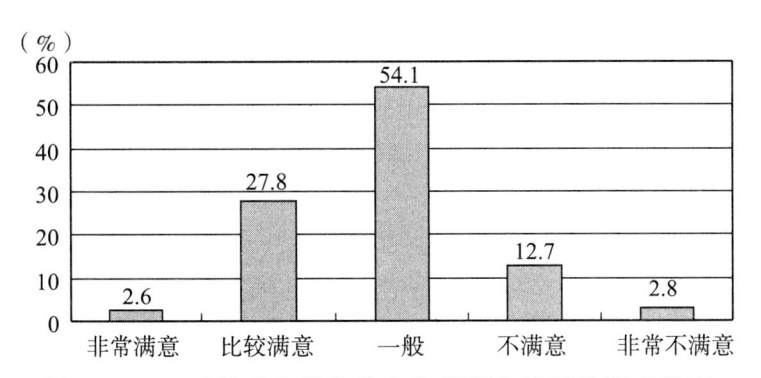

图 11 – 24 对其所在媒介从业人员职业素质的满意程度

（8）大多数传媒人对其所在媒介的经营理念和经营创新能力满意度评价不高。

传媒人对所在媒介的经营理念和创新能力满意程度的评价依次是：56.8%的人认为"一般"，13.6%的人"不满意"，4.8%的人"非常不满意"，22.5%的人认为"比较好"，2.3%的人认为"好"（见图11 – 25）。其中，"一般"、"不满意"、"非常不满意"的合计为75.2%，"比较好"、"好"的合计为24.8%。这说明，总体上对其所在媒介的经营理念与经营创新能力的满意程度评价不高。

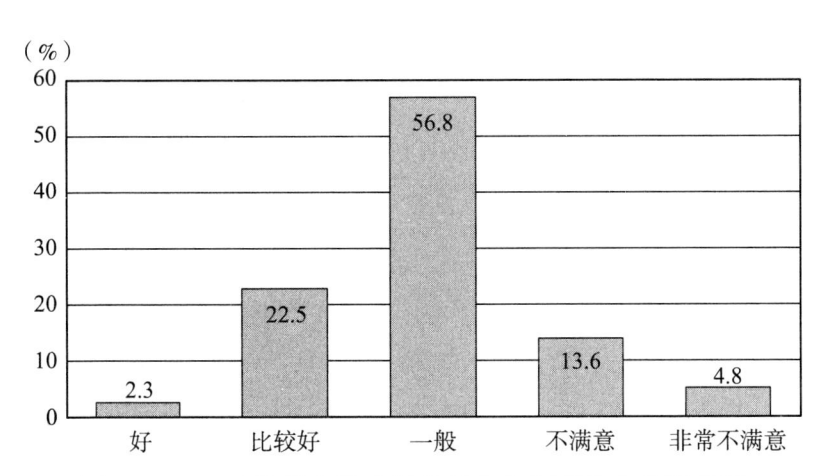

图 11 – 25 对其所在媒介经营理念与创新能力的满意度

（9）多数传媒人对其所在媒介广告营销能力的满意程度也不高。

他们对自己所在媒介广告营销能力的满意程度的评价依次是：54.8%的人认为"一般"，14.7%的人"不满意"，3.6%的人"非常不满"，25.1%的人"比较满意"，1.8%的人"非常满意"（见图11 – 26）。其中，认为"一般"、"不满意"、"非常不满意"的三项之和约为 73.1%,"比较满意"、"非常满意"的人约为 26.8%。这说明,他们对所在媒介广告营销能力的满意程度评价不高。

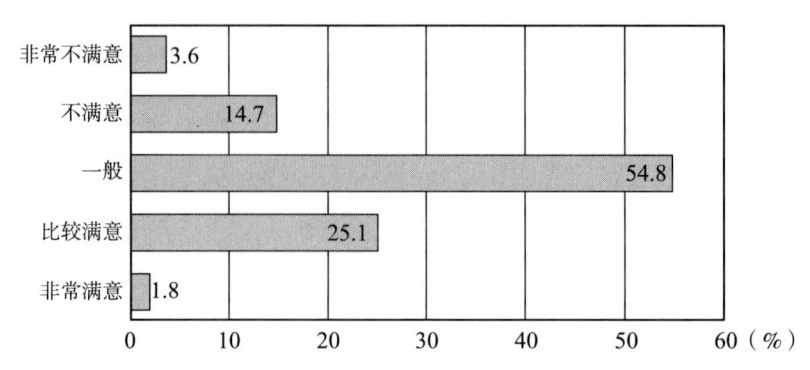

图 11-26 对其所在媒体广告营销能力的满意程度判断

(10) 多数传媒人感觉自己所在媒介的综合实力在本省市新闻媒介中的地位处于排名的中游偏弱。

对于自己所在媒介在本省市新闻媒介中的地位的感知,统计结果表明:50.7% 的人认为"排名中游",28.6% 的人认为"排名弱势",20.7% 的人认为"排名强势"(见图 11-27)。其中,认为"排名中游"与"排名弱势"的合计为 79.3%。

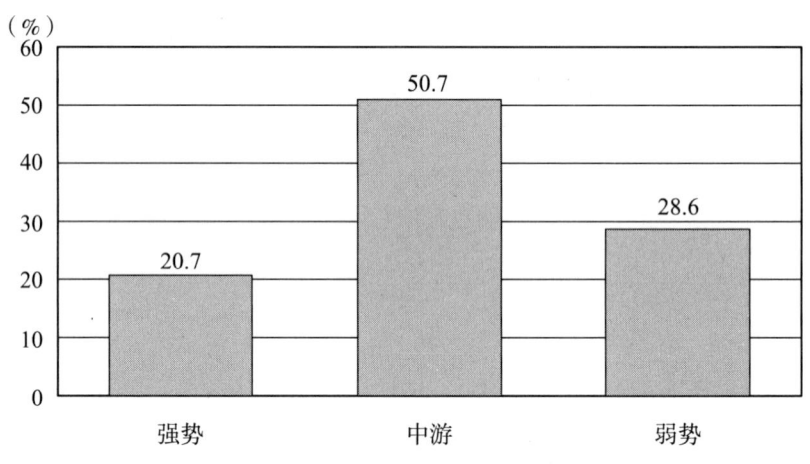

图 11-27 所在媒介综合实力在本省市新闻媒介中的地位

(11) 多数传媒人对自身合法权益的保障程度不太满意。

伴随着社会群体利益冲突的加剧和社会问题的频发,殴打记者、跨省市抓捕记者等各类侵犯记者、编辑合法权益的事件时有发生,使记者职业已经成为高危险职业之一。那么,传媒人对自己所在媒介关于自身合法权利的保障程度是否满意呢？调查表明：认为"一般"的45.7%，"不满意"的22.9%，"非常不满"的5.7%，"比较满意"的23%，"非常满意"的2.7%（见图11-28）。其中，从"一般"到"不满意"，甚至"非常不满意"程度的合计为74.3%。这说明，大多数传媒人对于自己所在媒介关于自身合法权利的有效保障是不太满意的。

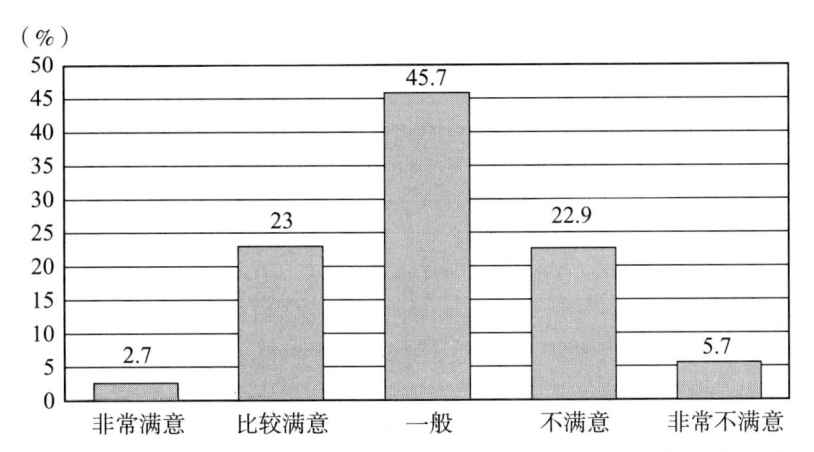

图 11-28 所在媒介对职业传播者合法权益的保障满意程度评价

（12）大多数传媒人认为新闻媒介打破行政壁垒跨地区发展有利于新闻资源的有效配置。

传媒人自身是如何看待新闻媒介打破行政壁垒实施跨地区发展？它是否有利于新闻资源的有效配置？调查结果显示：59.2%的人认为"有利"，14.7%的人认为"十分有利"，而14%的人认为"不太有利"，1.9%的人认为"不利"，还有10.2%的人"不清楚"（见图11-29）。其中，认为"有利"或"十分有利"的比例高达73.90%，而仅仅只有15.90%的认为"不利"或"不太有利"。

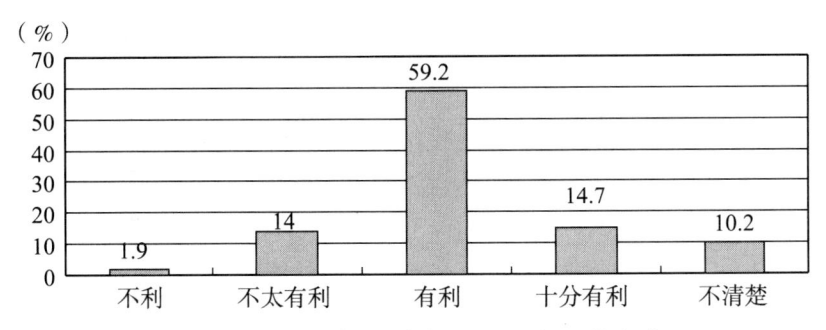

图 11-29 对新闻媒介跨地区发展的态度

与此相关联，传媒人对于"所在省市有无必要建立大型传媒集团"这一问题，也提出了自己的看法。国外的大型传媒集团的发展，一般是打造跨广播、电视、报纸、网络、出版、音像等多媒体整合的产业链条。那么，传媒人所在的省市有必要建立这样的大型传媒集团吗？55%的媒介人认为"有必要"；13.1%的人认为"十分必要"，19.9%的认为"不太必要"，3%的认为"不必要"，另外9%不清楚（见图11-30）。其中，68.10%的人自己所在的省市有必要建立这样的大型的跨媒介传媒集团。这说明，大家还是认为所在省市应该建立多媒介的传媒集团。

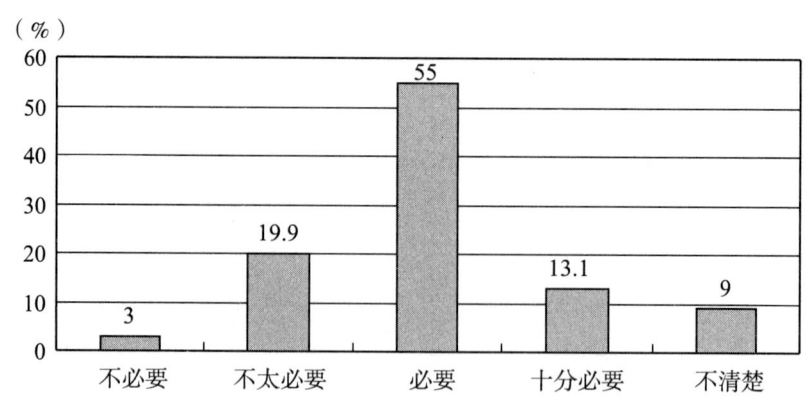

图11-30 对所在省市建立大型传媒集团的看法

4. 对新闻媒介人文关怀的认知

在本次调查中，我们设了12个问题调查了传媒人对于目前媒介的人文关怀认知。调查表明：

（1）过半的传媒人认为媒介对普通民众的关怀情况是适度的。

受调查者对所在媒介关注普通民众、表达人文关怀的情况评价依次是："适度"占56.5%，"不够"占30.5%，"过多"占8.4%，"说不清"占4.6%（见图11-31）。

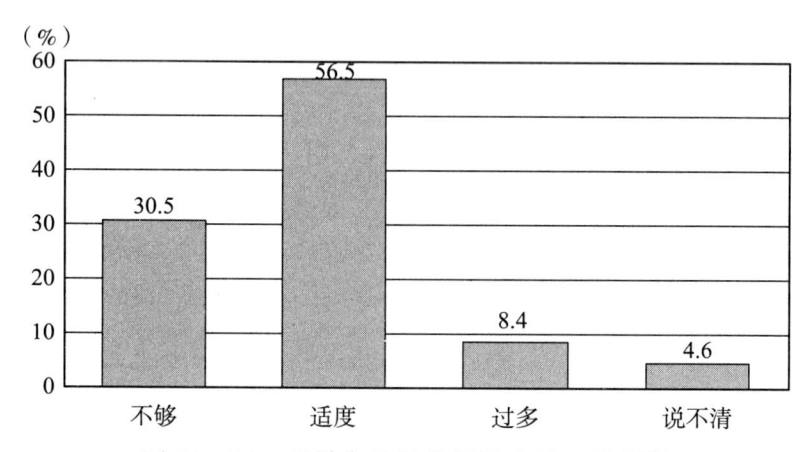

图11-31 对媒介关怀普通民众情况的判断

(2) 四成多的传媒人认为目前媒介设置的关注普通人的栏目和时段是适当的。

在评价媒介设置的关注普通民众的栏目数量与规模是否能够满足需要时，传媒人回答情况依次为：有46.7%的人认为"适度"，有11.1%的人认为"过多"，37.2%的人认为"不够"，还有5%的人选择"不知道"（见图11-32）。看来，四成多的媒介人是认可目前的关注普通人的栏目和时段设置情况的，还有将近四成的认为"不够"。

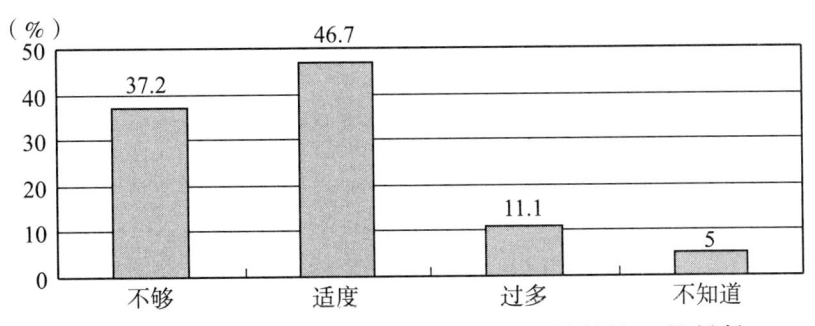

图 11-32 对媒介关注普通民众的栏目数量情况的判断

(3) 四成多的媒介人认为，对领导干部关注多；超过半数的媒介人认为，对社会弱势群体关注过少。

在针对社会不同阶层的具体关注方面，媒介人认为中国媒介对领导干部人群的关注情况依次是：认为"太多"的占43.8%；"适当"的占35.9%；认为"太少"的占12.7%；有7.6%的人认为不知道（见图11-33）。显然，四成多的被调查者认为，对领导干部关注过多。

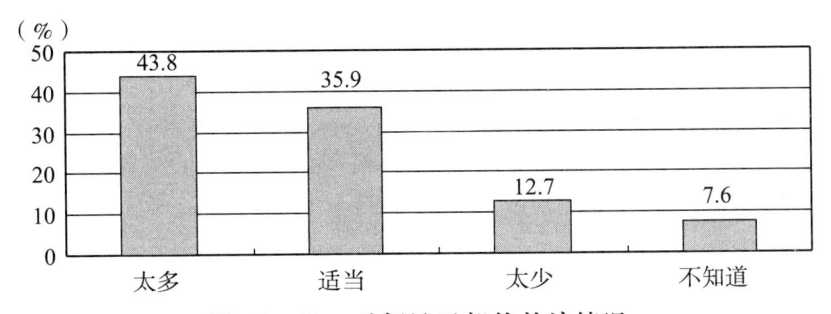

图 11-33 对领导干部的关注情况

与此形成对比的是，在对弱势群体的关怀情况方面，有52.5%的传媒人认为"很少"，32.2%认为"比较到位"，2.8%的认为"很到位"，6.4%认为"基本没有"，还有6.1%"说不清"（见图11-34）。其中，过半的传媒人认为对社会弱势群体的关怀情况不到位。

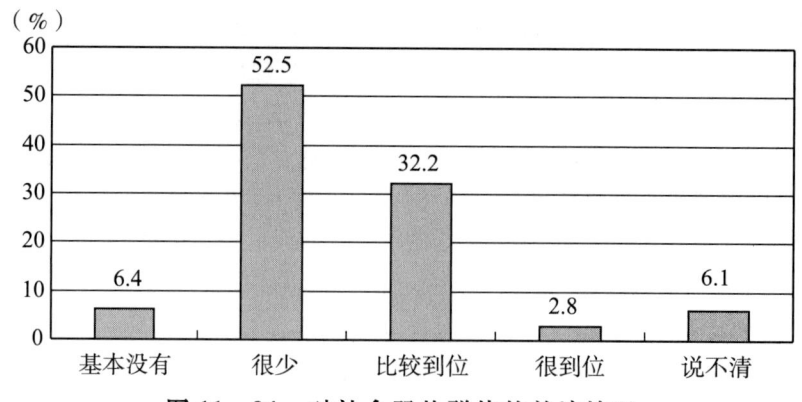

图 11-34 对社会弱势群体的关注情况

（基本没有 6.4；很少 52.5；比较到位 32.2；很到位 2.8；说不清 6.1）

（4）对媒介追逐社会强势人群的做法持"反对"、"赞同"、"不清楚"态度的旗鼓相当。

有一位媒介老总曾直言不讳地表示："强势人群是社会财富的主要拥有者，不断优化和吸纳这个'四有'（有点权、有点钱、有点品位、有点闲）阶层，就等于拥有了取之不竭的'注意力资源'，印刷机就会往外吐钞票而不是吐废纸。"对此，传媒人的态度很有意思：24.3%的人"赞同"，5.3%的人"非常赞同"，25.6%的人"反对"，9.9%的人"非常反对"，34.9%的人则"说不清楚"（见图 11-35）。其中，持"赞同"态度的合计为 29.60%，持"反对"态度的合计为 35.5%，持"说不清楚"态度的为 34.9%，三者意见大体相当，后两种态度略高一些。

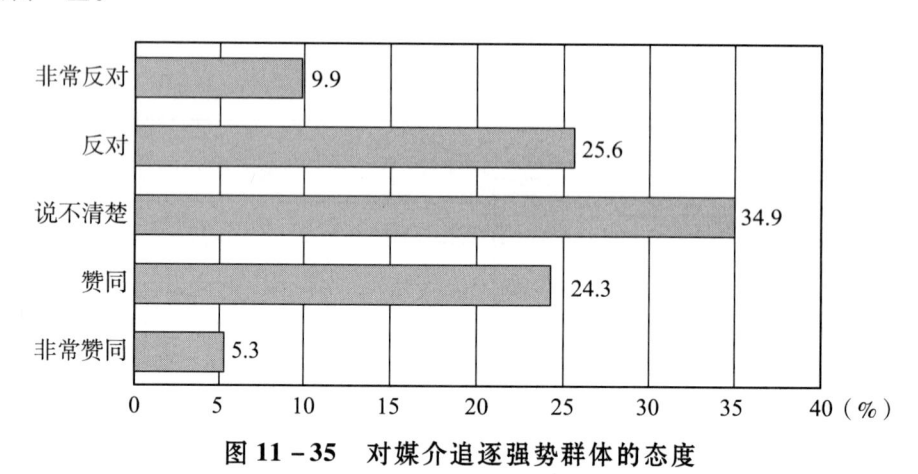

图 11-35 对媒介追逐强势群体的态度

（非常反对 9.9；反对 25.6；说不清楚 34.9；赞同 24.3；非常赞同 5.3）

（5）过半的媒介人反感使用缺乏人文关怀的词语来报道弱势群体的权利抗争。

近些年，一些长期被拖欠工钱、求助无门的民工，常常采取假装跳楼、以死威胁的方式来追讨自己的工钱。有些媒体专门制造出一个名词——"跳楼秀"

来表述这种现象。对此,被调查的媒介人的态度依次为:35.6%的人"反对",17.5%的人"非常反对",15.1%的人"赞同",1.4%的人"非常赞同",30.4%的人"说不清楚"(见图11-36)。其中,尽管有三成的人表示"说不清楚",但持"反对"态度的合计达到了53.10%。这说明,过半数的媒介人还是反感使用一些缺乏人文关怀的词语来报道弱势群体的权利抗争行为。

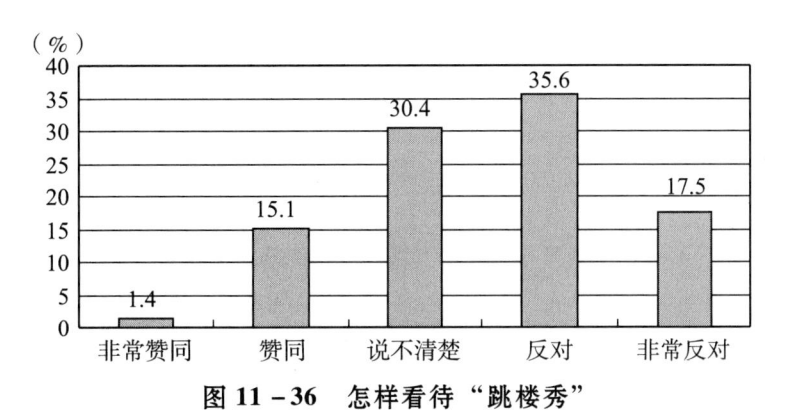

图 11-36　怎样看待"跳楼秀"

（6）三成的传媒人认为,中国媒介在引导社会公平、弘扬社会正义方面的报道有待改进。

传媒人对中国媒介在引导社会公平、弘扬社会正义方面的报道总体情况的判断依次是:33.8%的人认为"比较恰当",30.4%的人认为"有待改进新闻报道的方式和方法",12.4%的人认为"很恰当,反映了社会的真实情况",7.4%的人认为"不恰当,造成某种程度的不良影响",16%的人"说不清楚"(见图11-37)。其中,三成的媒介人认为,中国媒介在引导社会公平、弘扬社会正义方面的报道有待改进。

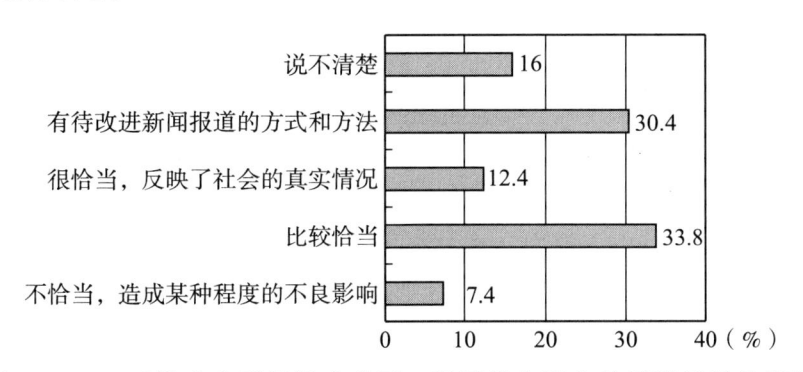

图 11-37　对媒介在引导社会公平、弘扬社会正义的报道情况的判断

（7）过半的人认为人文关怀与媒介利益发生冲突的频度"时有发生",而在遇到人文关怀与媒介利益相冲突时,一般选择"请示上级决定"。

在新闻传播实践中，人文关怀与媒介利益发生冲突是难免的。据调查，传媒人遭遇到人文关怀与媒介利益发生冲突的频度依次是：51.6%的人认为"时有发生"，25.3%的人认为"很少发生"，13.2%的人认为"经常发生"，8.4%的人认为"从未发生"，1.5%的人认为"每天发生"（见图11-38）。由此来看，过半的人认为人文关怀与媒介利益发生冲突的频度"时有发生"。

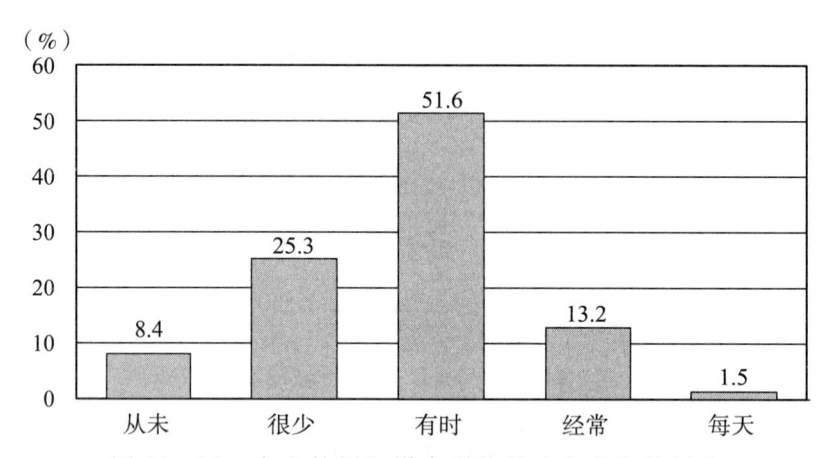

图11-38 人文关怀与媒介利益的冲突发生的频度

如果遇到这种冲突时，怎么处理呢？有四种方式：53.9%的人选择"请上级决定"，23.7%的人选择"人文关怀"，14.9%的人选择"媒体利益"，7.5%的人选择"放弃这类报道"（见图11-39）。其中，过半的媒介人选择"请上级决定"。这实际上是一种"保险"的逃避责任的方式。

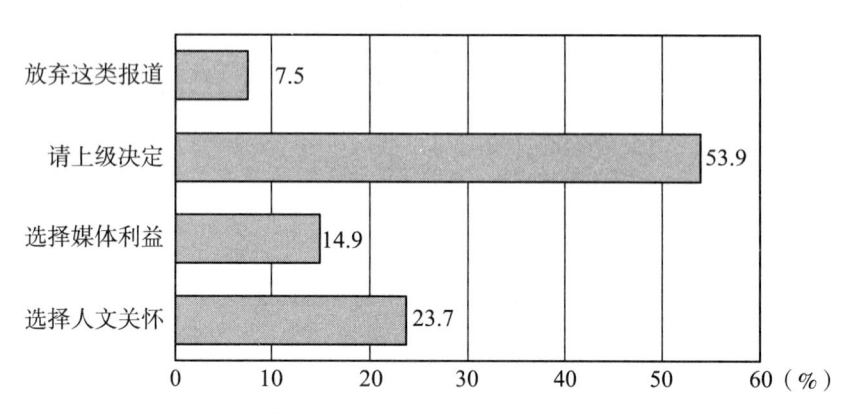

图11-39 遭遇人文关怀与媒介利益冲突时的选择

（8）绝大多数传媒人认为，诸如"孙志刚案"一类的凸显人权关怀、伸张社会正义的报道应当加强。

传媒人对中国新闻媒介先后推出的诸如"孙志刚案"报道一类的凸显人权关怀、伸张社会正义,并且产生极大社会影响的报道,怎么看待呢?到底应该是弱化,还是加强?调查表明:42.3%的人认为"这种做法值得肯定,今后应该加强",40.9%的人认为"应该客观报道",7.7%的人认为"反对媒体这样做,今后应该控制此种报道",另外有9.1%的人认为"说不清"(见图11-40)。其中,选择"这种做法值得肯定,今后应该加强"和"应该客观报道"的人合计高达83.20%。这说明,绝大多数媒介人认为,诸如"孙志刚案"一类的凸显人权关怀、伸张社会正义的报道应当加强,应该进行客观报道。

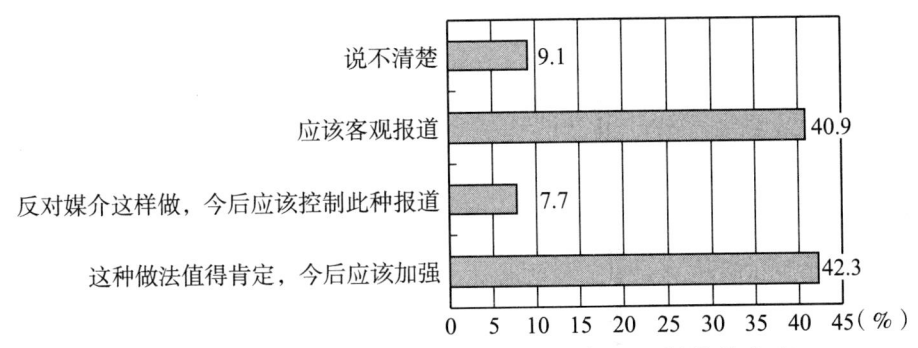

图11-40 对凸显人权关怀、伸张社会正义报道的态度

(9) 人文关怀报道视点要立足于目标群体和弱势群体。

媒介承担社会责任、表达人文关怀的报道视点的选择,应该如何处理?被调查者依次认为:第一,要立足于目标读者(26.4%);第二,要立足于农民(23.5%);第三,立足于工人(20.4%);第四,立足于失业人员(12%);第五,立足于领导干部和公务人员(11.7%);第六,立足于大学生(3.5%)。此外,还有立足于专业技术人员(1.4%)、企业经管人员(0.6%);其他(0.5%)(见图11-41)。其中,占据前四位的选择,集中于"目标读者"和"农民"、"工

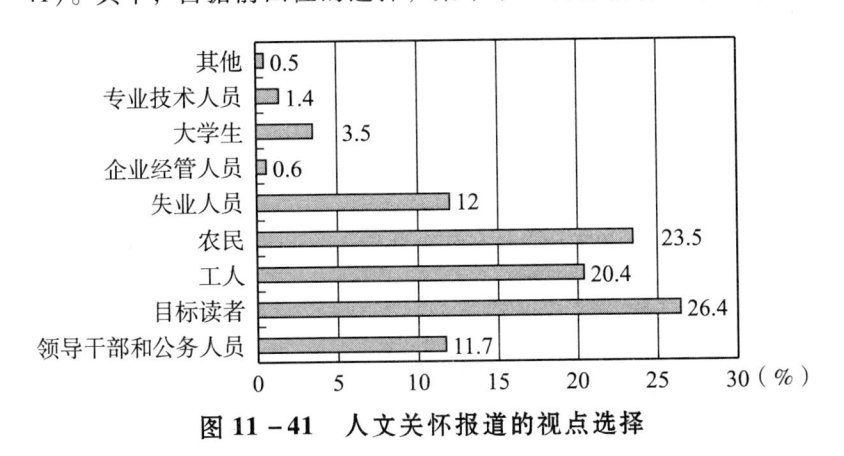

图11-41 人文关怀报道的视点选择

人"、"失业人员"。这说明，传媒人的观点很清楚，人文关怀的报道视点就是媒介的目标受众群体和社会弱势群体。

三、媒介评价

为了考察传媒人群体对于目前媒介传播价值高低的评判和优劣的选择，我们设置了14个调查题目，分别从"报道质量"、"媒介选择"、"公信力"、"广告刊播"、"娱乐传播"、"传播价值"等角度考察传媒人对媒介的评价。

1. 面对突发事件，传媒人首选电视媒介

报道质量方面，我们通过传媒人的媒介选择行为来考察。面对突发性重大新闻事件，传媒人一般会自觉选择其方便接触的、新闻报道质量最好的媒介。在现有的期刊、广播、电视、互联网、报纸等传播媒介中，面对发生重大突发性新闻事件时，传媒人首选媒介的比例依次为：电视（54.7%）、互联网（32.9%）、报纸（5.3%）、广播（4.4%）、新闻周刊（2.7%）（见图11-42）。其中，过半数的传媒人首选电视，三成多的传媒人首选互联网。

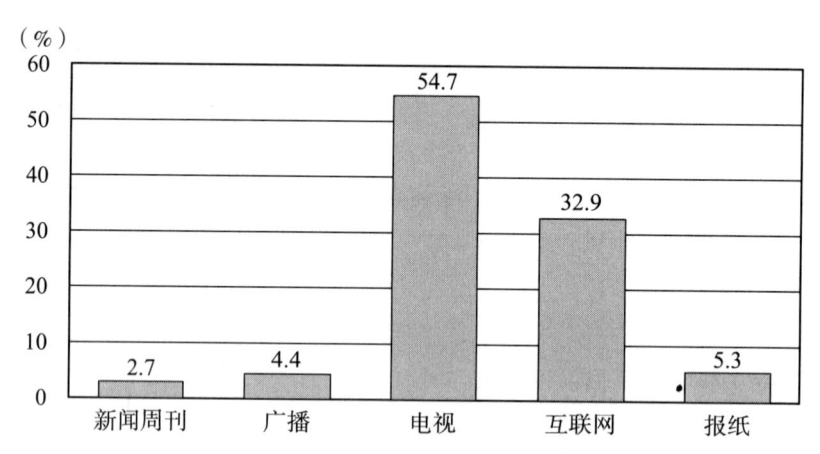

图11-42 重大新闻事件发生时，传媒人的首选媒介

我们进而考察了传媒人首选各类媒介的具体媒体。就电视而言，传媒人首先打开的电视频道依次是：中央电视台新闻频道，64.2%；省级电视台或卫视，24.4%；凤凰卫视新闻频道，7.4%；省会城市电视台或卫视，2.6%；境外电视频道，1.3%。就互联网而言，发生重大新闻事件时，媒介人首先点击的网站依次是：综合门户网站，67.3%；新闻网站，30.5%；境外网站，2.1%。就报纸而言，首选的报纸，发生重大新闻事件时，中国媒介人首先打开的报纸依次是：《人民日报》，39.3%；都市类报纸，32.4%；地方党报，14.7%；晚报类报纸，

11.8%；境外报纸，1.8%。

2. 媒介公信力评价

（1）在全球主要媒介之中，对"央视"的公信力评价最高。

新闻媒介的首要职责是成为社会和谐与公正的"守望者"，客观、真实、全面、平衡、深刻地为改善和消除社会成员的信息不对称状况而恪守职责。在这种职业角色的社会期待之下，谁能够更加优秀地履行职业承诺、信守职业责任，谁就具有较高的职业"信用"，进而享有较高的社会信任和信赖，具有较高的传媒公信力。在调查中，我们列举了包括中外著名媒介在内的 14 个有影响的媒介，请被调查者对其公信力进行评价，统计结果依次是：中央电视台，35.6%；凤凰卫视，23.6%；《人民日报》，19.7%；纽约时报，5.3%；英国广播公司，3.8%；新浪网，2.6%；《南方日报》，2.5%；中央人民广播电台，2%；《新周刊》，1.5%；人民网，1%；美国有线电视新闻网，0.9%；《新闻周刊》（美国），0.9%；《三联生活周刊》，0.4%；《中国新闻周刊》，0.2%（见图 11-43）。这个结论的出现，与人们的对媒介公信力现状的日常感知反差较大。可能有三个因素明显影响了传媒人的公信力评价：一是被调查的这部分职业传媒人对境外媒介接触不多；二是列入的一部分国内媒介本身就是被调查对象的工作单位；三是部分西方媒介在"3·14"事件等涉华问题报道中的公信力的下降。

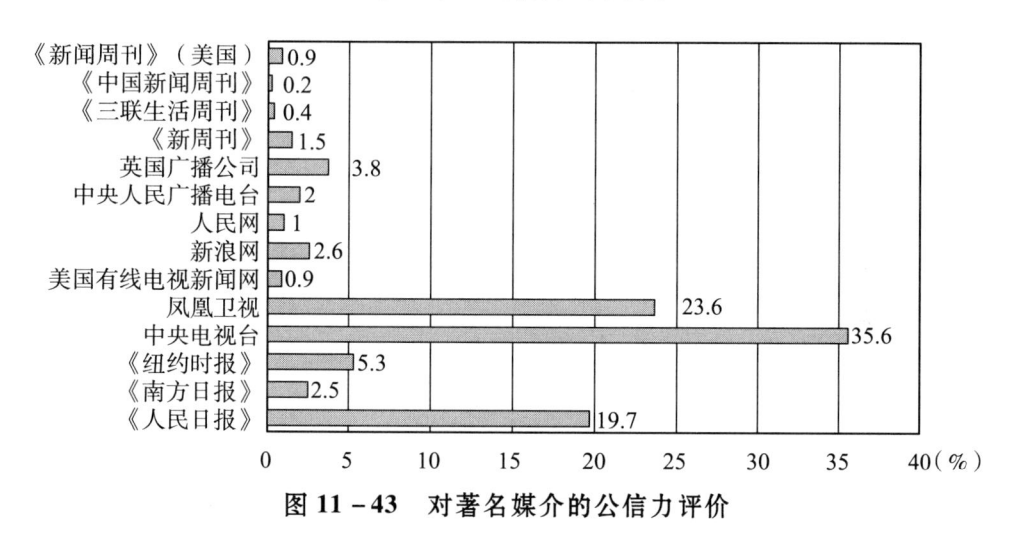

媒介	百分比(%)
《新闻周刊》（美国）	0.9
《中国新闻周刊》	0.2
《三联生活周刊》	0.4
《新周刊》	1.5
英国广播公司	3.8
中央人民广播电台	2
人民网	1
新浪网	2.6
美国有线电视新闻网	0.9
凤凰卫视	23.6
中央电视台	35.6
《纽约时报》	5.3
《南方日报》	2.5
《人民日报》	19.7

图 11-43 对著名媒介的公信力评价

（2）高度认同"中国媒介的公信力正在下降"的观点。

如何看待"中国媒介的公信力正在下降"。这里涉及传媒人职业总体信任度的评价。44.3%的传媒人认为这种观点"有一点道理"，30.5%的人认为"有道理"，10.7%的人认为"很有道理"，7.5%的人认为"没有道理"，还有7%的人认为"不清楚"（见图 11-44）。其中，"有一点道理"、"有道理"、"很有道理"三项合计高达85.5%。这说明,绝大多数传媒人对中国媒介公信力下降的观点,是高度认同的。

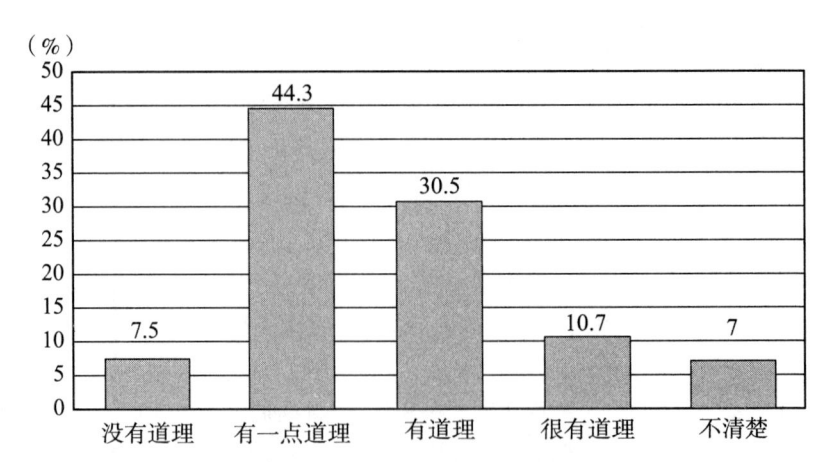

图 11-44 对中国媒介公信力在下降的观点认同程度评价

(3) 大多数传媒人认为,中国媒介越来越丧失公信力的主要原因在于"不能满足受众知情权"与"报道时常避重就轻,误导受众"等。

在进一步探究中国媒介公信力下降与丧失的原因,传媒人对此的选择依次是:44.7%的人认为"媒介不能满足受众的知情权",20.2%的人认为"报道时常避重就轻,误导受众",15.7%的人认为"传播内容低俗,媚俗现象严重",10.1%的人认为"缺乏人文关怀和责任意识",9.3%的人认为"媒介人的自律意识缺乏"(见图11-45)。其中,主要原因在于"媒介不能满足受众的知情权"和"报道时常避重就轻,误导受众"。这两个主要原因,其实质在于是否按照新闻传播规律和社会主义新闻专业主义理念实施传播活动的问题。

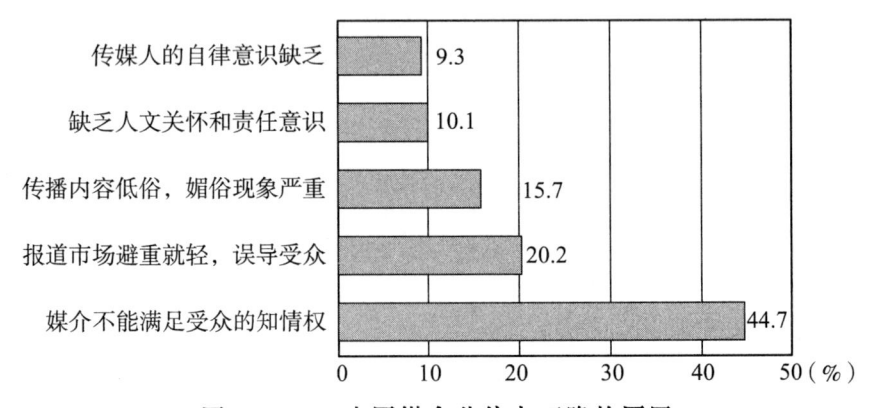

图 11-45 中国媒介公信力下降的原因

(4) 大半的传媒人认同"阅读党报的人越来越少"的观点。

各级传媒人是党报的核心读者群体之一,党报读者锐减是目前党报面临的主要问题之一。传媒人们对这一问题如何认识评价呢？针对"阅读党报的人越来越少"这一观点的回答中,研究发现,51.5%的人认为这一观点"基本符合实际",16.9%的人认为"符合实际",只有19.5的人认为"不太符合实际",2.9%的人认为"完全不符合实际",还有9.2%的人回答"不清楚"（见图11-46）。其中,认为"基本符合实际"、"符合实际"的合计为68.4%。这就是说,大半的传媒人认同"阅读党报的人越来越少"的观点。

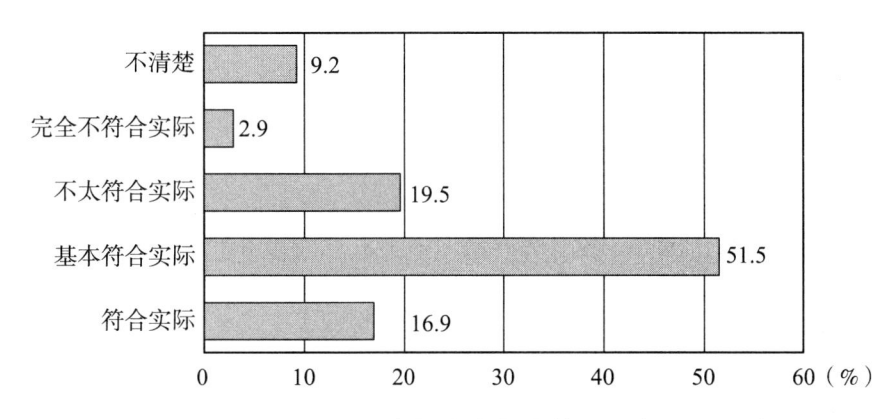

图11-46 对"阅读党报的人越来越少"的认同程度

(5) 多数传媒人认为,决定媒介的公信力的主要因素是"新闻的真实性"、"言论的权威性"。

针对中国媒介公信力下降的现实,对媒介公信力下降的影响因素进行了深度探究和分析。调查题目罗列了9个选项及1个弹性选项（其他）,探索传媒人群体对于媒介信任因素的选择性评价。他们认为,决定媒介公信力的主要因素依次是：新闻的真实性（49.5%）、言论的权威性（21.6%）、媒体的公正性（14.3%）、报道的全面性（5.6%）、受众的满意程度（3%）、批评性报道的深刻性（2.4%）、宣传的有效性（1.5%）、媒介主管部门的满意程度（1%）、报道的典型性（0.7%）、其他（0.4%）（见图11-47）。这说明,新闻报道的真实性、权威性、公正性,是决定媒介公信力的主导因素。

3. 对传媒广告越来越多的现实,过半的传媒人"接受"或"基本接受"

对于新闻媒介刊播广告越来越多的现实,媒介人表现出一定的理解。从"接受"到"不接受"五种态度所占的比例依次为：32.1%的人表示"接受",19.5%的人表示"基本接受",37.7%的人表示"不太接受",8.8%的人表示"不接受",还有1.9%的人选择"不知道"（见图11-48）。其中,表示"接受"和"基本接受"的人合计为51.6%，"不太接受"和"不接受"的人合计为46.5%。这说明，过半数以上的传媒人还是以媒介自身的经济利益为重的，并不是站在传播受众的角度看问题。

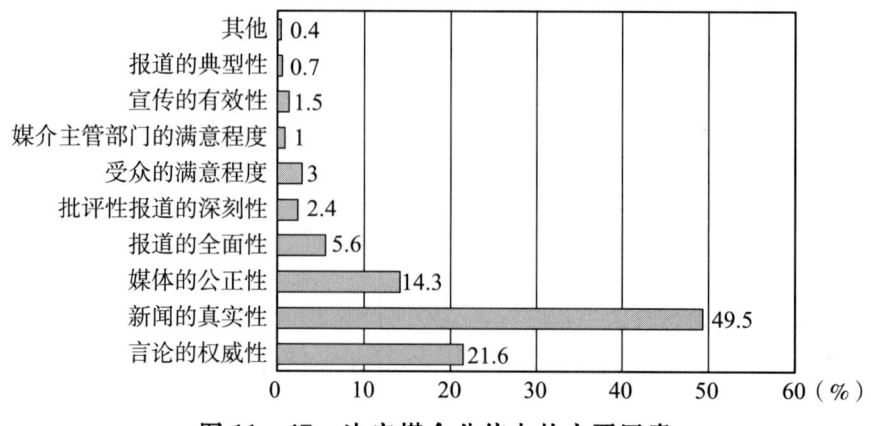

图 11-47 决定媒介公信力的主要因素

- 其他 0.4
- 报道的典型性 0.7
- 宣传的有效性 1.5
- 媒介主管部门的满意程度 1
- 受众的满意程度 3
- 批评性报道的深刻性 2.4
- 报道的全面性 5.6
- 媒体的公正性 14.3
- 新闻的真实性 49.5
- 言论的权威性 21.6

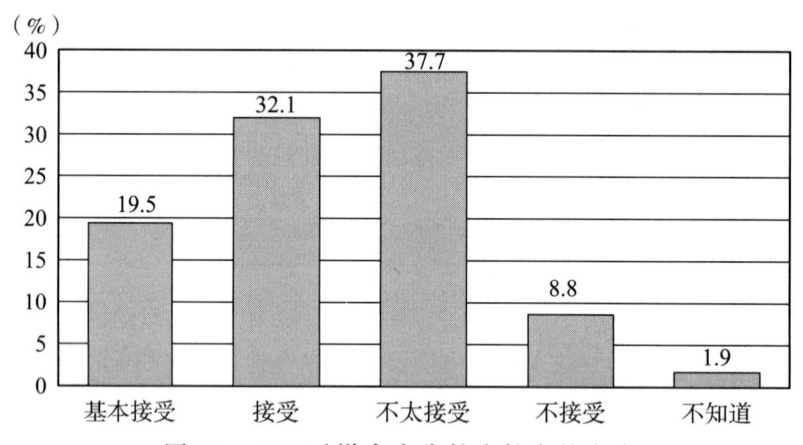

图 11-48 对媒介广告越来越多的态度

- 基本接受 19.5
- 接受 32.1
- 不太接受 37.7
- 不接受 8.8
- 不知道 1.9

4. 过半的传媒人不完全同意禁止"超级女声"之类的娱乐选秀节目

以"超级女声"为代表的电视娱乐类节目把中国媒介的娱乐化趋势推向了高潮。此后，对这类节目的"禁止"与"不禁止"两种观点，针锋相对，不绝于耳。那么，传媒人对此持什么样的态度呢？44.3%的媒介人"不完全同意禁止"，15.4%的人"不同意禁止"，23.1%的人"同意禁止"，13.7%的人"非常同意禁止"，3.5%的人表示"不知道"（见图11-49）。其中，"不完全同意禁止"、"不同意禁止"的人合计约59.7%，仅仅只有36.8%的人"同意禁止"或"非常同意禁止"。这说明，传媒人对于"超级女声"之类的节目表现出一定程度的宽容。

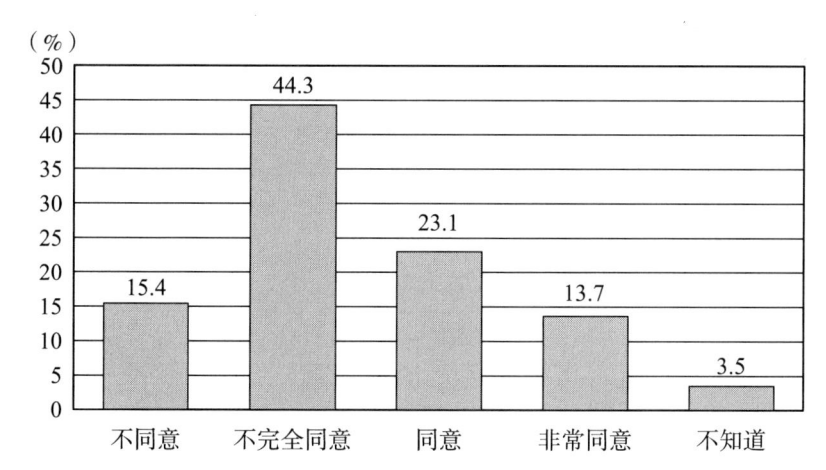

图 11-49 对"'超级女声'之类的节目应该被禁止"的态度

5. 大多数传媒人肯定媒体报道"孙志刚事件"很有价值

《南方都市报》最早报道的"孙志刚事件"之后，曾导致国家立法机构制定出台《收容法》。这一媒介事件，是充分体现新闻报道提倡社会公平正义，通过信息传播而改变社会生活的某一方面的"恶法"的标志性媒介事件。对此，调查对象的看法是：47.9%的人认为"有价值"，28.2%的人认为"很有价值"，11.8%的人认为"价值不大"，3.9%的人认为"无价值"，还有8.2%的人则表示"不知道"（见图11-50）。其中，76.10%的传媒人充分肯定了这类报道的价值。

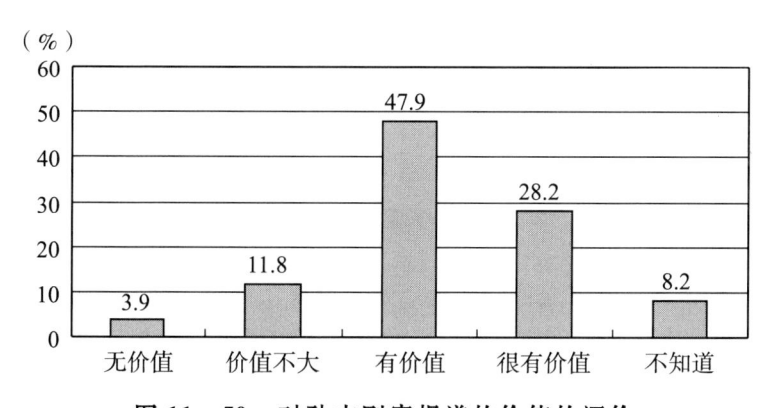

图 11-50 对孙志刚案报道的价值的评价

6. 大多数传媒人认为民生新闻的比重偏多

继"南京零距离"之后各地兴起了民生新闻热，以"平民视角、民生内容、人文叙事"为特征的民生新闻，近年来正受到普通国民的青睐。面对目前民生新闻在新闻报道的比重越来越大的现状，传媒人又是如何看待的呢？19.7%的人认为"不够",16.4%的人认为"够";44.7%的人认为"比较多",8.7%的人认为"太多",还有10.5%的人则"说不清楚"(见图11-51)。其中,认为"够"了、"比较多"、"太多"的人合计高达68.9%,仅仅只有19.7%的人认为还"不够"。这说明,大多数传媒人认为,民生新闻的版面、栏目比重有些偏多。

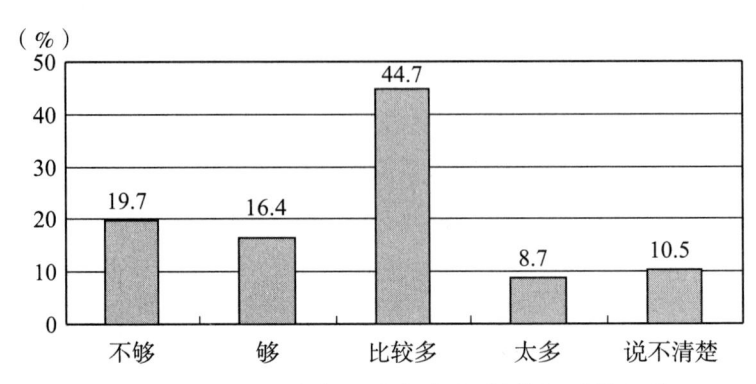

图 11-51 对民生新闻占据新闻报道比重的评价

四、媒介期望

本课题调查了媒介人的两个方面的期待:对媒介发展趋势的期待,对传媒在和谐社会建设中承担的社会功能的期待。

1. 对媒介发展趋势的期待

基于目前的传播现实和传媒发展趋势,我们从媒介意向、信息需要等方面调查了传媒人群体对媒介发展趋势的期待。结果显示:

(1)一半以上的传媒人不习惯"无纸的报纸"。

报纸的技术转型与数字化报纸的勃兴正改变着报纸的形态,塑料电子阅读器、手机报纸、网络报纸等"无纸的报纸"等融合媒介形态,将是新型报纸的基本样态。对此,有10.4%的传媒人感觉"不习惯",40.1%的人"不太习惯",39.1%的人"习惯",6.8%的人"很习惯",3.6%的人"不清楚"(见图11-52)。"不习惯"、"不太习惯"的两项之和达50.5%。这说明,一半以上的传媒人"不太习惯"报纸的无纸化,并没有做好"接受"准备。

(2)过半的传媒人并不认同"现在传播渠道过剩"的观点。

数字广播、数字电视、数字报纸的兴起极大地扩展了传播渠道资源,因而有一种流行观点认为"现在传媒渠道过剩了"。那么,传媒人是否认同"现在传媒渠道过剩了"这一流行观点呢?48.6%的人"不同意",6.5%的人"完全不同意",35.1%的人"基本同意",4.5%的人"同意",还有5.3%的人认为"不清楚"(见图11-53)。其中,"不同意"以上程度的人达到了55.1%。这说明,过半数的传媒人并不认同目前"现在传媒渠道过剩"的流行说法。

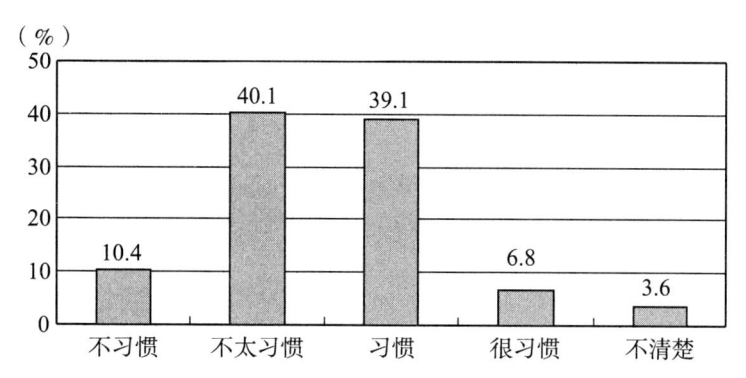

图11-52 能否习惯阅读"无纸的报纸"

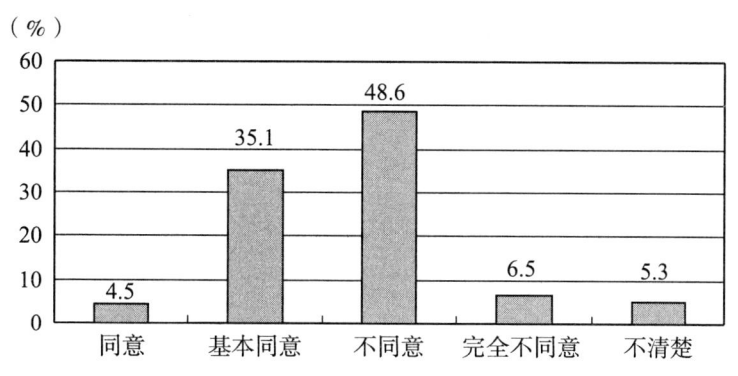

不习惯 10.4；不太习惯 40.1；习惯 39.1；很习惯 6.8；不清楚 3.6

图11-53 对"传媒资源过剩"观点的看法

同意 4.5；基本同意 35.1；不同意 48.6；完全不同意 6.5；不清楚 5.3

(3) 对新兴媒介给传统媒介的冲击认识不足。

目前正处于新兴媒介与传统媒介此消彼长、相互竞争进而走向融合的关键时期。传媒人是如何看待传统媒介和新媒介此消彼长及其相互竞争走向融合的趋势呢？28.7%的传媒人认为"传统媒介仍处于媒介主导地位",27.9%的人认为"两者互相影响、共荣共进",21%的人认为"新兴媒介对传统媒介带来较大的冲击",15.8%的人认为"媒介过剩现象严重",6.6%的人则"说不清"(见图11-54)。其中,居然有接近三成的传媒人还认为"传统媒介仍处于媒介主导地位",仅有两成多一些的传媒人意识到了"新兴媒体对传统媒介带来较大的冲击"。这说明,大多数传媒人对新兴媒介的影响与冲击认识不足。

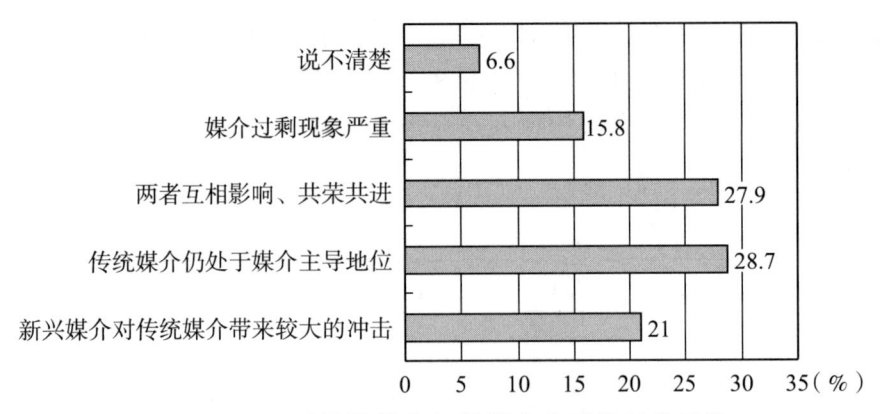

图 11-54　对传统媒介与新媒介此消彼长的看法

(4) 多数传媒人对形成大型媒介集团的趋势持谨慎态度。

在媒介的市场化进程中，培育市场主体，构建多媒体媒介集团是一个基本的发展趋势。但媒介人对此似乎并不乐观。24.8% 的人认为"短期内中国不会形成大型媒介集团"，18.7% 的人"对形成大型媒介集团态度悲观"，27.1% 的人"对形成大型媒介集团态度乐观"，29.4% 的人"说不清楚"（见图 11-55）。其中，四成多（43.5%）的媒介人对中国形成大型媒介集团的发展趋势态度并不乐观，只有不到三成（27.1%）的传媒人态度乐观，还有接近三成（29.4%）的居然"说不清楚"。这说明，媒介人对于形成大型媒介集团发展趋势持相当谨慎的态度。

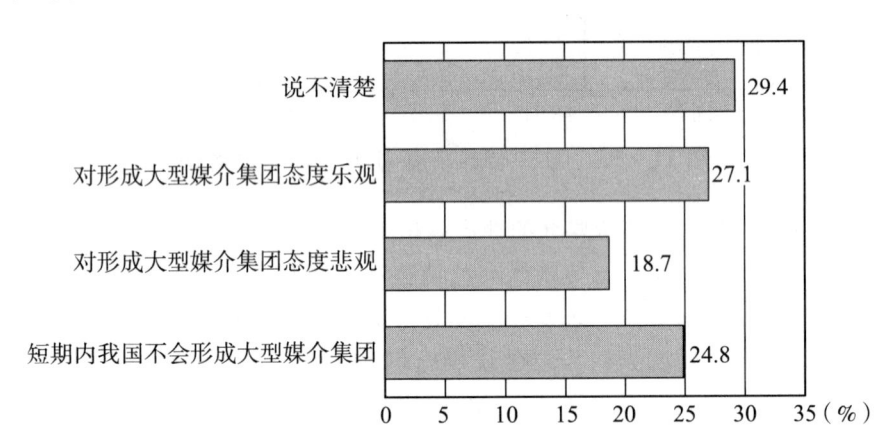

图 11-55　对媒介集团发展趋势的看法

(5) 过半的传媒人认同所在传媒的媒介定位、理念以及近期目标。

我们进而考量了传媒人对所在传媒的媒介定位、理念，以及实现近期目标的认同程度，结果依次是：46.7% 的人"基本同意"，8% 的人"同意"，19.5% 的人"不同意",6.5%的人"完全不同意",还有19.3%的人则"不清楚"(见图11-56)。其中,"基本同意"、"同意"的人合计达到54.70%。这说明,过半的传媒人认同所在传媒的媒介定位、理念和近期目标。

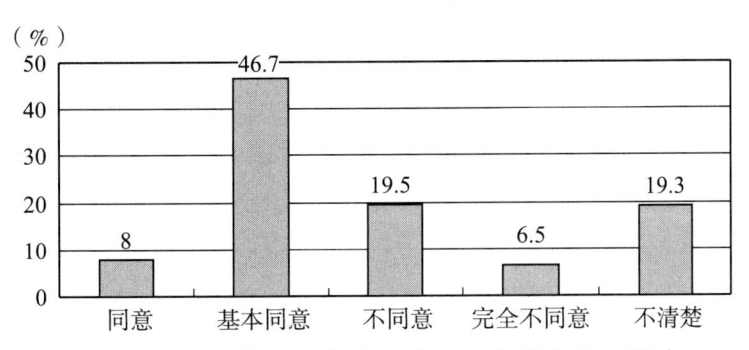

图 11-56　对所在传媒的定位、理念等的认同程度

(6) 过半的传媒人认为,媒介发展的全球化语境为中国传媒的发展带来很大的冲击和积极的影响。

媒介发展的全球化趋势是今天中国传媒发展的重要宏观环境之一。那么,传媒人是如何看待全球化趋势对中国传媒发展的影响呢?24.1%的人认为"对本土媒介带来很大程度的冲击",27.7%的人认为"认为全球化语境为中国传媒的发展带来积极的影响",23.4%的人认为"本土媒介仍处于强势地位",10.6%的人认为"消极影响多于积极影响",还有14.2%的人选择"说不清楚"(见图11-57)。其中,过半数的(51.8%)传媒人认为,媒介发展的全球化语境为中国传媒的发展带来很大的冲击和积极的影响。

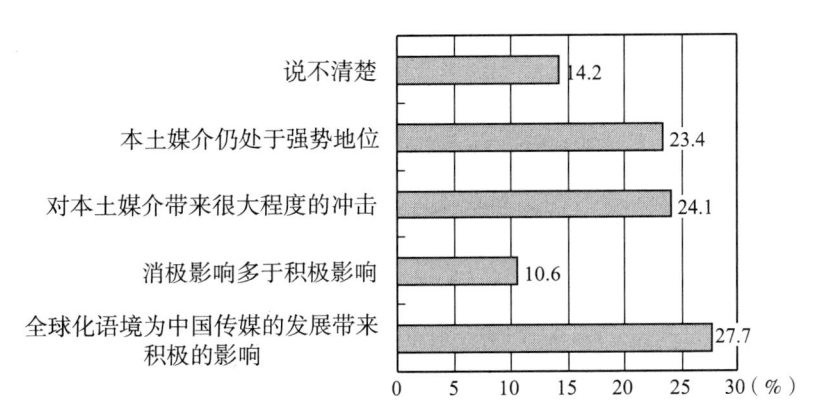

图 11-57　如何看待全球化趋势对中国媒介发展的影响

(7) 大多数传媒人基本理解中国传媒的运行理念和运行方式与国际接轨。

伴随着中国社会改革的深入推进和现代民主政治的发展,新闻传媒的运行理念与方式，也逐步与国际接轨。对此，有38.8%的传媒人"基本理解"，40.4%的人"理解"，9.2%的人"不理解"，4.1%的人"不太理解"，另有7.5%的人则"不清楚"（见图11-58）。其中，表示"基本理解"、"理解"的人达到79.2%。这说明，绝大多数传媒人基本理解中国传媒的运行理念和运行方式与国际接轨。

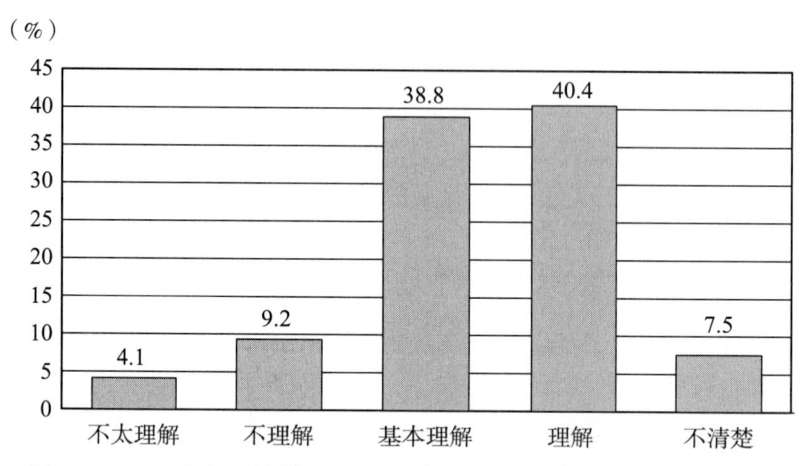

图11-58 对中国传媒运行理念及方式与国际接轨的理解程度

（8）多数传媒人期望未来城市媒介布局呈现一城多媒的竞争格局。

如果中国媒介市场发展进一步深化、竞争进一步升级、媒介资源进一步整合之后，媒介的布局可能是一种什么样的状态？对此，传媒人的选择是：报纸媒介一城多报（75.2%）、电视媒介一城多台（79%）、广播媒介一城多率（78%）、网络媒介一城多站（79.4%）、杂志媒介一城多刊（66.8%），被调查对象并不看好一城一媒的垄断态势（见表11-4）。这说明，传媒人对于中国媒介市场化程度的进一步提升，对于市场竞争的升级、媒介资源的进一步整合的心理准备与期待不足。

表11-4　　　　　　　　对未来媒介布局的期待　　　　　　　　单位：%

媒介未来布局	一城一媒	一城多媒	其他
报纸	22.2	75.2	2.6
电视	19.1	79	1.9
广播	20.5	78.1	1.4
网站	18.9	79.4	1.7
杂志	29.3	66.8	3.9

2. 对中国传媒在和谐社会构建过程中承担的社会功能的期待

（1）新闻媒介应在构建和谐社会过程中能够更好地发挥作用。

新闻媒介是和谐社会构建的参与者和积极推动力量之一。它将作为社会公正的守望者、社会环境的瞭望者而发挥重要作用。那么，传媒人对于中国传媒在构建和谐社会过程中作用与功能有什么样的期待呢？调查表明，9%的传媒人认为"作用很大"，47.4%的人认为"作用较大"，35.9%的人认为"作用一般"，5.8%的人认为"作用很小"，1.9%的认为"毫无作用"（见图11-59）。其中，从"作用一般"到"作用很大"三个程度级的选项合计为92.20%。这说明，绝大多数传媒人还是十分认同和重视新闻传媒在中国和谐社会构建中的作用，新闻传媒应该在构建和谐社会的过程中能够更好地发挥作用。

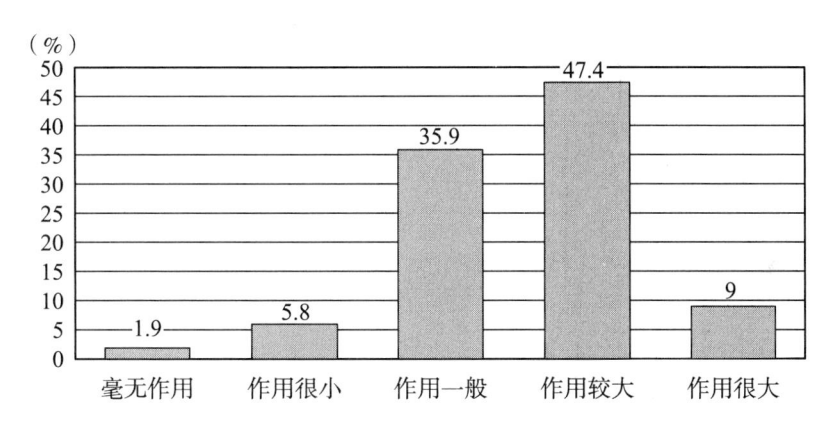

图11-59　对新闻媒介在和谐社会构建中的作用的期待

（2）赞成新闻媒介首先满足公众的知情权。

有一种观点认为"媒介要在构建和谐社会中发挥作用，首先应该满足公众的知情权"。我们考察传媒人对这一观点的态度，结果显示：2.3%的人"不同意"；29.7%的人"基本同意"；46.6%的人"同意"；19%的人"完全同意"；2.4%的人"不清楚"（见图11-60）。其中，"基本同意"以上程度级的高达95.3%。由此可见，传媒人群体对于新闻媒介首先满足公众知情权而推进和谐社会构建作用的认知是十分清楚的、十分赞成的、十分期待的。

（3）关于山西、河南等地矿难较多的报道发挥了媒介的预警功能，有利于促进问题解决。

对于新闻媒介有关山西、河南等地矿难较多的报道传播效果，传媒人是如何看待的呢？3.8%的认为"影响社会和谐"，5.8%的认为"容易使人丧失信心"，36.4%的认为"有利于促进问题的解决"，54%的认为"发挥了媒介的预警机制"（见图11-61）。其中，绝大多数（90.40%）的调查对象十分肯定这类报道的效果，认为是发挥了媒介的预警功能，有利于促进问题解决。

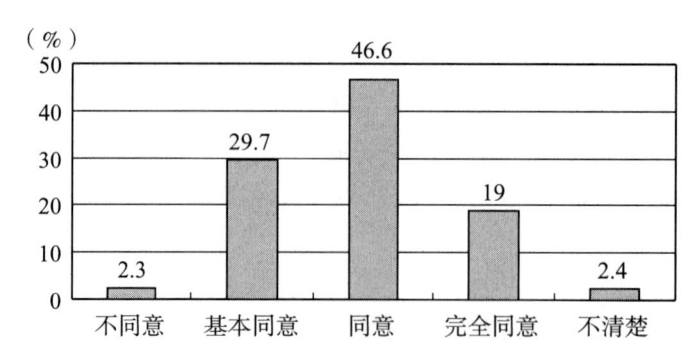

图 11-60 对媒介应该首先满足公众知情权的看法

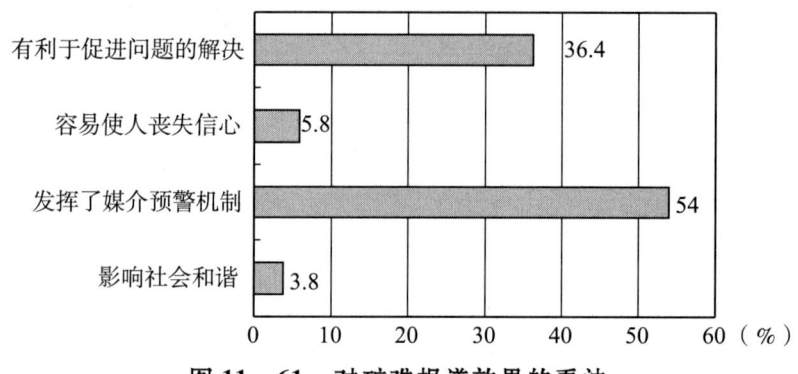

图 11-61 对矿难报道效果的看法

（4）对陈良宇案的报道是新闻媒介在发挥舆论监督的功能，这样的报道应该加强。

陈良宇案是近几年来相当具有代表性的高级领导干部腐败案件。新闻媒介进行了客观、及时的报道，成为重大的批评性报道经典案例之一。传媒人对有关陈良宇案报道效果的看法依次是：45.7%的认为"这样的报道应该加强"，37.1%的认为"这是媒介发挥舆论监督功能"，5.7%的认为"影响党的形象"，5%的认为"媒介干涉过多"，3.9%的认为"简单报道一下即可"，2.6%的认为"党内解决即可"（见图 11-62）。肯定、支持媒介对陈案报道的效果，认为是新闻媒介在"发挥舆论监督的功能"、"这样的报道应该加强"的高达 82.70%。这充分说明，广大的传媒人十分肯定这样的批评性监督报道及其效果。

（5）新闻媒介持续报道社会问题有利于发挥预警功能、提供决策参考。

目前中国已经进入社会问题与社会公共危机事件的高发期。对于新闻媒介不间断报道社会问题可能导致的后果，传媒人是如何看待的呢？38.9%的人认为能够"发挥媒介社会预警功能",29.4%的人认为可以"提供决策参考",21.1%的人认为可能"放大社会的不和谐面",7.7%的人认为可能"干扰国家的大政方针政策",2.9%的人认为可能"制造社会混乱"(见图11-63)。其中,68.30%的人认为后果是正面的,是有利于发挥预警功能、提供决策参考;21.1%的人认为后果是中性的,仅仅只有10.6%的人担心导致负面后果。这说明,传媒人并不惧怕媒介客观、真实地报道社会问题,他们充分肯定新闻媒介持续报道社会问题有利于发挥预警功能、提供决策参考,有利于问题的解决和社会和谐。

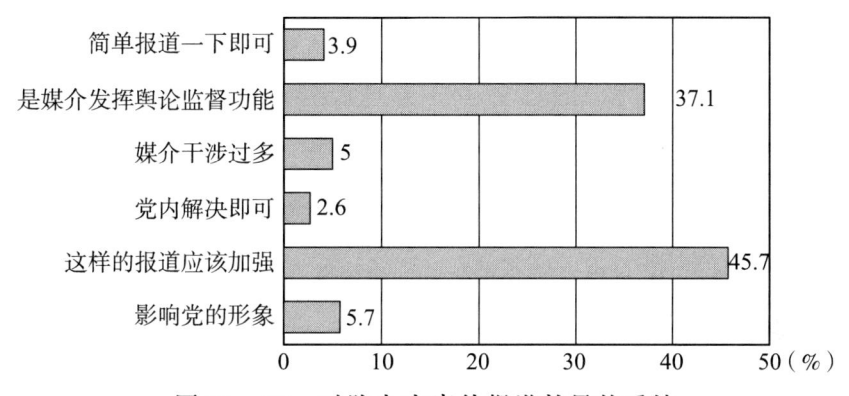

图 11-62 对陈良宇案件报道效果的看法

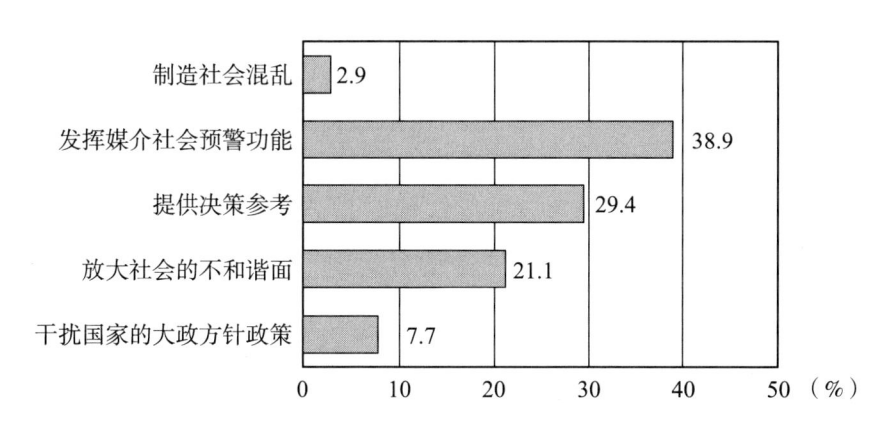

图 11-63 新闻媒介不间断报道社会问题可能导致的结果

(6)影响新闻媒介在和谐社会构建过程中发挥作用的新闻报道现象主要是不全面的报道、不客观的报道、新闻炒作。

本调查列举了可能影响新闻媒介在和谐社会构建过程中正常发挥作用的常见的几种不良报道现象,传媒人选择的结果依次排列如下:第一,新闻炒作(30.8%);第二,不客观的报道(25.5%);第三,不全面的报道(22.4%);

第四，对普通民众的忽视（9.2%）；第五，不平衡的报道（7.1%）；第六，新闻报道的娱乐化倾向（4.5%）；第七，其他（0.5%）（见图11-64）。其中，排在前三位的是：新闻炒作、不客观的报道、不全面的报道。这说明，媒介人群体迫切希望中国的新闻媒介能够恪守社会主义新闻专业主义，以客观、真实、全面、平衡的报道履行社会信息传播系统的职能。

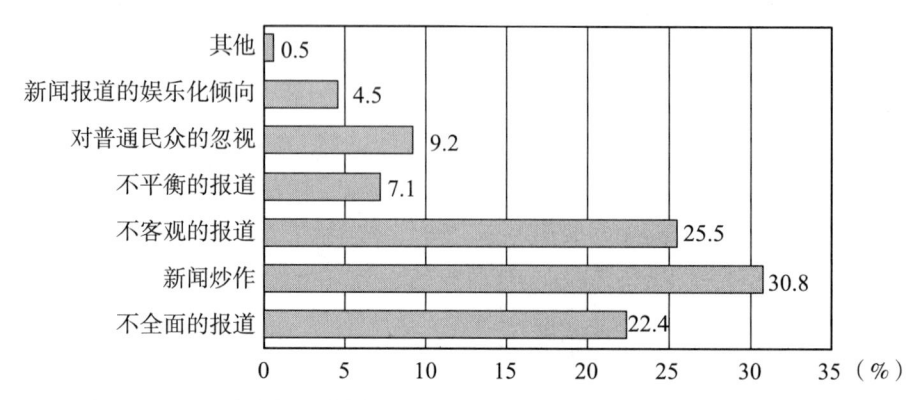

图11-64 影响新闻媒介在和谐社会构建中发挥作用的报道现象

第三节 建议和对策

以新闻媒介的市场化、人本化、数字化转型的基本要求为契机，全面提升传媒人的职业素质与职业能力、职业态度与职业责任意识，这是我们提出的建议与对策的核心。这不仅由传媒人的社会角色所决定，更是由传媒人的媒介认知、媒介评价与媒介期待所表现出的一系列问题决定的。从上述调查结果与发现来看，中国传媒人的媒介认知、媒介评价与媒介期待等方面，还存在如下问题：第一，对数字化转型与媒介融合所带来的冲击与影响认识不足。例如，尽管当下网络媒体的舆论监督的深度、广度、力度、速度，都已经今非昔比，传统媒体已经开始出现一定的跟随性、滞后性，但职业传媒人依旧认为舆论监督效果最好的还是电视、报纸等强势传统媒体。再如，媒介人自身就是数字报业战略的推动者与执行者，但尚有一半以上的传媒人不习惯"无纸的报纸"，不熟悉媒介融合所带来的媒介形态及其产业形态的变化。第二，不熟悉市场化转型将带来的媒介市场构建与发展的基本趋势。他们对形成大型媒介集团的市场主体发展趋势持谨慎态度，对未来城市媒介格局将进一步导致媒介资源的大整合与垄断程度的加剧心理准备不足，尚期望未来城市媒介布局呈现一城多媒的多元竞争格局。第三，他们对传媒人的社会责任意识不足。尽管他们对重大突发事件时，中国新闻传媒的社会预警机制实施和预警功能发挥的情况并不满意，认为中国媒介在引导社会公平、弘扬社会正义方面的报道有待改进，意识到了民本化报道的视点必须聚焦于目标受众群体和社会弱势群体，也意识到媒介对社会弱势群体的关怀情况是不到位的；但与此同时，又认为民生新闻的版面、栏目比重有些偏多，对媒介追逐社会强势人群的做法态度暧昧。他们认识到了"媒介堕落"现象严重地存在着，意识到了中国的媒介公信力下降的现实，认为媒介越来越丧失公信力的主要原因在于"不能满足受众知情权"与"报道时常避重就轻，误导受众"；但另一方面又出于追逐注意力资源的目的，时常推出虚假新闻报道与有偿新闻报道。第四，他们对自己所在媒介的满意程度不高。这表现在大多数传媒人对自己所在媒介社会角色的扮演不满意，对所在媒介组织的经营管理现状不满意，对于所在媒介从业人员的职业素质和职业态度不满意，对其所在媒介的经营理念与经营创新能力、广告营销能力不满意，对所在媒介的名记者、名主持人、名牌栏目等特色化、差异化的核心竞争力打造力度不满意。虽然导致这些问题的成因涉及到中国媒介发展的生态环境的各个方面，但表征出职业新闻传播者的新闻专业主义理念淡薄、新闻社会责任感薄弱，新闻职业素养，尤其是媒介融合时代的相关职业素养相对欠缺。因此，需要对我们的传媒人实施更新媒介观念的基础素养教育、新闻专业主义理念的教育、媒介社会责任教育。

一、更新传媒人群体媒介观念素养

面对当前中国新闻媒介正在发生的数字化转型、市场化转型、民本化转型，急需新闻传媒人自身的观念适应今天的媒介观念。这是传媒人基础素养教育关键所在。如何更新媒介观念，可参见前文领导干部媒介素养的培养，这里不再赘述。

二、新闻专业主义理念的教育

进行新闻专业主义理念教育的目的在于重构新闻传媒公共（公益）性，以新闻专业精神构建真实社会镜像，确保信息公平。根据中国当前的媒介生态和媒介现实，实施新闻专业主义教育，首先要引导传媒人科学认识重构中国新闻传媒公共（公益）性的价值。我们首先需要科学设定公共（公益）新闻机构与商业新闻机构的身份及其功能，保证公共（公益）新闻机构的纯净性。新闻传播是在特定的社会制度设计下进行的一种制度化传播。从制度设计上来看，一个完善的、高效的制度应该体现传媒经营者的责任和义务相一致的原则。如"美国之音",是代表美国政府对外宣传的工具,所以它不承担市场赢利的义务,由美国政府全额拨款;而《纽约时报》、《华盛顿邮报》、《华尔街日报》等,则是私营报纸,政府不直接干预其新闻传播与经营管理活动,由国家制定的法律、法规具体规范其行为。西方发达国家分类管理媒介的一些成功经验值得我们借鉴。当前中国新闻传媒体制改革的一大要点,是要明确公共新闻机构与商业新闻机构的不同定位,保留必要的新闻机构承担社会"公共领域"的功能(此处所说的"公共领域"含义不等同于哈贝马斯所说的"公共领域",而是具有现实性的、真正以公众事务为关注中心、以公众利益为追求宗旨的意见交流平台),由公共财政支撑其经济来源,发挥其社会把关人的作用,即是从中国的具体国情出发,以党报党刊为代表的主流新闻传媒理应优先承担公共(公益)新闻机构的职责。进入 21 世纪以来,中央进一步强调了"立党为公、执政为民"的理念,加速了中国政治生态的良性转化;主流新闻传媒也随之具有了传播信息、反映舆情、引导舆论、凝聚公众意识、表达公众利益,甚至有限度地评判政府政策、制约政治权力的功能,初步具有了"公共领域"的价值。但应该看到,主流传媒的这一公共(公益)性职能担当还有待进一步强化。其次,要引导传媒人以公共(公益)新闻机构为平台,铸就社会主义新闻专业精神,保障公众知情权和表达权。在美国政党报纸解体之后,新闻业界提出了新闻专业主义理论,并以此制定了西方新闻行业的基本原则,它强调:(1)新闻工作必须服务于公众利益,而不仅仅限于服务政治或经济利益集团;(2)新闻从业者是社会的观察者、事实的报道者,而不是某一利益集团的宣传员;(3)他们是信息流通的"把关人",采纳的基准是以中产阶级为主体的主流社会的价值观念,而不是政治、经济利益冲突的参与者或鼓动者;(4)他们以实证科学的理性标准评判事实的真伪,服从于事实这一最高权威,而不是臣服于任何政治权力或经济势力;(5)他们受制于建立在上述原则之上的专业规范,接受专业社区的自律,而不接受在此之外的任何权力或权威的控制。当然,我们不能照搬西方新闻行业的行为规范,但通过对新闻专业主义的本土化改造,其合理的内核可以成为社会主义新闻专业精神的组成部分。事实上,中国近 30 年来的新闻改革也一直在构建社会主义新闻专业精神,如反对"假、大、空",强调以事实说话;倡导"三贴近",提高传媒的服务性;反对"有偿新闻",提倡新闻业的职业伦理;以及呼唤舆论监督,推行新闻采编与传媒经营分开管理等新闻实践,这些举措都是在试图构建社会主义新闻专业精神。只有用这种全面公正、客观真实、平衡理性的专业精神去从事新闻报道工作,才能真实再现社会镜像,满足公众的知情权,彰显社会公平和正义的声音,保障社会各阶层的信息对称和确保公众有自由意见的公共论坛,达到反映民意、沟通舆情，构建和谐社会的作用。

三、传媒社会责任的教育

这里强调的是要教育传媒人，担负起新闻传媒在和谐社会构建中的历史使命与责任。这一历史责任，至少包括四个方面：

1. 维护社会良序，推进民主法治

民主法治是构建和谐社会的起点、归宿和最终检验标准。传播和维护民主法治精神，维护社会良序，是新闻传媒的主要任务。这一任务，包括：首先，提供民主和法治的公共信息保障。法治是政府在一切行动中都受到事前规定并宣布的规则约束——这种规则使得人们有可能十分肯定地预见当局在某一情况中怎样使用它的强制权力，和根据对此的了解计划自己个人的事务①。发扬民主、依法治国是构建和谐社会的制度基础。从本质上讲，和谐社会构建更多取决于政府的理性行为，新闻传媒要把监督政府作为基本任务。对政府的决策过程、施政行为的信息及时、全面、公开呈现和传播，推动民主决策、依法行政。其次，提供公民参与社会管理的信息保障。一方面，拓宽政府与公民交流的信息传播渠道，传播政府与公民交流和沟通的信息，构建政府与公民的有效交流平台，推进政府与民众之间、社会成员之间的信任和认同；另一方面，要深入到民众之中，及时、真实地报道和反馈政府决策过程中所出现的矛盾和问题，民众要求和愿望，作为政府决策的基本依据，特别是要反映民意、依据民意进行舆论监督。其三，保障公众依法运用新闻传媒的民主权利。新闻权利是一种可以问责的权利，只有将公民权利和公众利益纳入自身，才具有合法性；新闻传媒的最终归属权属于公民，是张扬公民的民主法治意识的基本工具。如果一种对所有人都具有重要性的工具仅仅供少数人使用，且不能提供人们所需要的服务时，新闻传媒就处在危险之中。保障公众民主权利是和谐社会的内在机制，新闻传媒要保障民众平等的话语权，不断把和谐、民主的理念传送到每一个社会个体，通过民主意识的形成，来保障民主制度的落实②。其四，以法治为新闻传媒发展的根本保障。社会良好秩序是由健全的法治和守法的公民共同作用而构建的。新闻传媒一是要大力传播社会公民守法、用法的信息，对违背法治精神，危害公众利益和权利的行为予以监督，促进法治模式下社会矫正机制的健全和完善，形成依法维护公民基本权利的舆论氛围；二是新闻传媒报道和运作必须在法治轨道下，在法律面前人人平等、依法

---

① ［英］奥古斯特·哈耶克著，冯兴元等译：《通向奴役之路》，中国社会科学出版社，第73页。
② 曹卫东：《福柯、罗尔斯及其他——哈贝斯"读书座谈会"纪要》，载《读书》2001年第9期。

维护社会利益和公众利益的前提下，充分发挥新闻传媒功能和作用；三是推进新闻传媒治理法律和法规的健全和完善，在法律的渠道下保障新闻传媒的良性发展，保障新闻传媒的合法权力，保障和规范新闻传媒的市场行为和社会行为，特别是为公众服务的行为，使新闻传媒成为依法治国的一个基本领地，开掘以民主法治为依托的传媒现代性进路。

2. 坚守社会良心，扩展公平正义

"正义是社会制度的首要价值。"[①] 构建和谐社会，是以公平正义原则来构建社会利益格局。作为社会协调重要渠道的新闻传媒，是社会的良心，是扩展公平正义的制度化资源。首先，承当公众利益理性博弈的载体。社会结构主要是以利益为核心而展开的，构建和谐社会需要在公平正义基础上的利益博弈和社会对话。作为一种理想状况，每一个人的意见都应得到表达和尊重。作为一种现实安排，社会成员之间需要利益表达的基本平台，为了达成利益协调而安排的正义程序。新闻传媒必须充分满足民众的知情权和表达权，为每个阶层利益的合法表达提供制度性的渠道。在这个基础上，高度关注在利益博弈中处于边缘、处于失语状态的人群——弱势群体和边缘群体的利益表达，作为他们利益的代言人和维护渠道，使公众的利益诉求在新闻传媒上相对均衡。其次，围绕社会公平正义展开传媒运作。作为社会信息和能量交换的公共空间，作为信息和形象的主要群体资源，媒介具有多种功能并为许多人的需要服务。作为大众服务的社会机构，需要贴近人民，全面关照和反映现实问题，真切呈现时代的情绪、公众的诉求、问题的真相。第一步是使新闻传媒的活动平民化，纠正"富人俱乐部"的行为偏向。以老百姓的视角和老百姓的情感和愿望反映他们的生活和问题，而不是浮在表面，俯瞰众生，戏说人生。深入的第二步是使新闻传媒活动亲民化，把情为民所系，利为民所谋，作为服务的根本坐标，满足公众的社会性需求，协助解决生活中紧迫而重要问题，成为民众的生活助手和顾问。第三步是引导有利于公平正义的社会舆论。正义的最重要功能是把所有的社会成员凝聚起来，努力合作，最大限度地合理分配社会资源，使社会结构可以为每个人提供最大限度的公平。公正是国家生活中的黏合剂，确定什么是公正，是政治社会中维持秩序的根本[②]。新闻传媒首要的任务是，在不回避问题的前提下，传布社会公平和正义进步状况的信息，传播政府以及相关群体推进社会公平的现实努力，形成追求公平和正义的舆论导向。其四，关注和监督社会的正义运作。一个社会在生存的过程中不断地遇到各种问题，必须采用最好的方法自己加以解决。构建和谐社会，首先要解决

---

① ［美］约翰·罗尔斯著，何怀宏等译：《正义论》，中国社会科学出版社1988年版，第3页。
② ［美］利普塞特著，刘刚敏、聂蓉译：《政治人》，商务印书馆1993年版，第1页。

的问题是公平正义的相对均衡。新闻传媒必须对社会中存在的一些非正义和不公平、侵害广大公众切身利益和合法权利的弊端给予全面揭露，引发社会的警觉和防范，特别加强对权力的监督。但是，仅仅陈述世界的种种弊端，刊登负面的东西是不够的，监督和披露的目的，在于帮助社会正常发展、协助政府和民众解决这些问题。同时，对公民个人的困难有责任进行排解，但主要着力点在于协助建立解决社会问题机制。

3. 传播社会良知，推进启蒙协商

新闻传媒"作为一种不断发展的智力活动与其外围的社会和文化结构是一种互惠的关系"①，是公众社会化学习的重要途径。人们不但需要心灵的调适和抚慰，更需要作为现代公民所必备素质的提升。在这方面，新闻传媒的启蒙和教育功能极为重要。首先，传播和谐的价值观，拓宽社会共识渠道。大众传媒机构是一种教育的工具，而且也许是最强大的，它们必须在阐述本共同体应该为之奋斗的理想中，承担起教育者那样的责任。从表层看，和谐社会是对社会转型中矛盾和问题的制度性矫正，而其实质是一种更深入的社会变革，是向新的社会行为模式、新的社会结构的过渡。在其背后，必定存在着思想观念、价值取向、社会规范等实质性的变化。作为社会变革的启动过程，是从观念和价值入手，引动和优化社会结构的变革。期盼社会安定与和谐是人们的普遍愿望，但是要把这些自发愿望变成自觉实践，需要通过信息的交换、思想的交流，使和谐价值与社会的最终意义联系起来，推动和谐文化的渗透和扩展。其次，推动社会化学习，提高公众的现代素质。媒介具有通过每日每时传播信息和隐含在信息中的知识和意见水滴石穿地型塑受众的趣味、喜好之型、欣赏习惯、文化生活模式乃至深层心理文化结构的功能。② 新闻传媒是人们除了学校教育以外或离开了学校教育之后的一条主要学习途径。随着信息传播新技术的不断更新，个人利益合理性的高度确认，社会文化多元化的扩展，中国社会变革和人的素质提高的主要途径已经从传统的文化传导型向信息传导型转变。新闻传播是在受众素质已经给定的情况下进行的，受众塑造传媒。新闻传媒又是"文化变动、延续的载体，它们所反映的是活动的历史"，③ 新闻传媒在一定程度上可以塑造受众。一是提高新闻传播品位，在适应受众的基础上，信息传播要使公众对社会健康发展以及其中的个人责任有着更高的心智体验。二是输入现代性的知识和观念。为现代人理性生存提供

---

① [美] R. K. 默顿著，范岱年等译：《17 世纪英国的科学技术和社会》，四川人民出版社 1986 年版，第 37 页。
② 金元浦：《文化研究的视野：大众传播和接受》，载王岳川：《媒介哲学》，河南大学出版社 2004 年版，第 203 页。
③ 陈力丹：《论传媒与和谐社会的构建》，载《电视研究》2005 年第 5 期。

实用的智慧、提供有助于公众形成开放、宽容、进取心态的精神食粮。三是推动媒介素养教育。这是提高民众素质的最直接途径，是现代社会运行的重要保障，新闻传媒首先要负起这个责任。其三，传播社会良知，促进社会的持久协商。从现代社会制度民主化的发展趋势来看，我们所追求的现代性中有一个核心任务，即政治上把政治回归到人与人之间的互动范围，形成制度的民主，使政治成为永远的协商。经过平等的对话、协商，形成共识或找到最大的共同点及共同利益，这是从稳定到和谐的一个基本关节点。新闻传媒在构建和谐社会中的作用是拓宽社会协商的媒介通道。公正、全面、客观地传播信息，减少信息不对称现象，使社会的协商成为可能。促成人们在互相交流和协商中加强自我教育，使社会良知变成习俗化行为。

4. 传导社会"良俗"，倡导诚信友爱

和谐社会是法治条件下公众友好相处和互利合作的社会，需要大力弘扬诚信友爱的社会风尚。新闻传媒首先必须把诚信作为生存的根本。以给予公众更多的信息和精神获益性为基本信用，向社会提供负责任的、全面的、真实的、准确的信息，这是新闻传媒与公众之间最重要的契约。二是在新闻传媒的市场化运作中，坚持基本道德立场。媒介要在市场竞争中生存，必须受到受众的信任、理解，最终是支持关系的伴随。其底线是企业的诚信责任，产业化运作中的新闻传媒，绝不能向受众提供伪劣信息产品；作为文化产品的产出机构，新闻传媒的合法基础在于依托公众舆论、维护社会主流价值。如果以少数人的利益来遮蔽多数人的意愿，用少数人的声音消解多数公众的声音，甚至以公众代言人之名，行小团体利益之实，就会丧失基本诚信。新闻传媒的公信力来自公众的信任，来自对社会责任的兑现和落实，即一种信守、履行承诺的品质，这是获得社会信任和信赖的主要源头。其次，新闻传媒报道对社会诚信的维护和传播。诚信友好是基本之善，这需要人的理性自觉，更需要社会涵化，而新闻传媒是诚信友爱的重要涵化渠道。在媒介化社会中，人们不可能都通过直接经验来判断社会，他们形成价值判断和心理感觉的许多材料都来自于新闻传媒的报道。传播人与人之间友好相处、互助互利的新风貌，社会诚信的新风尚，是对社会主流价值的最好传播。新闻传媒要运用舆论力量，大力倡导诚实守信的现代精神，发挥新闻舆论的纠弊功能，监督和批评损害社会信用和社会信用缺失问题，构建诚信友爱的舆论氛围。

只有在社会责任教育的基础上，传媒人才可能承担好媒介的守望社会、真实传播新闻信息、制约权力健全新闻舆论监督、弘扬人文智慧提升传播理性、当好信息"管家"构建和谐舆论场的传播责任。

主要参考文献

中文部分

[1] 中国社会科学院新闻研究所:《中国共产党新闻工作文件汇编》(上册、中册、下册),新华出版社1980年版。

[2] 新华社新闻研究所:《新闻工作文献选编》,新华出版社1990年版。

[3]《毛泽东新闻工作文选》,新华出版社1983年版。

[4] 新华社新闻研究所:《邓小平论新闻宣传》,新华出版社1998年版。

[5] 江泽民:《全面建设小康社会,开创建设中国特色社会主义事业新局面》,人民出版社2002年版。

[6]《中共中央关于加强党的执政能力建设的决定》,人民出版社2004年版。

[7] 胡锦涛:《在省部级主要领导干部提高构建社会主义和谐社会能力专题研讨班上的讲话》,人民日报2005年6月27日。

[8]《中国共产党十六届五中全会公报》,《人民日报》2005年10月12日。

[9] 胡锦涛:《高举中国特色社会主义伟大旗帜,为夺取全面建设小康社会新胜利而奋斗》,人民出版社2007年版。

[10] 编写组编:《构建社会主义和谐社会学习读本》,人民出版社2005年版。

[11] 中共中央宣传部:《构建社会主义和谐社会》,学习出版社2005年版。

[12] 中共中央宣传部:《科学发展观学习读本》,学习出版社2008年版。

[13]《邓小平文选》第2卷、第3卷,人民出版社1993年版。

[14]《马克思恩格斯选集》第1~4卷,人民出版社1972年版。

[15] 方汉奇:《中国新闻事业史》,中国人民大学出版社1992年版。

[16] 童兵:《中西新闻比较论纲》,新华出版社1999年版。

[17] 童兵:《新闻科学——观察与思考》,复旦大学出版社2004年版。

[18] 童兵:《20世纪中国新闻学与传播学——理论新闻学卷》,复旦大学出版社2001年版。

[19] 郑保卫：《新闻传媒与和谐社会建设》，中国人民大学出版社2006年版。

[20] 李良荣：《新闻改革的探索》，复旦大学出版社2004年版。

[21] 单波：《20世纪中国新闻学与传播学——应用新闻学卷》，复旦大学出版社2001年版。

[22] 张昆：《大众媒介的政治社会化功能》，武汉大学出版社2003年版。

[23] 方晓红：《大众传播与农村》，中华书局2002年版。

[24] 陈力丹：《舆论学——舆论导向研究》，中国广播电视出版社1999年版。

[25] 陈力丹：《新闻观念：从传统到现代》，复旦大学出版社2004年版。

[26] 孙旭培：《当代中国新闻改革》，人民出版社2004年版。

[27] 徐耀魁：《西方新闻理论评析》，新华出版社1998年版。

[28] 罗以澄：《新闻求索录》，复旦大学出版社2004年版。

[29] 张国良：《新闻媒介与社会》，上海人民出版社2001年版。

[30] 刘建明：《新闻学前沿：新闻学关注的11个焦点问题》，清华大学出版社2005年版。

[31] 李希光：《转型中的新闻学》，南方日报出版社2004年版。

[32] 胡正荣：《媒介管理研究》，北京广播学院出版社2000年版。

[33] 陈卫星：《传播的观念》，北京广播学院出版社2004年版。

[34] 李彬：《传播学引论》，新华出版社1993年版。

[35] 辜晓进：《走进美国大报》，南方日报出版社2004年版。

[36] 蔡雯：《新闻报道策划与新闻资源开发》，中国人民大学出版社2004年版。

[37] 喻国明：《解析传媒变局》，南方日报出版社2002年版。

[38] 喻国明：《变革传媒》，南方日报出版社2004年版。

[39] 秦志希：《新闻舆论与新闻文化》，武汉大学出版社1997年版。

[40] 强月新：《转型社会的媒介景观》，武汉大学出版社2009年版。

[41] 唐绪军：《报业经济与报业经营》，新华出版社1999年版。

[42] 黄恒学：《中国事业管理体制改革研究》，清华大学出版社1998年版。

[43] 孟繁华：《传媒和文化领导权》，山东教育出版社2000年版。

[44] 张国良：《20世纪传播学经典文本》，复旦大学出版社2003年版。

[45] 戴元光：《传媒、传播、传播学：新闻传播学的价值重构》，上海大学出版社2005年版。

[46] 郎劲松：《中国新闻政策体系研究》，新华出版社2003年版。

[47] 林晖：《未完成的历史：中国新闻改革前沿》，复旦大学出版社2004年版。

[48] 北京广播学院：《新闻传播学前沿》，北京广播学院出版社 2004 年版。

[49] 金冠军等：《全球化视野：传媒产业经济比较研究》，学林出版社 2003 年版。

[50] 王洪钧：《大众传播与现代社会》，正中书局（台北）1987 年版。

[51] 罗浩：《媒介与社会》，风云论坛出版社（台北）1996 年版。

[52] 俞旭等：《新闻传播与社会变迁》，中华书局（香港）1999 年版。

[53] 罗荣渠：《现代化新论》，北京大学出版社 1993 年版。

[54] 林毓生：《中国传统的创造性转化》，三联书店 1998 年版。

[55] 马长山：《国家、市民社会与法治》，商务印书馆 2002 年版。

[56] 邓伟志：《和谐社会笔记》，上海三联书店 2005 年版。

[57] 傅治平：《和谐社会导论》，人民出版社 2005 年版。

[58] 宋林飞：《传播社会学》，上海人民出版社 1994 年版。

[59] 王浦劬：《政治学》，北京大学出版社 1995 年版。

[60] 王岳川：《媒介哲学》，河南大学出版社 2004 年版。

[61] 何舟、陈怀林：《中国传媒新论》，太平洋世纪出版社 1998 年版。

[62] 葛兆光：《中国思想史：导论》，复旦大学出版社 2001 年版。

[63] 陈振民：《政治学：概念、理论和方法》，中国社会科学出版社 1999 年版。

[64] 薛晓源等：《全球化与新制度主义》，社会科学文献出版社 2004 年版。

[65] 刘华蓉：《大众传媒与政治》，北京大学出版社 2001 年版。

[66] 邢建国：《秩序论》，人民出版社 1993 年版。

[67] 袁方：《中国社会结构转型》，中国社会出版社 1998 年版。

[68] [美] 斯蒂文·小约翰著，陈德民等译：《传播理论》，中国社会科学出版社 1999 年版。

[69] [美] 赫伯特·阿特休尔著，黄煜、裘伯康译：《权力的媒介——新闻媒介在人类事务中的作用》，华夏出版社 1989 年版。

[70] [美] 沃尔特·李普曼著，林珊译：《舆论学》，华夏出版社 1989 年版。

[71] [英] 奥利弗·博伊德-巴雷特等著，汪凯等译：《媒介研究的进路经典文献读本》，新华出版社 2004 年版。

[72] [美] 迈克尔·舒德森著，何颖怡译：《探索新闻——美国报业社会史》，远流出版公司（台北）1993 年版。

[73] [英] 约翰·埃尔德里奇著，张威、邓天颖主译：《获取信息——新闻、真相和权力》，新华出版社 2004 年版。

[74] [美] 利普塞特著，刘刚敏、聂蓉译：《政治人：政治的社会基础》，

商务印书馆1993年版。

[75][美]哈钦斯委员会著,展江等译:《一个自由而负责任的新闻界》,中国人民大学出版社2004年版。

[76][美]L.科塞著,孙立平等译:《社会冲突的功能》,华夏出版社1989年版。

[77][美]哈罗德·D.拉斯韦尔著,杨昌裕译:《政治学》,商务印书馆2003年版。

[78][美]D.B.杜鲁门著,陈尧译:《政治过程:政治利益和公共舆论》,天津人民出版社2005年版。

[79][美]罗杰·斐德勒著,明安香译:《媒介形态变化:认识新媒介》,华夏出版社2000年版。

[80][美]杰克·富勒著,展江译:《信息时代的新闻价值观》,新华出版社1999年版。

[81][美]E.M.罗杰斯著,殷晓蓉译:《传播学史——一种传记式的方法》,上海译文出版社2002年版。

[82][美]本·巴尔迪坎著,林珊等译:《传播媒介的垄断》,新华出版社1986年版。

[83][加]麦克卢汉:《人的延伸——媒介通论》,四川人民出版社1992年版。

[84][美]施拉姆、波特:《传播学概论》,新华出版社1984年版。

[85][美]麦奎尔、温德尔著,祝建华译:《大众传播模式论》,上海译文出版社1997年版。

[86][美]沃纳·赛佛林、小詹姆斯·坦卡德著,郭镇之译:《传播理论:起源、方法和应用》(第四版),华夏出版社2000年版。

[87][美]梅尔文·德弗勒、桑德拉·鲍尔-洛基奇著,杜力平译:《大众传播学诸论》,新华出版社1990年版。

[88]丹尼尔·戴扬,伊莱休·卡茨著,麻争旗译:《媒介事件》,北京广播学院出版社2000年版。

[89][英]约翰·基恩著,刘士军等译:《媒体与民主》,社会科学文献出版社2003年版。

[90][美]埃默里父子等著,展江、殷文等译:《美国新闻史》,新华出版社2003年版。

[91][美]雪莉·贝尔吉著,赵劲松译:《媒介与冲击——大众媒介概论》,东北财经大学出版社,汤姆森国际出版集团2000年版。

[92][美]托马斯·鲍德温著,宫希明等译:《大汇流——整合媒介、信息

与传播》，华夏出版社 2000 年版。

［93］［美］约瑟夫·斯特劳巴哈、罗伯特·拉罗斯著，熊澄宇等译：《今日媒介——信息时代的传播媒介》，清华大学出版社 2002 年版。

［94］［美］大卫·阿什德著，邵志择译：《传播生态学：控制的文化范式》，华夏出版社 2003 年版。

［95］［美］E. 博登海默著，邓正来译：《法理学——法律哲学与法律方法》，中国政法大学出版社 1999 年版。

［96］［美］哈罗德·H. 拉斯维尔著，张洁等译：《世界大战中的宣传技巧》，中国人民大学出版社 2003 年版。

［97］肖恩·麦克布劳德：《多种声音一个世界》，中国对外翻译出版公司 1981 年版。

［98］［美］丹尼尔·杰·切特罗姆著，曹静生等译：《传播媒介与美国人的思想》，中国广播电视出版社 1991 年版。

［99］［英］戴维·巴特勒著，赵伯英等译：《媒介社会学》，社会科学文献出版社 1989 年版。

［100］［美］罗兹曼：《中国的现代化》，上海人民出版社 1989 年版。

［101］［美］R. K. 默顿著，范岱年等译：《17 世纪英国的科学技术和社会》，四川人民出版社 1986 年版。

［102］［美］乔纳森·H. 特纳著，吴曲辉等译：《社会学理论的结构》，浙江人民出版社 1987 年版。

［103］［美］塞缪尔·亨廷顿著，王冠华等译：《变化社会中的政治秩序》，三联书店 1992 年版。

［104］［美］安东尼·奥罗姆著，张华青等译：《政治社会学》，上海人民出版社 1989 年版。

［105］［美］布莱克著，景跃进等译：《现代化的动力：一个比较史的研究》，浙江人民出版社 1989 年版。

［106］［美］林南著，张磊译：《社会资本：关于社会结构与行动的理论》，世纪出版集团，上海人民出版社 2005 年版。

［107］［美］C. 赖特·米尔斯著，陈强等译：《社会学的想象力》，三联书店 2001 年版。

［108］［美］尼葛洛庞帝著，胡泳等译：《数字化生存》，海南出版社 1996 年版。

［109］［美］曼纽尔·卡斯特著，夏铸九译：《网络社会的崛起》，社会科学文献出版社 2006 年版。

[110] [美] 爱德华·赫尔曼等著，甄春亮等译：《全球媒体》，天津人民出版社 2001 年版。

[111] [美] 约翰·罗尔斯著，何怀宏等译：《正义论》，中国社会科学出版社 1988 年版。

[112] [英] 布赖恩·麦克奈尔著，殷祺译：《政治传播学引论》，新华出版社 2005 年版。

[113] [英] 戴维·赫尔德等著，杨雪冬等译：《全球大变革——全球化时代的政治、经济和文化》，社会科学文献出版社 2001 年版。

[114] [英] 汤因比著，曹未风等译：《历史研究》（上、中、下），上海人民出版社 1986 年版。

[115] [法] 莫里斯·迪韦尔热著，杨祖功等译：《政治社会学》，华夏出版社 1989 年版。

[116] [法] 贝尔纳·瓦耶纳著，丁雪英等译：《当代新闻学》，新华出版社 1986 年版。

[117] [法] 弗朗索瓦·佩鲁著，张宁、丰子义译：《新发展观》，华夏出版社 1987 年版。

[118] [英] 吉登斯著，赵旭东等译：《社会学》，北京大学出版社 2004 年版。

[119] [加] 马歇尔·麦克卢汉著，何道宽译：《理解媒介：论人的延伸》，商务印书馆 2000 年版。

[120] [英] 戴维·莫利等著，司艳译：《认同的空间：全球媒介、电子世界景观与文化边界》，南京大学出版社 2001 年版。

[121] [德] 沃尔夫冈·查普夫著，陈黎、陆宏成译：《现代化与社会转型》，社会科学文献出版社 1998 年版。

[122] [法] 波德里亚著，刘成富等译：《消费社会》，南京大学出版社 2000 年版。

[123] [日] 竹义郁郎著，张国良译：《大众传播社会学》，复旦大学出版社 1989 年版。

[124] [日] 桂敬一著，刘李雁译：《多媒体时代与大众传播》，新华出版社 2000 年版。

英文部分

[1] Curran T, Gurecitch M. Mass Media and Society. Oxford University Press, 2000.

[2] Shoemaker P J, Reese S D. Mediating the Message：Theories of Influence on

Media Content. Second Edition. Longman Publish USA, 1996.

[3] Brigham C J. Social Psychology. Little, Brown & Company, 1986.

[4] Klapper J T. The Effects of Mass Communication. The Free Press, New York, 1960.

[5] Arrow K J. Social Choice and Individual Values, New York: Wiley, 1951.

[6] Mcquail D. Mass Communication Theory. SAGE Publications, 1993.

[7] Merton R K. Social Theory and Social Structure. The Free Press, 1957.

[8] Durkeim E. The Division Labour in Society. W. Halls. N. Y: Free Press, 1984.

[9] Parsons T. The Social System. New York: Free Press, 1951.

[10] Beck U. Risk Society, Towards a New Modernity. Mark Ritter (trans.) London: Sage Publications, 1992.

[11] Cooley C H. Social Organization. New York: Scribner's Sons, 1909.

[12] Castells M. The Rise of the Network Society. Oxford: Blackwell, 1996.

[13] Mills C W. The Sociological Imagination. New York: Oxford University Press, 1959.

[14] Lippmann W. Liberty and the News, New York: Harcourt, Brace and Company, 1920.

[15] Kotz D, kohn R L. The Social Psychology of Organization, 1966.

[16] Daniel B. The End of Ideology, Harvard University Press.

后　记

　　本书是教育部哲学社会科学研究重大课题攻关项目"新闻传媒发展与构建和谐社会关系研究"的最终研究成果。课题自 2005 年 12 月批准立项、2006 年 1 月正式启动研究以来，历时将近四年。经过了研究准备与基础性研究，主体研究，以及综合、整理、总结等三个阶段，终于顺利地完成了研究任务，形成了这部书稿。

　　研究的过程是艰辛的。从课题首席专家的精心谋划、统筹组织，到各子课题负责人的殚思竭虑、全力投入，再到课题参加者的教师、博士生、硕士生夜以继日、用心创造，课题组成员们通力协作、认真负责、联合攻关的团队的精神，令人难以忘怀。当然，研究过程也是快乐的，从数万里的路程奔波和数万卷的资料调查中获取丰硕信息、智慧和大量第一手材料，从一次次头脑风暴会议上攻克一个个学术难点，到阶段性成果的涌现、发表、交流与产生效益，再到最终成果的总结、提炼，在每一个推进研究的关键环节上，都让我们品尝到创造的快乐和喜悦。

　　回顾整个项目的研究过程，我们自认为有三个举措值得总结和坚持：

　　一是学术创新贯穿研究全过程。在项目的基础研究阶段、主体研究实施阶段以及研究成果的综合、整理、总结阶段，均以创新思维为主线，力求有新的发现新的见解，以形成一定的创新点。

　　二是实现了研究工作与学科建设、人才培养"三结合"，取得学术探索、学科发展、学生培养"三赢"的好局面。项目首席专家和各子课题的负责人大多是武汉大学新闻与传播学院的负责人，也是该院新闻与传播学科的领军人物和学术骨干；与此同时，课题组还先后吸收了该院的 20 多位青年教师、博士生、硕士生参加研究相关子课题，从而保障了研究工作与学科建设、人才培养"三结合"的实现。

　　三是在国内外新闻传播领域形成了高规格、高水平的学术研究平台。不仅课题组的主要成员中有兄弟院校的学科带头人加盟，其他成员中也有校内外学术精英参加，而且通过国际国内学术会议上成果的及时交流、推介，还吸纳了不少知名学者和传媒领袖共同关注课题、研究课题。

这些研究举措，将成为促进我们学科发展、科研团队建设的重要财富。

本书是在首席专家领导下的整个研究团队集体智慧的结晶。首席专家罗以澄除了负责项目的总体设计、组织和协调，以及项目总论的研究之外，还牵头负责项目最终成果的统稿与审定。本成果上篇《新闻传媒发展与构建和谐社会关系研究报告》依据课题设计共设六章，其主要作者分别是第一章罗以澄、詹绪武，第二章刘九洲，第三章强月新、张瑜烨，第四章秦志希、徐小立，第五章单波，第六章石义彬。下篇《四类受众群体媒介认知专项调查报告》共五章，第七章至第十一章的主要作者分别是罗以澄、吕尚彬、陈刚等。此外，张昌绪、方苏、黄雅堃、张萱、胡新桥、付海、郑中原等博士生先后参加了问卷调查和部分调查报告的撰写。

项目研究的完成和书稿的形成，得到了教育部社科司、武汉大学社科部的大力支持，得到了中共中央宣传部、国家新闻出版总署、中国长江三峡总公司，中国人民大学新闻学院、复旦大学新闻学院、中国传媒大学、北京大学新闻与传播学院、清华大学新闻与传播学院、中国社会科学院新闻与传播研究所，以及人民日报、新华社、中央电视台、中央人民广播电台、湖北日报传媒集团、湖北广播电视总台、长江日报报业集团等传媒管理机构、传媒教育院校和研究机构、传媒组织的无私帮助。这里，向给我们的研究工作提供了大力支持和无私帮助的单位、个人表示衷心的感谢！

在研究和形成最终成果的过程中，我们广泛吸收和借鉴了近几年国内外学术界关于构建和谐社会、新闻传媒发展与构建和谐社会关系等方面的研究成果。其中，行文中参考、引用的资料和观点，绝大多数都以规范注释的形式标明了作者、文献名称和出版机构。但是，也可能还有一些引文，因作者的忽疏而漏注。在此，谨向所有被参考、被引用成果和文献的原作者、译者致以衷心的谢忱。

"新闻传媒发展与构建和谐社会关系研究"是一个十分庞大、复杂的学术课题，本书表述的也只是我们对此的初步探索和思考。虽然我们已经竭尽全力，但可能由于学术视野的局限、学术积累的薄弱、学术能力的有限，导致书中"大端之谬，小节之失"在所难免，期待着读者和专家、学者批评指正。

教育部哲学社会科学研究重大课题攻关项目成果出版列表

书　名	首席专家
《马克思主义基础理论若干重大问题研究》	陈先达
《马克思主义理论学科体系建构与建设研究》	张雷声
《人文社会科学研究成果评价体系研究》	刘大椿
《中国工业化、城镇化进程中的农村土地问题研究》	曲福田
《东北老工业基地改造与振兴研究》	程　伟
《全面建设小康社会进程中的我国就业发展战略研究》	曾湘泉
《自主创新战略与国际竞争力研究》	吴贵生
《当代中国人精神生活研究》	童世骏
《弘扬与培育民族精神研究》	杨叔子
《当代科学哲学的发展趋势》	郭贵春
《面向知识表示与推理的自然语言逻辑》	鞠实儿
《当代宗教冲突与对话研究》	张志刚
《马克思主义文艺理论中国化研究》	朱立元
《现代中西高校公共艺术教育比较研究》	曾繁仁
《楚地出土戰國簡册〔十四種〕》	陳　偉
《中国市场经济发展研究》	刘伟
《全球经济调整中的中国经济增长与宏观调控体系研究》	黄　达
《中国特大都市圈与世界制造业中心研究》	李廉水
《中国产业竞争力研究》	赵彦云
《东北老工业基地资源型城市发展接续产业问题研究》	宋冬林
《中国民营经济制度创新与发展》	李维安
《中国加入区域经济一体化研究》	黄卫平
《金融体制改革和货币问题研究》	王广谦
《人民币均衡汇率问题研究》	姜波克
《我国土地制度与社会经济协调发展研究》	黄祖辉
《南水北调工程与中部地区经济社会可持续发展研究》	杨云彦
《我国民法典体系问题研究》	王利明
《中国司法制度的基础理论问题研究》	陈光中
《多元化纠纷解决机制与和谐社会的构建》	范　愉
《生活质量的指标构建与现狀评价》	周长城
《中国公民人文素质研究》	石亚军
《城市化进程中的重大社会问题及其对策研究》	李　强
《中国农村与农民问题前沿研究》	徐　勇
《中国大众媒介的传播效果与公信力研究》	喻国明
《媒介素养：理念、认知、参与》	陆　晔
《新闻传媒发展与建构和谐社会关系研究》	罗以澄

书　名	首席专家
《教育投入、资源配置与人力资本收益》	闵维方
《创新人才与教育创新研究》	林崇德
《中国农村教育发展指标体系研究》	袁桂林
《高校思想政治理论课程建设研究》	顾海良
《网络思想政治教育研究》	张再兴
《高校招生考试制度改革研究》	刘海峰
《基础教育改革与中国教育学理论重建研究》	叶　澜
《中国青少年心理健康素质调查研究》	沈德立
《处境不利儿童的心理发展现状与教育对策研究》	申继亮
《WTO主要成员贸易政策体系与对策研究》	张汉林
《中国和平发展的国际环境分析》	叶自成
*《马克思主义整体性研究》	逄锦聚
*《转轨经济中的反行政性垄断与促进竞争政策研究》	于良春
*《中国现代服务经济理论与发展战略研究》	陈　宪
*《历史题材创新和改编中的重大问题研究》	童庆炳
*《西方文论中国化与中国文论建设》	王一川
*《中国抗战在世界反法西斯战争中的历史地位》	胡德坤
*《中国水资源的经济学思考》	伍新木
*《转型时期消费需求升级与产业发展研究》	臧旭恒
*《中国政治文明与宪政建设》	谢庆奎
*《中国法制现代化的理论与实践》	徐显明
*《中国和平发展的重大国际法律问题研究》	曾令良
*《知识产权制度的变革与发展研究》	吴汉东
*《中国能源安全若干法律与政策问题研究》	黄　进
*《农村土地问题立法研究》	陈小君
*《中国转型期的社会风险及公共危机管理研究》	丁烈云
*《中国边疆治理研究》	周　平
*《边疆多民族地区构建社会主义和谐社会研究》	张先亮
*《数字传播技术与媒体产业发展研究》	黄升民
*《数字信息资源规划、管理与利用研究》	马费成
*《创新型国家的知识信息服务体系研究》	胡昌平
*《公共教育财政制度研究》	王善迈
*《非传统安全合作与中俄关系》	冯绍雷
*《中国的中亚区域经济与能源合作战略研究》	安尼瓦尔·阿木提
*《冷战时期美国重大外交政策研究》	沈志华

……

＊为即将出版图书